全国汉传佛教院校教材

汉文佛教文献学
概论

方广锠　著

社会科学文献出版社
SOCIAL SCIENCES ACADEMIC PRESS (CHINA)

全国汉传佛教院校教材系列
编委会名单

总　序

　　佛教诸要务，教育为第一。古德云："佛法二宝，并假僧弘。"续佛慧命、住持正法，服务社会、利益众生，都要靠优秀的佛教人才来践行和落实。因此，办好佛教教育事业、培养合格佛教人才，是事关佛教健康传承的千秋大计，是推进新时代佛教中国化的重要支撑。中国佛教协会自成立以来，特别是改革开放以来，始终把人才建设作为佛教自身建设的关键环节，将发展教育作为佛教工作的头等大事，团结引领全国佛教界齐心协力育人才，扭转了改革开放初期佛教人才青黄不接的困难局面，初步培养了一支爱国爱教的佛教人才队伍，为佛教健康传承和推进佛教中国化不断注入生机活力。

　　佛教教育事业是一项艰巨复杂的系统工程，包含佛教院校建设、师资队伍建设、课程体系建设、教材体系建设、后勤保障建设等诸多方面。其中，教材建设是发展佛教教育事业的一项基础性工作。佛教院校专业课教材，是教师教学的基本依据，是学生学习的重要蓝本。编写一套高质量的佛教院校专业课教材，是中国佛教协会加强人才培养的一项重要任务，更是全国佛教界几代人的夙愿。改革开放以来，本会积极组织和推动佛教院校专业课教材编写工作，进行了持续探索，付出了不懈努力，取得了一批阶段性成果，积累了宝贵经验，为新时代继续系统推进佛教院校专业课教材建设奠定了坚实基础。

　　中共十八大以来，中国特色社会主义进入新时代。在2016

年全国宗教工作会议上，习近平总书记指出，积极引导宗教与社会主义社会相适应，一个重要的任务就是支持我国宗教坚持中国化方向。习近平总书记强调，要坚持政治上靠得住、宗教上有造诣、品德上能服众、关键时起作用的标准，支持宗教界搞好人才队伍建设。为深入贯彻落实习近平总书记关于宗教工作的重要论述和全国宗教工作会议精神，顺应新时代推进佛教中国化对人才培养提出的新任务新要求，本会于2018年6月启动了新时代全国佛教院校专业课教材编写工作。本会理事会和领导班子对教材编写高度重视，成立全国佛教院校教材编写领导小组，负责统筹协调、检查督促教材编写各项工作；召开以佛教院校教材编写为主题的全国佛教院校联席会，举办教材编写研讨班，研究制定《全国佛教院校教材编写工作方案》，明确教材编写总体思路、主要原则、基本要求、编写范围、工作计划等，整合全国佛教院校资源，扎实有序推动教材编写。这套全国汉传佛教院校教材，正是此次教材编写工作结出的硕果。

坚持正确导向是教材编写的根本原则，质量是教材的生命，实用是体现教材价值的落脚点。为编写一套坚持佛教中国化方向、符合宗教人才培养"四项标准"、发扬中国佛教优良传统、适应当代中国发展进步要求、具有新时代中国佛教鲜明特色的高质量佛教院校专业课教材，本会为教材编写确立了以下指导思想：以习近平新时代中国特色社会主义思想和习近平总书记关于宗教工作的重要论述为指导，以社会主义核心价值观为引领，坚持佛教中国化方向，发挥本会理事会佛教教育委员会专业优势和全国佛教院校人才培养主渠道作用，调动和整合教师与编辑、教学与出版等多方面资源，凝聚全国佛教界力量共同担当佛教院校教材建设重任，确定佛教院校专业课课程体系建设和教学大纲，制订教材编写规划，努力打造一套具有时代性、基础性、科学性、发展性、权威性的佛教院校教材。

为落实上述指导思想，教材编写遵循以下基本原则：1. 精品原则。坚持质量为本，锚定精品定位，致力于编写、出版高质量、高水平、专业化、体系化的系列教材，避免低水平重复。2. 创新原则。坚持守正创新，发扬中国佛教优良传统，传承契合佛陀本怀、久经历史考验、获得广泛共识的中国佛教传统教理思想，积极推动教材编写的理念创新、方法创新、内容创新，将教材建设与佛学研究前沿紧密结合，凸显教材的时代性。3. 适用原则。坚持面向一线，将理论性与实践性有机融合，在框架结构、知识体系、表达方式等方面力求符合教材的一般要求，努力满足教师讲授和学生学习的实际需要，力争能被全国更多的佛教院校所采用。

本套教材的编写凝聚了全国佛教院校和佛教教育工作者的集体智慧。在本会统一组织下，各佛教院校根据自身资源优势和学科特长，自主选取承担相应的教材编写工作，各尽所能、优势互补，共同建设佛教院校专业课教材体系的庄严殿堂。教材编写全过程坚持高标准、严要求，初稿完成后，由相关专家进行专业评审，根据评审意见修改完善，再提交教材编写领导小组审核，审核通过后，交付出版。从执笔编写、评审修改到审核把关、出版发行，力求各环节精益求精，努力将高质量的教材建设目标和要求落到实处。

本套教材包括基础教材和原典教材两大部分，每一部分根据具体学科和内容分为不同模块。基础教材主要指佛教通史、概论、宗派史等类课程的教材。原典教材主要指佛教经典讲解、阐释类教材。基础教材重在构建和传授关于佛教教理思想、历史源流、教规制度、文化艺术等方面的基础知识体系。原典教材重在引导学生细读经典，学习经典解读方法，培养经典阐释能力。两部分教材各有侧重、相得益彰，既传承了两千多年来中国佛教的智慧结晶，也吸收了当代佛学研究和佛教院校学科建设的崭新成果，共同构成了比较系统完整的新时代佛教院校专业课教材体系。

本套教材是推进新时代佛教中国化在佛教教育领域的重要体现与成果，在当代中国佛教教育发展史上具有里程碑意义。其出版和应用将进一步夯实佛教院校学科体系建设和佛教人才培养工作的基础，进一步强化佛教健康传承和佛教中国化的人才支撑。该套教材也可为希望了解佛教知识的社会人士提供有益参考。限于水平，教材中难免错误与疏漏。恳请全国佛教院校师生和关心佛教事业的社会各界人士斧正，惠赐宝贵意见。守正创新永无止境。本会也将在人才培养实践中适时对教材进行修订完善，推动佛教院校教材建设与时俱进，为全面建设社会主义现代化国家、实现中华民族伟大复兴的中国梦做出佛教界应有的贡献。

中国佛教协会会长　演觉

二○二一年十月

ONTENTS

前　言

一　佛教三宝

佛教的基本组成要素有三个，即传统所说的佛、法、僧三宝。对三宝，佛教传统有种种解释，归纳起来可以分为两类：一类称为"事相三宝"，即三宝外在的具体表现；一类称为"理体三宝"，即三宝内在的统一理法。

所谓"事相三宝"，指在现实世界中存在着、活动着的，具有一定形象的三宝。它又分"住持三宝"与"化相三宝"。

住持三宝指三宝存在的一般性形态。例如，所有用金、玉、木、石、泥等材料雕塑，乃至纸绘、绢绣的佛像，均为佛宝；所有三藏典籍，均为法宝；所有出家服缁的比丘、比丘尼均为僧宝。释迦牟尼逝世后直到今天，2000多年来，佛教作为一种宗教，就依靠上述三宝在世上传播，教化人们。用佛教的语言来说，就是"续佛慧命""住世教化"。这三宝在世界的存在体现了佛教的存在并使佛教能够实现其宗教功能，所以称为"住持三宝"。

化相三宝指在不同时代中三宝存在的具体形态。例如在释迦牟尼时代，佛宝就是释迦牟尼，法宝就是释迦牟尼所说的四谛、八正道、十二因缘等佛教的教理、教法，僧宝就是跟随释迦牟尼出家修行的诸弟子们。而到了现代，我们到某个寺庙去，所见到的大雄宝殿上及其他佛殿中供养的庄严佛像，就是佛宝；各种各样的大藏经乃至历代祖师、大德阐述佛教教理的各种佛教典籍，就是法宝；诸位比丘、比丘尼，就是僧宝。佛教认为，由于上述三宝都是在某一特定的时期，以某一特定的形象表现出来，所以称为化相。在这里，"化"是"化现"的意思，佛教经常用"化相"这个词来表示某种终极存在应时应机而在三界示现的具体形态。

住持三宝与化相三宝的关系，实际就是共性与个性的关系。这就要讲到"理体三宝"。

所谓"理体三宝"，指三宝内潜藏着的一种统一的理法。这也有种种解释。其中一种解释认为，三宝虽然表现为三，但本质是一致的，所以三者实际是统一的。例如佛虽是佛宝，但佛能说法，于法得自在，本身就是法宝；佛也具有出家僧人的德行，故又属于僧宝。法虽属法宝，但"佛从法生"，法的本体具备能够产生诸佛的性质，所以也是佛宝；法法平等，也具有僧人不净的德行，具备僧宝的性质。僧固然是僧宝，但它具备观照的智慧，且正在努力修行，争取将来成佛，是"佛"的候选人，故也可称为佛宝；他有轨持之用，也属于法宝。如此等等。这种理论认为佛、法、僧任何一宝均能圆满体现其余二宝的特性，所以任何一宝都可以作为佛教三宝的象征与代表，这称为"一体三宝"。

一体三宝的理论强调对佛、法、僧三者必须兼奉兼持，不可偏废。从健全佛教的宗教品格来说，这自然是必不可少的。不过，从另一个方面来讲，它也兼有另一种含义，即可以用三宝中的某一宝或某二宝来替代全部三宝。中国早期禅宗的寺院不立佛堂，只设讲堂，就与这种思想不无关系。

佛教又认为，佛法本身是宇宙间永恒的真理，无论佛出世、不出世，佛法本身都永远存在。所谓"佛"，梵文原意是"觉者"。释迦牟尼所以能够成佛，就是因为他觉悟了宇宙间的这种佛法真理。任何人只要能够觉悟佛法真理，都能够成佛。根据这一理论，佛之所以伟大，就在于他证悟并传播了佛法；僧之所以值得尊崇，是因为他正在体认与实践着佛法；归根结底，只有佛法才是佛教的基础，才是三宝中最根本的要素，才是天地间至尊、至上的存在。这样，上述一体三宝的理论与这里的只有佛法才是佛教基础的理论就略有差异了。所以，另一种观点认为，所谓法宝，就是佛法本身，它是遍于十法界而不增不减、无二无别的真实法界，是永存不灭的世界真理；能够完整地、圆满地体认这一最清净法界的，就是佛宝；只能部分地体认这一最清净法界的，就是僧宝。后一种理论在肯定最高理念——佛法的前提下，将佛宝、僧宝都统一在法宝的基础上，并按照体认佛法的深浅程度来区分修行者层次的高低。这种理论突出了佛法在整个佛教体系中的地位与作用，与释迦牟尼涅槃前提出的"以法为依止"的遗教精神完全一致。由于这种理论更为圆满地融合了佛教的三宝理论与"以法为依止"的观点，所以被很多人接受，成为大乘佛教的基本理论之一。隋费长房撰《历代三宝纪》称："论益物深，无过于法。何者？法是佛母，佛从法生。三世如来，皆供养法。故《胜天王般若经》云：'若供养法，即供养佛。'是知法教津流，乃传万代。"① 反映的正是这种观点。

思想可以用典籍来传述。正因为有了典籍，思想的传播才能够超越时间与空间。佛法也需要用佛教典籍来载述、传承。由于佛教典籍载述了佛法真理，所以，在佛教中，佛教典籍相当于佛法的代表。出于这种认识，佛教的各个派别在发展自己的

---

① （隋）费长房撰《历代三宝纪》卷十五，《大正藏》第49册，第120页中。

理论时，都编纂了相应的经典。即使早期提倡不立文字的禅宗，后来亦编纂出大量的典籍。佛教典籍由此源源不断地涌现出来。出于"一体三宝"的理论，佛教历来认为抄写、供养佛典，修造大藏经可以得到无限的功德。如顾况撰《虎丘西寺经藏碑》称："瞿昙教迹，不舍有表，不住无表。……譬如无根，安得有华？故觉华长者得定光如来授记，鹿仙长者得释迦如来授记，宝手菩萨得空王如来授记，皆因造藏而得作佛。"[1] 既然写经造藏的功德无量，甚至可以因此而成佛，所以写经造藏自然成为四众弟子宗教生活中的一件大事。翻开中国佛教史，历朝历代，虔心收集、翻译、整理、传写、修造、供养佛典与大藏经的人前赴后继，以至出现唐李肇说的情况："历代精舍，能者藏之，方之兰台秘阁，而不系之官府也。五都之市，十室之邑，必设书写之肆。惟王公达于众庶，靡不求之。以至邀众福、防患难，严之堂室、载之舟车，此其所以浩瀚于九流也。"[2]

佛教典籍固然属于宗教著作，但它的内容并不仅仅局限于宗教，还包括哲学、历史、语言、文学、艺术、音韵、天文、地理、历算、医学、建筑、科技、民族、社会、中外关系等诸多领域。因此，它是人类文化的宝贵遗产，对中国乃至整个东方世界都曾产生过不可估量的影响。今天，它正在向西方世界传播。因此，佛教典籍不仅是我们学习与研究佛教的重要资料，也是我们学习与研究中国文化、东方文化，乃至世界文化将来走向的不可或缺的重要资料。

二　佛典之难

初学者常把阅读佛典视为畏途，说：明明那些字都能认识，可是串到一起以后，就不知道它的意思到底是什么，好像看天书一样。其实，绝大部分佛典所表达的思想与理论并不那么深奥，不是人们以为的那么难。无论如何，现代人的知识要比古人丰富，现代人的思维能力不比古人差。古人能够想到、能够提出的理论与观点，现代人都应当，而且完全可以理解。那么，为什么读佛典那么难呢？佛典之难，主要由于以下原因。

第一，佛典的规模实在太大，数量实在太多。在世界三大宗教中，基督教作为立教依据的最主要的典籍只有两部，就是《旧约》与《新约》。伊斯兰教所依据的则只有一部，就是《古兰经》。后来伊斯兰教又编纂出不少《圣训》，但《圣训》所传述的乃是穆罕默德的言行；而《古兰经》所传述的乃是由穆罕默德代为发布的安拉的"启示"，所以还是要以《古兰经》为基本依据。唯有佛教的经典汗牛充栋。

---

[1] （清）董诰等编《全唐文》卷五三〇，中华书局影印本，1983，第5378页。

[2] （清）董诰等编《全唐文》卷七二一，第7416页。

汉文佛教文献学概论

其中既有可以追溯到释迦牟尼时代的经典，也有其后不断出现的新的经典。这些经典都以"佛说"的形式出现，都具有权威的身份。各不同经典的思想倾向互不相同，但互相并不绝对排斥；相互虽不绝对排斥，但各自又拥有各自的权威。佛教经典的这一特点，反映了佛教的固有品质——包容性。从一个角度讲，包容性是出于对自己生命力的强烈自信，也反映了佛教博大的胸怀，善于吸收各种各样不同的思想与观点来充实自己、发展自己，所以佛教能够不断地焕发其生命力，并遍传亚洲各地，乃至走向世界。从另一个角度来讲，包容性也使得佛教内部理论繁杂，派别林立。除了传统的以"佛说"的形式出现的经典外，由后代僧人、居士编纂的各种注疏与论著的数目更加惊人。粗略估计，仅汉文佛教典籍，总数在4.5亿字左右。这自然给学习佛教知识的人带来极大的困难。这么多的佛教典籍，究竟从哪里去着手学习呢？这就需要我们有一些关于佛教典籍的基本知识，比如关于经录的知识，藏经的知识，各种佛教理论及这些理论渊源流变的知识。了解佛典在历史上是怎样产生，又怎样发展的；了解它的基本组织结构；了解它的传本源流；了解佛教在发展过程中怎样根据客观情况的变化而演化出哪些新的思想理论，由此丰富自己、壮大自己，领略这一灿烂的东方思想之花。这样，就可以有目的、有计划、有选择地阅读一些自己最为迫切需要的典籍。

第二，佛教有一整套固有的名相、法数，也就是佛教特有的概念及由这些概念组成的概念体系。不了解这套概念体系，就无法看懂佛典。这一点，其实无论对哪一门学科都一样。如果我们对电脑的基本概念一窍不通，自然不可能看懂有关电脑的专业书。所以，有志读佛典的人，应该先下功夫搞明白佛教的基本概念及概念体系。

第三，任何典籍及其所反映的理论都与这些典籍与理论得以产生的一定的时代背景相联系。现在一般人不大了解某部佛典产生的背景到底是什么，从而为理解该典籍及其所表述的理论带来困难。所以，要想真正读懂佛典，必须学习佛教史，包括印度佛教史与中国佛教史，乃至依据需要进一步学习有关国家的历史，包括其文化史，佛教在该国的传播史等。此外，还需要大体了解佛教史上曾经出现过的派别及其思想倾向、不同派别间的理论争论。有了这样一些基础知识，然后再来阅读佛教典籍，就可以比较容易地理解它并从总体上把握它。

第四，绝大部分佛典都是古代印度人写的。印度人与中国人的思维方式本来就不太一样，古代印度人与现代中国人的思维方式差距就更大。一般来讲，一个思想体系中的范畴有时很难与另一个思想体系中的范畴完全等同。因此，我们研究任何一种理论，首先都必须真正搞明白该理论中诸多基本概念的确切含义。所以，读佛典，切忌随意用中国人的思想去套印度人的观点，随意用现代的概念去比附佛典的名相。如果那样做，结果一定是自以为懂了，实际却是错的，甚至可能完全牛头不

· 4 ·

对马嘴。古代，中国人研究佛教曾经采用"格义"的方法，就是用中国固有的思想与概念去比附印度佛教的理论与范畴，由此走了一段弯路。直到道安时代，才认识到"先旧格义，于理多违"[①]。我们今天学习佛典，必须接受这一教训。

第五，不少佛教典籍是用因明格式写成的。因明是古代印度的一种逻辑学，与我们习知的形式逻辑有相近之处，但也有较大差异。因明有一套独特且完整的推理、论证方式。如果对因明的推演格式一无所知，阅读佛典自然也会遇到困难。

第六，佛典是从古代印度、中亚、东南亚传入中国的，由于释迦牟尼的语言政策，传入时所用语言、文字十分复杂，包括古印度通行的梵文，各地的俗语以及僧伽罗文、于阗文、吐火罗文、傣文等多种南亚、中亚、东南亚的语言文字。所以古代的佛典汉译存在三个问题：时、空、人。

从"时间"的角度讲，不同时代的翻译家对同一个名词的翻译会有不同。比如"色、受、想、行、识"五蕴，早期翻译为"色、痛痒、思想、生死、识"。"菩萨"早期翻译为"开士"。"世尊"，早期翻译为"众祐"。僧祐在《出三藏记集》卷一中，专门列有一份名词对照表，说明某个词，旧译如何翻，新译如何翻。如："旧经'众祐'，新经'世尊'。旧经'扶萨（亦云开士）'，新经'菩萨'。旧经'各佛（亦独觉）'，新经'辟支佛（亦缘觉）'。旧经'萨芸若'，新经'萨婆若'。"[②]该表共罗列了二十四个名词的新旧不同翻译法，可以作为我们研读古代佛典翻译的参考，甚至可以用来鉴别某些失译经典的翻译时代。当然，在佛典流传的过程中，后代抄写者在抄写佛典时，往往把早期的名词改写为后代的通用名词。所以，上面所说的鉴别方式未必普遍适用，需要具体问题具体分析。

从"空间"的角度讲，虽然中国与印度都位于亚洲，但毕竟一个在东亚，一个在南亚。自然环境、人种、历史都不相同，由此出现种种差异。比如印度佛教僧人有饭后用"嚼齿木"剔牙的习俗，大致相当于现代人的刷牙。那是因为印度佛教僧人严格执行"过午不食"的戒律，为了防止饭后口中的食物残渣在午后咽入腹中，饭后必用嚼齿木剔牙，清洁口腔。但用作嚼齿木的那种植物，中国没有。由于那种植物与中国的杨柳树相近，古人把它翻译为"杨枝"。后来义净在他的《南海寄归内法传》中指出这一错误，但这时距离佛教传入中国已经几百年。玄奘在翻译中也曾经对很多以前的译词进行订正，不过玄奘的订正往往涉及五天竺各地的方言问题。严格地讲，这也是一个"空间"问题，就是传入中国的佛典是用五天竺哪个地方的方言写成的。此外，有不少经典不是从印度传入，而是从西域、南海其他地方传入。比如鸠摩罗什翻译的很多典籍，底本是用古龟兹（今新疆库车）的文字书写的，古

[①]　（梁）慧皎撰《高僧传》卷五，《大正藏》第50册，第355页上。
[②]　（梁）僧祐撰《出三藏记集》卷一，《大正藏》第55册，第5页上至中。

龟兹的文字与古印度的文字自然有差异。上面讲的是底本，从翻译者角度讲，实际也涉及空间问题。比如竺法护长期在河西走廊生活，竺法护翻译的经典就可能带有河西的方言词汇。竺法护翻译的那些典籍与其他翻译者在洛阳译出的典籍，遣词造句就可能会有不同。当然，上面讲的都是一些有待进一步研究的问题，由于种种原因，目前我们对这些问题的研究还比较肤浅。但这些问题是客观存在的，平时意识到这些问题，可以让我们在学习佛典时有所警觉，少走弯路。

从"翻译者"的角度讲，除了上面讲的翻译者本人的地域性之外，再好的翻译家，翻译的作品也难免会有这样、那样的疏失。更何况有些佛典翻译者虽然传教的热情很高，但掌握两种语言的水平尚有待提高。所以鸠摩罗什、玄奘这样高水平的大翻译家，往往对前人的翻译提出很多批评。此外，还有这样的情况，如"五蕴"，早期翻译为"五众"，鸠摩罗什改译为"五阴"。玄奘说前人都翻错了，把它翻译为"五蕴"。其实这里不是翻译错误的问题，而是佛教理论发生了变化，或者对佛教理论的理解各有不同。①

中国佛典的翻译，还有个人翻译与集体翻译的差别。比如保存在敦煌遗书中的《佛说孝顺子修行成佛经》，就很可能是一部个人翻译的作品，其中加入了中国的民间俗语。集体翻译则是一批人组成译场，分工合作，共同翻译。毋庸置疑，译场译出的佛典，质量自然更好。

由于上述时间、空间、翻译者等种种情况，不同时代、不同人、不同方式译出的佛典，水平自然参差不齐，这就给我们今天阅读佛典造成极大的不便。要想彻底解决这个问题，只有不看翻译作品，只看原典。我国隋代著名僧人彦琮曾主张出家僧人个个学习梵文，直接读原著，这样不仅可以省去翻译之劳，也避免翻译之弊，且可以让"五天正语，充布阎浮"②。但今天我们当然不可能要求所有的出家人个个都去读梵文原典。此外，即使现在的出家人个个都懂得梵文，绝大部分佛教经典的梵文原典也都已经亡佚了。怎么办呢？初学者应该从公认翻译得比较好的佛典开始，着手阅读佛典、学习佛教。再就是应该了解一点佛典翻译史，知道一点翻译之所以会走样的基本规律，了解几个大翻译家的基本风格，了解佛教常用范畴的正确含义及其在古今中外的演变历史。这样，就可以尽量少被错误的译文及解释所误导。

第七，佛典一般用古汉语写成，具有古汉语的一般特点。比如有大量古汉语的语法、词汇；不少佛典保留有大批古字、异体字、通假字、俗字、自造字乃至流传中产生的错别字等繁难字；原文没有标点。如此等等，有时很难卒读。这就要求阅读者必须有关于古汉语及古文字的基本素养。

---

① 方广锠撰《初期佛教的五阴与无我》，载《中国佛学论文集》，陕西人民出版社，1984。

② （唐）道宣撰《续高僧传》卷二，《大正藏》第50册，第438页下。

第八，阅读佛典，还存在一个内证修持的问题。佛教主张闻、思、修，学习佛典、听闻佛法以后，需要经过自己的思考，最后落实到修持。学习的目的是修持。这个修持，还包括度众生、了生死。这里就有很多宗教体验在其中。有很多典籍是积累了大量宗教体验的人撰写的，如果没有相应的宗教体验，就很难看懂。

当然，造成佛典难懂的原因还有一些，比如有的典籍出于宗教的需要或为了防止造成不良影响，特意对某些内容秘而不宣。有的典籍特意用各种比喻的方式来进行论述，所谓"绕路说禅"即为一例。此外还有不少佛典在流传过程中文字发生歧义、舛乱，有的译著者名称被张冠李戴。如此等等。但是，只要前述几个大问题能够基本解决，一般来讲，阅读佛典应能较为顺利了。

上面讲的这些，大部分都属于佛教文献学的研究范围。当然，那些属于宗教修持的部分，自然不属于佛教文献学。需要说明的是，佛教文献学除了上面所讲之外，还包括更多的内容。关于这一点，将在下文涉及。

思考与练习题

1. 请简述佛教文献的特点、价值及学习佛教文献的意义。

2. 学习佛教文献的难点是什么？如何克服这些难点？

第一章　文献、文献学与佛教文献学

导　言

文献是人类文化发展到一定阶段的产物。

什么叫文化？有很多种定义。我的定义是："文化是人类创造的一切物质文明与精神文明的总和。"

上述定义的第一个核心词是"人类"，因为我们在此讲的文化自然是指人类的文化。

人类是怎么产生的？不同的人在不同的文化背景下有种种不同的说法：女娲造人、劫初从光音天降下、上帝造人、真主造人、古猿进化，如此等等。到底哪个对？完全在于个人的选择。相信哪个，哪个就对。这就是信仰。对一个问题，自己说不出道理，但相信它就是对，就是好，这就是信仰。对它犹犹豫豫，那就是信仰不坚定；对它坚定不移，那就是坚定的信仰。这里有没有对与错？在最终的、被科学验证落实的结论出来之前，没有对与错。所以，一个理性的人自然应该坚持自己的信仰，同时也应该尊重别人的信仰。

上述定义的第二个核心词是"物质文明"，注意在这个"物质文明"前面有一个定语"人类创造的"。深山里一块原始状态的岩石、一棵自生自长的树木都是"物质"，它们是否蕴含文明？我认为不蕴含。但如果这块岩石被运到山下，琢磨成鼓状，作为房屋立柱的础石；如果那棵树被搬到某座园林中的某个位置，被人工修剪成各种形态；那就蕴含了文明。因为这时的石础、树木的位置与形态是人类赋予的，附加了"人类创造"这一属性。它们已经蕴含了人类的价值观念与审美观念，从而使原本自然存在的岩石、树木有了实际的功用或审美价值，由此表现为一种文明。

上述定义的第三个核心词是"精神文明"。动物也有精神，有些动物甚至有比较复杂的思维活动，但此处所述当然仅限于人类。精神文明属于文化，无须论证。

如前所述，文献是人类文化发展到一定阶段的产物。文献的形态随着人类文明的进步而不断发展。文献记载了人类社会实践的具体史实与经验教训，使人类社会的知识能够更准确、更有效地积累，并使知识的传播突破了时间与空间的限制，从而推动了文明的进步与社会的发展。各国家、各民族的文献都是该国家、该民族知识的凝结、思想的宝库。可以说，文献是人类文明发展的记录与见证。

文献得以产生的基本前提是文字的出现。

中国是世界四大文明古国之一，有着悠久而伟大的历史以及璀璨而从未间断的文化。现在人们往往把殷墟出土的甲骨文作为我国最早的文字，其实殷墟甲骨文的形态表明，这种文字不但经过相当长时间的积累，还经过某种程度的整理与规范，已是一种比较成熟的记录汉语的文字系统。考古发掘证明，早在公元前 4500 年的大汶口文化①时期，已经出现类似后代文字的刻画符号。

考古发掘还在山西省襄汾县陶寺遗址发现了距今约 4300 年到 3900 年的文字。

也就是说，汉字的历史，至少可以追溯到公元前 4000 年以前。文字的产生与发展，为文献的产生提供了必要的前提条件。《尚书》载："惟先殷人，有册有典。"②19 世纪末甲骨文的发现，证实了《尚书》的上述记载。学术界公认，所谓"典"指龟甲。那么，当时的"册"指什么呢？汉文中有很多文字属于象形字。从字形看，所谓"册"，指的应该是简牍。虽然我们现在发现的简牍，最早只能追溯到战国。但我们有理由相信，殷商已经有了简牍。理由如下。

第一，如上所述，《尚书》中已有记载。且"册"与"典"并举，可见也是一种书写载体。

第二，一片甲骨上写不了多少字，甲骨主要用于占卜，上面写的是卜辞。因为龟甲用于写卜辞，所以乌龟被称为"灵龟"。而《尚书》中留下来的其他一些资料，像《盘庚》三篇，是商朝都城搬家前与搬家后，商王盘庚对臣民的训词。训词的文字较长，不是几个甲骨能够写完的，需要有能够容纳较多文字的书写载体。而且一篇较长的文献写在几个不同的载体上，自然需要用一定的方式按顺序编联起来，以免散乱，方便阅读。学术界一般认为这应该就是"册"。遗憾的是，大约因为简牍由竹木所制，容易霉烂变坏，所以，殷代的"册"，至今一件也没有被发现。我们寄希望于将来的考古实践。

第一节 "文献"一词的出处与原义

千百年来，我国各族人民在中华大地上创造了灿烂辉煌的文化，浩如烟海的各

---

① 我国新石器时期的一种文化，因其遗址位于山东泰安大汶口一带，故称。

② 见《尚书·周书·多士》。

种文献已经成为我国灿烂文化的有机组成部分，而且可以说是最重要的部分。因为器物、建筑乃至如前所述经人类琢磨的石础、修剪的树木虽然也蕴藏着各种文化信息，但那些信息需要破解与诠释，才能被其他人理解。而文献则不同，它直截了当地记录与传达了书写者想要表达的信息。

从有关资料看，"文献"一词，在我国现存的古代典籍中最早见于《论语·八佾》：

> 子曰：夏礼，吾能言之，杞不足征也；殷礼，吾能言之，宋不足征也。文献不足故也。足，则吾能征之矣。①

根据《说文》，"献"字原为宗庙豢养之犬，名"羹献"。亦即把犬养肥后用作牺牲以献给祭祀供奉的对象。② 但如果采用这一释义，"献"字用在这里说不通。东汉经学家郑玄（127~200）解释这一段文字时认为："'献'犹'贤'也。我不以礼成之者，以此二国之君，文章、贤才不足故也。"③ 三国魏哲学家何晏（？~249）的《论语集解》赞同这一说法。南宋朱熹（1130~1200）的《四书章句集注》也赞同这种说法，称："文，典籍也。献，贤也。"④ 清刘宝楠（1791~1855）的《论语正义》解释说："文谓典策，献谓秉礼之贤士大夫。"⑤ 并引证前人著作，进一步解释说"献"字的字义通"圣""仪""善"，而在此处实通"贤"，作"贤者"解。⑥

近代刘师培（1884~1919）在《文献解》一文中这样说："仪、献，古通……书之所载谓之'文'，即古人所谓典章制度也；身之所习谓之'仪'，即古人所谓动作威仪之则也。……孔子言夏、殷文献不足，谓夏、殷简册不备，而夏、殷之礼又鲜习行之士也。"⑦ 把"献"解释为贤士大夫演习仪礼的动作规则。

也就是说，上述学者认为，《论语》中"文献"一词的"文"指典册文书，"献"指熟悉、掌握传统仪礼的耆哲先贤，又指这些耆哲先贤演习仪礼的动作规则。所以，孔子上述那段话的意思是说：夏、殷的礼制我都能够叙述，不过由于夏的后代杞国与殷的后代宋国所保存的典籍资料（文）既不够，两国熟悉、掌握世代相传的传统仪礼规则的士大夫（献）也缺乏，因而无法对我所叙述的内容进行验证。如果文、献两者都足够的话，是可以对我说的内容加以验证的。

---

① 国学整理社辑《诸子集成》（一），中华书局，1954，第49页。
② （汉）许慎：《说文解字》，中华书局，1963，第205页。
③ （清）阮元：《十三经注疏》，中华书局，1980，第10页。
④ 杨燕起、高国抗主编《中国历史文献学》，书目文献出版社，1989，第1页。
⑤ 国学整理社辑《诸子集成》（一），第49页。文中"策"通"册"。
⑥ 国学整理社辑《诸子集成》（一），第50页。
⑦ 王欣夫述《文献学讲义》，上海古籍出版社，1986，第3页。

古代，由于文化水平、书写工具乃至传统习惯等种种条件的限制，人们的知识部分利用书面的典籍进行传承，部分仍然采用传统的口口相传的方法进行传承。因此，当时所谓的"文献"，包含了两层含义：书面知识及其载体——典籍，口头知识及其载体——贤士大夫。这或许就是产生孔子上述言论的时代背景。

那么，为什么要用"献"这个字来表示口头知识及其载体呢？有的研究者认为，古代没有条件把所有的知识全部用文字记载下来，所以，古代关于社会历史、政治、礼制、习俗等方面的许多知识，都保存在某些承担口耳相传任务的人的脑子里。这样，一些想要了解这方面知识的统治者和士人，就需要向掌握这些知识的人去请教。正因为如此，先秦古籍才保留那么多关于问政、问礼、问事的相关记载，有所谓"礼失而求诸野"的说法，也才有孔夫子"入太庙，每事问"的说法。我们今天正是通过这些记载来了解古代社会的各种状况。由于这些知识在没有被记载下来之前一直以口耳相传的形态存在着，而一件事，一种制度，一种礼仪，要使它们能以口耳相传的方式一直流传下去，则承担传授任务的人除了需要有较多的知识、很强的记忆力之外，还需要品格纯实，对事物的叙述不矫揉造作，不夸大缩小。因此，他们是一些被人们尊敬的人，被授予"圣""善""贤"等种种美称。为与用文字记载的知识相区别，这些贤人乃至由贤人传授的知识就被称为"献"。①

现代有的研究者认为，上述对"献"的解释虽然是千年以来的传统说法，理解起来总有一点困难，给人牵强附会的感觉。因此，他们主张"文献"一词并非由"文"与"献"两个名词组成的联合词组，而是如"贡献""芹献""羹献"那样，是一个宾语被提前的动宾词组。因此，"文献"是指进献的书籍文章，不含有贤人的意思。②

我认为，如深入考察"文献"一词的原意，后一种新观点固然有一定的道理，可以参考，但考虑到古代的知识除了依靠文字流传以外，的确还要依靠人们口耳相传，所以，前一种传统的观点可能更正确一点。

第二节 "文献"含义的古代演变

在古代，随着社会的发展，"文献"一词的含义也在逐渐发生变化。

宋、元之际的史学家马端临（1254～1323）在其所著《文献通考》一书的"总序"中这样说：

① 王欣夫述《文献学讲义》，第3页。
② 邵胜定：《说文献》，中国图书馆学会主编《目录学文献学论文选》，书目文献出版社，1991，第223页。

凡叙事，则本之经史，而参之以历代会要以及百家传记之书，信而有征者从之，乖异传疑者不录，所谓"文"也。凡论事，则先取当时臣僚之奏疏，次及近代诸儒之评论，以至名流之燕谈，稗官之记录，凡一话一言，可以订典故之得失，证史传之是非者，则采而录之，所谓"献"也。①

亦即把叙述称为"文"，把评论称为"献"。因为前者的依据是古之经史、历代会要、百家传记，后者的依据是唐宋以来诸臣之奏疏、诸儒之议论。在《文献通考》中，他将属于"文"的叙述都顶格书写，而将属于"献"的评论都低一格书写，以示区别。从马端临把"献"解释为诸臣、诸儒的评论看，似乎他完全遵循传统的观点。但是，传统的"献"是指贤士大夫所承载的口头语言或形体语言，而《文献通考》所征引的并非诸臣、诸儒的口头议论、形体语言，而是这些"贤人"的书面奏疏及文章。因此，马端临的"献"，就其来源而言，与传统的"献"并没有什么本质的区别，都来自"贤士大夫"。但从载体的角度讲，发生了变化：从具体的"人"，变成了这些人所写的文章。这说明随着文化的普及，随着书写工具的进步与印刷术的发展，人类的知识越来越靠书面传承，传统的非书面传承方式的影响已经越来越小。

马端临的这部著作名叫《文献通考》，顾名思义，应该是对文献的总体研究，也就是我们今天所谓的"文献学"。该书共分二十四门，包括：

田赋考、钱币考、户口考、职役考、征榷考、市籴考、土贡考、国用考、选举考、学校考、职官考、郊社考、宗庙考、王礼考、乐考、兵考、刑考、经籍考、帝系考、封建考、象纬考、物异考、舆地考、四裔考。

上述内容可谓包罗万象。由此可知，在马端临看来，凡文献所记录、研究的各种知识本身，均属文献学。有的研究者称这种观点为"广义的文献学"。② 按照这种定义方式，文献学似乎可以涵括人类的一切知识，亦即所谓"文献"就是"知识"本身，这显然不是一种科学的定义。

第三节 "文献"含义的现代界定

虽然"文献"一词早已出现，但它的含义究竟是什么，学者们的理解各有

---

① 转引自杨燕起、高国抗主编《中国历史文献学》，书目文献出版社，1989，第2页。
② 王欣夫述《文献学讲义》，第4页。

不同。

"文献"究竟是指知识本身，还是指知识的载体？或者两者兼而有之？如前所述，将"文"解释为"典册"，无疑是指知识的载体；将"献"解释为"贤人"，则亦指知识的载体。但如将"献"解释为"贤人所熟悉、掌握的仪礼"，则无疑是指知识本身了。两者是完全不同的。

古代学术中，已经有我们今天的文献学所涵盖的内容，比如撰写著作、校勘古籍、编纂目录、撰写提要、编辑丛书等，但没有"文献学"这样的术语。所以，当时文献学还没有成为一门独立的学科。佛教界历代都有人整理佛教文献，无论在理论上，还是在实践中，他们都对佛教文献学做出过重要的贡献，但佛教文献学同样没有成为一门独立的学科。当然，既然连什么是"文献"都还不能达成共识，建立独立的文献学，显然会有困难。

20世纪80年代以来，我国文献学界对文献的定义争论得很热烈。归纳起来，大致有如下几种观点。

一　文献是知识的载体

我国国家标准《文献著录总则》（GB/T4894－1985）称："文献：记录有知识的一切载体。"[1]

有研究者主张，这里的知识包括"以文字、图像、符号、声频、视频等为主要记录手段的一切知识"[2]。不少研究者进一步解说，这种载体应该是物质性的。如："文献，是指人们为了存贮和传递的目的而记录的社会情报的一切物质载体。"[3] 也有研究者甚至这样解说："文献的概念……广义地说，泛指多种物质材料的知识信息载体。"[4]

按照上述记录"社会情报的一切物质载体"都是"文献"这一标准来衡量，那么书籍、报章自不用说，举凡雕塑、建筑、石碑、电影胶片、幻灯片、录音带、录像带、光盘、硬盘、U盘、经过园林工人修剪的行道树统统都是"文献"。极而言之，虽然看不见、摸不着，但只要是人类发出的承载了各种信息的声波、无线电波等，也统统都是"文献"。因为从物理学的角度来说，声波、电波都是物质性存在。

---

① 转引自高家望《文献的认识论及其定义》，中国图书馆学会主编《目录学文献学论文选》，第250页。

② 周文骏：《文献交流引论》，书目文献出版社，1986，第7～8页。转引自高家望《文献的认识论及其定义》，中国图书馆学会主编《目录学文献学论文选》，第250页。

③ 彭斐章等：《目录学》，武汉大学出版社，1986，第2页。转引自高家望《文献的认识论及其定义》，中国图书馆学会主编《目录学文献学论文选》，第250页。

④ 沈继武等：《藏书建设》，《湖北高校图书馆》杂志社，1986，第4页。转引自高家望《文献的认识论及其定义》，中国图书馆学会主编《目录学文献学论文选》，第250页。

再极而言之，人本身也能够记录与承载知识信息，所以，任何人，只要不是白痴，不是新生婴儿，都是文献。不仅如此，媒体报道，有只由人类教养成长的猩猩，会用美国英语的手语与人交流，认为自己"既是猩猩，又是人类"。甚至学会了用劳动挣钱，用钱与人交换物品，比如交换冰激凌。① 所以按照上述定义，这只猩猩也是文献。因为它已经有了知识，已经是知识的载体。由此，上述对文献标准的解说就变成一个很荒唐的东西，显然不能成立。

二　文献是内容

我国的《情报与文献工作词汇·基本概念》（报批稿）把"文献"定义为："登录在载体上的、在文献工作过程中处理的记录情报。"② 贺修铭等认为"文献是用文字、图画、符号、声频、视频等手段记录的知识"。③

这种观点认为，文献虽然有其需要某种载体的特征，但载体本身不等于文献，只是文献的一个承载体。文献的本质是载体所记录的内容，就是上文所说的"知识"。这个观点虽然强调文献的载体性，亦即譬如音乐、舞蹈必须被记录下来才算文献，音乐、舞蹈本身不是文献，但忽略了载体本身的差别性，亦即无论是用文字，还是用图像，用磁信号、用光电信号、用数字信号，只要所记录下来的音乐、舞蹈本身不变，其载体的形式是不必多予考虑的。由于信息本身不能脱离载体单独存在，所以按照这一逻辑，最终还是落入前面说的，无论是声波、电波、人、那只猩猩，统统都是文献载体的荒唐境地。

三　文献是信息记录

苏联的切尔内说："我们把记录在某种物质载体上具有一定逻辑完整性并包含有来源或作者信息的任何能理解的文字称为文献。"④ 高崇谦等则表述为："所谓文献，是指存贮在物质载体上按一定逻辑组织的任何知识内容的信息记录。"⑤

上述定义强调的是在物质载体上所记录的用以表示内容的各种记录符号，它可

---

①　《一只上过美国名校的猩猩！能与人交流，人猿崛起里凯撒的原型》，https://www.sohu.com/a/194895 149_610660，2017 年 9 月 27 日。

②　转引自高家望《文献的认识论及其定义》，中国图书馆学会主编《目录学文献学论文选》，第 250 页。

③　贺修铭等：《社会科学文献检索教程》，湖南人民出版社，1986，第 1 页。转引自高家望《文献的认识论及其定义》，中国图书馆学会主编《目录学文献学论文选》，第 250 页。

④　〔苏联〕切尔内：《情报检索理论概述》，赵宗仕等译，科学技术文献出版社，1980。转引自高家望《文献的认识论及其定义》，中国图书馆学会主编《目录学文献学论文选》，第 251 页。

⑤　高崇谦等：《文献检索基础》，书目文献出版社，1983，第 1 页。转引自高家望《文献的认识论及其定义》，中国图书馆学会主编《目录学文献学论文选》，第 250 页。

以是文字，也可以是图像或声光电磁信号。由于如上面所说，无论是声波及电波信号、人还是那只猩猩统统都是物质的，故按照这种定义，这些电波信号、人、那只猩猩等，依然可以定义为"文献"。

四　我的定义

粗粗看来，上述"文献是内容""文献是符号的集合"并没有否认文献需要有载体，但由于上述在文献的载体方面定义尚不清晰，故可能引起误解。为此，我对"文献"定义如下。

> 文献是以可视文字为基本表现形态的，以纸张或类纸张等可移动自然可视平面载体为载体的，具有一定的逻辑结构与体裁的，记录了人类及自然活动的历史信息。

这一定义的中心词是信息。也就是说，文献最基本的要素是一种信息。这是从内涵的角度来讲的。一张白纸，好写最新最美的文字，好画最新最美的图画。但当文字与图画还没有写上去、画上去之前，它仅是一张白纸。当然，作为一张纸张，它有制作原料、厚薄、长短、颜色等各种信息，这些信息也记录了人类活动的历史，告诉我们一定的知识，比如这是机制纸还是手工纸，大体是什么年代的纸张等。但由于纸张上没有用文字或图像表述的任何其他信息，所以，如果它的历史足够长，可以算是一件文物；历史不够长，只能算是一件物品。总之，这样的一张白纸不能定义为文献。

这一定义对可以成为"文献"的信息，有如下限定。

首先是"以可视文字为基本表现形态的"。这里"以可视文字为基本表现形态"这一限定，使文献区别于雕塑、壁画、舞蹈、音像制品等。加"基本"这一限定词，意为文献的基本组成要素是文字，不排除其中包括图画，亦即图文并茂的一些作品。如敦煌遗书中的上图下文，以及有图有文的《观音经》《十王经》《目连变》等。

如果反过来，表现形态以图画为主，文字为次，比如敦煌壁画，上有壁画榜书，算不算文献？因为它不符合"以文字为基本表现形式"这一限定，所以不算。但如果把壁画印成图录，算不算文献？我认为可以算。虽然这种图录以图画为主，以文字为次，但它符合定义中的"以纸张或类纸张等可移动自然可视平面载体为载体"这一限定，所以算是文献。关于"以纸张或类纸张等可移动自然可视平面载体为载体"这一限定，下文还将论述。

只有单纯的图画，完全没有文字的东西，按照上述定义，自然不算文献。但是，任何问题都可能有特殊情况，特殊情况需要特殊对待。譬如河图、洛书①及由此产生的阴阳太极、九宫八卦，本身不是文字，应该怎么办？我认为，在长期的历史发展中，河图、洛书的形态已经固化，且已经与文字联系，凝聚了大量的文字解释信息。现在人们看到它们时，脑海里浮现的已经不是双鱼图表象或简单的卦象，而是以语言文字形式出现的大量的关于太极、八卦内涵的解释。这两种图像已经成为中国文化的特殊符号。特殊问题，应该特殊处理。所以，我们可以承认它们也是文献。史传伏羲根据这种"河图""洛书"画成八卦，后来周文王又依据伏羲八卦演化成文王八卦，进而演化成六十四爻，并分别写了卦辞、爻辞。说明文王八卦最早提出时，也是带有解释的。可以猜想太极也如此。这种解释用文字固化下来，就成为文献。当然，把河图、洛书视为文献依然有一个前提，就是它们已经书写或印刷到相应载体上，符合前面的载体定义。如果并非"以纸张或类纸张等可移动自然可视平面载体为载体"，而是刻在石头上，我认为就不是文献，而是文物。有人问："拓片算不算？"我认为算。有人反驳："拓片不是书。"我认为，这是对书的一种误解。书有各种表现形态，各种装帧形态。我们可以把拓片理解为一种特殊装帧的书。

其次是"以纸张或类纸张等可移动自然可视平面载体为载体"这一限定，就把声波、电波之类看不见、摸不着的东西排除在"文献"之外。也就把前述所谓"贤人"、那只猩猩都排除在外。

应该说明，纸张是中国文化对世界的贡献，根据目前所知，纸张最早产生于汉朝。汉朝以前则采用甲骨、简册、缣帛等作为文献的载体。中国的造纸法尚未外传以前，国外或用纸草，或用羊皮，或用贝叶，或用桦树皮。本书为方便起见，在定义中将上述纸张出现之前的可移动自然可视平面载体一概泛称为"类纸张"。这一命名是否合适，可以讨论。

再次是"具有一定的逻辑结构与体裁的"。

这一定义强调组成文献的文字，相互之间需要有逻辑意义，也就是这些文字所表达的内涵，要能够让读者理解。或者虽然现在还不能理解，但这些文字之间是有逻辑联系的，有意义的，只是我们现在缺乏研究。只要按照科学的方式去认真研究，迟早可以搞明白它们的意义。比如不少甲骨文，至今不能释读。但那是我们的释读

---

① "河图""洛书"是中国古代流传下来的两幅神秘图案，历来被认为是河洛文化的滥觞，是华夏文化的源头。传说伏羲氏时，有龙马从黄河出现，背负"河图"；有神龟从洛水出现，背负"洛书"。伏羲根据这种"图""书"画成八卦。《易·系辞上》说："河出图，洛出书，圣人则之。"就是指这件事。这个圣人就是华夏文化始祖伏羲。后来周文王又依据伏羲八卦演化成文王八卦和六十四卦，并分别写了卦辞。又相传，大禹时，洛阳西洛宁县洛河中浮出神龟，背驮"洛书"，献给大禹。大禹依此治水成功，遂划天下为九州。又依此定九章大法，治理社会，流传下来收入《尚书》中，名《洪范》。

水平问题，不能因为我们没有释读的本领，就否认它们是文献。

当然，世界上的事物是复杂的，任何规律总有例外。有些东西，其表现形态是文字，但看起来好像并没有什么逻辑意义，比如敦煌遗书上的杂写。但如果仔细研究，可以发现有些杂写，纯属信手乱写；有些杂写，互相之间还是有某种联系，或者与正文有某种联系。即使那些信手乱写的杂写，有些也体现了书写者的某些心态，值得研究。只不过在敦煌遗书编目中它们无法独立存在。我在编目中创造了一个名词，叫"非主题文献"，专门著录这些敦煌遗书上不能独立存在的内容，杂写也纳入其中。既然命名为"非主题文献"，自然也属于"文献"。

由此，我们引申出文献的"体裁"。体裁即诗歌、散文等文献的各种表现形态。经过漫长的历史发展，文献的表现形态丰富多样，对这样的研究对象，必须进行分类。"体裁"就是人们在千百年实践中创造出来的对文献进行分类的主要方法。

下一个限定是，这种信息应该是"记录了人类及自然活动的"。

这是从内容方面做的限定。其实，这个宇宙无非两大部分：自然与在这个自然中活动的各种生物，而生物种类非常繁杂。在此如果采用佛教的方法对宇宙进行分类，那就是"有情世间"与"器世间"。所以，这里等于说宇宙中所有的信息，凡是符合上述条件的，都可以列入"文献"范畴。我想，实际上也应该是如此。当然，佛教的"有情"包括一切生物，上述定义则仅限定为"人"，这应该比较符合迄今为止的历史事实。至于那只猩猩，它实际是在人类的训练下才获得那些知识与技能，是一个特例，缺乏普遍性。

最后一个限定是"历史"，亦即此处所谓"文献"属于过去时，应该是已经形成的，不能是我们头脑中正在考虑、将来会要撰写的。

应该说明，这里所谓的"过去时"，含义比较窄，借用了印度部派佛教说一切有部关于时间的观点。说一切有部主张时间有三个阶位：过去位、现在位、将来位。当然，说一切有部主张时间的方向是从将来位，到现在位，再到过去位。故现在位只是一刹那，将来位随即扑面而来。而本书还是按照人们通常的观念，时间是从过去位，到现在位，再到将来位。所以，任何行为，过了过去位，就进入现在位，过去位的一切马上成为不能改变的既成现实。文章一写成，就成文献。即使没有写完，只写了半篇，那也是文献，只是还没有完成的半篇文献而已。前人有言："文章千古事，得失寸心知。"只要落到纸面上，就是白纸黑字。可不慎乎！当然，这里是极而言之。实际上，刚落到纸面上的草稿与其后正式发表的文本是两回事，文章要反复修改才行。这当然是另一个问题，与文献的定义无关。

应该说明，这一关于"文献"的定义是与"资料"配套的。也就是说，还有一个概念，称为"资料"。文献与资料有什么关系呢？

资料是属概念，范围更加宽，而文献是种概念，被资料涵盖。如音像等，都被资料涵盖，也属于种概念。比如我主张研究一个课题需要掌握三个方面的资料："原始资料"、"研究资料"与"动态资料"。这些都是从属概念的角度来讲的，包括的范围比文献更广。

文物，属于另外一类。文物都是看得见、摸得着，但曾经过人类加工，具有人类文明信息的物质性存在。比如那些在古人类遗址发掘出的旧石器时代的石器工具就是文物。一般认为文物具有历史性、艺术性、资料性。那些没有经过人类加工的石头，比如山间的岩石、天上掉下来的陨石，虽然也蕴含有很多研究信息，但尚未被人类研究之前，不算文物。应该说明，如果文献本身具有历史性，那么它也就具有了文物属性，属于文物。比如敦煌遗书，从它本身具有历史性、艺术性、资料性来说，它属于文物。但它抄写的内容又符合上述关于文献的定义，所以正确的表述应该是：在敦煌遗书这一文物上抄写了各种文献。

上述定义是否严密、是否正确，可以进一步研究。

到底什么叫文献？数字化时代向我们提出新的挑战。比如电脑里储存信息的方式是一连串二进位制的"1"和"0"，但屏幕上显示的却是传统的文字。如果愿意，也可以在屏幕上把这些文字的装帧，虚拟化为与普通书籍同样的形态，甚至可以在屏幕上手动翻页。那么，电脑里的这些东西算不算文献？由于电脑屏幕显示的内容符合"文献是以可视文字为基本表现形态的，以纸张或类纸张等可移动自然可视平面载体为载体的，具有一定的逻辑结构与体裁的，记录了人类及自然活动的历史信息"这一定义，所以电脑中的东西应该归为文献。

既然电脑内部用"1""0"等符号记录、计算的东西可以归为文献，那目前除了已有电子文本的佛教文献乃至大藏经之外，还出现大量与佛教有关的多媒体资料，如何处理这些资料？是否把它们也纳入佛教文献的范围，从而纳入佛教文献目录？如果说，以数字化形式为载体的大藏经及其他文字性佛教典籍理所当然应当进入"佛教文献"，那么，以数字化形式为载体的多媒体资料何以不能像《大正藏》"图像部"那样也进入"佛教文献"？如果以数字化形式为载体的多媒体资料可以纳入佛教文献，则相关的录音带、录像带、光盘资料自然也应该具有相应的资格。如果把它们都收入，如何处理其不同版本？这些资料现在可以非常方便地拷贝，使得其版本的著录十分复杂。进而，作为这些电子资料的原始标的物，包括诸如雕塑、壁画、洞窟、法器、寺院等文物是否都应该纳入佛教文献？再进一步引申，法事活动？讲经说法的僧人？当然，再这样引申下去，一项学术研究要变成一个笑话了。

总之，随着时代的发展、技术的发展，社会本身会向我们提出种种新问题，并迫使我们来解决这些问题。因为，如果我们对佛教文献的内涵与外延没有清楚的界定，那无法来研究这个佛教文献。文献定义的困难，说明"文献"这一研究对象的复杂。处在传统文献与数字化文献交界点的我们，必须面对与解决这个问题。

由于文献是记录有历史价值和研究价值的知识，所以积累、传播和继承这些知识，是人类社会活动中获取知识的最基本、最主要的来源。由于文献的历史性和权威性，所以在许多时候文献被当作信史，作为固化的历史而被引证。正因为如此，文献需要全面、真实、客观、公正。但世界上的事情是复杂的，文献在传播过程中，可能因为各种原因而发生讹变。此外，历史上往往有人出于各种目的、采用各种手段制作出各种各样的假信息，并制作为文献。这就需要我们在利用文献从事自己的研究时，对所用的文献审慎考察，认真鉴别，不要让那些错误的、虚假的信息误导了我们的研究。

第四节　文献的基本功能

文献具有如下四个基本功能。

一　固化性

所谓"固化性"，指文献具有能够固化知识的特性。当然，被固化的是文献的内容与体裁，而不是它的载体。

有的研究者认为文献有储存社会知识的功能。我同意这一观点，但我认为这不是文献最本质的特征。因为人类可以用各种方式储存社会知识，包括建筑、器具乃至人自己的大脑，数字化时代还有硬盘、光盘。但是，储存在建筑、器具上的知识是内涵的，需要人们去诠释。如果这种知识的传承一旦中断，需要人类去二次发掘。储存在大脑中的知识是流变的，受到时空条件的限制。而文献赋予人类知识以相对稳定的形态，使得文献比人脑，比建筑、器具发挥出更加强大的储存知识的功能。俗话说："口说无凭，立字为据。"就反映了人们对文献的这种稳定地储存知识的基本特征的认识。我把这种能够稳定地储存知识的功能，称为"固化性"。正因为文献拥有这种对知识的"固化"作用，所以能够起到保存文化遗产的作用。

当然，这里要指出，这种固化是相对的。时代在前进，文献的形态在变化，于是文献本身也会随之变化。这也就是我们需要对古籍文献进行校勘、进行整理的原因。

一般来说，一个文献的内容应该是可以被理解的，对它的理解结果应该是客观的、唯一的。当然，这里有一个限制词"一般来说"，亦即不排除特殊情况下的例外。

上文提到，有的研究者主张文献有储存社会知识的功能。文献无疑具有这样的功能，所以才能传递知识。但文献能够具备储存社会知识功能的基础是它的固化知识的功能。如果文献没有固化知识的功能，文献中储存的知识是流变的，则可以想象，将会造成多么难以预测的后果。

二 可复制性

关于文献的可复制性，本不用多做解释。但是，在数字化时代以前，所谓的"复制"，一是指抄写、刊刻、排版印刷，再就是指摹写、照相复制。采用前一种方式，有时难免发生各种错误，这就是我们现在从事文献工作时面对的现状，必须予以注意。传统的文献学为此发展出一套理论与方法，本书下面会涉及。采用后一种方式，有时需要修版，则也难免会出现失真。数字化时代，复制的方式与以前完全不同，为我们整理文献、利用文献打开了新的天地。

三 可传递性

由于文献已经用文字记录在自然可视载体上，所以不仅可以固化知识，而且可以借助载体进行传播。在书面传播与口头传播这两种方式中，书面传播无疑大大优越于口头传播，因为口头传播要受时间与空间的限制，要受人的记忆能力的限制，书面传播则可以突破上述限制。当然，口头传播是一个教学互动的过程，亦即如果听者对所听内容有疑义，可以当场发问，讲者可以当场解疑。而书面传播完全依靠接受者自己来理解文献的内容，这就会有种种限制。这也是即使在文献如此发达的今天，依然需要成立大量各种各类学校的原因。

由上述可传递性，引申出文献的"共享功能"。这里的关键是大家共享的是内容完全一样的知识与信息，也就是大家都处在同一个知识与信息平台上，于是就奠定了进一步共同讨论、深入研究的基础。此外，上述知识与信息的共享功能，还可以起到引导舆论、统一思想的作用。

四 可加工性

前面提到文献可以固化知识与信息。但我们也应该看到，这种固化是相对的。文献还具有可加工性。这种加工可以大致分为对文献本身的修正与对文献内容的诠释。

所谓"对文献本身的修正"，是指文献在复制与传播的过程中产生讹误，被后人发现，故加以纠正，实际也就是我们现在所说的"校勘"。

所谓"对文献内容的诠释"，是指后人在阅读文献时，把自己的阅读心得附写在原文献后面，供其他阅读者参考。实际也就是我们现在所说的"注释""疏解"，进而甚至可以出现"复注""复疏"等。

通过上述不断的努力，人们不断加深对认识对象的认识，从而更好地发挥认识世界、改造世界的作用。而文献在这一过程中对人类知识的积累、对社会的进步起到无可替代的巨大作用。当然，与前面提到的假文献类似，历史上也有人或出于各种目的，或由于相关人员的学养有限，在对前人的文献进行诠释时不是"我注六经"，而是"六经注我"；对前人的文献进行校勘时出现错校、错改，乃至有意的篡改。如此等等，由此产生的新文献都会误导后人，这些问题都是我们在利用前人文献或整理前人文献时必须注意的。

第五节　佛教文献与佛教文献学

一　什么叫"佛教文献"与"汉文佛教文献"

依据上面对文献的定义，也就可以对"佛教文献"做如下定义。

佛教文献是以可视文字为基本表现形态的，以纸张或类纸张等自然可视平面载体为载体的，具有一定的逻辑结构与体裁的，记录了佛教活动的历史信息。

进而，可以把"汉文佛教文献"定义为：

汉文佛教文献是以汉文为基本表现形态的，以纸张或类纸张等自然可视平面载体为载体的，具有一定的逻辑结构与体裁的，记录了佛教活动的历史信息。

一般以一定的时间段为标准，把佛教文献分为古代文献与现代文献两类，或分为古代文献、近代文献与现代文献三类。汉文佛教文献同样可以分成这样两类或三类。

二　什么叫"佛教文献学"与"汉文佛教文献学"

我们先定义"佛教文献学"。

佛教文献学是研究佛教文献发生、发展、流通的规律，亦即佛教文献的产生、类型、功能、载体、特点、流传、分布、搜集、整理、庋藏的历史与现状及其发展的规律性，研究佛教典籍的特点、表现形态，研究佛教文献的历史作用以及如何应时应机搜集、整理佛教文献从而使人们更好地利用它们，并对上述工作进行理论阐述的一门学科。

从逻辑上讲，汉文佛教文献学是佛教学、佛教文献学的一个分支，也是中国传统汉文文献学的一个分支。由此，我们将"汉文佛教文献学"定义为：

　　　　汉文佛教文献学是佛教学、佛教文献学的一个分支，也是汉文文献学的一个分支。是研究汉文佛教文献的产生、发展、流通的规律，研究汉文佛教文献的内容、体裁、载体，研究汉文佛教典籍的特点、表现形态，研究佛教文献的历史作用以及如何应时应机搜集、整理佛教文献从而使人们更好地利用它们，并对上述工作进行理论阐述的一门学科。

　　简单地讲，佛教文献学即研究佛教文献的学科。汉文佛教文献学即研究汉文佛教文献的学科。从古至今，我国的佛教文献学成果丰硕，成为人们学习与研究佛教文献的工具性学问。当然，从另一个角度讲，我们也应该承认，作为一门学科，它还有待进一步建立与完善。

　　这里要说明两点。

　　第一，"学"作为名词，从学术架构的意义上讲，有"学科""学问"两种含义。"佛教文献学"的"学"，指的是"学科"。这与"敦煌学"不同。"敦煌学"的"学"，目前其内涵实际仍只是"学问"。且在可以预见到的将来，恐怕难以发展为一门学科。

　　第二，佛教文献的文种很多。从目前依然在世界流传的三大系佛教来看，各大系佛教均有自己的文献，且涵盖不同的文种。如南传佛教有僧伽罗文、缅甸文、泰文、老挝文、柬埔寨文、傣文等不同文种的佛教文献以及用上述文字拼写的巴利语佛教文献，近代还有用罗马字拼写的巴利语佛教文献，用日文、中文翻译的南传佛教文献。汉传佛教有汉文、日文、朝鲜文（韩文）、喃文等文种的佛教文献。藏传佛教有藏文、蒙文、汉文、满文的佛教文献。近代以来，上述三类佛教文献中不少经典被翻译为英文、法文、俄文等外文。此外，从历史到现实，还存在如梵文、卡罗斯蒂文、于阗文、粟特文、回鹘文、龟兹文等各种南亚、中亚文字的古代佛教文献，此外还有西夏文、契丹文、满文等中国的少数民族文字的佛教文献。只是它们大多已不流通，仅成为学术研究的对象。对不同文种佛教文献的研究，都可以形成专门的学科。本书所讨论的，仅指汉文佛教文献。所以，除了特殊情况外，本书所谓的佛教文献学，全部指汉文佛教文献学。

　　如上所述，"汉文佛教文献学"是以研究汉文佛教文献为己任的学科。它包括研究汉文佛教文献的全部历史，即它的产生、发展、现状；还包括研究汉文佛教文献的分类、内容、特点、分布、历史与现实的作用；乃至我们今天如何利用汉文佛教文献，利用时应注意什么等。所以，它需要研究与辨析汉文佛教文献的源流，从而考察各佛教派别及理论的发展盛衰的历史；搜罗所有的汉文佛典，进行科学的分类，从而既能体现各类佛典的内在逻辑联系，又便于佛典的管理、检索、取阅；考证撰译人，查核卷部名题，鉴别真伪，钩沉拾遗，明校勘，研版本，从而使佛典能准确无误地保持其原有风貌；研究我国的经录史、藏经史，亦即探索古代佛教文献学所走过的道路；研究佛典的翻译史，总结历代翻译佛典的经验与教训，从而为今天的翻译事业提供前车之鉴。中国传统认为，文献学的任务是八个字，即"辨章学术，考镜源流"。这是清代章学诚提出来的，至今被传统的文献学家奉为圭臬。本书对佛教文献学的上述论述，基本上仍然局限在"辨章学术，考镜源流"这八个字当中。

由于汉传佛教是在中国流传的三大系佛教中影响区域最大、接受群众最多的一大系，所以，汉文佛教文献从来是中国佛教的重要组成部分与研究基础。但应该承认，目前在中国，专门研究汉文佛教文献的"汉文佛教文献学"还是一个相对薄弱、有待进一步建设的学科。

汉文佛教文献学是一种理论性、工具性的学问，也是一门关于学问的学问，为我们更好地整理汉文佛教典籍、研究汉文佛教典籍提供基础理论与工作方法。相信它会在佛教发展及研究佛教的进程中发挥重要作用。所以，我们必须认真对待它，重视它。

佛教典籍最初产生于古印度，其后在佛教文化圈各国传播、发展，形成各种不同文字的传本，也出现了种种不同的称呼。在古印度，随着时代的不同，它起先有"九分教""十二品经""三藏"等名称，后来又出现"菩萨藏""声闻藏""秘密藏"等各种名称，反映了不同的派别传承。与古代印度政治上并不统一相应，印度佛教也没有出现过公认的、统一的、示范性的佛教典籍。不仅如此，在整个佛教文化圈，佛教典籍的表现形态也因地而异。在南传佛教诸国，它一般被称为"三藏"；在藏传佛教区域，它被称为"甘珠尔""丹珠尔"，此外包括一批"松贡"文献；在汉传佛教地区，它先后被称为"众经""一切经""经藏""藏经"，后被统称为"大藏经"。自然，也有一批汉文佛教文献始终在藏外流传。

印度的佛教典籍随着印度佛教的灭亡而湮没，目前只留存少量梵文及其他文字的原本。但汉传佛教、藏传佛教及南传佛教等三大系佛教均保存着完整的佛教典籍，是人类文化的宝贵遗产。

值得一提的是，我国是汉传佛教与藏传佛教的发源地，也是世界上唯一保存着完好的三大系佛教与三大系佛教典籍的国家。在我国孕育产生的汉传佛教与藏传佛教，以及这两大系佛教自古以来世代传承的典籍，其后传到亚洲的许多国家与地区，产生巨大的影响，所以人们称我国是"佛教的第二故乡"。

思考与练习题

1. 什么叫"文献"？这个词语的内涵古今有什么不同？
2. 文献在人类文化长河中发挥什么作用？
3. 什么叫"佛教文献"？佛教文献在佛教的传播与发展中发挥什么作用？
4. 什么叫"佛教文献学"？设置这门学科的意义何在？
5. 试述汉文佛教文献学在佛教学及佛教文献学中的地位。

第二章　佛教典籍的形成与发展

导　言

从产生至今，佛教典籍①已有两千多年历史。在这两千多年中，它由结集产生到发展壮大，有着漫长而复杂的历史，影响了广大的区域与人们。本章主要介绍佛典是怎样在印度产生，并发展为各种形态的，佛典又是怎样随着佛教的传播走向亚洲、走向世界，如何因应各地的具体情况而发展演变。

第一节　佛典在印度的形成与发展

公元前6、前5世纪是人类历史上思想空前活跃的时代，几位著名的大思想家几乎都生活在这一时代，如中国的孔子、印度的释迦牟尼、希腊的苏格拉底。这些深刻影响了人类历史的大思想家为何都出现在几乎同一时期，的确是个饶有兴味的问题。这些大思想家还有一个共同点：他们都是"述而不作"。即他们自己并没有撰写什么著作来论述自己的理论，而只是满足于口头宣讲自己的理论与观点。后人也只是通过他们弟子的追记，才得以了解他们的思想。佛教典籍最初就是释迦牟尼逝世后由他的弟子们结集而成的。

一　佛典的结集

释迦牟尼传道四十五年，主要活动在古印度恒河中下游地区。从在鹿野苑初转法轮，到在拘尸那迦涅槃，他的一生中，不知接触过多少人，说过多少次法。从现有资料看，除了初转法轮等少数几次之外，释迦牟尼的说法，大都是针对某些具体

---

① 考虑到佛教的传统表述，本书以下有时亦用"佛教典籍"（或简称"佛典"）来指代"佛教文献"。特此说明。

的人或事发表自己的意见；或是应弟子及其他人的要求，对一些具体问题发表自己的观点。用佛教的术语来说，这叫"对机说法"。即按照谈话对象、谈话环境的不同而确定谈话的内容与方法，以更通俗而有效地传播佛教教义。释迦牟尼所说的法，被当时的佛教教团视为对世界真理的阐述、对宗教修持的指南、对僧团及僧人日常行事所做的规范，具有很大的权威性，在弟子们的心里留下深刻的印象。但是，终释迦牟尼一生，他没有写过任何一部成文的著作，他的思想与教义都以口口相传的方式在弟子中间流传。如果追寻释迦牟尼之所以述而不作的原因，大约可以举出如下两点。

第一，古代印度各宗教哲学派别大抵都采用口口相传的方法传播本派的理论与思想，如婆罗门教的吠陀圣典就是用口口相传的方法传下来的。释迦牟尼不过是遵循古印度的这一传统而已。

第二，当时佛教传播的地区及信奉的弟子数量大约都有限。早期佛典经常提到释迦牟尼有五百弟子。"五百"这个数字，在早期佛典及同时代的其他印度典籍中经常用来表示"数量很多"，并非不多不少正好"五百"个。即使早期佛教确有五百僧人，他们也分散在不同的地区。因为早期印度佛教僧人不从事生产，托钵为生。而在古印度，恐怕无论哪个城市都难以容纳五百名不从事生产、天天前来托钵乞食的僧人。佛教戒律规定的"次第乞食"，除了宗教修持本身的需要外，恐怕也有尽量少扰民的含义。当然，这是一个可以研究的问题。佛经记载，外地的僧人来拜见释迦牟尼，释迦牟尼面见他们时，经常会问的一个问题是：乞食是否顺利。这也说明，在当时能否顺利乞食的确是一个问题。

由于在释迦牟尼时代，同一个地区聚集的弟子的数量不会很多，故口头传教已经可以满足需要。既然客观上没有用载体来记录佛教教义的需求，自然也就不会把佛教教义写为文字。与佛教同时代的印度各宗教哲学派别都用口口相传的方式来传承本宗本派的教义，大约情况差不多。

可以想见，由于是口口相传，便不免产生记忆的失误与传承的差讹。再加上南亚次大陆又是一个民族众多、方言众多的地区，佛典记载，为了能够让更多的普通群众理解佛教、接受佛教，释迦牟尼要求他的弟子无论到什么地方，都用当地的方言来传教。这对佛典传承与理解也难免带来副作用。释迦牟尼在世时，这个问题应该还不突出。因为释迦牟尼可以用他个人的威望来判断问题的是非及维护教团的团结。一旦释迦牟尼逝世，这个问题的严重性就会逐渐显现出来。

约公元前485年，释迦牟尼从摩揭陀国到拘萨罗国的途中，在拘尸那迦涅槃。当时只有大弟子、释迦牟尼堂弟阿难随侍身边。据有关佛典记载，正在其他地区活动的佛弟子们听到释迦牟尼逝世的消息，都十分悲痛，纷纷赶来。据说释迦牟尼的大弟子迦叶当时正率领一批弟子在另一个地区活动。听到释迦牟尼逝世的消息，不少弟子忍不住失声痛哭。但这时却有一位比丘说：有什么可悲伤的？释迦牟尼在世时，规矩太多了，这也不许做，那也不能干，现在他死了，我们可就自由了。迦叶听了十分生气，认为释迦牟尼虽然逝世，但他生前的教导不能抛弃。也认识到如果没有一个适当的方式把释迦牟尼生前的教导汇聚起来，成为全教团公认的规范，这些教导不但不可能长久流传下去，而且有可能被歪曲。这样，自然很不利于僧侣的修持与教团的发展。于是萌发了把释迦牟尼的教导汇编起来的想法。

我认为，故事仅仅是故事，迦叶主持第一结集的原因应该并非上述故事那样简单。首先，佛典结集与释迦牟尼的临终遗言有关。根据佛典记载，释迦牟尼涅槃前，弟子伤心不已，问："您逝世以后，我们依靠谁来修持，得到最后的解脱呢？"释迦牟尼回答："我一生说了不少法。我死以后，你们应该以这些法为依止，以自己为依止，精进修持，争取最后的解脱。"既然要以法为依止，自然需要把可依止的法结集起来。其次，这又与佛教对佛法的定位与理解有关。如本书前言谈到的，佛教认为佛法是永存于世的根本理法，不会因为佛是否出世而有增减变化。无论是谁，只要能够觉悟佛法，就能够得到解脱。正如《撰集三藏及杂藏传》所载："今当集法，令众生安。佛虽涅槃，四谛故存，八道犹在。"① 这应该是迦叶举行结集的最基本的原因。

当年雨季，佛教僧团按惯例应举行夏安居，迦叶便把大家召集到摩揭陀国都城王舍城郊外的灵鹫山，共同汇编释迦牟尼的遗教。参加者据说是五百个已经得到阿罗汉果位的比丘。具体的方法是先由一人将他平时听到的释迦牟尼的教诲复述出来，复述时必须先说明释迦牟尼的这一段教诲是在什么时候、什么地方、什么情况下、当着哪些人、为了什么而讲的。然后由参加集会的其他弟子共同审定，即审定该人所讲的与自己平时听到的释迦牟尼的教导是否相符。大家共同认可的，就作为释迦牟尼的遗教正式确定下来。佛教称这种方法为"结集"。所谓结集，就是弟子们在一起会诵经典的意思。现存的佛经都以"如是我闻"开头，然后说明释迦牟尼说法的时间、地点、对象、原因、参与者等，就是这种会诵形式的反映。由迦叶召集、主持的这一次结集，在佛教史上称为"第一结集"。学术界认为，第一结集便是佛教经典的雏形。

据《五分律》等典籍记载，第一结集时，侍从释迦牟尼时间最长、号称"多闻第一"的大弟子阿难背诵了释迦牟尼对佛教教义的许多论述，这些论述被大家肯定下来之后，便称为"经"。号称"持律第一"的大弟子优波离则背诵了释迦牟尼关于修持与生活的各种规范，这些规范被肯定下来以后，便称为"律"。从此，经与律便成为佛教典籍的基本组成部分。

---

① 《撰集三藏及杂藏传》卷一，《大正藏》第49册，第1页下。

同佛教史上的其他问题一样，不同的佛教经典对第一结集到底由谁主持、有哪些人参加、由谁背诵遗教及会诵、厘定了哪些典籍，说法各不相同。如《四分律》等经典主张，第一结集时，阿难除了背诵经之外，还背诵了专门解释经中奥义的"论"。后代佛教把经、律、论当作佛教经典的最基本组成部分，称作"三藏"。也就是说，《四分律》主张早在第一结集时，三藏已经齐全。《付法藏因缘传》也主张三藏早就齐全，但主张"论"不是由阿难，而是由迦叶背诵出来的。但《迦叶结经》则说经律论三藏都是阿难背诵出来的。另外，有些经典还主张，除了迦叶在王舍城灵鹫山举行的结集外，还有其他人在其他地方也举行了对释迦牟尼遗教的结集。如《大唐西域记》卷九称，在迦叶召集五百上座举行结集的同时，有数百千比丘举行了另一个结集，并会诵了经藏、律藏、论藏、杂集藏、禁咒藏等五藏。《大智度论》与《金刚仙论》则说，第一结集时，弥勒与文殊师利及十方诸佛在铁围山外，结集出大乘法藏。此外，还有其他一些说法，此处不一一列举。

学术界认为，第一结集时，佛弟子们把释迦牟尼的一些教导会诵出来，形成最初的佛经，这是可以信从的。现在佛经中保留了一些比较古老的偈颂，如"诸行无常，是生灭法，生灭灭已，寂灭为乐"之类，形态比较固定，在经典中出现频率较高，它们很可能就是第一结集的作品，甚至很可能就是释迦牟尼的原话。但是，当时是否已经形成完整的经、律、论三藏，尚无确证。至于说结集出杂集藏、禁咒藏等，那完全是后代的附会，不足凭信。所谓结集出大乘法藏云云，也显然是大乘产生以后的传说。所以产生这些附会与传说，主要因为佛教后来分成许多派别，发展出新的学说，每个派别为了争取正统地位，为了维护自己学说的权威性，都把自己这一派的经典的产生上溯到第一结集，由此出现对自己有利的传说。在古代，这是毫不足怪的。

二 传承的危机

最初的佛经虽然从第一结集起就已经形成，但当时未能摆脱口口相传的传统，没有形诸文字。而且，各地教团都用其所在地的俗语来传承佛典，没有统一的标准语言与统一的标准经典。这样，在佛教向各地传播的过程中，难免会产生各种理解的歧异与传承的讹误，甚至产生各种人为的篡改，想必这也是佛教后来分裂成许多部派的原因之一。据《付法藏因缘传》记载，阿难晚年，有一次行化来到一个竹林，听到一个比丘正在念诵这样一首法句偈：

若人生百岁，不见水老鹤，不如生一日，而得睹见之。①

---

① 《付法藏因缘传》卷二，《大正藏》第50册，第302页下。

阿难听了非常感慨，当场指出，该比丘将这首偈颂念错了，正确的偈颂应该是：

> 若人生百岁，不解生灭法，不如生一日，而得解了之。①

因为原偈颂本来是宣讲生灭法亦即缘起法的重要意义。缘起法是佛教的基础理论，自然十分重要。故称"不如生一日，而得解了之"。《付法藏因缘传》叙述，该比丘回去把遇到阿难，阿难纠正自己所念偈颂的事情告诉自己的师父。师父回答："阿难老朽，智慧衰劣。言多错谬，不可信矣。汝今但当如前而诵。"② 就是说阿难已经老糊涂了，说的话不可信，你还是按照我原来教你的偈颂念诵。

这段记载如果属实，说明早在阿难住世晚年，已经出现对佛典的改篡，阿难虽想纠正，但已无能为力。根据《迦丁比丘说当来变经》，当时还有这样的师父，因为担心弟子掌握佛法后会瞧不起自己，便故意将三藏经典秘而不宣，不向弟子传授。

> 佛有三藏经。夫为师者秘惜，不传不教弟子。所以者何？恐弟子知与我等者，便轻慢师。是以秘之。③

如果真有这样的师父，自然也会使佛教典籍的传承产生危机。

当然，为了捍卫佛教典籍的权威性与佛教教义的纯洁性，更多的教团采用了比较严格的传承制度。《出三藏记集》卷五记述，道安曾经这样介绍西方佛教教团学习佛法的方法：

> 外国僧法，学皆跪而口受。同师所受，若十、二十转，以授后学。若有一字异者，共相推校，得便据之，僧法无纵也。④

可见当时为了准确传承佛教教理，教团有着严格的规章制度和与之相配套的教学方法。其后有些教团开始把佛典刻写在贝多罗树叶上，形成所谓"贝叶经"。

三　佛典的早期组织形式

从现有资料可知，佛教典籍最初大抵均为偈颂。这应该是因为偈颂朗朗上口，便于记忆，也与早期佛教口口相传的教授方式相适应。由于偈颂要受到音节数量及

---

① 《付法藏因缘传》卷二，《大正藏》第50册，第302页下。
② 《付法藏因缘传》卷二，《大正藏》第50册，第302页下。
③ 《迦丁比丘说当来变经》卷一，《大正藏》第49册，第7页下。
④ 《出三藏记集》卷五，《大正藏》第55册，第38页中。

格律的限制，往往难以容纳比较丰富的内容与深奥的义理，所以还是需要有叙述性或论说性的散文。后来，佛典中的偈颂与散文往往配合起来，错落组合，从而形成佛教典籍特有的文体。在这种文体中，散文一般称为"长行"。再往后，便出现完全由长行组成的经典。

一般来说，早期佛典的偈颂或一篇偈颂、长行错落组合的文字都围绕一个主题展开论述。篇幅也都不长。如现在保存在《法句经》中的偈颂、保存在《杂阿含经》中的 1362 个篇幅短小的经典就反映了早期佛典的若干特征。由于经典的篇幅短小，内容繁杂，数量又多，这就给记忆造成很大的困难。所以，在其后的流传过程中，佛典逐渐以类相从进行组织。现知较早的佛典组织形式是"九分教"。

1. 九分教

又称"九部经""九部法"。据《法华经·方便品》的说法，它们是：

（1）修多罗，梵文作 Sūtra，意为"经""契经""法本"。一般是指主要用散文形式组织成的经文，也包括偈颂、散文错落组合的经典。

（2）伽陀，梵文作 Gāthā，意为"讽颂""孤起颂""不重颂"。一般是指用偈颂形式组织成的经文。

（3）伊帝曰多伽，梵文作 Itivṛttaka，意为"如是语""本事"。指释迦牟尼说的弟子们过去世的因缘故事。

（4）阇陀伽，梵文作 Jātaka，意为"本生"或"生"。内容俱系释迦牟尼说的自己在过去世的因缘故事。

（5）阿浮陀达磨，梵文作 Adbhutadharma，意为"未曾有""稀有法"。内容主要是叙述释迦牟尼及其弟子的种种神通变化故事。

（6）尼陀那，梵文作 Nidāna，意为"因缘""缘起"。记述释迦牟尼说法的因缘。

（7）阿波陀那，梵文作 Avadāna，意为"譬喻""解语"。指设用各种譬喻来宣说佛教教义。

（8）耆夜，梵文作 Geya，意为"应颂""重颂"。指用偈颂的形式将散文中宣示的教义再提纲挈领地复诵一遍。

（9）优波提舍，梵文作 Upadeśa，意为"议论"。是探讨诸法意义的经文。

九分教中的修多罗、伽陀、耆夜三类是按照佛典的体裁所创立的名称，阿波陀那是依据论述方法而创立的名称，其余五种则是依据经文的内容所创立的名称。立名的标准既然不统一，则实际进行分类操作时想必会有一定的难度。一般认为，九分教是对佛教经典进行分类的初步尝试，分类体系与规范还没有成熟。我认为，九分教之所以形成我们所看到的这种形式，想必它还有自己的形成前史。亦即它很可能不是在某次对佛典进行全面整理的过程中产生，而实际是将前人分类整理佛典的成果，分阶段予以积累的结果。这当然是一个需要研究的问题。

《法华经·方便品》主张上述九分教是小乘经典的组织形式。但是，《大集法门经》《十住毗婆沙论》等对小乘九分教的说法与《法华经》不同。又，《涅槃经》认为小乘没有"无问自说"，在《法华经》的上述小乘九分教中的确也没有"无问自说"，但在现存的小乘藏经——南传巴利三藏中却偏偏存在着"无问自说"。因此，小乘九分教的具体内容到底是什么，还需要进一步研究。我认为，小乘的九分教大约因部派的不同而相互有异，本身并不统一。也就是说，九分教的出现与小乘部派的出现大体同时。由于当时九分教还是一个新生事物，还没有形成固定的范式。所以，虽然有若干小乘部派接受这种分类法，但由于大家对这种分类法的理解不同，分类的结果自然也各不相同。

2. 十二品经

继九分教之后出现的佛藏组织形式是"十二品经"。十二品经又称"十二部经""十二分教""十二分圣教"等，是在上述九分教的基础上增加如下三种典籍。

（10）和伽罗那，梵文作 Vyākaraṇa，意为"授记""授决"。系释迦牟尼预言小乘弟子将来生死因果及预言大乘菩萨将来成佛的记述。

（11）优陀那，梵文作 Udāna，意为"自说""无问自说"。指无人发问，释迦牟尼主动宣示的那些教义。

（12）毗佛略，梵文作 Vaipulya，意为"方等""方广"。指释迦牟尼所说的广大平正，比较深奥的教义。实际上，"方广"又是"大乘"的代名词。故此类典籍进入佛典，应在大乘佛教兴起之后。

比较九分教与十二品经，可知十二品经是在九分教的基础上发展起来的。它反映了印度佛教从小乘向大乘演化时期的佛典组织形式。中国在相当长的时间内，都把"十二品经"一词当作大藏经的代名词来使用。有些典籍认为，只念诵十二品经的名称也可以有无量的功德，敦煌遗书中就存有专门抄写十二品经名称以供念诵的写卷。

后来，又出现"大乘九分教"的说法。所谓"大乘九分教"系从十二品经中删去因缘（尼陀那）、比喻（阿波陀那）、议论（优波提舍）等三类，由余下九类经典组成。隋慧远在《大般涅槃经义记》卷二中解释了小乘九分教与大乘九分教的区别，他说：对小乘教徒来说，他们并不要求成佛，所以不用授记；当时释迦牟尼所说的法比较浅显，人们比较容易理解，比较容易发现问题和提出问题，所以释迦牟尼用不着"无问自说"（优陀那）；当时还没有宣说那些深奥的大乘教义，自然也就没有"方广"（毗佛略）。而大乘教徒都是一些有悟性、有根机的人，根本用不着凭借"因缘""比喻""议论"之类的方法，很快就能领悟佛法。慧远的解说，反映了大乘教徒对佛教典籍发展史的理解。不过，被列为大乘九分教的这些典籍是否全属大乘，各佛典的说法也不一致。如《大般涅槃经》卷三认为大乘九分教均属大乘；卷五又说只有"授记""无问自说""方广"三类属大乘。《菩萨地持经》则主张只有"方广"才算大乘，其余都是小乘。这些不同的说法，反映了不同的佛教派别对当时流传的各种佛教典籍的不同态度，也反映了这些典籍或分类法与各个佛教部派的相互关系。这说明与印度佛教部派分列相应，当时印度佛教各部派传承的典籍也不统一。

总的来说，九分教与十二品经是印度佛教对典籍进行早期整理时的分类法。这种方法很可能只在某些地区或某些部派、某些典籍范围内使用，并没有形成统一的规范，也没有在整个印度佛教中普及开来。随着三藏的形成，这种分类法逐渐被废除，仅在某些典籍中留下它们的名称。

上述九分教与十二品经是否包含了当时流传的所有佛教典籍，这也是一个值得研究的问题。我们知道，初期佛教与部派佛教都十分重视教团的戒律生活，当时，各种各样的关于戒律的佛典已经被编纂出来。然而，在上述九分教与十二品经中，我们却没有看到这些律典的位置，这说明当时的律典被置于九分教与十二品经之外，也说明九分教与十二品经实际只是当时佛教对后代三藏中被称作"经藏"的那部分典籍所用的分类法。

四　三藏的产生与部派三藏

三藏组织法的出现与贝叶经日益普及以及古代印度对佛典的庋藏方式也有密切的关系。当时，贝叶经越积累越多，印度佛教僧侣通常把同一性质的佛典汇聚在一起，收藏在一个筐、箱或笼中。梵语称这类盛物的器皿为"藏"（pitaka）。因此，"藏"逐渐演变成为表述佛典的组织形式与分类的术语，出现"经藏""律藏""论藏""三藏"等名词。这大约已经到了部派佛教时期。

1. 经藏

经，梵文作"Sūtra"，原意为用来穿东西的线绳。佛教认为，释迦牟尼的言教就好比绚丽的花瓣。如果不用线绳将它们穿起来，就可能被狂风吹散亡佚。所以用"Sūtra"来称呼他们所收集、整理的释迦牟尼关于佛教教理的种种论述，由此形成经藏。

小乘经藏主要由阿含经组成。"阿含"，梵文作"Agama"，也音译作"阿笈摩"，意译是"无比法""教""传"，大意是"传承的教说"或"集结教说的经典"。阿含经基本上以言行录的体裁，记述释迦牟尼的说教及其直传弟子们的修道与传教活动，论述了初期佛教的基本教义：四谛、八正道、十二因缘、缘起、无常、无我、五蕴、四禅等。阿含中的主要内容大约在第一结集就有了，其后经过不断的整理，于公元前1世纪左右才出现用文字书写的传本。据说当时各个部派都有自己完整的阿含经。由于这些阿含经有着同一个来源，又是由不同的人编纂而成，因此各部派的阿含虽大体相应，但内容不尽相同。现各部派的阿含经就整体而言，几乎都失传了。唯有《南传大藏经》中还保留了南传上座部传承的完整的五部阿含经。汉文大藏经中也保留了《长阿含经》《中阿含经》《杂阿含经》《增一阿含经》等四部，它们与《南传大藏经》中相应的阿含经大体相同，但分别属于法藏部、说一切有部、化地部、大众部等。在此简单介绍汉文大藏经中保存的这四部阿含经。

（1）《长阿含经》

《长阿含经》，共22卷，后秦佛陀耶舍与竺佛念译。它由30部不同主题的经典汇集而成，由于它们在阿含经中属篇幅较长的经典，所以把这一汇集称作《长阿含经》。一般认为汉译《长阿含经》是印度部派佛教法藏部的传本。现该经的梵文原本已佚，幸而近代以来曾在中亚发现若干梵文残片。汉译《长阿含经》与南传大藏经的《长部尼伽耶》大体相应，略有差异。一般认为汉译本倾向于把内容相近的经文排列在一起，而南传本则更多地保留了经文形成先后的原来面貌。

《长阿含经》的主要内容包括如下几个方面。（一）把佛教的基本教义，以数字为顺序排列叙述。如四谛、四禅、五蕴、八正道、十二因缘等。（二）叙述释迦牟尼及其直传弟子们的传教活动。（三）叙述释迦牟尼的本生故事。（四）驳斥外道，亦即婆罗门教及当时影响较大的"六师外道"的理论。

《长阿含经》中有些经典记述了释迦牟尼的言行。如《游行经》，记述了释迦牟尼涅槃前如何从王舍城前往舍卫城，途中经过哪些地方，说了什么法，其后如何来到拘尸那迦，在两棵娑罗树间涅槃，涅槃后如何火化，八分舍利等。上述记叙，基本上可以看作是释迦牟尼逝世这一历史事件的实录。

《长阿含经》中不少经典反映了释迦牟尼平时是怎样说法的。如《种德经》记述了这么一个故事。瞻婆城有一个婆罗门，名叫"种德"。他自诩血统纯正，学识丰富，平日很傲慢。有一次，释迦牟尼来到瞻婆城，种德前去拜访他。释迦牟尼凭借神通知道种德心中想些什么，就故意问他："一个人应该具备哪些条件，才能算是一个真正的婆罗门？"种德回答："应该具备五个条件。首先，必须要有纯正的血统；其次要有丰富的知识；第三要五官端正；第四要严格遵守所有的戒律；第五要智慧通达。"释迦牟尼听后，微笑着说："你说得真好啊！不过，如果从你的五个条件中减掉一条，行不行呢？"种德想了想说："可以取掉第一条，余下的四条就够了。"释迦牟尼说："是啊！是啊！不过，能不能再减掉一条呢？"种德考虑了一会儿，说："如果他五官端正，智慧通达，持戒具足，也就可算是一个真正的婆罗门了。"释迦牟尼笑着说："你说得太好了。不过，能不能再减掉一条呢？"种德考虑再三，狠了狠心，说："那么五官端正这一条也可以减掉。"这时，旁听的许多婆罗门议论纷纷，都觉得这怎么能行呢？种德说："你们大家都知道，我有一个外甥，名叫摩纳。他长得很端正，学识丰富，无所不晓，出身也好。可他平日杀生、偷盗、奸淫，无恶不作。说谎骗人更是家常便饭。这样的人也能算是真正的婆罗门吗？由此看来，前三条都是用不着的。"释迦牟尼说："你说得太好了。那么，能不能再减掉一条呢？"种德考虑再三，断然回答："不！不行了。因为持戒与智慧密切相关，缺一不可。"释迦牟尼说："善哉！善哉！只有坚守戒律，人才能增长智慧；同时，正因为具备了智慧，人才能坚守戒律。戒能净慧，慧能净戒。就好比人的左右两手，互相搓洗，才能搓洗干净。所以我要求比丘必须具备戒、慧这两条。"

这个故事的目的虽然是强调戒律、智慧两者的重要性（后来小乘佛教主张解脱主要靠戒律、禅定、智慧等三种方法），但从中也可以看出释迦牟尼是如何循循善诱、善于因势利导来传教说法的。

《长阿含经》的不少经典还反映了释迦牟尼反对婆罗门教的立场。比如《三明经》讲了这么一个故事。有几个信奉婆罗门教的婆罗门，自称自己的宗教最优越，死后能升入梵天的天堂。释迦牟尼问他们："你们见过梵天吗？你们的师傅，以及师傅的师傅见过梵天吗？"婆罗门们回答："没有。"释迦牟尼说："假如有一个人对你们说，他认识一个姑娘，这个姑娘有着闭月羞花、沉鱼落雁之貌，并且对他情意绵绵，关系十分密切。但当你们问他这个姑娘姓什么、叫什么？他说不知道；问他这个姑娘家住哪里？他说不知道；问他这个姑娘的父母是谁，他又说不知道。那么，他说的与这个姑娘是情侣的话可信吗？同样，你们、你们的师傅乃至师傅的师傅都没有见过梵天，却说自己能引导别人去梵天那儿，又怎么能令人相信呢？"释迦牟尼辛辣的语言驳得那几个婆罗门哑口无言。

《长阿含经》是研究初期佛教、部派佛教及当时印度社会状况的重要资料。

（2）《中阿含经》

《中阿含经》，共60卷，东晋瞿昙僧伽提婆译。它一共包括了222部记载了释迦牟尼及其弟子们言行的经典。由于这些经典的篇幅在所有的阿含经中不算太短，但也不像《长阿含经》那么长，所以称作《中阿含经》。学术界一般认为汉译《中阿含经》是印度佛教说一切有部的传本。现该经的梵文原本已佚，只有少量残片近代在我国新疆出土。汉译《中阿含经》与南传大藏经的《中部尼伽耶》大体相应，但收经要更多一些。

《中阿含经》所收经典，共分为5诵18品，但分品时有的据所述的教义分，有的据经中出现的主要人物分，有的据说法的形式分，如此等等，并没有划一的标准。全经包括三方面主要内容：（一）论述各种修行方式的相互关系及它们在实现涅槃解脱方面的作用。如戒、定、慧被视为解脱必由的三种主要方法，经中的论述就较多。（二）论述因果报应。（三）论述四谛、八正道、十二因缘等佛教基本理论。

《中阿含经》在论述佛教道理的时候，往往举一些生活事例或寓言故事来作比喻，故通俗易懂。例如《中阿含·箭喻经》讲了这么一个故事。有一次，一个叫鬘童子的来到释迦牟尼住处，提出一系列问题：世界到底是永恒的，还是也有毁灭的一天？世界有没有边际？灵魂与肉体是不是同一的？如来会不会死？如此等等，希望释迦牟尼解答。释迦牟尼拒绝回答这些问题，他对弟子们说："假如有一个人，身中了一支毒箭，故而生命垂危。他的亲友们一见，连忙张罗着给他拔箭、找医生救命。然而他却说：'你们先别拔箭，我想要知道那个射我的人姓甚名谁，个子高矮，皮肤黑白，到底是什么种姓，住在什么地方？你们先别拔箭，我想要知道那张射我的弓到底是用桑木，还是用柘木或角做的？你们先别拔箭，我想要知道那弓弦到底是用鹿筋，还是用丝做的？你们先别拔箭，我想要知道那箭杆是木头的还是竹制的？缠箭的是牛筋还是鹿筋？箭羽是用什么鸟的羽毛做的？那造箭的人到底是谁？'如此等等。没等他把问题问完，箭毒发作，他就死掉了。现在，鬘童子就和那个中箭的人一样愚蠢。他没有认识到，无论世界是永恒还是短暂，这世界都充满了生、老、病、死等各种痛苦。我们当前最迫切的事情是争取从痛苦中解脱出来，抵达涅槃。而这些世界永恒不永恒之类的问题与我们涅槃解脱的关系不大，所以我不回答他。"这个故事既说明释迦牟尼传道说法的风格，也反映了早期佛教特别注重宗教的实际修炼以追求解脱、反对玄奥的哲学思辨的特点。

（3）《杂阿含经》

《杂阿含经》，共50卷，南朝宋求那跋陀罗译。它共包括了1362部篇幅短小、内容广泛的经典，所以称作《杂阿含经》。学术界一般认为它是印度佛教化地部的传本，但也有人认为它是说一切有部的传本。该经的梵文原本已佚，近代以来在新疆一带曾发现若干梵文残片。汉译《杂阿含经》与南传大藏经的《相应部尼伽耶》大体相应，但后者无论在经典内容还是经文编排上都比前者更有系统性。有的学者认为汉译《杂阿含经》中有大乘影响的痕迹。在汉文大藏经中还保存了一部名为《别译杂阿含经》的经典，16卷，失译人名，共由364部小经组成。这部经典想必是另一个小乘部派的传本，但到底出于哪个部派，尚待进一步研究。

此经的主要内容大体包括如下几个方面。（一）联系比丘修习禅定讲述佛教教义，主张"善摄诸根""内寂其心，如实观察"。阐明正确的禅思，并斥责外道的禅观。记述修禅的步骤、方法、注意事项及所要达到的效果。所以有人认为此经重在指示止观道理，为修禅者所专习。（二）论述小乘佛教的基本教义。首先详释五蕴、六处、缘起、十二因缘等佛教的基本理论，以阐明无常、苦、空、无我的思想。此外阐述了四谛、四食、八正道、四念处、七觉支、四禅、十八界、因果报应等理论。（三）向优婆塞、优婆夷宣传佛法，鼓励他们信奉佛教，皈依三宝，勤修善业。

该经是在长时间内慢慢形成并被编纂起来的。如汉译本卷二十三记述说，有一次释迦牟尼带领众僧进城乞食，这时有几个儿童在路边玩沙子，其中一个名叫阇那的儿童见释迦牟尼等僧众过来，就捧起一捧沙土，当作饭食布施给释迦牟尼；此时释迦牟尼说："这个孩子知道向佛布施。由于这一功德，他以后会投胎成为统一全南瞻部洲的转轮圣王。我涅槃后一百年，他将在华氏城登位为王，名叫'阿育王'。他还会将我的舍利分布在全国各地，一天之内修建八万四千座塔来供奉我的舍利。"后来，这孩子果然如释迦牟尼预言的，投胎成为印度孔雀王朝的著名君主——阿育王，并广建八万四千座供养释迦牟尼舍利的佛塔。

汉译《杂阿含经》中的这一段故事，应该形成于阿育王登上王位之后。这说明汉译《杂阿含经》原本的最后形成，时代较晚。当然，这里所说仅为汉译《杂阿含经》。至于其他部派传承的《杂阿含经》应依据各自的情况另行研究。

（4）《增一阿含经》

《增一阿含经》共51卷，东晋僧人瞿昙僧伽提婆译。全经共分52品，472部经，经文按照法数的顺序相次编纂，从"一法"开始，逐次增加，一直到"十一法"，所以叫作"增一阿含经"。由于汉译《增一阿含经》中有不少大乘的用语，如"菩萨""六度""菩萨发意趣大乘"，还反映了不少大乘的思想，如"肉身虽取灭度，法身存在"的"法身"思想，所以学术界一般认为它是受大乘思想影响较深的印度佛教大众部传本。该经的梵文原本已佚。汉译《增一阿含经》与南传大藏经的《增支部尼伽耶》大体相应，但后者收经比前者为多。另外，前秦建元二十年至二十一年（384～385），在释道安的主持下，曾由兜佉勒僧昙摩难提诵出，竺佛念翻译，译出过一部《增一阿含经》，共50卷。据《开元录》记载，这部《增一阿含经》与僧伽提婆译本略有不同。但后来这部经未见入藏，可能是亡佚了。不过，在梁代编纂的《经律异相》中，保存了竺佛念译本的若干片段。

《增一阿含经》记述释迦牟尼及其弟子们的事迹，阐述出家僧尼的戒律及对俗人修行的规定，论述小乘佛教的诸项教义。该经的重点在于宣传持戒、布施、生天、涅槃等事及各种因缘故事，故有人认为它是劝化者专习的著作。该经卷一引用了释迦牟尼的大弟子阿难所作的一首偈颂：

诸恶莫作，众善奉行，
自净其意，是诸佛教。①

对佛教下了一个简单明了的定义。意思说佛教要求人们应该不做恶事，修善积德，并从心灵深处提升自己。佛教认为，这一偈颂包括了佛教思想的全部精华，所以后代经常有人引用这一首偈颂来说明佛教的基本立场。

---

① 《增一阿含经》卷一，《大正藏》第2册，第551页上。

2. 律藏

律，梵文作"Vinaya"，汉语音译作"毗奈耶"，意译则作"调伏""灭""离行""化度""善治"等。早在初期佛教时期，为了比丘们能够集中精力认真修行，为了佛教僧团能够顺畅运作，释迦牟尼制定了不少关于修行与教团活动的规则。这些规则就是戒律。律藏则为戒律的汇集。

现在大藏经中的律部大体可以分为广律、戒经、羯磨法与律论等四大类。

广律又称广毗奈耶，是对佛教戒律的详细叙述。佛教的戒律是教团在长期的实践活动中逐渐制定的。当时，释迦牟尼所以制定这些戒律，一般都针对某些特定的事件，有着不同的原因，广律就具体记叙这些事件或原因。有时，释迦牟尼制定了某些戒律后，由于情况的改变，又宣布改变或废除这些戒律，广律中也具体记叙了上述改变或废除的经过。当然，也有些戒律实际是后代僧人制定的，在广律中也叙述了有关的经过，以说明制定这些戒律的理由。所以，广律不仅记载了古代佛教教团的实际生活、修持情况，还记载了许多关于当时社会生活的情况，是我们研究古代印度佛教教团及当时印度社会生活的宝贵资料。

戒经是从广律中抽出来的具体的戒条，简单明了，要求僧人必须严格遵循。佛教教团有一个制度，每半月要举行一次全体集会，自我检讨及相互检举有无违反戒律的情况，称为"布萨"。而戒经就是衡量是否犯戒的标准，故而也是布萨时必须诵读的基本经典。

羯磨法是佛教教团举行各种集体活动时的一些具体的活动规则。

律论是后代的律师针对广律与戒经所做的各种解释与论述，内容比较广泛。古代三藏中的律藏大概基本上只有广律、戒经与羯磨法，没有律论。关于这一点，我们从现存的南传巴利语三藏可以得到证实。当然，也可能有的部派的律藏中已经有若干律论，这还是一个需要进一步研究的问题。

由于戒律是佛教教团维持正常活动必须遵从的基本规范，因此，可以相信，初期佛教时期已经有了较为完善的戒律。但是，随着佛教出现部派分裂，初期佛教的戒律没有能够保存下来。现在保存下来的主要是各个部派传承的戒律。在这些戒律中，有些内容完全相同，可以相信基本是初期佛教时期形成并传承下来的；但也有不少互不相同，甚至完全相反，这大概就是后人增补的了。比如，在《摩诃僧祇律》中，认为比丘可以蓄金银；而在《十诵律》中，认为比丘如果蓄金银则为非法。我们知道，释迦牟尼逝世后一百年时，佛教曾经在毗舍离举行了第二结集。当时讨论的一个重要问题就是比丘能不能蓄金银。由于意见的分歧，最终形成倾向变革的大众部与倾向传统的上座部。而现在的《摩诃僧祇律》就属于大众部系统，《十诵律》则属于上座部系统。两部广律中关于蓄金银问题的分歧意见，显然是第二结集以后增补的，也为我们留下关于第二结集的相关资料。

现在尚存的佛教戒律，保存比较完整的是南传三藏中的律部。而保存戒律数量最多的则是汉传大藏经，包括说一切有部的《十诵律》、法藏部的《四分律》、大众部的《摩诃僧祇律》、化地部的《五分律》、根本说一切有部的《根本说一切有部毗奈耶》等。上述都属于广律。此外还保存了不少戒经。由于本书篇幅所限等原因，对这些律典的介绍从略。

由于律藏所收录的都是佛教教团的一些内部规范，所以按照佛教的惯例，这些戒律是不能给非出家人阅读的。中国佛教史上有这么一个故事。三国时康僧会在吴国传教，吴国的皇帝孙皓本不信佛教，并肆意侮辱佛像。后来有一次他请康僧会讲经说法，康僧会口才很好，宣讲佛经义理细致入微，孙皓听得心花怒放，于是要求阅读佛教的戒律。这个要求让康僧会很为难，如果同意，就违反了佛教的惯例；如果拒绝，则会得罪孙皓，祸不可测。再三考虑之后，他用释迦牟尼的250则本生故事来比拟比丘250条戒律，编纂了一部《菩萨二百五十法经》，呈给孙皓。依据佛教经录著录，这部经典其后亡佚。

3. 论藏

论藏，梵文作"Abhidharma"，音译为"阿毗达磨"、"阿毗昙"或"毗昙"，意译为"对法""无比法""论"等。是佛弟子撰写的阐述佛教义理的著作的汇集。

虽然有的佛教经典称：早在第一结集时，论藏已经出现。但学术界一般认为，初期佛教时期，理论还比较质朴，所以，还没有出现专门阐述佛教义理的著作。等到部派佛教时期，随着佛教寺院经济的发展与壮大，佛教的理论研究也日益深入，并开始出现专门的著作。随着各部派分裂的加剧，在理论方面的争论也日益激烈，这就更加促使理论著作的蓬勃发展。保留到今天的理论著作，虽有个别著作挂名在释迦牟尼的大弟子舍利弗的名下，但该著作是否真是舍利弗所著，还需研究。其他的著作，最早也只能追溯到部派佛教时期。这也说明论藏的出现比较迟。

现在可以肯定，各个小乘部派都曾有自己的论藏。其中有的部派，例如说一切有部，由于他们特别重视理论的分析，所以他们的论藏就特别发达。不过，印度佛教的部派虽然名目繁多，但保存到现在的诸部派的论藏却比较有限。除了南传上座部的论藏保存完整外，其他部派的论藏，只有原来活动在西北印度的说一切有部，由于距离中国比较近，大批论典被翻译为汉文因而保存下来。除此之外，其他部派的论典，只有少量有机会翻译成汉文的被保存下来，其余大都亡佚无存。

如前所述，部派佛教时期，印度各小乘部派几乎都有自己的三藏。各部派三藏的内容既有相通之处，也有相异的地方。组织形式也不尽相同。

如上座部用五分法组织三藏。经的五分即五部阿含——长阿含、中阿含、增一阿含、相应部阿含、小部阿含。律的五分是：（一）比丘戒本的解说；（二）比丘尼戒本的解说；（三）犍度（关于受戒、安居等诸事）；（四）本母（关于戒律的通论）；（五）增一毗尼（对戒律的补充解释）。论的五分则为：（一）问（对佛教从多种门类去加以分析）；（二）非问（即不加分析）；（三）摄（不同诸法之性质可相互包容的，归为一类）；（四）相应（诸法中虽有相互联系，但不能归为一类的）；（五）发趣（不仅相摄、相应，而且相望为因果的）。

而说一切有部的三藏，其经藏由四部阿含组成。其中特别重视相应部阿含（相当于汉译《杂阿含经》），把它置为经藏之首，结构是四分十诵。律藏也是十诵，故称《十诵律》。论藏共有二十一部。不同的藏经组织形态反映了各部派理论的差异。

总之，与古印度诸国分立的政治局面相适应，从部派分立开始，印度佛教也从不统一。印度人倾向于认为，无数相互参差的集团与派别，各种异质东西的同时并存是一种正常的现象。他们说：一个金手杖虽然断为十八截，但每截都是真金的。由此论证当时分裂的诸多佛教部派都属佛教正统，都是合理的存在。出于这种思维方式，他们无意于从事统一佛藏的工作。因此，印度也就不存在标准的、规范化、统一的佛藏。各个小乘派别各自传承自己的典籍，呈现百花齐放之势。如有的小乘部派主张传承经、律、论、杂四藏，有的小乘部派主张传承经、律、论、咒四藏，大众部传承经、律、论、咒、杂五藏，法藏部则传承经、律、论、咒、菩萨五藏。法藏部藏经包括"菩萨藏"，显然是受大乘影响所致。但同样深受大乘影响的《成实论》却主张传承经、律、论、杂、菩萨五藏。除了藏的区分不定之外，各藏亦未形成标准的目录与固定的规范。同样都叫经藏、律藏、论藏，不同部派传承典籍却互相不同。所以来中国传教的外国僧人以及西行求法的中国僧人往往均依各自的传承或所得而传译不同的经典。

五　大乘经典

其后大乘产生，从而出现大批大乘经典。大乘是印度佛教发展的一个重要阶段，但它的产生与小乘的产生有很大的不同。小乘后来虽然分为二十个左右部派，但追根溯源，从组织上都可以追溯到释迦牟尼时期的初期教团。也就是说，无论部派佛教的枝叶如何繁茂，归根结底，它们都是从一条根上生发出来的。所以，小乘各个部派的三藏虽然互有差异，但其基本成分还是可以相应相合。正因为这样，印度小乘佛教内部才出现前述用金手杖断裂来比喻各部分派的说法，用以调和各个派别相互争论的现实。

但大乘的产生却完全不同。它们是在印度各地出现的菩萨运动的基础上发展起来的，在组织上比较分散，不像部派佛教那样可以追溯到一个总的根源。据有的学者研究，这些菩萨运动主要以各地的佛塔为基地，由管理佛塔的一些在家信徒领导。与此相应，大乘经典也是在各地分别涌现，各讲各的理论，各有各的传承。这一点，我们从现在仍然保存在汉文大藏经中的各种大乘经典也可以看得很清楚。当然，这里讲大乘的产生主要以印度各地以佛塔崇拜为中心的在家信徒为基础，并不是说它与出家僧人没有关系。实际上，许多出家僧人成为大乘运动的精神领袖与理论创立者。不过，一般认为，这主要以那些僧人个人参与大乘菩萨运动的方式实现，而不是以部派教团总体参加的方式实现。所以，出家僧人参与大乘运动并没有改变大乘运动多头并进的分散状态。

大乘初起，小乘并不承认这一新的理论。不少小乘佛教徒甚至指斥"大乘非佛说"。从一个角度来讲，可以说这种指斥是有道理的，因为这些大乘的理论的确不是化身佛释迦牟尼所讲的。从另一个角度来说，也可以说完全没有道理。因为大乘理论实际是小乘理论的逻辑发展。即使依照小乘佛教的观点也可说，既然承认佛法是不依赖于佛而永世长存的世界真理，那么，就不能说只有化身佛释迦牟尼所说才是真正的佛法，应该承认佛法还有从其他途径出世的可能。所以，大乘主要理论家龙树就说他的经典是从龙宫里取回来的；另一位著名的大乘佛教理论家无著则说他的经典是夜里上升兜率天，从候补佛弥勒菩萨那儿听来的。

另外，小乘在理论上也承认有过去七佛。既然凡是佛说的都是"经"，就应该承认除了释迦牟尼佛之外，其他佛也都有说法的权利。记录他们所说佛法的典籍，自然也都是"经"。而大乘正主张十方三世有无数佛。所以，不管小乘怎样反对，大乘经典还是源源不断地涌现。《大乘庄严经论》卷一称："若汝言声闻乘是佛说，故有体。大乘非佛说，故无体。若作此执，有大过失。"① 对小乘佛教进行严肃批评。

不过，由于小乘不承认大乘的合法性，大乘也指斥小乘是只知自利，不知利他的小根机，所以，小乘部派不准大乘经典进入自己的三藏，大乘经典也就自立于小乘三藏之外。《大智度论》卷一百称："佛口所说，以文字、语言分为二种：三藏是声闻法，摩诃衍是大乘法。"并称："是故知《摩诃般若波罗蜜经》等在修多罗经中，以经大事异，故别说。是故不在集三藏中。"② 这与早期大乘经典宣称的"一阐提人"不能成佛的思想也是相应的。

由于大乘本身并不统一，各有各的流传区域，各有各的经典，各有各的理论，各有各的传承。就理论的发展而言，大体可以分为初期大乘时期、中观时期、唯识时期、密教时期。当然，实际情况复杂得多，上述分期仅为方便法门。因此，应该用怎样的方式来组织全部大乘经典，不同派别的说法各不相同。例如，《大乘理趣六波罗蜜经》卷一主张全部佛藏可分为经藏、律藏、论藏、般若波罗蜜多藏、陀罗尼藏等五藏，《菩萨处胎经》卷七则提出释迦牟尼一代教法应由胎化藏、中阴藏、摩诃衍方等藏、戒律藏、十住菩萨藏、杂藏、金刚藏、佛藏等八藏组成。可以说，

---

① 《大乘庄严经论》卷一，《大正藏》第 31 册，第 591 页上。
② 《大智度论》卷一百，上海古籍出版社，1991 年影印本，第 656～657 页。

汉文佛教文献学概论

与古印度在政治上从来没有统一过相应，印度部派佛教没有统一过，印度大乘佛教也没有统一过。

当然，印度佛教毕竟同出一源，随着佛教进一步发展，大、小乘的关系也有所协调。大乘经典不再把一阐提人排除在佛门之外；相反，开始强调一阐提人也能成佛。在佛藏的组织理论方面，也出现新的观点。有一种说法主张应根机上、下之不同，三藏亦可分为小乘声闻乘之经、律、论三藏与大乘菩萨乘之经、律、论三藏，即总共分为六藏。这样，就把全部大、小乘佛教典籍汇聚为一个整体。但是，这只是一种藏经分类的理论，实际上印度是否真正出现过总摄所有大、小乘经典的完整三藏，还需要考察与研究。正如印度从来向往、宣扬将会有转轮圣王来统一四天下，却从来也没有真正出现过这么一个转轮圣王一样，虽然人们提出大、小乘，经、律、论这么一种理想的三藏形态，但从现有资料看，在印度佛教的实际宗教生活中，似乎从来没有成为现实。当然，这也是一个还需要进一步研究的问题。

7世纪时，我国著名僧人玄奘西行求法，据《大慈恩寺三藏法师传》卷六记载，他带回的经本是：

大乘经，　　　　二百二十四部；

大乘论，　　　　一百九十二部；

上座部经律论，　一十五部；

大众部经律论，　一十五部；

三弥底部经律论，一十五部；

弥沙塞部经律论，二十二部；

迦叶臂耶部经律论，一十七部；

法密部经律论，　四十二部；

说一切有部经律论，六十七部；

因（明）论，　　三十六部；

声（明）论，　　　一十三部。

总计　　　　　　六百五十七部。①

上述六百五十七部，总计有五百二十捆梵夹。这个取经清单从一个侧面反映了当时印度佛典百花齐放、并不统一的实际情况；也说明在古印度，因明、声明是当

_____

① 《大慈恩寺三藏法师传》卷六，《大正藏》第50册，第252页下。

　如将上述数字逐一相加，应为六百五十八部，但据《大正藏》校记，参校诸藏数字互有不同。故此处据《大正藏》本《大慈恩寺三藏法师传》卷六原文之"六百五十七部"照录。

时各宗教哲学派别共同的学问，并非佛教特有。

从这个唐玄奘西天取经目录，还可以清楚地看到印度佛典完全是大小乘、各部派分立，根本看不到一点以大、小乘，经、律、论这么一种理想的三藏形态来统一组织的影子。有意思的是，印度的大、小乘，经、律、论这种分类理论对中国大藏经的组织却发生重大影响。

大乘佛教经典数量非常多，其中有代表性的有《金刚经》《法华经》《华严经》《维摩诘经》《大般涅槃经》《解深密经》《入楞伽经》《胜鬘经》《中论》《瑜伽师地论》《唯识二十论》《唯识三十颂》，以及《大日经》《金刚顶经》等大批密教经典。关于这些经典的情况，已有不少书籍介绍，可以参见。本书限于篇幅，介绍从略。

第二节　佛典在世界的流传与发展

佛教向世界各地的传播主要有两条路线：南传与北传。南传佛教最初进入斯里兰卡，然后由斯里兰卡传入缅甸、泰国、老挝、柬埔寨、印度尼西亚及我国云南西双版纳地区，现所传承的经典主要是巴利语三藏。需要说明的是，东南亚曾经有过一个密教化时期，但由于其后为南传佛教所取代，所以对东南亚密教化时期的情况，本书不予涉及。北传佛教又可分为两大系统：一大系统主要经由中亚及海道传入我国汉地，在汉地孕育发展成汉传佛教后，又传入朝鲜、日本、越南等国；另一大系统传入我国西藏，在西藏孕育发展成藏传佛教后，又传到尼泊尔、不丹等国及我国内地广大的蒙古族生活地区与满族生活地区。下面分别予以简述。

一　南传佛教的经典

南传佛教经典，主要由经藏、律藏、论藏等三大部分组成，所以当地一般称之为"三藏"。由于该三藏最初用巴利语传承，故在南传佛教圈外，人们往往称其为"巴利语三藏"或"巴利三藏"，也因其传播区域而称之为"南传三藏"。在中国汉地，则往往按照汉传佛教的习惯称之为"巴利语大藏经"或"南传大藏经"。南传三藏与汉文大藏经、藏文大藏经并列，是世界现存的三种主要大藏经之一。

1. 形成与发展

公元前3世纪印度孔雀王朝阿育王时期，在都城华氏城举行了一次结集，佛教史上称为第三结集。这次结集确立了上座部的领导地位，并派出传教使团四出传教。传说以阿育王的儿子（一说为阿育王的弟弟）摩哂陀长老为首的教团来到斯里兰卡，在国王天爱帝须的支持下开始大力传播上座部系的佛教。据学术界研究，摩哂陀原本生活在西南印度山奇一带，当地通行巴利语，所以由摩哂陀传入斯里兰卡的佛典便是巴利语三藏，这部三藏在斯里兰卡得到广泛的传播。公元前 1 世纪左右，斯里兰卡佛教教团发生分裂，形成大寺派与无畏山派两个派别。大寺派主张恪守传统；无畏山派则吸收了不少从印度传来的新思想、新理论，包括当时刚刚产生的大乘思想。其后，大寺派长老五百多人举行了一次结集，南传佛教把这次结集称为第四结集。这次结集历时三年多，众多长老将历来口口相传的巴利语三藏及其注疏用僧伽罗文记录到贝多罗树叶上，以期代代相传。据说这就是巴利三藏的最初写本。公元 5 世纪，摩揭陀国三藏法师觉音来到斯里兰卡，他致力于巴利三藏的研究与整理，使巴利三藏的形态完全固定下来。人们相信，现在流传的巴利三藏与觉音的整理本没有太大的差别。

巴利语没有与之相配套的专用文字。斯里兰卡僧人举行第四结集，记录巴利语三藏及其注疏时，系用当地通用的僧伽罗文把它拼写下来。其后，随着南传佛教在东南亚的广泛流传，各国均用自己的文字拼写巴利三藏，从而形成各不同文字的流通本。流传至今的有：僧伽罗文本、泰文本、缅甸文本、柬埔寨文本、老挝文本、傣文本、天城体梵文本等。各种文字的巴利三藏内容基本相同，行文或偶有差别。

1881 年，由英国学者里斯·戴维斯发起成立的"巴利圣典协会"，努力从事南传巴利三藏的收集、整理、校勘工作，该协会经过艰苦努力，出版了用罗马字母转写的精校本巴利三藏，为巴利佛教的研究提供了宝贵的资料。

20 世纪中叶，以纪念释迦牟尼涅槃二千五百周年为契机，不少南传佛教国家都举行了新的结集，从而形成了新的精校本与翻译本南传三藏。如斯里兰卡从 1954 年开始，用了三十年的时间，编撰了新版僧伽罗文本巴利三藏和僧伽罗语译文的对照本。泰国从 1940 年至 1952 年，用了十二年的时间，把巴利三藏全部译为泰文。缅甸也在 1954 年邀请缅甸、柬埔寨、斯里兰卡、印度、老挝、尼泊尔、巴基斯坦、泰国等国的比丘二千五百人举行第六次结集，依据各种版本精校了巴利三藏，出版了新的缅甸文字的三藏圣典。另外，近代以来，巴利三藏中的不少典籍被译为英、法等各种西方文字。日本亦在 1935～1941 年间，把巴利三藏全部译为日文，出版了《南传大藏经》，全 70 册。

近代以来，我国佛教界、学术界也据巴利语或其他文种，翻译过一批巴利三藏的佛典。前些年，台湾元亨寺又以日文本《南传大藏经》为底本，将其全部翻译为汉文出版，并收入法鼓山主持的《电子佛典》（CBETA）。

此外，由于南传上座部佛教经缅甸、泰国传入我国云南省西南边疆地区，故云南西双版纳、思茅、临沧、德宏一带保存大量的傣文三藏。

2. 基本内容

如前所述，巴利三藏主要由律藏、经藏、论藏三部分组成，此外还包括了部分藏外典籍。大体有如下一些内容。

（1）律藏

①《经分别》，该经典对僧侣日常应遵守的戒律做了详细的解释，它包括《大分别》与《比丘尼分别》两部分。《大分别》解释比丘戒律，《比丘尼分别》则解释比丘尼戒律。它大体相当于汉文大藏经中的《四分律》《十诵律》等大部律本。

②《犍度》，该经典论述教团行事的规章制度。说明什么是应做的，什么是不应做的。

③《附随》，它相当于律藏的附录，共有19章。一般认为它是在斯里兰卡产生的。

（2）经藏

与北传小乘三藏中的经藏仅有四部阿含不同，南传巴利三藏中的经藏包括五部尼伽耶。

①《长部尼伽耶》，因其经文篇幅较长，故名。共有蕴戒、大品、当学等3品34经。相当于汉译大藏经中的《长阿含经》。

②《中部尼伽耶》，因其经文长短适中，故名。共有15品152经。相当于汉译大藏经中的《中阿含经》。

③《相应部尼伽耶》，该经典篇幅较小，内容丰富。包括偈、因缘、蕴品、六处、大品等5品2889经。相当于汉译大藏经中的《杂阿含经》。

④《增支部尼伽耶》，该经典以法数为顺序编撰，从"一法"开始，逐次增加，故名。共包括170品2198经。相当于汉译大藏经中的《增一阿含经》。

⑤《小部尼伽耶》，虽集成较晚，但其中不少经典产生甚早。它由15部独立的经典组成，它们是：

a. 《小诵》，该经篇幅不大，故名。由9部分组成。它们是：《三皈依文》《十戒文》《三十二身分》《问沙弥文》《吉祥经》《宝经》《户外经》《伏藏经》《慈悲经》。

b. 《法句》，初期佛教的基本著作，产生得相当早，其中有些内容据信产生于释迦牟尼时代。全文为韵文，共26品，423首偈颂。南传《法句》曾多次被译为汉文，比较流通者有中国佛教协会印本。

c. 《自说》，相当于前述十二分教中的"无问自说"，即释迦牟尼不待弟子们询问，主动宣说的教义。主要为韵文，也夹杂若干散文。分为8品。

d. 《如是语》，该经由散文、韵文双重组成。论述佛教修持方面的问题。共4集，10品112篇小经。

e. 《经集》，该经全部用韵文组成，共5品，72篇小经。论述初期佛教的基本教义等。一般认为它产生的时代也较早，是研究初期佛教的重要资料。已经由郭良鋆翻译为汉文，中国社会科学出版社出版。

f.《天宫事》，论述诸天的生活及果报故事等，共 7 品，85 篇小经。

g.《饿鬼事》，论述饿鬼的生活及果报故事等，共 4 品，51 篇小经。本经与《天宫事》都是僧侣向在家信徒宣教时用的。

h.《长老偈》，诸长老所作的偈颂。反映自己修持生活的情况。共 107 首偈颂。已由邓殿臣翻译为汉文，与《长老尼偈》合作一本，由黄山书社出版。

i.《长老尼偈》，诸长老尼所作的偈颂。共 73 首偈颂。已经被翻译为汉文，由中国佛教协会印行。《长老偈》与《长老尼偈》都是研究初期佛教教团生活的重要资料。如前所述，已由黄山书社出版。

j.《本生》，即叙述释迦牟尼本生故事的经典。北传佛教的本生故事散见于许多不同的经典，南传大藏经则将它们集中在一起，共 547 则。其中部分本生故事近年已经被翻译为汉文，由中国社会科学出版社出版。

k.《义释》，是对《经集》中第四、第五两品，以及对第一品《蛇品》中一部分经典的注释。分《大义释》《小义释》两部分。

l.《无碍解道》，共分 3 品，每品 10 论。论述了智、见、出入息、业、四谛、神通、出世间等佛教的理论与修行实践问题。

m.《譬喻》，论述各种譬喻故事。与《本生》略有相似，但主要论述诸长老与长老尼的各种因缘事迹。关于各长老的故事共 55 品，547 则；关于长老尼的故事 4 品，40 则。

n.《佛种姓经》，论述过去二十四佛的传说，韵文。

o.《所行藏》，论述关于释迦牟尼教化的故事，韵文，共 35 篇。

从总体看，汉文大藏经中没有与《小部尼伽耶》相应的部分。但也有一些经典与《小部尼伽耶》的若干内容基本相符，如《法句经》，还有若干本生故事等。

（3）论藏

南传巴利三藏的论藏包括如下七部论。

①《法聚论》，讨论诸法的性质。

②《分别论》，对尼伽耶中的各种法相进行解说。

③《界论》，论述蕴、界、处的各种关系。

④《人施设论》，论述人的不同类别及各种心理现象。

⑤《论事》，记录了佛教第三次结集时争论的各种问题，表述了上座部的正统观念。

⑥《双论》，从正反两个方面论述精神、物质等问题。

⑦《发趣论》，论述二十四种因缘关系。

（4）藏外典籍

除此之外，南传佛典中还有一批藏外著作与巴利三藏一起流通，它们是：《弥兰陀王之问》（相当于汉文大藏经中的《那先比丘经》）、《岛史》（已经翻译为汉文）、《大史》（已经翻译为汉文）、《小史》（已经翻译为汉文）、《清净道论》（已经翻译为汉文）、《摄阿毗达磨义论》（已经翻译为汉文）等二十五部，以及对律藏的注疏 2 种、对经藏的注疏 19 种、对论藏的注疏 3 种。此处不一一罗列。

3. 傣文大藏经

生活在我国西双版纳地区的傣族、布朗族、德昂族、佤族等少数民族传承的是南传上座部佛教。他们用傣文来传写南传大藏经，从而形成我国特有的傣文大藏经。

傣文大藏经有三种不同方言文字的刻本和写本，即西双版纳傣文、德宏傣文和傣绷文。其内容可分为两大类：第一大类经典与南传大藏经一致，分作律、经、论三藏及藏外典籍等四部分，它们是用傣文字母转写的巴利语原典，另一大类经典的主体是用傣文意译的南传大藏经典籍，此外还包括若干本民族僧人所撰写的有关经论的疏释，同时还包括一批天文、历算、医药、历史、语言、诗歌、佛教故事等著作。两大类典籍混同在一起，共同在民间流传。

傣文大藏经的装帧形式有两种：贝叶刻写本与构皮纸抄写本。贝叶刻写本亦即贝叶经。贝叶经的制作过程很复杂，要经过采叶、水煮、磨光、裁剪、烫孔等工序，再用铁笔在制备好的贝叶两面刻写经文，然后上色、晾干，用线把每卷串联成册，再集合若干卷，用细竹条贯线编成的硬夹片捆束起来。构皮纸抄写本又可分为折装本与书册式两种。所用的构皮纸坚韧耐磨，可以保存很长时间。

在西双版纳傣族自治州政府的大力支持下，2010 年 3 月，人民出版社出版了《中国贝叶经全集》。

《中国贝叶经全集》，共计 100 卷，统一以贝叶经原件扫描、老傣文、新傣文、国际音标、汉文直译、汉文意译 6 种形式出版，共收入作品 150 余种，计 9100 多万字。

该书既可供僧人或普通读者诵读，又方便国内外学者对比研究，更为佛教寺院、有关信众和图书馆、文史馆的基本藏书。它的编译出版不仅是规模最大的中国傣族历史文献整理项目，也是 21 世纪以来西双版纳的一项大型文化工程，具有重要的史料价值和文献意义。

前面提到，印度小乘佛教各部派几乎都有自己传承的三藏。但是，由于佛教在印度已经灭亡，各部派的这些三藏也都散佚无存。汉文大藏经中虽然保留了一大批部派佛教的典籍，其中涉及许多部派，但是，没有一个部派的三藏是完整的。唯有南传巴利三藏完整地保存了南传上座部的全部典籍。从这个角度讲，巴利三藏具有无可替代的价值。

二 中亚佛教的经典

公元前 3 世纪，阿育王派遣使团到邻近印度的中亚一带去传教。此后佛教逐渐流传于阿富汗、伊朗北部、我国新疆等广阔的中亚各地。由于这些地区后来都成为伊斯兰教的流传区域，所以古代佛教在这儿流传的情况已经不很清楚。不过，在不少佛教典籍及求法高僧的行记中还是保留了大量关于这一地区古代佛教流传情况的记载。如于阗（今新疆和田）就是一个重要的佛教中心。从汉到唐，我国都曾有僧人到此地来求访经典。于阗附近的遮句迦国（今新疆叶城）更是大乘佛典的保存中心。据《历代三宝纪》卷十二载称：该国"王宫自有《摩诃般若》《大集》《华严》三部大经，并十万偈。王躬受持，亲执键钥。……此国东南二十余里，有山甚险。其内安置《大集》《华严》《方等》《宝积》《楞伽》《方广》《舍利弗陀罗尼》《华聚陀罗尼》《都萨罗藏》《摩诃般若》《八部般若》《大云经》等，凡十二部，皆十万偈。国法相传，防护守视"。① 唐玄奘的《大唐西域记》也有类似的记述："此国中大乘经典部数尤多，佛法至处，莫斯为盛也。十万颂为部者，凡有十数。"② 近代以来，各国考古学家在中亚地区发现很多婆罗谜文、卡罗斯蒂文、窣利文（粟特文）、于阗文、吐火罗文、回鹘文的佛教文献，既印证了诸多典籍关于这一地区古代佛教流传、佛典兴盛的记载，也说明当时这一带都采用本地区文字传承佛典。可惜的是迄今为止发掘出来的各种古文字佛典大抵均为另部残页，不存在完整的大藏经。虽则如此，它们仍是我们现在研究中亚佛教及汉传佛教经典来源的重要资料。

中亚处在中印交往的交通要冲，深受中印两种文化的影响。当地流传的佛经，早期都是从印度传入的。待到中国佛教兴盛起来之后，也有不少佛典是从内地倒流的。此外，当地僧人自己也编纂了不少经典。由于中亚地区本身深受印度文化与中国文化这两种文化的熏陶与影响，所以当地编纂的那些经典也就深深地打下中印两种文化的烙印。中亚始终是汉传佛教经典之一大来源，而中亚在文化构成上的这种复杂性，使汉传佛教典籍呈现更加丰富多彩的姿态。以前，人们对这个问题注意不够，研究不够。今后，从"文化汇流"的视角对中亚佛教及其佛教典籍的研究势必会引起人们更多的关注。

三 汉传佛教的经典

佛教约于公元前 2、前 1 世纪传到我国新疆地区，进而约于两汉之际传入内地。

① 《历代三宝纪》卷十二，《大正藏》第 49 册，第 103 页上。
② 《大唐西域记校注》，中华书局，1985，第 999 页。

据《三国志·魏志》注引三国时鱼豢所撰《魏略·西戎传》，汉哀帝元寿元年（公元前2年），大月氏使臣伊存向博士弟子景卢口授《浮屠经》。"浮屠"是"佛陀"的异译，所谓"浮屠经"，也就是"佛经"。伊存虽遵印度传统口授，景卢却依中国习惯笔录。据有关材料，这部《浮屠经》主要叙述释迦牟尼的佛传故事，同时也讲述了一些佛教的教理。它是我国第一部成文的汉文佛经。该经在东汉时曾广泛流传，形成一些不同的抄本。后来，约于两晋之际亡佚于战乱之中。[1] 学界有人否认伊存传经的真实性，但至今未提出可信的证据。其后又有汉明帝感梦求法之说，很多书籍都有介绍，可以参看。

自此以后，西域僧众东来传教，中国信众西行求法，大批佛经陆续译出，中华佛教撰著也不断涌现。佛教在中国由附庸到独立，最终成为中华民族文化的有机组成部分。与这一过程相呼应，汉文佛典也逐渐发展、成长，最终成为庞大的汉文大藏经。

汉文佛典从其来源讲包括翻译佛典与中华撰著两大部分。

翻译佛典的原语种十分繁杂，既包括从印度梵文、巴利语及各地俗语翻译的经典，也包括从中亚一带各种语言以及从藏文翻译的经典，近代还有从日文转译的经典。它的内容包括大、小乘，显、密教，十分丰富。

中华撰著则是中国人自己撰写的佛教著作，内容有对经、律、论的章疏，史传著作，各种论著、地志、碑铭、经钞、类书、目录、音义以及感应兴敬类等，内容广泛宏富，形式丰富多样。

上述两大部分汉文佛典后来被组织为汉文大藏经。从总体看，现存三大系佛教中，汉文佛教文献的存世数量最多，其初期文本定型时间的可追溯年代最为久远，其包含的内容也最丰富。不言而喻，南传佛教文献、藏传佛教文献，以及梵文与近现代发掘的中亚古文字佛教文献均各有其相互不可替代的重要价值。正因为如此，我们对上述各文种佛教文献就不应偏废，既要反对在佛教研究中只重视汉文文献，忽视巴利梵藏等非汉文文献的倾向；也要反对将巴利梵藏等非汉文文献或其中的某些文献视为正统，视为判别是非的唯一依据，忽视汉文文献的倾向。不同的研究者术业有专攻，无可厚非；但对不同文种佛教文献的态度应该持平、公允，不能因私废公。与其他文种的佛典相比，汉文大藏经所收经籍的数量最多，其经籍涉及的时代跨度最大，地区涵盖面最广，所包容的佛教派别也最多，是我们研究佛教以及中国文化的基本资料。

近代以来，西方的佛教学者大抵沿着巴利语佛典—梵文佛典—藏文佛典这么一条路线来展开佛教研究，从事汉文佛典研究的人相对来说较少，这种情况与汉文佛

---

① 　参见方广锠《浮屠经考》，《国际汉学》第一辑，商务印书馆，1995。

典本身的价值相比很不相称。所以形成这么一种局面，除了其他种种原因外，语言的障碍及对汉文大藏经及其价值不甚了解大约也是重要因素。现在，有的学者已开始注意到这一问题，中外都有学者在呼吁并从事汉文佛典的研究乃至英译工作。随着人们越来越认识到汉文佛典的重要价值，从而对汉文佛典研究的展开深入，汉文大藏经将会在这一过程中，为人类文化的进一步发展做出应有的贡献。

四　藏传佛教的经典

在藏传佛教区域，人们习惯于把自己传承的藏文佛教典籍称为甘珠尔、丹珠尔。汉传佛教圈则一般按照自己的习惯称之为藏文大藏经。藏传佛教典籍与汉文大藏经、巴利语三藏并列，是现存三种保存完整的最主要佛教大藏经之一。

1. 甘珠尔与丹珠尔

佛教于公元 7 世纪松赞干布统治时期，分由尼泊尔、内地两路传入西藏。由尼泊尔传入的是印度密教，由内地传入的是经过汉文化濡化的汉传大乘佛教。在其后的流传过程中，印度密教相对西藏当地苯教以及汉传大乘佛教取得了优胜。所以藏传佛教大小乘兼容，以大乘为主；显密教兼修，以密教为重。松赞干布时期，藏族学者吞米桑布扎仿照梵文创制了藏文，佛典翻译也从此发展起来。

公元 8 世纪赤松德赞时期，桑鸢寺兴建，正式创办译场，翻译出大量的经典。译师嘎哇百栽与昆·路意旺波松等编成了《丹迦目录》，该目录包括从梵文、汉文译出的佛典 600 余种，分为 27 门，并把它们分作甘珠尔、丹珠尔两大部分，基本上奠定了藏文大藏经的结构基础。其后，佛典翻译不断发展，甘珠尔、丹珠尔的规模也不断扩大，并出现许多不同的印本，在藏传佛教流传区域内产生了广泛而持久的影响。

甘珠尔原文意为"佛语部"，这一部分主要搜罗相传为佛所宣说的训诫，相当于汉文大藏经的经藏、律藏、秘密藏等三部分。最初形成于 8 世纪赤松德赞时期，先后编成的目录有《丹迦目录》（其中包括丹珠尔）、《青浦目录》、《旁塘目录》等。后刻版流通，各种版本的甘珠尔的分类及收经内容互有不同。如德格版甘珠尔分成律部、般若部、华严部、宝积部、经部、秘密部、涅槃部等七部分，总计 100 函，700余部；那塘新版分成因乘般若部、果乘秘密部两部分，共计 103 函，600 余部；北京版分成秘密部、般若部、宝积部、华严部、诸经部、戒律部等六部分共计 106 函，1000 部。

丹珠尔原文意为"论疏部"，主要搜集历代佛教高僧的撰述，相当于汉文大藏经的论集部、经疏部、律疏部、论疏部、史传部等，其中还包括了部分五明杂著及西藏学者的撰述。最初形成于 8 世纪赤松德赞时期，被编入《丹迦目录》（其中包括甘珠尔部）。后刻版流通，各种版本的丹珠尔的分类及收经互有不同。如德格版丹珠尔分成赞颂部、秘密部、般若部、中观部、经疏部、唯识部、俱舍部、律部、佛传部、书翰部、因明部、声明部、医明部、工巧明部、西藏撰述部、补遗经论部等16部分，共计213函，3400余部。那塘新版丹珠尔则分成赞颂部、秘密部、经释部、声明部等四部分，共计224函。北京版丹珠尔分成赞颂部、秘经疏部、经疏部等三部分，另附补遗及西藏撰述，共计224函，5100余部。

藏文佛教典籍除上述甘珠尔、丹珠尔之外，还有一批藏、蒙佛教徒撰写的佛教著作，作为附录收录在藏文大藏经中，一般称之为"松棚"文献，大体相当于"杂藏"。

2. 各种刻本

13世纪以前，藏文大藏经一直以手写本的形式流传。13世纪以后，出现了刻本。先后雕刻的木版刻本藏经有：

（1）那塘古版

元仁宗皇庆二年（1313）至延祐七年（1320）由江河尕布主持雕印，是第一部木刻本藏文大藏经。由于至今没有发现该藏的版片与印本，所以也有人怀疑当初是否真的刻过这一部藏经，主张这是一部写本藏文大藏经。但也有研究者主张此版其后于清雍正时刻完甘珠尔，乾隆时刻完丹珠尔。

（2）永乐版

明成祖永乐八年（1410）在南京刻成，甘珠尔是全刊，丹珠尔只刻了六部。印本用朱砂刷印，故亦称"赤字版"。现版片已佚，印本传世者不多。

（3）万历版

明神宗万历三十三年（1605）刻于北京。万历版的甘珠尔是永乐版的翻刻本。现版片也已亡佚，但有若干印本传世。

（4）塔尔寺版

刻于青海塔尔寺。仅刻甘珠尔。现版片不存。

（5）理圹版

17世纪初由云南丽江纳西族土司木增赞助，仅刻了甘珠尔。17世纪末因战乱迁往理圹寺，故世称"理圹版"。现有印本传世，版片于1908年毁于兵火。

（6）北京版

又名"嵩祝寺版"。清圣祖康熙二十二年（1683）雕于北京嵩祝寺，系依西藏霞卢寺写本为底本。先刻了甘珠尔。清世宗雍正二年（1724）又续刻了丹珠尔。有藏、蒙、满、汉四种文字的总目，并将《宗喀巴全集》《二世章嘉全集》续刻补到丹珠尔中，这是其他版藏文大藏经所没有的。早期印本大都为朱砂刷印，故也称"赤字版"。现有印本传世，版片则毁于1900年八国联军之役。

本版是清王朝官刻本，刻造精良，装帧豪华，版型较一般藏文大藏经大。每箧扉画都是手工绘制，色调鲜丽，大都出自藏、蒙宗教画家之手。20世纪50年代初，日本曾据以编为151册（内含目录一册），影印出版。

（7）卓尼版

清圣祖康熙六十年（1721）至高宗乾隆十八年（1753）在甘肃南部卓尼禅定寺雕造。其中甘珠尔部据永乐版、理圹版与西藏写本覆刻，丹珠尔部据德格版覆刻。现有印本传世，版片已毁。

（8）德格版

清世宗雍正八年（1730）至高宗乾隆九年（1744）在西康德格县雕造。甘珠尔部据理圹版和五世达赖在洛隆宗造的写本覆刻，丹珠尔部则据霞卢寺写本并增补布顿目录所收典籍。现有印本传世，版片亦完好，藏于德格寺。

（9）那塘新版

七世达赖主持刻造。甘珠尔部刻成于清雍正八年（1730），丹珠尔部刻成于清高宗乾隆七年（1742）。现有印本传世，版片已佚。

（10）拉萨版

由十三世达赖主持于1933年在拉萨雕造，只有甘珠尔。现有印本传世，版片亦完好保存在拉萨。

（11）昌都版

20世纪据拉萨版覆刻于昌都，只有甘珠尔，现版片已佚。

除上述国内刻本外，国外有刻本藏文大藏经两种，它们是：

（12）普拉卡版

刻于不丹的普拉卡，仅刻甘珠尔，今版片已佚。

（13）库伦版

1928年开始陆续刻印于今蒙古国乌兰巴托。仅刻甘珠尔，为德格版的覆刻本。

各种版本的藏文大藏经收经的数字互不相同，据统计，德格版藏文大藏经共收佛教典籍4569种，北京版共收5962种。藏文大藏经除了收入佛教经、律、论外，还收有文法、诗歌、因明、天文、历算、医药、工艺等各种著作。其中保存的一大批印度佛教后期的著作，如密教的轨仪等，大多数在印度已经失传，而又不为汉文大藏经以及南传大藏经所收。因此，藏文大藏经的价值，受到国内外学术界的高度评价。

关于历史上到底刊印过多少藏文大藏经，不同的研究者由于占有资料不同，对资料的辨析不同，尚有种种不同的说法。本书限于篇幅，暂不予讨论。

藏文大藏经一般采用贝叶经形式，长条散叶，两面刷印。每部或数部以夹板束为一夹，以布带捆扎。虽然经叶中间大抵不打孔穿绳，但往往循例画上圆孔，一般亦称为"梵夹装"。

1988 年，为了宏传藏传佛教与文化，在第十世班禅大师的支持下，中国藏语系高级佛学院藏传佛教研究室与四川省阿坝州佛教协会合作，以金字写本《丹珠尔》为原本，由阿坝州理县藏文印刷厂承担印刷。此次共印刷一千部，于 1990 年 11 月全部出齐，在阿坝州首府马尔康举行了庆典与发行大会。这部《丹珠尔》除了向青海、西藏、内蒙古等许多地区和北京等地的学院与图书馆发行外，还发行到尼泊尔、不丹以及美国。

20 世纪 80 年代，《中华大藏经（藏文部分）》开始编辑。这部大藏经经过认真校勘，集中了以往各种版本藏文大藏经的优点，已经于 2008 年隆重推出。《甘珠尔》108 卷、《丹珠尔》124 卷，总计 232 卷。2018 年，《中华大藏经（藏文部分）》电子版在北京首发。

五　我国其他文字大藏经

除了上述各种大藏经以外，在我国还出现西夏文大藏经、蒙文大藏经、满文大藏经等各种文字的大藏经。其中蒙文大藏经至今仍在广大的蒙古族区域具有强大的影响。西夏文大藏经、满文大藏经虽然只是在一定的时期，在局部地区流传，但在其流传区域内，都曾有过强大的影响。这些藏经非汉文，原本不属本书论述的内容，但因均为中国境内各民族所创制，故在此作简单介绍。

1. 西夏文大藏经

西夏文大藏经是用西夏文传写的佛教大藏经，又称"河西字大藏经"。根据现藏于中国国家图书馆的西夏文《过去庄严劫千佛名经》卷末的一篇愿文，早在西夏立国之初，西夏便开始有计划地把汉文大藏经译作西夏文。从第一代皇帝景宗天授礼法延祚元年（1038）起，到崇宗天祐民安元年（1090），前后 53 年，由国师白法信及智光等 30 余人参与，共译出经典 812 部，3579 卷，分作 362 帙。翻译所用的底本是北宋赠赐的《开宝藏》。后来，在西夏仁宗大庆元年（1140）到乾祐二十四年（1193），又据《开宝藏》《契丹藏》重校了一次。校后是否刻版雕印，尚不清楚。另外，西夏后期也翻译了不少佛经。从现有资料看，后期译经的规模不如前期那样大，但这一阶段译经有一个显著的特点，就是随着藏传佛教的传入，所译经典很多都来自藏文大藏经。特别是仁宗时期，更是如此。

元世祖至元七年（1270），曾由一行国师主持重新校勘并增补未译之经籍。至元三十年（1293），忽必烈敕令在杭州万寿寺开版雕印，于元成宗大德六年（1302）竣工。据有关史料记载，该藏竣工后的十余年间，曾刷印过 140 余部。故该藏当时流传相当普遍。据学术界研究，元代还曾雕印过木活字的西夏文大藏经，现中国国家图书馆就收藏有木活字西夏文佛经。有的研究者指出，有一批木活字本的西夏文佛教典籍应该是西夏晚期刊印的。

随着西夏的亡国和党项族流散各地，与其他民族日渐融合，西夏文大藏经也日渐湮没。直到近现代才在西夏故地陆续发现。

　　1909 年俄国探险家科兹洛夫率领的探险队在我国黑水城遗址（位于今内蒙古自治区额济纳旗）发掘到了大批西夏文文献，运回俄国后共编了 10 多万号，其中大部分是西夏文佛经。据苏联发表的目录，有 300 多种，近 2000 卷。1914 年英国人斯坦因也来到黑水城，获得不少西夏文佛教文献，然而大都为零篇散页，现藏于英国图书馆。

　　1917 年在宁夏灵武县发现两大箱西夏文佛经。后来这批佛经辗转传藏，现分别保存在中国国家图书馆和甘肃、宁夏等地。日本京都大学亦藏有若干，系活字版西夏文《大方广佛华严经》。新中国成立前后，在宁夏、甘肃一带陆续又有发现，分藏于国内各机构及私人收藏家手中。近年来，在宁夏一带又发现部分西夏文佛典。

　　20 世纪以来，原俄国探险家科兹洛夫探险队得到的有关西夏文佛教资料，已由中国社会科学院民族学与人类学研究所和俄罗斯科学院东方学研究所圣彼得堡分所合作整理，由上海古籍出版社出版。

　　2. 蒙文大藏经

　　蒙文大藏经是以蒙文传写的佛教大藏经，又名《如来大藏经》或《番藏经》。最早的蒙文大藏经系元成宗大德年间（1297～1307）在萨迦派僧人法光的主持下，由西藏、蒙古、回鹘、汉族等各民族僧人将藏文大藏经译为蒙文，在西藏刻版刷印后，在蒙古地区流通。明万历年间（1573～1620），补译了部分典籍，增入刊行。崇祯（1628～1644）初年又进行过一次刊校。其后在清康熙二十二年（1683），由和硕裕亲王领衔监修，重雕甘珠尔；乾隆六年（1741）至十四年（1749），又译校重雕了丹珠尔。全藏这才完备。现该藏经有印本传世。21 世纪初，蒙古人民出版社出版了《蒙古文甘珠尔·丹珠尔目录》。

　　由于蒙文大藏经主要据藏文大藏经翻译刊刻，所以它的结构分类也仿照藏文大藏经。

　　3. 满文大藏经

　　满文大藏经是以满文传写的佛教大藏经，清朝称之为《国语译汉全藏经》或《国语译大藏经》。近年有研究者主张应该依据乾隆帝为此藏所撰的序言《〈清文翻译全藏经〉序》，命名为《清文翻译全藏经》①。

　　这部藏经的刊刻年代，前此有清高宗乾隆三十七年（1772）、乾隆三十八年

----

　　① 章宏伟：《〈清文翻译全藏经〉书名、修书机构、翻译刊刻时间考》，载《法鼓佛学学报》2008 年第 2 期，第 311～355 页。

（1773）两种说法。近年研究者依据中国第一历史档案馆藏清宫档案，提出应为乾隆三十六年末[①]。该藏据汉文大藏经译为满文。乾隆帝在本藏的序中说，译刻满文大藏经的目的，并不是溺于祈福求功德，而是因为当时已经有了汉、藏、蒙等三种文字的大藏经，独缺满文，似不妥当。另外，刻印满文大藏经，还可以供中外学习满文之用。所以，这部藏经只收入汉文大藏经的般若、宝积、大集、华严、涅槃五大部，五大部外诸重单译经、密部经轨仪法陀罗尼、小乘经与集传、小乘律等，共计 699 种，108 函，2535 卷。大乘律、论及小乘论等均未译出。翻译刻版期间，负责其事的"清字经馆"曾经遭遇火灾。该藏完成于乾隆五十五年（1790），是在北京雕版印刷的。该经刻成后共刷印了 12 部，为朱印。除清宫供养一部外，其余 11 部分赐盛京（今沈阳）、承德、西藏布达拉宫等处。经历数百年沧海桑田，现知存世仅三部：西藏拉萨布达拉宫有全藏一部（缺一函）；北京故宫博物院收藏 76 函（夹），台北故宫博物院收藏 32 函（夹），两地所藏为一部完整的满文大藏经。原藏承德避暑山庄的一部，抗战时被劫往日本。幸运的是，历尽沧桑，清内府原刻的 4 万余块双面刻文字版和 160 余块单面刻佛像图版目前完好地保存在北京故宫博物院。

六　汉文化圈其他各国的大藏经

此外，古代汉传佛教传到朝鲜、越南、日本等中国周边国家，汉文大藏经也由此传入上述诸国。此后，日本、越南还分别将汉文大藏经翻译为日文、越南文，编印了本民族文字的大藏经，如日本《国译一切经》、越南《灵山法宝大藏经》等。前些年，朝鲜与韩国也在规划合作将汉文大藏经翻译为朝鲜文。限于篇幅，也由于这些藏经并非汉文，不属本书论述的内容，有关情况从略。

第三节　佛典的语言与文字

南亚次大陆地形复杂，诸国分立，民族与语言也各有不同。释迦牟尼是次大陆北部古印度迦毗罗卫国人。这个国家位于现在印度、尼泊尔边境地区。释迦牟尼创立佛教后，足迹遍及恒河中下游地区，但居住时间最长的是摩揭陀国与憍萨罗国。一般认为，释迦牟尼传教时所使用的语言应是这一地区人们所使用的语言。

一　释迦牟尼的语言政策

为了扩大佛教的影响，释迦牟尼派遣许多弟子到四面八方去传教，这些弟子使

---

① 章宏伟：《〈清文翻译全藏经〉书名、修书机构、翻译刊刻时间考》，载《法鼓佛学学报》2008 年第 2 期，第 311～355 页。

用什么语言呢？佛经上有一条记载，说有的弟子主张用梵语传教。梵语是起源于古代西北印度的一种语言。印度婆罗门教起源于西北印度，婆罗门教的经典也采用梵语。梵语有比较规整的语法，在当时属于比较高雅的语言，并随着婆罗门教的传播，传遍印度。但释迦牟尼严厉批评了这一主张，要求弟子们无论到哪里，就用那儿的方言传教。这反映了释迦牟尼希望他所创立的佛教能更接近广大的人民、能在更广大的人民中普及的愿望。因为梵语这种语言，当时主要是文化素养较高的婆罗门使用。

第一结集在摩揭陀国都城王舍城举行。当时结集出的佛经，想必用的就是这一带的语言。现在学术界一般认为，早期佛经有许多半摩揭陀语的因素，这很可能与第一结集有关。但由于前述释迦牟尼因地传教的政策，各地的佛教徒都用本地的语言来传承佛典，增加了印度佛典的复杂性。这样，到了部派佛教时期，各地教派汇编自己的三藏时，便都使用各自当地流行的语言。例如南传上座部使用巴利语，上座部使用派湿恰语，正量部使用阿巴勃朗姆语。如前所述，说一切有部流传的西北印度主要使用梵语，故他们的典籍也用梵文。

二　印度的梵文化及混合梵文的出现

公元 4 世纪左右，印度婆罗门教势力复兴，与此相应，全印度普遍出现使用梵语的浪潮。新的佛教典籍大多用梵文撰写。特别是新出的大乘经典，基本都用梵文写成。

此时，人们把梵语当作通用的标准语以替代以前各地使用的各不相同的俗语。这时，不少佛教徒也开始采用梵文来改写原来的俗语经典。不过，许多佛典都采用散文与偈诵相夹杂的文体写成，改写时，散文部分比较容易改写成标准的梵文，而偈诵部分由于本身特殊的音韵要求，很难改写成标准的梵文。就好像我们用普通话改写江浙民歌，很难完全保持它特有的词汇与原有的韵律一样。所以，僧人们只好仅改写散文部分，而让偈诵部分保持原状。现存的梵文《妙法莲华经》《普曜经》《无量寿经》等，散文部分是梵文，偈诵部分是俗语，就是这个原因。这种改写过的佛教经典，虽然在外观上已具备梵文的形式，实际上它的音韵、词形还包含着许多俗语的因素，特别是有许多词是佛教独有而其他梵文著作所没有的。由于这种梵文中混杂着俗语，而且一般出现在佛教经典中，所以，学术界把它称作"混合梵文"或"佛教梵文"。

再往后，梵文的使用更加普及，新的佛教经典便都用梵文来撰写了。尤其是中后期大乘经典及密教经典，几乎都用梵文撰成。

13 世纪后，佛教在印度趋于灭亡，印度境内的佛藏也损毁殆尽。近代以来，考古学者在中亚地区发掘、发现了一些印度梵文及古俗语的佛典。此外，在我国及印度、尼泊尔、日本的一些寺庙及图书、文博部门也还保存一些梵文贝叶经。

三 亚洲各地的情况

上面讲的是印度的情况，在世界其他地方，情况当然有所不同。如前所述，佛教大约在公元前 3 世纪传到斯里兰卡。前去传教的佛教教团原本活动于西南印度，他们使用的也是西南印度的俗语。这种语言随着佛教传到斯里兰卡之后，便作为一种宗教用语及文化用语流传开来，并随着佛教的流传而流传到东南亚各地。这就是至今仍在斯里兰卡及东南亚流传的巴利语。由于巴利语没有相应的文字，所以斯里兰卡及东南亚各国就分别用自己的文字去拼写它。此外，还流传着用梵文拼写的巴利语三藏，以及近代学者发明的用拉丁文字拼写的巴利语三藏。

佛教流传到中亚，佛经也被译成中亚的各种文字。由于中亚后来成了伊斯兰教的势力范围，佛教灭亡，大批用中亚文字写成的佛经也湮没无闻。不过，近代以来，考古学家在中亚各地发现不少用古代的中亚文字写成的佛经。

佛教流传到中国，佛经被译成汉文、藏文、西夏文、蒙文、满文、傣文等中国的各种文字。

随着佛教在世界范围的传播，不少佛经还被译成日文、朝鲜文；乃至近代以来，被译成英文、法文、德文，流传在世界各地。

世界已经进入数字化时代，且数字化的佛教文献正在从第一阶段的简单的介质转换，向诸文献的超文本链接发展。佛教典籍将如何因应数字化时代而进一步发展，有待人们的努力，也需要进一步观察。

思考与练习题

1. 佛教典籍可分为几个系统？它们各是怎样随着佛教的传播形成的？

2. 不同系统的佛教典籍各用什么文字书写？内容方面有什么异同？为什么会有这些异同？

第三章　汉文佛典的翻译

导　言

在前现代，人类文化的传承主要有三种方式：一是通过相关人等的言传身教、口口相传；一是通过有关的器物，亦即今天所说的文物来传承；一是通过由文字这一符号体系组成的文献来传承。其中，文献的传承可以突破时间与空间的限制，可以准确地表述需要传承的知识本身，无疑最为重要。但如前所述，不同民族、不同的文化体系，其语言不同，文字也不同，要想在不同的文化体系之间传递文化信息，就需要翻译。故所谓"翻译"，就是把信息从一种符号体系转变为另一种符号体系，它是不同文化体系之间文化传播必不可少的中介。本章的主题为"汉文佛典的翻译"，主要探讨从其他文字将佛教文献转变为汉文的过程、结果，总结其经验、教训及规律，从而为当今世界更大范围的文化交流提供镜鉴。严格地讲，这一主题还应该包括对将汉文佛典译成其他文字佛典的探讨。但笔者这方面的学力有限，故对后一个问题藏拙。

佛教于公元前6世纪至前5世纪产生于古印度的恒河中下游一带，后逐渐向周围扩散。古印度地域广大，人种、民族众多，国家分立，语言复杂。佛教从产生之初，就面临一个翻译的问题。佛教传入中国汉族地区，自然也产生将佛典翻译为汉文的问题。

汉文是由汉族创造，并主要由汉族使用的文字。汉族由多个民族逐步融合而成，故即使同为汉族，不同地区的语音也不同，汉语至今仍有八大方言区，乃至有"十里不同音"之说。所以，自古到今，在内部各民族的融合过程中，乃至各方言区的交往中，在对外与其他国家、民族的交往中，都离不了翻译。《礼记·王制》记载："五方之民，言语不通，嗜欲不同。达其志，通其欲：东方曰寄，南方曰象，西方曰狄鞮，北方曰译。"① 说明"译"这个词出现得很早，不过上文中的"译"是指

---

① （清）孙希旦撰《礼记集解》，中华书局，1989，第360页。

执掌与北方民族通使的人员。估计因为这些人员承担着翻译这一任务，其后"译"字就逐步演变为指代"翻译"这种文化交流的中介活动。当然也可能反过来，因为"译"字指代"翻译"这种文化交流的中介活动，所以把承担这种任务的人员称为"译"。《说文》解释"译"，作"传译四夷之言者"。《后汉书·南蛮西南夷列传》记载："交趾之南有越裳国。周公居摄六年，制礼作乐，天下和平，越裳以三象重译而献白雉，曰：'道路悠远，山川岨深，音使不通，故重译而朝。'"① 这里的"译"，明确是指翻译。

至于"翻""译"两字连用，形成"翻译"这个词，则出现得较迟，且与佛教的传入直接相关。宋赞宁说：

> 懿乎东汉始译《四十二章经》，复加之为翻也。翻也者，如翻锦绮，背、面俱花。但其花有左、右不同耳。由是翻、译二名行焉。②

按照上述说法，赞宁认为，从东汉《四十二章经》翻译起，就出现"翻"这个词。所以采用这个词，看来其用意是强调它"背、面俱花"。也就是说，虽然梵文、汉文的文字不同，犹如锦绮正面、背面的花纹左右不同，但它们都是释迦牟尼的言教，都是导人解脱的智慧之花。但赞宁的上述说法，至今无法从文献上得到印证。从现有资料看，直到道安的《综理众经目录》，仍然单用"译"，而没有出现"翻"，更遑论将两字连用而成"翻译"。

从目前掌握的资料看，"翻译"一词的最早出处，是僧祐编纂的《出三藏记集》卷十所载的《僧伽罗刹集经后记》。该文称：

> 大秦建元二十年十一月三十日，罽宾比丘僧伽跋澄于长安石羊寺口诵此经及毗婆沙。佛图罗刹翻译，秦言未精。沙门释道安、朝贤赵文业研核理趣。每存妙尽，遂至留连，至二十一年二月九日方讫。③

该文作者不详。但作者自称曾经参与道安的译场，可见与道安应为同时代人。也就是说，根据目前能够掌握的资料，"翻译"一词，到东晋才开始出现。但在《出三藏记集》中，"翻译"一词唯《僧伽罗刹集经后记》有见。而僧祐编纂的佛教论文集《弘明集》中，根本没有这个词。稍后的慧皎所撰的《高僧传》中，"翻

---

① 《后汉书》第10册，卷八十六，中华书局，1973，第2835页。
② 《宋高僧传》卷三，《大正藏》第50册，第723页上。
③ 《出三藏记集》卷十，《大正藏》第55册，第71页中。

译"一词出现了八次。这说明到南北朝中期,"翻译"一词开始流传开来。

在印度产生的佛教,为了在中国传播,得到中国人的理解、认同、信仰,必须经过翻译。正如赞宁《宋高僧传》卷三称:"译经是佛法之本,本立则道生。"① 由于重视翻译,所以南朝梁会稽嘉祥寺沙门慧皎撰写《高僧传》时,专设"译经篇",收录历代参与经典翻译的僧人,并把译经篇放在《高僧传》之首,以表彰他们的功勋。他说:"然法流东土,盖由传译之勋。或逾越沙险,或泛漾洪波,皆忘形殉道,委命弘法。震旦开明,一焉是赖。兹德可崇,故列之篇首。"② 慧皎的做法为历代撰写僧传的僧人所仿效。赞宁说,把译经篇放在僧传的最前面,是为了表示不忘本。他还在"译经篇"的篇名下注道:"变梵成华,通凡入圣。法轮斯转,诸佛所师。"③ 就是说,在赞宁看来,翻译就其外在形式,虽然仅仅表现为变梵文为中文,但就其内在实质,是开启了一条由凡入圣的道路。佛教因经典的翻译而得到传播,由于有了翻译,诸佛才有了可以师从的典籍。这充分说明了翻译在中国佛教中的重要地位。

第一节 汉文佛教文献翻译史概述

唐智昇《开元释教录》卷十对从东汉永平十年(67)到唐开元十八年(730)凡六百余年的佛典翻译情况做了一个统计。

> 后汉传译缁素一十二人,所出经律并新旧集失译诸经:总二百九十二部,合三百九十五卷(九十七部一百三十一卷见在,一百九十五部二百六十四卷本阙)。
>
> 曹魏传译沙门五人,所出经、戒、羯磨:总一十二部,合一十八卷(四部五卷见在,八部一十三卷本阙)。
>
> 吴代传译缁素五人,所出经等并及失译:总一百八十九部,合四百一十七卷(六十一部九十二卷见在,一百二十八部三百二十五卷本阙)。
>
> 西晋传译缁素一十二人,所出经、戒等并新旧集失译诸经:总三百三十三部,合五百九十卷(一百五十六部三百二十一卷见在,一百七十七部二百六十九卷本阙)。
>
> 东晋传译缁素一十六人,所出经、律、论并新旧集失译诸经:总一百六十八部,合四百六十八卷(八十五部三百三十六卷见在,八十三部一百三十二卷本阙)。

---

① 《宋高僧传》卷三,《大正藏》第 50 册,第 725 页中。
② 《高僧传》卷十四,《大正藏》第 50 册,第 418 页下至 419 页上。
③ 《宋高僧传》卷一,《大正藏》第 50 册,第 710 页上。

符秦传译沙门六人，所出经、律、论等：总一十五部，合一百九十七卷（七部六十五卷见在，八部一百三十二卷本阙）。

姚秦传译沙门五人，所出经、律、论等：总九十四部，合六百二十四卷（六十六部五百二十八卷见在，二十八部九十六卷本阙）。

乞伏秦传译沙门一人，所出经并三秦代新旧失译经律论等：总五十六部，合一百一十卷（三十二部七十九卷见在，二十四部三十一卷本阙）。

前凉传译外国优婆塞一人，所出经：总四部，合六卷（一部一卷见在，三部五卷本阙）。

北凉传译缁素九人，所出经律论等并新旧集失译诸经：总八十二部，合三百一十一卷（二十五部二百九卷见在，五十七部一百二卷本阙）。

宋代传译缁素二十二人，所出经、律、论等并新集失译诸经：总四百六十五部，合七百一十七卷（九十三部二百四十三卷见在，三百七十二部四百七十四卷本阙）。

萧齐传译沙门七人，所出经、律：总一十二部，合三十三卷（七部二十八卷见在，五部五卷本阙）。

梁代传译缁素八人，所出经、论及诸传记并新集失译经律集等：总四十六部，合二百一卷（四十部一百九十一卷见在，六部十卷本阙）。

元魏传译缁素一十二人，所出经、论：总八十三部，合二百七十四卷（七十三部二百五十五卷见在，一十部一十九卷本阙）。

高齐传译缁素二人，所出经论：总八部，合五十二卷（并在无阙）。

周朝传译沙门四人，所出经论等：总一十四部，合二十九卷（六部一十一卷见在，八部一十八卷本阙）。

陈代传译缁素三人，所出经、律、论及集传等：总四十部，合一百三十三卷（二十六部八十九卷见在，一十四部四十四卷本阙）。

隋朝传译缁素九人，所出经、论、传、录等：总六十四部，合三百一卷（六十二部二百八十七卷见在，二部一十四卷本阙）。

皇朝传译缁素已有三十七人，所出经、律、论及传、录等：总三百一部，合二千一百七十卷（二百八十一部二千一百四十三卷见在，二十部二十七卷访本未获）。

都计一十九代，传译道俗总一百七十六人，所出大小乘经、律、论及贤圣集传：总二千二百七十八部，都合七千四十六卷（一千一百三十部五千五百六十六卷见在，一千一百四十八部一千九百八十卷本阙）。①

---

① 《开元释教录》卷十，《大正藏》第55册，第579页上至下。

元至元年间（1264～1294）庆吉祥等奉诏所撰的《至元法宝勘同总录》卷一，对到元代至元年间的佛教典籍翻译情况及见存经典做了进一步的补充统计。

> 自后汉孝明皇帝永平十年戊辰（方按：应为丁卯。下同），至大元圣世至元二十二年乙酉，凡一千二百一十九年，中间译经朝代历二十二代，传译之人一百九十四人，所出经律论三藏，一千四百四十五部，五千五百八十六卷。
>
> ……
>
> 自后汉明帝永平十年戊辰，至唐玄宗开元十八年庚午，凡一十九代，六百六十三年，中间传译缁素总一百七十六人，所出大小乘三藏教文九百六十八部，四千五百单七卷。（上《开元录》所记）
>
> 自唐开元十八年庚午，至德宗贞元五年己巳，凡六十年，中间传译三藏八人，所出大乘经论及念诵法，一百二十七部，二百四十二卷。（上《贞元录》所记）
>
> 自唐贞元五年己巳，至宋太宗太平兴国七年壬午，凡一百九十三年，中间并无译人。其年壬午，始起译场。至宋真宗大中祥符四年辛亥，凡二十九年，中间传译三藏六人，所出三藏教文二百单一部，三百八十四卷。（上《祥符录》所记）
>
> 自宋真宗祥符四年辛亥，至仁宗景祐四年丁丑，凡二十七年，中间传译三藏（与祥符同）所出三藏教文一十九部，一百四十八卷。（上《景祐录》所记）
>
> 自宋仁宗景祐四年丁丑，至今大元圣世至元二十二年乙酉，凡二百五十四年，中间传译三藏四人，所出三藏教文二十部，一百一十五卷。其余前录未编入者，经律论等五十五部，一百四十一卷。通前七十五部，二百五十六卷。①

上述两种统计对唐开元十八年以前的佛典翻译数量说法不一，对于这个问题，在此暂不予讨论。由于元代以后，到辛亥革命为止，中国的佛教典籍汉译活动极度低落，所以，上述统计为我们勾画了中国古代佛教文献翻译的基本概貌。从上述统计可以看出，我国古代佛教文献的翻译，经过从东汉到东晋的酝酿，到东晋晚期南北朝掀起第一个高峰，到隋唐前期形成第二个高峰，到北宋前期出现第三个高峰，此后趋于衰落。这与中国佛教的总体发展趋势，大体是吻合的。

但是，应该指出的是，近、现代我国佛教界、学术界又翻译了一批佛教典籍，包括前面提到的《中国贝叶经全集》与台湾元亨寺主持的从日文转译的南传大藏经

---

① 《至元法宝勘同总录》卷一，《昭和法宝总目录》第 2 册，大正一切经刊行会，1929，第 180 页下至第 181 页上。

等一批直接从巴利文翻译为汉文的佛典，以及一批直接从藏文翻译的经典。这些典籍的汉译，大大促进了汉传佛教与巴利佛教、汉传佛教与藏传佛教的交流，丰富了汉文佛教典籍宝库。

第二节　最早的汉译佛经

最早的汉译佛经究竟出现于何时，历来说法不一。由于最早汉译佛经的出现年代与佛教初传的年代紧密相关，所以这是中国佛教史上的重大问题，以前对此曾有种种说法，归纳起来，有如下四种。

（1）秦始皇时，外国沙门释利防等十八人赍持佛经东来，欲化始皇。但被关入监狱，半夜被金刚救出。这一说法未明确交代释利防等人带来的佛经是否已被译为汉文。

（2）西汉刘向整理皇家藏书时，已发现其中存有佛经。

（3）西汉哀帝元寿元年（前2），博士景宪受大月氏王使伊存口授《浮屠经》。

（4）东汉明帝于永平七年（64）感梦，遣人求法，永平十年（67），得高僧摄摩腾、竺法兰东来，译出《四十二章经》。

上面四种说法，有的说法乃至具体的人名在不同的典籍中记叙略有差异，为避文繁，此不具述。由于第一部汉译佛经的出现年代与佛教初传的年代紧密相关，所以这一问题从来是佛教界、学术界十分关注的问题，曾经有过热烈的讨论，限于篇幅，本书亦从略。

汤用彤先生、任继愈先生都赞同最早的汉译佛经为伊存口授的《浮屠经》。① 我也曾撰写《〈浮屠经〉考》②，在上述两位先生论述的基础上，爬梳各种资料，从名称、内容、翻译水平、流传、亡佚、地位等六个方面进一步探讨了该《浮屠经》。主张就目前资料而言，伊存授经是一个应予肯定的历史事实。伊存虽依印度传统口授，景宪却依中国传统笔录。《浮屠经》其后以抄本形态流传，并被三国魏、西晋两家皇家收藏。可惜现已亡佚，幸而有《世说新语·文学篇》的注释、《魏书·释老志》、《隋书·经籍志》、法琳《辩正论》卷五、《太平御览》的《四夷部》与《人事部》、《史记正义·大宛列传》、《通典》卷一九三、《通志》卷一九六，宋董逌《广川画跋》卷二之《书〈西升经〉后》篇引《晋中经》等典籍引用，虽然所

---

① 参见汤用彤《汉魏两晋南北朝佛教史》，中华书局，1983，第36页。任继愈主编《中国佛教史》第一卷，中国社会科学出版社，1981，第91页。

② 参见方广锠《〈浮屠经〉考》，《国际汉学》第一辑；《〈浮屠经〉考》（修订稿），《法音》1998年第6期。

引仅为佚文，但我们依然可以据此考得该经的一鳞半爪。

当然，与佛教史上很多问题一样，关于佛教初传最早汉译的佛经到底是哪一部，至今依然存在不同的观点。比如，有研究者至今否认伊存授经的真实性。我认为，不同观点的存在是正常的，只要能够正视真实存在的资料依据，采用正常的探讨问题的方式，就可以把问题深入探讨下去，乃至最终解决它。

第三节　翻译方式

所谓翻译方式，是指译者独自从事翻译工作，还是由助手协助乃至组成翻译工作班子集体翻译；进而也包括翻译时仅是翻译，还是也包含讲解经文内容。

由于前来中国的西域人士情况复杂，故我国的佛典翻译也呈现多种样态。有些西域来华人士汉语较好，有些人士则汉语较差，甚至完全不懂汉语。不懂汉语的人中，有的逐渐通晓汉语，但也有像东晋帛尸梨密多罗这样"密性高简，不学晋语"①的。可以想见，凡汉语水平较好者，可以独立胜任佛典的翻译；凡汉语水平较差，乃至完全不懂汉语者，必须依靠助手，才能完成翻译工作。古代的佛典翻译，哪些人是独立翻译，哪些人是依靠助手翻译，僧传与经录中都有记载，前人介绍中国佛典翻译史的著作中也有论述，为避文繁，此处从略。

需要说明的是，由于国家的重视，我国的佛典翻译事业后来大多是在正规的译场中进行，这就保证了翻译的质量。下面介绍唐代的译场。

经过数百年的翻译实践，我国佛教徒在佛经翻译方面的经验越来越丰富。唐代的译场在吸收前人经验的基础上，创制了较完备的组织规制。据《宋高僧传》介绍，其组织形式如下。

1. 译主，这是译场的中心人物。他的任务是宣读贝叶经梵本原文，并讲解其意义。担任译主的人必须是精通梵文，明练显、密二教经义的人，如玄奘这样的高僧。

2. 笔受，笔受的任务是缀文，即将译主的翻译用汉文记录下来。人员多时，一个译主往往配备好几名笔受，以备相互校对。担任笔受的人应兼通汉、梵两种文字，熟悉佛教经义。只有这样，才能一发现有疑问，立即询问，深究明白，保证译文质量。

3. 度语，也叫传语，即口头翻译。因为有的译场请外国来华僧人做译主。如果这个译主不懂汉语，就必须要有一个口头翻译来居中传译。当然，如果译主是精通梵文的中国僧人，或精通汉文的外国僧人，那就用不着度语了。

4. 证梵本，即将译好的初稿与梵文原文进行校对，看是否符合原义。担任这项

---

① 《高僧传》卷一，《大正藏》第 50 册，第 328 页上。

工作的，也必须是精通梵汉两种语言的人。

5. 润文，即修饰译文。我国从来讲究文章的文采。以往翻译经典，由于各种条件的限制，往往或倾向于直译，或倾向于意译。此时则要求译文不但要准确，而且必须典雅流利。保证译文准确，这是从译主到证梵本诸人的任务，而保证译文既雅又达，则是润文的任务。担任这一工作的人一定要有较好的文学修养与文字功底。

6. 证义，就是审阅经典的文义，看有无错误之处。这里一方面是防止润文时出错，篡改了原义；另一方面也是最后把一次关，以保证质量。

7. 梵呗，开始翻译前，都要举行宗教仪式，梵呗即在仪式上唱赞梵呗的人。他们不正式参加翻译工作，属于附属的工作人员。

8. 校勘，翻译完毕，誊写清楚，这时须有人将誊写本与原稿校阅一遍，以防抄错。

9. 监护大使，这是代表官方监护译经事业的官员，是一种荣誉职务，常常由朝廷高官担任。他的任务是管理译场的一般事务，并负责将译好的经典上呈给皇帝。

在敦煌遗书 BD03339 号《金光明最胜王经》卷五末尾有这么一条题记，记载了义净翻译《金光明最胜王经》时译场的参与人员，反映了武则天时代译场工作的具体情况。

大周长安三年岁次癸卯十月己未朔四日壬戌三藏法师义净奉制于长安西明寺新译 并缀文正字；

翻经沙门婆罗门三藏宝思惟证梵义；

翻经沙门婆罗门尸利末多读梵文；

翻经沙门七宝台上座法宝证义；

翻经沙门荆州玉泉寺弘景证义；

翻经沙门大福先寺寺主法明证义；

翻经沙门崇先寺神英证义；

翻经沙门大兴善寺伏（复）礼证义；

翻经沙门大福先寺上座波仑笔受；

翻经沙门清禅寺寺主德感证义；

翻经沙门大周西寺仁亮证义；

翻经沙门大总持寺上座大仪证义；

翻经沙门大周西寺寺主法藏证义；

翻经沙门佛授记寺都维那惠表笔受；

翻经沙门大福先寺都维那慈训证义；

请翻经沙门天宫寺明晓；

转经沙门北庭龙兴寺都维那法海。

上面是唐代译场的一般情况。有的还设有正字，其任务是勘定佛典的音义。到了宋代，译场规制则更为严密。《佛祖统纪》卷四三中有一段话介绍宋代译场的概况，亦介绍如下，可供参考。

第一译主，正坐，面外，宣传梵文。

第二证义，坐其左，与译主评量梵文。

第三证文，坐其右，听译主高读梵文，以验差误。

第四书字梵学僧，审听梵文，书成华字，犹是梵音。

第五笔受，译梵音成华言。

第六缀文，回缀文字，使成句义。

第七参译，参考两土文字，使无误。

第八刊定，刊削冗长，定取句义。

第九润文，官于僧众，南向设位，参详润色。

僧众日日沐浴，三衣坐具，威仪整肃。所须受用，悉从官给。①

《宋高僧传》卷三对译场各色人等的职责，也有一段具体的记叙。

或曰：译场经馆，设官分职，不得闻乎？

曰：此务所司，先宗译主，即贵叶书之三藏，明练显密二教者充之。

次则笔受者，必言通华、梵，学综有、空。相问委知，然后下笔。西晋伪秦已来，立此员者，即沙门道含、玄赜、姚嵩、聂承远父子。至于帝王，即姚兴、梁武、天后、中宗。或躬执干，又谓为缀文也。

次则度语者，正云译语也。传度转令生解，亦名传语。如翻《显识论》，沙门战陀译语是也。

次则证梵本者，求其量果，密能证知；能诠不差，所显无谬矣。如居士伊舍罗证译毗奈耶梵本是也。至有立证梵义一员，乃明西义得失，贵令华语下不失梵义也。

复立证禅义一员，沙门大通充之。

次则润文一位，员数不恒，令通内外学者充之。良以笔受在其油素，文言岂无俚俗。傥不失于佛意，何妨刊而正之。故义净译场，则李峤、韦嗣立、卢

---

① 《佛祖统纪》卷四三，《大正藏》第 49 册，第 398 页中。

藏用等二十余人次文润色也。

次则证义，盖证已译之文所诠之义也。如译《婆沙论》，慧嵩、道朗等三百人考正文义，唐复礼累场充任焉。

次则梵呗，法筵肇启，梵呗前兴。用作先容，令生物善。唐永泰中方闻此位也。

次则校勘，雠对已译之文。隋前彦琮，覆疏文义。盖重慎之至也。

次则监护大使，后周平高公侯寿为总监检校。唐则房梁公为奘师监护。相次许观、杨慎交、杜行顗等充之。或用僧员，则隋以明穆、昙迁等十人。监掌翻译事，诠定宗旨。其处则秦逍遥园、梁寿光殿瞻云馆、魏汝南王宅。又隋炀帝置翻经馆，其中僧有学士之名。唐于广福等寺，或宫园不定。

又置正字，字学玄应曾当是职。后或置或否。①

有关资料，在诸多经录、僧传中均有载录。北宋王朝曾特设译经院，规制更加齐整。有关资料，可参见收录在《宋藏遗珍》中的有关资料，此不赘述。

正是由于古代把佛经的翻译当作一种集体劳动，并有严格的制度来制约，才翻译出许多高质量的汉文佛典，为人类留下一份宝贵的文化遗产。古代译经的这些经验，今天对我们来说，仍有借鉴意义。

官方大译场便于集中优秀人才，又有充分的物质保障，这都是使佛典翻译得以顺利进行的重要条件。不过我们也应该看到官方的另一个意图，即通过官办译场，力图把译经事业纳入王权控制范围之内。《大唐大慈恩寺三藏法师传》卷六载：

法师又奏云："玄奘从西域所得梵本六百余部，一言未译。今知此嵩岳之南少室山北有少林寺，远离廛落，泉石清闲。是后魏孝文皇帝所造，即菩提留支三藏翻译经处。玄奘望为国就彼翻译。伏听敕旨。"

帝曰："不须在山。师西方去后，朕奉为穆太后，于西京造弘福寺。寺有禅院，甚虚静。法师可就翻译。"

法师又奏曰："百姓无知，见玄奘从西方来，妄相观看，遂成阗阓。非直违触宪纲，亦为妨废法事。望得守门，以防诸过。"

帝大悦曰："师此意，可谓保身之言也！当为处分。师可三五日停憩，还京就弘福安置。诸有所须，一共玄龄平章。"

自是辞还矣。三月己巳，法师自洛阳还至长安，即居弘福寺将事翻译。乃

---

① 《宋高僧传》卷三，《大正藏》第50册，第724页中至下。

条疏所须，证义、缀文、笔受、书手等数，以申留守司空梁国公玄龄。①

如上所述，唐太宗特意为玄奘在弘福寺设立译场，玄奘说：担心百姓聚众来观，以致"违触宪纲"，还会干扰译经，要求太宗在弘福寺译场外派人守门，以防出问题。唐太宗听了非常高兴，说："您这话真可谓是明哲保身啊！"百姓观看玄奘译经能够出现什么治安问题，需要玄奘明哲保身呢？这里显然反映出太宗对佛教的防范心理。

唐太宗对佛教的真实态度，在他给萧瑀的手诏中表现得非常清楚。他说："至于佛教，非意所遵，虽有国之常经，固弊俗之虚术。何则？求其道者，未验福于将来；修其教者，翻受辜于既往。至若梁武穷心于释氏，简文锐意于法门，倾帑藏以给僧祇，殚人力以供塔庙。及乎三淮沸浪，五岭腾烟，假余息于熊蹯，引残魂于雀鷇。子孙覆亡而不暇，社稷俄顷而为墟，报施之征，何其缪也。"② 唐太宗在诏书中还指斥萧瑀既然信佛教，为什么不出家，并对萧瑀做了行政处分，贬出京城，去任商州刺史。

第四节　翻译理论

理论其实并不玄奥，它无非是从实践中总结出来的一些规律性的东西，用来指导实践。但世界上的事情是复杂的，事物是发展的，所以，当新情况出现或原事物向前发展，理论也要适应新出现的情况、新发展的形势而变化、发展、完善自己。

（一）直译与意译

就中国佛教的经典翻译而言，第一次理论的觉醒发生在东汉。

早在东汉，中国的佛经翻译就出现直译、意译两种倾向。直译的代表人物是安世高、竺佛朔、支娄迦谶等。

安世高因曾在华游历多年，通晓汉语，所以他的翻译能够比较准确地传达原本的意义。唐代著名佛教文献学家智昇称他的翻译"义理明析，文字允正，辩而不华，质而不野"③。但从总体看，仍偏重于直译，有些地方拘泥于原本的结构，不免重复、颠倒。竺佛朔的翻译依靠助手进行，据说"译人时滞，虽有失旨。然弃文存质，深得经意"④。亦即由于助手不称职，有时会出错误。于是只好直译，即所谓

---

① 《大唐大慈恩寺三藏法师传》卷六，《大正藏》第50册，第235页下。
② 《正史佛教资料类编》卷二，CBETA（2006），ZS01，no.1，p.106A22～26。
③ 《开元释教录》卷一，《大正藏》第55册，第481页下。
④ 《高僧传》卷一，《大正藏》第50册，第324页中。

"弃文存质"。这样当然不会歪曲经文的原意，但中国人读起来，未免有点困难。支娄迦谶的翻译则更是所谓"弃文存质""了不加饰"①，甚至不惜采用大量音译，所以比较难懂。

意译的代表人物则是支谦。支谦虽是月氏族后裔，但本人生长在中国，深受汉文化的熏陶，汉文水平也远远高于支娄迦谶等人。他反对过去的直译倾向，翻译时尽量减少音译，删略繁重，智昇评价他"曲得圣义，辞旨文雅"。② 不过，也有些人对支谦的这种翻译方法表示不满，唯恐这样有损经典的原意。

两种倾向很快产生冲突。关于这次冲突的史实，记载在《出三藏记集》卷七所收的《法句经序》中。该序是我们今天研究早期佛经翻译理论的重要文献。《出三藏记集》称该序"未详作者"，但根据《开元释教录》等资料，我认为它应是支谦所撰。

下面将该序的原文标点引用如下。

"昙钵偈"者，众经之要义。"昙"之言法，"钵"者句也。而《法句经》，别有数部。有九百偈，或七百偈，及五百偈。"偈"者，结语，犹诗颂也。是佛见事而作，非一时言。各有本末，布在众经。

佛一切智，厥性大仁，悯伤天下。出兴于世，开现道义。所以解人，凡十二部经，总括其要，别有四部阿含。至去世后，阿难所传，卷无大小，皆称"闻如是"、处佛所，究畅其说。是后五部沙门，各自钞采经中四句、六句之偈，比次其义，条别为品。于十二部经，靡不斟酌，无所适名，故曰"法句"。夫诸经为法言，"法句"者犹法言也。近世葛氏传七百偈，偈义致深。译人出之，颇使其浑漫。惟佛难值，其文难闻。

又诸佛兴，皆在天竺。天竺言语，与汉异音。云其书为天书，语为天语。名物不同，传实不易。唯昔蓝调、安侯世高、都尉、弗调译胡为汉，审得其体，斯以难继。后之传者，虽不能密，犹尚贵其实，粗得大趣。

始者，维祇难出自天竺，以黄武三年来适武昌。仆从受此五百偈本，请其同道竺将炎为译。将炎虽善天竺语，未备晓汉。其所传言，或得胡语，或以义出音，近于质直。仆初嫌其辞不雅。维祇难曰："佛言依其义不用饰，取其法不以严。其传经者，当令易晓，勿失厥义，是则为善。"座中咸曰："老氏称：'美言不信，信言不美。'仲尼亦云：'书不尽言，言不尽意。'明圣人意，深邃无极。今传胡义，实宜经达。"

①　《高僧传》卷一，《大正藏》第 50 册，第 328 页上。
②　《开元释教录》卷二，《大正藏》第 55 册，第 489 页上至中。

是以自竭（偈），受译人口。因循本旨，不加文饰。译所不解，则阙不传。故有脱失，多不出者。然此虽辞朴而旨深，文约而义博。事钩众经，章有本故，句有义说。其在天竺，始进业者，不学《法句》，谓之越叙。此乃始进者之鸿渐，深入者之奥藏也。可以启蒙辩惑，诱人自立。学之功微，而所苞者广，实可谓妙要者哉。

昔传此时有所不出，会将炎来，更从谘问，受此偈等，重得十三品。并校往故，有所增定。第其品目，合为一部，三十九篇，大凡偈七百五十二章。庶有补益，共广闻焉。①

按照支谦的这篇序言及其他经录的记载，三国吴黄武三年（224），维祇难与竺将炎来到武昌，支谦请他们翻译《法句经》。由于他们刚到中国不久，对汉语不太熟练，所以翻译出来的文字，或者用西域语言表述，或者干脆采用音译。这样的译文，当然很难懂。支谦本来就属于意译派，所以批评他们这样的译文太"质直"，"其辞不雅"。但维祇难认为，对于佛教的经文，关键在于掌握它的意义，而不在于辞藻的华丽。翻译经典，只要能够不走样地表达原义，让阅读者明白，就可以了。据说当时在座的人都同意维祇难的观点，认为老子说过："美言不信，信言不美。"孔子也说过："书不尽言，言不尽意。"圣人的意蕴是深邃无极的。所以，翻译佛经，"实宜经达"。

这次争论的结果是直译派占了上风，所翻译出的《法句经》"因循本旨，不加文饰。译所不解，则阙不传。故有脱失，多不出者"。这部《法句经》，现在还保存在大藏经中。

这里不拟探讨那部《法句经》翻译的得失，也不探讨这次争论中哪一派占了上风。如序文所示，意译派的支谦批评译文"其辞不雅"，而直译派的维祇难等人以老子的"美言不信，信言不美"为依据，主张翻译佛典，"实宜经达"。所以，这次争论的关键，在于双方在这次争论中已经正式涉及被后代译人认为最高翻译原则的"信、雅、达"等基本范畴。这说明我国当时的翻译活动，已经不仅仅是两种语文的对译、有若干技巧的探讨，而是已经上升到理论的高度。从此，我国佛教的翻译实际就是沿着如何调和直译、意译，向着真正做到信、雅、达的方向前进。

（二）道安的翻译理论与实践

中国佛教的翻译理论其后不断发展。本书限于篇幅，难以详述。但必须要指出的是道安对中国佛教翻译理论的贡献。

---

① 《法句经序》第十三，《大正藏》第55册，第49页下～第50页上。

道安是中国佛教史上的一座高峰，我把他视为中国佛教初传期结束的标志性人物。他对中国佛教的贡献是多方面的，在佛典翻译方面，他组织队伍从事翻译，自己下功夫研读、讲习、撰写注疏与经序，并在翻译实践中总结佛典翻译的经验与教训，为我们留下了宝贵的翻译理论。

到了东晋释道安时代，佛教的翻译已经有近四百年的历史，译出的经典已有千部。释道安自己长期从事经典的整理，还组织、协助并亲自参与经典的翻译，在这一过程中，积累了不少经验。例如，公元 378 年，道安刚到长安，主持翻译的第一部典籍是《比丘大戒》。翻译时，起先道安嫌原文不少部分多次重复叙述，过于烦琐，便让担任笔受的慧常删略重复，精简文字。但慧常提出反对意见，说：

> 大不宜尔。戒犹礼也。礼执而不诵，重先制也，慎举止也。戒乃径广长舌相、三达心制。八辈圣士珍之宝之，师师相付。一言乖本，有逐无赦。外国持律，其事实尔。此土《尚书》及与《河》《洛》，其文朴质，无敢措手。明祗先王之法言而慎神命也。何至佛戒，圣贤所贵，而可改之以从方言乎？恐失四依不严之教也。与其巧便，宁守雅正。译胡为秦，东教之士，犹或非之。愿不刊削，以从饰也。①

慧常的意思是说，道安删略繁重的意见很不合适。佛教的戒律就好比是儒家的礼。礼是用来执行，而不是用来读诵的。所以，是否繁重关系不大。重要的是要尊重已有的定制，以规范大家的举止。戒律是佛亲自制定的，从来被佛弟子们当作珍宝一样严格遵守。在印度，这些戒律一直师徒相传，稍微有一点违反，马上就会受到处分，决不轻纵。中国的《尚书》《河图》《洛书》文字也朴质难读，但没有人敢随便修改它们，就是因为敬先王，敬神命。既然圣贤们（指佛弟子）这样尊重佛教戒律，我们怎么能够随便地按照方言来改动呢？如果这样做，恐怕会有失佛陀"四依"②的教诲。与其删削佛经，使它巧便，宁肯保持它的雅正。现在我们把佛典译为中文，还有人认为不好（即当时有人主张应该直接学习梵文原典），所以希望不要对原文进行刊削与修饰。

据说当时在场的人都认为慧常的观点有理，于是依照这种办法处理。除了因梵文语序与汉文不一致，按照汉文习惯顺理其语序外，一律原文照译，不加任何改动。

道安与慧常的这一次讨论，可以说是前述关于《法句经》翻译讨论的继续。讨

---

① 《出三藏记集》卷十一，《大正藏》第 55 册，第 80 页中。

② "四依"，修道人学习佛教的四种正确态度：一、依法不依人；二、依了义经不依不了义经；三、依义不依语；四、依智不依识。

论的中心仍然是直译还是意译的问题。道安主张在不妨碍原意的情况下，可以对原文适当删削，属于意译派；但慧常主张严格按照原文翻译，不作改动，属于直译派。讨论的结果，仍然是直译派占据上风。道安不但赞同了慧常的观点，并且在序言中这样讲："诸出为秦言，便约不烦者，皆蒲陶酒之被水者也。"① 意思是说，以前译为中文的典籍，只要是文字简要不烦琐的，都是经过改动的，没有能够保持佛经的原汁原味。

但是，两种语言的差距是客观存在的，所以，真正的直译实际上是不可能的。佛典翻译是为了让人阅读，为了传播佛教。彻底的直译让人无法看懂，实际上等于不译，也就失去了翻译的意义。因此，翻译时总要斟酌情况，尽量照顾中文的表达方式与中国人的阅读习惯。所以，虽然道安一时接受了慧常的意见，但在后来的翻译实践中，道安还是努力从事种种探索，例如，公元382年，他主持《摩诃钵罗若波罗蜜经抄》的翻译时，就尝试对当时的翻译进行改革，并在改革中提出佛经翻译"五失本、三不易"的理论。

> 译胡为秦，有五失本也。一者，胡语尽倒，而使从秦，一失本也。二者，胡经尚质，秦人好文，传可众心，非文不合，斯二失本也。三者，胡经委悉，至于叹咏，丁宁反复，或三或四，不嫌其烦，而今裁斥，三失本也。四者，胡有义说，正似乱辞，寻说向语，文无以异，或千五百，刈而不存，四失本也。五者，事已全成，将更旁及，反腾前辞，已乃后说，而悉除此，五失本也。然《般若经》三达之心，覆面所演。圣必因时，时俗有易。而删雅古以适今时，一不易也。愚智天隔，圣人叵阶。乃欲以千岁之上微言，传使合百王之下末俗，二不易也。阿难出经，去佛未久，尊者大迦叶令五百六通迭察迭书，今离千年，而以近意量裁，彼阿罗汉乃兢兢若此，此生死人而平平若此，岂将不知法者勇乎？斯三不易也。涉兹五失经三不易，译胡为秦，讵可不慎乎！②

道安的意思是：将胡语经典翻译为汉文，在如下五个方面无法保持其原状。梵文的谓语在宾语的后面，语序是颠倒的，如汉语"吃饭"，胡语表述为"饭吃"，翻译时必须将它们按照汉语的习惯颠倒过来，这是第一个无法保持原貌的方面。胡语经典文字喜欢质朴，但中国人讲究文采，为了使经典能够符合中国人的审美情趣、让中国人爱读，译文也一定要有文采，这是第二个无法保持原貌的方面。胡语经典叙事详尽，乃至某件事情，再三再四，反反复复，不嫌其烦，翻译时这些烦琐的内

---

① 《出三藏记集》卷十一，《大正藏》第55册，第80页中。
② 《出三藏记集》卷八，《大正藏》第55册，第52页中至下。

容必须删略，这是第三个无法保持原貌的方面。胡语经典在叙述完一件事情后，往往有一个结尾，或一千字，或五百字，用原来的话把整件事复述一遍，现在也统统删除了，这是第四个无法保持原貌的方面。胡语经典在讲完一件事，接着叙述第二件事以前，往往要把前一件事再说一遍，然后讲第二件事，现在把重复的部分都删除了，这是第五个无法保持原貌的方面。《般若经》本来论述的是佛陀的理论，由佛陀讲述出来，佛陀是针对当时的情况论述的这一理论，而现在时间、空间等条件已经变化，由此，要把那种雅古的内容删削得适合今人的接受水平，这是第一件不容易的事情。智者与愚人的智商，本来就天差地别，何况圣人（指佛陀、罗汉）那样的水平是很难达到的。现在要想把千年以前的那些微言大义，翻译得符合目前人们的接受能力，这是第二件不容易的事情。阿难背诵佛经的时候，距离释迦牟尼逝世还没有多久。即使如此，尊者大迦叶还特意召集了五百罗汉，让大家一边认真审订阿难所背诵的经典，然后一边逐一记录下来。现在离那时已经有了千年，反而拿我们自己的思想去衡量佛经，这怎么可以呢？那些阿罗汉对待佛经是那样的谨慎小心，而我们这些还没有脱离生死轮回的人对待佛经却是这样的满不在乎，难道这就是所谓的"因为不懂得法，所以特别勇敢"吗？这是第三件不容易的事情。把梵文经典译为中文，要涉及上述五失本、三不易，怎么可以不慎重呢？

考察上述理论，"五失本"大体总结了中外两种语文在结构、风格方面的差异；"三不易"则论述了由时空因素带来的翻译的困难以及对待翻译应持的正确态度。道安的论述可以视为佛教初传期在翻译理论方面的系统总结。

《摩诃钵罗若波罗蜜经抄》本来就是一部经文撮略，自然允许道安在翻译中实践自己关于佛经翻译可以删略的思想，从而在删略中总结出上述经验。但是，道安的上述理论与经验只是针对《摩诃钵罗若波罗蜜经抄》这样的经典而言，在当时并不具备普遍意义。在道安其后的翻译实践中，并没有能够贯彻下去，道安时代的佛经翻译，仍然基本沿着直译的方向前进。

例如，公元383年，亦即翻译《摩诃钵罗若波罗蜜经抄》的后一年，道安组织翻译《鞞婆沙论》时，当时参与翻译的赵政提出：

> 《尔雅》有"释古""释言"者，明古今不同也。昔来出经者，多嫌胡言方质，而改适今俗，此政所不取也。何者？传胡为秦，以不闲方言，求知辞趣耳，何嫌文质？文质是时，幸勿易之。经之巧质，有自来矣，唯传事不尽，乃译人之咎耳。[①]

---

① 《出三藏记集》卷十，《大正藏》第55册，第73页下。

赵政的意思是：《尔雅》中有"释诂"篇，有"释言"篇，都是解释古代的语言文字的，这说明古今确有不同。过去翻译经典的，很多人都嫌胡语太质朴，所以改动文字，以适合今人的需要。我不赞同这样的做法。因为之所以要把外国话翻译为中文，是因为我们不懂这种话，而又想知道经里讲的是什么。既然如此，现在只要能够达到知道经文内容这个目的就可以了，又何必嫌它的文字质朴呢？文字质朴是时代造成的，希望不要进行改动。经文巧便也罢，质朴也罢，都有它们自己的原因，对于翻译者来讲，如果不能把经文的意思原原本本翻译出来，那他应该承担责任，至于文字质朴与否，不必予以考虑。

赵政的话，说明当时的人还没有了解两种文字、两种文化的差异才是造成翻译困难的真正障碍，而以为阅读佛典的障碍就像中国人读古文那样，是时代古今流驰造成的。赵政的这番话实际也可以看作对道安前一年提出的"五失本、三不易"理论的驳斥。据说当时的结果是"众咸称善：'斯真实语也！'遂按本而传，不令有损言游字。时改倒句，余尽实录也"①，就是除了将倒装句改动过来之外，一字不动，完全按照原本翻译。

同年翻译《阿毗昙八犍度论》时，还发生这样一件事。如前所述，该论是由僧迦提婆背诵出来，由竺佛念翻译的。等到十月二十三日翻译完毕之后，才发现竺佛念在翻译时还加入了不少自己解释的语句。道安认为，这是"龙蛇同渊，金鍮共肆"。当时，法和"抚然恨之"，道安"亦深谓不可"，于是"遂令更出。夙夜匪懈，四十六日而得尽定，损可损者四卷焉。至于事须悬解、起尽之处，皆为细其下"②。亦即又花费一个半月的工夫，将该论重新审订一遍，除了必须保留的解释用小字附于文后外，其余凡属竺佛念所加入的内容，一律删除。这样，共减少了四卷。

以现在的眼光看，翻译者不应在译本中加入个人的意见，这无疑是正确的，但道安、法和之所以对竺佛念在翻译中加入个人意见如此痛心疾首，主要是为了维护佛经的纯正性与正统性，这是必须予以注意的。

我在前面提到，道安是代表了佛教初传期的终结的划时代人物。上述道安在佛典翻译方面的理论与实践也处处反映出这一特点。初传期的中国佛教徒既没有真正理解佛教思想，也没有很好掌握外国语文，但他们对佛教有着十分虔诚的宗教感情。在这种情况下，他们必然把经典的翻译看作一件神圣的大事，诚惶诚恐，唯恐翻译时走样，损害佛陀的原意，由此决定了他们只能走直译这一条路。道安不愧是一代天骄，他发现了直译的种种缺点，发现了两种语文不可能机械比附，从而提出新的翻译理论。不过，在当时的情况下，他提出的这些理论不可能贯彻下来。道安自己

---

① 《出三藏记集》卷十，《大正藏》第 55 册，第 73 页下。
② 《出三藏记集》卷十，《大正藏》第 55 册，第 72 页中。

不通外语，无法从事翻译，也是他的理论无法推广的原因之一。不过，道安能够提出问题，已经标志着佛典汉译将冲破初传期的种种樊篱。当然，真正改变这种状态的，是其后入华的鸠摩罗什。

长安时期，道安将大量的精力花费在佛典的翻译上，直到晚年，仍克服燕秦交战等种种困难，孜孜不倦。逝世前不久，他主持完成了《增一阿含经》的翻译，在序言中他满意地回顾说："二《阿含》（方按：指《中阿含经》《增一阿含经》）一百卷、《鞞婆沙》、《婆和须蜜》（方按：即《尊婆须蜜菩萨所集论》）、《僧伽罗刹传》（方按：即《僧伽罗刹所集经》），此五大经，自法东流，出经之优者也。"① 然而，遗憾的是，实际情况却并非如此。

《出三藏记集》卷九载释道慈撰《中阿含经序》这样讲：

> 《中阿含经记》云："昔释法师于长安中出《中阿含》《增一》《阿毗昙》《广说》《僧伽罗叉》《阿毗昙心》《婆须蜜》《三法度》《二众从解脱缘》。"此诸经律凡百余万言，并违失本旨，名不当实，依稀属辞，句味亦差。良由译人造次，未善晋言，故使尔耳。会燕秦交战，关中大乱，于是良匠背世，故以弗获改正。②

虽然道慈把责任放在译人身上，没有直接批评道安，但"并违失本旨，名不当实，依稀属辞，句味亦差"这一批评，从内容到形式，对道安主持下翻译的这些经典予以全面否定，态度相当严厉。

根据道慈记叙，道安逝世后，法和来到洛阳，与罽宾沙门僧伽提和一起。"四五年中，研讲遂精。其人（指僧伽提和）渐晓汉语，然后乃知先之失也。于是和乃追恨先失。"③ 他便与僧伽提和陆续将不少经典逐一修订，有些经典则由后人完全重译。所以我们现在看到的上述经典，很多已经不是道安定稿的原貌了。

当然，事物的前进从来是波浪形的。无论如何，道安对中国佛教的贡献，已经铭记在中国佛教史上，并将永远被人怀念。

必须指出，道安对中国佛教的重大贡献，还在于他提出"先旧格义，于理多违"这样一个论断。

"格义"，是佛教传入中国后，中国人学习佛教理论的一种比较通行的治学方法，指用中国传统的理论或概念来比附、解释印度佛教相似的理论或概念。传统认

---

① 《出三藏记集》卷九，《大正藏》第 55 册，第 64 页中。
② 《出三藏记集》卷九，《大正藏》第 55 册，第 63 页下。
③ 《出三藏记集》卷九，《大正藏》第 55 册，第 64 页上。

为，格义这种方法是竺法雅与康法朗等人创立的。

竺法雅，河间（今河北献县）人，也是佛图澄的弟子，与道安、竺法汰都是师兄弟。《高僧传》载，他"与道安、法汰每披释凑疑，共尽经要"①。可见在佛图澄门下时，他与道安、法汰不仅有良好的友谊，并经常切磋学问。后来他自己在高邑（今河北高邑县东南）立寺，"僧众百余，训诱无懈"②，成为一方佛教领袖。据说他的弟子"昙习祖述先师，善于言论。为伪赵太子石宣所敬云"③。亦即昙习为石宣所敬时，竺法雅已经逝世。而石宣是在石虎生前立为太子并被废的。由此看来，竺法雅逝世较早，当时佛图澄尚在世。所以，竺法雅的年龄大概要比道安大。康法朗，中山（今河北定县）人，"少出家，善戒节"④，曾游学西域，研寻经论。"后还中山，门徒数百，讲法相系"⑤，可见也是一方佛教领袖。

对于竺法雅等首创"格义"，《高僧传》是这样叙述的：

> （竺法雅）凝正有器度，少善外学，长通佛义。衣冠士子，咸附咨禀。时依雅⑥门徒，并世典有功，未善佛理，雅乃与康法朗等以经中事数，拟配外书，为生解之例，谓之"格义"。⑦

也就是说，由于跟从竺法雅学习佛教的僧俗弟子们虽然有很好的中国传统文化的修养，但对佛教的理论则实在难以真正弄懂。于是竺法雅、康法朗等便想出一个办法，即将佛典中的理论与法数与儒家、道家等中国传统的学说与观点匹配起来，用中国的思想与概念来解释佛教的理论与法数，以便于这些世家弟子们来理解佛教。比如用玄学的"本无"解释佛教的"真如"；用儒家的"五常"解释佛教的"五戒"等。他们把这种方式称为"格义"。

上面的记叙并不完全准确，其实，从佛教传入中国初期，用中国思想比附印度佛教思想、用中国概念比附印度佛教法数的方法就已经产生并流传。竺法雅等只是在教授弟子的时候利用了这种方法，并给这种方法正式取了一个名称而已。

宗教是以信徒为载体而传播、发展的。在中国佛教史上活动的佛教徒可分为两类：来华的外国佛教徒与本土的中国佛教徒，所谓佛教在中国的传播，实际上也就是佛教主要在上述两类人之间的传承。所以，从理论上讲，研究佛教在中国的发展，

---

① 《高僧传》卷四，《大正藏》第50册，第347页上。
② 《高僧传》卷四，《大正藏》第50册，第347页上。
③ 《高僧传》卷四，《大正藏》第50册，第347页上。
④ 《高僧传》卷四，《大正藏》第50册，第347页上。
⑤ 《高僧传》卷四，《大正藏》第50册，第347页中。
⑥ "雅"，底本无，据校记补。参见《大正藏》第50册，第347页上。
⑦ 《高僧传》卷四，《大正藏》第50册，第347页上。

应该兼顾佛教在上述两类人中的表现形态。但是，中国佛教史毕竟是指佛教在中国这块土地上发展与传播的历史，是印度佛教与中国传统文化逐步结合的历史。因此，在考察中国佛教发展的历史进程时，虽然应该兼及上述两类信徒，但更重要的是以中国佛教徒所承载的佛教形态作为标准，亦即主要考察中国佛教徒怎样理解、接受与消化佛教。中国不是一张可以任人涂抹的白纸，她有自己丰富的文化传统与文化积淀，因此，印度佛教传入中国，首先遇到的就是两种异质文化的碰撞。实际上，印度佛教与中国传统文化就是在碰撞中相互理解、相互影响，乃至走向相互交融，最终成为中国佛教的。相互理解需要有一个过程，人们一般只能由近及远地理解事物，用自己现有的知识来理解新的知识，这也是一个规律。所以孔子有"温故而知新"的说法。佛教初传中国，对于中国人来说，它是一种全新的存在。因此，中国人没有可能马上透彻地了解它，真正地掌握它，很容易用中国传统理论的目光来看待佛教，用自己相对熟悉的学说来附会佛教，从而在客观上产生外来的佛教依附、攀缘中国传统文化的现象。也就是说，佛教在初传期之所以表现为依附黄老之学、攀缘玄学，其主要原因之一，就在于当时中国佛教徒还不能真正理解佛教的本意，只能用中国传统的黄老之学与玄学去理解它。由于以中国佛教徒为载体的佛教所显示的是这样一种形态，所以我提出初传期佛教在意识形态领域里还缺乏清醒的自我意识，没有成为一支独立的力量。

至于外国来华的佛教徒，我想也许可以分为两类：对中国文化较为隔膜的与对中国文化较为了解的。对于前一类人来说，由于他们不通华语，不了解中国文化，只能通过传译来传播佛教与了解中国，但由于担任传译的中国人又不能真正了解佛教，在这种近乎双盲的情况下，佛教大概也就只能以依附或攀缘中国的某种相近学说的面貌出现。这也是初传期佛教被人视同黄老之学与攀缘玄学的重要原因之一。对于后一类人来说，虽然他们了解佛教与中国文化的差异，但在当时的大背景下，为了佛教能够更加顺利地契入中国社会，他们不得不采取一些变通的手法，主动地向中国传统文化靠拢。康僧会就是后一类人的代表。例如，佛教初传中国，很快找到了与中国传统文化的结合点——灵魂不死说。其实，印度佛教并不主张人有一个常恒不变的灵魂，与中国传统的元气灵魂说更是格格不入。但为了将轮回业报理论导入中国，佛教接过了中国的元气灵魂说。康僧会所编纂的《六度集经》就称："魂灵与元气相合，终而复始，轮转无际，信有生死，殃福所趣。"[1] 康僧会这样的僧人的努力，使轮回业报观念很快流传开来，达到使人们"观生死报应之际，莫不瞿然自失"[2] 的效果。康僧会还在《六度集经》中吸收了不少中国人的传统思想。

　　[1] 《六度集经》卷八，《大正藏》第 3 册，第 51 页下。

　　[2] （东晋）袁宏：《后汉纪》。转引自任继愈《汉唐佛教思想论集》，人民出版社，1973，第 5 页。

例如把"泰山"当作人死后所归的地狱;认为人死时"神逝体散";主张子女尽孝,妇女守节等,都反映了佛教初传时努力适应中国传统文化的企图。《六度集经》中还有一个故事,叙述兄弟两人到裸人国经商。弟弟能入乡随俗,因而受到当地土人的欢迎,满载而归。哥哥坚持礼仪,指责裸人国这不对,那不好,激起民怒,当地土人把他打了一顿,赶出国去。这个故事非常典型地说明康僧会是有意向中国传统思想靠拢,以求达到调和两种文化的差异、顺利传播佛教的目的。

由此看来,格义的产生是人们刚开始接触一种新思想、新理论时往往会产生的一种现象,它的作用在于消除中外思想交流中时常遇到的隔阂和抵触。但是,中国的思想不能等同于外来的理论,机械的比附不可能得到准确的理解。所以,犹如对世界上任何事物都应该一分为二,同样,我们对格义在中国佛教史上的作用也应该一分为二。首先,我们应该看到格义是两种文化在碰撞初期必然会出现的一种现象。不仅在古代,即使在近现代,当西方的新思想、新理论源源不断地传入中国时,中国人对这些新思想与新理论的理解,也有一个由浅入深地逐步认识的过程。在这个过程中,有时也会有歪曲,有误解。追究这种歪曲或误解产生的原因,往往可以看到中国传统文化与中国式思维模式的影子。这实际也是格义的另一种表现形式。其次,我们必须承认格义对佛教在中国的早期传播起到相当大的促进作用。由于有了格义,外来的佛教对于中国人来说,就显得不那么陌生了;由于有了格义,中国人发现佛教中竟然有与自己正在钻研的玄学很相近的东西,于是激发起钻研佛教的兴趣,从而促进了佛教的传播。再次,我们也必须指出,印度佛教的理论与概念与中国传统学说的理论与概念毕竟差距甚大。有些思想大体类似,但并非完全等同。有些概念的内涵或外延有相互交叉的部分,但毕竟也有相互不兼容的部分。所以,从根本上讲,仅仅依靠格义不可能准确把握佛教的真实内涵。当时的中国僧人,有的像竺法雅,"少善外学,长通佛义",他"善于枢机,外典佛经,递互讲说",亦即本人的佛学水平与中国传统文化水平都比较高,则采用格义时弊病可能少一点。有的自己程度有限,则不免流于章句是务,如前述用五常来解释五戒,其结果对佛教的理解只能如雾里看花,不得要领。更有甚者,不拘泥于片言只语的训释,也不追求忠实于印度佛教本意,只着重从义理方面融会中外两种不同的思想,只要在它们中间找到了某种同一性,就可以自由发挥、创立新解。如中国佛教般若学"六家七宗"中的某些派别就是这样产生的。

在当时盛行清谈的风气下,从某一角度对某种传统观点自由发挥、创立新解是颇受时人欢迎的。比如,《庄子》中有这样一个故事。一个人经常在海边与海鸥一起游玩,每次都有好几百只海鸥追随在他身边,与他嬉戏,随他摆布。一天他父亲说:"明天你抓几只海鸥回来。"第二天,这人来到海边,海鸥都绕开他飞舞,一只也不到他的身边来了。[①] 庄子企图通过这个故事说明：一个人如果没有机心，就能够与外物融为一体；而一旦有了机心，就再也不可能达到那个境界了。据《世说新语》载："佛图澄与诸石游。林公曰：'澄以石虎为海鸥鸟。'"[②] 这里的"林公"指支道林。支道林这句话的意思不是按照《庄子》典故的原意，说因为佛图澄没有机心，所以能够与石虎打成一片。而是说：佛图澄与石虎明明是两类完全不同的人，但佛图澄有本事做到让石虎对自己信赖异常，从而达到自己的目的，如同那个海边人摆布海鸥那样摆布石虎。其实，在《庄子》的那个寓言中，海边的那个人并不能随心所欲地摆布海鸥，当他有了机心后，海鸥就不靠近他了。但支道林用这个典故时，只讲前半截那人能够摆布海鸥时的情况，忽略后半截那人不能摆布海鸥的情况。由于支道林活用《庄子》，赋予新解，大家就非常佩服，把他的这句话记载到《世说新语》的"语言篇"中。

总之，随着佛教的日益发展，随着人们对佛教理解的日益深入，格义原有的优点已越来越微不足道，而它的与生俱来的缺点却越来越突出。这时，格义就已经成为妨碍中国人进一步深入理解佛教必须予以抛除的障碍了。打个比方，如果说过去格义对初传中国、正在蹒跚学步的佛教起到了学步车作用的话，则现在佛教已经长大了，学步车对佛教来说，不仅不必要，而且已经成为一种障碍前进的累赘了。

总之，道安是中国佛教史上发现并提出格义"于理有违"这一问题的第一人。格义本身虽然只是一种治学方法，但它反映的却是两种文化在交流中如何相互真正理解这一重大理论问题。如前所述，在道安之前，人们用格义的方法来学习佛教，使得佛教在客观上成为中国传统文化的附庸，在意识形态领域里缺乏清醒的"自我意识"，缺乏自己的独立地位。道安提出格义问题，既是道安本人在佛教理论方面的重大觉醒，也标志着中国佛教从此开始有了自己的独立意识，并开始在意识形态领域走上与儒、道两家鼎足而三的道路。我认为，在这个意义上，格义的提出，是中国佛教史上划时代的大事，而道安本人也因此而成为中国佛教史上划时代的人物。当然，道安只是提出问题，他没有能够真正解决问题。在中国佛教史，这个问题是鸠摩罗什来华以后才真正解决的。亦即道安用自己的一生，为佛教从两汉之际传入中国以来的将近四百年的历史做了一个总结，并为佛教在中国的进一步发展开创了条件。道安标志着中国佛教初传期的结束。而道安逝世以后，鸠摩罗什来到长安，则标志着中国佛教的一个新时期的开始。

（三）鸠摩罗什的翻译实践与理论

鸠摩罗什（343～413），西域龟兹（今新疆库车）人。自幼出家，先学小乘，

---

① 今本《庄子》无此内容，《列子》中则有之。学术界认为今本《庄子》有脱漏，而《列子》此故事抄袭于《庄子》。

② 余嘉锡撰《世说新语笺疏》，中华书局，1983，第106页。

后改宗大乘，主要研习印度佛教大乘中观学说，达到很高的造诣，声名远播，如日中天。前秦建元十八年（382），苻坚遣吕光攻伐西域，因鸠摩罗什是"国之大宝"，令吕光"若克龟兹，即驰驿送什"。① 但吕光攻克龟兹返回时，前秦已经败亡，故吕光在凉州自立后凉，鸠摩罗什亦滞留后凉十余年。因吕光及其继承者并不虔信佛教，故在这十余年中罗什在佛教方面没有什么建树。但他利用这段时间学习了汉语，虽然当时他的汉语水平还不高，但总算为以后的佛典翻译奠定了语言基础。后秦弘始三年（401），姚兴败后凉，迎罗什到长安，"待以国师之礼，甚见优宠。晤言相对，则淹留终日。研微造尽，则穷年忘倦"②，先后请罗什在逍遥园、中寺、大寺等地设立译场，翻译佛典。

鸠摩罗什翻译的经典很多，按照《出三藏记集》卷二记载，共有 35 部，294 卷；但按照《开元释教录》卷四记载，共有 74 部，384 卷。但从佛教义理的角度讲，也有一个侧重点，就是罗什自己最为服膺的龙树中观理论。他翻译的代表性作品有龙树的《大智度论》《中论》《十二门论》与提婆的《百论》。这四部著作有着内在的联系，共同构成了中观理论的完整体系。僧睿在《中论序》中说："《百论》治外以闲邪，斯文（方按：指《中论》）祛内以流滞，《大智释论》之渊博，《十二门观》之精诣。寻斯四者，真若日月入怀，无不朗然鉴彻矣。"③ 鸠摩罗什翻译这四部著作，目的是系统传述中观学说。其中《大智度论》原文篇幅很大，龙树针对当时中国佛教的实际水平与迫切需要，着重翻译了其解释佛教名相的部分，而对阐述义理的部分则多有删略。这样，中国僧人就可以真正了解这些佛教名相的本来含义，再也不用采取"格义"之类的方法了。

鸠摩罗什传述的另一重点是大乘菩萨戒。鸠摩罗什本人原为戒律精勤的沙门，但因各种原因，终于破戒还俗，娶妻生子。姚秦时期，他实际以"破戒僧"的身份译经、说法。所以，他传述大乘菩萨戒，大约既是应当时中国社会大乘流行的实际需要，也是应自己身份改变之需要。所译的《梵网经卢舍那佛说菩萨心地法门戒品》，又名《梵网经》，二卷。上卷主要叙述关于菩萨阶位的四十法门，包括十发趣心、十长养心、十金刚心等三十心及体性平等地等菩萨十地。下卷则一一叙述大乘菩萨应遵守的十重戒及四十八轻戒。本经称上述诸戒为佛戒，谓："众生受佛戒，即入诸佛位。位同大觉已，真是诸佛子。"④ 该戒律出家、在家信徒均可受持，据说此经初译，即有道融、昙影等三百人受持此戒，慧融抄写三千部以资流传。本经有较为鲜明的中国伦理思想色彩，经中多处强调孝道，称释迦牟尼最初在菩提树下成

① 《高僧传》卷二，《大正藏》第 50 册，第 331 页中。
② 《高僧传》卷二，《大正藏》第 50 册，第 332 页上。
③ 《出三藏记集》卷十一，《大正藏》第 55 册，第 77 页上。
④ 《梵网经》卷二，《大正藏》第 24 册，第 1004 页上。

佛就制定的菩萨戒，即为"孝顺父母、师僧、三宝。孝顺，至道之法。孝名为'戒'，亦名'制止'"①。故亦有人认为此经乃中国人假托佛说所撰伪经。我认为经中孝道思想的出现反映了鸠摩罗什为了佛教能在中国顺利传播而采取的与中国传统思想调和的手段。毕竟他已经在汉地多年，对汉文化已有深入了解。

他传述的第三个重点是禅法。禅定因其神秘、直观的特性，传统上讲究师承。但鸠摩罗什所传述的禅法无特定的师承。他综合印度世友、众护、近护、众军、胁尊者、马鸣、罗陀等七家的禅法，编译为三卷《禅要》，主张以"不净观"对治"贪"；以"慈悲观"对治"嗔"；以"十二因缘"对治"痴"；"寻思"重的人修"安般"；"平等"（一般）的人修"念佛"。此外，还编译了一些其他禅法著作。这或者反映了鸠摩罗什自己在禅定方面学无常师的特点。

一般来说，所谓"关河之学"，大体包括上述三方面内容。鸠摩罗什曾著《实相论》，论述自己对龙树中道实相的理解，此著作应是关河之学的精华之作，可惜已经亡佚。

由于姚兴的支持，也由于鸠摩罗什闻名遐迩，全国各地的比丘慕名而至，据说先后有数千人。鸠摩罗什翻译经典时，许多僧人作为助手参与工作，罗什自己经常是一边翻译，一边讲解。因此，罗什的译场，其实际作用不仅仅是翻译经典，也是一个讲授佛学知识的大学校。

如翻译《大品经》时：

> 法师手执胡本，口宣秦言，两释异音，交辩文旨。秦王（方按：指姚兴）躬揽旧经（方按：指旧译本），验其得失，咨其通途，坦其宗致。与诸宿旧义业沙门释慧恭、僧䂮、僧迁、宝度、慧精、法钦、道流、僧睿、道恢、道标、道恒、道悰等五百余人，详其义旨，审其文中，然后书之。②

鸠摩罗什翻译《法华经》时，"于时听受领悟之僧，八百余人，皆是诸方英秀，一时之杰也"③。翻译《思益梵天所问经》时，"于时咨悟之僧，二千余人。……近是讲肆之来，未有其比"④。

鸠摩罗什在翻译与讲经时，还经常对照新旧译本，辨析两者的异同，讲解佛典的真义，从而使中国僧人了解佛教名相与玄学概念之间的差异。《晋书》卷一一七载，姚兴曾经到逍遥园，与诸多沙门一起在澄玄堂听鸠摩罗什演说佛经。鸠摩罗什

---

① 《梵网经》卷二，《大正藏》第24册，第1004页上。
② 《出三藏记集》卷八，《大正藏》第55册，第53页中。
③ 《出三藏记集》卷八，《大正藏》第55册，第57页下。
④ 《出三藏记集》卷八，《大正藏》第55册，第58页上。

当时的汉语水平已经很不错。他指出：以前翻译的经典与西域胡本相比，很多都有错谬。于是姚兴便与鸠摩罗什一起，并由八百多僧人共同参与，重新翻译了《大品》。当时，鸠摩罗什手持胡本，姚兴手持旧经，相互对校，的确发现了旧本的不少错误。

鸠摩罗什的这种方法，实际是用印度佛教的般若思想，尤其是般若思想中的中观理论，对中国原有的在玄学笼罩下的佛教般若学以及"格义"的方法论做了一个彻底的清理，使得听讲的中国僧人有茅塞顿开的感觉。如慧观在《法华宗要序》中这么说：

> （鸠摩罗什）更出斯经，与众详究。什自手执胡经，口译秦言，曲从方言，而趣不乖本。即文之益，亦已过半。虽复霄云披翳，阳景俱晖，未足喻也。①

由于鸠摩罗什及其弟子们的努力，在关中形成一个新的佛教中心，关河之学由此诞生。

关河之学通过如下两种方式逐渐影响到全国。

其一，鸠摩罗什来到长安以后，各地一些僧俗佛教学者与他书信往还，请教义理。其中以著名的庐山慧远与东晋王谧为代表。慧远向鸠摩罗什请教的主要有法性、佛身等问题，有关书信被后人集为《大乘大义章》，今存。王谧向鸠摩罗什请教的有般若、三乘、神识、涅槃、佛身、净土等问题，现原文已佚，仅剩题目。关河之学由此传播开来。

其二，罗什到长安，诸方英杰，一时奔集，门下常有数千人。其弟子中不乏优秀人才，有所谓"四圣""什门八子""八俊""十哲"的说法。四圣指竺道生、僧肇、道融、僧睿。也有的说是指竺道生、道融、慧观、僧肇。"什门八子"指竺道生、道融、昙影、僧睿、慧严、慧观、道恒、僧肇。八俊一般指竺道生、僧肇、道融、僧睿、道凭、昙影、慧严、慧观，也有不同的说法。十哲则于八俊之外加道恒、道标。由于什门人才济济，以至姚兴十分欣羡，一心想从什门弟子中拉出几个人还俗从政，匡扶自己，但未能如愿。什门不少弟子来自全国各地，学成后又返回原地，从而把关河之学传播到全国。

鸠摩罗什的弟子中出了一批对中国佛教影响巨大的理论家。如竺道生首创"一阐提人"也能成佛说，对佛教涅槃学的传播与发展起到重大作用，对中国哲学从玄学本体论向心性论的转变也起到极大的推动作用。僧肇撰写了《肇论》，从理论上对此前的佛教般若学做了彻底的清理，被后人视为三论学派的理论奠基人。慧观提

---

① 《出三藏记集》卷八，《大正藏》第55册，第57页中。

出"五时判教"的学说，实际是以"大一统"的中国文化为背景对印度佛教的一种改造。僧导、僧嵩则成为成实学派的早期著名论师。凡此种种，使得关河之学的影响绵绵不绝。

鸠摩罗什开创了中国佛教的一个新时期。他的主要贡献如下。

第一，他翻译了大批佛教经典，这些经典对中国佛教有着持久而深远的影响。后代不少学派或宗派都以他翻译的经典为立宗的依据。他翻译的戒律著作也为中国佛教所遵从。他翻译的《弥勒成佛经》等成为中国信仰层面佛教的理论依据。因此，鸠摩罗什对我国的信仰层面佛教也有一定的影响。进而对中国民间宗教产生影响。正因为如此，直到明末，罗教还编撰出名为《鸠摩罗什法师取经清话》的宝卷。

第二，他传播了龙树中观学说，形成关河之学，使得中国佛教从玄学的笼罩中挣脱出来，成为意识形态领域里一支独立的力量，使中国佛教从此走上独立发展的道路。

第三，他培养、教育了一大批弟子，这些弟子后来分布在全国各地，对南北朝佛教学派的形成与发展有着直接影响。

第四，如果说道安的"不依国主，则法事难立"，标志着中国佛教教团已经从理论上认识到依靠世俗统治者的重要性，则鸠摩罗什是积极把这种认识付诸实践的第一人。由于得到世俗统治者的支持，佛教在后秦迅速发展。《晋书·姚兴载记》载："兴既托意于佛道，公卿以下莫不钦附。沙门自远而至者五千余人。起浮图于永贵里，立波若台于中宫。沙门坐禅者恒有千数。州郡化之，事佛者十室而九矣。"[1] 当然，我们也应该看到，佛教能够在后秦如此流传，鸠摩罗什固然功不可没，后秦统治者的倡导与支持更是决定性的因素。

第五，在鸠摩罗什时代，我国出现两种类型的佛教教团。一种是庐山慧远的教团，独立于王化之外；一种是鸠摩罗什的教团，依附于政权之下。正是鸠摩罗什型的教团，后成为中国佛教教团发展的主流。所以我认为，鸠摩罗什奠定了我国佛教教团与政权关系的基本格局，亦即政权支持、资助教团，教团依附、拥护政权。在其后的一千多年中，虽然有时两者发生矛盾，甚至激烈的矛盾，但这一格局基本上没有大的变化。

鸠摩罗什对中国佛教虽有巨大贡献，但他本人常有曲高和寡之感，他说："吾若著笔作《大乘阿毗昙》，非迦旃延子比也。今在秦地，深识者寡。折翻于此，将何所论。"[2] 他曾撰写一首诗，称："心山育明德，流薰万由延。哀鸾孤桐上，清音

---

① （唐）房玄龄等撰《晋书》卷一一七，中华书局，2012，第2985页。

② 《高僧传》卷二，《大正藏》第50册，第332页下。

彻九天。"① 也反映了他这种有志无由舒的心情。

由于鸠摩罗什的著作大多亡佚，现在我们不知道他是否撰写过关于翻译理论的著作，但从有关记载看，他是注意到这个问题的："什每为睿论西方辞体商略同异云。"② 《高僧传》还记载，鸠摩罗什说："天竺国俗，甚重文制。其宫商体韵，以入弦为善。凡觐国王，必有赞德。见佛之仪，以歌叹为贵。经中偈颂，皆其式也。但改梵为秦，失其藻蔚。虽得大意，殊隔文体。有似嚼饭与人，非徒失味，乃令呕哕也。"③ 也就是本书前面提到的，佛经中的偈颂很难予以翻译。

（四）彦琮的翻译理论

彦琮，《续高僧传》卷二有传。他自幼奉佛，十岁出家，四处行化，声名鹊起，隋代应诏入京。后隋朝在洛阳上林园设立翻经馆，专事佛典翻译，命彦琮为翻经馆的负责人。他曾经撰写《辨正论》，论述自己在佛典翻译方面的理念，可惜该文已佚。幸好《续高僧传》中保留了该《辨正论》的若干内容，可以让我们窥见他的一些观点。

如前所说，鸠摩罗什曾经称翻译佛典，"改梵为秦，失其藻蔚。虽得大意，殊隔文体。有似嚼饭与人，非徒失味，乃令呕哕也"，彦琮不但赞同这一主张，而且更进一步。彦琮说：

> 窃以佛典之兴，本来西域。译经之起，原自东京。历代转昌，迄兹无坠。久之流变，稍疑亏动。竞逐浇波，勘能回觉。讨其故事，失在昔人。至如五欲顺情，信是难弃；三衣苦节，定非易忍。割遗体之爱，入道要门；舍天性之亲，出家恒务。俗有可反之致，忽然已反；梵有可学之理，何因不学？又且发蒙草创，服膺章简。同鹦鹉之言，仿邯郸之步。经营一字，为力至多；历览数年，其道方博。乃能包括今古，网罗天地。业似山丘，志类渊海。彼之梵法，大圣规摹。略得章本，通知体式。研若有功，解便无滞。匹于此域，固不为难。难尚须求，况其易也！或以内执人我，外惭谘问。枉令秘术，旷隔神州。静言思之，悯而流涕。向使法兰归汉，僧会适吴，士行、佛念之俦，智严、宝云之末，才去俗衣，寻教梵字，亦沾僧数，先披叶典。则应五天正语，充布阎浮；三转妙音，普流震旦。人人共解，省翻译之劳；代代咸明，除疑网之失。于是舌根恒净，心镜弥朗。借此闻思，永为种性。④

① 《高僧传》卷二，《大正藏》第 50 册，第 332 页下。
② 《高僧传》卷二，《大正藏》第 50 册，第 332 页中。
③ 《高僧传》卷二，《大正藏》第 50 册，第 332 页中。
④ 《续高僧传》卷二，《大正藏》第 50 册，第 438 页中至下。行文据校记有修订。避文繁，不一一标注。

也就是说，他主张凡属僧人，个个都学习梵文。让"五天正语，充布阎浮；三转妙音，普流震旦"。这样，大家都可以直接读梵文原典，不但不用费力气去翻译经典，还可以依据原典正确理解佛经，以收到"除疑网之失"之效。彦琮的上述设想，当然仅是他个人的理想，实际上在中国从来没有实现过。

由于实际管理皇家译场，所以彦琮对翻译有较为深入的研究。这表现在两个方面。

第一，佛典翻译需要关注哪些方面。他说：

> 安之所述，大启玄门。其间曲细，犹或未尽。更凭正文，助光遗迹。粗开要例，则有十条：字声，一；句韵，二；问答，三；名义，四①；经论，五；歌颂，六；咒功，七；品题，八；专业，九；异本，十。各疏其相，广文如论。②

第二，对从事佛教典籍翻译人员提出具体的要求。他说：

> 宣译之业，未可加也。经不容易，理藉名贤。常思品藻，终惭水镜。兼而取之，所备者八。
> 诚心爱法，志愿益人，不惮久时，其备一也。
> 将践觉场，先牢戒足，不染讥恶，其备二也。
> 筌晓三藏，义贯两乘，不苦暗滞，其备三也。
> 旁涉坟史，工缀典词，不过鲁拙，其备四也。
> 襟抱平恕，器量虚融，不好专执，其备五也。
> 耽于道术，澹于名利，不欲高炫，其备六也。
> 要识梵言，乃闲正译，不坠彼学，其备七也。
> 薄阅苍雅，粗谙篆隶，不昧此文，其备八也。
> 八者备矣，方是得人。③

上述"八备"，从为人道德、知识水平、语言能力、学风学识等各个方面对从事佛教文献翻译的人提出很高的要求，也正因为用这样的标准来衡量，才能够筛选出一批德才兼备的人才，为佛教翻译出大批经典，对中国佛教、中国文化做出卓越

---

① 原文作"五"，据文意改。
② 《高僧传》卷二，《大正藏》第50册，第438页下。
③ 《续高僧传》卷二，《大正藏》第50册，第439页上至中。行文据校记有修订。避文繁，不标注。

的贡献。应该说，彦琮提出的"八备"，至今对我们培养从事佛教文献工作的人才，依然具有指导意义。

（五）玄奘的理论

玄奘是我国最为有名的佛典翻译家，开创了一代新的译风。他一生的主要功绩，一是西行求法与翻译佛典；再就是在中国传播印度佛教的法相唯识理论，创立法相宗。他的著作，主要是《大唐西域记》，此外还有一些给朝廷的往来公文，其他没有留下多少成文的著作。从他的翻译实践看，他翻译的第一个原则是绝对忠实于原典。由于他本人具有深邃的佛学素养、深厚的语言功力，所以他翻译的典籍达到很高的水平。由于缺乏资料，玄奘本人在翻译理论方面到底有多少贡献，现在已经很难全面评述，但他对佛典词汇的音译提出的"五不翻"原则，至今为人们称道。

玄奘之前，人们对佛典的音译已经做了不少探索，但没有形成一定的规范，且有些音译词往往容易使人产生望文生义的错误。如早期译"佛陀"为"浮图"，便有人解释说："圣瑞灵图，浮海而至，故云浮图也。吴中石佛泛海倏来，即其事矣。"① 译为"浮屠"，又有人解释说："胡人凶恶，故老子云：化其始，不欲伤其形，故髡其头，名为'浮屠'。况'屠'，'割'也。"② 还有，如早期译"沙门"为"丧门"，便有人解释说："丧门，由（犹）死灭之门，云其法无生之教，名曰'丧门'。"③ 如此种种，对人们正确理解佛教义理，自然会造成障碍。对佛教的观感，也易产生不良影响。故玄奘特意为佛典音译制定出规范：

> 唐奘法师明五种不翻。一、秘密故，不翻。陀罗尼是。二、多含故，不翻。如"薄伽梵"，含六义故。三、此无故，不翻。如"阎浮树"。四、顺古故，不翻。如"阿耨菩提"，实可翻之，但摩腾已来存梵音故。五、生善故，不翻。如"般若"尊重，"智慧"轻浅，令人生敬，是故不翻。④

上文所谓"如'薄伽梵'，含六义故"，是指梵文"薄伽梵"，亦即"世尊"一词，包含了六种含义，所谓"一自在，二炽盛，三端严，四名称，五吉祥，六尊贵"。在中文中很难找到一个词，可以把上述六个意义都包含进来，所以干脆不翻。

玄奘的上述"五种不翻"使此后的佛典音译问题有章可循。玄奘还对前此的音译名词多有订正。但他提出的新名词，有的流传开来；有的则因为老名词已经约定

---

① 《弘明集》卷八，《大正藏》第 52 册，第 52 页上至中。
② 《弘明集》卷八，《大正藏》第 52 册，第 50 页下。
③ 《弘明集》卷八，《大正藏》第 52 册，第 50 页下。
④ 《翻译名义集》卷一，《大正藏》第 54 册，第 1057 页下。

俗成，因此没有流传开来，而老名词依旧流通不废。

（六）赞宁的理论

宋代赞宁在玄奘"五不翻"理论的基础上，结合其后的翻译实践，提出了新的规范。

逖观道安也，论五失三不易。彦琮也，籍其八备。明则也，撰翻经仪式。玄奘也，立五种不翻。此皆类左氏之诸凡，同史家之变例。今立新意，成六例焉：

谓译字、译音，为一例。胡语、梵言，为一例。重译、直译，为一例。粗言、细语，为一例。华言雅、俗，为一例。直语、密语为一例也。

初，则四句。

一、译字不译音，即陀罗尼是。

二、译音不译字，如佛胸前"卍"字是。

三、音字俱译，即诸经律中纯华言是。

四、音字俱不译，如经题上"ℙ""〰"二字是。

第二，胡语、梵言者。

一、在五天竺纯梵语。

二、雪山之北是胡，山之南名婆罗门，国与胡绝，书语不同。

从羯霜那国，字源本二十余言。转而相生，其流漫广。其书竖读，同震旦欤。

至吐货罗，言音渐异。字本二十五言，其书横读。

度葱岭南迦毕试国，言、字同吐货罗。

已上杂类为胡也。

若印度言字，梵天所制。本四十七言，演而遂广。号青藏焉。有十二章，教授童蒙。大成五明论，大抵与胡不同。五印度境，弥亘既遥，安无少异乎？

又以此方始从东汉传译至于隋朝，皆指西天以为胡国。且失梵天之苗裔，遂言胡地之经书。彦琮法师独明斯致，唯征造录痛责。弥天符佛地而合阿含，得之在我；用胡名而迷梵种，失则诛谁？唐有宣公，亦同鼓唱。自此若闻弹舌，或睹黑容，印定呼为梵僧，雷同认为梵语。琮师可谓忙于执斧，捕前白露之蝉；昔在回光，照后黄衣之雀。

既云西土有梵、有胡，何不南北区分？是非料简，致有三失。

（一）改胡为梵，不析胡开胡还成梵。失也。

（二）不善胡梵二音，致令胡得为梵。失也。

（三）不知有重译，失也。

当初尽呼为胡，亦犹隋朝已来总呼为梵，所谓过犹不及也。如据宗本而谈，以梵为主；若从枝末而说，称胡可存。何耶？自五天至岭北，累累而译也。乃疑琮公留此以待今日，亦不敢让焉。

三、亦胡亦梵。如天竺经律传到龟兹，龟兹不解天竺语。呼"天竺"为"印特伽国"者，因而译之。若易解者，犹存梵语。如此胡梵俱有者是。

四、二非句。纯华言是也。

第三，重译、直译者。

一、直译，如五印夹牒直来东夏译者是。

二、重译，如经传岭北、楼兰、焉者，不解天竺言且译为胡语。如梵云"邬波陀耶"，疏勒云"鹘社"，于阗云"和尚"。又"天王"，梵云"拘均罗"，胡云"毗沙门"是。

三、亦直亦重，如三藏直赍夹牒而来，路由胡国，或带胡言。如觉明口诵《昙无德律》中有"和尚"等字者是。

四、二非句，即赍经三藏虽兼胡语，到此不翻译者是。

第四，粗言、细语者。

声明中：一、"苏漫多"，谓泛尔平语言辞也。二、"彦底多"，谓典正言辞也。佛说法多依"苏漫多"。意住于义，不依于文，又被一切故。若"彦底多"，非诸类所能解故。亦名"全声"者，则言音分明典正，此细语也。"半声"者，则言音不分明而讹僻，此粗语也。

一、是粗非细，如五印度时俗之言是。

二、唯细非粗，如法护、宝云、奘师、义净洞解声明音律，用中天细语典言而译者是。

三、亦粗亦细，如梵本中语涉粗细者，是或注云："此音讹僻。"即粗言也。

四、二非句，阙。

第五，华言雅俗者，亦云音有楚夏，同也。且此方言语，雅即经籍之文，俗乃术巷之说。略同西域，细即典正，粗即讹僻也。

一、是雅非俗，如经中用书籍言是。

二、是俗非雅，如经中乞头博颊等语是。

三、亦雅亦俗，非学士润文，信僧执笔。其间浑金璞玉，交杂相投者是。

四、二非句，阙。

第六，直语、密语者：二种作句，涉俗为直，涉真为密。如婆留师是。

一、是直非密，谓婆留师翻为恶口住，以恶口，人人不亲近故。

二、是密非直，婆留师翻为菩萨所知彼岸也。既通达三无性理，亦不为众生所亲近故。

三、两亦句，即同善恶真俗，皆不可亲近故。

四、二非句，谓除前相故。又阿毗持呵娄（目数数得定）、郁婆提（目生起拔根弃背）、婆罗（目真实离散乱），此诸名在经论中例显直密语义也。更有胡梵文字，四句易解。凡诸类例，括彼经诠。①

上述赞宁"六例"的内容非常丰富，可以说是对佛教传入近千年来佛教典籍翻译技巧与翻译理论的一次集大成的论述。此段文字后面还有关于印度佛教史乃至中国佛教史的一些论述，均可成为我们今天的重要参考资料。

第五节　格义——两种文化初期交流的规律

初期来华的外国佛教徒，依据他们对中国文化了解的程度，可以分为两类。

一类人对中国文化较有隔膜，对他们来说，由于不通华语，不了解中国文化，无法独立完成翻译佛教典籍、传播佛教的任务，只能通过担任传译的中国人来帮助他们。但初期那些担任传译的中国人刚刚接触佛教，不可能真正了解佛教。在这种近乎双盲的情况下，佛教大概只能以依附或攀缘中国的某种相近学说的面貌出现。

另一类人对中国文化较为了解，虽然他们了解佛教与中国文化的差异，但在当时的大背景下，为了能够让佛教更加顺利地契入中国社会，他们不得不采取一些变通的手法，主动地向中国传统文化靠近。例如康僧会就是后一类人的代表。

于是产生所谓"格义"。

上面是从佛教初传时佛教方面所拥有的客观生存环境来分析格义产生的原因。我们还可以从主客位文化的角度，从中国文化的立场来思考格义产生的原因。

当时，就中国这块土地而言，土生土长的中国文化是主体（主位文化），外域传入的佛教文化是客体（客位文化）。佛教文化能否被中国人接受，很大程度上取决于中国文化这一主位文化如何认识与解读佛教这一客位文化。我们知道，主体阅读客体时，往往会出现坚持本位立场、强不知以为知、自以为是、为我所用的现象。这也是佛教初传时产生格义的原因之一。

由此，格义实际是两种文化形态初期交流中必然会出现的现象。

根据目前资料，"格义"这个名词是东晋竺法雅提出来的，据《高僧传》卷四：

---

① 《宋高僧传》卷三，《大正藏》第50册，第723页中~第724页上。个别文字据校记改动，避文繁，不标注。

竺法雅，河间人。凝正有器度。少善外学，长通佛义。衣冠士子，咸附谘禀。时雅门徒并世典有功，未善佛理。雅乃与康法朗等以经中事数拟配外书，为生解之例，谓之"格义"。①

竺法雅的"格义"，指"以经中事数，拟配外书"。所谓"经中事数"，即佛经中的法数，如五阴、十二入、十八界之类；所谓"拟配外书"，就是用中国传统典籍中的概念来比附佛教法数。比如，古代中国人曾用仁、义、礼、智、信来比拟佛教的五戒。竺法雅认为采用这种方法，可以帮助初学者更快地把握佛教、学习佛教。

竺法雅的格义摄意较窄，只是"以经中事数，拟配外书"。但用中国传统概念比附印度佛教范畴这种方法，从佛教初传起，便一直活跃在佛典的翻译与学习中。比如《高僧传》卷二"鸠摩罗什传"说："自大法东被，始于汉明。涉历魏晋，经论渐多。而支、竺所出，多滞文格义。"② 这是批评三国支谦、西晋竺法护等前代佛教翻译家的翻译著作多有格义现象。《高僧传》卷五称道安也批评说："先旧格义，于理多违。"③ 这是批评前此的佛教徒在学习中因采用格义方式，故而误解佛典原意。也就是说，"格义"可以分为狭义的格义与广义的格义。狭义的格义一词由竺法雅提出，具有特定的含义，即"以经中事数，拟配外书"。但广义的格义，即"用中国传统概念比附印度佛教范畴"则早就产生并广泛使用，且一直延续到后代。陈寅恪先生指出：

> 自北宋以后，援儒入释的理学，皆格义之流。华严宗如圭峰大师宗密的疏《盂兰盆经》，以阐扬行孝之义；作《原人论》而兼采儒道两家之说，恐又格义的变相。然则格义之为物，其名虽罕见于旧籍，其实则盛行于后世。它是我民族与他民族二种不同思想的初次混合品，在我国哲学史上尤不可不作记叙。④

陈寅恪先生的这段话既指出格义是"我民族与他民族二种不同思想的初次混合品"，又谈到后人如何利用格义发展理论。也就是说，广义格义的运用在两个不同民族思想的交流中，已经远远超出"初次混合品"这一初级阶段，有着更深、更广的意义。

---

① 《高僧传》卷四，《大正藏》第50册，第347页上。据校记订正文字，避文繁，不标注。
② 《高僧传》卷二，《大正藏》第50册，第332页上。
③ 《高僧传》卷五，《大正藏》第50册，第355页上。
④ 陈寅恪：《魏晋南北朝史讲演录》，贵州人民出版社，2008，第54页。

虽然"格义"是个佛教命题，虽然陈寅恪也是在论述佛教时把格义称为"我民族与他民族二种不同思想的初次混合品"，但我认为，任何特殊事物中都蕴含着一般规律。实际上，直到近现代，在中外文化交流中，我们依然经常可以看到作为"初次混合品"的格义的影子。因此，广义的格义是两种文化交流时必然出现的现象，是文化交流的规律之一。

全面论述广义的格义在不同文化交流中的作用，涉及的问题很多、很大，亦非本书的任务。即使在中国佛教史上，广义格义的产生与发展也可以分成几个不同的阶段，每个阶段具有不同的表现形态，发挥着不同的作用。故以下仅探讨格义在古代佛典翻译中的表现，诸如无意的误解、有意的附会、特意的曲解等，作为论述佛教典籍汉译的背景描述。

（一）格义与佛典翻译

佛典翻译是把佛教理论体系从印度文化圈搬移到中国文化圈的主要方式。佛典翻译不仅要解决不同文化的语言文字、表述习惯的差异，更重要的是要解决不同文化的概念范畴、思维模式的差异。解决两种不同文化的语言文字及表述习惯的差异，已经是一个十分困难的任务，所以道安有翻译佛典时"五失本"之叹。但是，相对于不同的概念范畴、思维模式而言，解决语言文字及表述习惯的差异就只是一个技术性问题而已。

如前所述，佛教的理论体系由各种范畴有机组成，可以想见，这些范畴往往有着浓重的地域文化色彩。如果考察这些范畴与中国文化圈中相关范畴的关系，大体可以归纳为如下三种情况。

第一，中国文化圈中也有完全等同的范畴，比如"人"。

第二，中国文化圈有大体相近的范畴，但意义有差异，甚至有很大差异，比如"地狱""天"。

第三，中国文化圈中根本没有这种范畴，比如"轮回转世""涅槃"。

当然，本书在此仅为简单的区分与例举，未做深入探讨。如果深入探讨，则问题将复杂得多。

从事翻译时，如果遇到第一种情况，自然比较简单。如果遇到第三种情况，我相信虽然翻译者会感到非常困难，但最终还是可以找到解决的办法——人们终于创造出一系列新的名词，诸如意译名词"轮回转世""解脱"，音译名词"佛"，"涅槃"，音译、意译相结合的名词"舍利子"，来对译这些中国文化圈原本没有的范畴。而恰恰在第二种情况下，最容易望文生义，亦即产生格义，从而引起似是而非的理解。也恰恰在这种情况下，人们往往用自己翻译名词的中文原意去理解佛教，以为"当然如此"，很难发现自己的翻译与印度文化圈的原意已经发生偏移，自己对佛教的理解也因此发生偏移。

（二）"翻译中的文化反浸"现象

我在阅读佛经的时候，往往发现汉译佛经中会出现一些中国文化特有的范畴。佛经原本在印度文化圈中产生，不应该出现这些中国文化特有的范畴。那么，为什么这些中国文化特有的范畴会进入汉译佛经？这是因为在佛经翻译过程中，遇到上述第二种情况，翻译者采用中国文化特有的范畴来对译与该范畴意义相近的印度文化圈的范畴，从而产生上述现象。这里举一个例子。

《中阿含经》卷三五记载摩揭陀国王未生怨鞞陀提子（即阿阇世王）想要攻打跋耆国，派大臣前往鹫岩山（即灵鹫山）咨询释迦牟尼。释迦牟尼说：只要跋耆国人坚持执行"七不衰法"，那么跋耆国就是不可战胜的。所谓"七不衰法"，实际是七条行为规则或道德规范。在《长阿含经》卷二中，也记载了同样的故事，翻译的文字比《中阿含经》顺畅文雅，对"七不衰法"的翻译也有不同。此处将两者的不同罗列如下。① 为便于比较，表中对《长阿含经》卷二中"七不衰法"的先后次序有所变动，可参见笔者所加的序号。

表1 《中阿含经》与《长阿含经》的"七不衰法"

《中阿含经》卷三五	《长阿含经》卷二
1. 跋耆数数集会，多聚集。	1. 跋祇国人数相集会，讲议正事。
2. 跋耆共俱集会，俱作跋耆事，共俱起。	2. 跋祇国人君臣和顺，上下相敬。
3. 跋耆未施设者不更施设，本所施设而不改易，旧跋耆法善奉行。	3. 跋祇国人奉法晓忌，不违礼度。
4. 跋耆不以力势而犯他妇、他童女。	6. 跋祇国人闺门真正，洁净无秽。至于戏笑，言不及邪。
5. 跋耆有名德尊重者，跋耆悉共宗敬、恭奉、供养，于彼闻教则受。	4. 跋祇国人孝事父母，敬顺师长。
6. 跋耆所有旧寺，跋耆悉共修饰，遵奉、供养、礼事，本之所施常作不废，本之所为不减损。	5. 跋祇国人恭于宗庙，致敬鬼神。
7. 跋耆悉共拥护诸阿罗诃，极大爱敬，常愿未来阿罗诃者而欲令来，既已来者乐恒久住，常使不乏衣被、饮食、床榻、汤药、诸生活具。	7. 跋祇国人宗事沙门，敬持戒者，瞻视护养，未尝懈惓。

从《中阿含经》的第一条、第二条可以看出，这个跋耆国与释迦牟尼的祖国迦毗罗卫国一样，都处在原始社会的晚期。若有大事，部落成员集体开会，集体商议

---

① 《中阿含经》卷三五引文，参见 CBETA《中华电子佛典集成》2010 版，T01，no. 0026，p. 648B25 ~ p. 649A24。《长阿含经》卷二引文，参见 CBETA《中华电子佛典集成》2010 版，T01，no. 0001，p. 11A24 ~ B15。

决定。但《长阿含经》的翻译却把印度原始社会的氏族成员遇事平等会商制度，表述为中国封建社会的"君臣和顺，上下相敬"。

《中阿含经》第三条讲的是跋耆国人坚持传统，不加变动。但《长阿含经》翻译为"不违礼度"。"礼"，是中国古代社会的行为法则。

《中阿含经》第四条讲的是不强暴妇女，这是对男人的道德要求。但《长阿含经》相应的条目翻译为"闺门真正，洁净无秽。至于戏笑，言不及邪"，变成对女人的贞洁指标。要求妇女守贞，正是中国封建社会儒家道德的主要特征之一。

《中阿含经》第五条讲的是尊重、供养贤人，听从他们的教导。但《长阿含经》相应的条目翻译为"孝事父母，敬顺师长"，这一翻译，与原意相差甚远。但孝顺是中国宗法社会的基础。

《中阿含经》第六条讲修寺供神，但《长阿含经》卷二相应的条目加入了"宗庙"这一中国宗法社会的元素。

第七条评述从略。

日本中村元先生曾经将上述两种翻译与南传巴利语佛典进行比较，指出《中阿含经》卷三五的翻译比较忠实原意，而《长阿含经》卷二则大幅度偏离了原典。很显然，这是翻译者站在中国传统文化的立场上，用中国传统文化去理解印度佛典，从而有意无意地曲解了印度佛典的原意。这样翻译出来的印度佛教经典，已经渗进了中国传统文化的元素。我把翻译中的这种现象，称为"佛典翻译中的文化反浸"。

此外，如《六度集经》卷一称："命终魂灵入于太山地狱。"[1] 卷五称："妄以手捶，虚以口谤。死入太山，太山之鬼拔出其舌，著于热沙，以牛耕上。又以然（燃）钉，钉其五体。求死不得。"[2] 都是由于中国传统认为人死后，灵魂将会归于泰山，于是将印度佛经中的地狱翻译为"太山"。此处"泰""太"两字相通。

又，中国文化主张天人感应。故遇到灾荒，君主往往会持斋祭天，向天请罪。所谓"万方有罪，罪在朕躬""百姓有过，在予一人"。印度佛教主张善恶因果均由行为者个人承担，与他人无关。但《六度集经》卷一的第三则故事，叙述释迦牟尼前世为一条大鱼，为救大旱而献身肉供黎民。死后"魂灵即感为王太子。生有上圣之明，四恩弘慈，润齐二仪。悯民困穷，言之哽咽。然国尚旱，靖心斋肃，退食绝献，顿首悔过曰：'民之不善，咎在我身，愿丧吾命，惠民雨泽。'日日哀恸，犹至孝之子遭圣父之丧矣。精诚达远，即有各佛五百人来之其国界"[3]，最终消解了这场灾难。这里所谓的"民之不善，咎在我身"，完全是中国文化"百姓有过，在予一

---

① 《六度集经》卷一，《大正藏》第 3 册，第 1 页上。
② 《六度集经》卷五，《大正藏》第 3 册，第 30 页中。
③ 《六度集经》卷一，《大正藏》第 3 册，第 2 页上。

人"的翻版。

又如卷一还有这样的经文："王逮臣民，相率受戒。子孝臣忠，天神荣卫。国丰民康，四境服德。"① 经文中的"子孝臣忠"自不必说，所体现的"天神荣卫"思想，也完全属于中国文化。

应该说，上述中国文化因素进入汉译佛经，固然有违佛教原意，但对中国民众接受佛教，添加了润滑剂。

又如鸠摩罗什翻译的《仁王护国般若波罗蜜多经》卷二中有这样一段话：

> 大王！未来世中，一切国王、王子、大臣，与我弟子横立记籍，设官典主大小僧统，非理役使。当知尔时，佛法不久。②

我们知道，在印度，出家人的地位高于在家人，有所谓僧不拜俗的传统。而在家人，哪怕贵为国王，都要礼拜出家人——即使这个出家人曾经是自己的奴隶，所以不可能发生国王为出家僧人立僧籍、设僧官之类的事情。但在中国，君权高于一切，最晚到东晋，朝廷便设立僧官，对出家僧尼进行管理。既然要管理，则僧籍的产生便是顺理成章的事情。所以，《仁王护国般若波罗蜜多经》中的这段话，不可能出自印度佛典，至今我们也没有在任何可以确信为确属印度的佛经中发现此类表述。所以，这段话只能是翻译时由译者所加。该经由鸠摩罗什译出，鸠摩罗什正好生活在东晋。鸠摩罗什自视甚高，曾经自称："吾若著笔作《大乘阿毗昙》，非迦旃延子比也。"③ 所以，如果这段话是鸠摩罗什翻译时所加，以示对当时设僧官、立僧籍的抗议，亦非不可理解。实际上，翻译佛典时，译者加入自己的东西，在中国佛教史上确有发生。如前所述，竺佛念翻译《阿毗昙八犍度论》时，就加入不少自己撰写的文字。据《出三藏记集》记载，该论共三十卷，竺佛念擅自所加内容，总计达四卷之多。后来被人发现，统统予以删除。但竺佛念并不认为自己有错，其后曾在《王子法益坏目因缘经序》中为自己辩护。

佛典汉译，本来是客位文化向主位文化流行区域进行传播的方式。也就是说，从形式上看，所谓古代的佛典汉译，就是把某种文献从西域的语言文字转变为汉民族的语言文字。归根结底，这是一种文化的传播。所以，翻译时，应该保证译文能够忠于原文，应该完整准确地体现它在原文化体系中的面貌。只有这样，这一翻译才能达到知识的传播、思想的传播这一作用。但由于各种原因，在中国的佛典汉译

---

① 《六度集经》卷一，《大正藏》第 3 册，第 4 页上。
② 《仁王护国般若波罗蜜多经》卷下，《大正藏》第 8 册，第 844 页下。
③ 《高僧传》卷二，《大正藏》第 50 册，第 332 页下。

中出现了主位文化借翻译之机将自己的文化元素反向渗入客位文化的现象。我把这种现象称为"翻译中的'文化反浸'"。由上述"文化反浸",进而演变为佛教发展中的"文化汇流"现象,就是以佛教为代表的外来的印度文化与本地的中国文化汇流,印度佛教吸收中国文化元素,逐渐演变成中国佛教。这是一个大题目,也不是我们这门课的任务,在此从略。

目前我们可以肯定,在中国古代佛典翻译史上,曾经出现过"文化反浸"的现象。比如魏晋时,大乘般若学能够在中国流传,就与中国玄学的兴起有着密切的联系。后来中国般若学出现"六家七宗",很多观点实际上是把魏晋玄学的一些理论改头换面搬到佛教中。关于这一点,已经有很多研究成果可以参考。在一些编译的经典中,比如三国康僧会编译的《六度集经》中,"文化反浸"现象更加明显。因为编译经典提供给编译者的自由度更大。

那么为什么会产生这种翻译中的"文化反浸"现象呢?主要还是因为佛教初传,主位文化、客位文化的载体,即入华的外国僧人与中国人相互对对方的文化都缺乏深入的了解,于是很容易以己推人,就是拿自己的文化元素去比附对方相近的文化元素。讲到文化反浸的具体方式,则有格义、适应、改造等,限于篇幅,暂且从略。

思考与练习题

1. 请简述佛典汉译史。
2. 请简述我国古代主要的佛典翻译家的理论与实际成果。
3. 你如何看待翻译中的"文化反浸"现象。试评价"文化反浸"现象对佛教在中国发展的功过。

第四章 汉文佛典的撰著

导 言

本书在与"汉文佛典的翻译"相比较的前提下定义"汉文佛典的撰著"。亦即"汉文佛典的翻译"所述均为僧俗等人翻译或编译的域外传入的佛教典籍。而"汉文佛典的撰著"所述为僧俗等人用汉文撰写的佛教著作。

佛教传入中国汉地,汉地僧俗对佛教的理解与接受,主要体现在由汉地僧俗撰写的各类撰著中。因此,把握不同时代、不同地区中国僧俗的佛教撰著,是我们了解当时当地佛教状况的重要途径。

佛教传入中国两千年,中国信众在学习佛教、传播佛教的过程中撰写了大量的佛教文献,虽然随着历史的变迁,很多文献已经亡佚在历史的长河中,但保留下来的数量依然非常可观。在规划《中华大藏经》下编时,我们曾对现存截至清宣统三年(1911)的佛教典籍做过一个筛选,从中选出拟收入《中华大藏经》续编的佛教文献数千种,初步估计有三亿二千万字。这还是经过筛选以后的结果,如果不做筛选,则数量之大,难以估量。如此数量的佛教典籍,难以详尽介绍,本书仅将它们分作八个类别①,择要简介。需要说明的是,如果仅仅罗列作者、经名、卷数,占据篇幅不少,参考价值不大。逐一介绍、评价每部著作的内容,则为本书篇幅所不允许。故此处仅对每类典籍做一个总体性的简要介绍。

第一节 注疏部

注疏,指中国信众撰写的关于印度佛教、南传佛教、藏传佛教典籍的疏释及相

---

① 应该说明,当年设计《中华大藏经》(续编)时,原计划分为11个部类,除了本书介绍的8个部类外,尚有"印度典籍部""南传典籍部""藏传典籍部",所收均为我国历代大藏经没有收入的翻译典籍。因本章仅介绍"汉文佛典的撰著",故将上述三部略去。

关的复疏。撰写注疏，是中国信众学习与传播佛教的重要方式之一。历代大藏经已收及未收的注疏，数量极其庞大。凡是佛教中比较重要的典籍，中国信众一般均做了注疏。据当年不完全统计，中国历代大藏经①没有收入的注疏，有 800 余部，4400 余卷。

上述中华佛教注疏，有些已为《大正藏》所收，如唐法藏撰写的《华严经策林》、唐湛然撰写的《华严经骨目》与《华严经七处九会颂释章》。有不少已为日本《卍字续藏》（亦称《卍续藏》）所收，如宋如山注《圆觉经略疏序注》、宋元粹述《圆觉经集注》、唐徐锷撰《大宝积经述》、宋子璇述《大佛顶首楞严经科》、宋子睿集《楞严经义疏注经》、明智旭撰述《楞伽阿跋多罗宝经玄义》、明曾凤仪撰《楞伽经宗通》、明李贽撰《大方广佛华严经合论简要》等。此外，日本编纂的《缩刷藏》也收入不少中国佛教注疏。如隋慧远撰《观无量寿佛经净影义疏》、唐善导集记《观无量寿佛经四帖疏》、宋元照撰《观无量寿佛经灵芝义疏》、清续法集《观无量寿佛经直指疏》、民国弘一辑《南山律在家备览略编》与《含注戒本承受讲别录》等。

敦煌遗书也保存了一批中国信众撰写的注疏。我与几位同人共同编辑《藏外佛教文献》时，共整理发表了敦煌遗书中的《天请问经疏》、《〈行事钞〉中分门图录》、《阿毗达磨俱舍论实义疏》、《净名经集解关中疏》、《法华经文外义》、《因缘心论颂》、《因缘心论释》、《因缘心论释开决记》、《金刚般若经疏》、《瑜伽师地论卷第十四手记》、《瑜伽师地开释分门记》、《注心要法门》、《华严经略疏》卷一、《金刚经赞集》、《御注金刚般若经》、《文殊师利所说般若波罗蜜经序偈释》、《金刚般若经义疏》卷二、《天亲彰疑会理教》、《昙鸾写〈大般涅槃经疏〉》、《御注金刚般若波罗蜜经宣演》卷上、《夹注楞伽阿跋多罗宝经（拟）》、《药师如来本愿经疏》等。其实，敦煌遗书中尚有不少中华佛教注疏有待整理，但《藏外佛教文献》因故仅出版 16 辑，故此项工作其后停顿。

中国信众在学习了传入的佛教典籍以后，在撰写的各类注疏中表述了中国人对上述典籍的理解与消化，这对我们探讨佛教中国化具有重要意义。其实，随着佛教中国化及中国佛教主体性的形成，中国信众对传入佛典所撰写的文字也有一些差别，如在中国佛教发展的初传期，即释道安之前，中国人撰写的佛教著作除了《牟子理惑论》，主要是经序、出经记等简单介绍经典内容及其翻译情况的文字。其后逐渐出现对经文的注疏，且随着时代的发展，此类注疏越来越兴盛，反映中国信众对佛教的理解越来越深入、越来越自信。这个问题比较大，容日后再作论述。

---

① 此处未计入民国年间的《普慧藏》。因该藏系依据日本《缩刷藏》铅字重排，但校对草率，错讹较多。

第二节　撰著部

收入中国人撰写的论述教义的佛教典籍及对这些典籍的注疏与复疏，并包括诸如佛教的论文总集、纂辑、僧人个人文集、类书等佛教文献，共 1600 余部，6500 余卷。

其中仅关于律宗的著作就有：宋惟显编《律宗新学名句》、宋守一述《律宗问答》、宋守一集《律宗会元》、宋妙莲撰《蓬折直辨》与《蓬折箴》、省悟编述《律苑事规》、明性祇述《毗尼日用录》、明智旭重辑《沙弥十戒威仪录要》、清读体辑集《沙弥尼律仪要略》、明智旭集（清仪润、陈熙愿增订）《在家律要广集》、明智旭集《律要后集》、明元贤述《律学发轫》、清读体汇集《毗尼日用切要》、清书玉笺记《毗尼日用切要香乳记》、清弘赞编《沙门日用》、清弘赞注《沙弥律仪要略增注》、清书玉科释《沙弥律仪要略述义》、清戒显撰《沙弥律仪毗尼日用合参》等。

关于净土宗的著作有：《大正藏》收入的《乐邦文类》等。《卍字续藏》收入量较大，有明永乐刻本《龙舒增广净土文》、佚名《乐邦遗稿》、明大祐集乾隆刻本《净土指归集》、明道衍编《净土简要录》、明宗本集《归元直指集》、明李贽集《净土决》、宋澄彧注《注十疑论》、明袾宏著《答四十八问》、佚名《净土疑辨》、明袾宏著并释《西方愿文》、清实贤注《西方发愿文注》、明一念编《西方直指》、明成时（评点节要）《净土十要》、明明教标注《西方合论标注》、明元贤述《净慈要语》、明正寂注《净土生无生论注》、明受教记《净土生无生论亲闻记》、明广贵辑《莲邦诗选》、清达默集《净土生无生论会集》。此外有清虞执西与严培西同录、清道沾撰、清周克复纂、清周梦颜汇集、清行策著、清俞行敏重辑、清济能纂辑、清实贤解、清彭际清重订及彭际清集与彭际清纂多种著作，清了亮等集、清悟开述、清张师诚著、清真益愿纂述、清古昆编、清芳慧编、清瑞圣叹注、清觉明菩萨说、清治兆辑、清妙空子述、清戒香述、清张渊述、清卍莲述、清古昆集、清照莹集、清果能述、清周思仁辑、清德真辑、清信庵辑、清程兆鸾录存、清沈善登述、清郑韦庵述、清乘戒著、清尼量海著、清彭绍昇集著多种著作，清陶善著、清观如辑、清德润录、清宽量集多种著作。因数量较多，恕不列名。

此外还有金陵刻经处光绪本《略论安乐净土义》、民国净土津要续编本《五方便念佛门》、金陵刻经处光绪本《安乐集》、金陵刻经处光绪本《净土论》、金陵刻经处民国本《释净土群疑论》、佚名《西方要决科注》、佚名《游心安乐道》、北京刻经处民国本《观念阿弥陀佛相海三昧功德法门》、金陵刻经处民国本《念佛镜》。

关于《华严经》的撰著就有：如《大正藏》所收的《华严五教止观》《华严一乘十玄门》《华严五十要问答》《华严经内章门等杂孔目章》《华严融会一乘义章明宗记》

《华严经问答》《华严经义海》《华严关脉义记》《华严游心法界记》《华严发菩提心章》。

关于法相唯识类著作的，仅关于玄奘所辑《八识规矩颂》的论著就有：佚名《八识规矩补注》、明明昱著《八识规矩补注证义》、明正海撰《八识规矩略说》、明真可述《八识规矩颂解》、明德清述《八识规矩通说》、明广益纂释《八识规矩纂释》、明智旭解《八识规矩直解》、清行舟著《八识规矩浅说》与《八识规矩颂注》、清性起论释《八识规矩论义》等。

此外，在中国佛教史上影响较大的还有晋僧肇撰《肇论》、隋慧远撰《大乘义章》、隋吉藏撰《二谛义》与《大乘玄论》等一批著作。被《卍字续藏》收入的各种中华佛教撰著更多，如晋僧肇撰《宝藏论》、隋吉藏撰《三论略章》、唐窥基撰《瑜伽论劫章颂》、佚名《大乘法苑义林章》及《大乘法苑义林章补阙》、唐智周撰《大乘法苑义林章决择记》、宋守千述撰《表无表章栖玩记》、明道衡述《物不迁正量证》、明镇澄著《物不迁正量论》、明真界著《物不迁论辩解》。

总之，随着中国佛教的发展、中国佛教各宗派的形成，诸宗为阐述作为本宗要典的印度佛教经典以及本宗要义，撰写了大量的著作，其中律宗、天台宗、净土宗的著作及禅宗语录尤为丰富。《藏外佛教文献》集中整理了一批禅宗的典籍，有《天竺国菩提达摩禅师论》《禅策问答》《息净论》《七祖法宝记下卷》《天竺国菩提达摩禅师论》《菩萨总持法》《大乘起世论》《寂和尚说偈》《观行法为有缘》《敦煌本〈坛经〉校释疏义》等。此外，中华文化富有历史自觉，最迟从商周开始，便形成主要依靠文献来保存历史的传统，由此留下大量的著作，中国佛教也不例外。由此，中国佛教专著大量涌现。可惜的是，由于历史原因，这些文献很多已经亡佚。我们现在只能从一些僧传、经录中略窥其概貌。

第三节　忏仪部

忏仪部收入各种佛教忏仪、各种关于宗教仪轨的著作。

宗教的第一要义是信仰，每一种宗教都有以自己的信仰为核心构筑起来的独特的教义体系。信仰只有掌握群众才有生命力，为此，作为意识形态的宗教教义必须采用各种外化的形式去影响群众、争取群众、掌握群众。宗教外化的形式多种多样，应各宗教的不同而不同，应各宗教所活动地域的文化形态的不同而不同。但外化形式中的宗教仪轨，或称宗教仪式①，则是各宗教必备的，可称为宗教外化形式中最

---

① 学术界习称"宗教仪式"，我比较倾向采用"宗教仪轨"，理由可见我的博客文章《在"经典、仪式与民间信仰"国际学术研讨会开幕式上的致辞》。本书因应不同语境，两种表述并用，但两种表述完全等价。特此说明。

重要的部分。正因为如此，我主张"仪式是宗教的伴生物"，亦即有宗教就会有仪轨。有学者提出："仪式，就是宗教信仰和教义的行为语言的表达。"我很赞同，但仔细思考，觉得还可以简化，因为宗教"信仰"本身是宗教"教义"的核心部分。所以可以把上面那句话表述为"仪轨是用行为、语言表达的宗教教义"。在我看来，宗教有三个必备的要素：宗教教义、宗教承载者（亦即宗教信徒）与宗教仪轨。其中教义是灵魂，承载者是躯体，仪轨则是维系灵魂与躯体的必不可少的纽带。当然，需要强调指出的是，上面所述只是本书为行文方便所做的简略论述，在现实社会中活动着的宗教要复杂得多。纽带并非只有仪轨，还有寺院、雕塑等各种宗教的物化形态。仅就上述三要素而言，教义属于意识形态，仪轨与承载者则涉及该意识形态的"外化"与"物化"，三者呈现错综复杂的关系，研究者必须注意予以厘清这三者的相互关系，厘清它们各自在宗教中的地位与作用，才能更好地推进自己的研究。

如果我们对历史与现实中佛教的种种表现形态做一个大致的观察，就可以发现佛教由义理层面及信仰层面两个层面组成，所以在佛教研究中，对两者都应充分重视。用上述佛教具有两个层面的理论来考察上述宗教的三个要素，可以大致观察到这样的现象：宗教教义偏重于义理层面；宗教仪轨偏重于信仰层面；宗教承载者则是上述两个层面的"物化"基础。当然，此处所说仅为"偏重"。因为"信仰"本来就是"宗教教义"的核心组成部分，所以，宗教教义中自然包含着大量信仰层面的元素，这也是信仰层面佛教得以立足的理论依据。而宗教仪轨一方面依据宗教教义组织，另一方面又是义理层面佛教影响与组织广大群众的方式。所以，义理层面佛教与信仰层面佛教虽然各有侧重，但在现实中又相互影响、相互渗透，在不同的时空条件下甚至相互转化，成为一个有机的整体，使整个佛教显得五光十色、丰富多彩。

基于上述分析，逻辑的结论就是：研究宗教及其发展、变化时，上述教义、承载者、仪轨等三个要素不可偏废。但遗憾的是，长期以来，由于种种原因，我国的佛教研究更多地偏重于义理层面佛教的研究，而对信仰层面佛教，特别是仪轨佛教的研究不甚注意。其实，印度佛教从传入中国的第一天起，就受到中国信众所承载的中国文化的影响，在教义、仪轨两个方面不断改变自己的面貌，从而最终演化为中国佛教。这也就是我们通常所说的"佛教中国化"的过程。仅从教义方面进行研究，不注意从仪轨方面进行梳理，不注意中国佛教的承载者——中国人原有的文化积淀，不可能真正厘清佛教中国化的进程。那种中国佛教研究，是残缺不全的。顺便提一句，从20世纪开始，经过我国学界、教界近百年的努力，"佛教中国化"本来已经成为大家的共识。但近些年来，无论在学界，还是在教界，都出现一股否定"佛教中国化"的思潮，在有些人看来，只有忠实祖述印度佛教理论与践行的佛教，才是正统的、正确的；佛教因应中国社会的现实需要而出现的新的理论、新的信仰与践行形态，则是非正统的甚至是错误的，是应该批判与排斥的。这种思潮的底蕴，实际是企图彻底颠覆中国佛教的主体性，值得我们着重关注。但这是另一个问题，本书不予涉及。

总之，由于受到中国信众所承载的中国文化的影响，印度佛教逐渐演化为中国佛教。那么，中国佛教怎样在印度佛教教义的基础上，吸收中国文化而发展出自己独具特色的教义？它的仪轨又是怎样在与中国其他宗教仪轨共存并相互影响的氛围中逐渐形成与发展的？上述种种，都是摆在中国佛教研究者面前不可回避的问题。

我认为，以"会昌废佛"为界，中国佛教的面貌开始发生巨变。晚唐五代以下，特别是宋以下，佛教逐渐形成两大主流：一大主流是"禅净合一"，属于佛教的义理层面；还有一大主流就是以水陆法会为代表的仪轨佛教，属于佛教的信仰层面。实际上在广大普通民众中，这两大主流之后一主流的规模与影响要超过前一个。

中国文化从来是分层的，所以呈现一种流变的状态。由于仪轨佛教更多是在民间活动，在这一背景下，仪轨佛教其后又往下层潜沉。往下层潜沉以后，它与各种各样的民间信仰形态，包括因为被镇压而潜入民间的诸如景教、摩尼教等外来宗教相结合，出现种种光怪陆离的宗教现象。上述种种，都应该是我们佛教研究者不可忽视的问题，但遗憾的是，这些重大问题，以前很少有人去关注，最近这些年才开始作为问题提出。

目前，在流通的各种大藏经中，多多少少都收了一些中国佛教有关忏仪的著作，大家可以查阅，此处不一一列举。但依然有很多忏仪文献流散在民间，且继续影响广大民众。这些年来，已经有研究者注意到这一问题，并下大力气搜集这些至今依然在民间流传，且从来没有被历代大藏经收入的各种法事文本，成绩斐然。

总之，佛教仪轨是佛教研究的一个重要方面，希望在今后得到进一步的开拓与深入的研究。

第四节 论衡部

佛教从印度到中国，在中国这块土地上生存、发展，自然要与中国传统文化发生交往。中国传统文化历史悠久，内涵丰富。春秋时曾有诸子百家争鸣。其后秦始皇独用法家。汉武帝又罢黜百家，独尊儒术。因为作为统治者，要治理一个国家，如果人人都能够遵循儒家"君君、臣臣、父父、子子"这一套伦理规范，自然天下太平。但思想文化的问题，不是一纸行政命令可以解决的。且国家的治理，必须根据形势的变化而因时制宜。故学术界有人认为：从秦朝用法家理念治国，到汉初采用道家理论与民休息，到汉武帝实行外儒内法，然后到汉宣帝时主张王霸道杂用。

不同时期所以会变换不同的治理模式，原因就在于当时的形势发生了变化。

如李唐王朝，出身本非汉人。但为了君御中华，便自称祖籍为陇西，追认老子李耳为其祖先。既然如此，李唐王朝自然尊崇道教。但佛教已经传入中国数百年，在社会上影响深厚，且传统信奉儒家、道家的人士自然把佛教视作自己在意识形态领域中的敌手。故唐代盛行三教论衡。《续高僧传》卷二四记载了一件发生在唐高宗时，傅奕挑起、法琳应战的佛道论争。

> 至武德四年（621），有太史令傅奕，先是黄巾，深忌佛法。上废佛法事者十有一条，云：释经诞妄，言妖事隐，损国破家，未闻益世。请胡佛邪教，退还天竺。凡是沙门，放归桑梓。则家国昌大，李孔之教行焉。……而傅氏所奏，在司犹未施行。奕乃多写表状，远近公然流布。京室闾里，咸传秃丁之诮；剧谈酒席，昌言胡鬼之谣。佛日翳而不明，僧威阻而无势。于时达量道俗勋豪，咸论者非一。各疏佛理，具引梵文。委示业缘，曲垂邪正。但经是奕之所废，岂有引废证成。虽曰破邪，终归邪破。琳情正玄机，独觉千载。器局天授，博悟生知。睹作者之无功，信乘权之有据，乃著《破邪论》，……文有三十余纸。自琳之缀采，贯绝群篇。野无遁贤，朝无遗士，家藏一本，咸诵在心。①

文长不具引，可参见《续高僧传》原文。且因法琳《破邪论》影响较大，其后该著作一直收藏在大藏经中，保存至今。

虽则如此，初唐统治者并没有改变崇道抑佛的政策，如唐太宗李世民曾在给萧瑀的诏书中说："至于佛教，非意所遵，虽有国之常经，固弊俗之虚术。"② 并在诏书中历数以往君主佞佛之误国，并称萧瑀信佛是"践覆车之余轨，袭亡国之遗风"。③ 当然，唐太宗贬斥萧瑀，还有其他一些原因，此不赘述。

但当玄奘从西域取经回来，唐太宗却给他极高的礼遇，并撰写《大唐三藏圣教序》赐给玄奘，文中称玄奘"幼怀贞敏，早悟三空之心；长契神情，先包四忍之行。松风水月，未足比其清华；仙露明珠，讵能方其朗润"④，评价之高，前所未有。并为玄奘特意安排了译场。唐太宗这样做，并非由于玄奘的原因而改信佛教，乃是认识到佛教对巩固李唐王朝的统治地位有着儒家、道教不可替代的作用。可以说，历代聪明的统治者，不管他本人的宗教信仰如何，都能够熟练地推行平衡三教的政策。

---

① 《续高僧传》卷二四，《大正藏》第 50 册，第 636 页下～637 页下。
② 《正史佛教资料类编》卷二，载 CBETA，ZS01，no. 1，p. 106A22～23。
③ 《正史佛教资料类编》卷二，载 CBETA，ZS01，no. 1，p. 106A27。
④ 《大唐大慈恩寺三藏法师传》卷六，《大正藏》第 50 册，第 256 页中。

考察佛教中国化的历程，唐朝是我们值得注意的一个时期。这个题目很大，在此无法详述。总之，由于上层的倡导，道教在政治上占据优势地位。但佛教在社会上拥有更加强大的信众力量，朝廷自然不能忽视。比如当时宫廷举行重大典礼，都会邀请佛、道两教参加。此时两教排队孰先孰后，就成为一个问题。由于李唐崇道，起先是道士排在前，僧人排在后。佛教提出抗议，朝廷的回答是：现在是我们李家当皇帝，道家自然在前，什么时候你们佛教当了皇帝，你们排在前。后来武则天借佛经谶记，果然当了皇帝。于是武周时期，朝廷典礼便让僧人在前，道士在后。等到中宗复辟，中宗虽然是李氏后代，但他是武则天的儿子，故中宗时期，朝廷典礼，道士、僧人排为两列，不先不后，齐头并进。等到唐玄宗登基，又变成道先佛后。此类排队问题，看起来似乎是个笑话，实际上背后有着深刻的社会的、政治的原因。

如前所说，从佛教传入中国起，与以儒家文化、道教文化为代表的中国文化的交流便逐渐加深。实际上，中国文化与印度文化各有优点，也各有不足。所以两种文化深入交流，便既有矛盾与冲突，也有相互的借鉴与吸收。在正常情况下，这种交流可以采取和平讨论的方式进行。比如唐代经常举行御前的"论衡"，即在某些特殊的日子，比如皇帝生日，举办辩论会，由僧人、道士来辩论经义。又如各教理论家各自撰写专著相互论辩，如前傅奕与法琳。而经由历代大藏经及其他典籍保留下来的类似著作相当多，成为我们研究这一课题的重要资料。

历代大藏经保留的主要有：梁僧祐编纂的《弘明集》14卷、唐法琳撰《破邪论》2卷与《辨正论》8卷、唐道宣编纂的《广弘明集》30卷、署名为"唐西明寺释氏"编纂的《集古今佛道论衡》4卷、唐智昇撰《续集古今佛道论衡》1卷、唐彦悰纂录《集沙门不应拜俗等事》6卷、唐释复礼撰《十门辩惑论》3卷、唐玄嶷撰《甄正论》3卷、宋释神清撰《北山录》10卷、宋居士张商英述《护法论》1卷、宋释契嵩《镡津文集》19卷、元沙门祥迈撰《辩伪录》5卷、元学士刘谧撰《三教平心论》2卷、元释妙明撰《折疑论》5卷。

需要说明的是，上面所述均为目前大藏经中保存的佛教方面的资料。既然是三教论衡，则研究时还必须兼顾官方、儒家、道家的相关资料。如官方资料，要注意朝廷的诏令。如宋太祖发布的有关诏令就有《禁火葬诏》《禁以铁铸佛像诏》《禁尼与僧司统摄诏》《放僧数目诏》《限数度僧尼诏》《禁灌顶道场水陆斋会夜集士女诏》等。

宋真宗发布的有关佛教的诏书数量极多，在此不能全部罗列，仅选择若干。如《禁与僧公凭往缘边游礼诏》《僧尼道士等年十岁取逐处纲维寺主结罪委保诏》《无籍僧人令自首诏》《僧尼道士童行十人外更放一人诏》《崇真资圣禅院于杂买务买物具数以闻诏》《令粘竿弹弓等不得携入宫观寺院诏》《承天节感圣院经阁院特与从上名度行者诏》《诞圣节皇亲近臣所奏道释须披度五年以上方得奏请诏》《院宫观士庶之家私记禁私铸诏》《令两浙寺观及民家藏铜像限期陈首诏》《禁住房僧擅立院额入帐度童行诏》《童行剃度须官吏试验及主首僧保明诏》《延寿寺轮系帐行者专切看管所贮御书经阁诏》《以太宗御制妙觉集编入佛经大藏诏》《禁创修寺观院宫诏》《禁祖父母父母在别无子息侍养及刑责奸细等人出家诏》。仅从上述诏书，可知朝廷对佛教管制之严。其实，应该说宋真宗本人对佛教有一定的感情，他曾经撰写过诸如《崇释论》这样的文章，还撰写过《注四十二章经序》《注遗教经序》《沂阳县龙泉山普济禅院碑铭》等，虽则如此，我们从上述诏书可以看到他对佛教的管制是比较严格的，应该说，这种管制是他作为皇帝的职务行为。由于宋真宗关于佛教的两种资料现均保存，我们可依据此对宋真宗本人及宋朝的佛教政策进行研究。这就是文献的功用。

由于统治者对佛教的态度不同，故甚至会出现相当极端的所谓"废佛"。中国佛教史上的"三武一宗"废佛，无不如此。这属于中国佛教史论述的范围，此处不赘。

除了朝廷的诏书等各类官方文件外，当时文人的文集中有大量与佛教交涉的资料，可以说，当时佛教已经是社会上巨大的存在，故各色人等几乎不可能不与佛教打交道。文人们打了交道，便留下一些文字，有些便编入自己的文集。其中既有与僧人友好酬唱的，也有相互辩驳的。无论哪一种，都为我们今天研究三教论衡及当时的文化生态留下宝贵的资料。这部分资料非常丰富，政权层面，除上述皇帝诏令，还有各类政书。知识分子个人层面，有儒家、道家、杂家各类人等与佛教交涉的文字（包括诗歌颂赞），这些资料大体保存在个人文集及各类合集中。据粗略统计，其字数当在1000万到2000万。

第五节　史传地志部

史传地志部，收入各种中国佛教史传及佛教历史地理学著作。包括总史类、编年史类、别史类、史料集、僧传、寺志、山志、各种地方史志及金石史料中的佛教资料等。

（一）总史类

总史类即历代正史中收入的佛教史料。目前在这方面可参考的有杜斗城先生编纂的《正史佛教资料类编》，将从《史记》到《明史》等二十四史中涉及佛教的资料，分作通论、人物、塔寺、议论、事迹、敬佛、教令、经籍、出尼、毁佛等十类，予以分类整理，读者称便。该书现已收入《中华电子佛典集成》（CBETA）。由于《清史稿》属于尚未正式定稿的史书，故该书未收入清代正史的有关佛教资料。尚待今后增补。

（二）编年史类

编年史类指《资治通鉴》《续资治通鉴长编》《续宋编年资治通鉴》《资治通鉴后编》等编年史中载录的与佛教有关的各种资料。

（三）别史类

别史类指《重订契丹国志》《重订大金国志》之类没有纳入二十四史，而较为重要的诸朝代的史书，其中往往记载一些正史不载的资料，对我们研究当时的历史，包括佛教均有一定的价值。

（四）史料集

史料集指《明实录》《清实录》等当时历朝官修的编年体史书。其实，南北朝时已经官修实录，由于如书名所示，实录的内容往往均为对当时史实的据实记录，故颇有涉及时政机密者，于是修成之后大抵密藏不传，仅供皇帝及大臣自己参考。以致随封建王朝的兴衰交替，大都毁于兵火。南北朝至元代的实录，除唐《顺宗实录》及宋《太宗实录》残本 20 卷外，皆已佚失。唯有明清两代的实录，较完整地保存至今。由于实录均为当时记载的史实，故有较高的史料价值。

（五）僧传

僧传，此处指关于佛教僧人的传记。

从产生方式讲，中国佛教典籍中的僧传可以分为两类：翻译出的域外僧传与中国人自己撰写的僧传。从著作体裁讲，中国佛教典籍中的僧传也可以分为两类：别传与总传。所谓"别传"，指某个高僧的个人传记。所谓"总传"，指某个时期僧人或某类僧人传记的合集。由于种种原因，上述两类来源、两类体裁的僧传并不完全对应，如翻译类僧传中就没有总传，只有别传。这与印度次大陆政治不统一、佛教分部派的历史相关；当然，也不排除印度确有那类僧传，但没有传到中国，故而没有被翻译。

下文根据具体情况，分别予以简单介绍。

1. 从印度典籍翻译为汉文的别传

首先需要说明的是关于释迦牟尼的传记。印度传来的释迦牟尼传记类著作很多，大体可以分为两类。一类以经典的形式出现。如各种佛本生故事，如《六度集经》《生经》《菩萨本行经》《佛说菩萨投身饲饿虎起塔因缘经》等，共计数十种。这类著作传统纳入经藏。另一类论述释迦牟尼这一世的八相成道经历，这一类往往纳入史传，与诸僧传并列。我们知道，在印度佛教史上曾经产生过"佛是否在僧数"的论辩。部分僧人认为佛为"佛法僧"三宝之一，自然不在僧数。部分僧人认为，佛在涅槃以前，与普通僧人一样生活并参与僧团的活动，故佛也在僧数。这个问题最终没有得出统一的结论。

我个人认为：按照佛教传统，佛所说者为"经"，故由释迦牟尼本人叙述自己前世诸本生故事的典籍，自然应该按照佛典分类传统收入经藏。至于对释迦牟尼这一代活动的记叙，并非释迦牟尼本人所说，乃后代弟子所作的追记。把这些著作列入史传，较符合佛教典籍的分类传统。现在列入史传的释迦牟尼传记有：《释迦谱》《释迦氏谱》《释迦如来成道记》《释迦如来行迹颂》《释迦如来应化录》等，另外需要说明的是，上述著作都不是依据印度传入的原典翻译的，而是中国信众依据翻译佛典中的释迦牟尼传记资料编纂的。

属于印度僧传，在印度编纂，其后传入中国被译为汉文的有：《马鸣菩萨传》《龙树菩萨传》《提婆菩萨传》《婆薮槃豆法师传》等。这几位都是印度佛教著名的理论家，他们的著作对中国佛教有较大的影响。此外，还有《阿育王传》《阿育王经》《天尊说阿育王譬喻经》《阿育王息坏目因缘经》等四种关于阿育王的典籍。这四种典籍虽然命名为"经"，但因阿育王是释迦牟尼之后出现的历史人物，所以这些典籍显然并非释迦牟尼亲口所说，故传统归入史传部。阿育王虽非高僧，但作为护法名王，他在位时，对佛教的传播与发展做出重大贡献，且为印度传入的翻译典籍，故中国佛教传统把这些典籍收入大藏经。

2. 中国僧传中的总传类

中国佛教僧人的传记，属于总传类的，有梁释慧皎撰《高僧传》、梁释宝唱撰《名僧传》（原为三十卷，已佚。现存《名僧传抄》一卷）、唐释道宣撰《续高僧传》、宋释赞宁撰《宋高僧传》与《大宋僧史略》、明释如惺撰《大明高僧传》、明释明河撰《补续高僧传》、清徐昌治编《高僧摘要》、民国喻谦等编撰《新续高僧传四集》。

此外，属于某类僧人或信众合集的则有南朝梁宝唱撰《比丘尼传》；唐义净撰《大唐西域求法高僧传》；宋元敬、元复撰《武林西湖高僧事略》（后明云栖袾宏增补，改名《增补武林西湖高僧事略》）；宋释惠洪撰《禅林僧宝传》；宋释祖琇撰《僧宝正续传》；元释昙噩撰《新修科分六学僧传》；明代编纂佚名《神僧传》（有明成祖朱棣序）；明德清撰，清高承埏补《重编八十八祖道影传赞》；明云栖袾宏的《缁门崇行录》；清释自融撰《南宋元明僧宝传》；清彭际清编《居士传》与《善女人传》。敦煌遗书中的佚名撰《历代法宝记》、净觉撰《楞伽师资记》也属于这一类。

3. 中国僧传中的别传类

保存至今的中国僧人的个人传记为数亦不少。如法显自己叙述历游印度的《法显传》；佚名撰《北魏僧惠生使西域记》；隋释灌顶撰《天台智者大师别传》；唐释彦琮撰《唐护法沙门法琳别传》；唐慧立撰，彦悰笺《大唐大慈恩寺三藏法师传》；

佚名撰《曹溪大师别传》；唐代新罗崔致远撰《唐大荐福寺故寺主翻经大德法藏和尚传》；佚名撰《明州定应大师布袋和尚传》；明大壑撰《永明道迹》。

佛教在中国传布两千年，来华的僧人、中国的信众数不胜数。历史上留下姓名、留有传记的实为凤毛麟角。即使如此，数量亦极为可观。可惜的是，大量传记散失在历史的长河里。有些零碎资料则分散在各种史籍中，需要我们去发掘。

（六）寺志、山志

中国有所谓"天下名山僧占多"的俗语，僧人为了安心修持，往往避开喧闹的城市，到山中修持。这些山，由于得到僧人的修葺、整治，久而久之，往往风景更加秀丽。中国传统有所谓"水不在深，有龙则灵"的说法。有些山后来所以成为名山，并非它本来就很有名，而是由于有名僧在此住持。另有些山，如中国佛教四大名山，均因观音、普贤、文殊、地藏等四大菩萨的信仰而形成，并由此产生一系列与四大菩萨相关的佛教故事。

中国佛教留存的寺志、山志数量非常丰富。前些年广陵书社出版的《中国佛寺志丛刊》（附续编）共计 130 册，收入各种寺志、山志 195 种。但还有一批寺志、山志未被收入，如清释达闻撰《上方山志》《钦定清凉山志》；清蒋超撰《峨眉山志》；明天启宋奎光辑《径山志》；明朱谏撰，胡汝宁重编《雁山志》；明陈仁锡撰，张封考订苏州《尧峰山》等。近年台湾出版的《中国佛寺史志汇刊》收录各种寺志、山志 168 种，可与上述广陵书社出版的《中国佛寺志丛刊》相互参看。

寺志、山志中有时会保留一些珍贵的资料。如《洛阳伽蓝记》卷四记载：

> 融觉寺……比丘昙谟最善于义学，讲《涅槃》《华严》，僧徒千人。天竺国胡沙门菩提流支见而礼之，号为"菩萨"。流支解佛义，知名西土，诸夷号为罗汉，晓魏言及隶书，翻《十地》《楞伽》及诸经论二十三部。虽石室之写金言、草堂之传真教，不能过也。
>
> 流支读昙谟最《大乘义章》，每弹指赞叹，唱言"微妙"。即为胡书写之、传之于西域。西域沙门常东向遥礼之，号昙谟最为"东方圣人"。[1]

菩提流支是中国佛教史上的著名翻译家，他对昙谟最如此尊重，还特意把昙谟最撰写的《大乘义章》翻译成西域文字，传播到西域。故昙谟最的名声远播西域，西域的佛教僧人称之为"东方圣人"。由此可见昙谟最在佛学方面的造诣非同一般。然而，《洛阳伽蓝记》卷二又记叙如下一事。

---

[1] 《洛阳伽蓝记》卷四，《大正藏》第 51 册，第 1017 页中。行文据校记有修订。

崇真寺比丘惠凝死一七日还活。经阎罗王检阅，以错名放免。惠凝具说：过去之时，有五比丘同阅。

一比丘云是宝明寺智圣，坐禅、苦行，得升天堂。

有一比丘是般若寺道品，以诵四十卷《涅槃》，亦升天堂。

有一比丘云是融觉寺昙谟最，讲《涅槃》《华严》，领众千人。阎罗王云："讲经者，心怀彼我，以骄凌物。比丘中第一粗行。今唯试坐禅、诵经，不问讲经。"其昙谟最曰："贫道立身以来，唯好讲经，实不谙诵。"阎罗王敕付司，即有青衣十人送昙谟最向西北门。屋舍皆黑，似非好处。

有一比丘云是禅林寺道弘。自云："教化四辈檀越，造一切经、人中像十躯。"阎罗王曰："沙门之体，必须摄心守道，志在禅诵。不干世事，不作有为。虽造作经像，正欲得他人财物。既得他物，贪心即起。既怀贪心，便是三毒不除，具足烦恼。"亦付司，仍与昙谟最同入黑门。

有一比邱（丘）云是灵觉寺宝明。自云："出家之前，尝作陇西太守。造灵觉寺，成即弃官入道。虽不禅诵，礼拜不缺。"阎罗王曰："卿作太守之日，曲理枉法，劫夺民财，假作此寺。非卿之力，何劳说此。"亦付司，青衣送入黑门。

太后闻之，遣黄门侍郎徐纥，依惠凝所说，即访宝明寺。城东有宝明寺，城内有般若寺，城西有融觉寺、禅林、灵觉等三寺。问智圣、道品、昙谟最、道弘、宝明等，皆实有之。议曰：人死有罪福。即请坐禅僧一百人，常在殿内供养之。……自此以后，京邑比丘，悉皆禅诵，不复以讲经为意。[①]

我们知道，南北朝时，中国佛教南北学风有较大差异。南方重视对佛教义学理论的学习，北方则重视坐禅、诵经等信仰层面的活动。上述传说称：宝明寺僧人智圣因为平时坐禅、苦行，得升天堂；般若寺僧人道品因为念诵四十卷《涅槃》，也得升天堂；而像昙谟最这样的义学高僧，死后竟然被阎王送到一个"屋舍皆黑，似非好处"的地方，反映的正是北方佛教重实修、轻理论的倾向。

（七）地方史志

中华民族是一个有着高度文明自觉的民族。其表现之一，就是中华民族对自己创造的文明有着充分且正面的价值评估，并力图采用一切方式使这一文明传承下去。"惟殷先人，有典有册"，孔子以下，历代整理典籍的仁人志士前赴后继，都是这一文明自觉的体现。佛教传入以后，中国有三大文化景观：一是历朝历代都要修正史，

---

① 《洛阳伽蓝记》卷二，《大正藏》第51册，第1006页中至下。行文据校记有修订。

一是历朝历代都要造大藏经，再一就是历朝历代都有大批乡贤士绅出面编纂当地的方志（从宏观讲，这里有一个从氏族志向地方志转移的过程，此不赘述）。如果说正史是皇权的体现，佛教大藏经、道教道藏是神权的体现，则方志就是地方士绅意志的体现。古代中国几千年治不下县，乡贤士绅是地方秩序的维护者、地方文化的主要承载者。宋以下，从垂直层面上讲，中央政权、地方士绅、底层社会三者的互动，决定了社会发展的主要方向。因此，如果缺少对士绅文化的研究，则对中国历史、文化、宗教的研究就是不完整的。实际上，我认为就中国佛教研究而言，宋以下佛教研究目前出现的种种不足，问题恰恰就在关注上层佛教的种种表象较多，而对各地区佛教乃至底层佛教关注不够，甚至未予关注，也就难以真正反映宋以下中国佛教的实际情况、从中总结出规律性的东西。中国的文化是分层的，不同层次的文化在不停地互动，仅仅关注某一层面，难以把握中国文化、中国佛教的真实历史。

前些年，中国人民大学何建明先生组织力量，搜集了 1949 年以前编纂的全国各省市区县乃至乡镇的各种地方志文献（寺观志除外）6813 种。① 其中，汉、唐和宋、辽、金、元方志辑佚本 337 种，唐本 4 种，宋本 38 种，金本 1 种，元本 9 种，明本 704 本，清本 5108 种（含旧志清刻本），民国本 1569 种（含旧志新版本）；各类稿本 143 种，各类抄本 800 余种。将其中的佛教、道教资料辑录出来，完成了皇皇巨著《中国地方志佛道教文献汇纂》，该书于 2013 年由国家图书馆出版社出版，全书分为诗文碑刻卷（498 册）、寺观卷（408 册）、人物卷（133 册）等三个系列，总计 1039 册。

可以想见，这部集大成的资料丛刊的出版，将对人们利用地方史志中的佛教资料来研究佛教、研究佛教的地区性差异、研究佛教与社会的关系提供更多便利。

（八）金石史料

金石资料在历史研究、佛教研究中的重要价值，研究者都很清楚。所以自古"金石"成"学"，至清代"金石学"蔚为大宗。有关情况，已有许多相关著作面世。

当年发起编纂《藏外佛教文献》，在第一辑"卷首语"中解释什么叫"藏外佛教文献"时，我就把"与佛教有关的金石资料"纳入整理目标，并在《藏外佛教文献》第四辑发表过重庆大足的若干石刻佛教资料。其后在筹备《中华大藏经》（汉文部分·续编）时，任继愈先生将金石资料纳入整理范围。

当时计划纳入《中华大藏经》（汉文部分·续编）的金石资料包括北京图书馆金石组编选、中州古籍出版社出版的《北京图书馆藏中国历代石刻拓本汇编》，河

---

① 以下各项相加（除各类稿本 143 种，各类抄本 800 余种）共 7770 种。查资料，言"由于有些方志是多种志书的合集，故全书实际收录方志总计 6813 种"。

南省文物研究所编、文物出版社出版的《新中国出土墓志》，台北新文丰出版公司出版的《石刻史料新编》，清叶奕苞编《丛书集成》《金石萃编》《嵩阳石刻集记》《八琼室金石补正》及其他各种版本的金石著作，有一百多种。

此外，许明于 2002 年完成了他五卷本《中国佛教经论序跋记集》以后，十余年来，焚膏继晷、兀兀穷年，又以个人之力，分"寺宇殿阁""塔铭墓志""造像题记""寺产牒文"等四篇，编纂了 1500 万字的《中国佛教金石文献》。其中的"塔铭墓志"部分，约 400 万字，结集为 20 册，2018 年 6 月已由上海书店出版社出版。

第六节　音义部

按照一般佛典的分类法，目录与音义被归为一部，亦即设立"目录音义部"，收入佛教目录、音义等各种工具书。

由于历代佛教目录是我们了解与研究佛教典籍的基本工具书，本书将在下一章做专门介绍。在此单设"音义部"一节。

音义的功用是解释佛教典籍中出现的疑难杂字的读音及意义，故称"音义"。有时也介绍佛典中的一些专用名词，如地名、人名，乃至一些名相。大体来说，音义相当于我们今天所用的字典、词典。

佛教的音义可分为三类。

一　梵汉词典类

大部分汉文佛典都从梵文翻译而来，有些佛典尚有道安批评的"五失本"的缺点。不仅如此，按照前述玄奘"五不翻"理论，汉译佛典中保留了不少音译的梵文词汇，如果完全不懂梵文，那么学习佛典时自然会有一定的困难。

此外，当时佛教译场中有不少汉族僧人参与，如果能够懂梵文，自然便于他们更好地做好有关工作。如据前引敦煌遗书 BD03339 号《金光明最胜王经》卷五末尾的译场列位所示，当时在义净译场中担任证义的汉族僧人就有法宝、弘景等 10 人，既然担任证义，无疑需要懂得梵文。但查阅各种史料，没有查到这 10 人有前往西域求法的记载。可以想见，他们的梵文乃是在中国学习的。虽然我们现在不清楚他们学习梵文的具体方式，但学习梵文自然需要词典，故汉文大藏经中至今保存了一批词典。现《大正藏》收入的就有《翻译名义集》7 卷、《悉昙字记》1 卷、《梵语千字文》1 卷（两种传本，均为一卷，《大正藏》编为 T2133A、T2133B）、《唐梵文字》1 卷、《梵语杂名》1 卷、《唐梵两语双对集》1 卷。此外还保存日本僧人编纂的梵汉词典《翻梵语》10卷。这些工具书无疑均是为中国僧人学习梵文、阅读佛典而编纂的。

二　大藏经音义

这是为扫清阅读大藏经的文字障碍而编辑的词典，因当时往往把大藏经称为"一切经"，故此类音义一般命名为"一切经音义"。

大藏经音义的特点是按照大藏经的排列顺序罗列诸经，按照相关词汇在经典中出现的顺序逐一解释。注音用反切标注，释义则直接解释。

现存此类音义如下。

1. 《玄应音义》

《玄应音义》，唐释玄应撰，25卷。《唐书·艺文志》著录为《众经音义》，道宣《大唐内典录》著录为《大唐众经音义》，唐智昇《开元释教录》著录为《一切经音义》，此后以此名流传于世并收入大藏经。

据记载，北齐沙门释道慧曾撰《一切经音》，但其后亡佚。玄应继承道慧的工作，撰成此书。《玄应音义》仿陆德明《经典释文》，从经文中选取需要注释的文字，说明其读音并释义。亦有仅注音而不释义者。

该书被历代大藏经收入，现代亦有印刷本传世。《中华电子佛典集成》收入，便于检索，使用方便。本书大量引用古字书，其中有不少字书今已亡佚，故对保存与研究中华古代文化，有较大的价值。

2. 《慧琳音义》

《慧琳音义》，亦名《一切经音义》，唐释慧琳撰，100卷。

慧琳，唐西明寺僧人，俗姓裴，西域疏勒国人，幼习儒学，出家后，师事不空，谙熟印度声明、中国训诂等。在他之前，已经出现若干佛教音义，如此齐道慧撰《一切经音》、唐玄应撰《众经音义》、云公撰《涅槃经音义》、慧苑撰《新释华严经音义》、窥基撰《法华经音训》等，但慧琳发觉上述音义并不能涵盖全部大藏经，有的还有讹误。所以，在吸收各家音义长处的基础上，依据《韵英》《考声》《切韵》等来释音，依据《说文》《字林》《玉篇》《字统》《古今正字》《文字典说》《开元文字音义》等七家字书来释义，兼收博采经史百家之说，但最终以佛教理论为标准加以判定，由此撰成《一切经音义》。据试太常寺奉礼郎景审为本书所撰的《一切经音义序》，该音义总一百卷，包括对约1300部、5700余卷佛典的音义。自唐德宗建中（780~783）末年起笔，至唐宪宗元和二年（807）完成。元和十二年（817），慧琳于西明寺逝世，时年八十四岁。

3. 《新集藏经音义随函录》

《新集藏经音义随函录》，五代释可洪撰，亦名《可洪音义》，30卷。

此书根据《开元释教录·入藏录》所收佛典数，采用河府方山延祚寺所藏大藏经本，对佛典中难读难解的词语进行注音、解义，共收 12022 字。与《玄应音义》《慧苑音义》《慧琳音义》相比，释文时一般不作引证，而是直接注释，且基本以注音为主。但对诸古字、俗字的字形、点画，则注释得较为详尽。在《俄藏黑水城文献》发现的 1 号，研究者认为该号并非简单抄录原文，而是在参读《大方广佛华严经》的过程中，以原本《随函录》为参照，有所增订。这反映了古代佛教典籍流传的一些基本特点，值得注意。

据研究者统计，《新集藏经音义随函录》一书言及"又音"3129 次，大部分反映的是一字多音的问题。对研究佛教流传及中国各地方言具有无可替代的价值。遗憾的是，自《至元录》著录该书后，再未见于著录，该书在中国亡佚。幸而曾经传到高丽、日本，在高丽、日本均有保存。其后日本《卍字续藏》收入，又被中国《频伽藏》收入。日本《大正藏》将其收入到第 54 卷。《中华大藏经》则据《再刻高丽藏》将其收入在第 59 册。

4. 《续一切经音义》

《续一切经音义》，辽希麟撰，亦名《希麟音义》，10 卷。

希麟，籍贯、生卒年均不详。辽燕京崇仁寺僧人。他在《续一切经音义序》中称：

> 唐初有沙门玄应者，独运先觉，天纵生知。明唐梵异言，识古今奇字。首兴厥志，切务披详。始于《古花严经》，终于《顺正理论》，撰成经《音义》二十五卷。次有沙门慧苑，撰《新花严音义》二卷。复有沙门云公，撰《涅槃音义》二卷。复有大慈恩寺基法师，撰《法花音训》一卷。或即未周三藏，或即偏局一经。寻捡阙如，编录不次。至唐建中末，有沙门慧琳。内精密教，入于总持之门；外究墨流，研乎文字之粹。印度声明之妙，支那音韵之玄，既瓶受于先师，亦泉泻于后学。栖心二十载，披读《一切经》。撰成《音义》，总一百卷。依《开元释教录》，始从《大般若》，终于《护命法》。所音众经，都五千四十八卷，四百八十帙。自《开元录》后，相继翻传经论及拾遗律传等，从《大乘理趣六波罗蜜多经》，尽读《开元释教录》，总二百六十六卷，二十五帙。前音未载。今续者是也。①

对前此的诸种音义著作做了简单的介绍与评述。《希麟音义》广泛参阅了有关训诂和音韵文字的古代著述，旁征博引，对前此音义著作中的疏失亦颇有补正，是一部

---

① 释希麟撰《续一切经音义卷第一（并序）》，《大正藏》第 54 册，第 934 页中。

很有价值的佛经音义类著作。

5.《绍兴重雕大藏音》

《绍兴重雕大藏音》，北宋精严寺释处观撰，原名《精严新集大藏音》，亦名《释音精严集》，3 卷。

该书序称："故处观不量浅昧，讨论集韵，泪唐、宋二韵郭逐众经音。又尝访求别本，搜索偏旁，发明义例，遍阅者几十数藏，雠校者余二十年。始于熙宁庚戌岁（1070），而成于元祐癸酉（1093）孟冬月。凡一百七十四部，分为上中下三卷。"①

一般来说，大藏经音义为便于读者阅读大藏经，均按照某部大藏经中诸经的排列顺序采字出注。由此，我们今天不仅可以依据这些音义把握古代字词的读音与意义，还由此可以把握该音义所依据的大藏经的结构体系，所以又成为我们研究不同时代大藏经结构及大藏经结构演化的珍贵资料。但《绍兴重雕大藏音》从大藏经中采集所需出注的字词后，完全按照偏旁部首排序。前者由于按照经典排列，难免出现同一词汇先后出现几次的情况。如《玄应音义》就颇多出现一词数出的情况。而按照《绍兴重雕大藏音》的体例，便不会出现这种情况，故在历代大藏经音义中，《绍兴重雕大藏音》的篇幅最小。当然，这也带来一个问题，即凡利用《绍兴重雕大藏音》者，需要具有一定的汉字基础知识，起码要懂得部首排序，才能顺利地利用它。

三 其他音义类著作

现对此类音义简介如下。

1.《新译大方广佛华严经音义》

《新译大方广佛华严经音义》，唐释慧苑述，2 卷。该音义为《赵城金藏》及《再刻高丽藏》所收，由此可知原为《开宝藏》所收。但《大正藏》未收录该音义，编辑者亦未做说明。现为《中华大藏经》收入第 59 卷。由于《赵城金藏》本、《再刻高丽藏》本两者的行文略有差异，故《中华大藏经》将两本均收入，分别编为第 1167 号（《赵城金藏》本）、第 1168 号（《再刻高丽藏》本）。《中华电子佛典》（2016 版）亦将两本均收入，编号分别为 A1066（《赵城金藏》本）、K1064（《再刻高丽藏》本）。

慧苑在该书的序中说：

> 原夫第一胜义，实离言之法性；等流真教，诚有海之方舟。故以名、句、字、声，作别相之本质；色、香、味、触，为住持之自体。嗟乎！超绝言虑之

———————————

① 释处观撰《绍兴重雕大藏音序》，《大正藏》第 59 册，第 510 页上。

旨，洽悟见闻之境，莫不以法王弘造权道之力者欤！

《大方广佛华严经》者，实可谓该通法界之典，尽穷佛境之说也。若乃文言舛误，正义难彰。真见不生，寻源失路。故涉近以经远，从浅而暨深。去来今尊，何莫由斯道。且夫音义之为用也，览清浊之明镜，释言诂之旨归，匡谬漏之楷模，辟疑管之钤键者也。……苑不涯菲薄，少玩兹经索隐。从师十有九载，虽义旨攸邈，难以随迎，而音训梵言，聊为注述。庶使披文了义，弗竢筹咨；细字知音，无劳负帙。且蝼蚁之量，司己穴而疏冥；岂霆雷之资，开蛰户于退迩。英达君子，希无诮焉。①

对《大方广佛华严经》的重要意义，自己撰写该音义的宗旨做了简单的介绍。

2.《北京五大部直音会韵》

《北京五大部直音会韵》，明刊 2 卷。

该音义作者不详。该书冯梦祯撰序称："五大部经有音释，出自京师中涓之制。间不无亥豕之讹，且简帙重大，行脚为烦。今江浙禅林毅然成其善本，余因敬书其绪。"② 亦即该书最早是北京宫廷太监所编纂，后传播到南方江浙一带，南方的僧众对其不满，又重加修订。但据该音义所附之李经序，称该《北京五大部直音会韵》的修订者为"凌空九隐嵩大岳师"。李经序后有"郧阳府竹山县圣母山凌堂寺久隐号嵩岳"序言一篇，题诗两首。该"嵩岳"或即李经序所谓"凌空九隐嵩大岳师"。但郧阳府为明成化十二年（1476）为安置鄂、豫、陕三省流民而建，1912 年被废止。治所一直在今湖北郧阳，其辖境属县屡有变更。成化十二年（1476）辖郧县、上津、竹山、房县、竹溪县，郧西县。与"江浙禅林毅然成其善本"云云不符，故本书作者，尚需再加考察。

《北京五大部直音会韵》虽云"五大部"，但收经较杂。据《开元释教录·入藏录》，传统的"五大部"为："般若部""宝积部""大集部""华严部""涅槃部"，但《北京五大部直音会韵》并未将上述五大部典籍收罗完整，如完全不收"般若部"典籍，反而收入若干非"五大部"佛典，收入若干传统大藏经不收的典籍，如《北药师解结科》这样的科仪文献，甚至收入《三官经》这样的道教经典。这反映了中国佛教信仰层面的若干特点，与宋元明以下中国佛教发展的轨迹。

3.《龙龛手鉴》

《龙龛手鉴》，原名《龙龛手镜》，辽释行均撰，4 卷。后传入宋朝，为避宋太祖的祖父赵敬的讳，宋刻本改为《龙龛手鉴》。

---

① 释慧苑撰《新译大方广佛华严经音义序》，《中华大藏经》第 59 册，中华书局，第 424 页中至下。
② 冯梦祯撰《重刻五大部直音序》，《明嘉兴大藏经》，台湾新文丰出版公司，1987，第 213 页中。

《龙龛手鉴》收字 26430 个，将这些汉字分 242 部（一说 240 个部首），依平、上、去、入四声为序排列。

《龙龛手鉴》在列为字头的每个字下，根据不同情况，分别罗列该字的各种俗字、古今字、异体字、通假字、常见的错字等，并用"正""俗""今""古""通""误"予以标注。注音方式或用反切，或用同音字直接注音。对字义的解释则比较简单。

严格地讲，《龙龛手鉴》与前述音义性质不同，功用在于辨字。但它属于古代工具书，故在此介绍。

该书收入《四部丛刊》（有配补）。1985 年，中华书局据日本影印《高丽藏》影印，原缺第二卷，以《四部丛刊》影印宋本配补。其后，潘重规先生编纂《龙龛手鉴新编》，该书以《四部丛刊》本为底本，以笔画重新排序。为保证字形无误，原字均据《四部丛刊》本影印。1980 年 10 月，由台湾石门图书公司出版。后中华书局于 1988 年 6 月再次影印出版。由于按照现代人的使用习惯重新编排，且装帧现代，而内文为影印，故目前比较流通的是后两种版本。

4. 关于音义的索引①

20 世纪 20 ~ 30 年代，又有音义索引之书多种行世，如陈作霖《一切经音义通检》2 卷（1923 年金陵丛书外编），日本山田孝雄《一切经音义索引》1 册（1925 年西东书房初版），北京大学研究院文史部编《慧琳一切经音义引用书目索引》（1936 年刊行）。此外，王少樵有《玄应书引〈说文〉校异》5 卷、《慧琳书引〈说文〉校异》12 卷等。

佛教音义之书，旁征博引，搜罗甚富。它不仅对佛家经典字音字义的阐释具有重要的价值，而且由于它保存了大量久已失传的古代字韵和其他文史典籍，又为古籍的辑佚、校勘、训诂提供了珍贵的资料。清代学者曾用它来整治古籍，取得了相当可观的成绩，成为当时的显学。

第七节　外教部

严格地说，对佛教信众而言，凡是非佛教，均为外教。但由于儒家②在中国社会的政治格局中所处地位不同，故大藏经之"外教部"中所收外教典籍，除"三教

---

① 关于本小节，请参见《中国大百科全书（佛教篇）》中姚长寿先生所撰"佛教音义"条。中国大百科全书出版社，2009。

② 儒家是否宗教，近年来在学术界讨论得比较热烈。但在古代，儒、释、道被并称为三教，并举行"三教论衡"，亦即古人认为儒家是与佛教、道教并立的宗教。本书亦从这一角度处理这一问题。但作为教材，在称呼上尊重传统，称"儒家"。

论衡"外，一般只收中国道教的部分典籍，此外收入印度其他宗教以及从国外传入的景教、祆教、摩尼教的典籍。

一　道教

今收在《大正藏》中的道教典籍有《老子化胡经》卷一与卷十，该经在漫长的历史中，经历了产生、流传、增衍、消亡等过程，现仅剩两卷存世。此外还有《太上洞玄灵宝高上玉皇本行集经》1卷、《无上玉皇心印经》1卷。有意思的是《大正藏》还依据《清龙藏》收入《庄子内篇注》4卷。众所周知，庄子生活在春秋时期，因其思想倾向与老子有相近之处，故人们往往将"老庄"联称。其后庄子在道教中被封为"南华真人"。但《清龙藏》收入的《庄子内篇注》的作者却是明代著名僧人憨山德清。从内容看，德清的确是站在佛教的立场上注释《庄子》，这可以看作佛教努力融会中国传统文化的一种表现。

二　印度教

中国传统大藏经收入南朝陈真谛翻译的印度婆罗门教数论派的《金七十论》、唐玄奘翻译的印度婆罗门教胜论派的《胜宗十句义论》。真谛与玄奘所以要翻译这两部非佛教著作，是因为在印度婆罗门教的六派哲学中，这两派的理论很有特色。所以，传入中国的印度佛典中经常有与这两派进行理论争辩的内容。一般的情况是：阅读有关涉及两派争论的文章，如果仅了解其中一派的观点，对另一派的观点毫无所知，则自然很难了解双方争论的要点，从而使自己坠入五里雾中。正是为了让中国佛教信众能够顺利阅读那些印度佛教与其他派别争论的著作，故真谛、玄奘翻译出印度数论、胜论的著作，并收入大藏经。

三　耆那教

耆那教与佛教大体同时产生，同属沙门思潮，交往很多，思想也有相近之处。佛经中有许多佛教与耆那教往来的记载。所以，研究印度佛教，需要对印度耆那教有一些基本的知识。传统大藏经没有专门收入耆那教的典籍。《藏外佛教文献》第二辑收入印度耆那教专门论述本教核心教义"七谛义"的重要经典《谛义证得经》，已收入 CBETA，有兴趣可以参看。

四　景教、祆教、摩尼教

敦煌遗书被发现后，人们从中整理出一批唐代流入中国的景教、祆教、摩尼教的典籍。

景教，即唐代传入中国的基督教，起源于今日叙利亚，是从东正教分裂出来的基督教教派，由叙利亚教士君士坦丁堡牧首聂斯脱里于公元 428～431 创立，故基督教称之为"聂斯脱里派"，在波斯建立教会，主要向东方流传，其后消亡。

该教曾传入中国，人们在敦煌遗书中发现了当年翻译为汉文的景教经典《序听迷诗所经》《景教三威蒙度赞》《尊经》《一神论》《志玄安乐经》《大秦景教宣元本经》《大秦景教大圣通真归法赞》等。其后，前两种经典被收入日本《大正藏》。《大正藏》还收入《大秦景教流行中国碑颂并序》。该碑由景教传教士伊斯出资、景净撰述、吕秀岩书刻，于唐建中二年（781）在长安大秦寺刻成，唐后期被埋入地下，明天启年间在西安西郊（一说周至县）出土，现藏于西安碑林博物馆。此外，2006 年在河南洛阳某墓葬出土《大秦景教宣元至本经》经幢一个。该经幢底部已残损，但大部完好，为一石灰岩质青石制成的八棱石柱，残存有景教经文和经幢记以及完整的十字架图像。经幢上所刻《大秦景教宣元至本经》与敦煌残本《大秦景教宣元本经》文字可互补。

此外，在北京房山石经山的曝经台悬崖发现一条明代正统年间景教的墨书题记，称到"小西天石经堂瞻礼"，这是研究明代基督教徒的活动及当时基督教徒对佛教的态度、明代基督教徒在北京的活动情况的珍贵资料。

研究者或认为上述景教经典中有的是近代伪造的。笔者非景教研究者，且未考察被质疑遗书的原件，故对上述观点无发言权。

祆教起源于古波斯，因其认为世界有光明与黑暗两元组成，崇拜光明神，并以火作为光明神的表征而崇拜之，故又称为"拜火教"。

古代祆教曾经传入中国，其后消亡。目前在一些民间流传的科仪文本中，还可以看到祆教的影子。但这些科仪文本的内容乃诸宗教混杂，故我们只能说它们受到祆教的影响，不能说它们就是祆教的典籍。近年来，福建发现不少这类科仪文本，成为学术研究的一个新亮点。

敦煌藏经洞被发现以后，罗振玉曾经认为中国国家图书馆藏有一件祆教典籍。他称：

> 残写经，一卷。前半已缺佚，后半完好，然无后题。
> 吾友临川李君证刚（翊灼），以其中专阐明明、暗之旨，证以《景教三威蒙度赞》有合处，遂定为景教经典。然考大祆、摩尼，与景教颇类似，未易分别。且皆由波斯流入中土。故姑颜之曰"波斯教经"，以俟当世之宗教学者考证焉。
>
> 宣统三年三月上虞罗振玉记①

---

①　《罗振玉题记》，《大正藏》第 54 册，第 1281 页上。

他将该遗书录文后定名作"波斯教经",发表在《国学丛刊》第二册。后日本羽田亨考证,认为应属摩尼教经典。此后中外学者多人研究,并勘定、翻译录文。陈垣推测此为波斯摩尼教僧人献给武则天的《二宗经》。林悟殊则疑此为失传之《证明过去教经》。西方有些学者认为,该经译自中亚的帕提亚(Parthian)文本,而该帕提亚文本又源自古叙利亚文的摩尼教经。我们在为国图藏敦煌遗书编目时,对此号做了探讨,倾向于认为该经典应属摩尼教,故定名为"摩尼教经典"。但也认为还存在进一步研究的余地,故在名称后括注"待考"。

中国国家图书馆藏该遗书目前的编号为 BD00256 号,长 6.24 米,共 17 纸,抄写 345 行。卷轴装。首残尾全。折叠栏。8 世纪。唐写本。楷书。有武周新字"正",使用不周遍。文中有行间校加字,有校改。有倒乙、删除符号。

《大正藏·外教部》还收入两件摩尼教典籍,一件为《摩尼教下部赞》,失译者名,现藏英国国家图书馆。一件为《摩尼光佛教法仪略》,前署"开元十九年六月八日大德拂多诞奉诏集贤院译",此件后断为两截,现英国国家图书馆、法国国家图书馆各收藏一号。

此外,前些年我们在整理国图敦煌遗书的过程中,又发现摩尼教经典一件,编号为 BD09401 号,原遗书首尾均残,首纸上、下边残缺。有折叠栏。该遗书第 18 行有"佛性经说外道破戒僧业行品第九"云云。而在《开元释教录》卷十八之"伪妄乱真录"有载:"《弥勒摩尼佛说开悟佛性经》,一卷。经后题云:《人身因缘开悟佛性经》,或直云:《开悟佛性经》,九纸。"[①] 考察内容,所指应即为本文献。故编目时将此号命名为《弥勒摩尼佛说开悟佛性经》。该文献为摩尼教经典,对研究摩尼教的解脱观和轮回观具有重要意义。又,它被佛教经录著录为伪经,为我们研究摩尼教入华及其与佛教的交涉提供了宝贵资料。

近代以来,随着对印度文化的深入研究,又有一批古印度典籍被翻译为汉文出版。如徐梵澄译《五十奥义书》[②] 与《薄伽梵歌》[③]、金克木译《伐致呵利三百咏》(人民文学出版社,1982 年出版)与《三自性论》(载《金克木集》第 7 卷,三联书店,2011 年出版)、巫白慧译《〈梨俱吠陀〉神曲选》(商务印书馆,2010 年出版)与《圣教论》(商务印书馆,1999 年出版)、黄宝生译《奥义书》(商务印书馆,2012 年出版)、姚卫群译《古印度六派哲学经典》(商务印书馆,2003 年出版)、孙晶译《示教千则》(商务印书馆,2011 年出版)。此外被翻译出版的还有《吠陀诗选》《摩奴法论》《吠檀多精义》以及著名的印度两大史诗《摩诃婆罗多》

---

① 《开元释教录》卷十八,《大正藏》第 55 册,第 673 页上。
② 徐梵澄译《五十奥义书》,中国社会科学出版社,2007。
③ 徐梵澄译《薄伽梵歌》,崇文书局,2017。此书系徐梵澄先生在印度翻译,曾先后多次出版。本书又有张保胜译本,中国社会科学出版社,1989;黄宝生译本,商务印书馆,2010。

与《罗摩衍那》等。总字数在 1000 万字左右。按照中国大藏经的编纂传统，它们都有进入汉文大藏经的资格。当然，对我们来说，这些典籍是我们了解印度文化的珍贵资料。只有全面把握印度文化，才能真正把握印度佛教的历史，也才能看明白佛教中国化的历程。

第八节　疑伪经部

"疑伪经"一词，指"疑经"与"伪经"两种不同的经典。

按照《开元释教录》的定义，所谓"疑经"，为"自梵经东阐，年将七百。教有兴废，时复迁移。先后翻传，卷将万计。部帙既广，寻阅难周。定录之人，随闻便上，而不细寻宗旨，理或疑焉。今恐真伪交参，是非相涉。故为别录，以示将来。庶明达高人，重为详定"。①

所谓"伪经"，为"邪见所造，以乱真经者也。自大师韬影，向二千年。魔教竞兴，正法衰损。自有顽愚之辈，恶见迷心，伪造诸经，诳惑流俗。邪言乱正，可不哀哉。今恐真伪相参，是非一概。譬夫昆山宝玉与瓦石而同流，赡部真金共铅铁而齐价。今为件别，真伪可分。庶泾渭殊流，无贻后患"。②

也就是说，"伪经"乃已经确认为"顽愚之辈，恶见迷心"所伪造。"疑经"则一时真伪难辨。作为一个纯正的佛教徒，智昇主张：伪经自然应该摈斥；疑经也不能让它随意流通，应该等到将来辨明真伪以后，再做处理。

《开元释教录》共罗列疑经 14 部 19 卷，伪经 392 部 1055 卷。比照经智昇审定应当收入大藏经的佛典，亦即《开元释教录·入藏录》的收经总数为 1076 部，5048 卷，可知当时社会上流传的疑伪经数量之大。

藏经洞敦煌遗书的面世，又让我们知道还有不少疑伪经未被智昇掌握与著录。经《藏外佛教文献》整理的疑伪经就有 10 余种。甚至有些疑伪经，从古到今一直在民间流传，具有顽强的生命力。这是一个值得我们注意并加以研究的现象。

但敦煌遗书《佛说孝顺子修行成佛经》的发现为我们研究传统的疑伪经提供了新的思路。该经又名《孝顺子应变破恶业修行经》《银蹄金角㸿子经》，最早见录于隋仁寿二年（602）所撰《众经目录》卷四，译者不详，被判为疑伪经，但《众经目录》没有说明著录该经的出处与判伪的理由。其后历代经录都因循了《众经目录》的著录，故该经从此未为历代大藏经所收，最终亡佚。幸好在国图所藏敦煌遗书中发现该经一号残卷，首残尾存。其后又在俄国发现该经的两个残片，可缀接，

---

① 《开元释教录》卷一八，《大正藏》第 55 册，第 671 页中。
② 《开元释教录》卷一八，《大正藏》第 55 册，第 672 页上。

恰属该遗书首部。虽然全经依然不完整，但增加了新的研究资料。

经考察，该经虽被《众经目录》判为伪经，但其表述的思想是纯印度式的，文字的组织结构也是纯印度式的。更主要的是，由于当时印度密教尚未传入中国，故文中表述的"即身成佛"思想，中国人编造不出来。故该经实属印度佛典，应为印度佛教密教初期所出现的佛本生故事。但是，经文中却夹杂了中国的俚语，如"女外向，千里从夫"，这自然让人怀疑这部经典的身份。

我认为，由于在隋以前的经录中并无关于此经的著录，因此，很可能该经并非从正规译场译出。翻译时，助译的中国人水平不高，还在译文加入若干自己的发挥，诸如"女外向，千里从夫"之类。且译文大抵为口语，质胜于文。如此种种，难免使该经被人们质疑。这部经典后来传到高丽，又回传中国，甚至影响到《三侠五义》的创作。①

该经的发现对研究传统的"疑伪经"开拓了新的思路，为研究印度佛教与本生故事提供了新的资料。

思考与练习题

1. 汉文佛教典籍大体分几类？利用汉文佛教典籍应注意什么？
2. 试着确定一个题目，然后到汉文佛教典籍中搜寻自己需要的资料。

---

① 关于该经的研究，参见方广锠《〈佛说孝顺子修行成佛经〉的资料与研究——印度、中国、朝鲜文化交流之一例》，载《疑伪经研究与文化汇流》，广西师范大学出版社，2018。

第五章　佛教经录

导　言

佛教经典的目录，传统简称为"经录"。如前所述，佛教的组成因素有三个，亦即佛、法、僧三宝。佛教经典作为法宝的代表与体现，受到信徒们的高度重视。围绕着佛教经典乃至佛教经录，出现了各种各样的宗教活动。研究佛经经典、研究由经典组成的大藏经及其形成发展史、研究围绕经典进行的种种宗教活动，也就成为当今佛教研究的重要内容。而经录就是展开这些研究的最基本的资料。因此，经录绝非单纯的关于佛经典籍的书单子，它是佛教传播的集中反映，从中可以窥见佛教思想的流传、佛教势力的消长、佛教宗派的兴衰、地区群众的信仰、佛教经典的来源以及其他许多问题。长期以来，很多研究者从事佛经经录的研究，从而出现所谓"经录学"，成为佛教文献学的重要组成部分。

限于篇幅，本章主要介绍从东晋南北朝到唐代的几部重要的经录。唐以后，除了宋代几部经录外，随着大藏经的规范化，我国的经录主要向藏经录与举要转读录的方向发展，关于这些经录，介绍从略。

第一节　中国传统目录学与汉文佛教目录学

中华民族是有着高度文明自觉的民族。此处所谓的"高度文明自觉"，指中华民族对自己创造的文明有着正面的价值判定，并努力采用一切方式，力图使自己的文明传承下去。而传承文明，文献是最好的方式之一。

中华民族有着深厚文化积淀，从来就有着十分强烈的历史感。这种文化积淀与历史感，表现在许多方面，其中一个突出的表现形式，就是自古以来宫廷中就设有史官，撮记国家大事，并由这些史官或其他专职人员对历朝历代的典籍进行收集与整理，包括征集、校勘、编目、撰写提要、收藏等。这形成一种文化的氛围，一种社会背景。中国佛教僧人在这种氛围中活动，不可能不受影响。所以，要讲中国的汉文佛教文献学，讲中国古代僧人对佛教文献的整理，离不开中国的这种文化传统，离不开中国传统的文献学。正是在这种文化传统、传统文献学的影响下，佛教传入后不久，我国僧人便开始从事佛教典籍的收集、整理、鉴别、分类、著录。其后，这一工作越来越得到人们的重视，从而编撰出一大批佛典目录。

关于这一点，我们可以与古代印度做一个比较。虽然说由于留下来的资料太少，我们现在对古代印度佛教文献学的情况不是很清楚，但起码有一点，古代印度从来没有出现过标准的、总赅一切佛教典籍的大藏经，没有出现过体系严密的、著录了全部印度佛教典籍的，或者著录了大部分印度佛教典籍的综合性经录。这一点，我们从众多赴印度求法的僧人的记载中看得非常清楚。如果追究其原因，我认为这主要是两个国家的历史经历不同，社会结构不同，文化背景不同。归根结底，是因为两个国家的思维模式不同。

中国佛教文献学在中国文化的背景下产生，受到传统文献学很大的影响。我们甚至可以说，没有中国传统文献学，就不会有中国佛教文献学。但另一个方面，我们也要说，佛教文献学产生后，成为中国传统文献学的一个有机组成部分，也极大地丰富了中国传统文献学的内涵，为传统文献学的发展，做出了极大的贡献。所以，要系统地学习佛教文献学，必须学习我国的传统文献学。要学习好我国的传统文献学，也少不了佛教文献学。

所以，我们既要把汉文佛教文献学放在中国佛教的发展史上来考察，也要把它放在中国传统文献学的发展史上来考察。首先要研究为什么会有汉文的佛教文献学产生，研究促使它产生的诸种条件，诸种条件的相互关系以及在汉文佛教文献学产生过程中发挥的不同作用。如前所述，在这里，我们特别要注意中国传统文献学这一深厚的文化背景。其次要研究汉文佛教文献学与我国传统文献学有什么不同。它吸收了中国传统文献学哪些优秀的成分，又有哪些新的贡献。同样，研究中国传统的文献学，也要注意同时代乃至前此汉文佛教文献学的表现形态及其创新。在古代，特别是宋以前，与佛教在中国的意识形态领域占据重要地位相应，汉文佛教文献学也成为中国文献学的一大高峰。我们可以毫不夸张地说，当时佛教目录学的水平要远远高于同时代的儒家目录学。因此，如果抛开汉文佛教文献学，中国传统的文献学就是残缺不全的。

以前人们对汉文佛教文献学与中国传统文献学的关系研究得比较少。由于儒家思想的影响，也由于中国古代图书庋藏制度的影响，古代曾经有把汉文佛教文献学排除在中国传统文献学之外的倾向。近代以来不少学者认识到这个问题，开始把汉文佛教文献学纳入中国传统文献学，并开始进行研究。但也有一些学者仍然受传统思想的影响，至今把汉文佛教文献学放在传统的文献学之外。所以，在摆正传统文献学与汉文佛教文献学的相互关系方面，还有大量的工作要做。

进行学术研究，首先要把握大局。亦既要见木，必须先见林。只有把握了大局，才能更好地把握研究对象的实际地位。我们论述汉文佛教目录及经录学，也必须从整个中国目录学的大背景上来理解它与把握它。

中国目录学源远流长。从历史上看，目录学的产生，首先就在于有了大量的文献。因为有了大量的文献，就必须要用目录来著录，以便于管理与检索。既然要对文献编目，自然产生出这样的问题：什么样的目录才能够完整、正确地反映文献本身的各项要素，才能更加便于人们使用与管理。于是就有了对目录的研究，也就是目录学。由此，目录产生在前，目录学产生在后。目录的产生与发展，制约了目录学的产生与发展。

目录产生的前提是大量文献的出现。在中国，什么时候才开始出现大量的文献？现在看来应算甲骨文。虽说现知最早的文字是半坡的、陶山的刻符，但那时是否已经形成文献？文献数量有多少？是否已经有目录？目前都没有确切的资料，自然也就没有纳入目录学研究的范围。中国目前出土的甲骨文数量已经达好几万，没有出土的还不知道有多少，古代曾经以甲骨文形态存在的文献的数量，一定相当可观。本书已经介绍，我们现在知道的甲骨文是殷商的，在《尚书》里有记载："惟殷先人，有册有典。"这个"册"就是简策，就是木牍，用竹子或木头做成；有人说，"典"就是乌龟壳，即指甲骨。册，时间长了就会烂，难以保存。典，在殷墟大量地被挖掘出来。根据发掘报告看，殷墟的典是一窝一窝地收藏的，而且非常有意思的是每个小窝里的甲骨堆为一堆，那一堆甲骨基本上是一个王的。甲骨是用来算卦的，一个王的甲骨集中放在一个小窝里，另一个王的放在另一个窝里，大部分都是如此存放。当然，也有少数的窝中的甲骨是乱的，各个王的都有。因此，从它存放的总体态势看，应该承认它有一个分类。其分类法是按照时代、君王来分。当然，也有另一种可能，就是形成目前这种状态，不是后人有意的分类，而是自然形成的。因为甲骨都是算卦的，当时用完了就存放起来，以备将来复检。这样逐步堆放起来，形成现在这种状态。上述两种可能性，哪种都不好排除，需要研究。

不少甲骨的上刻有一些符号，有的先生（比如王重民先生）认为这个符号就是分类的记号。如果这种观点得到证实，那么殷商时代就有文献分类，就可能有文献目录。我国的传统文献学就可以一直追溯到那个时代。但也有的先生提出不同的意见，认为这些符号不是分类的记号，甲骨即龟甲与牛骨，使用前都需要事先制备。制备前要把龟拿来杀掉，或把牛的骨头取下来，事先刮一下，所以这些刻画的符号，是制备甲骨的时候留下的，制备好以后，就一块块把它们放起来，以备后用。所以，这些符号是在制备的过程中刻上去的，不是对甲骨内容的记录。我不是专门研究甲骨的，没有这方面的知识，难以判断上述两种观点何者正确。总之，甲骨时代的文献是不是有分类，这话不好说，还要研究。但不管怎么样，那个时候的文献数量已经不少，甲骨已经大量地出现。

还有，因为一个甲骨上写不了多少字，比如在《尚书》中留下来的一些资料，前面提到，《盘庚》是搬家时候的告示，文字很长，不是几个甲骨能刻下来的。前面提到"惟殷先人，有册有典"，也就是说除了甲骨之外，还有册。册就可以写下很多文字。遗憾的是商代的策，一个也没有被发现。不管怎样，可以肯定的是，那个时候已经有了记录在"册"上的文献，且数量不少。从一般道理上讲，这么多文献，自然需要有人来整理，否则难以利用。但是，由于现在还没有资料证明当时真的已经有人专门从事文献的整理，编纂目录，所以，我们也谨慎一点，暂时不做结论。无论如何，到了周代，文献就更多了。周的王室就专门设置了一个官职，叫"太史公"，专门管理典籍，相当于国家图书馆馆长。老子就曾经担任过这一职务。周室分封诸侯，各个诸侯王也都设置专门的人员来管理典籍。由于当时的典籍数量较多，没有一个目录，难以管理这些典籍。所以，说目录在周朝已经产生，应该说可能性比较大。到了春秋时期，孔子曾经整理六经，亦即整理文献。也就是说，最迟到孔子时代，我国的有关史料就已经有了非常明确的对文献进行整理的记录，自然也有了目录。

对后世影响较大的，还有西汉末年刘向、刘歆父子整理图书。当时的情况是皇家收集的图书非常多，都堆在那儿。于是皇帝下令，命刘向去做整理。据说刘向的整理工作相当细致。由于当时同一个文献有着不同的抄本，不同的抄本文字互有参差，所以刘向首先对文献进行校对。

当时把校对叫作"校雠"，所谓"校"，指该文献只有一个本子，那就由一个人单独工作，一个字一个字地往下读，看有没有什么错误，有错的话标示出来，予以修订，这称作"校"。"雠"，是指该文献有好几个本子。校对的时候就不是一个人，至少有两个人对面相坐，一个人拿着本子念，一个人就核对另一个本子上的文字，看有无差讹。由于两人面对面，像仇人相对，所以叫"雠"。现在我们称"校对"，这个"对"字就是从"雠"字演化来的。"对"，佛经中有时称"怨怼"，指冤家对头。我认为，"雠"之如仇人相对，表达的不仅仅是参与这一工作的两人相对而坐这种样态，还表达了互相不放过对方任何一点错误、疑点的意思。人们在汉魏两晋的墓葬中发现了一些校雠俑，生动地体现了当时校雠时，两人如仇人相对的情状。

刘向当时的工作，首先是校雠，然后把校雠好的文献抄清为定本，接着把这个文献编入目录。在目录中，他对每一篇文章、每一部典籍都写了一个叙录。这个叙录相当于我们现在的题解。内容包括篇目、作者，有时候还对作者做一点简单的评论。但叙录着重写的是在校雠时发现这个文献有什么问题，诸如有脱文、有错乱，还有在内容方面对这个文献进行评价。叙录这种文体在刘向之前是没有的，这是刘向的首创。

刘向校书有他的学术背景，那就是汉初开始的"罢黜百家，独尊儒术"。再就是西汉宣帝之后，主流文化自觉地王道、霸道杂用。刘向就是在这样的背景下，对过去的文献做一个全面的梳理与总结。无疑，这对指导当时人们读书，让后人了解当时有些什么著作，都很有价值。刘向的这部著作，后来编起来，叫作"七略"。为什么叫"七略"？因为他把收集的所有著作分为六类，这六类就叫作"六略"，然后又写一个"辑略"。辑略是对"为什么要分为六略"的说明，这样合起来就叫作"七略"。

遗憾的是，刘向的这个工作，终他一生没有能够做完。幸运的是，他去世后，他儿子刘歆继承了这一事业。《七略》的基本工作是刘向做的，但最终由刘歆编辑完成。刘向、刘歆是西汉末年的人，刘向逝于公元前6年，还曾经当过首都一带的水利官，但主要的成就是整理典籍文献。刘歆则生活于王莽篡汉的时代，政治上比较坎坷，这与本书的主题无关，不予涉及。可惜这部《七略》其后亡佚。不过由于班固撰写《汉书·艺文志》时，把该书几乎全部引入，就好比僧祐的《出三藏记集》引用道安的《综理众经目录》一样。不过僧祐是把道安的《综理众经目录》整块整块地往《出三藏记集》中搬，而班固是把刘向的《七略》打散了之后引进《汉书·艺文志》中。所以，现在我们可以比较容易地依据《出三藏记集》基本复原《综理众经目录》，但很难从《汉书·艺文志》中复原《七略》。虽则如此，今天我们依然可以在《汉书·艺文志》中看到《七略》的主要内容，包括《辑略》里的若干原文。

《七略》是我们国家第一部完整地、系统地整理图书的一个目录。并且，这一工作对后代的影响很大，当时我们国家的书籍，主要藏在官方，像《七略》就是官方目录。古代私人也有藏书的。有些私人——主要是王公贵族——藏书量也相当可观，遗憾的是没有目录留存。民间藏书情况，不很清楚。

到了东汉，书籍更多了，据说比西汉时的书籍要多出三倍以上，分别藏在全国各地。当时也编了几个目录，这些目录基本上只著录书名，即见书就记个名字。东汉的私人藏书也比较丰富，甚至出现书籍买卖。比如王充，因为贫穷买不起书，就到卖书的书摊上看书。由此积累了丰富的知识，撰写出《论衡》，成为一个著名的学者。东汉末年，尤其是董卓之乱，朝廷从洛阳迁都到长安，官方藏书由此散失，这是非常可惜的。陈登原所撰《古今典籍聚散考》[①] 专门研究中国书籍聚与散的历史及其原因，相当有价值。

到了三国，局势稍微稳定，这时曹魏又编了一部皇家目录，名叫《魏中经簿》，

_____

① 《古今典籍聚散考》，1936年由上海商务印书馆出版，1983年上海书店重印。

可惜也没有能够留存下来。据今人研究，《魏中经簿》也仅简单著录图书的名称而已。

到了两晋，尤其是西晋，又编了一部目录，名叫《晋中经簿》，据说这是相当好的一部目录，收录的典籍有几种说法：一种说它收了两万九千多卷，另一种说它收了两万七千多卷。而《七略》收书一万三千多卷，亦即《晋中经簿》收入的典籍超过《七略》一倍，且有比较好的分类。遗憾的是，该书也没有留存下来。据记载，该书直到唐朝还在，很多人写文章都参考它、引用它。它与佛教也有关。我们说，最早翻译为汉文的佛经是《浮屠经》，就是因为有记载说《晋中经簿》里有关于《浮屠经》的著录。所以汤用彤先生有一个推测：《晋中经簿》的记载可能就是从《魏中经簿》里来的，因为《晋中经簿》继承了《魏中经簿》。既然《晋中经簿》还记载这部经，那么《浮屠经》很可能亡佚于东晋、西晋之乱，五胡十六国之时。也就是说，由于《魏中经簿》《晋中经簿》都是皇家藏书目录，比较可靠，所以学术界主张《浮屠经》才是我国最早翻译的佛经。

到了南北朝以后，比较重要的目录叫《七志》，是南朝宋、齐时人王俭撰写的。这里需要指出，从东汉刘向到《晋中经簿》，中国目录学家在图书整理的方法上，随着时代的不同、条件的不同而有所变化。刘向的工作首先是校，校完之后再编目录，校书和编目是两种工作，他一人承担。但后代不同，如《晋中经簿》等就是编目，没有涉及校书。方法不同，结果自然不同。此外，这里还涉及一个重要问题：如编目录就要收集典籍，那收书的标准是什么？像刘向《七略》所载完全是皇家图书馆的书。他是先看到书，然后校对，最后编写叙录，有一本编一本。后来班固撰写《汉书·艺文志》，把刘向著录的书籍全都收入。班固之后，袁宏也写了一部《后汉书》，其中也有《艺文志》。不少汉代的书，后来亡佚了，但有些书在《魏中经簿》《晋中经簿》里有记载，于是袁宏就把《魏中经簿》《晋中经簿》里记载的汉代的书籍收入自己的《艺文志》。由此，编纂目录就有了两种方式：一种是见到书，才逐一著录；一种是抄录前人的目录，予以著录。两种方法的结果显然不同。

后来，佛教僧人编纂经录也同样仿照上述两种方法。第二种方法受到人们的批评：因为如果见到前人著录就收入目录，那这部经典当时到底是否存在？显然很难保证一定存在。那这个经录就未必能够起到导人阅览的作用。

上述两种方式各有优劣。见到书以后才予以著录，且不说著录是否完全精当无误，起码可以给读者一个明确的信息：这本书在著录者的时代尚存于世。未见到书，仅依据其他目录把该书著录下来，好歹也给读者一个参考信息：亦即以前可能存在过这样一本书。当然，以见到原书为标准来著录，著录的准确率会比较高，毕竟是照着原书，亦即第一手资料著录的。而没有见到原书，仅抄录其他目录对该书的记载，准确率恐怕就会有问题。因为毕竟是第二手资料，既不能保证原目录的作者著录无误，也不能保证该目录在传抄过程中完全不走样。上述问题是当时，也是后代编纂经录者都会遇到的问题，如何兴利除弊，就看后代编目者的鉴别能力与工作的认真程度。

此外，编纂经录还存在如下问题：比如刘向的工作包括校书、抄清、编目三项。由此，他把握了所编书籍的全部内容，所以编纂的目录水平相对较高。后来有的人仅是编目，就是记录一下书名、作者等，亦即所谓"书皮之学"。这与刘向的工作显然不可比拟。古代佛教典籍编目的情况大体相同，甚至直到现代，依然如此。有的人是把所编的佛典找来认真校对、阅读，然后编纂目录或提要。有的则是搜集各种目录，然后把那些目录抄一遍。用这两种方式编出来的目录，水平与价值自然不同。当然，此处还要强调，后者有后者的功用。毕竟每个人的环境不同、条件不同，并非每个人都能够收集到各种各样的佛典目录。因此，汇集各种目录编成的书，只要工作态度是认真的，汇编过程中不要误抄原书，依然有很大的参考价值。起码把诸目录汇集到一起，省去读者寻觅之劳，就是功德无量。

如前所说，王俭编的《七志》最早著录佛教典籍。《七志》基本上仿造《七略》编成，但与《七略》有两点不同：第一，它在最后附了释、道典籍。以前的中国传统目录，如刘向的《七略》已经收入道家，甚至如神仙、房中都有，但没有著录佛教典籍。王俭《七志》则正式把佛教典籍列入中国传统目录。这说明佛教在社会上、在意识形态里、在文化上都已经是一种不容忽视的巨大力量，所以士大夫们也已经开始注意它，这是值得重视的现象。第二，《七志》在每一本书后面，除了叙录之外，还附有作者小传。咱们现在看佛教经录里的"代录"都有作者的小传，就是继承了《七志》的这个传统。在《七志》之前，中国传统目录没有这些内容，我们看道安的《综理众经目录》，就没有作者小传，道安只是继承了《魏中经薄》《晋中经薄》的传统。可惜《七志》后来也亡佚了。

到了南朝齐梁之间，阮孝绪撰写了一部《七录》，《七录》也在书中附了佛教和道教。《七录》有个序，现在还保存在《广弘明集》中，序中特别解释了为什么收录佛典的原因，可以参看。可惜《七录》本身后来也亡佚了。

再向下，传统目录学最重要的就是《隋书·经籍志》。《隋书·经籍志》是唐太宗的时候编的，反映了唐初人的观点。《隋书·经籍志》特意将佛教、道教列为专章，这都说明当时佛教已经非常的兴盛，在社会上已是一种不容忽视的重大文化存在。所以说，从南北朝一直到唐初，在编传统官方目录的时候，都给佛教目录一定的地位，这反映了当时佛教在社会上和在文化中的地位。

再到后来的《旧唐书》的《经籍志》和《新唐书》的《艺文志》按照儒家"经、史、子、集"等四部体系来编集全部图书，它们都收录佛教典籍，但都没有为佛教典籍设立专章，而是放在子部中，并特意设了一个"释家类"。就是把佛教仅作为诸子百家中的一家。这是与"会昌废佛"以后佛教衰落，而当时儒家势力越来越强大相一致的。以后，在官方的目录中，佛教再也没有占据独立的地位，这与佛教在整个社会上的地位也是一致的。所以说佛教目录不是一个简单的目录，目录本身也反映了佛教势力的消长。自《隋书》之后，佛教目录再也没有恢复过它在官方目录中的独立地位，这与佛教在社会上发展停滞，在意识形态领域中，地位越来越低也是一致的。

需要说明的还有：两唐书之后的官方目录，虽然在"子部"设立了"释迦类"，在"释迦类"里面著录了佛教的典籍，但是从总体看，其著录没有什么规律可言，完全是采访者性之所好、目光所及，采访到什么就著录什么。如果说有什么规律，那就是不著录大藏经、基本上不著录翻译典籍，仅著录中国人自己撰写的佛教著作。

从宋代开始，私家目录兴起，私家目录按照作者对佛教观感的不同，对佛典的著录也不同。当然，我们不能说宋以前没有私家目录，只是它们没有流传下来；或者至今秘藏某处，有待我们的发现。

应该说，私家目录的兴起，与印刷术相关。随着印刷术的普及，刻本书籍成为主流，我国的书籍越来越普及，文化也越来越普及。在藏书方面，除了官家藏书之外，私人藏书也越来越普及。当然唐朝以前已有私人藏书，但以前私人藏书的目录流传下来的很少。此后，除了官方目录，很多文人开始大量编写私人藏书目录。此时，官方目录学水平反而停滞，私人的目录学大兴。比如宋代有名的《郡斋读书志》（晁公武撰），这就是现在我们研究宋代目录学的重要资料。不过，私人藏书目录的形态因人而异，往往以"读书志"的形态，以个人的藏书为主，对每一部书都做一个提要。个人藏书毕竟要受到诸多条件的限制，如《隋书·经籍志》对佛教的藏经和非藏经都著录。其中就包括了一部智果在内道场修造的大藏经，记录了这部大藏经的分类、一共收录了多少经。而后代的私人藏书目录主要著录中国人的著作，偶然也著录了几部翻译的经典，并且它著录佛教典籍时显然不考虑这些典籍在整个佛教典籍体系中的地位，纯粹是家中有什么经书就著录什么。如著录完《四十二章经》，接着著录《华严论》《圆觉经疏》《六祖解心经》等，不管多少，凡是佛教的就放在一块，不考虑它们的体系结构，反正都是他家收藏的。又如近代著名藏书家傅增湘的《藏园群书题记》，他把自己的藏书、自己看过的书，逐一写个题记。由于他没有收藏大藏经，也没有通读大藏经，所以这书里面就不可能有大藏。再如著名藏书家李盛铎的藏书记集《木樨轩藏书题记及书录》，这里面就是他自己收到的书，他的题记中有大量是从版本的角度来讲的，比如这个书是多少卷本，是什么时候刻的，什么时候印的，等等。都是大量的书皮之学。既不涉及书的内容，也不讲版本的优劣。当然，书皮之学也不是一点用也没有，起码告诉我们当时有些什么样的书籍在流通，这些书分别属于什么版本。

从清代开始，学者做学问特别讲究目录学。所以清代的目录学非常兴盛，目录著作非常之多。南开大学来新夏先生曾撰写一本专门介绍清代目录的书，名叫《清代目录提要》，值得参考。

所以，学习佛教目录学，要注意传统目录学的总体发展水平，另外还要看佛教在当时的地位，通过比较，再考察佛教目录学和传统目录学的关系。比如，南北朝时期，中国的文人已经重视佛教目录，可见当时佛教在社会上的地位之重要。但后来，比如清朝编纂《四库全书》，所收佛教的典籍非常少。不少大学问家，看过的佛教典籍也不多。典型的如晚清张之洞撰写的《书目答问》，这本来是开给年轻人看的必读书目，且作为读书的门径，介绍看什么书，应该利用哪一种版本。他这本《书目答问》里面开列的佛教著作，只有《弘明集》《广弘明集》《佛国记》《大唐西域记》《高僧传》《法苑珠林》《五灯会元》《开元释教录》《翻译名义集》，总共九部。也就是说，在他看来，想要了解佛教，只要看这九部书就足够了。在三百多页的《书目答问》中，佛教的书目仅占了两页。这说明此时社会对佛教的观感，特别是读书人对佛教的看法。由此可以看出到了晚清，佛教的确是衰落至极。所以任继愈先生说，目录学不是一个简单的书单子，从中可以看出来宗派的、势力的、思想的兴衰消长等情况，这也是学习佛教目录学要注意的一点。

第二节 佛教目录学研究史略

一 古代的佛教目录学研究

本节介绍佛教目录学史，主要不是讲佛教目录本身发展的历史，而是讲人们对它的研究的历史。

目录的出现是根据现实的需要。而对已经出现的目录进行研究，把它作为一个对象来评判其优劣得失，以供将来编纂目录的借鉴，同样是一件重要的工作。这样的工作，目前很多专门研究目录学的先生都在做，各大学凡是设立"图书馆学"专业的就有这样的课程。因为我们的工作都不是白手起家，都是站在前人的基础上来做，所以需要对前人的工作有所了解，有所总结。

应该说，这一工作，古人已经在做。比如《出三藏记集》就提到道安的《综理众经目录》如何优秀，这种评价就是僧祐研究《综理众经目录》以后的结果。再如在《历代三宝纪》中，费长房把他下功夫搜集到的各种经录的章节目录罗列出来，并予以评论。后人可以不赞同他评论中的一些观点，但应该充分肯定他搜集历代经录、为后人提供资料的功绩，特别是现在这些经录绝大多数已经亡佚，我们只有凭借费长房的著录才能对它们有所了解。此外，我们不能否认费长房的确对历代经录

汉文佛教文献学概论

做了认真的研究，这一点也清楚地反映在他的《历代三宝纪》中。再如在《开元释教录》里，智昇对道安《综理众经目录》、对《出三藏记集》、对《历代三宝纪》、对《大唐内典录》、对《大周刊定众经目录》都有评价，这些评价就是智昇对这些经录研究的结果。但需要指出的是，古人的这些研究虽然都是有针对性的，不少研究非常精当，值得我们认真学习与总结，但从总体看，当时对经录的研究还比较零碎，没有成为一种"系统"，也就没有成为一种"学"。

当时的研究者基本都是提到某部经录的某些问题时谈两句自己的心得或评价，没有系统性地进行研究。如《大唐内典录》对《历代三宝纪》这样评价：

《开皇三宝录》，一十五卷。

右一部，翻经学士成都费长房所撰。房本出家，周废僧侣。及隋兴复，仍习白衣。时预参传，笔受词义。以历代群录，多唯编经，至于佛僧，纪述盖寡，乃撰《三宝》。履历帝年，始自周庄、鲁庄，至于开皇末岁。首列甲子，傍列众经。翻译时代，附见纶综。今所集录，据而本之。至于入藏，瓦玉相谬。得在繁富，失在核通。非无凭准，未可偏削。①

在上面这段文字中，道宣对《历代三宝纪》有批评，有肯定。并特意提到："得在繁富，失在核通。非无凭准，未可偏削。"智昇的《开元释教录》对《历代三宝纪》也有评价，两个评价大不一样。智昇是这样讲的：

《开皇三宝录》，总目一卷。（《内典录》云：《房录》所出经律论传，总二千一百四十六部，六千二百三十五卷。非入藏数，算得七十四部，三十七卷。与《内典》不同）。

右兼《总目》，共成一十五卷。（其第十三、十四，大小乘入藏目录，合一千七十六部，二千三百二十五卷。《房录》本数，三千三百九十二卷者，计数错也。）

《内典录》云：房所撰者，入藏之中，瓦玉相谬。得在繁富，未可核通。非无凭准，未可偏削。（撰录者曰：余检长房入藏录中，事实杂谬。其阙本、疑伪，皆编入藏。窃为不可。又如大乘录中，《贤劫经》《贤劫三昧经》，此是一经两名，今存二部，一误。"须菩提品"及"长安品"，此并般若钞之异名，今别存两部，二误。《须真天子经》《须真天子问四事经》，亦一经两名，重载二部，三误。《象步经》即《无所希望经》异名，二名各存，四误。《菩提无行

---
① 《大唐内典录》卷五，《大正藏》第55册，第279页下。

·130·

经》即《文殊问菩提经》异名，存其二本，五误。以僧佉外道论入大乘中，六误。小乘录中《达摩多罗禅经》与《不净观经》总是一经，其"不净观"约法为名，达摩多罗就人立称，二部俱存，七误。《十诵律》六十一卷，《十诵律》五十九卷，二本不殊，其六十一卷者，卑摩罗叉、伽毗尼序，置之于后，余并无异，今云重译，二本俱存，八误。《律二十二》在于律中，《明了论》在于论录，一题分二，九误。其《律二十二》乃是《明了论》之半题，今存《律二十二》卷，误中重误也。《众事分阿毗昙论》，代录之中即言宋朝求那跋陀罗共菩提耶舍译，入藏之内则言失源，前后差违，十误。余者在录，不能繁叙。)①

在智昇上述评述中，《历代三宝纪》几乎全是错讹，一无是处。智昇对《历代三宝纪》的评价在道宣《大唐内典录》之后，且《开元释教录》引用了《大唐内典录》的有关评价，但依然对《历代三宝纪》做出如此严苛的批评。两者比较，对《历代三宝纪》评价差距如此之大，其原因何在，值得研究。我本人在科研实践中有时遇到这种情况：敦煌遗书中发现的某一资料，除了《历代三宝纪》外，其他经录一概失载；再进一步考订，发现《历代三宝纪》的著录是可信的。所以，比较而言，还是道宣"得在繁富，失在核通。非无凭准，未可偏削"的评论较为客观。《历代三宝纪》固然有不少错讹的地方，但在中国佛教文献学史上，依然是一部不可忽视的重要经录。当然，使用的时候要注意考订。其实，无论什么原始资料，使用时都要经过自己的考订。

二　近现代的佛教目录学研究

应该说，真正把佛教经录作为一个学术研究的对象进行研究，是近代才开始。

最早用近代学术理念对经录进行研究的是梁启超。1925 年，梁启超曾经撰写过一篇《佛家经录在中国目录学之位置》，该文于 1926 年发表在《图书馆学季刊》第一卷第一期。黄夏年先生主编的《近现代著名学者佛学文集》中有《梁启超集》②一册，收入了这篇文章。梁启超是一个大政治家，也是一个大学问家，清华四大导师之一。他的不少学术论文均有较高的水准，值得我们注意。梁启超所以写这篇文章，是因为当时大家都认识到：要做学问，目录是一个门径，可以给研究者引路。如果没有目录学的基本知识，就很难把学问做好。同样，要想学习佛教典籍，必须粗通佛教经录。

梁启超这篇文章分两个部分：第一部分是把《历代三宝纪》里的一些经录罗列

---

① 《开元释教录》卷十，《大正藏》第 55 册，第 576 页中至下。
② 《梁启超集》，中国社会科学出版社，1995。另有若干丛书收入此文，为避文繁，不一一介绍。

出来；第二部分是把保留到现在的经录也罗列出来。列完之后，他对这些经录做了一个简单的解释，然后着重介绍了这些经录对藏经是怎样分类的。这篇文章把佛教经录作为一个研究对象正式提出来，这是他这篇文章的价值之所在。这篇文章自然也有它的不足，即有些地方叙述比较粗糙。且梁启超虽然把他的这篇文章命名为《佛家经录在中国目录学之位置》，亦即提出了佛经目录在中国目录学中的地位问题，但他在文章中并没有解答这个问题。也就是说：以前人们一提到文献学，仅仅指向传统的四部书文献学，梁启超则提出需要关注"佛教经录"这一重大问题。不管怎么样，他的这篇文章是采用近代学术理念与方法研究佛教经录的开山之作，具有无可撼动的地位。当然，既然是开山之作，必然会有若干局限。我们今天的文章，在后人看来，也会有局限。后人会纠正我们的局限，学术由此发展。

在中国，近代学术兴起以来，从事中国传统目录学研究的人可以分为两类：一类注意到佛、道教等宗教目录的重要性；一类完全走老路，只讲"经史子集"四部书目录。

如前所述，梁启超第一个认识到必须把佛教经录研究纳入中国传统目录学，全面评价佛教经录在中国目录学中的位置，中国的目录学才是完整的。但在中国，真正开始把佛教目录学当成一个课题进行认真研究的是《中国目录学史》① 的作者姚名达先生。姚名达先生在他的《中国目录学史》中，除了考述中国传统目录外，专门列了《宗教目录篇》。在《宗教目录篇》中，也提到天主教、基督教、道教等其他一些宗教的典籍目录，但浓墨重彩地予以叙述的是佛教经录。所以姚名达先生是第一个从现代学术的意义上对梁启超提出的佛教目录学问题开展全面研究，并发表了显著成果的研究者。王重民先生的《中国目录学史论丛》也有一个章节专门论述佛教目录学。苏晋仁先生的《佛教文化与历史》、来新夏与徐建华先生主编的《古典目录学研究》都用了一定的篇幅来论述佛教经录。至于陈垣先生撰写的《中国佛教史籍概论》、陈士强先生撰写的《佛典精解》② 本身就是佛教文献学的专著。

还有一类则以近些年出版的某些论述中国古文献学的著作为代表，虽然是近年新出版的书，但依然站在传统的儒家的立场，谈中国古文献，根本不提佛教，亦即没有把佛教文献放在研究的视野中，好像佛教文献不属于中国古文献。这里涉及一种思想方式，我称之为"四部书文化范式"。应该说，这种思想方式目前在中国高校的图书馆学系、中国图书馆的古籍管理中还有一定的影响。故我曾发表文章《应进一步重视对宗教古籍的保护》③，希望能改变这一风气。

---

① 《中国目录学史》，1936 年初版。其后多次重印。目前流通版本为"世纪文库"本，上海古籍出版社，2005。

② 后改名为《大藏经总目提要·文史藏》，参见第七章"实用佛教文献学"的有关论述。

③ 《应进一步重视对宗教古籍的保护》，载《光明日报》2007 年 9 月 8 日第五版。

但也应该说明，从总体看，能够正确理解中国文化的人越来越多，在文献目录学领域（含港台），重视佛教经录的学者也越来越多。现在的文献目录学著作，大抵都把宗教的目录当作中国传统目录的一个重要组成部分，专门设一个章节来进行讨论，这说明大家已经重视它了。当然，也应该看到，佛教文献学、佛教目录学博大精深，我们目前对它们的研究还很肤浅，还需要继续努力。

需要指出的是，在汉传佛教圈中，日本学者关于佛教文献学、经录的研究成果比较多，在此限于篇幅，无法列举。在西方国家，近年来对汉文佛典的研究也越来越被研究者关注。所以，我们在从事相关研究时，一定要注意国外学者的研究动态。

第三节　古佚经录简介

如前所述，以"伊存授经"为标志，佛教于两汉之际传入我国中原地区。其后，随着西域僧人来华的增加，佛经的翻译也逐渐兴盛起来。据不完全统计，东汉时已经译出各种佛典292部，395卷。三国时又译出201部，435卷。① 待到两晋南北朝，译出的佛典更是成倍增长，总数至少已有三四千卷。

现实存在这么多的经典，中国文化又是一种具有高度历史观念的文化，自然有人为这些佛教典籍进行编目。那么，早期到底曾经出现过哪些经录？

关于这个问题，传统有种种说法，按照《历代三宝纪》卷十五的记载，在费长房以前，共有30家经录面世，其中有6家他亲自收集到、掌握在手，下余24家他也没有看到原书，仅从各种途径知道这些经录曾经流传过。《历代三宝纪》卷十五便把这30家经录全部记载下来。

其中费长房没有收集到经录，但从各种途径知道其名称的有如下24家：

《右（古）录》，一卷。似是秦时释利防等所赍来经目录。
《汉时佛经目录》，一卷。似是伽叶摩腾创译《四十二章经》，因即撰录。
《朱士行汉录》，一卷。魏时。
《旧录》，一卷。似前汉刘向搜集藏书所见经录。
《释道安录》，一卷。秦时。
《聂道真录》，一卷，晋时。
《释僧叡二秦录》，一卷。后秦。
《竺道祖众经录》，四卷：《魏世》《吴世》《晋世杂录》《河西伪录》。

① 此处据《开元释教录》卷一、卷二的载录数统计。三国的译经数中不包括失译经。参见《大正藏》第55册，第477页下、第486页中、第487页中。

《竺法护录》，一卷。晋时。

《支敏度录》，一卷。东晋。又《都录》，一卷。

《释王宗录》，二卷。前齐世。

《释弘充录》，一卷。

《释道慧宋齐录》，一卷。

《释道凭录》，一卷。

《释正度录》，一卷。

《王车骑录》，一卷。

《始兴录》，一卷。

《庐山录》，一卷。

《赵录》，一卷。似是赵时，未见经，致疑姓氏。

《岑号录》，一卷。

《菩提流支录》，一卷。后魏。

《释僧绍华林佛殿录》，四卷。梁天监十四年敕沙门释僧绍撰。

《灵裕法师译经录》，一卷。

《众经都录》，八卷。似是总合诸家，未详作者。

右二十四家录，检传记有目，并未尝见。故列之于后，使传万世。①

由于这些经录已经亡佚，故当时是否真的出现过这些目录，现在自然很难判定。梁启超先生对此持否定态度，批评费长房，说他博识而贪弊，就是贪多而博杂。也有的研究者批评得更严厉，直接指责费长房造假。但我认为费长房还是一个老实人。他花费很大的工夫，收集了很多资料，只是由于客观条件有限，个人能力有限，虽然收集到很多资料，却没有能力对这些资料的真伪做出有说服力的判别。所以，他就把自己收集到的资料统统罗列到《历代三宝纪》中。但费长房在表述时，还是把握了一定的分寸。比如著录 24 家亡佚经录中的第一家《古录》之后，他说："似是秦时释利防等所赍来经目录。"② 用了 "似是" 这样的表述方式，亦即并非完全肯定。不管怎样，起码由于有了他的这条记录，我们现在知道古代曾经有人传说有这个目录。就这一点而言，费长房依然功不可没。

为节省篇幅，下面仅对《历代三宝纪》卷十五提到的年代比较古老的 6 种亡佚经录以及姚名达先生提到的《安世高录》略做考释。

---

① 《历代三宝纪》卷十五，《大正藏》第 49 册，第 127 页中至下。

② 《历代三宝纪》卷十五，《大正藏》第 49 册，第 127 页中。

一 《古录》

费长房说:"似是秦时释利防等所赍来经目录。"但所谓秦始皇时佛教已经传入中国的传说本来就不可凭信,故所谓的"古录"自然也不可相信。但在梁僧祐的《出三藏记集》中曾经四次引用到一个《古录》(为避文繁,出处从略。下同)。

《梵志阁孙经》,一卷。《古录》云:《梵志阁逊经》。
《八吉祥神咒》,一卷。《古录》云:《八吉祥经》。
《幻师飓陀神咒》,一卷。《古录》:《幻王飓陀经》。
《贫女听经蛇啮命终经》,一卷。《古录》:《贫女听经蛇啮命终生天经》。

既然僧祐也引用过一部名叫《古录》的经录,则《古录》很可能并非释利防带来的经录,而是一部佚名已久的早期经录。在《出三藏记集》中,上述四部经典,两部失译,两部为东晋翻译。如果僧祐的记载可靠,则这部经录应当是东晋以后的著作,不可能出于秦朝。当然,也可能费长房所说的"古录"与《出三藏记集》引用的《古录》只是名称相同,实际并非同一部著作。由于资料不足,目前只能存疑。

二 《旧录》

据说是西汉刘向校经时,依据皇家图书馆收藏的佛经所撰写的目录,共著录佛经17部。但我们现在没有证据能够证明西汉刘向时佛教已经传入中国。所以,上述说法也不足凭信。费长房自己也说:"似前汉刘向搜集藏书所见目录"[①],并没有做出肯定的结论。

但我们现在发现,仅《出三藏记集》引用《旧录》就达100多处。远远超出费长房所说的17部。在《出三藏记集》中,僧祐对《旧录》有两种引述法,一为在某经典下注称"《旧录》云",然后引述该经典的异名;一为称"《旧录》所载",然后转载《旧录》著录的典籍。这么看来,当时的确流传一部名叫"《旧录》"的经录。但是,僧祐有时又采用"祐校安公旧录""今依安旧录"云云,可见僧祐有时也把《道安录》称为"旧录"。所以,《出三藏记集》中的"旧录"所指到底是什么经录,看来还需要再研究。

我认为,这里大概有两种可能。

第一,僧祐时代,的确有一部名叫"旧录"的经录在流传。

第二,它并非特指某一部经录,而是意为"前人编纂的老经录"。如果这样,

---

① 《历代三宝纪》卷十五,《大正藏》第49册,第127页下。

它所指可能不是某一部经录，而是若干经录。

《出三藏记集》卷四称："寻大法运流世移，六代撰注群录，独见安公。"① 即僧祐知道，在他之前，曾有人编纂过不少经录。遗憾的是，在僧祐编纂《出三藏记集》时，所能见到的只有《道安录》。但同样在《出三藏记集》卷四，僧祐却又称："祐总集众经，遍阅群录。"② 意为僧祐参阅过不少经录，并非仅是《道安录》。在《出三藏记集》中，僧祐的确引述了《旧录》《别录》。且又有所谓"或云"，及与《旧录》对举的"众录并云"等。所以僧祐的确应是参阅众录，而不是仅看到《道安录》一本。也就是说，号称非常严谨的僧祐，著作中也有这种自相矛盾的地方。所以，此处的《旧录》到底指什么，现在仍无法确认。

从《出三藏记集》所摘引的经典判断，《旧录》所著录的经典，最晚为刘宋文帝时求那跋摩翻译的《菩萨善戒经》。所以，如果上述记录可靠，则所谓《旧录》可能是刘宋时某个僧人所撰。当然，也不排除它是在一个较长的时间内，经过不断增益，逐步形成的。

总之，说西汉刘向时已有一部旧录，这恐怕不可信。至于《出三藏记集》中出现的《旧录》到底是什么，尚需进一步研究。

三 《汉时佛经目录》

《历代三宝纪》卷十五称："似是伽叶摩腾创译《四十二章经》，因即撰录。"③ 亦即是东汉摄摩腾等翻译《四十二章经》时编纂的经录。费长房用的是"似是"这样的表述，亦即他也没有把握，讲话留有余地，没有做最终的结论。不管怎样，这个说法显然也不可信。且不讲《四十二章经》到底是谁翻译的，是哪几个人翻译的，什么时候翻译的，如此等等，都是还没有彻底研究清楚的问题。即使传统的说法完全可信，这部经确实由摄摩腾与竺法兰两人于东汉永平年间翻译，则当时只翻译了这一部佛经。为了这一部佛经，专门编一个目录，从常理上似乎也说不过去。一个只著录了一部经典的目录，能算是目录吗？

历代经录中都没有引用过这个《汉时佛经目录》。

四 《安世高录》

在《中国目录学史》中，姚名达先生对最早的经录到底是哪一部，做了大胆的假设。他说："爰有目录，其创始者，殆即安清。"④ 这一假设的理由何在？姚名达

① 《出三藏记集》卷四，《大正藏》第 55 册，第 21 页下。
② 《出三藏记集》卷四，《大正藏》第 55 册，第 21 页中。
③ 《历代三宝纪》卷十五，《大正藏》第 49 册，第 127 页下。
④ 姚名达：《中国目录学史》，商务印书馆，1998，第 230 页。

先生没有交代。应该说，我们至今没有发现有安世高曾经撰有目录的记载。当然，"殆即安清"这一提法，也说明姚名达先生对自己的这一假设是有保留的。在没有资料予以证实之前，它也只能仅是一种假设。《历代三宝纪》卷十五没有提到这部经录。

五　《朱士行汉录》

据说这是由三国时魏国沙门朱士行编撰的一部经录。

传统认为，朱士行是第一个正式按照佛教仪轨出家为僧的汉族人。他对佛教虔心信仰，下了很深的功夫。为了搞清当时流传的《般若经》的理论，他舍身西行，来到于阗（今新疆和田）求法，并克服种种困难，求觅到《放光般若经》正品梵书胡本十九章。对朱士行是否撰写过经录，费长房是肯定的。在《历代三宝纪》卷十五中，他著录了"朱士行汉录"，并在后面注明"魏时"，语气很肯定。但很多研究者认为费长房的记载不可信，对朱士行是否编纂过经录表示怀疑。

我个人觉得这一记载相对来说可信度较大。此处不是以费长房的记载作依据，因为费长房的记载，很多人不相信，有人甚至主张费长房很善于作伪。既然论辩双方对费长房记载的资料不赞成，那就不能用作论据。我认为，《高僧传》卷四载朱士行志业精粹，出家以后，专务经典。且根据有关资料，到了三国魏，即进入朱士行生活的时代，当时译出的佛经已有四五百部，七八百卷。既然已有这么多的汉译佛经，客观上也需要有一个目录。而朱士行恰恰又是一个专务经典的僧人。那么，无论从现实需要来说，还是从个人条件、个人兴趣来说，朱士行都有可能来编纂经录。

当然，上面所讲只是一种可能。因为对"专务经典"，可以有两种解释：一种是专务各种佛教经典，如果是这样，那么他编纂经录的可能性就非常大。另一种是"专务"般若类的经典，因为后来他去西域求的就是般若经。如果是后一种解释，那么也存在有两种可能：一种是把"专务经典"单纯地与他西行求法相联系，那就可以说这里的"专务经典"是指他当时研究的《小品般若》，由于该经的译本较差，他觉得有些问题没有讲清楚，所以要到西域去求经，并最终求得《放光般若》。另一种是把"专务经典"解释为专务所有的般若类经典。因为当时属于般若类的经典已经不少，他把所有的般若经都研究了之后，仍然感到有些问题没有讲清楚，译本不够好，所以远赴西域去求经。如果这样，他"专务经典"的结果，也有可能是编纂了一个当时已经翻译出来的般若类经典的目录，以供自己赴西域求法之参考。故此处的"专务经典"就出现三种解释：一种，编纂了一个涵盖当时所有经典的目录；一种，编纂了一个关于当时所存的所有般若经的目录；一种，没有编纂过目录，只是对般若类经典感兴趣，专门研究它们而已。就目前我们所掌握的资料来说，三种假设都可以成立。由此，我们现在不能用"专务经典"这一表述，就说他一定如何。学术研究，"说有容易说无难"，下结论时需要留有余地，应该做进一步的考证，然后按照确凿的资料来讲话。所以，现在看来，朱士行编经录是可能的，但要完全证实此事，还缺乏充分的证据。在新材料发现之前，暂且存疑。

六 《竺法护译经录》

《竺法护译经录》指的是西晋著名佛教翻译家"敦煌菩萨"竺法护所译经典的经录。对于这部经录的真伪，学术界也有不同观点。我认为，这部经录虽然已经亡佚，但是如果我们仔细研究传世大藏经中保存的最早的经录——《出三藏记集》，可以发现一个现象：对于早期的各种翻译经典，《出三藏记集》一般均著录得较为简略；但唯独对竺法护的译经，则著录得相当详细，不少经典都有关于翻译年月日的记载。可以想见，《出三藏记集》的这些记载不可能是空穴来风，必然有其依据。因此，逻辑的结论就是当时确实曾有一部经录详细记载了竺法护翻译的经典及其翻译的时间。这很可能就是后代失传的《竺法护译经录》。我们现在还可以根据《出三藏记集》的这些记载，依稀窥见《竺法护译经录》的大致情况。

七 《聂道真录》

此后，又有所谓《聂道真录》一卷。聂道真与他的父亲聂承远都是虔诚的佛教居士，曾经作为"度语"协助竺法护译经。据说后来他们自己也单独从事佛经翻译。聂承远翻译了《超日月三昧经》等两部，聂道真翻译了《无垢施菩萨分别应辩经》等二十四部。这部《聂道真录》就是聂道真自己的译经目录。但也有的学者认为，所谓《聂道真录》不是聂道真自己的译经录，而是竺法护的译经录。只是由于这部经录是聂道真编纂的，所以后人称之为《聂道真录》。由于《聂道真录》已经亡佚，上述两种说法究竟哪种正确，现在已经很难考证了。

此外，对于早期经录还有一些其他的说法，这里就不列举了。由于这些经录都没有能够留存下来，因此，对于它们的真伪、有无，都需要经过认真考证、鉴定，才能做出最后的判定。至于它们的内容，有些可以从一些典籍中钩沉若干，有些则只能付之阙如了。

第四节 东晋至唐代主要经录简述

佛教传入中国两千年，历代整理佛典的人士难以计数，编纂的经录也十分丰富。大体可以分为六大类：一、综合性代录；二、藏经目录；三、提要目录；四、外国求法录；五、诸宗目录；六、专题目录。对这些经录进行全面的介绍，是另一本书的任务。本书仅介绍历史与现实中较为重要的若干经录。

一 《综理众经目录》

《综理众经目录》由东晋十六国时著名僧人释道安（312～385）所撰，故又称《道安录》。如上所述，《道安录》被费长房列为已经亡佚的经录，实际上也的确已经亡佚。但幸运的是，由于该录几乎全文被《出三藏记集》收入，且僧祐的《出三藏记集》明确标注哪些资料来自《综理众经目录》，故我们现在可以据此掌握《综理众经目录》的概貌。且由于《综理众经目录》在中国佛教史、中国佛教文献史上具有重要意义，故纳入本节予以探讨。

1. 《综理众经目录》简介

释道安，俗姓卫，常山扶柳（今河北冀州市）人。自幼出家，在二十多岁时拜当时著名的高僧佛图澄为师。据说他虽然肤色黝黑，貌不出众，但博闻强记，能力极强。少年时，一部近万言的经书，他当天就能背诵下来。拜佛图澄为师以来，佛图澄讲经之后，道安常为之覆讲。有时诸听讲者有意提出各种疑难问题来刁难他，但他"挫锐解纷，行有余力"。所以当时有一句话形容他讲经时的风采："漆道人，惊四邻。"①

释道安在中国佛教史上的贡献是多方面的。他在佛教文献研究方面也有较大的贡献。据《高僧传》记载，道安用一生精力来钻研义理，整理经典，传播佛教，并组织翻译佛经。他发现很多中国人往往用中国的传统观点来比附佛经，由此造成理解的错误，便指出"先旧格义，于理多违"。这在中国佛教史上是一个划时代的事件。也因为如此，他更致力于收集经典、组织翻译经典、整理经典、研究经典，并撰写了很多经序和经注，以期拨乱反正，帮助中国人正确地理解佛教。

道安写的序，有不少保留至今。他写的注原以为都已亡佚，但前些年在日本大阪金刚寺发现了道安为《十二门经》写的注。《十二门经》是禅经，分《大十二门经》与《小十二门经》，道安为这两部禅经都做了注。金刚寺发现的是其中的一部，应该是他为《小十二门经》所做的注。

当时中国僧人的佛教知识往往局限在自己学过的几部经典上，由于知识不广，从而也就不能深切地掌握佛教的奥义。道安认为，这样下去，不可能发扬佛教广大幽深的教理，所以四处游方，访求经论。从东汉到道安时代，翻译成汉文的佛经数量已经相当多。不过，由于缺少系统的整理，经典的情况比较混乱。有的已经亡佚，有的不知是谁翻译的，有的不知是什么时候翻译的，也有的经典在传写中产生各种各样的歧异或谬误。凡此种种，妨碍了佛教的传播。于是道安依据自己收集到的资

---

① 《高僧传》卷五，《大正藏》第50册，第351页下。"漆道人"，指他肤色黝黑。

料，编纂成这部《综理众经目录》。如前所述，这部经录后来虽然亡佚，但它的主体部分被梁僧祐编纂的《出三藏记集》引用，所以，我们可以根据《出三藏记集》来大体恢复与研究这部经录。

如上所引，《历代三宝纪》称："《释道安录》，一卷，秦时。"这里的"秦"，指前秦，因为后来道安被前秦苻坚从襄阳掳到长安，故称。但费长房的上述推断有误。该《综理众经目录》实为道安在襄阳时所撰。道安在该录中写道："此土众经，出不一时。自孝灵光和已来，迄今晋康宁二年，近二百载。值残出残，遇全出全。非是一人，难卒综理。为之录一卷。"① 文中"康宁二年"应为"宁康二年"之误，因为中国历史上没有一个年号叫"康宁"。"宁康"为东晋孝武帝的年号，二年当为公元 374 年。道安一生颠沛流离，后从 365 年到 379 年在襄阳安定地居住了十五年。宁康二年，道安正在襄阳。

此外，从《出三藏记集》所录的《综理众经目录》中，可以看出道安编纂目录时的若干情况。如《出三藏记集》卷二的"新集论集录"基本上是照抄道安的目录。如果遇到道安目录中没有，僧祐新增补的文字，较易分辨。如下例："《安般守意经》，一卷。安录云：《小安般经》。"② 后面的"安录云"，就是僧祐的口气。此外，凡是他所增补的佛典都加以说明。如："总前出经，自安世高以下，至法立以上，凡十七家，并安公录所载。"由于下面紧接着的七人是僧祐新增的，所以僧祐接着说明："其张骞、秦景、竺朔佛、维祇难、竺将炎、白延、帛法祖，凡七人，是祐校众录，新获所附入。"③ 由于僧祐对自己新增补的内容交代得非常清楚，所以我们可以根据僧祐的说明，删除僧祐所增补的内容，以恢复《道安录》。当然，所恢复的，未必与道安目录一丝不差，但基本上应是原来属于道安《综理众经目录》的内容。又，《出三藏记集》中有"新集安公古异经录""新集安公失译经录""新集安公凉土异经录""新集安公关中异经录"等标题，这里所谓的"新集安公……录"云云，实际上就是道安的原录。由此可知，在道安录中对"凉土"和"关中"的佛教典籍，原本是专门分开著录的。长安就在关中，这也说明道安撰写这个目录的时候，本人并不在长安，所以要把已经在长安流传，但还没有传到襄阳的佛典单独著录。上述资料都证明，道安的这个《综理众经目录》不是在长安编撰的。由此，《出三藏记集》的"秦时"有误。因为如称"秦时"，意为这部经录是道安苻秦时所撰，这与我们目前掌握的该经录的结构不符。

那为什么说他会在襄阳编呢？我们知道，到达襄阳之前，道安长期颠沛流离。

---

① 《出三藏记集》卷五，《大正藏》第 55 册，第 40 页上。
② 《出三藏记集》卷二，《大正藏》第 55 册，第 5 页下。
③ 《出三藏记集》卷二，《大正藏》第 55 册，第 10 页上。

到了襄阳之后，他才安定下来，其后他在襄阳做了几件事：一是规范僧尼，建立了一套仪规；一是每年讲两次般若；还有就是整理经典，派人出去到西域求经、求法，组织译场进行翻译；此外，他还派遣觉慧等弟子前往关中、凉土寻找已经翻译好的经典。弟子们找到相关经典或得到有关经典的信息，会尽快给他送回襄阳，由此道安得到关于关中、凉土流传的佛教经典及相关信息。所以，他所编《综理众经目录》中的"关中译经""凉土译经"等，有的可能他并没有见到经典，这只要考察"关中译经""凉土译经"著录的内容，即可明了。"新集安公关中异经录"一共著录二十四部、二十四卷，现存的仅有《太子辟罗经》。另外《综理众经目录》著录："五十九部，凡七十九卷，是凉土异经。"现存的仅有《金刚三昧经》等。这些材料都证明道安的《综理众经目录》是他在东晋襄阳时所编纂。

其次，由于该经录反映了当时在凉州、关中一带流传了一些在其他地区没有的经典，进而可以看出当时佛教的地区性差异。佛教存在区域性差异并不奇怪，历代都有这种情况，这是由于各个地区发展的不平衡。道安时代，由于"五胡十六国"的政治的隔离，更加剧了这种地区的不平衡。所以，学习中国佛教史、撰写中国佛教史，要注意中国佛教的这种地区性差异。

学术界对道安的这部经录原来到底叫什么名字尚有不同的意见。虽然大家一般都用《综理众经目录》这个名字，但是，这个名字实际上是到隋代才出现的。最初使用这个名字的是隋代的经录学家费长房，他在所著《历代三宝纪》卷八的"道安著作录"中称："《综理众经目录》，一卷。……沙门释道安撰。"① 后来的《大唐内典录》《开元释教录》都沿用了这一名称。《历代三宝纪》的著录疏漏较多，即使是从对道安的记述而言，就有一些错误。比如，《历代三宝纪》卷八说道安在西晋"怀、愍世，避难西东，初遇佛图澄"②。但道安是永嘉六年（312）出生的，晋愍帝逝世的建兴四年（316），道安只有 5 岁，不可能在晋怀帝、晋愍帝的时候就遇见佛图澄，这里显然有误。

还有，在《历代三宝纪》中，费长房没有说明他对道安所撰的这部经录称为《综理众经目录》这个名称的依据是什么，但在《历代三宝纪》的卷十五，当叙述到这部经录时，费长房又用了"《释道安录》，一卷"这么一种提法，使人怀疑当时对道安的这部经录是否还没有一个固定的称呼。因此，《综理众经目录》这个名称，很可能是费长房依据上文所引道安的"此土众经，出不一时。自孝灵光和已来，迄今晋康宁（疑为宁康之误。——方按）二年，近二百载。值残出残，遇全出全。非

---

① 《历代三宝纪》卷八，《大正藏》第 49 册，第 76 页中。
② 《历代三宝纪》卷八，《大正藏》第 49 册，第 76 页中。

是一人，难卒综理。为之录一卷"① 引申而来。

那么，这部经录原来到底叫什么呢？在南北朝所撰的《出三藏记集》中，有时称之为"录"（卷五），有时称之为"名录"（卷二），有时称之为"经录"（卷一），有时称之为"安录"（卷二），莫衷一是。《高僧传》则称它为"经录"（卷五）。上面这些名称显然都是简称或代称，不是它的本名。从这些简称、代称看，该经录的本名很可能与后代的《魏世众经目录》《齐世众经目录》那样，称为"众经目录"。可能由于当时经录比较少，这部经录又比较权威，所以人们一般都用简称或代称来称呼它。而后来经录多了，无论用本名还是用简称都容易与其他经录发生混淆，且代称毕竟不是正式名称，所以费长房为之重新定名。也可能因为这部经录已经亡佚，没有人知道它的本名到底是什么了，所以费长房为之另定新名。

上面所说大抵是推论。我认为，道安的这部经录原来到底叫什么名称，当然是应该研究的一个问题，但不是大问题。既然现在大家都称它为《综理众经目录》，那么约定俗成，就称它为《综理众经目录》亦无不可。只要我们知道，这一名称很可能并非道安这部经录的本名即可。

关于道安编纂的这部经录到底分为几卷（或几个部分），如何排列，在什么时间、分成几次撰成，学术界也均有不同意见。这些问题牵涉面较广，本书限于篇幅，不能详为叙述。有关这部经录的详情，可参考《出三藏记集》的相关记载。

2.《综理众经目录》在佛教文献学上的地位

《综理众经目录》对我国的佛教文献学做出了重要贡献，主要体现在如下几个方面。

第一，如前所述，道安以前佛教典籍已经大量译出，但缺乏一个综合性目录，从总体上讲，基本上处于混沌状态。道安的这部经录，结束了这种混沌状态，开创了我国佛教文献学的新局面。僧祐说："爰自安公，始述名录，铨品译才，标列岁月，妙典可征，实赖伊人。"② 可说是很恰当的评价。

应该指出，从道安整理佛教经典本身，我们可以看出中国传统文化对佛教的影响与渗透，这是必须予以注意的。

第二，道安这部经录虽然简略，但已经奠定了我国佛教经录的基本格局。他的"经论律录"，实际就是后代经录中"代录"的滥觞；他的"失译经录"，为后代处理失译经提供了样板。

第三，从道安开始，就在经录中区分外来译经与中土撰述，这固然主要反映了古代佛教徒尊奉印度佛教为正统的观念，但从文献整理的角度，这无疑符合地区分

---

① 《出三藏记集》卷五，《大正藏》第55册，第39页上。
② 《出三藏记集》卷二，《大正藏》第55册，第5页下。

类法的原则，也为后代的经录提供了典范。

第四，尤其值得重视的是，在中国佛教史上，道安第一个提出疑伪经的问题，说明当时我国佛教文献学已经达到较高的水平。疑伪经的鉴别对大藏经的形成具有重大影响，从这个角度讲，《综理众经目录》的出现，可以视作我国大藏经形成过程中的一个里程碑。

《出三藏记集》卷五《新集安公疑经录》第二载，道安撰文指出："外国僧法，学皆跪而口受。同师所受，若十、二十转，以授后学。"① 这里讲了印度佛教的一种传统的学习方法：一个师傅带领一批学僧，让学僧跪成一圈，师傅念一句，下边依跪排的顺序每人跟着念一次，一圈人都念完这一句才算念了一遍，这样十遍、二十遍地反复念诵，以便加强记忆。道安又说："若有一字异者，共相推校，得便摈之，僧法无纵也。"② 亦即念诵时，一个字也不能错，若有一个字错了，大家共同讨论，直到确认正确无误并摒弃错误的经文。所以，我们现在了解，为什么来华的印度僧人几乎都能够背出很多的佛经，是因为他们从小就经过这样严格的训练。

道安又说："经至晋土，其年未远，而嘉事者以沙标金，斌斌如也，而无括正，何以别真伪乎！"③ 这句话的意思是：佛经从印度传入中国，翻译时，有人向佛经里加进非佛教的内容，亦即道安所谓"以沙标金"。也就是说，道安发现当时在从印度传来的经典中，翻译时有中国人在译文中加入原典没有的内容。道安提出的这个问题，也提示我们注意：我们不能看到某部经典中有中国文化的痕迹，就马上说那是伪经。因为也有原经并没有问题，但被后人掺杂一些非佛教的中国文化因素，所以阅读佛经时需要认真鉴别。当然，翻译时加入私货，这是任何翻译都不能容许的，自然也是道安这样纯正的佛教信徒绝不能容忍的。所以他说："农者禾草俱存，后稷为之叹息；金匮玉石同缄，卞和为之怀耻。安敢预学次，见泾渭杂流，龙蛇并进，岂不耻之！今列意谓非佛经者如左，以示将来学士，共知鄙倍焉。"④ 在道安以前，没有人提出过正在流传的佛经中竟然还有非佛教因素，甚至有中国人自己编造的伪经，道安发现并提出这个问题，意义重大。

道安是从辨别真伪以使纯正的佛法能够更顺利流传这一宗教立场来谈论疑伪经问题，这是他作为一个宗教徒的基本立场及应尽的义务。但我们今天从此事可以看到更多方面的问题。一是说明当时传入的佛教，在某些中国人看来还不能满足需要，因为不满足，所以就自己来加以改造。因此，佛教文化传入中国，哪些被中国人吸

① 《出三藏记集》卷五，《大正藏》第55册，第38页中。
② 《出三藏记集》卷五，《大正藏》第55册，第38页中。
③ 《出三藏记集》卷五，《大正藏》第55册，第38页中。
④ 《出三藏记集》卷五，《大正藏》第55册，第38页中。

收，哪些没有被吸收？哪些是中国人觉得不够，并进而进行改造？认真探讨上述问题，找到它的发展轨迹，就可以明了印度佛教是怎么样逐步发展为中国佛教，这也是中国佛教主体性逐渐形成的过程。当然，这个问题很重大、很复杂，不是上面几句话可以说清的，此处仅是略微点题。具体的详情，还需要我们细致地深入进行研究。不管怎样，道安提出这一问题，是对汉文佛教文献学，也是对中国佛教研究的一大启迪、一大贡献。

　　进一步探讨，既然道安已经发现疑伪经问题，那么他又是怎样来判别疑伪经的呢？他的疑伪经的判别方法和标准是什么？很遗憾，在现有资料中，没有发现道安讲过任何判别疑伪经的标准和方法。依据《道安录》所载，他就讲了一句："今列意谓非佛经者如左，以示将来学士，共知鄙倍焉。"① 亦即他完全依靠个人的主观判断来分辨经典的真伪。自然，道安是当时中国第一流的义理高僧，他自觉有这个能力对佛典做出真伪判定。但道安判定的疑伪经是否就都是疑伪经呢？这显然是一个需要考察的问题。道安提到的疑伪经，大部分已经失传。但个别经典，如《毗罗三昧经》近年在日本古写经中被发现。经研究，该《毗罗三昧经》确实是疑伪经。但也有学者指出，道安所说的《贫女人经》和《阿阇世采莲为王经》是同本异译，故不应是疑伪经。

　　另外，道安录使用的标题为"疑经"，但在小序中论述时又称这些"疑经"为"非佛经"。按照后代的判定法，"疑经"属于真伪未定、尚需考订的经典，"非佛经"则自然属于"伪经"。后代经录学家将这两类经典分辨得非常清楚，比较而言，道安毕竟属于中国佛教初传期的僧人，虽然他已经发现问题并提出问题，但还没有能够将"疑经"与"伪经"这两种不同的经典彻底辨析清楚。当然，这是时代的局限，我们不能因此苛责道安。

　　对疑伪经应该如何处理，道安主张应把它们全部驱逐出佛藏。关于这个问题，需要从两个方面来评论。一方面，从我们今天从事佛教文献研究的角度来讲，如果当时道安能够高抬贵手，把这些疑伪经保留下来的话，我们现在就可以由此比较中国文化与印度文化的差异，可以由此探讨中国人的宗教需求。总之，可以依据那些资料开拓出更多的研究成果。另一方面，从宗教的角度来说，宗教需要保持自己的纯正性，道安的做法自然无可厚非。

　　总之，事物是发展的，人们认识事物也需要有个过程。道安已经做了他那个时代最高水平的工作。虽然从现在来看，道安对疑伪经的鉴别，无论在理论上，还是在实践上，都有不足之处。但是，如前所说，他的不足是时代的局限，应该予以理解，我们不应苛责道安。

---

① 《出三藏记集》卷五，《大正藏》第 55 册，第 38 页中。

《综理众经目录》还有一个不足。即没有能够分判大小乘。

其实，在道安写的经序中，关于大乘、小乘、三乘等他都提到了。佛教有大、小乘的区别，道安是明白的。但在他整理经典的时候，却把大乘、小乘经典全都混在一起。我认为这反映了当时佛教界对佛教义理的研究水平还比较低。即使道安那样在当时首屈一指的义理高僧，要分辨大乘和小乘的教理，也都还有一定的困难。当然，这仅是一种可能。另一种可能，亦即虽然道安能够明辨大、小乘之分，但由于中国所传的是大乘，小乘几乎没有产生影响，因此当时没有强烈的分判大、小乘的需要，或者说，当时整理佛教典籍者的心目中，还缺少用大、小乘分判来整理全部佛典的概念，这当然仅是一种可能。不过，这同样也反映了当时佛教义理水平的低下。总之，理论能够满足一个民族的程度，是这个民族对这个理论的需求的程度。由于当时社会上还没有这种需求，哪怕有再了不起的高僧、水平再高的学问家、再好的理论，人们也不会利用那些理论去解决现实问题。因为对他们来说，那些问题还不是什么需要加以迫切关注的问题。等这些问题嗣后真正成为问题，人们认为需要解决它，才能真正得到解决。

此外，《道安录》把凉土、关中的经典分别著录，固然反映了由于"五胡十六国"的政治分裂格局的影响，我国佛教不统一的现实，但道安由此未能贯彻自己在"经论律录"中已经制定的体例，实为遗憾。

当然，在此还需要再次强调：道安的这些局限，乃是时代的局限。

道安的《综理众经目录》，可以看作对佛教初传期在中国所流传的佛教典籍的一个全面总结，这是道安的贡献。我们从他的经录里可以知道当时翻译了哪些经典，从而可以探索当时翻译的经典真正起作用的有哪一些，没有起作用的又是哪一些，从中可以得知中国人是怎么样吸收和理解佛教的。这就是佛教文献学之所以存在及被人们重视的更高层次的意义了。

所以，任继愈先生曾经指出：所谓佛教文献学，不能看成是一个简单的书单子。我们要把翻译的经典仔细地分一分，分成几个类，各类经典都分别传达了什么思想，这些思想有哪些在中国引起了共鸣，哪些在中国根本就没有反应，由此来考察中国思想界、中国佛教界的情况。比如，当时般若学很兴盛，有"六家七宗"之分。其实般若学的兴盛有一个背景，那就是魏晋玄学。般若学就是站在佛教立场对魏晋玄学的一个呼应。但它与魏晋玄学毕竟不一样，这是不能等同的。除此之外，还有哪些经典在当时影响不大，但对后世却有很大影响的，都值得研究。总之，佛典中有非常丰富的内容可以挖掘，这有待年轻一代的努力。

此外，我们应该从文献学的角度再来考察道安的经录。道安对诸多佛经是怎么样著录的？他的著录规范与前代的规范有什么相同与不同？亦即他在哪些方面继承了前人，在哪些方面有创新？后代经录的著录规范又怎样借鉴、继承了道安的规范？

如此等等，道安的《综理众经目录》为我们研究中国古代经录提供了一个重要的样本。

二 《众经别录》

自从 20 世纪 30 年代王重民先生在法国巴黎所藏的敦煌遗书中发现了《众经别录》的残卷之后，《众经别录》便引起佛教文献学研究者、敦煌学研究者持久的兴趣。在此先把这部经录的简单情况介绍如下。

1.《众经别录》简介

《众经别录》，略称《别录》。早在梁僧祐的《出三藏记集》中已经出现《别录》这一名称，但所指是否即为我们在此所研究的《众经别录》，学术界尚未有定论。隋费长房《历代三宝纪》卷十五著录了该《众经别录》。据费长房介绍，该目录"未详作者，似宋时述"，共分上、下两卷，篇目及诸篇收经数如下。

卷上：	总四百三十八部，	九百一十四卷。
大乘经录第一，	三百七十部，	七百七十九卷。
三乘通教录第二，	五十一部，	九十七卷。
三乘中大乘录第三，	一十七部，	三十八卷。
卷下：	总六百五十一部，	一千六百八十二卷。①
小乘经录第四，	四百三十六部，	六百一十卷。
第五篇　　本缺。		
大小乘不判录第六，	一百七十四部，	一百八十四卷。
疑经录第七，	一十七部，	二十卷。
律录第八，	一十二部，	一百九十五卷。
数录第九，	六部，	一百二十一卷。
论录第十，	六部，	一百五十二卷。

以上两卷共十篇，计收经一千零八十九部，二千五百九十六卷。②

《历代三宝纪》卷十五中共著录了三十种经录，其中二十四种"检传记有目，

---

① 卷下之总部数，与四、六、七、八、九、十诸篇之部数之和恰好相等，但总卷数却与上述诸篇之和相差四百卷。唐智昇已经发现并指出这一问题，但因原录已佚，故他只能照存原文。见《开元释教录》卷十。此处亦照原文照录。

② 《历代三宝纪》卷十五，《大正藏》第 49 册，第 125 页中至下。

并未尝见"①，而《众经别录》属于费长房编纂《历代三宝纪》时亲自收集到、亲眼看到的六种经录之一，故它的存在是无可怀疑的。敦煌遗书《众经别录》的发现，与《历代三宝纪》的记载相互印证，进一步证实了费长房的著录。因此，《历代三宝纪》的上述记述是我们今天研究《众经别录》的重要资料。上述篇目中的第五篇，《资福藏》《普宁藏》《嘉兴藏》以及日本宫内寮本等诸大藏经都作"第五篇本缺"。而《高丽藏》以及据《高丽藏》为底本的《大正藏》则作"第五篇目本缺"②。载述虽有不同，意思是一样的，亦即费长房所见到的《众经别录》乃是一个残本，缺失其中的第五篇。

其后，唐道宣在《大唐内典录》中也著录了这部经录。由于《大唐内典录》的很多内容都直接抄自《历代三宝纪》，因此，我们现在很难说道宣自己到底是否看到过《众经别录》。在《大唐内典录》道宣增补的部分中，道宣在提及著录依据时，也曾经提到《别录》，但这部"《别录》"是否即为《众经别录》还需研究。到了唐智昇撰写《开元释教录》时，《众经别录》已经是"寻本未获"，只能"具存其目"③了。

值得庆幸的是，《众经别录》的残卷竟然在敦煌遗书中被发现。

20世纪30年代，王重民先生首先发现藏于巴黎的伯3747号即为该亡佚已久的《众经别录》。他在有关论文④中，对照《历代三宝纪》的记载，提出好几条论据，充分论证了这一重要发现。首发之功，良不可没。

从此，伯3747号引起许多学者的注意。1948年，由向达、王重民等先生主持举办的"北京大学五十周年纪念——敦煌考古工作展览"上，展出了该伯3747号的照片，在《北京大学五十周年纪念——敦煌考古工作展览概要》所附的《敦煌经卷、照片及图书目录》中写道："《众经别录》，伯3747号。六朝写本，存九十七行。据《历代三宝纪》，知为刘宋时所撰《众经别录》，为今存经录之最古者。"⑤1950年，苏晋仁先生据周叔迦先生提供的照片，首次发表该《众经别录》的录文。⑥苏先生在跋中指出，该目录在分类上显然受到刘宋时释慧观"五时判教"的影响。首次对《众经别录》在佛教经录史上的地位做了中肯的评价。进而，姚名达先生在1957年出版的《中国目录学史》中，对《众经别录》在佛教目录学方面的贡献做了高度的评价，并推测它的作者可能是萧齐释王宗。现在看来，姚先生的评

① 《历代三宝纪》卷十五，《大正藏》第49册，第127页下。
② 参见《大正藏》第49册，第125页下及校记。
③ 《开元释教录》卷十，《大正藏》第55册，第574页上。
④ 王重民：《敦煌古籍叙录》，中华书局，1979，第264页。
⑤ 《北京大学五十周年纪念——敦煌考古工作展览概要》，北京大学图书馆藏本，第40页。
⑥ 载于《现代佛学》第一卷第七期。据苏晋仁先生函告笔者，该照片系由叔迦先生的学生王维诚先生于1940年从巴黎携归。

价略有溢美之嫌，说《众经别录》的作者是释王宗也缺乏过硬的证据。20 世纪 60 年代以后，日本内藤龙雄先生也对伯 3747 号做了深入研究。他提出的《众经别录》可能撰于齐末、梁初的观点引起学术界的重视。由于对中国学者的研究缺乏了解，日本的一些学者以为是内藤首次发现了《众经别录》，从而引起一些误解。这也说明敦煌学已经是一门世界性的学问，需要各国学者的交流、配合与努力。1979 年，潘重规先生在《敦煌学辑刊》第三辑上再次发表伯 3747 号的录文，并做了专题研究。

除了伯 3747 号以外，敦煌遗书中还保存了另外一件残片，也属该《众经别录》，它是斯 2872 号。该号曾为日本学者矢吹庆辉所注意，并收入他编著的《鸣沙余韵》。但矢吹先生错把它当作一种"举要转读录"。① 1985 年我在收集敦煌遗书中的佛经目录时发现这一号。无论从内容、笔迹、体例都可以确认它与伯 3747 号原为一件，后被分裂。可惜这两件残片的中间尚有缺漏，不能直接缀接。白化文先生也独立地发现斯 2872 号就是《众经别录》残片，并在《敦煌学辑刊》发表了有关录文。②

有的研究者提出，费长房《历代三宝纪》中所载的《众经别录》，实际在历史上并不真正存在，它是费长房伪造的。至于敦煌遗书中保存的《众经别录》的残卷，该研究者主张是唐人依据费长房伪造的目录制作的赝品。③ 这种说法缺乏能够说服人的依据。我考察过英、法两国所藏的敦煌遗书《众经别录》残卷的原件，无论从纸张、字体还是总体风格，都可以肯定它们的确是南北朝时期的原物。由于敦煌遗书南北朝写卷《众经别录》残卷的特征与隋代费长房的著录完全相符，故所谓费长房伪造《众经别录》的说法根本站不住脚。

敦煌遗书中的《众经别录》字体古拙，所用亦为南北朝时期的纸张，可以判定是 5 世纪写本。也就是说，写本的抄写年代距《众经别录》的产生年代并不太远。现将这两件遗书简介如下。

斯 2872 号，首尾均残，存十五行，录经十四部，其中存经名者十一部。在这十一部经中，第七部经名后有注，作支谦译。据《出三藏记集》卷三，前七部经确为支谦所译。后四部经则见于《出三藏记集》卷四的"失译录"中。这十一部经典大抵属于大乘，依《众经别录》的体例应该入卷上。那么，它到底应归"大乘经录第一"，还是归"三乘中大乘录第三"呢？据《历代三宝纪》的记载，《三乘中大乘录》共收经十七部，三十八卷。而在伯 3747 号的"三乘中大乘录第三"已经收了十四部经，实际仅残缺三部。因此，斯 2872 号无疑应该归"大乘经录第一"。在

---

① 〔日〕矢吹庆辉：《鸣沙余韵·解说篇》，东京：岩波书店，1980，第 262～263 页。

② 白化文：《敦煌写本〈众经别录〉残卷校释》，《敦煌学辑刊》1987 年第 1 期。

③ 参见谭世保《汉唐佛史探真》，中山大学出版社，1991。

《众经别录》原卷中，它的位置应该在伯 3747 号之前。但是，从两件遗书的残况看，两号的中间还有残缺，不能直接缀接。

伯 3747 号，首尾均残，存九十九行①，录经八十一部，其中尚存经名者七十八部，可以补出经名者一部，经名残缺不可考者两部。故实有经名者共计七十九部。这七十九部经中属于"大乘经录第一"者为十四部；属于"三乘通教录第二"者为五十一部；属于"三乘中大乘录第三"者为十四部。三篇中第一篇首残，第二篇首尾完整，第三篇尾残。

2. 《众经别录》的价值

第一，它"是我国现存第一部最古佛经目录，也是仅次于《汉书·艺文志》的第二部最古目录"②。

佛教自两汉之际传入中国，佛经也开始被源源不断地翻译出来。佛经目录到什么时候才出现，至今还没有定论。但早期的佛经目录，其原本大都已经亡佚，包括我国的第一部综合性经录——释道安《综理众经目录》，现只能依据《出三藏记集》来进行研究。现在各种大藏经中保存的最古老的经录就是僧祐的《出三藏记集》，它撰于南朝梁代。而《众经别录》一般认为撰写于刘宋之时。所以，它是我们现在所能见到的最早的佛教经录。

我国历代统治者都讲究文治武功，整理典籍者代不乏人。现存最早的传统目录学著作是《汉书·艺文志》。《汉书·艺文志》之前的《别录》《七略》，其后的《魏中经薄》《晋中经薄》，都没有能够保存下来。所以，《众经别录》又是我国所有目录学著作中仅次于《汉书·艺文志》的第二部目录学著作。

我们现在能够看到的各种目录著作都已经并非当时的本来面目，而是历经后代传写、刻印的传本。在古代，书籍因传写而不断被增益、改窜是十分常见的。比如现在大藏经中收入的《出三藏记集》就有不少后人增补的内容。但敦煌遗书中保存的《众经别录》却是公元 5 世纪的古抄本，保持了或基本保持着当时的原始形态。从这个意义上讲，也可以说敦煌遗书《众经别录》是我国现存最古老的目录学著作原本。

第二，《众经别录》在我国佛教经录史上开风气之先，具有很高的历史地位与学术价值。

佛教传入之初，中国人还不能正确认识它。从总体上看，在意识形态领域，中国人先是把佛教等同于"黄老之学"，后来又把它作为玄学的附庸。当时的汉译佛典也正处于一个"混沌"时期。从数量上讲，翻译出来的佛典已经相当可观，有些

---

① 此卷实际为九十九行，前述向达、王重民目录误作"九十七行"。
② 王重民：《中国目录学史·后记》，上海书店，1984，第 414 页。原书由商务印书馆出版于 1957 年。

传译者有目的地寻求、翻译某些经典。但是从总体看，还是碰上什么经就翻译什么经，所谓"值残出残，遇全出全"。如前所说，道安的《综理众经目录》是我国的第一部综合性佛教目录，但它没有采用后代佛典所用大、小乘分类的方法，而是采用地区分类法。这固然与当时我国正处于东晋十六国分立、各地佛教有较大的差异密切相关，同时也因为从总体来说，佛学研究水平较低，佛教文献学的水平较低，还没有能力从整体来把握全部汉译佛经；当然，也可能是由于当时的佛教徒还没有感觉到用大、小乘来区分佛教典籍的必要。

鸠摩罗什来华，不但系统地传译了龙树的中观学说，而且在他的译场中培养了一批佛教学者，从而大大地提高了中国佛教的义学水平。随着中国僧人对佛教认识的深化，鸠摩罗什的弟子慧观提出"五时判教"的学说，企图把传入中国的印度佛教各种思想整理成一个有机的整体，以利于在中国的传播。判教促进了中国佛教的深入发展与南北朝佛教学派的出现，进而与隋唐时期中国佛教宗派的出现都有重大的关系。《众经别录》正是在这样一个背景上产生的。该经录不但采用大、小乘来条别佛典，而且直接采用了"三乘通教"这种慧观"五时判教"的科目，说明这时的中国佛教典籍已经开始从"混沌"状态中摆脱出来，开始产生清醒的自我意识，开始踏上独立发展的道路。从此以后，用大、小乘分判佛典逐渐成为我国佛教经录的主流。《众经别录》开风气之先，有着不可磨灭的功绩。

第三，《众经别录》在体例方面也有着与众不同的特点。

与历代经录相比，《众经别录》在体例方面的最大特点是对每一部经典都注明它的宗旨与翻译风格。

在现存的一些古代经疏中，我们可以看到当时的疏释者比较注意梳理、阐明每一部经的宗旨。但是，现存的古代经录对诸经的宗旨都不予著录。包括被历代目录学家奉为圭臬的《开元释教录》，也完全忽略了这方面的内容。因此，《众经别录》在这方面的努力便显得格外突出。对每一部经典都注明其宗旨，这需要著录者具有相当高深的佛学功力，这说明《众经别录》的作者一定是当时佛教界一位饱学的龙象。当然，从现在的眼光看，《众经别录》所判定的宗旨有些也未必合适，这是问题的另一个方面，兹不赘论。

我国的佛经翻译，从来存在着文、质，也就是意译、直译等两种不同的风格。尤其是早期译经，由于种种主客观条件的限制，佛经翻译还是一件比较困难的工作。如何既能正确表达外来经典的原意，不致走样；又能文理畅通，令人易懂爱读？文质问题从来就是一件十分重要的大事。古代的翻译理论家，对于文质的优劣，各有不同的观点，曾经讨论得非常热烈。但是，以往的经录却几乎不触及这个问题。《众经别录》却一一注明诸经的文质，表明了作者对这个问题的关心以及希望由此给读者一个阅读的提示。

当然，《众经别录》也有它时代的弱点。其中的"大小乘不判录"就反映了中国僧人初判大小乘时的困惑；对律、论没有进行大小乘分判也说明同样的问题。但是，它与前此的道安的《综理众经目录》、稍后的《出三藏记集》相比，无疑是个巨大的进步。尤其是它用"五时判教"理论来指导自己的佛典分类实践，这种尝试是可贵的，反映出鲜明的时代特征。

可以说，《众经别录》体现了它那个时代的佛教文献学所能达到的最高水平，对今天的佛教文献学、佛教思想史的研究都具有重要的价值。

三　《出三藏记集》

《出三藏记集》，简称《祐录》，南朝著名僧人僧祐撰。是经由历代大藏经保存下来的最古老的经录。

1. 《出三藏记集》简介

僧祐（445～518），俗姓俞，彭城下邳（今江苏睢宁）人，自幼出家，精于律学，著作颇丰，在《高僧传》中有传。

《出三藏记集》是僧祐的主要著作之一，约撰于梁天监九年至天监十三年（510～514）之间，亦即为僧祐晚年的著作。关于这部著作的编纂，僧祐自己在序中这样说：

> 原夫经出西域，运流东方，提挈万里，翻传胡汉。国音各殊，故文有同异；前后重来，故题有新旧。而后之学者，鲜克研核。遂乃书写继踵，而不知经出之岁；诵说比肩，而莫测传法之人。授受之道，亦已阙矣。夫一时圣集，犹五事证经；况千载交译，宁可昧其人世哉！昔安法师以鸿才渊鉴，爰撰经录，订正闻见，炳然区分。自兹而来，妙典间出，皆是大乘宝海，时竞讲习。而年代人名，莫有铨贯；岁月逾迈，本源将没。后生疑惑，奚所取明？祐以庸浅，豫凭法门，翘仰玄风，誓弘大化。每至昏晓讽持，秋夏讲说，未尝不心驰庵园，影跃灵鹫。于是牵课羸志，沿波讨源。缀其所闻，名曰：《出三藏记集》。①

就是说，他立志继承道安的事业，为道安的经录撰写续篇。在实际编纂工作中，他的确也是这样做的。他的这部经录基本上以道安经录为基础，在体例上未做大的变动，只是加上他所收集到的新的典籍而已。

因后世流通中出现演化，故现存《出三藏记集》有各种不同的卷本。现在流通最广的是十五卷本。主要分为如下四大部分。

---

① 《出三藏记集》卷一，《大正藏》第55册，第1页上至中。

第一，撰缘记（卷一），共五篇文字，记叙印度集结三藏的情况以及早期汉文翻译的若干问题。

第二，铨名录（卷二至卷五），共十七篇，中缺一篇，实为十六篇。著录各种经律论典籍目录。

第三，总经序（卷六至卷十二），共一百二十篇，集录汉译佛典的各种序言、后记。

第四，述列传（卷十三至卷十五），三十二篇，为从东汉到南齐的著名僧人传记。

以我们今天的眼光来看，上述四大部分，真正属于经录的，只有第二部分。其他三部分，是印度、中国佛典情况的介绍、经序、人物传记，与经录关系不大。后来有人因此批评《出三藏记集》把经序与传记编入目录，扰乱了体例。但我认为，《出三藏记集》的这种表现形态，说明当时我国的佛教经录还正处在成长形成期，没有形成一个固定的规范。处理历史问题，应有历史观念。我们不能拿后人的标准去批评前人。

2. 《出三藏记集》的价值

该经录的价值主要体现在如下几个方面。

第一，僧祐的目的，是在道安经录的基础上，对新出的经典诠贯人名、清理本源，以免后代产生疑惑。应该说，他的这个目的，完成得相当圆满。现在，《出三藏记集》已经成为我们研究南北朝以前佛教典籍的基本依据。道安的经录也赖《出三藏记集》而基本予以保存。由此看来，必须肯定僧祐功不可没。

第二，僧祐比较注重对疑伪经与抄经等非正统典籍的鉴别。虽然他是出于正本清源的宗教目的，但因此廓清了流行佛典的混乱情况，并为后代的经录学家树立了典范。在疑伪经的鉴别理论方面，僧祐在道安的基础上又有所前进。他提出的鉴别方法，一直为后代所遵循。

第三，经序、列传等虽不属经录，但这些宝贵的资料赖《出三藏记集》的收罗而得保存，成为我们现在研究从初传到南北朝佛教的重要依据。这是《出三藏记集》的又一贡献。

3. 僧祐的"疑经"观

在中国佛教文献学史上，道安第一个提出疑伪经问题。并在所撰《综理众经目录》中特设"疑经录"一目。但如前所述，道安所列名目虽为"疑经录"，但列入其中作为其叙述对象的却大抵为现代意义上的伪经。这说明在道安的心目中还没有完全厘清疑经与伪经的区别、廓清这两个概念的不同内涵。道安只是指出疑伪经的存在，但没有分析疑伪经的特点，没有提出鉴别疑伪经的方法。所以他的疑伪经鉴别能力也就受到限制。他自称"今列意谓非佛经者如左"，意即完全依据自己的佛学水平来作鉴别。道安固然是当时第一流的佛学理论家，但完全依靠自己的对佛教的理解，这种鉴别的主观性较强。实际上，道安所判定的伪经中，确有应属真经者。

僧祐对疑伪经的研究主要体现在《出三藏记集》卷五中。

僧祐在《出三藏记集》卷五中全文抄录了道安对疑经的论述与鉴别，然后设立了一个"新集疑经伪撰杂录"。从这个名目看，僧祐似乎已经意识到"疑经"与"伪撰"的不同。那么，他是怎么看待并处理这两者的呢？

我们先看看他为该《新集疑经伪撰杂录》所撰的小序。

> 《长阿含经》云："佛将涅槃，为比丘说四大教法。若闻法律，当于诸经推其虚实。与法相违，则非佛说。"又，《大涅槃经》云："我灭度后，诸比丘辈抄造经典，令法言薄。"种智所照，验于今矣。
>
> 自像运浇季，浮竞者多。或凭真以构伪，或饰虚以乱实。昔安法师摘出伪经二十六部，又指慧达道人，以为深戒。古既有之，今亦宜然矣。
>
> 祐校阅群经，广集同异。约以经律，颇见所疑。夫真经体趣融然深远，假托之文辞意浅杂。玉石朱紫，无所逃形也。
>
> 今区别所疑，注之于录。并近世妄撰，亦标于末。并依倚杂经，而自制名题。进不闻远适外域，退不见承译西宾。"我闻"兴于户牖，印可出于胸怀。诳误后学，良足寒心。既躬所见闻，宁敢默已。呜呼来叶，慎而察焉。①

僧祐在这里对疑伪经的特点、产生途径、鉴别方式都提出自己的见解。这在佛教文献学史上是一大贡献。限于篇幅，本书论述从略。有意思的是，僧祐所列名目为"疑经伪撰杂录"，但如上面序中所表述的，他所论述的对象仍然只是伪经。这说明什么？在僧祐的心目中，"疑经"与"伪撰"到底有什么区别呢？

在"新集疑经伪撰杂录"中，僧祐共列举了 20 部经典，可以分为两组。

前一组 12 部，僧祐称它们"或义理乖背，或文偈浅鄙。故入疑录，庶耘芜穢，以显法宝"②。亦即统统都是伪经。僧祐在上述序中也提到该组，谓"今区别所疑，注之于录"。

后一组 8 部，每部均有注释，说明该经典是什么时候，由谁撰出。僧祐在上述序中称它们"并近世妄撰，亦标于末"。亦即也都是些伪经。

---

① 《出三藏记集》卷五，《大正藏》第 55 册，第 38 页下至第 39 页上。
② 《出三藏记集》卷五，《大正藏》第 55 册，第 39 页上。

既然都是伪经，为什么要区分为"疑经"与"伪撰"呢？仔细考察这20部经典，原来前一组什么时候出现，怎样出现等情况一概不清；而后一组则都可以落实作者。也就是说，在僧祐那里，"疑经"就是伪经，"伪撰"也是伪经。只不过前者的编纂者尚未落实，后者的编纂者已经明了。为了强调已经查明后者的作伪者，所以称为"伪撰"。所以，僧祐的"疑经"与"伪撰"，实际上并无本质区别。从这个角度讲，他的疑经观与道安的疑经观也没有什么本质的区别，而与我们现在对"疑经"的概念很不一样。

　　由于后一组8部典籍均有具体的出处。在此简单考察一下僧祐对这8部典籍的辨伪实践，这对理解僧祐的伪经观以及僧祐在《出三藏记集》中提到的"僧法诵出经"应该不无帮助。

　　　《灌顶经》，一卷。一名《药师琉璃光经》。或名《灌顶拔除过罪生死得度经》。

　　　右一部，宋孝武帝大明元年，秣陵鹿野寺比丘慧简依经抄撰。此经后有续命法，所以偏行于世。

　　　《提谓波利经》，二卷。旧别有《提谓经》，一卷。

　　　右一部，宋孝武时，北国比丘昙靖撰。

　　　《宝车经》，一卷。或云《妙好宝车菩萨经》。

　　　右一部，北国淮州比丘昙辩撰。青州比丘道侍改治。

　　　《菩提福藏法化三昧经》，一卷。

　　　右一部，齐武帝时，比丘道备所撰。备易名"道欢"。

　　　《佛法有六义第一应知》，一卷。（未得本）

　　　《六通无碍六根净业义门》，一卷。（未得本）

　　　右二部，齐武帝时，比丘释法愿抄集经义所出。虽弘经义，异于伪造。然既立名号，则别成一部。惧后代疑乱，故明注于录。

　　　《佛所制名数经》，五卷。

　　　右一部，齐武帝时，比丘释王宗所撰。抄集众经，有似数林。但题称"佛制"，惧乱名实，故注于录。

　　　《众经要揽法偈二十一首》，一卷。

　　　右一部，梁天监二年，比丘释道欢撰。①

　　上面8部经可以分为两类。一类是凭空虚构，一类是依经抄集。

---

　　① 《出三藏记集》卷五，《大正藏》第55册，第39页上至中。

属于前一类的有《提谓波利经》《宝车经》《菩提福藏法化三昧经》《众经要揽法偈二十一首》等四部。按照正统观点，系后人所撰，而敢自称为"经"者，自然应该贬斥。所以僧祐对前三部典籍的抨击乃是他作为佛教经录学家的分内之事。但《众经要揽法偈二十一首》似作者用偈颂的形式对诸经要点予以概括，名称上也并无"经"字。僧祐仍毅然排斥，或者在僧祐看来，"法偈"两字也是佛陀的"专利"，他人不得染指？由于该《众经要揽法偈二十一首》已经亡佚，现在难以对此做出判定。

令人更感兴趣的是下余四部。

首先是《灌顶经》，僧祐指斥该经是慧简"依经抄撰"，所以不应归入真经。这部经典涉及我所谓的"佛教发展中的文化汇流"问题。但这是另一个层面的问题，在此从略。

《佛法有六义第一应知》及《六通无碍六根净业义门》两部，僧祐并未看到原书。但他认为，这两部典籍是比丘释法愿抄集经义撰成。"虽弘经义，异于伪造。然既立名号，则别成一部。惧后代疑乱，故明注于录。"也就是说，虽然这两部经典的经文内容没有问题，也可以起到弘扬佛教经义的作用。但像这样自立名号，自己撰集成书，会让后人疑惑，不知所从。所以还是在疑经录中注明。其意自然是要借此示众，以禁绝流通。

《佛所制名数经》是比丘释王宗所撰。从名称可知，它大体相当于"三藏法数"一类的著作，类集各种法数，以供查阅之便。但僧祐称它虽然"抄集众经，有似数林。但题称'佛制'，惧乱名实，故注于录"。也就是说，该书虽然可以供人查阅法数，方便众人阅读佛经。但明明是你王宗所撰，怎么能够称"佛制"、称"经"呢？所以必须挂牌示众。

我认为，就王宗而言，大概不至于狂妄到自称为佛，把自己编撰的著作称为"佛制"、称为"经"。该书的"佛所制"，显然是指这些名数都是"佛所制"。由于著作中所抄集的全部都是佛所制的名数，所以称之为"经"，虽不甚妥当，但似乎也无不可。然而僧祐看来，这是大大的僭越，既然名不副实，自然也应该拿出来示众，以禁绝流通。

这里还有一个问题。《出三藏记集》也设有"抄经录"，收入各种抄经。既然上述《佛法有六义第一应知》等经也是抄经，则归入"抄经录"即可，何必大张旗鼓地归入"疑经伪撰录"，非要对它们讨伐一番呢？

我们看看僧祐对"抄经录"的解释：

抄经者，盖撮举义要也。昔安世高抄出《修行》为《大道地经》，良以广译为难，故省文略说。及支谦出经，亦有《字抄》。此并约写胡本，非割断成经也。

而后人弗思，肆意抄撮。或棋散众品，或爪剖正文。既使圣言离本，复令学者逐末。竟陵文宣王慧见明深，亦不能免。若相竞不已，则岁代弥繁，芜黩法宝，不其惜欤。名部一成，难用刊削。其安公时抄，悉附本录。新集所获，撰目如左。庶诚来叶，无效尤焉。①

从上文可知，对于那些撮举义要，但没有割断成经的抄经，僧祐并不反对。而对那些"或棋散众品，或爪剖正文。既使圣言离本，复令学者逐末"的抄经，僧祐则深恶痛绝。我们可以把僧祐归入"抄经录"的典籍与他归入"疑经伪撰录"的典籍做一个对照。前者主要是抄集众经，后者则是棋散众品；前者说明抄自何经，后者则另立名题。这大概是僧祐将《佛法有六义第一应知》归于"疑经伪撰录"的主要原因。

综上所述，我们可以总结两点。

第一，僧祐虽然提出"疑经""伪撰"两个概念，看起来比道安前进了一步。但这两个概念实际都仅指伪经，在这一点上，与道安无本质区别。与我们现在的"疑经"概念不同。

第二，在鉴别、排斥伪经的问题上，僧祐的态度是非常严厉的。

4.《出三藏记集》的不足

世上任何事物都可以一分为二，《出三藏记集》也不例外。现在看来，《出三藏记集》存在如下不足。

第一，《出三藏记集》因循《道安录》的体例，未能在经典的分类方面做出自己的贡献。当时，我国僧人在佛典分类理论方面已经颇有建树，如前此刘宋《众经别录》的分类尝试就是一个证明。但萧梁《出三藏记集》未能沿着这一新的方向继续前进，而是沿用道安的对佛典不加分类的老办法，这应该说是我国佛典分类史上的一个倒退。

第二，该经录以《道安录》为基础，但所增加部分未能与《道安录》有机结合。这个问题当然应当从两方面来评价。由于《出三藏记集》没有完全打乱《道安录》的结构，使我们今天能够依据它恢复与研究《道安录》，这可以说是一件好事。但从《出三藏记集》本身的严密性、科学性来讲，则不能不说是一个缺陷。另外，若干录目界限不清，有些地方有欠条理，也造成《出三藏记集》体例的失衡。

第三，若干著录尚有疏漏之处。因此，它的著录固然是我们今天研究古代佛典的基本依据，但也不能不加分析就此采用，而必须再加考订。恐文繁，不详述。

---

① 《出三藏记集》卷五，《大正藏》第55册，第37页下。

四　《众经目录》

《出三藏记集》之后，南北朝还出现过好几部佛教经录。其中较为著名的有元魏李廓的《众经目录》、梁宝唱的《众经目录》、北齐法上的《众经目录》等，总计不下十余部，可惜的是已经全都亡佚了。所以，上接《出三藏记集》而又留存至今的最早的经录为隋法经等人于开皇十四年（594）所编纂的《众经目录》。

1. 《众经目录》简介

法经等所撰《众经目录》，简称《法经录》。该录卷七这样叙述自己的结构与内容：

> 总标纲纪，位为九录；区别品类，有四十二分。九录[1]：初六录，三十六分。略示经律、三藏、大小之殊；粗显传译是非、真伪之别。后之三录，集、传、记、注。前三分者，并是西域贤圣所撰，以非三藏正经，故为别录。后之三分，并是此方名德所修，虽不类西域所制，莫非毗赞正经，发明宗教，光辉前绪，开进后学。故兼载焉。[2]

也就是说，该《法经录》将所有佛典分成九录，前六录著录经律论，为：

> 大乘修多罗藏录一，
> 小乘修多罗藏录二，
> 大乘毗尼藏录三，
> 小乘毗尼藏录四，
> 大乘阿毗昙藏录五，
> 小乘阿毗昙藏录六。

上述六录中，每录又分六分：

> 一译分，
> 异译分，
> 失译分，
> 别生分，

---

[1] "录"字原漏，依据上下文意补。
[2] 《众经目录》卷七，《大正藏》第55册，第149页上。

疑惑分，

伪妄分。

这样，以上一共三十六分。即上文所说的"初六录，三十六分"。后三录著录西域与东土的僧人著作，为：

佛灭度后抄集录七，

佛灭度后传记录八，

佛灭度后著述录九。

上述三大录中，每录又分两分：

西域贤圣分，

此方诸德分。

这样，后三录合计六分，也就是上文所说"后之三录"的"前三分"与"后三分"。

以上九录，总共四十二分。按照传统观点，别生、疑惑、伪妄等典籍是不应该予以流通的。因此，如删除前六录中各自的别生，疑惑、伪妄等三分合计十八分，其余经典都应该流通，刚好相当于一部现前藏经。

2.《法经录》的价值

《法经录》的贡献首先表现在对佛教经典的组织上。

开皇十四年七月十四日，大兴善寺翻经沙门法经等人完成了《众经目录》的编纂，把它呈送给隋文帝，他们在表文中这么说：

比逮东晋、二秦之时，经律粗备。但法假人弘，贤明日广。于是道安法师创条诸经目录，铨品译材，的明时代，求遗索缺，备成录体。自尔达今，二百年间，制经录者，十有数家。或以数求，或用名取，或凭时代，或寄译人。各纪一隅，务存所见。独有杨州律师僧祐撰《三藏记录》，颇近可观。然犹大小雷同，三藏杂糅，抄集参正，传记乱经。考始括终，莫能该备。自外诸录，胡可胜言！僧众既未获尽见三国经本，校验异同。今唯且据诸家目录，删简可否。总标纲纪，位为九录；区别品类，有四十二分。①

_____

① 《众经目录》卷七，《大正藏》第 55 册，第 148 页下至第 149 页上。

也就是说，他们对前此各种经录的分类方案很不满意，故此提出自己的分类方案。他们在表文中批评的是李廓、宝唱、法上等录，本书限于篇幅，未做介绍。但这些经录的原始资料存于大藏经中，有兴趣者，可自行查看。

从汉文大藏经形成史的角度，上面这几部经录可看成是中国佛教僧人在汉文大藏经的形成时期努力对藏经的结构体系进行探索的第一个阶段。在这一阶段中，中国人虽然还没有完全认识"大藏经"这一事物的内在的质的规定性，但他们从乘、藏、译人、卷本、子注、内容等各个方面对大藏经的结构、分类进行了有益的探索。值得注意的是，南北朝各经录的不同结构及其嬗衍，体现出南北朝的不同学风，从而说明汉文大藏经在其形成时期因各地区情况之不同而呈现地区性特征，这是治大藏经史及南北朝佛教史时必须予以注意的。关于上述诸录的详细情况，可参见拙作《中国写本大藏经研究》，在此限于篇幅，不再详述。

《法经录》则继承前人的成果，完善并确立了以乘、藏、贤圣集传进行判分的基本格局，相当简洁明了，为后代大藏经所遵循。因此，它与其后的《历代三宝纪》实则代表了在汉文大藏经的形成时期中，中国僧众在大藏经结构体系方面所进行的努力的第二个阶段，在我国佛教经录史上有重要的地位。后来唐高宗龙朔年间由静泰等人编纂的《众经目录》便完全仿照《法经录》的体例。

《法经录》的另一个贡献是对疑伪经的著录。

南北朝是中国佛教疑伪经大量涌现的时代。《法经录》比较注意疑伪经的鉴别，并罗列了一大批疑伪经的名目，使后代研究者有所参考遵循，这应该说是它的一个优点。不过，对于为什么把这些典籍视作疑伪经，《法经录》基本不做解释。这未免有致误后人之嫌。另外，在疑伪经的鉴别理论方面，《法经录》也没有什么新的贡献。

此外，《法经录》还有一些不足。

首先，如《表文》所述，《法经录》并非在搜罗到全部经本的基础上编纂，而是依据诸家经录，校验勘同而成。这样，《法经录》的著录本身便缺乏坚实的实物基础。由于历代经录各有各的问题，从而使得《法经录》的质量受到影响。

其次，《法经录》没有设立代录，因此不能反映各朝各代佛典翻译的情况，也不便于检索佛典翻译之渊源演变。

至于著录个别经典时出现疏漏，那是所有经录都难以绝对避免的，《法经录》也不能例外。

五　《历代三宝纪》

《历代三宝纪》，又名《开皇三宝录》，隋大兴善寺翻经学士费长房编纂，简称《长房录》《房录》。如标题所反映的，这部经录是在三宝思想的影响下撰成的。三宝思想的产生是我国佛教史上的一件大事，它对大藏经的形成乃至佛教的民俗化都起到重大的推动作用。

1. 《历代三宝纪》简介

《历代三宝纪》，十五卷，可分为四个部分。

第一，帝年（卷一至卷三），当时我国有一种传说，认为释迦牟尼的诞生时间相当于我国周庄王十年（前 687），故《历代三宝纪》帝年的记叙便从周庄王十年起，到隋开皇十七年（597），总计 1284 年。在这一千多年中，记以佛教大事以及重要政事，相当于佛教的大事年表。费长房称："帝年张，知佛在世之遐迩"①，也就是说，他有以帝年彰显佛宝的意思。这也是《历代三宝纪》称名的依据之一。

第二，代录（卷四至卷十二），以朝代为纲，以译者为纬，记叙从东汉到隋，共计十七个朝代、道俗一百九十七人、翻译的各种经典二千一百四十六部，六千二百三十五卷。每个译者都附有小传。费长房称："代录编，鉴经翻译之多少。"② 译者大多为僧宝，所译经典为法宝，三宝由是具足。

第三，入藏录（卷十三、十四），分别大小乘、经律论，著录应入藏的经典，总计一千○七十六部，三千二百九十二卷。费长房称："入藏别，识教小、大之浅深。"③ 反映了他条别经典，区别部类的标准与依据。

第四，总目（卷十五），著录《上开皇三宝录表》《历代三宝纪》之总目以及历代佛教经录。前述《众经别录》的目录，即著录在这里。

隋费长房在他的《历代三宝纪》中专设了《入藏录》一目，这是他的创新与贡献，为后代经录所沿用。我们知道，汉文大藏经在南北朝时期已初步形成。现《历代三宝纪》特意设立《入藏录》，说明从佛教目录学的理论角度，汉文大藏经此时也已确立。因此，可以把《历代三宝纪》的编纂看作汉文大藏经正式形成的标志。

《历代三宝纪·入藏录》的结构如下。

　　大乘录

　　　　修多罗有译一，

　　　　修多罗失译二，

　　　　毗尼有译三，

　　　　毗尼失译四，

　　　　阿毗昙有译五，

---

① 《历代三宝纪》卷十五，《大正藏》第 49 册，第 120 页下至第 121 页上。
② 《历代三宝纪》卷十五，《大正藏》第 49 册，第 120 页下。
③ 《历代三宝纪》卷十五，《大正藏》第 49 册，第 121 页上。

阿毗昙失译六，

　　小乘录

　　　　　修多罗有译一，

　　　　　修多罗失译二，

　　　　　毗尼有译三，

　　　　　毗尼失译四，

　　　　　阿毗昙有译五，

　　　　　阿毗昙失译六。

　　这个《入藏录》是斟酌《法经录》的体例改制而成的。它首次以"乘"为分判佛典的第一层次标准，这种方法，为《大周录》以下诸经录所沿袭。但《房录》删去了《法经录》中"佛灭度后"三大类目，即删去了"贤圣集传"，这是很欠考虑的，因确有一批典籍不属于经、律、论范畴，但非常重要，应为它们立目，以便入藏而流传后世。

　　2. 对《历代三宝纪》的评价

　　历代经录学家对这部经录的评价都不高。主要指斥它考核不精，伪滥甚多。我认为对上述两个批评，应当认真分析，区别对待。

　　第一，考核不精问题，这的确是《历代三宝纪》的一大缺点。前面谈到，古代经录，几乎都难以避免这种指斥，即使被历来学者视为圭臬的《开元释教录》，也有颇多类似的错误。只是《历代三宝纪》在这方面比较突出而已。究其原因，一方面，主要是由于《历代三宝纪》也是依据历代目录，而不是依据现前经本编纂，其准确程度自然会受到它所采用的原始资料的限制。另一方面，当然这也与费长房本人的学力有关，否则应该能够鉴别所收资料的错谬。

　　第二，伪滥甚多问题，则应具体分析。最初提出这个问题的是唐释道宣，他说："房所撰者，入藏之中，瓦玉相谬。"① 接着提出这种指责的是《开元释教录》的作者智昇，他说："余检长房《入藏录》中，事实杂谬。其阙本、疑伪，皆编入藏，窃以为不可。"② 至梁启超，更由此批评费长房的人品、学风："大抵长房为人，贪博而寡识。"③

　　我认为，所谓"伪滥"，不同人可以有不同的标准。一方面，道宣、智昇有自己的是非标准，那是可以理解的。从另一方面讲，目录的功效，保存资料是第一位

　　① 《大唐内典录》卷五，《大正藏》第 55 册，第 279 页下。
　　② 《开元释教录》第十卷，《大正藏》第 55 册，第 576 页下。
　　③ 梁启超：《佛家经录在中国目录学之位置》，《北京图书馆国人文选》编委会编《北京图书馆同人文选》，书目文献出版社，1987，第 36 页。

的。如果用这个标准来考察《历代三宝纪》，则我们不得不承认，在保存资料方面，《历代三宝纪》并非伪滥，而是功绩甚伟。

费长房自己说："臣幸有遇，属此休时。忝预译经，禀受佛语。执笔暇隙，寝食敢忘！十余年来，询访旧老，搜讨方获。……今之所撰集，略准三书以为指南……其外傍采隐居、历年国志、典、坟、僧祐《集记》、诸史传等，仅数十家。摘彼翠零，成斯纪翩。"① 也就是说，十余年间，费长房遍采数十种史料，并采访故老耆旧耳食传闻，才写成此书。其资料之丰富，前所未有。道宣的《大唐内典录》的代录部分，基本上参考《历代三宝纪》写成，不少部分甚至原文照抄。而智昇的《开元释教录》又继承了《大唐内典录》的大批资料。至今，我们仍然从《历代三宝纪》中不断得到新的启发。道宣是当年批评《历代三宝纪》甚为严厉的人，但也不得不说这部经录的优点是"得在繁富"。并说，"非无凭准，不可偏削"。② 就是说，如果没有依据，不能随便否定《历代三宝纪》中的这些资料。我认为道宣的这一评价还是公允的。

前些年有研究者严厉指责费长房在《历代三宝纪》中有意作伪，制造混乱。我认为这种指责偏颇不实。由于《历代三宝纪》的资料来源甚多，这些资料相互间不可能完全契合，费长房在处理这些相互扦格的资料时往往采取兼收并蓄的态度，由此造成书内颇多自我矛盾之处。这些矛盾之处并不说明费长房在作伪，恰恰相反，说明费长房没有不懂装懂，没有掩盖矛盾，是一个有几分材料说几分话的老实人。当然，我们也应该指出，费长房虽然勤奋有余，但能力不足，不能很好地鉴别、处理自己得到的这么多材料，以致招来后世之讥。

六　《仁寿录》与《静泰录》

在费长房《历代三宝纪》撰成后，隋仁寿年间，翻经沙门及学士等撰《众经目录》五卷。又，唐初东京大敬爱寺静泰撰《众经目录》（简称《静泰录》）五卷。上述两种经录不仅名称相同，结构也大体相同，第一层次均为：单本、重翻、贤圣集传、别生、疑伪、阙本。仅《仁寿录》将疑经与伪经合为一录，《静泰录》将它们分为两录。此外在结构的第二层次，在细部略有差异。

上述两个目录对于大藏经应如何更好地安排其组织结构，提出了自己的方案。且虽然著录比较简略，但在资料的收集方面用功甚勤，故其中有些其他经录没有的新资料。值得注意。

本书限于篇幅，在此仅做简略介绍，下一节论述"藏经目录"时，还会对这

---

① 《历代三宝纪》卷十五，《大正藏》第49册，第120页下。
② 《大唐内典录》卷五，《大正藏》第55册，第279页下。

两部经录再做分析。但由于这两部经录的结构一致，故下一节分析时仅举《仁寿录》为例。

七　《大唐内典录》

《大唐内典录》，简称《内典录》。唐长安西明寺道宣律师撰于高宗麟德元年（664）。该经录在我国佛教史上影响较大。

1.《大唐内典录》简介

《大唐内典录》全录十卷。共分为十大部分。

第一，历代众经传译所从录（卷一至卷五），著录从东汉至唐计一十八个朝代所出的佛教典籍，其中有译著者的二千二百三十二部，七千二百卷；失译著者姓名的三百一十部，五百三十八卷（这是《大唐内典录》中道宣自己的统计数。目前《大唐内典录》传本的实际收录数要大于这个数字。详情待考）。这一部分基本抄自隋费长房的《历代三宝纪》的代录而略做增补。

第二，历代翻本单重人代存亡录（卷六、卷七），以大、小二乘，经、律、论三藏与《贤圣集传》为纲，区别单译与重译两种情况，分别著录历代翻译经典，同时对每一部经典分别说明其译者或是否失译。这一部分乃是仿照隋《仁寿录》的体例并加以增广而成。共录经八百一十一部，三千四百四十一卷。

第三，历代众经总撮入藏录（卷八），著录了道宣认为有资格入藏流通的经典。前此，唐高宗曾经敕命道宣编辑一部皇家官藏，其目录名为《西明寺录》。而《大唐内典录》的入藏录则是其后编成，是道宣在《西明寺录》的基础上自己编撰的私家目录。入藏录这种形式，最早本是由费长房创造的，道宣继承了这种形式而在分类体例上有所发展。因此，这部目录在当时的影响特别广泛。从敦煌遗书所保存的各种佛经目录可以发现，从盛唐到晚唐，敦煌地区始终以道宣的这部入藏录为基本依据来整理组织当地的大藏经。《大唐内典录·入藏录》的收经数，在各处的记载不完全一致，有七百九十九部、八百部、八百零一部等三种说法。据我的考证，以八百部的说法较为可靠。但现在的传本中，入藏录只有七百九十七部，遗漏三部。关于所遗漏三部经的情况，参见拙作《八—十世纪佛教大藏经史》第二章第二节。《大唐内典录》的入藏录不仅附有合帙记录，并标明每帙经在经柜中贮放的固定位置，反映出当时流行的与经名帙号法配合使用的一种标准的定格贮存法。关于这一点，亦请参见拙作《八—十世纪佛教大藏经史》的有关内容。

第四，历代众经举要转读录（卷九），列举每种经典的最优流通本，以供读者参考。这种体裁是以前的经录所没有的，是道宣对中国佛教目录学的一个贡献，对后代经录有较大的影响。

第五，历代众经有目阙本录（卷十），载录经录有名，但未能访得经本的典籍，以备将来查访。

第六，历代道俗述作注解录（卷十），载录中华佛教著述。

第七，历代诸经支流陈化录（卷十），载录别生经典。

第八，历代所出疑伪经论录（卷十），载录疑伪经。

第九，历代众经录目始终序（卷十），载录历代经录。

第十，历代众经应感兴敬录（卷十），记载各种因持诵佛经而得感应的宗教故事。

上述第十卷所载的六个专题性目录，相当于附录。其中不少都是道宣的创新。

2. 对《大唐内典录》的评价

从总体看，《大唐内典录》承上启下，在体例上有较大的创新，在中国佛教经录史上有较高的地位。然而，正如道宣自己所说的"今余所撰，望革前弊。然以七十之年，独运神府，检括漏落，终陷前科"。① 不仅如此，从现有情况看，《大唐内典录》终道宣之年，似乎并没有最终定稿。或者一度定稿之后，道宣并不满意，又做了若干修改，因此在不少地方都露出一些尚须修订的漏洞，遗留一些难以索解的疑问。关于这一点，尚待今后进一步研究。

《大唐内典录》在敦煌有较大的影响，这一点从许多方面都可以得到证实。如前所述，在相当长的时间内，敦煌当地寺院都是依据《大唐内典录·入藏录》来组织、管理本地的藏经；在斯 2079 号、伯 4039 号中对《大唐内典录》都有著录，说明这部经录在当地流通的实际情况。正因为如此，在敦煌遗书的佛经目录中保留最多的就是《大唐内典录》。保留下来的《大唐内典录》又可以分为两类。一类完全照录《大唐内典录》原文；另一类则摘录其中的若干文字，形成所谓的《大唐内典录抄》。

属于《大唐内典录》的共有四号：伯 4673 号、伯 3739 号、斯 9994 号、斯 11427 号 A。各号情况大致如下。

伯 4673 号，首尾均残，存 74 行。7 世纪下半叶至 8 世纪中叶的写本。全卷可分为前后两部分。前部分 17 行是《金光明最胜王经》卷十中萨埵太子舍身饲虎故事的片段。后部分 57 行为《大唐内典录》卷二《历代众经传译录》中《前魏朝曹氏传译佛经录第二》的后半部分至《南吴孙氏传译佛经录第三》的前部分。前后两段原非同一经典，王重民先生《伯希和劫经录》著录本号时未提到前段之《金光明经》，因此，两段之误缀恐系王重民先生著录以后所为。原卷背面有藏文。

伯 3739 号，首尾均残，存 571 行。前后字体优劣不同，似非一人所书。内容系《大唐内典录》卷三《历代众经传译录》中《东晋朝传译佛经录第五》的后半部

分、《前后二秦传译佛经录第六》的全文以及《后秦传译佛经录第七》的前半部分。抄写年代与伯 4673 号大致相近。

将此两号与《大唐内典录》传世本相比较，文字互有参差，亦各有优劣，故可资互校。

斯 9994 号，首尾均残，存 5 行，为一小残片，内容相当于《大唐内典录》卷八《历代众经见入藏录第三》之《大乘经一译》部分，可参见《大正藏》第 55 册第 304 页上。

斯 11427 号 A，首尾均残，存 6 行，小残片。内容相当于《大唐内典录》卷八《历代众经见入藏录第三》之《大乘论》部分，可参见《大正藏》第 55 册第 311 页上。

属于《大唐内典录抄》的也有 4 号，它们是伯 3877 号背、斯 10604 号背、斯 6298 号背、伯 3898 号背。各号情况大致如下。

伯 3877 号背，《伯希和劫经录》已经将其鉴定为"《大唐内典录》残卷"。该卷共包括 4 件断片，每件首尾均残，文字互不连缀。其中 A 件存 5 行，B 件 171 行，C 件存 140 行，D 件存 32 行，合计共存 348 行。若依所抄内容计，则以上 4 件共抄《大唐内典录》文字 32 段。《伯希和劫经录》称："原卷裂为三段。"如果王重民先生著录无误，则在王重民先生著录后，原卷又有断裂；或其后整理时，发现新的断片，因本属同一抄本，故归入同一号内。如系前者，则在法国所藏敦煌遗书中应当还能再找到一件该卷的残片，可以连接上述 4 件中的 2 件，使它们合缀为一。

斯 10604 号背，首尾均残，存 10 行，录文 1 段。

斯 6298 号背，首尾均残，存 33 行。《斯坦因劫经录》拟题为《大唐内典录·单本一切经序》。其实本号录文三段，《单本一切经序》乃是它的第三段。

伯 3898 号背，首尾均残，存 70 行。《伯希和劫经录》误拟题为《持诵〈法华经〉灵验记》，其实该号与伯 3877 号 D 首尾相接，缀接后残字相合，毫发毕符。

以上 4 号 7 件断片，字体均为行楷，笔迹完全相同，书法流畅纯熟，显系一人所书，且原属同卷。根据各断片所抄录的内容，其排列次序应当是：伯 3877 号背 A→伯 3877 号背 B→斯 10604 号背→斯 6298 号背→伯 3877 号背 C→伯 3877 号背 D→伯 3898 号背。

由于伯 3877 号背面 D 与伯 3898 号背可以缀接，故如果将缀接行、段合并计算，则该敦煌遗书《大唐内典录抄》共存 460 行，录文 36 段。

这几号遗书的正面原系开元四年（716）敦煌慈惠乡户籍与开元十年（722）敦煌悬泉乡户籍。伯 3877 号背 B 共由六张纸缀接而成，它的五个两纸接缝处，均有用行书写的"沙州，敦煌县，慈惠乡开元四年籍"字样。该正面文书，已有池田温、土肥义和等先生的研究。而《大唐内典录抄》显系利用开元户籍的废弃纸缀连抄写而成。综合诸种因素判断，它们大致抄写于 8 世纪下半叶至 9 世纪上半叶。

特别值得注意的是，在斯 2896 号背面抄写了一段《大唐内典录·单本一切经序》。从内容看，这是道宣为《大唐内典录·大小乘单本一切经目录》所撰写的序文。故序文开头即论述无论是大乘经典，还是小乘经典，均系"演彼一音"，无非是"悟兹六道"，从而说明自己把大、小乘单本经典合编在一起的原因。但在传世本《大唐内典录》中，却找不到有《单本一切经目录》。而且，在传世《大唐内典录》的卷五、卷六两卷中，已经分别大小乘著录了单本、重本等一切经目录，如果再搞一个《单本一切经目录》，实际上就重复了，没有任何必要。故敦煌遗书中的这篇《单本一切经序》与《大唐内典录》的传世本体例不符。但是，无论从哪一个方面，我们都没有任何理由否认斯 6298 号所抄写的这一段文字属于《大唐内典录》。这就为我们研究《大唐内典录》提出一个重要的问题。我认为，也许道宣当初的确曾有编撰《大小乘单本一切经目录》的意图，但因为某种原因未能实现，不过为这个目录所写的序言已经写好，于是便将该序文附在《大唐内典录》中一起流通。另一种可能，则是道宣的确在《大唐内典录》中单立《大小乘单本一切经目录》，只是按照道宣的习惯，这个目录很可能与《大唐内典录》中的《历代众经有目阙本录第五》《历代诸经支流陈化录第七》一样，都是立录而无目，制序而无经。在其后的流传过程中，《单本一切经序》亡佚，形成现在的传世本。当然，上面所讲都是推测。历史真相究竟如何，有待新资料的发现与新研究的推进。总之，敦煌遗书中《大唐内典录·单本一切经序》的发现，为我们研究《大唐内典录》的早期形态提供了重要线索。

八 《大周刊定众经目录》

《大周刊定众经目录》，简称《大周录》，武周时由沙门明佺等人所撰。全录十四卷，前六卷为大乘经、律、论录；第七卷到第十等四卷为小乘经、律、论及贤圣集传；第十一、十二两卷分别为大小乘失译经目与大小乘阙本经目；最后两卷为入藏录。除上述十四卷外，《大周录》还附有《伪经目录》一卷。该《伪经目录》既单独流通，又与其余十四卷合并流通，故传世《大周录》亦有作十五卷者。

由于《大周录》纂成不久，唐中宗复辟，故其后该录影响不大。不仅如此，活动于唐中宗、玄宗时代的著名佛教经录学家智昇曾严厉批评该录，称："当刊定此录，法匠如林，德重名高，未能亲览。但指捃末学，令缉撰成之。中间乖失，几将太半。"[①] 故人们往往对《大周录》观感不佳。但如将《大周录》与前此的《大唐内典录》、此后的《开元释教录》加以比较，则可知智昇的批评有失公允，显得苛

① 《开元释教录》卷十，《大正藏》第 55 册，第 579 页上。

刻。且《大周录》作为皇家编纂的目录，在编撰的过程中，曾参考过道宣、智昇都未曾见到的释僧皎、释宝唱等人所撰经录。所以其中会出现一些其他经录都没有著录过的新资料，有较高的资料价值，值得研究者重视。当然，与任何经录一样，《大周录》也有自己的不足，只要使用时慎加鉴别，则《大周录》可以发挥意想不到的作用。

除了在大藏经中收录的传世本之外，因《大周录》曾传到敦煌，所以在敦煌遗书中也有保存。如伯 3986 号载有"《大周刊定众经目录》，第九卷"。在伯 3869 号中也有关于《大周录》第十、十一、十二、十三、十四等诸卷的记载。现在敦煌遗书中发现的《大周录》共有两号，都是残片，简况如下。

（一）斯 11962 号，仅剩两行，是《大周录》卷九的残片，唐写本。所录文字可参见《大正藏》第 55 册第 425 页中。

（二）斯 5943 号，残剩七行，是《大周录》卷十四的残片，唐写本。所录文字可参见《大正藏》第 55 册第 471 页中至下栏。

上两号均约抄写于 8 世纪。

值得注意的是，《大周录》卷十四"贤圣集传"部分，历代经录的著录略有不同，可以分为两大系统。一是《高丽藏》本系统，一是《资福藏》《普宁藏》《嘉兴藏》等三种藏本的系统。现斯 5943 号所著录的正是"贤圣集传"部分，它的著录与上述两大系统既有共同之处，又有相异之处。从它著录有《金七十论》来说，它接近《资福藏》等三藏系统，但从它最后一帙的合帙情况看，它又接近《高丽藏》系统，这就为我们研究《大周录》提出了新的课题。

九　《开元释教录》

《开元释教录》，简称《开元录》，唐长安西崇福寺沙门智昇撰于开元十八年（730），是我国历史上影响最大的佛教经录。智昇，生卒年不详。房山云居寺有一座金仙公主塔，为唐开元年间建造，上有记录，称金仙公主派遣智昇送经本到房山，以作为刊刻石经的底本。可见智昇与皇室保持着较好的关系。

1. 《开元释教录》简介

《开元释教录》，全书二十卷，分作二帙，结构如下。

上帙：《总括群经录》，又名《总录》，分为两个部分。

第一，历代出经录（第一卷至第九卷）：记述从东汉永平十年（67）到唐玄宗开元十八年（730）共 664 年、19 个朝代、僧俗 176 位译撰者译撰的汉文佛教典籍 2276 部，7046 卷。每位译撰者均附有简略的小传。

第二，《叙列古今诸家目录》（第十卷）：记述自《古录》至《开元录》历代经录共 41 家。其中的 31 家只存其目，未见其本。其余 9 家，系智昇亲睹其本。另一家即《开元录》本身。

下帙：《别分乘藏录》，又名《别录》，分为七部分。

第一，《有译有本录第一》（第十一卷至第十三卷），又名《广录》。智昇勘定众经后，把内容无误，确属"真经"，译人、译时已经考证，且亲眼看到，现有经本者，依大小乘、经律论、贤圣集传等子目分类后归入此录。共收经1124部，5048卷，分作480帙。每部经并兼述译人时代，有的还附有简单的考证与说明。智昇在佛藏结构体系方面的贡献，主要体现在这里。

第二，《有译无本录第二》（第十四、第十五卷），将内容亦属"真经"，译人、译时无疑问，但未能搜得其经本的经典也依大小乘、经律论、贤圣集传等分别收入此录。共收经1148部，1980卷。每部经亦兼述译人时代。该有译无本录可供后人查访佚本时参考。

第三，《支派别行录第三》（第十六卷），将一些从大部抄出别行的典籍依照大小乘、经律论、贤圣集传的顺序收入此录。智昇认为，为了随机说法，化度众生，有时亦需要从大部别出一些内容，单独流行。但是，这样做也可能造成典籍的混乱，使后人迷失这些典籍的真正出处。为此编纂该录，"庶使将来学者览派知源"[1]。该录共收经典682部，812卷。

第四，《删略繁重录第四》（第十七卷上），该录著录了部分也是从大部中别出、略出的经典，以及同本异名的经典。智昇认为，在这儿列举的经典与前述"支派别行录"中列出的经典不同，它们完全没有必要略出别行，称它们是"年岁久淹，共传讹替，徒盈卷帙，有费功劳"[2]，主张把它们全部删除。这部分共著录经典147部，408卷。

第五，《补阙拾遗录第五》（第十七卷下），该录著录旧录阙题、新译未载等一些应入藏的典籍。这些经典实际均已编入《有译有本录》中，但由于它们都是智昇最新搜求而得，前此未曾入过藏，为了引起人们的重视，故单列一录。这部分共收经典306部，1111卷。

第六，《疑惑再详录第六》（第十八卷上），这部分著录真伪难辨、尚须考证的疑经。智昇称它们"真伪交参，是非相涉，故为别录，以示将来。庶明达高人，重为详定"[3]。共收14部，19卷。

第七，《伪妄乱真录第七》（第十八卷下），这部分著录伪经。"庶泾渭殊流，无贻后患"[4]。共收经392部，1055卷。

---

① 《开元释教录》卷十六，《大正藏》第55册，第651页上。
② 《开元释教录》卷十七，《大正藏》第55册，第662页中。
③ 《开元释教录》卷十八，《大正藏》第55册，第671页中。
④ 《开元释教录》卷十八，《大正藏》第55册，第672页上。

第八，《入藏录》（第十九、二十卷），《开元录》至第十八卷实际已结束了。但智昇又别撰了《入藏录》两卷，附于全书之后。

《入藏录》实际是《别录》中《有译有本录第一》的一个略出本。正因为有这个相对应的"略出"本，故《有译有本录第一》又称为《广录》。智昇认为《广录》中的经典都是应当入藏的，但《广录》记叙的内容比较繁杂，除了经名、卷数、合帙、异名、异卷（即不同的分卷情况）、译者、译时之外，还包括关于出处的说明、关于同本异译或单译的说明、关于第几译的说明、关于诸经录记载异同的说明、有的还有关于内容的某些考订等。该《广录》详则详矣，但作为一个供检阅大藏经使用的随架目录却烦琐、不便于使用。因此，智昇又编了一部简明扼要的《入藏录》。

《入藏录》只著录诸经的名称、卷数、合帙、异名、异卷、异帙以及每部经所用的纸数。当时佛经因抄本不同以及用纸的不同，纸数、卷数乃至合帙都常不同，也常有同本异名等情况发生。因此，《入藏录》不失为当时一种很实用的大藏经随架目录。由于它是《有译有本录》的略出别行本，所以它不包括在《开元录·别分乘藏录》中，从总体看，它只是《开元录》的一个附录。

《入藏录》共收经 1076 部，5048 卷，分作 480 帙。它与《有译有本录》的收经数 1124 部相差 48 部。关于这一差数，智昇是这样说明的："与前《广录》部数不同者，前《广录》中以《大宝积经》诸部合成，分为四十九部上录，此合为一部，故欠四十八部不同"①，亦即《入藏录》与《广录》实际收经数完全一致。

《开元释教录》确立了汉文大藏经的分类体系，这一分类体系其后流传千年之久。智昇的这一工作体现在《开元录·别录·广录》之中。在此，先将《开元释教录》关于汉文大藏经结构体系的设计安排抄录于下。抄录时，根据我在敦煌遗书中发现的《开元录简目》（伯 3313 号、伯 2722 号、伯 2840 号）增补一些相关的内容。

菩萨三藏录第一（即大乘录）　258 帙

菩萨契经藏（203 帙）

　　大乘经单重合译（179 帙）

　　般若部（73 帙）

　　　主经：《大般若经》（60 帙）

　　　眷属（13 帙）

---

① 《开元释教录》卷十九，《大正藏》第 55 册，第 691 页上。

宝积部（17帙）

　主经：《大宝积经》（12帙）

　眷属（5帙）

大集部（14帙）

　主经：《大集经》（3帙）

　眷属（11帙）

华严部（18帙）

　主经：旧译、新译《华严经》（14帙）

　眷属（4帙）

涅槃部（6帙）

　主经：《大般涅槃经》（4帙）

　眷属（2帙）

五大部外诸重译经（51帙）

　杂经（34帙）

　不空羂索（3帙）

　陀罗尼集等（14帙）

大乘经单译（24帙）

菩萨调伏藏（5帙）

菩萨对法藏（50帙）

大乘释经论（15帙）

　主论：《大智度论》（10帙）

　眷属（5帙）

大乘集议论（35帙）

　主论：《瑜伽师地论》（10帙）

　眷属（25帙）

声闻三藏录第二（即小乘录）　165帙

声闻契经藏（48帙）

小乘经单重合译（31帙）

四阿含主经（20帙）

《长阿含》（2帙）

《中阿含》（6帙）

《增一阿含》（5帙）

《杂阿含》（5帙）

《别译杂阿含》（2帙）

四阿含眷属（11帙）

小乘经单译（17帙）

　　主经：《正法念处经》（7帙）

　　　　　《佛本行集经》（6帙）

　　眷属（4帙）

　　　　　声闻调伏藏（45帙）

　　主律：《摩诃僧祇律》（4帙）

　　　　　《十诵律》（6帙）

　　　　　《根本说一切有部律》（5帙）

　　　　　《根本说一切有部尼律》（2帙）

　　　　　《根本说一切有部杂事》（4帙）

　　　　　《根本尼陀目伽》（1帙）

　　　　　《五分律》（3帙）

　　　　　《四分律》（6帙）

　　眷属：诸律杂羯磨（14帙）

声闻对法藏（72帙）

　　有部身论（5帙）

　　有部足论（8帙）

　　毗婆沙支派及余派（59帙）

圣贤传记录第三　57帙

梵本翻译集传（15帙）

此方撰述集传（42帙）

　　智昇在《广录》中已有"译本"与"支流经"之类的提法，但没有明确注明哪些属于"支流经"。上文中关于主要典籍（主经）与次要典籍（眷属）的分类，系依据敦煌遗书《开元录简目》所做的补充。总的原则是由智昇提出的，但具体的分法不一定符合智昇的原意。

　　2. 对《开元释教录》的评价

　　《开元释教录》对我国佛教文献学的贡献是巨大的。择要而言，可分为如下三个方面。

　　第一，广泛搜罗典籍，予以精细考订。

　　广泛搜罗典籍，这是一般经录学家都要做的事。但是，考察古代经录学家的工作，可以发现，不少人的工作，主要不是搜罗经典原本，然后考订、编目，而是搜罗前代各种经录，然后依据前代经录斟酌损益，由此编纂新的经录。前代经录固然是后代编纂新的经录时必须参考的重要资料，但是，如果自己手头不掌握经本，则对前人著录的正确与否，就没有办法进行正确的判断。其结果，只能是人云亦云，亦步亦趋。古代经录往往以讹传讹，其主要原因，就在这里。

从《开元录》的《入藏录》上对每部经典纸数的记录我们可以看出，智昇广泛搜罗了各种经典的原本，这就为他的鉴别工作奠定了坚实的资料基础，使得他的工作得以远远超出前人。这些工作主要体现在"有译有本录"中。在该录中，智昇对许多经典都做了详细的考证，纠正了前代的许多讹误，为后人留下宝贵的资料。

第二，对汉文大藏经分类结构的贡献。

与前此诸目录比较后可以发现，以前的目录在分类时，时而用"乘""藏"这样表述经典派别、内容的标准；时而用"有译""失译"这样表示译者的标准；时而用"一译""多译"这样表示"译本"的标准；时而用"一卷""多卷"这样表示篇幅的标准。从总体来看，标准并不划一。从目录学的角度来说，由于文献的数量浩如烟海，内容又极其复杂多样，包含着各种各样的因素，广大的读者又是根据各自特定的目的，从各种不同角度来查阅、利用文献，因此，必须考虑到文献的外在的及内在的种种基本特征，从各种不同角度来对文献进行分类、编目，才能充分满足各种不同类型的需要。但是，从种种不同角度、不同立场提出来的分类标准，不必要、也不可能容纳在一个目录中，而应分别编制成不同的目录。否则，只能引起结构上的混乱。

《开元录》纠正了过去多方位提出不同标准的做法，除了"贤圣集传录"之外，基本上贯彻了以经典本身的内容特征来决定它的归属的分类方法。这种方法根据佛教典籍本身所反映的知识内容和思想倾向，分门别类地把它们组成一个有内在逻辑联系的完整体系。它将同一思想内容的经典集中在一起，把内容与性质相近的经典排在相近的位置上。这样，便有利于系统地揭示这些经典本身最本质的属性和内容上的相互联系。这样编成的大藏经，在一定程度上反映出佛教的全貌，既便于人们从整体上去把握佛教，也便于人们触类旁通，认识某一种经典在整个佛教中的地位。《开元录·别录·广录》的出现，标志着汉文大藏经的结构体系在理论上已经完成。

智昇很注意收纳前此一些能为自己所用的其他分类标准，把它们改造后，有机地组织进来。例如，他在将性质相近的经典归在一起的同时，将同本异译的经也归在一起，并通过注记说明某经与某经同本，为第几译，从而使诸经之源流十分清楚。智昇还一改传统重视单译、把单译经放在重译经前面的方法，更重视重译，把重译经放在单译经的前面。关于这一点，他解释说："寻诸旧录，皆以单译为先。今此录中以重译者居首。所以然者，重译诸经文义备足，名相楷定，所以标初也。"① 此外，他还把传统的"重译"改作"重单合译"，说："旧录中直名'重译'，今改名'重单合译'者，以《大般若经》九会单本，七会重译；《大宝积经》二十会单本，二十九会重译。直云重译，摄义不周。余经例然，故名'重单合译也'。"② 也就是说，机械地依重译、单译分类，势必会产生割裂同一性质的经典甚至割裂某一大部经典的情况。因此，智昇以内容标准为第一，适当地修改了传统的重译、单译的区分法，使它更好地为体现佛典的派别渊源、思想特点服务，更加科学化。在智昇的《开元录》中，译本标准已成为与内容标准紧密结合，并为内容标准服务的一种方法了。

《开元录》在大乘经中设立了"般若""宝积""大集""华严""涅槃"等五大部，这五大部的设立与中国佛教各宗派及其判教学说有一定的联系。在汉文大藏经形成的初期，中国的早期判教学说曾影响过佛典的分类。其后，随着中国僧人对印度佛教认识的深入，汉文大藏经逐渐依照印度佛典结构的理论去组织。现在，中国佛教的判教理论重新出现在佛典的分类中，这无疑是自南北朝晚期起佛教日益中国化的一种反映。从这个角度讲，智昇设计的大藏经结构体系在一定程度上反映了中国佛教的发展水平。

第三，对佛教经录学的贡献。

《开元录》对佛教经录学的发展也做出重大贡献。可以说，智昇把佛教经录学推到一个前所未有的高度。所以后人评价说："经法之谱，无出昇之右矣。"③ 佛教经录学是我国文献目录学的有机组成部分，因此，智昇的工作，也是对我国文献目录学的重大贡献。纵观我国的文献目录学，可以说，智昇创造了一个高峰，并雄峙几百年。

当然，《开元录》也存在一些不足。

第一，《开元录》未能全面反映出中国佛教当时的发展水平。例如，当时中国佛教的一个显著特点是出现许多带有中国特色的宗派，但智昇的《开元录·入藏录》未能反映出这一时代特征。又如智昇将大乘论分作"释经论"与"释义论"两类，比以前笼统称作"大乘论"固然是一个进步，但这仅是从这些论的论述方式去着眼，没有彻底贯彻内容标准，因此未能区分诸如中观、瑜伽等不同派别的典籍。当时中国佛教各宗派对上述大乘论籍已有较深入的研究，但《开元录》均未能予以反映。从这些方面讲，《开元录·入藏录》及其所代表的汉文大藏经已落后于中国

---

① 《开元释教录》卷十一，见《大正藏》第 55 册，第 582 页中。
② 《开元释教录》卷十一，见《大正藏》第 55 册，第 582 页中。
③ 《宋高僧传》卷五，《大正藏》第 50 册，第 734 页上。

佛教发展的水平。

第二，重视外国传入的翻译，轻视本国僧众的著述，这大约应算《开元录》的一个最严重的缺点。在智昇之前，虽然诸经录的《入藏录》一般很少收中国人的著述，但大量著述，尤其是经疏等确曾入藏。如隋代智果在皇家内道场所编藏经的"大乘经"共收 617 部，2067 卷，其中经疏有 59 部，379 卷，据道世《法苑珠林》卷一百载，其时中华撰述共有三千多卷，由于种种原因，当时长安有千余卷。这里讲的是唐高宗时的情况。到了智昇时代，中国人所撰佛教章疏也有不少是入藏的，如天宝七年（748）杨贵妃兄杨国忠"奉为圣主写一切经五千四十八卷，般若四教、天台疏论二千卷"，送到五台山清凉寺，"俾镇寺焉"。① 这两千卷疏论自然不可能是杨国忠自己搜寻而得，只能是出于当时某部大藏或某个京师的大寺院。当时，中国佛教的各宗各派正在蓬勃发展，佛学研究更加深入，各种佛教著作大量涌现。其内容包括教史、教义、戒律、礼忏、僧众的日常生活、民众的宗教活动等。但智昇对这些著作却似乎视而不见，只把其中的极少数（40 部，368 卷）收入《贤圣传记录第三》的《此方撰述集传》中，其余的一概摒除在大门之外。关于这一点，古代就有人曾提出批评，如李肇《东林寺经藏碑铭并序》载："云门僧灵澈……又病前贤编次，不以注疏入藏，非尊师之意"②。灵澈是唐宪宗元和年间（806~820）人，他所批评的前贤，正是智昇。又如高丽义天（1055~1101）说：《开元录》"最为精要。论者以为：'经法之谱，无出昇之右矣'。住持遗教，（'教'下疑漏'功'字——方按）莫大焉。予尝窃谓：经论虽备，而章疏或废，则流衍无由矣"③。因此，义天将搜集到的各种章疏编纂成目录，名《新编诸宗教藏总录》，共收各种章疏 1010 部，4740余卷。其中相当一大部分都是在智昇以前撰成的。如果智昇在自己设计的大藏经结构体系中给这些著作以及其他有关佛教的中华撰述一席之地，把它们统统收编入藏，则《开元录》将为我们今天研究中国佛教提供多少资料，将对保存祖国文化发挥多么巨大的作用啊！当然，这问题并不能归咎于智昇一人，这几乎是中国古代佛教目录学家的共同缺点。但智昇所提供的这一教训，确实应作为我们今天编撰经录、编印大藏经的一个鉴戒。

第三，就分类而言，智昇的《圣贤传记录第三》是目录中问题最多的一部分。

首先，这部分内容最杂，凡是无法归入经、律、论的翻译著作统统放在这里。其实，其中不少典籍的内容与有些经、律相近，只是因为经、律的作者是佛陀，而这批著作的作者署有姓名。亦即从全藏看，智昇采用的是内容标准，但在这儿，却

---

① （清）董诰等编《全唐文》卷二六四，第 2679 页。
② （清）董诰等编《全唐文》卷七二一，第 7417 页。
③ 《新编诸宗教藏总录序》，《大正藏》第 55 册，第 1165 页下。

又以作者作为分类的标准，实在难免自乱体例之讥。当然，我们也应该指出，站在宗教立场上，智昇这样做当然完全无过。

其次，在《圣贤传记录》中，智昇采用了地区编排法，将这一部分典籍分作"梵本翻译集传"与"此土翻译集传"。地区编排法能集中某一地区的全部文献，故适用于地区性较强的资料。但问题在于：第一，如以地区为分类标准，则前此大小乘经律论全部都应属"梵本翻译"，前面用内容作标准、此处用地区作标准，这儿仍然存在同一层次出现不同分类标准的问题；第二，传入中国的这些典籍，并非都是梵本，它包括了古印度、中亚许多其他语言，智昇在此未能予以区别。

总之，这一部分实际上比较杂乱，智昇只是把依佛教标准无法收入经律论三藏的梵本典籍、前此已收入大藏经的一些中华典籍以及他自己的著作统统收在这里，然后再分一个中国、外国而已。从结构科学化的角度来说，存在一定的问题。

第四，智昇编纂《开元录》时，"开元三大士"之一善无畏已开始在长安弘扬密教。密教是印度佛教发展的最后一个阶段，它吸收了印度教与印度民间俗信许多因素，形态发生很大变化。显密两教的区别是很显著的，纯粹的印度瑜伽密教虽是此时方才传入，但杂密却早在东晋就已入华，并翻译出大量密咒典籍。智昇虽也注意到密咒典籍不同于其他大乘经典，却没有予以充分的重视，未将它们分别开来，而是把所有的密教经典统统当作五大部外典籍，与其他大乘经典混杂在一起。以致后代因袭《开元录》的诸藏经都未能认真区分显密两类完全不同的经典。

第五，最后，从总体看，智昇是站在中国佛教重大轻小的传统立场上来设计汉文大藏经结构的。因此，他没有，也不可能考虑到怎样努力用大藏经的结构来反映佛教发展的历史线索。

当然，我们批评古人，不能脱离他们的具体的历史环境而苛责他们。智昇已达到他那个时代佛教目录学的顶峰，他的不足与缺陷，正是时代的不足与缺陷。如果我们把智昇设计的藏经结构与 20 世纪新编的日本《大正藏》的结构以及吕澂先生的《新编汉文大藏经目录》的结构做一比较，便可以更清楚地认识智昇的贡献与不足。[1]

3. 敦煌遗书中的《开元释教录》

《开元释教录》撰成以后，便得到时人的重视与赞赏。尤其在"会昌废佛"以后，我国的佛教大藏经基本上都按照《开元释教录》的《入藏录》来组织，使得《开元录》成为全国大藏经的标准，取得了很高的地位。因此，《开元录》在全国各地颇为流行，敦煌也不例外。

现在在敦煌遗书中发现的《开元录》共有两种，一种为斯 5594 号，实际是它

---

① 　参见方广锠《〈大正新修大藏经〉评述》，南京金陵刻经处编《闻思》，华文出版社，1997。

的《入藏录》的一种抄本。另一种为伯3313号等三号，为《开元录简目》。这两种经录都有较高的研究价值，现简单介绍如下。

第一种：《开元录·入藏录》。

斯5594号，缝缀装，共4纸，折为8页，成16个半页。每页高15厘米，宽10.5厘米。中间订麻线，六孔五段。每半页六行，有墨栏。第一个半页空白，无墨栏，似为封面。上有黄色"保"字，字体拙劣。另有铅笔"373"与钢笔"S5594"，为近人所书。第二个半页已划墨栏，但未抄文字。文字系从第三个半页抄到第十四个半页。第十五个半页同第二个半页。第十六个半页仅划上下边栏，未划界线。故本《入藏录》乃原缺，并非后残。从纸张、内容、字体、装帧形式等各方面判断，可以判定是10世纪末、11世纪初的抄本。文内有"图有""有"等批注，可知是敦煌灵图寺据以点勘本寺藏经的记录。点勘时并对有些经典注明了所用帙皮的情况。文内的千字文帙号、点勘记录、帙皮情况均为朱笔，余为墨笔。

本号有较高的研究价值，主要体现在如下几个方面。

第一，"会昌废佛"之后，全国逐渐出现以《开元释教录》之《入藏录》为标准点勘、统一本地佛教大藏经的趋势。这一趋势在各地的发展并不平衡。敦煌地区在晚唐时基本仍以《大唐内典录》为整理本地藏经的依据，到五代时，才开始用《开元释教录》之《入藏录》作为点勘本地藏经的目录依据。这就是敦煌遗书《沙州乞经状》的由来。本号则说明到了北宋时期，《开元释教录》之《入藏录》已经在敦煌广泛流传。敦煌地区佛教大藏经目录依据的这种变化，说明传统的"《开元释教录》一经撰成，就成为全国大藏经的目录依据"的说法不能成立。关于这一点，可参见拙作《八一十世纪佛教大藏经史》的有关章节。

第二，智昇《开元释教录》之《入藏录》原本没有千字文帙号，后来大藏经收入一本名为《开元释教录略出》的著作，它源于《开元释教录·入藏录》，但收经略有不同，上面却有千字文帙号。以往学者大多忽略了《开元释教录略出》与《开元释教录·入藏录》的区别，以为《开元释教录略出》也是智昇撰写的，从而得出千字文帙号是智昇所创这么一个错误的结论。并由此以为《开元释教录略出》的千字文帙号形态就是佛藏帙号的标准形态，以此来研究《开宝藏》等早期藏经。斯5594号则说明《开元释教录》之《入藏录》在其后的流传过程中，分化为不同的系统。《开元释教录略出》只是诸多系统中的一个，且与智昇原著《开元释教录》之《入藏录》已经有了较大的差异。与此相比，斯5594号更近于《开元释教录·入藏录》的原貌。关于《开元释教录·入藏录》的诸不同系统，可以参见拙作《八一十世纪佛教大藏经史》之附录《开元录·入藏录复员拟目》之说明。

第三，本号首题称："左街相国寺精义大师赐紫沙门臣德神进《开元释教大藏经目录》。"德神，僧史中无载。进《开元释教录》之事，僧史中亦无载。因此，我

们现在无法明了德神进《开元释教录》这件事发生的确切年代。但是，从斯 5594
号以及当时中原与敦煌的关系考察，此事发生在 10 世纪当无可疑。那么，10 世纪
时，僧人德神为什么要向朝廷进呈《开元释教录》呢？

首先，相国寺是京师开封右街（斯 5594 号误作左街）的第一大寺。德神既蒙
赐紫，又被封为"精义大师"，可知应是当时僧界的领袖人物。

其次，按惯例，僧人向朝廷进呈的，一般应是本人的译作或著述，以求得到朝
廷的嘉勉及入藏的殊荣。但德神所进却是前人著作的一个略出本，可见应有他现实
的目的或实际的功用。当时，与佛藏有关的最大事件是《开宝藏》的刊刻。我们都
知道《开宝藏》是依据《开元释教录》刊刻的。因此，德神进呈的这本《开元释教
录》很可能就是《开宝藏》的刊刻依据。正因为如此，这个进呈本便成为当时的一
种具有很高权威的经录流传开来，以致后来敦煌僧人也依据它而点勘本地藏经。由
此我们应当肯定德神在《开宝藏》刊刻过程中的贡献。

第二种：《开元录简目》。

上文已经对《开元释教录》做了介绍。从现有材料可知，从晚唐到宋初，全国
各地都曾出现过以《开元录·入藏录》为基础，规范、统一本地大藏经的趋势。这
是《开元录·入藏录》别行的主要原因。由于刻本藏经尚未出现，而写本藏经甚易
纷歧，故《开元录·入藏录》在别行的过程中出现诸种略有不同的传本。上文的斯
5594 号实为《开元录·入藏录》的一种流传形态，而在此介绍的《开元释教录简
目》就是《开元释教录·入藏录》在其后的流传过程中衍出的另一种形态，它以简
略的形式对《开元释教录·入藏录》做了总体的介绍，便于人们由此了解藏经的基
本结构与内容。

敦煌遗书中保存的《开元录简目》共三号，内容基本相同，形态参差不一。现
将此三号简单介绍如下。

（1）伯 3313 号，原卷题名《开元目录》，首尾完整。为长条直书，上下共分八
栏，每栏行数不等。其书写顺序为先依次书写第一栏至第七栏，上下直通，从右向
左移行。然后从右向左书写第八行。最后在第五、第六、第七栏的左边，书写《开
元大藏》的部、卷、帙、纸、行、总字数及题名。与《开元录·入藏录》相比，该
号的特点是附有千字文帙号以及用"主经"与"眷属"区分诸部经律论。

（2）伯 2722 号背面，原卷题名《藏经大小乘经律论录》，首尾完整，存三十八
行。内容与伯 3313 号基本相同，但无千字文帙号，且书写次序略有窜乱。

（3）伯 2840 号，原卷题名亦作《藏经大小乘经律论录》，首存尾缺，现存二十
九行。与伯 2722 号乃同一文献的另一抄本，只是错漏更多。

以上三号显系同出一源。底本可能就是伯 3313 号，也可能是伯 3313 号所据或
相近之本。伯 2722 号应晚于伯 3313 号，而伯 2840 号又为伯 2722 号的复抄本。后

二号不名为《开元录》，而题名作《藏经大小乘经律论录》，可见该目录当时已经被视为大藏经之当然组织形式，也说明藏经规范化的趋势至此已经基本结束。

《开元释教录简目》的主要研究价值如下。

第一，由于《开元释教录略出》中出现一套千字文帙号，而《开元释教录略出》与《开元释教录·入藏录》又略有差别，所以《略出》中的帙号与《入藏录》并不配套。对于这一矛盾，前此人们无法解释，或视而不见，或以为是传抄之误。现在《开元释教录·入藏录简目》（伯3313号）也出现一套千字文帙号，如果用它来比配《开元释教录·入藏录》，则可丝丝相扣。由此进一步证明《开元释教录略出》并非智昇所撰，只是《开元释教录·入藏录》流传过程中出现的变种之一。

第二，《开元释教录简目》对诸经律论除按智昇的《入藏录》分类外，还区分"主经"与"眷属"，这是一个创造。其渊源虽可追溯到《大唐内典录》的《历代众经举要转读录》，但把这种形式运用于藏经，则更为实用与方便，使零乱、分散的经典各有所属，纲目清晰。这表明我国古代藏经研究水平所达到的新高度。

此外，有两部经录与《开元释教录》相关，且由于各种机缘被保存下来。它们是：

（1）唐释玄逸撰写的《大唐开元释教广品历章》，三十卷。

玄逸在《宋高僧传》卷五中有传记。本书系依据唐智昇所撰《开元释教录·入藏录》的顺序，首先介绍每部入藏典籍的基本情况，包括大致内容、目录、异名、异卷，还记载分别供养在蒲州、供城两地之两种该藏经本之纸数。接着记录各种经典的子目、卷数，下为异名、分卷之不同、译次等，并逐一列出卷别、品别；末尾附载译时、译者、译处等。此书完本已不存，《宋藏遗珍》《中华大藏经》等依据《赵城金藏》存本收入若干残卷。

（2）《开元释教录略出》，四卷。

目前诸藏经将该《略出》挂名为"唐西崇福寺沙门智昇撰"，但从其形态看，应为后人从《开元释教录》中略出，作为管理大藏经的随架目录。由于该《略出》的依据是《开元释教录》，故挂在"智昇"名下。实际上是否为智昇所撰，恐怕还要研究。

十 《贞元录》

从发展的历史看，我们可以把《贞元录》看作一个系列，共包括三部经录。

1. 《大唐贞元续开元释教录》

该《大唐贞元续开元释教录》是圆照在贞元十年（794）撰写的。这部著作如其名称所示，原意是对《开元录》的一个增补，因为从开元十八年（730）年之后，新的佛教典籍，包括新翻译的西域佛典、新的中华佛教撰著都在不断涌现，所以客观上需要把这些新出现的佛教典籍记录下来，并新编入藏。这也就是圆照撰写《大唐贞元续开元释教录》的初衷。故此，人们一般将其简称为《续开元录》。

《续开元录》将所收佛典分为四个部分：一、著录经论及念诵法，共162卷；二、著录经律疏义，共64卷；三、著录古今制令碑表记录，共86卷；四、入藏录。前三个部分合为两卷，入藏录为一卷，故总计三卷。

《大唐贞元续开元释教录》的入藏录并未将收集到的佛典做有机整理，而是依然按照前三部分依次排列，只是著录得简单一些。由此看来，当时他或者已经有了撰写《贞元录》的设想。

2. 《贞元新定释教目录》，三十卷，简称《贞元录》，唐释圆照撰

这部经录实际上是把已经著录在《大唐贞元续开元释教录》中的典籍，按照《开元录》的结构，一一编入。在结构上虽无创新，但提供了从唐开元年间到贞元年间关于佛教典籍的新资料。特别是在卷一"总录"中，特设了一个"特承恩旨录"，记录了当时关于佛教典籍入藏的官方牒文，我们可以由此了解当时关于佛教典籍入藏的有关程序。

3. 《续贞元新定释教目录》，一卷，简称《续贞元录》，唐释恒安撰

恒安在《续贞元录》序中说："但（恒安）顷于天祐丁丑之岁，届于江表。历谒名山，参寻知识。以问参之外看览藏经之次，因共道友言论，述其贞元藏。猷遂启私，恳誓取兹经，将还上国，冀资皇化，永福邦家，以潜赖圣朝。仰凭叡力，于大唐升元二年，特远游礼五台山。回于关右已来，写录得前件贞元录藏经律论等。于大唐保大三年，却回帝阙。自贞元甲戌岁，今计一百五十二年矣。寻又伏蒙今上皇帝陛下天恩俞充，写录施行，敕下所司永编诸藏。"[①] 对该《续贞元新定释教目录》的编撰背景、经过乃至结果，言简意赅地做了说明。

第五节　宋及宋以后经录简述

随着我国佛教的发展，宋代又出现诸多佛教经录，此处限于篇幅，难以详细论述，故对其后的经录予以分类简介。

一　译经目录

佛教从印度传入，来华的佛教典籍都用西域文字写成。因此，佛经翻译，对中

---

① 《续贞元新定释教目录》卷一，《大正藏》第55册，第1048页中。

国佛教来说乃是头等大事。历代的《高僧传》，都将"译经篇"列为首篇。慧皎在《高僧传·译经篇》的篇末写了一篇"论"，起首第一句即为："传译之功尚矣，固无得而称焉"①，即认为佛典翻译的功业，至高无上，难以言表。赞宁在所撰《宋高僧传》目录所列每篇的篇名后均加上 16 字的按语。对"译经篇第一"的按语为："变梵成华，通凡入圣。法轮斯转，诸佛所师"②，即翻译佛经，可以让中国人通过学习佛经而由一个普通人成为一个圣人。他此处所谓的"法轮斯转，诸佛所师"，与前面所引费长房的观点"法是佛母，佛从法生。三世如来，皆供养法"意义完全相同。

虽则如此，佛教初传时，由于条件有限，翻译工作往往在某寺院乃至某精舍，由外来僧人（亦有如支谦这样的居士）在三五个中国助手的帮助下进行，此时翻译典籍的质量高低，完全取决于这个翻译团队华梵语言文字能力、佛学水平及对所译经典内容之理解。

随着中国佛教的发展壮大及上层统治者的支持，佛经翻译的环境越来越好，如前秦苻坚之为道安设立译场，后秦姚兴之为鸠摩罗什设立译场，都以国家的力量来支持佛典的翻译。且中国僧俗经过几百年的翻译实践，也总结了不少经验。如前所述，当时往往设立译场，译场诸人各有分工，共同保证翻译的质量。故到了隋唐时期，由于译场条件更好，自然也因为有一批信仰纯正、工作认真的译场工作人员，故佛典翻译更为精良。遗憾的是，当时的译场到底是怎样推进佛典翻译工作的？由于缺少详尽的记录，我们现在不很清楚，只能通过《高僧传》、诸经录中的代录以及有关典籍的序、跋等所保存的零碎资料来了解。由于资料零碎，故难以反映译场工作的全貌。前述敦煌遗书中的译场列位已是非常难得的正规资料。即使如此，我们只能依据前此典籍的零星记录以及上述译场列位中各人所冠的分工名称做一些合理的推测。上文已经提到，有关译场的工作情况，可以参见"收录在《宋藏遗珍》中的有关资料"，这里所谓的有关资料是指《大中祥符法宝录》与《景祐新修法宝录》。这两部经录都是北宋官方译场的工作实录。

经过晚唐五代的相对低落，由于北宋王朝前期几位皇帝对佛教均大力支持，佛典翻译在北宋兴起又一个高潮。太平兴国五年（980）③，宋太宗诏令："于太平兴国寺西建译经院，为三堂：中为译经、东序为润文、西序为证义。"④《大中祥符法宝录》与《景祐新修法宝录》就是该北宋官方译场的工作实录。这两部经录均为《开

①　《高僧传》卷三，《大正藏》第 50 册，第 345 页中。
②　《宋高僧传》卷一，《大正藏》第 50 册，第 710 页上。
③　一说为太平兴国七年（982），见《大宋僧史略》卷一，《大正藏》第 54 册，第 240 页中。恐以前者为正。
④　《佛祖统纪》卷四三，《大正藏》第 49 册，第 398 页上。

宝藏》所收，故其后被《赵城金藏》覆刻，由此保存下来。遗憾的是抗战时期为防备被日寇掠夺，当年八路军将《赵城金藏》从广胜寺抢救出来，在战争年代，这批藏经有过藏身煤窑、多次转运等诸多曲折经历，解放初期交送国图时，不少经卷霉烂破损，有些甚至粘结成棍。国图聘请多位装修技师，花费10年工夫完成对它们的修复。但卷面的霉痕、水渍已无法去除，残破的部分也无从补足。上述两部经录也未能幸免。

1.《大中祥符法宝录》

该经录是北宋大中祥符四年至八年（1011～1015）由赵安仁、杨亿等人奉敕编修。现存卷二十末尾有题记如下。

> 《大宋大中祥符法宝录》二十一卷
> 　　并总录一卷
> 　　右起大中祥符四年十一月
> 　　终八年　月　准
> 　　诏编修①

由此可知，《大中祥符法宝录》连同"总目"，合计22卷。遗憾的是现存16卷，且卷首多多少少有残损。

该录详细记载了某年某月翻译佛典几部几卷、每部经典的大体内容。不少译本的底本均为"天竺梵本"，但也有这样的情况："上一部，本中天竺语、师子国书。今先翻为天竺字，然后译之。下皆同此。"②亦即该经的内容虽然是用中印度的梵语来表述，但却用狮子国（今斯里兰卡）的文字，亦即僧伽罗文来书写。为了正确翻译，译场的人们先用梵文改写了原典，然后再进行翻译。由于梵文与僧伽罗文都是拼音文字，所以的确可以这样转写。如前所述，巴利语的南传三藏，就是传到哪里，就用当地文字书写，于是出现内容相同的僧伽罗文本、缅甸文本、泰文本、傣文本等。这一记载让我们了解当时的翻译多么不易，而从事这一工作的诸位僧人又是如何的兢兢业业、一丝不苟。

该录还详细记录了每部经的翻译团队由哪些人组成，各自承担的工作任务（即译主、证梵义、证梵文等），由哪些官员或宦官担任监护史，哪天译完、然后由监护史带领翻译团队具表进呈给宋太宗，表文的大致内容，宋太宗又如何命坐赐茶、予以慰问。如此等等。此时往往还有这样的记录：宋太宗为嘉勉译经僧而予以赐紫

---

① 《大宋大中祥符法宝录》卷二十，《中华藏》第73册，第523页下。
② 《大中祥符法宝录》卷六，《中华藏》第73册，第432页上。

之殊荣。

经录记载，由于此时宋太宗与相关僧人当面接触，故有时还会就此处理一些佛教的事务。如太平兴国八年（983）十月，宋太宗接见译经僧人时，原从"中天竺"来华的僧法护特意上表，要求返回印度。宋太宗当面答应了他的请求。

据《大中祥符法宝录》记载，宋太宗一般都会按照惯例，当场便下令将译出的经典收入大藏经；有时会有下令度僧的记录；甚至还有印度、斯里兰卡等各国僧人前来献梵夹的记载；也有译经僧人逝世，宋太宗如何处理后事的记载。

这些记录虽然显得琐碎，但确实是当时的实录，在其他地方很难见到。对研究当时中外佛教交流、政权与教团的关系、佛教的发展、大藏经的演化等，均有较大的价值。

2. 《景祐新修法宝录》

该经录由吕夷简等奉敕编修，现《总录》末尾有题记如下。

　　右总列
　　圣朝新译经律论集传等
　　总录一卷右通二十一卷
　　景祐新修法宝录总录①

由此可知，《景祐新修法宝录》前二十卷为"别录"，最后一卷为"总录"，合计 21 卷。遗憾的是现存 14 卷，亡佚 7 卷。其中有些卷子保存状态尚好，有些则有不同程度的残损。从总体看，其著录格式与《大中祥符法宝录》基本相同。故不赘述。

该目录别录下分"圣宋翻宣继联前式录""随译年代区别藏乘录""归摄藏乘略明经旨"等三录。其中"随译年代区别藏乘录"又分三目，第三目"嗣续兴崇译场诏令"（卷一六至卷一九），记载了从大中祥符五年（1012）至景祐四年（1037）有关佛经传译方面的诏令和佛教事件，为我们研究这一时期的中国佛教史提供了珍贵的第一手资料。

二　传统经录

此处所谓的"传统经录"，指体例与功能与唐以前经录大体相同的经录。有南唐释恒安撰的《续贞元释教录》、元庆吉祥等撰的《至元法宝勘同总录》（以下简称《至元录》）。

---

① 《景祐新修法宝录》卷十四，《中华藏》第 73 册，第 600 页上。

1. 《续贞元释教录》

《续贞元释教录》的实际地位及作用，与前面所述圆照的《续开元释教录》大体相同，是对《贞元录》的一个补充，故此不赘述。

2. 《至元法宝勘同总录》

《至元法宝勘同总录》，简称《至元录》，是元代至元年间所撰，故称。由庆吉祥等二十余人集体奉诏，分别担任编修、执笔、校勘、校证、译西蕃语、译畏兀儿语、证义、译语证义、译西天语、证明等，编纂而成。《至元录》卷首列有这些人的衔名。有研究者主张其中庆吉祥等十五人实为汉僧，之所以名字下带有"吉祥"字样，乃受当时西藏僧人命名的影响。所举例证为在《至元录》中担任"校证"的"演吉祥"本名为"定演"，事迹可见赵孟頫所撰的《大元大崇国寺佛性圆融大师演公塔铭》（《松雪斋文集》卷九）。此说可供参考。又，出现在《至元录》中的元朝官吏中，迦鲁纳答思和安藏两人在《新元史》卷一百九十二中有传。

本书分两部分。

第一部分总叙，标示本书的缘起和大纲，又分四科。

第一科是"总标年代，括人法之弘纲"，简单地记录自后汉明帝永平十年（67）到元至元二十二年（1285），共计二十二个朝代，1219年、194个译者，共计译出经律论三藏1440部、5586卷。

第二科是"别约岁时，分记录之殊异"，将后汉到元朝至元二十二年（1285）分为五个阶段，著录每个阶段有多少人参与翻译，共翻译了多少部、多少卷佛典。仔细考察其分阶段的标准，实际并非依据朝代的更替，而是依据当时能够掌握的经录。比如第一阶段从东汉永平十年（67）到唐开元十八年（730），其理由无非是智昇在开元十八年这一年完成了《开元释教录》，可以作为统计当时所存佛教典籍的重要依据。

第三科是"略明乘藏，显古录之梯航"，著录《开元录》《贞元录》《大中祥符法宝录》《景祐新修法宝录》《弘法寺入藏录》等录的分类结构，以及每个部类中所收入的经律论等部卷数目。

第四科是"广列名题，彰今目之伦序"，说明《至元录》的分类结构以及每个部类收入佛典的部卷数目。

第二部分是《至元录》的正文，文前有一段说明，大意是从有翻译以来，译出的经律论等的卷目、年代、译人事迹等，都已经记录在历代的经录中，所以不再详述。《至元录》仅按类载录各经。

《至元录》的分类结构大体如下。

大乘经
　　显教
　　　　般若部
　　　　宝积部
　　　　大集部
　　　　华严部
　　　　涅槃部
　　　　五大部外诸单重译经
　　密教
　　　　秘密陀罗尼部
　　　　仪轨部
小乘经
　　阿含部
　　小乘单重译经
大乘律
小乘律
大乘论
　　大乘释经论
　　大乘集义论
小乘论
圣贤传记
　　梵本翻译集传
　　东土撰著集传

　　从上述组织结构，可知《至元录》大致仿照《开元释教录》的结构而有所斟酌损益。如"大乘经"首列《般若部》，"小乘经"首列《阿含部》，《至元录》中不少文字也照抄《开元释教录》，这自然说明《开元释教录》的确垂范千年，影响巨大。

　　但《至元录》也有自己的创新，这主要体现在对密教经典的处理，亦即特意把显、密经典分开。应该说，这与当时的时代背景相关。虽然在印度佛教中，密教因素早就产生，但密教作为一个派别，形成于公元7世纪。形成后不久，密教就逐渐流传到中国内地，但汉文化对密教中的有些因素难以接受，由此密教在汉地始终没有取得统治地位，中国汉传佛教始终以显教为主。但在西藏地区，情况不同。佛教是7世纪松赞干布时期，分印度、中国内地两路传入西藏。从印度传入者为密教，从中国内地传入者为显教。在传播的过程中两者逐渐产生矛盾，由此显、密两派在西藏发生了一次大辩论，亦即著名的"吐蕃僧净"。关于"吐蕃僧净"的结果，目前西藏存留的资料与敦煌藏经洞中保存的资料说法不一。前者称印度僧人获胜，后者称汉地僧人获胜。学界对此亦有专门研究，此不赘述。但不管怎样，其后密教在西藏占据统治地位，汉地显教退出西藏。

元王朝由蒙古族建立。其后帝室带头，全民族信奉藏传佛教，封吐蕃巴思八为国师，统领吐蕃地区十三万户。由此，藏传佛教在元代有着特殊的地位。但汉传佛教毕竟根深蒂固。《至元录》在这样的背景下编纂，可以看作元王朝努力调和汉传佛教与藏传佛教两者关系的一种努力。

《至元录》以《开元释教录》等汉地经录为基础，对汉、藏文佛典一一对勘，指出异同。对我们了解当时汉藏两地经典流传的情况，有着不可替代的作用。

《至元录》中蕴藏了很多信息，值得研究的地方很多，限于篇幅，此处从略。

三　藏经目录

如名称所示，所谓"藏经目录"，指大藏经的目录。此类目录可以分为两种。

第一种是现前藏经目录，亦即实际上确有一部这样的藏经，起码曾经确实有过这样一部藏经。该目录载录的佛典及佛典的结构、排序，与那部藏经收录的佛典完全一致。即使由于年代久远，该藏经已经亡佚，但只要该藏经目录保存完整，我们依然可以由此窥见当年那部藏经的概貌。

第二种是理想藏经目录，亦即整理佛典的僧人按照自己对大藏经结构的理解，编纂出的大藏经目录。编纂完成之后，未必真的按照这一目录实际编成过一部大藏经。亦即虽有目录，未必有与它相配套的大藏经。

前一种目录一般是教团整理佛典、计划编纂藏经之时所编。由于编撰目录的工作系依据现前经本所做，所以目录编完以后，只要按照目录梳理、排比经本，一部大藏经的编纂便告完成。当然，写本时代，往往需要依据底本重抄一部；刻本时代，则需要雕版。如此等等，此不赘述。等到大藏经编纂完成，该藏经目录就成为相关人员管理这部藏经的依据。

但汉文大藏经的形成有一个过程。中国僧人是在收集佛典、编纂藏经的长期实践中，逐渐把握大藏经的本质特征的。这一认识过程，自然也反映在藏经目录的形成、发展史中。

本书前此已经介绍过释道安撰《综理众经目录》和释僧祐撰《出三藏记集》。就目前资料看，这两部经录都还不是严格意义上的藏经目录。但是，如果把两部经录中那些道安、僧祐没有见到及他们认为不应该入藏的典籍删去，下余的典籍都是应该入藏的，那么，这部分应该入藏的经典目录就相当于后代的藏经目录了。这说明虽然当时人们还没有建立十分清晰的大藏经的概念，但所编经录已经可以起到检索当时佛教经典的作用。

《出三藏记集》以后，《法经录》以前，中国佛教界还编撰过一批经录，可惜后来亡佚。但在费长房《历代三宝纪》卷十五保留了这些经录的若干信息，我们可以由此对它们做一些初步的研究。避文繁，此处不详述。我认为，从这些经录所表现的形态，可以看到中国僧人正在努力从各方面来把握佛教大藏经的本质特征。

此后经由历代藏经保留下来的，是隋代的两部《众经目录》。本书前此已经简略做过介绍。

一部是法经等人于开皇十四年（594）编纂完成、呈给隋文帝的七卷本《众经目录》。该目录的结构前此已经介绍，故此处从略。

应该说，《法经录》的分类简洁明了，但从该经录的形态看，本身只是一部译场的工作目录，还不是一部藏经目录。当然，如前所述，如果删除前六录中各自的别生、疑惑、伪妄等三分合计十八分，其余经典都应该流通，刚好相当于一部现前藏经。这与前面所说道安、僧祐两部经录的情况，大致相同。

另一部是隋文帝仁寿年间（601～604）由隋翻经沙门及学士等所撰的《众经目录》（以下简称《仁寿录》）。《仁寿录》一反《法经录》以经律论三藏、大小乘作为一级类目的做法，而以"单本""重翻""贤圣集传""别生""众经疑惑""众经伪妄""阙本"等七目作为一级类目，然后在"单本""重翻"下按照大小乘、经律论设立二级类目。设置二级类目时，依据具体情况有所增减损益，如"重翻"中不设"小乘律"。因"别生"情况复杂，故另设"大乘别生"、"大乘别生抄""小乘别生"[①]、"小乘别生抄"。至于"众经疑惑""众经伪妄""阙本"等三个一级类目，不下设二级类目。

从形态看，《仁寿录》比《法经录》更像是一个译场的工作目录，而非现前的藏经目录。当然，由于它已经指明哪些是真经、哪些伪妄疑惑、哪些别生或别生抄，自然也可以由此窥见当时佛典的大致情况。如果当时编录僧人掌握现前经本，则这些经本经过简别，自然可以组织成一部大藏经。

值得我们注意的是费长房的《历代三宝纪》。本书前此对该经录已有专门介绍。如前所述，隋费长房在他的《历代三宝纪》中专设了《入藏录》一目，这是他的创新与贡献，并为后代经录所沿用。我们知道，汉文大藏经在南北朝时期已初步形成，但在经录中始终没有明确反映出来。现《历代三宝纪》特意设立《入藏录》，说明从佛教目录学的理论角度，汉文大藏经此时也已确立。因此，我把《历代三宝纪》的编纂看作汉文大藏经正式形成的标志。

---

① 原文作"小乘别出生"，"出"字应衍，今删去。

费长房《历代三宝纪》之后，《大唐内典录》以下，凡属综合性佛教经录均设有"入藏录"，一般均可视为现前藏经的目录。

当然，凡是当年实际书写、刊刻的大藏经，乃至近现代印刷本、数字化大藏经均有自己单行的目录，这些目录也应该纳入我们所谓的"大藏经目录"范围。通过它们，我们可以了解到不同时代大藏经的具体情况。从古至今，仅刻本藏经，中国先后至少曾编撰、刊刻过二十多种。近现代又有影印、铅印大藏经，进入数字时代以后又出现了数字化藏经。所以各种各类的佛教大藏经目录非常多，已经出版的不少论著网络上均有论及，也有工具书可以检索。本书以下论述大藏经及实用佛教文献时亦会涉及，故此处从略。

第二种"藏经目录"仅为有关人士的书斋畅想，该目录编成以后虽然流通，但实际上未必真的存在过一部相应的藏经。如前述费长房的《历代三宝纪》，当年是否真的依据其中的"入藏录"修造过一部藏经，尚需考订。费长房虽曾出家，但其后遇北周武帝废佛还俗。由于他对佛教典籍始终有着强烈的感情，故入隋以后，以居士的身份参与设在大兴善寺皇家译场的工作。在译场又得到许多有关佛教经录、佛教典籍的信息，于是编成这一部《历代三宝纪》。在当时，修造一部大藏经，耗资非同一般。我们至今没有发现任何史料，称费长房本人主持修造了一部大藏经。费长房将他的《历代三宝纪》呈送隋文帝，是否希望促成新的大藏经的编纂，现在不便妄测。但可以确定的是，至今没有任何资料可以证明，隋代或后代某时、某人或某寺院曾经依据《历代三宝纪·入藏录》编纂过藏经。

类似的例子还有一个。

《佛祖统纪》载：天圣五年（1027），"三藏惟净进大藏经目录二帙，赐名《天圣释教录》，凡六千一百九十七卷"。[①] 亦即北宋天圣五年（1027），僧惟净等编纂了一部新的大藏经目录——《天圣释教总录》，并进呈给宋仁宗。

在《景祐新修法宝录》卷十四《景祐新修法宝录总录》中的"高僧著述"中，提到"惟净等编天圣释教总录"，在紧接其后的"儒臣撰集"中，著录了"诏夏竦撰《天圣释教总录序》"。且在天圣五年（1027）条下，有这样一条记事：

五年（1027）春二月

……三藏沙门法护、惟净上言："传译之兴，自汉永平丁卯（67），迄唐正（贞）元己巳（789），历十九代，凡七百二十四年。所出三藏教文，七千四百余卷。自是辍翻译者一百九十三祀。圣宋启运，像教中兴。太祖皇帝遗（遣）

---

① 《佛祖统纪》卷四十五，《大正藏》第49册，第409页上。方按：现有收在传统大藏经中的有关资料中，亦有称该经录为"《天圣释教录》"者。引用时一律照抄原文。

僧西游，以访梵典；太宗皇帝肇兴译馆，广演秘文；真宗皇上继阐真乘，增新华藏。迄于天圣，凡四十六载，所出教文五百一十六卷。近者五天竺所贡经叶，多是已备之文，鲜得新经。翻译法护，愿回天竺。惟净乞止龙门山寺。仍录前代译经三藏十五人罢译故事以闻。"

表入，留中不报。润文、枢密副使夏竦亦奏其事，未之许也。①

上文说明，惟净等因为当时已经没有新的经典可供翻译，表示自己不想再继续无端耗费时间。原从印度来参与译场的法护，也觉得既然无经可译，不需再留在中国，于是要求返回印度。惟净自己则希望能到龙门的寺院去从事佛教修持。

关于法护要求回国之事，本书前面也曾提及。虽然天圣五年（1027）法护提出要求后，未被批准，但经过持久努力，终于在天圣八年（1030）实现了回国的愿望。

由此看来，惟净等人编纂《天圣释教总录》，很可能是想将自东汉佛教传入以来，直到北宋天圣年间的所有的佛教典籍编一个总录，以对中国的佛教典籍做一个总结。

该《天圣释教总录》总计二十卷。其后被收入《开宝藏》一并流通，并因此被《赵城金藏》覆刻。遗憾的是，20世纪50年代初送到国图时，该《天圣释教总录》亡佚18卷，仅余"总录"之中、下两卷。且中卷首尾均残，下卷首残尾存。后纳入《宋藏遗珍》影印出版。《中华藏》则依据国图原卷影印出版。

从现存残册看，该《总录》上、中两册著录原《开元入藏录》的经典。下册著录新编入藏经典。合帙情况及所附千字文帙号如下。

一、开元旧录部分，480帙，天～英。

二、附续新编部分，24帙，杜～兵。

三、《广品历章》附《贞元续开元录》，3帙，高～陪。

四、《贞元续开元录》所收部分，24帙，辇～伊。

五、《大中祥符录》所收部分，60帙，尹～烦。

六、《大中祥符录》后新出经，11帙，刑～威。

以上总计602帙。

由于我们对《开元入藏录》所载诸经比较熟悉，所以，上、中两册的残佚对我们了解该两册的内容，并不会造成多大的影响。遗憾的是由于下册首残，存文从上述第三部分《广品历章》起，故第二部分附续新编部分所收的24帙具体是什么经典，现在已无从确认。

---

① 《景祐新修法宝录》卷十七，《中华藏》第73卷，第579页中～第580页上。

该《天圣释教总录》下册末尾注明：

> 右《天圣释教总录》中都收《开元旧录》，并附续新编及《正（贞）元法宝》等录，共计六百二帙，六百二号。①

既称"新编"，自然应该是以前没有收入大藏经的。这里顺便解决了汉文大藏经史上的一个问题。

史载，天圣四年（1026）宋仁宗欲将"天台教典"及"慈恩章疏"收归入藏。当时仁宗要求将这些典籍"编联入藏"，亦即按照前此已经形成的《开宝藏》增补惯例，将天台、慈恩典籍接在已经入藏的诸种典籍后面，继续按照《千字文》顺序排字给号。但惟净提出不同意见："请以智者、慈恩二书附于《开元录·东土集传》之次。"也就是要插在当时《开宝藏》的"开元旧录部分"与"宋译一部分"之间。这就完全打乱了《开宝藏》的既定结构。

惟净为什么要提出这样的建议？这只要考察惟净所编的《天圣释教总录》就可以明白。

惟净把全部入藏典籍分为三大部分：开元旧录部分、宋代以前部分、宋代新出部分。

所谓"开元旧录部分"，所指为《开元入藏录》部分，也就是《开宝藏》的正藏部分，共 480 帙。

所谓"宋代以前部分"，指宋代以前所译出的佛教典籍，它又包括二部分：第一，宋仁宗要求收归入藏的天台、慈恩典籍及其他若干典籍，计 24 帙；第二，前述之续补部分，即《广品历章》、《续开元录》以及《续贞元录》所收典籍，计 27 帙。从时代讲，第一部分典籍最早，与"开元旧录部分"所收佛典的年代相当；第二部分典籍的年代晚于《开元录》。这也就是惟净坚持要把天台、慈恩典籍紧插在"开元旧录"部分之后的原因。

所谓"宋代新出部分"，即宋代译纂的佛经。这批典籍也分为两个部分：第一，《大中祥符录》所收部分，60 帙；第二，《大中祥符录》后新出经，11 帙。第一部分的典籍，本来是随译出，随入藏。但现在惟净按照《开元入藏录》大小乘、经律论、贤圣集传的体例，全部重新做了整理。而第二部分的典籍，则大体按照译出的年代先后排序。

也就是说，《开宝藏》的续藏部分本来是一个大杂烩，没有什么结构体例可言。但在《天圣释教录》中，惟净对《开宝藏》的结构做了大规模的调整，以使各种典

---

① 《天圣释教总录》卷下，《中华藏》第 72 卷，第 947 页下。

籍的编排更加符合其年代的先后顺序与内容的思想倾向。经过惟净这样一番整理，《开宝藏》的结构的确要合理得多。由此看来，惟净编纂《天圣释教录》，是在已经没有多少新经可译，因而佛教典籍的数量已可基本稳定的情况下，利用天台、慈恩典籍入藏的机会，对前人的译经做了一番系统的整理，以使大藏经的结构体例更加合理，便于使用。

但问题随之而来。从太平兴国八年（983）《开宝藏》刊刻完成，到天圣五年（1027）惟净重编目录，40多年间，《开宝藏》至少已经增加了87帙，千字文帙号也由"英"字号至少已编到"实"字号。这些典籍已经刊刻流通。现在惟净重编新目，调整次序，已经刊刻的那些经版的帙号如何处理？是按照《天圣释教总录》挖改其帙号，还是一仍其旧？所以，这里就出现一个问题：改动如此之大，惟净的这一方案，能否得到僧团的赞同、皇帝的批准，能否真正得以实施？

从《景祐新修法宝录》只提及惟净整理佛典，却避而不谈《天圣释教总录》来看，惟净的方案并没有得到批准，自然也不可能实施。实际上，现在由《赵城金藏》保存下来的《天圣释教总录》的版式既与《开宝藏》与《赵城金藏》不类，也没有附上千字文帙号。这就是说，这部著作并没有正式入藏，而是以单本形式附藏流通。另外，从《初刻高丽藏》《再刻高丽藏》《守其别录》《赵城金藏》来看，惟净的方案的确没有被认可、被实施。

在这里，《赵城金藏》特别值得我们注意。该藏开雕于金皇统九年（南宋绍兴十九年，1149），由晋南民间人士发起劝募，按照《开宝藏》覆刻。由于基本上没有义学僧参与其间，因此可以想见，它覆刻《开宝藏》时只能原样照刻，虽然在最后增补若干典籍，但不可能对原藏结构做大规模的修订调整。

《赵城金藏》"天"到"奄"的结构如下。

> "天"到"英"，480帙，开元旧录部分；
> "杜"到"毂"，30帙，宋译一部分；
> "振"到"奄"，27帙，续补部分。

与我们目前掌握的《开宝藏》结构完全相同，从而证明上述推论的正确。[①]
天台教典与慈恩章疏在《赵城金藏》中的位置如下。

> "岫"到"亩"，15帙，天台教典；
> "我"到"庶"，21帙，慈恩章疏。

---

① 参见方广锠《天台教典入藏考》，载《藏外佛教文献》第五辑，宗教文化出版社，1998。

这也说明天台、慈恩典籍实际上并没有像惟净所计划的那样插入到《开宝藏》的"英"字号与"杜"字号之间。由此我们可以知道，所谓《天圣释教录》只是惟净自己对《开宝藏》的一个修订计划，既没有得到批准，也没有真正实施。

当然，惟净的这一努力，无疑是应该肯定的。

现知唐以后，我国的佛教大藏经至少有二十部，每部藏经均有自己的目录。要掌握相关大藏经的情况，最便捷的方法就是掌握其目录。限于篇幅，此处不一一介绍。

四　读经提要录

所谓"提要目录"是指对佛典主要内容加以简单介绍，以引导读者更好地学习与把握佛典内容的著作。

1. 《大藏经纲目指要录》

《大藏经纲目指要录》，简称《大藏纲目》《指要录》，宋释惟白撰于崇宁三年（1104），原作八卷，但因卷二、卷四、卷五、卷六、卷七各分上下卷，故亦有著作称之为十三卷。

该书按照《开元释教录》的顺序，收大小乘经、律、论及圣贤传记共1046部，5040余卷，合480帙。千字文帙号从"天"到"英"。又增入《宝林传》十卷、《景德传灯录》三十卷、《天圣广灯录》三十卷、《建中靖国续灯录》三十卷等"禅门传录"4部100卷。

该《大藏经纲目指要录》对每一部佛典都依照其卷品简述内容。如有异译，有两种处理方式：一种是仅评述其中一个译本，以下遇到异译，则说明前此已经介绍；一种则将几个异本归并介绍。该书是现存最早的一部关于佛教大藏经的提要。书后附作者撰《禅教五派宗源述》和《大藏经纲目指要录五利五报述》二文。

关于该书的入藏，前此有种种说法。但据本书所附惟白崇宁四年（1105）初将该书上呈朝廷的表文以及朝廷的处置文件。可知崇宁四年十月宋徽宗下旨，御准《大藏经纲目指要录》"许入大藏"。由于徽宗御准所入的大藏只能是《开宝藏》，故当时该书曾被《开宝藏》所收。遗憾的是，北宋末年版片亡佚，该书版片也因此湮没无存。有研究著作称《大藏经纲目指要录》为福州藏（即《崇宁藏》或《毗卢藏》）所收，乃误读有关著录所致。

后《昭和法宝总目录》第二卷依据宗教大学藏日本万治二年（1659）的刻本收入。《中华大藏经》第56册据国图藏宋本收入，察其形态，疑即为《开宝藏》本。详情待考。《中华再造善本》（北京图书馆出版社，2003）据国图藏宋本影印。2020年4月，上海古籍出版社将该书作为《云门宗丛书》之一，由夏志前整理后出版。

2. 《大藏圣教法宝标目》

《大藏圣教法宝标目》，简称《法宝标目》《标目》。北宋崇宁四年（1105），居士王古撰。共十卷。前有王古序偈，即以偈颂形式写的序。其后是元代释克己在大德十年（1306）所写的序言及引用《至元录》所写的"文前大科"。

此书卷一至卷九前部分，依据《开元录》收入藏佛典1076部，合480函；卷九后部分为唐贞元译经，共135部，合22函；卷十收宋代新译经及唐宋撰述共187部，合13函。该《法宝标目》被收入宋《碛砂藏》，元《普宁藏》，《明初刻南藏》、《明再刻南藏》、《明北藏》、《嘉兴藏》，清《龙藏》《频伽藏》《中华藏》，并被日本《黄檗藏》《卍字藏》《缩刷藏》《昭和法宝》等所收。

由于该《法宝标目》卷首由克己抄录了《至元录》中的文字，作为"文前大科"，故明智旭《阅藏知津》卷四十四误王古为元人，并谓"即依《勘同总录》略标各经卷帙，及品数大旨"。[1] 又由于克己《序》提到管主八，而现存《标目》卷一的题名是"大元续集法宝标目卷第一"，由此《昭和法宝总目录》的编集者又称《标目》是"宋王古撰，元管主八续集"。其实，克己《序》所指的管主八从弘法寺大藏中，选刻南方各种藏经刻版所缺的密教经咒仪轨约97部315卷，作为元初《杭州余杭县白云宗南山大普宁寺大藏经》（即《普宁藏》，又称"元藏"）的补充，并把《标目》编入大藏经一事，并无管主八续集《标目》的意思。《昭和法宝总目录》将克己《序》中管主八"续集秘密经文"中的"续集"两字断开，"续"接上句，"集"启下句，这就造成了管主八既续《标目》，又集秘密经文的误解。这一问题乃由陈士强先生发现并提出。[2]

本书之王古自序为"序偈"，但《昭和法宝》收入时未察，排版为文章形式，甚为可惜。

3. 《大藏一览集》

《大藏一览集》，又名《大藏一览》，明陈实编，姚舜渔重辑。十卷，附一卷，共十一卷。《明史·艺文志》有著录。

本书分八门，为：

第一门："首标大觉先容，俯为众生作则"；分八品。

第二门："次辨教门究竟，庶使学者知归"；分六品。

第三门："果于此道可入，岂离自己本来"；分三品。

第四门："良由善恶二途，故使升沉六道"；分十六品。

---

① （明）释智旭撰《阅藏知津》卷四十四，《法宝总目录》第3册，台湾新文丰出版公司，1975，第1251页上。

② 参见陈士强撰《〈大藏圣教法宝标目〉发凡》，www.xuefo.com/nr/article63/625512.html，2021年12月16日。

第五门："天堂延以少欢，地狱待其剧苦"；分八品。

第六门："欲超三界轮回，是假三乘修证"；分六品。

第七门："功成果登正觉，相好妙用神通"；分四品。

第八门："四十九年苦口，末后一切收功"；分九品。

以上总计八门六十品。每品选择若干经文，总计 1181 条。以这种方式，从开天辟地、释迦牟尼八相成道开始，将佛教传入中国、各种佛教教理、各种佛教故事穿插其间，几乎将佛教的基本知识全部囊括。

严格地说，《大藏一览集》并非提要目录，而是作者按照自己的理解，把佛经中的诸多内容重新组织之后撰成的关于佛教的一部小百科全书。故应该归入本书第四章的"撰著部"。但因传统均将它列入目录部，故本书尊重传统处理方式，将该《大藏一览集》置于此处。

4.《大明释教汇目义门》①

《大明释教汇目义门》，佛教经录。明万历四十一年（1613）寂晓集。四十一卷。

首有西吴僧人广莫于万历四十一年（1613）和汝阳周从龙于万历四十六年（1618）所撰《序》各一篇。

此书基本遵循天台宗"五时判教"的理论，但略加改造，把全部佛教典籍分成华严、阿含、方等、般若、法华、涅槃、陀罗尼、圣贤著述等八部，部下设"分"，随部又设重单经传四十二分。明《南藏》《北藏》已收，并收入部分历代大藏经未收的佛教典籍，共计 1801 部，7349 卷。

大乘类又分译经、释经论、经论疏记三类，集义论则收入圣贤著述部中；大乘律则各随其部合入译经中。原宝积、大集部在本书中均入方等部。小乘经、律、论统收入阿含部。在圣贤著述部中，首次别立"此方天台教典本"和"此方禅宗集录本"二目。其解题方法是逐部概述经典要义，部分多卷本佛典则按内容再做分段记述。此书未为历代大藏经所收，中国佛教协会存有天津刻经处民国二十五年（1936）刊行的木刻本《汇目义门》。

5.《阅藏知津》

《阅藏知津》，明释智旭于崇祯八年（1635）至永历八年（1654）撰，四十八卷。

智旭在本书的《叙》中对前人的提要类著作评价称："并可称良工苦心。……

---

① 笔者未见此书原本。此处按照任继愈主编《佛教大辞典》（江苏古籍出版社，2002，第 131 页）照录。特此说明。

亦未尽善。"① 他将全部佛教典籍先分为经、律、论、杂等四藏，经律论等三藏又按照大乘、小乘各二分，杂藏分为西土撰述、此方撰述，则共为四藏八分，简洁明了。因智旭属天台宗，故大乘经以天台"五时判教"为基础而略有变动。

全书共48卷，分为两个部分。第一部分为总目，4卷。在总目中，凡属由异译者，一概将作者认为较好的一本列在最前，而将其他诸本低一字依次罗列，以便醒目。大本别出者，也照样处理。不仅如此，还用"△"符号及各种形态的圆圈符号标注在经名上，以反映该经在这些异译经或大本别出经中的地位。此外，每部经还标注该经在《永乐南藏》与《永乐北藏》中的千字文帙号，如《永乐南藏》与《永乐北藏》收经卷数有参差，亦予说明。不少经典还标注了所用纸张的数量。遗憾的是，《昭和法宝总目录》在收入《阅藏知津》时，把经名上的符号都略去未标注。

值得注意的是，智旭处理有关别译经时，并非机械地仅选一种，必要时亦会兼收并蓄。如在华严部，将《八十华严》与《大方广佛华严经入不思议解脱境界普贤行愿品》均顶格书写，亦即华严部选了两部经典。

第二部分为解说，44卷。按照总目的顺序，逐一介绍诸经的内容，并对有些经典加以评述。如前提到的《八十华严》与《大方广佛华严经入不思议解脱境界普贤行愿品》，对《八十华严》按品逐一解释。然后解释《大方广佛华严经入不思议解脱境界普贤行愿品》，称：

> 即前经《入法界品》。而普贤菩萨既为善财称叹如来胜功德已，复说十大愿王，导归极乐世界。今时但取此最后一卷，续于前经八十卷后，并广流通。然此一译，文理俱优，不让实叉难陀。而知识开示中更为详明，切于日用，切救末世流弊，最宜一总流通。②

《阅藏知津》结构简明，主次清楚，对经典的解释也比较到位，故对后代影响较大，且直接影响到后代大藏经的编排。

该书被中华书局纳入"中国佛教典籍选刊"丛书，由杨之峰点校，2015年3月出版。又被纳入巴蜀书社的"佛学丛书"，由明学整理，2017年12月出版。

五 敦煌遗书中的佛教经录

藏经洞敦煌遗书的发现，使废弃千年的大批古文献重新面世。敦煌遗书是佛教

---

① 释智旭撰《阅藏知津·叙》，《昭和法宝总目录》卷三，第1007页中。
② 《阅藏知津》卷第一（华严部），《昭和法宝总目录》卷三，第1032页下~第1033页上。

寺院的弃藏，故其主体部分是与佛教相关的文献。这些文献，主要是经律论等三藏典籍，也包括了一大批其他佛教文献，其中包括若干经录。

敦煌遗书中的佛教经录可大致分为两大类：第一类是全国流通的各种综合性目录，第二类是敦煌本地寺庙编纂的各种实用目录。后者大部分未为历代大藏经所收。这些新资料不仅大大开拓了我们对佛教经录的认识，解决了佛教文献学研究中一些长期悬而未决的问题，也为佛教经录研究乃至佛教研究开辟了新的天地。本节拟介绍敦煌遗书中保存的佛教经录。

传统的佛教经录，虽然也可以分为几种类型，但总的来说形态比较简单，因此，以往人们在研究佛教经录时，一般不涉及分类问题。近年以来，有些研究者开始试图对佛教经录进行分类，并提出"读藏目录"等一些新的分类概念。敦煌遗书中的佛教经录，大多为传世经录所未见，形态上百花齐放，内容也包括各个方面，相当丰富繁杂。因此，有必要对它们做一番分类整理。由于前此人们所未曾注意与研究过这些经录，缺乏可以借鉴的经验。本书根据这些经录的流传情况与实际功用，把它们分为全国性经录、品次录、藏经录、点勘录、流通录、转经录、配补录、抄经录、杂录等九个类别来研究与介绍。

1. 全国性经录

所谓全国性经录，指在全国范围内流通、中国佛教界通用的经录。此类经录，在敦煌遗书中共存十一种，又可分为四类。

第一类是综合性经录及其衍出的经录。共七种：《众经别录》《大唐内典录单本一切经目录》《大周刊定众经目录》《开元释教录》，以及从《大唐内典录》衍出的《大唐内典录抄》、从《开元释教录》衍出的《开元释教录简目》、从《开元释教录》与《贞元录》衍出的《大唐大藏经数》。

综合性经录是古代佛教经录的主流，各个时期的综合性经录突出地反映了各个时期佛教典籍的基本情况，特别值得研究者重视与研究。

上述七种经录中，《众经别录》《大唐内典录单本一切经目录》《大唐内典录抄》《大周刊定众经目录》《开元释教录》《开元释教录简目》等六种已经在本章论述相关经录时一并介绍过，故此处仅介绍《大唐大藏经数》。

《大唐大藏经数》，敦煌遗书中存 1 号，为伯 3846 号。

会昌废佛以后，我国的佛教大藏经逐渐以《开元录·入藏录》为标准统一。但是，《开元录》撰于唐开元十八年（730），其后新的佛典依然继续出现，如果以《开元录》为整理大藏经的标准，则如何处理这些新出现的佛典？伯 3846 号为研究这一问题提供了线索。

伯 3846 号，两面书写。粘叶装，共 3 纸 6 个半页，因诸纸脱落，现已修整成单叶。第一个半页为空白，后 5 个半页有字。每半页 12 至 14 行，每行字数不等，多者达 30 字左右。首题为"大唐大藏经数",下署:"大小乘经律论及贤圣集传并《贞元录》经等,共五千四百六十六卷。"占 1 行半。以下为正文。

如上所述,智昇之后,唐代我国最重要的经录是由圆照撰于贞元十六年(800)的《贞元录》。该录将《开元录》之后六十余年译撰的佛典全部收编入藏,将大藏经的篇幅从《开元录》的 5048 卷扩展为 5390 卷,成为唐德宗朝皇家官藏的目录依据。现在伯 3846 号既然提到《贞元录》,且入藏经典数量远远超过《开元录》,甚至超过《贞元录》,这是否说明伯 3846 号的依据是《贞元录》,并且由于伯 3846 号比《贞元录》更晚,所以又增补了若干经典?

在此,我们把伯 3846 号的收经总数及诸部类收经数与《开元录》《贞元录》做一简单的比较。

表 2 伯 3846 号收经总数及诸部类收经数与《开元录》《贞元录》之对比

	《开元录》	《贞元录》	《大唐大藏经数》
总数	5048 卷	5390 卷	5466 卷
般若部	736 卷	736 卷	736 卷
宝积部	169 卷	169 卷	169 卷
大集部	142 卷	142 卷	142 卷
华严部	187 卷	248 卷	187 卷
涅槃部	58 卷	58 卷	(与下合并)
大乘重译经	558 卷	588 卷	646 卷
大乘单译经	293 卷	293 卷	293 卷
大乘律	54 卷	55 卷	54 卷
大乘论	518 卷	520 卷	518 卷
小乘重单译经	394 卷	394 卷	394 卷
小乘单译经	224 卷	224 卷	224 卷
小乘律	446 卷	493 卷	(缺漏总数)

表 2 十二个部类中,三者完全一致的有六个,《大唐大藏经数》中小乘律缺漏总数一个,这七个部类没有比较价值。我们现考察其余的五个部类。

华严部、大乘律、大乘论三部,《贞元录》与《开元录》的收经数不同,伯 3846 号则与《开元录》的收经数相同而与《贞元录》不同。如果从这一点考察,则说明伯 3846 号的依据是《开元录》,而不是《贞元录》。

涅槃部,《开元录》《贞元录》均为 58 卷,而《大唐大藏经数》空缺无统计。下一类目"大乘重译经",《开元录》为 558 卷,《贞元录》为 588 卷,两者相差 30 部。但《大唐大藏经数》却为 646 卷,数字相差太大。细加审视,《贞元录》中涅槃部的 58 卷,如加上《大乘重译经》的 588 卷,正好是 646 卷。而且《大唐大藏经数》在"大乘重译经"后标注："并是《涅槃经》支流，共六百四十六卷。"由此可见，《大唐大藏经数》的确是把涅槃部与其后的"大乘重译经"误作一类，合并统计了。这也解释了为什么伯3846号的涅槃部没有总数统计。

由此可知，《大唐大藏经数》的涅槃部数字与《开元录》《贞元录》均相同，而它的大乘重译经的计数依据实为《贞元录》中涅槃部与其后的"大乘重译经"的合计。

但是，一部经录，著录依据应当统一，不能自相矛盾。如何解释伯3846号的上述矛盾呢？

在伯3846号大乘论的《大智度论》下，著录有"眷属五帙，'传'至'习'"。按照《开元录》的结构，《大智度论》属于大乘释经论。所谓"眷属"，是指在大乘释经论部中，除了主经《大智度论》以外的其他论著。它们共有20部55卷，分作五帙。如果配上千字文帙号，《开元录》中这五帙论的帙号恰好为"传"至"习"五字。但若依《贞元录》，大乘重译经除了《大智度论》之外诸论的千字文帙号应该为"竟""资""父""事""君"等五字。由此可知，伯3846号的著录依据无疑应当是《开元录》。

由于在《开元录》中，涅槃部与大乘重译经的排序都在大乘释经论部的前面，既然现在伯3846号的大乘释经论部的千字文帙号与《开元录》相符，就说明它的涅槃部与大乘重译经部也肯定应与《开元录》相符。故此，为慎重起见，前述伯3846号涅槃部著录的646卷还不能看作依照《贞元录》著录的证据。数字的相符，或者是一种巧合，或者还有其他什么问题。

既然伯3846号实际是按照《开元录》著录的，为什么题名之下有"《贞元录》经"，收经总数又超出《开元录》呢？

我认为，这儿的"《贞元录》经"不是指《贞元录·入藏录》所收的5390卷经，而是指《贞元录》比《开元录》多出来的那些经。具体地讲，是指《续贞元录》所收的那批经。

《续贞元录》，南唐释恒安撰于保大三年（945）。其时全国的大藏经基本上均按《开元录》组织，不少大藏因此而缺失《开元录》之后的经典。而由于"会昌废佛"的影响，《贞元录》已经非常罕见。恒安在历谒名山、参寻知识的过程中得睹《贞元录》，遂"恳誓取兹经"，特地到五台山寻访到《贞元录》特有的诸经律论。他把这些经律论及因为各种原因而《贞元录》未收的若干经典合在一起，编为《大唐保大乙巳岁续贞元释教录》。这样，经过恒安整理的大藏经结构如下。

第一，主体部分，为依《开元录》所组织的经，1076部，5048卷，分作481帙。

第二，后续部分，又可以分为两部分。第一部分原为《贞元录》所收的经典，137部，343卷（应为342卷）；第二部分为恒安新收部分，《品次录》《花严论》

《续贞元录》等3部，71卷。故后续部分的总数为414卷。

这样，恒安整理的这部大藏经的总数为5462卷，与伯3846号所述的5466卷基本吻合。如果加上《大佛名经》《法琳别传》等"《贞元录》中不计写到经"与《千臂千钵曼殊师利经》等"新拾遗收入《贞元录》藏经"，则恒安大藏经的收经数量要更大。但在古代写本大藏经的情况下，一些经典不见得全部收集齐全，所以伯3846号如此形态完全是可以理解的。

由此，我们可以得出如下结论。

一、伯3846号反映的是我国佛教大藏经按照《开元录》统一以后，又依据《续贞元录》进行增补的情况。对我们研究大藏经的发展史具有相当的价值。

二、该文献产生在五代南唐时期。约抄写在10世纪下半叶。

《大唐大藏经数》所据的《贞元录》是晚唐的经录。时代跨度正与佛教的中国化时期相应。从另一个角度讲，《开元释教录》虽然是盛唐时期的经录，但敦煌遗书中的《开元释教录》与《开元释教录简目》则是五代与北宋的写本，反映的是五代与北宋的情况。因此，其年代跨度上下实际有五百多年。如此漫长时代的各种代表性经录在敦煌遗书中几乎都有收藏，对于佛教文献学研究者来说，不能不说是一件十分值得庆幸的事。

上述诸经录写本，有的没有传世本，如《众经别录》，已经亡佚千年，赖敦煌石室得以保存。有的虽然在大藏经中保存有传世本，但敦煌遗书中的写本不同程度地都提出一些新的问题：如《开元释教录》《大唐大藏经数》，与传世本属不同时期，反映了它的历史演变过程，从而解开了一些过去一直纠缠不清的问题；如《大唐内典录抄》《大周刊定众经目录》，出现了一些与传世本不同的内容，对今后深入研究这些经录提出了新的课题。至于《众经别录》在我国佛教文献学上的意义与地位，前此已经叙述，这里不再赘论。

第二类是宗派性经录。

敦煌遗书中保存的宗派性经录仅一种，即《人集录都目》（伯2412号）。约抄写于9~10世纪。

《人集录都目》，又名《都目》。中国佛教三阶教经典目录。编撰者不详。一卷。无传世本。敦煌遗书中仅存一件，为伯2412号。同号前部分所抄为《三阶佛法密记》卷上；卷背为佛教经疏，草书。该《都目》共49行，录经34部，43卷。从第九部起，用"第一"至"第四"[①]字样区隔诸经，从而将该34部典籍分为5个部分。每部经下标明该经的卷数与抄经所需的纸数。

唐唐临《冥报记》载，三阶教的创始人信行认为："今去圣久远，根时久异。

---

① 该号将"第二"误写为"第一"。

若以下人修行上法，法不当根，容能错倒。乃钞集经论，参验人法所当学者，为三十六卷，名曰《人集录》。"① 据此，敦煌遗书《人集录都目》应为在信行所编撰的《人集录》的总目的基础上，因后代三阶教信徒又有所增益，故所收典籍有所增加，我们可视之为当时的三阶教所据经典的总目。隋费长房《历代三宝纪》、唐道宣《大唐内典录》对信行著作均有著录，但均较为简略。唐智昇《开元释教录》之《伪妄乱真录》则著录得较为详细，谓信行著作共 35 部，44 卷。将本《都目》与《开元释教录》中的信行著作相对照，两者基本相符。《开元录》多出《十大段明义》三卷、《明乞食八门法》一卷等二部四卷。《都目》多出《人集录明十种恶具足人邪正多少及行行分齐法》一部三卷。由此，唐临的记载当可信从。也说明其后三阶教典籍的确不断增益。

隋释信行创立的三阶教，被正统佛教徒视作异端而被禁绝。但是，与正统佛教徒的愿望相反，三阶教一直禁而不绝，始终在民间保持着持久的影响。这一点，在敦煌遗书中保存的各种三阶教经典、敦煌遗书的各种经录中出现的不少三阶教经典的名称，都反映得非常清楚。《人集录都目》为现存唯一的三阶教僧人自己编撰的本宗经典目录，未为以往的经录所著录。它的发现，对研究三阶教经典的内容、规模、发展、组织形式、信行的思想与著作均有重大意义。从这个意义上讲，它自然有着无可替代的价值。

本《都目》曾为日本矢吹庆辉所注意，在他的《三阶教研究》中予以录文。

第三类是为做功德而编纂的经录。包括两种：《十二部经名》（斯 1155 号）与《西天大小乘经律论并在唐国都数目录》（斯 3565 号等）。

佛教毕竟是一种宗教，在它的诸种特性中最显著的是它的宗教性。这一点在信仰层面佛教中体现得尤为明显。信仰层面佛教的一个重要内容是经典崇拜。经典崇拜有种种形式，如抄写佛经、转读佛经、供养佛经等。其中最基本的还是转读佛经。而转读佛经就其繁缛与否而言，又可归纳为三等。

第一等最为繁缛，如僧传提到，当时有的信徒逐字礼拜《法华经》《华严经》等经典，以为礼拜无漏法藏。具体方法是在整部经文的每一个字上加"南无"，字下加"佛"，一字一唱，一字一拜。

第二等则比较正规，亦即逐字念诵，这是转经活动的主流。

第三等最为简单，只要念诵一遍佛经的名称，就等于念完了整部经典。甚至只要把装有经典的转轮藏转动一圈，将手持的转经筒转一圈，就算把其中的经典统统转读完了。敦煌遗书中所保存的这两种做功德的经录，大体相当于第三等。它们不仅仅是信仰层面佛教的表现形态之一，而且反映了当时人们在佛教经典方面凝聚的

---

① 《冥报记》卷上，《大正藏》第 51 册，第 788 页中。

某些观念，值得我们注意。

敦煌遗书中的《西天大小乘经律论并在唐国都数目录》后来一直在民间流传，并被吴承恩采撷到《西游记》中，成为所谓唐僧西天取经的目录。到明代，又发展成为所谓"大藏经总目录"，被视作做功德的快捷方式。此后该经录一直在民间流传，至今依然。这个问题下面会涉及。

第四类是个人著作目录，一种，即唐释宗密的《大乘禅门要录》。

本文献乃台图131号上的第二个文献，16行，所抄为《大乘禅门要录》，此文献乃唐释宗密的著作目录。16行。9到10世纪写本。

宗密曾就学于荷泽神会门下之遂州大云寺道圆，自承为禅宗门下释迦牟尼第三十八代嫡孙；同时他又传承华严宗的学说，并被视为华严宗的五祖。由于他兼有教禅两种身份，曾努力会融教禅，因此，在佛教史上具有相当的地位。他编纂的《禅藏》汇集了当时关于禅与禅学的各种著述，具有很大的资料性与研究价值。现在，利用敦煌遗书以尽量恢复《禅藏》，已经成为禅学研究与敦煌遗书整理的重要课题之一。而《大乘禅门要录》的发现，无论对于宗密生平、思想与著作的研究，还是对于《禅藏》的恢复，都具有相当大的参考价值。

上述全国性经录有一个共同的特点，即它们都不是产生在敦煌，而是在内地产生后，流传到敦煌。因此，就其产生而言，它们反映的是内地佛教的情况；但就其已经传入敦煌而言，它们又反映了内地佛教与敦煌的关系，反映了在佛教经典方面，敦煌地区佛教基本受内地佛教支配这样一个事实。

2. 品次录

品次录，主要指某些经典的品名录、卷次录、卷品开阖对照录、纲目举要录等。它的部分内容，与《大唐开元释教录广品历章》相似，但从总体看，要比《广品历章》的内容更丰富。

就涉及的经典而言，现存敦煌遗书的品次录共涉及十种经典，其中以《大般若经》留存最多。这也反映了当时敦煌佛教教团对《大般若经》的重视。值得注意的是，从这一部分所收录的关于《大般若经》的这些经录来看，敦煌教团之重视《大般若经》，并不仅仅因为它是人天重典、镇国之宝，转读该经可以有莫大功德，他们还对《大般若经》进行过认真的研究。如伯3302号第一部分之《大般若经前五会立品对照录》，把《大般若经》前五会的诸品按其内容做了详细的对照。对我们今天研读《大般若经》、研究其基本思想与流变均有较大的参考价值。又如伯3302号第二部分之《大般若经初会纲目举要录》，对《大般若经》初会的纲目结构进行了认真的梳理，对经文重点做了提示。不仅如此，还标示了它们在其余诸会中的相应品名乃至在《大品》《放光》《光赞》《小品》《长安》《道行》《大明度》等诸般若类经典中的相应品名。因此，它实际已经超越对《大般若经》初会的解题，成为对整个般若部经典的解说，具有很高的学术价值。这些经录的发现还表明，起码就《大般若经》而言，敦煌佛教的义学水平已经达到相当的高度。这些经录均是传世大藏经所没有的，这更增加了它们的价值。

属于这一部分的《进新译大方广佛花（华）严经表（附总目）》（简称《进经表》）（伯2314号）也是一件值得注意的文献。它是我们现在所能见到的关于八十卷《华严经》翻译情况的最早资料。该表是圣历二年（699）译毕《华严经》上呈武则天时，由沙门弘景执笔撰成的。它的某些词句，曾为后代有的经录引用，故而流传下来，但表文本身早就亡佚，仅在《华严宗经论章疏目录》中留其名称。敦煌遗书《进经表》的发现，不仅是研究《八十华严》的翻译经过、版本异同、参译人员等问题的第一手资料，对研究武则天与佛教的关系、华严宗的形成都有重要的意义。

属于这一部分的还有《大般涅槃经帙、卷、品及首尾经文录》（伯3150号等），也是一种值得注意的文献。这种经录对《大般涅槃经》的每一卷经，均注明首尾经文，我想，这大概是用作点勘佛典与验收抄经的标准。如果这一推测可以成立，则这些文献反映了敦煌佛教教团在点勘或抄经方面形成的若干工作规范。

3. 藏经录

敦煌不少寺庙均收藏有佛教大藏经，此处所指即这些佛藏的目录。

大藏经是我国佛教经典的基本流传形态，在我国有一个产生、发展、演变、成熟乃至全国统一的过程。以往有一个传统的观点，认为自从唐智昇的《开元释教录》撰成，全国各地编辑藏经时便均依《开元录》为唯一标准。但敦煌遗书中的经录告诉我们，情况并非如此。例如，龙兴寺是敦煌著名寺院，在敦煌被吐蕃统治时期，龙兴寺是敦煌佛教教团的最高领袖都僧统的所在寺院，寺内藏有供全体敦煌教团使用的官经。因此，龙兴寺的藏经可以作为吐蕃统治时期敦煌佛教藏经的代表。吐蕃统治时期的《龙兴寺供养佛经目录》（伯3432号）、《龙兴寺藏经目录》（伯3807号、斯2079号）说明，当时的敦煌佛教大藏经依据《大唐内典录》编辑。而《灵图寺藏经目录》（BD14676号1）又告诉我们，直到归义军初期，敦煌的大藏经仍然依据《大唐内典录》编辑。

在此略微谈一下千字文帙号问题。

用千字文为佛藏各帙编号，是我国古代僧人的一大创造。王重民先生评价说：千字文帙号"可以说是我国现存最古的排架号。那时候，排架号与索书号是统一的，这种千字文的编号也可以说是我国最古的索书号"。他认为，这说明当时"我国图书馆在藏书与取书的技术水准，已经达到相当科学的程度"。① 我认为，千字文帙号不仅体现我国古代图书馆排书、索书的水平，更重要的，还在于通过千字文帙

---

① 王重民：《中国目录学史论丛》，中华书局，1980，第129～130页。

号可以把大藏经各帙的经典相对固定下来，使之不易随便更动，从而使大藏经本身有了一个划一的标准，便于各地仿效，这样，便对大藏经的流传与全国的统一起到相当大的推动作用。所以，千字文帙号的出现是佛教大藏经史上的一件大事。

由于在传世的大藏经中，千字文帙号标注在署名为唐智昇所撰的《开元释教录略出》上，所以传统认为，千字文帙号是智昇所创，开元年间已经出现。不过，《开元释教录略出》与《开元录·入藏录》颇有参差，为什么同一个人所著的两本目录会有不同？千字文帙号究竟是不是智昇发明的？在敦煌遗书被发现以前，这些问题无法得到真正的解决。

在拙作《八—十世纪佛教大藏经史》中，依据敦煌遗书与传世资料论证了《开元释教录略出》并非智昇所撰，千字文帙号也不是智昇所创。其实，千字文帙号约产生于晚唐、五代我国大藏经逐渐统一的过程中，并与这一过程相表里。从敦煌遗书中保存的各种带有千字文帙号的经录可以清楚地看出，虽然当时全国的大藏经已经基本统一，但由于写本藏经的天然缺点，各地藏经的编次仍不免有些小小的歧异，因此，各地所用的千字文帙号也往往略有参差。传统作为千字文帙号规范的《开元释教录略出》上的排经用号，实际上只不过是当时流通的多种相互之间略有差异的千字文帙号的一个变种。由于《开元释教录略出》产生于南方，因此，《略出》上的千字文帙号实际上也仅流传于南方，只是由于后来被收入南方编集的《崇宁藏》《毗卢藏》而被保存下来而已。敦煌遗书 BD14669 号，显示出流传于敦煌的另一种千字文帙号的变种的形态。如果我们要寻索能够与《开元录·入藏录》完全相符的正宗的千字文帙号，则它就记录在伯 3313 号上。伯 3313 号的形态表明，当时人们抄写这一号，本身就是用作编纂或点勘大藏经的标准。

4. 点勘录

从敦煌遗书可知，点检寺藏佛经，是敦煌寺院经常举行的活动之一，由此产生一批敦煌诸寺院点检佛经的工作目录。

这些点勘录可以使我们对敦煌佛教教团的组织结构、活动方式有所了解。例如，从伯 2727 号可以得知，敦煌佛教教团有着统一的、有权威的领导机构，负责主持敦煌地区各寺院的宗教活动。遇到大的宗教活动，各寺院共同进行。伯 2727 号还反映出，在龙兴寺藏有"官藏"，可供公共使用。由此可以推测，一定还有专供本寺僧人使用的藏经。所以，诸经录中经常出现的"上藏""下藏"等名称，可能也是这种分别用途的庋藏佛教大藏经制度的反映。

又如，从《龙录内无名经论律》（伯 3202 号）等我们可以看到，在敦煌地区的寺院经藏中，除了收藏全国性标准经录所著录的各种经典外，还收藏一批全国性标准经录所不收的典籍，其中既有中原传入敦煌的，也有敦煌地区自己翻译或撰写的。此外，敦煌地区还保存与流传着一批被正统佛教徒排斥的疑伪经，显示出敦煌佛教的地区性特点。这种情况虽然反映在敦煌遗书中，但对我们研究全国其他各地佛教典籍的实际流传情况也有示范意义。

另外，我提出的敦煌遗书"废弃说"的一条重要论据，就是在敦煌的佛教寺院中收藏了一大批已经无用的各种典籍。①

从上述点勘录可以知道，敦煌寺院经常进行经典的点勘、清理，因为古代有"珍惜字纸"的传统，已经写了字的纸张不能随便糟蹋，否则要遭报应。但佛典经过长年累月的使用，特别是教团经常转经，经典难免会有损坏。从敦煌遗书中的《当寺上藏内诸杂经录》（斯 2142 号）、《当寺上藏经诸杂部排经录》（斯 10551 号）、《不入部帙杂经录》（斯 11525 号）等均可以证实敦煌寺院的确藏有一大批已经无用的、不入部帙的杂经。所以敦煌教团专门设置了一个叫"故经处"的地方，然后把清点中发现的这些残破无用的、因为各种原因不需要的佛典存放到故经处。平时发现一些残烂破纸，也放到故经处。既然是废弃的残破无用"故经"，故常年堆积，无人理会，于是被飞鸟拉粪，被昆虫结茧。在公元 1002 年到 1014 年之间，想必是在某次清点现存敦煌遗书之后，敦煌教团将这些常年留存的无用典籍集中起来，封闭入藏经洞。封闭的时候，也许会举行相应的佛教仪式，因为毕竟其中大部分是佛教典籍，属于"法宝"。

5. 流通录

流通录即记录敦煌诸寺院之间或寺院与个人之间佛典流通情况的经录。

从这些流通录，我们可以了解当时藏经管理的许多问题。如《乾元寺前经司交后经司状》（伯 3188 号）、《交剖藏经手帖》（斯 2447 号）清楚地反映了管理藏经的职事人员如何交割的情况。其中《交剖藏经手帖》尤为重要，它说明敦煌寺院有着严格的藏经管理制度，催收借出的经典乃是经藏管理人员的职责所在。管理藏经的职事人员在移交藏经时，不但要将所存典籍一一交割清楚，凡是前此经他的手借出的一切典籍，都要由他负责催还。如有缺失或无法催还者，必须由他个人负责赔补。《光璨催经状》（斯 3983 号）则具体反映了有关职事人员催促借经人士归还经典的情况。而《归真借经函》（伯 4707 号）等则反映了个人借经时应办理相应的手续。值得注意的还有《咸通六年正月三日奉处分吴和尚经论录》（BD14676 号 2），反映了僧人逝世后，所遗留的经典应如何处理的问题。

敦煌遗书中还有一批诸寺流通录，反映了某一时期敦煌存在着哪些寺院，从而对研究敦煌寺院、敦煌佛教势力的消长，以至把握部分敦煌遗书的断代，都有重要的参考价值。经录内出现的许多僧人，也可以与其他文献中出现的相同人名起到相互参照、相互印证的作用。

———————————

① 参见方广锠《敦煌藏经洞封闭原因之我见》，《中国社会科学》1991 年第 5 期。

6. 转经录

转经是敦煌地区一项经常性的宗教活动，所以产生了一批反映这种活动的各种转经录。

从敦煌的各种转经录可以看到，敦煌地区的转经活动丰富多彩。有的是为当时的统治者转经祈福，有的是为富族大户转经祈福，有的是僧人自己转经以积功德。从形式看，既有敦煌佛教教团集体进行，也有某个寺院个别进行，还有僧人个人单独进行。

为祈福所转的经，基本上以《大般若经》为主，这反映了《大般若经》受时人重视的程度与在当时佛教中的地位。敦煌遗书中所留存的《大般若经》特别多，应该与当时的这种转经活动有关。个人转经时所转的经范围较大。其转经方式值得注意。有的一天只转两行；有的一部经连转成千上万遍，反映了信徒们对佛教虔信之深。

7. 配补录

即反映敦煌寺院配补寺藏大藏经的工作目录。

所谓"配补"，在实际中一般有三种情况：一是寺藏大藏经过一段时间的使用，某些经典残损或缺失，需要予以配补；一是寺藏大藏与新流行的标准大藏相比有所不同，需要比照标准大藏重新组织整理；一是寺藏大藏不敷需要或官僚大族为了做功德，故而重造新的大藏。

敦煌遗书中的《龙兴寺历年配补藏经录》（伯3010号）、《见一切入藏经目录》（敦研349号、BD14129号等）均属于第一种情况，而《沙州乞经状》（Дx2170号）等属于第二种情况，《敦煌王曹宗寿、夫人氾氏添写报恩寺藏经录》（Ф32A号）则属于第三种情况。

《龙兴寺历年配补藏经录》是一件值得研究者充分注意的文献。上文曾提到，晚唐、五代我国出现千字文帙号，对大藏经的统一与传播起到重大的作用。那么，在千字文帙号出现以前，我国的佛藏是否也有帙号，采用什么样的帙号呢？伯3010号被发现与研究之前，我们无法回答这一问题，学术界通行的看法是除了千字文帙号之外，我国佛藏别无其他帙号。但现在我们发现，伯3010号的主体部分著录了敦煌龙兴寺从815年到823年共9年间配补藏经的情况，其中出现了前此从来不为人们所知的两种佛藏帙号。

第一种我定名为经名帙号法，出现在伯3010号的未年（815）配补录中，它的具体方法是从每帙第一部经的经名上采撷一个单字，作为该帙经的帙号。采撷时，到底采撷经名中的哪一个单字，并无一定的规矩，但必须与已经采撷的其他用作帙号的单字不重复。

经过研究可以知道，经名帙号法是从经名标志法衍化而来的。所谓经名标志法，则是把每帙的第一部经的经名当作该帙的帙号。从《大唐内典录》的记叙可以了解，经名标志法（经名帙号法）曾与定格贮存法相配合，在很长时期内成为我国佛藏管理的主要方法。

第二种我定名为偈颂帙号法，它出现在伯3010号的戌年（818）、寅年（822）、卯年（823）等三年的配补录中。它是利用敦煌僧人习见能熟的偈颂，经过适当的处理，如去掉其中的重复字等，与大藏之诸帙逐一相配，作为帙号。在伯3010中共出现五十八个偈颂帙号，它们分别取自《七阶佛名经》中的《无常偈》《梵呗文》，《菩萨布萨文》中的《受香汤说偈文》以及过去七佛名号。

伯3010号的发现说明，帙号的产生乃是历史的必然。在千字文帙号产生以前，我国的僧人已经在这一方面有过许多艰苦的探索。关于这个问题，本书下一章会做介绍。

《沙州乞经状》也是一种值得引起重视的文献。上文谈及，敦煌遗书中的各种佛教经录所反映的情况，与传统的《开元释教录》撰成后便成为此后人们造藏依据的观点完全不符。那么，我国的佛教大藏经到什么时候才统一到《开元释教录》的形态上来呢？《沙州乞经状》提供了解答这一问题的钥匙。从《沙州乞经状》可知，敦煌地区直到五代时才依据《开元释教录》将本地的大藏经重新组织，纳入全国性的大藏经统一的潮流。

敦煌的情况有着典型意义。将敦煌遗书与传世资料结合研究，可以清楚地看出，晚唐、五代我国大藏经统一以前，全国各地的大藏经基本上处在百花齐放的状态中。当时存在着皇家官藏与敕编的官方目录，这些官藏与官方目录虽然对各地的大藏经起到一种示范与领袖的作用，但各地的藏经并非完全按照皇家官藏或敕编目录组织，而是根据实际情况有所斟酌损益。一方面存在一个天然的领袖，示范四方；一方面各地各自为政，百花齐放。这就是"会昌废佛"以前我国佛教大藏经的基本状况。"会昌废佛"之后，全国各地在恢复藏经时大体均以《开元录·入藏录》为依据，从而在客观上使全国的大藏经得以统一，这为宋代刻本藏经的出现创造了良好的外部条件。

写于宋真宗咸平五年（1002）的《敦煌王曹宗寿、夫人氾氏添写报恩寺藏经录》，是现知敦煌遗书中有确切记年，且年代最晚的写本，故历来为研究者所重视。该遗书对研究藏经洞的封闭年代、封闭原因均有重要的参考价值。

8. 抄经录

抄经录主要反映敦煌教团抄写佛经的情况。

从各种抄经录可知，敦煌地区的抄经，有的是信徒个人的行为，有的是教团集体的行动。其中《壬寅年诸寺配经、付纸历》（伯3240号）显然是教团集体举行的大规模抄经活动，且应该就是上文所说宋真宗咸平五年（1002）敦煌王曹宗寿及夫人为添写报恩寺藏经活动的实录，值得重视。

在诸多抄经录中，令人感兴趣的还有一点，即当时对纸张的管理非常严格，抄经用纸都有记录。错抄后，需要兑换新的抄经纸，必须将错抄的原纸交回，并一一记录在案。这种情况说明敦煌当时的纸张比较紧张，非常珍贵，不能随便浪费。这也说明为什么藏经洞中会保留这么多陈年废纸。

9. 诸种杂录及签条等

除了上述 8 类经录外，敦煌遗书中还保存一批关于佛典的杂录及用以标注佛典的签条。其中有些杂录很有研究价值。例如 Дx1058 号，反映了当时敦煌所用的各种各样帙皮的情况，可与目前尚存于各收藏单位的实物对照研究。签条虽非经录，但可以反映当时佛藏管理的实际情况，也有相当的研究价值。

上面分类简单介绍了敦煌遗书中各种佛教经录。这些经录反映了敦煌地区围绕佛典所展开的抄写、收藏、流转、使用、修补、废弃等诸多方面的情况。应该说，在古代，敦煌的上述情况并非特殊的个案，全国其他地方的佛典情况虽然各有自己的地方性特点，但从总体看，应该大致差不多。然而敦煌由于其特有的地理风土条件与历史原因，有一个藏经洞，这些保存在藏经洞中的与佛典相关的遗书为我们揭示了当时围绕佛教典籍开展的各种生动的宗教活动，所以敦煌遗书对我们探讨古代佛教信众围绕佛教典籍开展的各种活动，具有无可替代的价值。

第六节　经录与功德

佛教经录本来只是关于佛教典籍的目录，就其自身而言，没有什么神秘性。但是，由于佛典是佛教三宝中佛法的体现与表征，所以佛教传统存在经典崇拜。比如在藏经楼举行仪式、供养藏经等。而随着经典崇拜的发展，记载了经典名称的佛教经录也开始具备一定的宗教意义，人们开始认为念诵或者携带经录可以产生功德，可以招福避灾，从而出现一种新的崇拜形式，也使佛教经录又出现一个新的形态。

本节利用敦煌遗书与传世资料介绍一下这方面的情况。

一　《西天大小乘经律论并在唐国都数目录》简介

1. 敦煌遗书所存资料

敦煌遗书中保存了两号《西天大小乘经律论并在唐国都数目录》（简称《都数目录》），斯 3565 号背面与伯 2987 号。约写于 10 世纪。简介如下。

第一，斯 3565 号背面，原件首尾俱全，首题为"西天大小乘经律论并在唐都数目录"，首题下有一段供养文：

世有现前三宝，此事须殷重供养，得福无量，永无灾祸，出入行藏常蒙观音覆护，灭罪恒沙，福□①延永。

以下录经三十八种。每种经下俱注明在印度所有的卷数以及已经翻译为汉文的卷数。末后并附有西天大藏经总数、大唐大藏经总数、去西天里程数、诸道馆驿数以及僧、尼、寺庙与道观数。

该号长条直书，书写时，第一行先通栏写题名与供养题记；然后分四栏从右向左抄写，每栏行数不等。与下文伯 2987 号比较，似乎是先直行通写第一、第二栏，然后写第三栏，最后写第四栏。本号正面是归义军节度使检校太保曹元忠《设斋功德疏》及《造供养具疏》。

第二，伯 2987 号，首尾俱全。首题为"西天大小乘经律论并及见在大唐国内都数目录"，分上下两栏书写，录经三十九种，内容与斯 3565 号基本相同，略有差别。最后为供养文：

佛子！世有见（现）前三宝，此是法宝。但供养，如一藏经。在家长福无量。

背面抄写西天、大唐国大藏经数，里程、寺观馆驿数等。

其后接着抄录禅月大师的一首诗。禅月大师即五代著名僧人贯休（832~912）。本遗书也抄于 10 世纪。文内记叙僧寺时，首有"旧唐国"云云，可见书写此号时，唐祚已亡。

2. 传世资料简介

除上述敦煌遗书资料外，笔者有缘先后看到 3 种同类的传世资料，另收藏到 1 种。

第一，周绍良先生家藏明宣德二年（1427）巾箱本《佛说大藏经总目》。

该《佛说大藏经总目》可分为两个部分。

前一部分内容与前敦煌遗书基本相同，但首题改为"唐僧往西天取经目录"。首题后录经三十六部，亦各说明该经在西天及在唐国的卷数。其后也有两地大藏经、里程与寺观馆驿等数。其供养文略有残缺，谓：

若有善男子、善女人得此经题目，□……□念一遍，如看，□……□人书

---

① 此处原空一字。在敦煌遗书中，出现这种情况，有时是敬空；有时是由于书手遇到一时不认识，或一时辨认不清的字，故暂空。此处所空可能是"寿"字。

写一本，功德无量无边，常得龙天加被。

后一部分为功德文，并附诗一首。现全文抄录如下。

> 若有善男子、善女人信心得闻此《藏经题目》，皆是宿有因缘，曾种善根，始遇真诠，定生佛国。若人信心披阅《藏经总目》一遍，获无量无边功德，诸佛密加祐（佑）护。若有善男子、善女人如得此《经题目》，是人世世不失男子之身，永断诸恶，生众善心。若人仍能信心书写，散施与人，受持读诵，得大功德。若不能持诵，于佛前虔诚供养，朝暮恭敬此《大藏经目》，功德亦不可思议。若有善男子、善女人病重临危，至心请得《经目》一部，佩带在胸，命终归于冥司。王官前见了此人胸有《大藏经目》，王官合掌赞叹，便令此人经（径）直往生西方净土，面奉阿弥陀佛，莲品托生。普劝一切正信善男、信女，精勤敬礼，早觉修持。诸恶莫作，众善奉行。永免三途，得生善道。世、出世间，同为法侣。
>
> 历代取经颂：
> 晋①宋齐梁唐代间，高僧求法别长安。
> 去人成百归无十，后辈焉知前者难。
> 雪岭崎岖侵骨冷，流沙波浪彻心寒。
> 后流不辨当时事，往往将经容易看。
> 《总经目录》

此后还有一些内容，与论述主题无关，此处不赘。

第二，吴承恩把该《都数目录》（即《大藏经总目》）作为唐僧取经目录收入《西游记》，从另一个角度说明信仰层面佛教与中国文学的关系。可以参看《西游记》第九十八回的有关章节。亦可参见笔者1991年出版的《八—十世纪佛教大藏经史》及其后的修订本。②

第三，此目录此后始终在民间佛教信众中流传。笔者曾在某拍卖公司看到清宫太监发愿印刷的巾箱本。

第四，笔者亦搜集到信众于1998年10月印刷的结缘本。据该本后记，此本乃

---

① "晋"，原文作"看"，据笔者收藏1998年10月民间结缘本改。"晋""看"字形相似，此处"晋"义为长。

② 方广锠：《八—十世纪佛教大藏经史》，中国社会科学出版社，1991。第一次增订本为《八—十世纪佛教大藏经史》（法藏文库本），台湾佛光出版社，2002。第二次增订本为《中国写本大藏经研究》，上海古籍出版社，2006。

依据光绪十四年（1888）重刊本排版印刷。因系民间传本，故文字与敦煌本略有参差。文末功德文称：

> 若有善男子、善女人病重，就至日请一部，用针线缝净布袋一个，带在胸前。命终归于地府，冥司阎王面前见了此人胸有大藏经一部，阎王合掌顶礼，便叫此人免罪，便得西方净土，阿弥陀佛面前，所化托生。

按照上述功德文，即使平时不供养佛、僧，不念诵经，只要临终携带一部《大藏经总目》，便能有往生净土的福报。

杨文会曾经针对此《大藏经总目》撰文贬斥，称："尝见行脚禅和佩带小折经，目为法宝。阅其名目、卷数，与藏内多不相符。欲究其根源而未得也。一日检《西游记》，见有唐僧取经目次，即此折所由来矣。按《西游记》系邱长春借唐僧取经名相演道家修炼内丹之术，其于经卷，不过借以表五千四十八黄道耳。所以任意摭拾，全未考核也。乃后人不察，以此为实，居然抄出刊行，广宣流布。虽禅林修士，亦莫辨其真伪，良可浩叹。余既知其源流，遂记之，以告夫来者。"[1]

如前所述，杨文会上文略有错失。他以为该《大藏经总目》乃《西游记》作者吴承恩伪作，后代佛教信众抄袭了西游记的文字。藏经洞敦煌遗书证明，早在晚唐五代，该《大藏经总目》已经在佛教信众中流传，故实际是吴承恩抄袭了民间的流通本。当然，尽管杨文会提出指责，《大藏经总目》至今依然在民间流通。如前所述，我就收集到1998年的铅印本。一个实际并不可靠的《大藏经总目》，竟然能够在民间流传千年，这就是宗教信仰的力量。

二 经录与功德

审察上述几个《大藏经总目》，首先给人的一个印象是其中所列的经名，有不少都是闻所未闻。即使是我们比较熟悉的经典，这些经录上标着的西天、唐国的卷数也大都莫名其妙。例如，该经录说西天有《华严经》一万多卷，《因明论经》二千卷、《俱舍论经》二千卷，如此等等。这些数字难道可以相信吗？

印度佛教东渐中国，佛教典籍开始被源源不断地翻译出来。初期译经，只能是传入什么经，就翻译什么经。后来，中国僧人不满足于这种状况，开始西行求法，有目的地寻求某些经典。从汉朱士行以次，我国历代舍身西行求法的人络绎不绝，他们越流沙，跨大漠，吃尽千辛万苦。这种为了寻求真理而舍生忘死的精神是十分

---

[1] 《大藏经总目录辨》，见《等不等观杂录》卷四，第11页A至B，《杨仁山居士遗著》第8册，金陵刻经处印本。

感人的。鲁迅曾称这些人是中国人的脊梁。明刻本《佛说大藏经总目》中附的那首《历代取经颂》就反映了这些取经僧为了佛法，万苦不辞、坚忍不拔的精神。

唐初闭锁西域，玄奘取经尚须偷渡出关，其后随着唐朝国力的强盛，西域、南海两道交通的顺畅，西去求法的僧人特盛于前代。据义净《大唐西域求法高僧传》载，仅贞观十五年（641）到天授二年（691）这五十年间，西行求法的就有六十一人。这些西行求法的僧人与东来传经的僧人一起，不仅带回了印度的佛典，也带回了关于印度佛典的种种传说。

例如，《华严经》是印度佛教的重要典籍，它的一些单篇很早就传入中国。东晋义熙十四年（418）至刘宋永初三年（422），佛陀跋陀罗译出《华严经》五十卷。到了隋代，西来的僧人带回信息，《晋译华严》尚非全本，所谓"一部之典，才获三万余言，唯启半珠，未窥全宝"，称"其梵本先在于阗国中"。① 后来，武则天便遣使专程前往于阗访求梵本，兼请译人。这就是后来实叉难陀翻译《唐译华严》的缘起。《唐译华严》七处九会三十九品八十卷，约相当于梵本四万五千颂。然而，据说它仍非全璧。澄观在所撰《大华严经略策》称，《华严经》共有广略十种本子：

> 一、略本经，即今所传八十卷、三十九品是。以其梵本有十万偈，今所译四万五千故。二、下本经，即是具本十万偈文，四十八品。即龙树菩萨于龙宫所见。总有三本，此当下本。三、中本经，即彼所见本，有四十九万八千八百偈，一千二百品。四、上本经，亦彼所见，有十三千大千世界微尘数偈，一四天下微尘数品。此中、上二本，并非世人心力能传。②

下面他还叙述了：五、普眼经，六、同说经，七、异说经，八、主伴经，九、眷属经，十、圆满经等，其篇幅都是天文数字。澄观的这一记叙自然来源于西域的传闻。那么，这种传闻是否纯属神话，没有任何一点事实依据呢？看来并非完全如此。如《大方广佛华严经》的《入法界品》，在《六十华严》中只占十三卷，在《八十华严》中只占二十一卷。但在贞元年间般若译出的《大方广佛华严经》中，整整占了四十卷。实际上，般若所译《华严经》一共只有四十卷，亦即全经仅包括《入法界品》一品。《贞元录》卷十七解释说："梵本《大方广佛花（华）严经》总有六夹，共有十万偈。大唐已译八十卷，当第二夹了。今南天竺国王所进当第三夹，有一万六千七百偈。"③ 可见西天确实存在篇幅浩繁的《华严经》。按《贞元录》的

---

① 《大周新译大方广佛华严经序》，《大正藏》第 10 册，第 1 页中。
② 《贞元录》卷十七，《大正藏》第 55 册，第 703 页。
③ 《贞元录》卷十七，《大正藏》第 55 册，第 894 页下。

说法，梵本《华严经》十万颂，六夹。三夹已译为汉文，计一百二十卷。则十万颂共约可译成二百四十卷。据此，澄观所说中本经四十九万八千八百偈约相当于汉文一万二千卷。故《都数目录》称西土《西土华严经》数为一万零三百九十卷，也就并非完全无据了。当然，印度来的这些传闻也并非完全可信。澄观称《华严经》的上本经有微尘数偈，微尘数品，还有其他那些篇幅为天文数字的普眼经等，就只能当作神话看待了。

要之，中国所传关于印度佛典的传闻是神话与事实夹杂，兼而有之。关于西域佛典之传说，亦当作如是观。因此，《都数目录》中关于西天佛典的记叙，也就是这么一种亦真亦假、恍兮惚兮的产物。以这一眼光来看待《都数目录》，对其中那些前所未闻的奇怪经名及其在西天的卷数，我们自可以存而不论，不必深究了。然而，中国古代虔诚的佛教徒中有些人是相信这些记叙的，由此产生出《西天大小乘经律论并在唐都数目录》这种奇特的经录。

不但该《都数目录》中的"西天经数"不可深究，其中的诸经典在唐国的数目，除少数几部经外，大多与事实不符，不少经在中国根本没有被译出过，竟也注上了唐国存数。这说明什么呢？我想，这是否说明如下两点。

第一，《都数目录》不是供人据此查阅汉文大藏经用的，因此不在乎汉文译经数目的对错与否。

第二，撰写这一《都数目录》的人是一个下层僧人，虽有虔诚的宗教感情，却未必有丰富的佛典知识。其后，《都数目录》也主要在这一层次的人中流传，甚而被人妄称为《佛说大藏经总目》。而在较高层次的僧人中，对这一类东西大约是存而不论甚至置之不理的，因此在历代佛教经录及史籍著作中我们找不到该《都数目录》的痕迹。

佛教既有精细高深的哲学形态，也有适合一般群众的信仰形态。历代的信奉者，既有青灯古佛的高僧，也有下层的九流各派、诸色人等。下层僧人的一些信仰形态的活动虽不为高僧们所重视，但在社会上却有相当大的影响，因为它适合了中国一般老百姓的文化水平与接受能力。如东晋刘萨珂的活动为道安所不齿，却为广大群众所欢迎，并在社会上造成广泛的影响。由此，对于《都数目录》这一类反映了下层僧人活动的东西，我认为同样应予充分的注意。

那么，当时编纂这一《都数目录》的现实目的到底是什么呢？我想，作者把他所了解到的关于西土的佛典传闻汇集在一起，加上他所知道或臆测的在唐国数目，编成这一目录，其最初的目的，大概是供那些有志于西行求法的僧人作参考。但后来，它逐渐演变成一种修功德的工具。

说它最初是供求法之参考，这可从斯 3565 号背面、伯 2987 号以及《佛说大藏经总目》中所附的去西天里程数、诸道馆驿数以及僧、尼、寺庙与道观数得到证实。虽然与《旧唐书》卷四十三"祠部"中的记录相比,上述诸号所载僧寺、尼寺等数字并不正确,但并不妨碍它依然可以成为立志西行求法的僧人发心求法时的参考。

至于说它又具有做功德的功效,这在斯3565号背面以及伯2987号的供养文中都十分清楚地反映出来。伯2987号的供养文特别提到供养这一经录,所得功德如同供养一部藏经。可见这种供养经录以做功德的方式是从供养藏经演化而来的。而《佛说大藏经总目》本身,主要被用来做功德。一个可靠性很差的佛经目录,竟会成为人们做功德的对象,这既说明佛典崇拜在佛教宗教活动中的地位,也说明信仰层面佛教的兴旺发达。

在四川大足小佛湾,有一个刻满了佛经目录的大藏塔,这些佛经目录都是依据《开元释教录·入藏录》刊刻的,但塔上却有"普为四恩,看转大藏"等宣扬转读大藏经功德的字样,可见是把转读该大藏塔上的经录等同于转读大藏经,以求功德。这也说明经录供养与功德的关系及其在民间普及的程度。①

第七节　数字化时代的佛教经录及其特点

人类已经跨入数字化时代,数字化极大地改变了我们的生活方式,自然也包括学习、研究的方式。所谓时代潮流,顺之者则昌,逆之者则亡。佛教文献、佛教经录也不例外。进入数字化时代以后,佛教经录已经进一步出现全新的局面。

佛教的传入与发展使佛典的翻译与撰著日益兴盛,佛典的兴盛引发佛教目录的编撰。从渊源上讲,中国佛教目录的产生,受到中国传统文化的极大影响。但其后中国佛教目录所达到的水平,特别是唐代佛教目录的水平,远远超过同时代儒家经史子集四部书目录的水平。究其原因,首先在于佛典数量之浩瀚与内容之丰富,其次在于佛教义学水平之提高。佛典数量之浩瀚与内容之丰富对佛教目录的编撰提出更高的要求,而佛教义学水平之提高使得编纂目录的僧人能够不断拓展思路、创设新例以条贯诸经。

与古人相比,当今学术的发展,信息的爆炸,使我们面临的佛典更为浩瀚与丰富,而数字化时代的诸种佛教文献,又呈现与古代不同的新的特点,从而对佛教目录工作者提出更高的要求。现在的佛教义学水平已经达到怎样的高度,虽然很难下一个断语,但其他学术领域在信息方面已经达到的成就却可以为我们今日的佛教目录学提供相当的参考。在这种情况下,数字化时代的佛教目录将是怎样的一个面目?

---

① 参见方广锠《四川大足小佛湾大藏塔考》,载《佛学研究》第二辑,中国佛教文化研究所,1994。

一　全面

作为一个专科目录，全面地著录该专科所有的文献，应该是题中应有之义。然而，以往的佛教目录，没有一个能够真正达到这个目标。古代，由于见闻不广、收集困难、受物质条件的限制等，要想全面地著录所有的佛教文献，只是一种空想。更不要说，由于正统观念或派别观念所限，很多编纂目录的僧人有意将一些佛教典籍摈除在外。而在今天这样信息爆炸的时代，任何一个个人，想要用传统手段编纂一部全面、完整的佛教目录，更是一个无法企及的梦想。好在全社会已经进入数字化时代，信息的传播可以迅速地超越时空，从而为我们提供达成这一目标的可能。但可能不等于现实。要使可能成为现实，需要做到这么两点。

1. 所有的佛教信息产生源（出版社、杂志社、研究机关、高等院校、其他文化团体、寺院、个人等）都将自己生产的佛教资源用数字化方式化作网上资源。

2. 有人专门从事这类网上资源的收集，并将它们加工整合为目录。

也可以换一种思路。

1. 所有信息产生源自愿结成一个网上联合体，将生产的所有佛教信息集中到某一个由共同协议而设立的中心网站。

2. 由这个中心网站对所有的佛教信息进行加工整合，使之成为方便读者使用的目录。

就目前而言，要想做到上述两点，恐怕还有困难。比较现实一点的，大概还是若干个有兴趣参与此事的不同地域的单位或个人（以下简称"参与者"），为了这样一个共同的目标，组成一个网上的联合体，经过充分协商、分工合作，采集有关资料，并将之汇总整合。参与者未必一定是信息产生源，但应该是有条件大量接触新产生信息的。所以要强调不同地域，是为了使采集活动尽可能地扩大其覆盖面。所以要充分协商、分工合作，首先是避免重复劳动，其次是统一采集标准与著录方式。其实，严格地讲，需要采集的，不仅是新信息，即近年新出版、发表的著作与论文；还应该包括旧信息，即古代、近代没有被收入大藏经、没有被收入佛教目录的文献。从采集旧信息的角度讲，参与者大概比信息产生源的积极性会更高，效果也更好。由于信息对象本身的复杂性，所以这里特别需要强调的是，诸参与者的著录方式，不但必须统一，而且应该具有前瞻性、开放性特点，以免将来的被动。

上述方案的实施，也不是一件容易的事，有待诸种因缘的成熟。但我想，如果若干个有条件的佛教图书馆或寺院先行联合起来，行动起来，首先达成一个统一的采集标准与著录方式，然后把本图书馆、本寺院的有关藏书、论文目录整理、公布出来，同时汇集为联合目录，进而扩展到本地其他佛教文献的采集著录，并在条件成熟的情况下，随缘扩展，逐步吸收新的更多的参与者。如果这样锲而不舍地做下去，假以时日，则上述方案未必不可行。虽然这种方式也未必能够把所有的佛教文献百分之百地包罗无余，但如果有适当的协调、分工方式，应该可以尽可能地达到理想的效果。如前所述，CBETA 已经做了很好的工作。

这里涉及许多操作层面的事情。我个人的经验，操作层面的事情，即使困难再大，也是可以克服的。例如版权问题，都可以在国家现行法律的范围内，予以妥善解决。

就观念而言，也有问题需要解决。

首先，数字化时代，文献的形态出现了新的变化。关于这一问题，本书第一章已经探讨。如果一个目录的内涵与外延没有清楚的界定，这个目录无法编纂。

其次，如拙作《略谈大藏经的三种功能形态》①所说，大藏经具有义理型、信仰型、备查型等三种功能形态。作为一部佛教目录，则更加应该突出其备查功能。在这里，古代编纂经录僧人的工作，应该成为我们的借鉴。例如道宣，编纂过《续高僧传》，记载了大量高僧的行状及其著作。但在《大唐内典录》中，却把这些著作大量地排斥在外。道宣为何这样做，我们现在无从猜测其动机。但其效果，则显然是十分消极的。我希望所有编纂目录的人心量要大一点，再大一点。目录是提供给读者作基本参考的，目录的信息量越大，它的参考价值也就越大。如果当年智昇编纂《开元录·入藏录》时高抬贵手，不要用那么严格的标准来剔除中华佛教撰著，那可以为后人保存多少宝贵的资料！这一教训，值得每一个佛教目录编撰者汲取。

当然，全面著录一切佛教文献，也会有相应的副作用。一是工作量太大，一是收入的文献良莠不齐。工作量大，这没有办法回避。好在现在有电脑，足以处理海量资料。至于良莠不齐问题，下面再谈。

应该说明，上面虽然从佛教文献的整体来论述目录的编撰，但并不意味着笔者反对或忽视各种从不同角度出发的佛教专题目录。恰恰相反，我认为现在迫切需要编纂各种各样的专题目录，以供急需。但是，任何一个专题目录，都需要将该专题的有关文献尽量著录完整，从而也就遇到本文上面所谈的同样的问题。

二 准确

准确与否是衡量一部目录参考价值大小的另一个重要标准。

过去，所谓准确，无非是指著录的内容（诸如书名、作者、版本项等）不出错误，分类大致合适，索引可靠。其中除分类比较专业外，著录与索引的标引正确，是任何一个责任心比较强、工作态度比较认真的人都可以做到的。但数字化时代的佛教目录仅仅局限于这些项目，恐怕不能满足读者的需要。

---

① 方广锠：《略谈大藏经的三种功能形态》，《法源》2003 年总第 21 期，第 47 页。

网上佛教文献的一个基本特点是，同类文献数量大，同一文献文本多。同类文献数量大，这一点毋庸解释。同一文献文本多，则需要略做说明。当认识到佛典可以上网传播后，各色人等积极性极高，各种各样的佛典被录上网，有的同一种文献在网上有几种、十几种乃至几十种不同的文本。这些文本形态各异，质量也参差不齐。看到这些形形色色的文本，我有一种回归写本佛典时代的感觉。所以，数字化时代佛教目录准确标准的另一个含义，就是对所著录的文献做一个准确度的评价，以为读者的基本导读。

　　这种事情，其实古人早就做了。《大唐内典录》中的"举要转读录"，就是对同一类典籍或同一典籍不同异本的料简；而张之洞的《书目答问》，一一指明同一书籍各种通用版本的优劣乃至提示其内容，以为初学者导航。

　　但是，这种事情现在做起来，仍然有相当大的难度。举要转读录的编撰，需要有关专家在仔细研究相关著作后，才能得到庶几近之的结论，而且还难免有仁智之见。至于网上文本的录文精确度，则一直被人们怀疑，以至比较严谨的学者，在利用电子文本查寻资料后，一定要核对书册本原文，并按照书册本注明出处。现在如果让目录的编撰者一一覆按这些电子文本的录文精确度，其工作量之大，是无法让人接受的。放纵之不可，覆按之不能。如何跳出这两难境地？我想是否可以采用超文本方式，将目录所著录的典籍名称与它的电子文本以及所据原本的扫描件连接在一起。这样，覆按的工作交给读者自己做，质量高低由读者自己去鉴别。

　　但这样一来，目录已经不是目录，目录变成了图书馆。我想，这大概是数字化时代的目录与以往目录的最大不同、最大变革。以往的目录是单纯的书单子，人们检索了这个单子后，需要另外再去找书。而数字化时代的目录本身就挂在网上，与网上图书馆成为一个密不可分的整体，是网上图书馆的入口处与导航员。许多网上图书馆已经这样做了，这自然也应该是数字化时代佛教目录的发展方向。

　　顺着这个思路，我们可以按照开放、互动的模式来设计这一网上佛教目录。亦即任何一个读者都可以通过这个网上佛教目录进入某文献的由超文本链接的扫描原件与相应电子文本的比对系统，可利用扫描原件对相应的电子文本进行校对。并可在目录所著录的该文献名称下开设的窗口中，发表自己对原电子文本的录入质量的评判。目录下还可以开设另一个窗口，发表读者对该文献内容的评论。自然还可以依据不同的需要，开设新的不同的窗口，进行不同类型的其他互动活动。这样，前面提到的对所收文献内容良莠不齐的提示问题，就可以得到解决。通过一段时间的互动，电子文本的录入精确度也可以不断提高，电子文本本身可以不断升级为新的版本。

　　自然，这样的目录，或这样的图书馆应该设计出相应的软件，对上述交互式过程的每一步都加以记录并进行公布。一则尊重原录入者的劳动及每一位复校者的劳动，一则保留文本修订过程的完整记录。

我们目前在浙江温州文成安福寺开展的佛教文献数字化总库便采用上述思路。当然，具体的工作还得一步一步去做。

三　使用方便

读者利用目录，是为了查索自己所需要的文献。如何让读者方便地查索到所需文献，是任何一个目录都必须认真对待的。

我国传统的佛教目录用专题目录、分类结构、适当标注等方法来解决这个问题。近代以来，人们又开始接受西方学术界创制的索引。传统图书馆至今采用的，大致仍然是以上这些方法。

数字化时代情况完全不同。数字化时代的佛教目录，特别是网上目录，分类法将被放弃，而代之以更加灵活多样的检索方法，以满足不同读者的不同需求。我想，其主要检索方法，可以考虑设计为如下两种。

第一种，以版权页的各种记录，即书名、作者、出版者、出版年月、版次等内容为检索对象。对于检索目的为特定书籍、特定作者、特定出版者、特定时间段的出版物的读者来说，上述方法将能满足他们检索的需要。

第二种，以主题词为检索对象。文献主题词的设置是文献学的一大突破。主题词与大型数据库的配合使用，就知识结构而言，突破了以往图书分类法的树状结构，使人类的知识真正组成一个相互紧密联系的因陀罗网。从检索方式而言，打破了以往图书分类法的单维检索模式，可以实施多维检索。从理论上讲，其维数甚至可以不受限制，为研究者搜寻同类文献、相关文献提供了极大的方便。可以预期，在数字化时代，主题词检索作为一个极具生命力的检索方法将在佛教文献的检索中大放光彩。

但是，主题词检索的前提是每一部文献都已经设置了充分、必要、准确的主题词。所以，问题转化为如何对文献设置充分、必要、准确的主题词。这个问题可以分两个方面来论述。

1. 编纂充要的主题词表

虽然目前已经出现了佛教文献主题词表。但是，应该指出，目前出现的佛教主题词表还不能完全覆盖佛教的所有知识点，没有达到充分、必要这两个基本要求。目前发表的有关著作、论文，其主题词的设置，大抵由作者本人标引设置，具有很大的随意性。因此，编纂一个充要的佛教主题词表依然是我们面临的任务。

编纂这样一个佛教主题词表，是一件专业性、学术性极强的工作。要充分考虑如下三个方面。

首先，要充分研究传统的佛教图书分类法。

数字化时代的佛教目录将会放弃传统的图书分类法。但这种放弃不是简单地废除，而是哲学意义上的扬弃，是传统的图书分类法在螺旋式上升过程中的新的表现方式。只有充分研究传统的图书分类法并吸收其全部优点，才能编纂出符合数字化时代要求的新佛教主题词表。

其次，要充分发挥佛教辞典、佛教百科全书等工具书的作用。

新的佛教主题词表应该覆盖现有的全部佛教知识。而各类佛教辞典、百科全书就是前此各类佛教知识的总结，它们自然可以在编纂新的主题词表的过程中给我们很大的帮助。

再次，要充分注意新的知识增长点。

学术在发展，知识在更新。编纂新的佛教主题词表，自然应该注意新的、正在发展着的知识增长点与知识领域。

上面从不同角度谈了编纂新的佛教主题词表应该注意的三个方面。其实，这三个方面本身是一个整体。传统的佛教图书分类法是一个树状结构，要突破这个树状结构，把它变成网状结构，需要利用佛教辞典、百科全书一类的工具书所提供的佛教知识点来填补其空白，梳理各知识点之间的内在联系。但现有的佛教辞典、百科全书仅是以往知识的总结，我们还必须注意新的知识，以丰富与发展这个主题词表，使它与发展着的佛教与佛教研究同步合拍。

2. 必须对文献准确标引主题词

犹如传统图书馆在日常工作中，让工作人员依据现行的图书分类法正确将图书进行分类一样，有了覆盖新旧全部佛教知识点的充要主题词表之后，如何依据这一主题词表恰如其分地、准确地标引文献内容，依然是一项极其重要的工作。只有做好这项工作，才能产生理想的检索效果。

对于新文献，我们或者可以采取让作者自己标引的方法。对旧文献，则必须由他人进行标引。这项工作比传统图书馆日常所做的图书分类难度更大，因为它已经完全突破传统的"书皮之学"，更多地依赖于对该文献内涵的分析。这是一项需要专家来进行的工作，而我们现有专家的数量与有待处理的海量文献相比，又何等的不成比例。如果再考虑到知识的动态发展，考虑到主题词表本身的不断修订与升级，考虑到专家之间的仁智之见，则上述问题将陷入永无可能解决的绝境。

但如果我们考虑到真正的尽善尽美只能存在于彼岸世界，而此岸世界的一切都是相对的、不圆满的，则我们或者可以不必那样悲观，而让自己暂且满足于一种相对、尽可能完善的状态。那么，我想可以提出如下两个方案来解决这个问题。

第一，专家与读者相结合，交互式标引。

目录连同超文本链接的文献上网后，给读者留下标引主题词的空间。以后便是专家与读者的一个互动过程，在这个过程中逐渐完善对该文献的主题词标引。由于从理论上讲，每篇文献主题词的标引不受数量限制，因此这种方法是可行的。当然在实际上由于硬件环境的制约，主题词标引还是要有数量限制，但我想这不会成为不可逾越的障碍。这种方法的一个好处是可以解决海量文献的标引；另一个好处是可以随时掌握新知识点的出现、掌握读者的关注点这样一些新的信息，及时发现社会思潮新变化的苗头。所以，这一互动过程实际上应该与主题词表的修订与升级，放在同一个系统中予以设计。

第二，电脑自动标引。

随着电脑智能化功能的日益发展，我想可以考虑设计新的软件，由电脑对文献内涵进行文本分析，进而实现电脑自动的主题词标引。这当然需要进行各种试验，并将是一个相当耗费时间与精力的过程。

上述两种方法如果都能够成功，并结合起来，我们将有希望走出绝境。

此处所叙述的数字化佛教目录，其存在背景是一个虚拟的环境：有关佛教网站的高度配合与互动、读者与网站之间的高度配合与互动。没有那样一个环境，不会有那样的目录。但目前网上的现实是分散的、大量的、低水平的、低效率的重复劳动。这一现实与本书设想的那种虚拟环境差距太大，也不可能激发读者高度互动的热情。因此，首先需要推进的应该是网络资源的整合与近期目标的协调。

总之，没有最好，只有更好。一千个方案，不如一步实际行动。不积跬步，无以至千里。

思考与练习题

1. 试论汉传佛教经录的兴盛与中国传统文化的关系。

2. 你在以前的修学实践中用过哪些经录？试述使用那些经录后的体会。

3. 你理想中的经录应具备哪些条件？

4. 你对数字化时代佛教经录的希望是什么？

第六章　汉文大藏经

导　言

　　大藏经是汉文佛教经典的总汇，是佛、法、僧"三宝"中法宝的体现。该名词本身即为中印文化相结合的产物。本章先考察汉文大藏经的定义及分期标准，然后介绍不同时期出现的各种汉文大藏经，并探讨在这背后蕴藏的佛教典籍在特定的中国文化背景中发展、演化的规律。

第一节　"大藏经"名称考

　　"大藏经"是中国人创造的佛教名词，在梵文中找不到与此相对应的原词。

　　"大"，在这里是一种褒义，它表示佛教经典所阐述的义理赅天地而无外，穷宇宙之极致。佛教常把只有佛才可能具有的最高智慧称作"大圆镜智"，把佛教的法身佛称作"大日如来"。所用的"大"，都是同一种含义。

　　"藏"，是梵文 pitaka 的意译。pitaka，原意为盛放东西的箱子、笼子等器皿。古代印度没有纸张，早期的佛教经典靠口耳相传，博闻强记。但人的记忆总有局限，故其后印度僧人把经典刻写或抄写在贝多罗树叶上，形成所谓"贝叶经"，印度的僧人常把贝叶经存放在箱子或笼子中。在梵文中，这类箱子或笼子称 pitaka，因此，pitaka（藏）也就逐渐成为佛典的计算单位乃至代名词。由于印度僧人将佛教经、律、论等典籍按其内容的不同，分别存放在三个 pitaka（藏）中，于是佛教典籍被称为 Tripitaka（三藏）。

　　"经"，是梵文 sūtra 的意译。sūtra，原意为"贯穿"。古印度佛教徒认为，用一根线绳把花瓣穿起来，这些花瓣就不会再被风吹散。同理，把释迦牟尼的言教搜集总摄在一起，便可永不散失，流传后代，所以称之为 sūtra。中文"经"字原意是指织物的纵线，有"绵延"之意，故引申为"常"，后来被引申指常存之义理、法则、原则。《尚书·大禹谟》："与其杀不辜，宁失不经。"《传》："经，常。"《左传》宣公十二年："兼弱攻昧，武之善经也。"① 就是这个意思。中国人从来有一种"天不变，道亦不变"的思想，认为宇宙间存在着某种终极真理。对"经"字的上述诠解，就是中国人这种心态的反映。在此，释僧肇的解释可能是有代表性的："经者，常也。古今虽殊，觉道不改。群邪不能沮，众圣不能异，故曰'常'也。"② 意思是说：所谓"经"，是一种永远不变的存在。尽管时间流逝，古今的情况不同，但释迦牟尼阐明的觉悟真理不会发生变化。这种真理是任何不信佛的外道（群邪）破坏不了的，即使是佛弟子们（众圣）也不能随便改变它。所以称作"常"（永恒），也就是"经"。由此看来，中国人用"经"字来对译印度的 sūtra，虽然不符合该词的原意，却反映出中国佛教徒对释迦牟尼及其言教的无限崇拜与信仰。

sūtra 一词，在印度仅指经、律、论三藏中的"经藏"。而在中国，"经"的内涵逐渐扩展，形成不同的层次。从狭义到广义，大体有三层含义。第一层含义指三藏中的经藏，等同于印度佛教的 sūtra。第二层含义指域外传入的所有翻译佛典。从佛教初传开始，中国人往往把属于印度佛教律藏、论藏的典籍，都译称为"经"。第三层含义，则如"大藏经"的"经"，已经进而包括了中国人自己编撰的中华佛教撰著。"经"字含义的演变，与中国人对翻译佛典的观感有关；与南北朝时期的三宝崇拜思潮有关；也与随着中国佛教蓬勃发展，中华佛教撰著大量涌现有关。

所以，"大藏经"一词既吸收了印度佛典管理的内容，又融贯了中国人的思想与感情，反映了中国佛教发展的历程，本身就是中印文化相结合的产物。

从 20 世纪起，大藏经成为佛教学术研究的对象，当时学者们曾对"大藏经"一词最早出现在什么时候进行过探讨。由于《大正藏》本隋灌顶著《隋天台智者大师别传》之末尾提到智者大师一生共造"大藏经十五藏"③，故认为"大藏经"一词在隋代已经产生，④ 笔者以前也持这样的观点。但后来在日本藤枝晃先生的提示下，细玩《隋天台智者大师别传》卷末文字的意趣，发现这段文字并非灌顶的原著，而是"铣法师"所做的补注。"铣法师"系何时、何许人，待考。但既然它并非灌顶书写的文字，就不能把它当作"大藏经"一词在隋代已经出现的证据。

在整理敦煌遗书的过程中，我发现敦煌遗书《西天大小乘经律论并在唐国都数目录》（伯2987号、斯3565号）、《大唐大藏经数》（伯3846号）出现"大藏经"一词。这两件敦煌遗书，从抄写形态看，应该是敦煌归义军时期的写本，但从内容分析，该文献产生的上限不会早于唐玄宗时代，下限不会晚于会昌废佛。至于伯

① 参见《辞源》，商务印书馆，1981，第2434页。
② 《注维摩经》卷一，《大正藏》第38册，第327页下。
③ 《隋天台智者大师别传》，《大正藏》第50册，第197页下。
④ 参见日本大藏会编《大藏经——成立と变迁》（《大藏经的成立与变迁》），百华苑，1990，第22页。

3846 号，则年代稍迟，为会昌废佛后出现的。因此，我曾经推测"大藏经"一词大约产生在从唐玄宗到会昌废佛这一时期。[1] 其后检索 CBETA，发现《金刚顶经大瑜伽秘密心地法门义诀》（简称《义诀》）卷上有"其百千颂本，复是菩萨大藏经中次略也"[2] 的说法。该《义诀》未为我国历代大藏经所收，日本《大正藏》依据日本刻本收入。日本刻本则源于空海入唐所得。空海入唐的年代是公元 804 年到 806 年，相当于唐德宗贞元二十年至唐宪宗元和元年。随后又在唐海云《两部大法相承师资付法记》中，发现有"依梵本译成六卷，又总集一部教持念次第共成一卷，成七卷。共成一部，编入大藏经"。[3] 海云该书撰于唐文宗大（太）和八年（834），时为会昌废佛之前。传世文献与出土文献相互证明，由此可以肯定会昌废佛之前，最迟在唐贞元年间，"大藏经"一词已经产生。

应该指出，敦煌遗书伯 2987 号、斯 3565 号均有"西天大藏经有八万四千亿五百卷"之类的提法。可知创造了"大藏经"这个名词的中国人并没有把这个名词的使用局限于汉文佛教典籍，而是把它当作佛教典籍的总称。但在古代，虽然中国人创造了"大藏经"这一名词，并赋予它佛教典籍总称的含义，其他各佛教系统却依然各自传承自己的典籍，各有自己传统的称呼。南传佛教的典籍被称为"三藏"，藏传佛教的典籍被称为"甘珠尔""丹珠尔"。至于"汉文大藏经"这一名词，实际是 20 世纪初由日本学者提出的。他们站在汉传佛教的立场上，注目于三大系佛教之总体，整合各不同语种之佛典，提出"巴利大藏经""南传大藏经""藏文大藏经""蒙文大藏经""满文大藏经""西夏大藏经"等一系列名称。作为对举，汉传佛教的"大藏经"一词也自然演化为"汉文大藏经"。所以，在汉传佛教文化圈中，所谓"汉文大藏经"与"大藏经"，只是不同历史、语言背景下的不同称呼，其指代对象完全相同。

同样应该指出的是，"巴利大藏经""藏文大藏经"等提法的出现，只是汉传佛教文化圈内部的事，这些称呼基本上只限于汉传佛教系统内部使用，南传佛教、藏传佛教则仍然沿用传统的"三藏""甘珠尔""丹珠尔"来称呼自己的典籍。由于欧美的佛教研究是从研究南传佛教起步的，受此影响，欧美佛教研究界长期使用"三藏"一词，并用该词来对译汉文的"大藏经"。近年来，才逐渐改用"dazangjing"（大藏经）这一汉语称谓，有的则采用"大藏经"的日语发音"taizokyo"。

上面分析了产生"大藏经"一词的文化背景与实际内涵。本书的研究对象为中

---

① 方广锠：《八—十世纪佛教大藏经史》，第 1 页。
② 《金刚顶经大瑜伽秘密心地法门义诀》卷上，《大正藏》第 39 册，第 808 页上。
③ 《两部大法相承师资付法记》，《大正藏》第 51 册，第 785 页下。

国汉文佛教大藏经，所以本书所说的"大藏经"，如不特别指明，均指汉文大藏经。

第二节　大藏经的定义

在中国，人们起初用"众经""一切经""经藏""藏经"等词来称呼所传承的佛教典籍，唐代才出现"大藏经"一词。如果仔细探究，上述词语的出现与衍化，反映出中国人对佛教典籍的观感。但出现之初，它们只是一种约定俗成的称呼，人们并没有仔细研究它们的定义。近代以来，随着佛教学术研究的展开，大藏经日益引起人们的关注，人们开始尝试对大藏经进行定义。我们先看看 20 世纪上半叶的代表性定义。

丁福保《佛学大辞典》称：

大藏经　术语。一切经从所入之藏殿（方按："殿"，应为"典"之误）而谓为大藏经。见"一切经"条及"藏经"条。①
一切经　术语。佛教圣典之总名。或曰"大藏经"。省曰"藏经"。②

丁福保定义的文字比较简单，但"佛教圣典"一词留有诠释的余地。不过，说"藏经"是"大藏经"的省略，不符合历史。事实是先出现"藏经"，后出现"大藏经"。因此，毋宁说"大藏经"是"藏经"一词的扩展。

《望月佛教大辞典》称：

大藏经　杂名。包含三藏等诸藏之圣典。又称"一切经""一代藏经""藏经""大藏""三藏圣教"。即以经律论三藏为中心的佛教典籍的总集。③

《望月佛教大辞典》定义的特点是指出大藏经以经律论三藏为中心，亦即强调了汉传佛教的印度之根。

20 世纪中叶，大藏经研究最重要的成果之一是小川贯弌主持编纂的《大藏经的成立与变迁》，该书未对"大藏经"这一名词做出定义，但有一段叙述性语言：

---

① 丁福保：《佛学大辞典》，文物出版社，1984，第 215 页 b。
② 丁福保：《佛学大辞典》，第 3 页 a。丁福保《佛学大辞典》第 1402 页 c 之"藏经"条简单介绍历代藏经，无定义，故不录。
③ 《望月佛教大辞典》第四卷，世界圣典刊行协会，1974，第 3311 页。

佛陀神圣教说的汇集，在印度称为"三藏"，中国则叫做"一切经"或
"大藏经"。……中国佛教在六朝时期，逐渐兴盛。这时也兴起了搜集整理汉译
佛典、制作佛书目录的风气。当时的人，把汇集在一起的佛典，称作"众经"。
六朝末，北方称佛经为"一切众经"和"一切经"，江南则称为"大藏经"，
有时也二者并用。这些名称，不单只是佛典汇集或丛书的意思，而是含有一定
组织和内容的意义。特别是隋唐时代的佛教界，在汉译经典将编入大藏经之先，
都必须奏请皇帝敕许或钦定。随着外来的佛教，在中国的国家体制下，成为中
国的宗教，并占有很高的社会地位，中文的佛典以致有钦定大藏经的那种权威
与保证。①

上面这段话勾勒了大藏经发展的基本轮廓，虽嫌粗疏，且有错谬，但摄意较广。
就本文讨论的"大藏经"定义而言，它提到"组织和内容"这一值得注意的问题。

20 世纪下半叶与 21 世纪初，新的研究成果不断涌现。在此介绍几种比较重要
的著作中关于大藏经的论述。

　　大藏经　佛教典籍的丛书。又名一切经、契经、藏经或三藏。内容包括经
（释迦牟尼在世时的说教以及后来增入的少数佛教徒——阿罗汉或菩萨的说教
在内）、律（释迦牟尼为信徒制定必须遵守的仪轨规则）、论（关于佛教教理的
阐述或解释）。

　　汉文大藏经为大小乘佛教典籍兼收的丛书。②

　　大藏经　又作一切经、一代藏经、大藏、藏经、三藏圣教。指包含三藏等
之诸藏圣典。亦即以经、律、论三藏为中心之佛教典籍之总集。③

　　大藏经　又称一切经，略称为藏经或大藏。原指以经律论为主之汉译佛典
的总集，今则不论其所使用之文字为何种文字，凡以经律论为主的大规模佛典
集成，皆可称为"大藏经"。④

<hr />

① 日本大藏会编《大藏经——成立と变迁》（《大藏经的成立与变迁》）。引文见蓝吉富主编《世界佛学名
　　著译丛》25，《大藏经的成立与变迁、大正大藏经解题（上）》，华宇出版社，1984，第 5~6 页。
　　方按：最近日本朋友寄来该书的最新修订版，系由日本京都法藏馆于 2020 年 12 月出版，对上述定义
　　有所修订，但依然有可商榷之处。限于时间和篇幅，本书暂不予讨论。
② 中国大百科全书出版社编辑部编《中国大百科全书·宗教》，中国大百科全书出版社，1988，第 56~
　　57 页。
③ 慈怡主编《佛光大辞典》，书目文献出版社，1989 年影印本，第 893 页下。
④ 蓝吉富主编《中华佛教百科全书》，台南中华佛教百科文献基金会，1994，第 628 页 a。

大藏经　简称"藏经"。佛教典籍汇编而成的总集。以经、律、论为主，并包括若干印度、中国等国其他佛教撰述在内。原指汉文佛教典籍，现泛指一切文种的佛教总集。①

　　汉文大藏经　汉文佛教典籍总集的通称。②

　　《大藏经》是佛教经典的总汇。详而述之，它也是综罗传世的一切经律论以及经审选后确定的其他佛教撰著，分类编次的大型佛教丛书。③

　　从一般意义上说，所谓佛教大藏经就是指佛教典籍的总集。然而，被称作"大藏经"的佛教典籍总集，其形成却是经过中外历代僧人们长达千余年精心的创作、发展、甄别、校正、整理而成，它有着丰富的内容，严格的序列和精细的结构。④

　　上述著作中，前二部工具书对"大藏经"的定义，与丁福保《佛学大辞典》和《望月佛教大辞典》的定义大致相同。第三、第四两部增加了不同语境中的不同意义，虽不甚准确，但体现了时代特色。在此限于篇幅，不拟对上述定义及论述做进一步的评述。但从上述资料可知，当时学术界对大藏经的定义还没有达成共识。

　　什么叫"汉文大藏经"？我的定义为：

　　　　基本网罗历代汉译佛典并以之为核心的，按照一定的结构规范组织，并具有一定外在标志的汉文佛教典籍及相关文献的丛书。

　　上述定义用定语的方式，加入了我在1988年提出的大藏经三要素。其中用"基本网罗历代汉译佛典并以之为核心"一语表述取舍标准，是出于两点考虑。

　　第一，以汉译佛典为核心，已经是汉文大藏经的传统，必须遵循。这也体现了宗教必须讲究传承这一基本特性。因此，凡是不以汉译佛典为核心的汉文佛教丛书，可以称为"续藏经"，称为"某某集成""某某全书"，不能称为"大藏经"。

---

①　任继愈主编《佛教大辞典》，江苏古籍出版社，2002，第161页。任继愈主编《宗教大辞典》（上海辞书出版社，1998，第157页a、第302页a）之有关条目，内容与《佛教大辞典》全同，不赘引。

②　任继愈主编《佛教大辞典》，第440页。

③　陈士强：《中国佛教百科全书·经典卷》，上海古籍出版社，2000，第392页。

④　李富华、何梅：《汉文佛教大藏经研究》，宗教文化出版社，2003，第1页。

第二，用"基本网罗"做数量的限定，可以把大藏经与《藏要》等辑要类佛教丛书区别开来。

定义中加入"相关文献"一词，是为了体现汉文大藏经实际也包括非佛教文献这一事实。在历史上，大藏经曾收入印度数论派、胜论派的典籍。20世纪的日本《大正藏》也曾特设"外教部"，增收道教、摩尼教、景教的文献。而新编的《中华大藏经》续编中，计划进一步增收与佛教有关、但非佛教的著作。

上述定义没有特意突出经律论三藏。所谓"三藏"，实际只是一种具体的结构方式。在印度佛教的历史上，这一方式并未真正成为所有佛教典籍统一的分类法；在中国佛教的历史上，这一分类结构也早被突破，进而被日本《大正藏》全面扬弃。展望未来，这一分类法不可能再维持下去。定义的作用是从内涵与外延两个方面对研究对象做本质的界定，一个定义应该能够适用于所定义对象的各个发展阶段。而以"三藏为中心"之类的提法，只适用于汉文大藏经的某一历史发展阶段，不适合用作整个汉文大藏经的定义。反视"基本网罗历代汉译佛典并以之为核心"这一提法，就内容而言，已经把汉译的经律论等三藏典籍涵盖在内。

第三节　大藏经的分期标准

千百年来，大藏经的内容、结构、帙号都在不断地演化。要对一个处在不断发展变化中的事物进行科学的研究，必须进行分期。而要进行科学的分期，首先要确定一个可行的分期标准。

比如对中国佛教，中国大部分研究者将中国朝代的更替作为中国佛教的分期标准。我不赞同这种方法，主张以佛教本身的发展逻辑来对中国佛教进行分期。[1] 具体到汉文大藏经，它与中国佛教的发展密不可分。如援用"全息理论"，我们可以说每一个时期的汉文大藏经都反映了那个时代中国佛教的面貌。那么我们可否将中国佛教的分期套用到汉文大藏经上呢？我以为不可。汉文大藏经毕竟是一种独立的存在，有自己的发展历史。我们必须考虑汉文大藏经本身的发展逻辑。

探究汉文大藏经的发展逻辑，就必须考察促成汉文大藏经演化的各种因素。那么，是哪些因素促成了汉文大藏经的演化呢？考察历史，大体有如下六种。

一　中国佛教的因素

世事无常。在佛教东渐以来的漫长岁月中，中国佛教不停变迁。汉文大藏经作

---

① 参见方广锠《佛教志》第一章，上海人民出版社，1998。

为记录与反映中国佛教历史的大丛书，从始至终受到中国佛教发展的制约，自然也随着中国佛教的变迁而演化。关于这一点，本章以下将有论述，可以参看。

二　佛教外的因素

所谓佛教外的因素，在古代，主要是指受中国封建王朝的影响。

自秦、汉以来，直到前现代，中国一直是一个高度集权的封建专制国家。国家权力在中国具有至高无上的地位，没有任何力量，也不允许任何力量与它抗衡。在历史上，中国的统治阶级既为了自己的利益而支持佛教，也曾经因为佛教势力过于庞大而毁释废佛。在政教关系方面，国家政权始终处于主导地位，并力求在佛教的发展中实现自己的意志。

对历史进行考察，可以发现国家政权对佛教大藏经的干预不断加深。这件事本身就是国家政权在佛教的发展中逐步实现自己意志的一种方式。

辛亥革命以后，随着中国封建王朝的覆灭，封建王朝因素自然不再存在。但佛教外的政治因素、学术因素对大藏经的编纂依然存在着一定的影响。

三　编纂人员的因素

不同的大藏经由不同的编纂人员编辑而成。时代不同、地域不同，编纂人员的指导思想、学术水平、编纂原则、编纂方式不同，所编纂的汉文大藏经自然会有差异。

当然，这里还必须考虑编纂人员的主观愿望与他们所处的客观现实之间的距离，以及由此产生的互动。

四　载体与制作方式的因素

佛教传入中国之后，中国书籍的载体逐渐由简牍、缣帛过渡到纸张；书籍的产生方式则由手抄到刻版印刷、活字印刷，近代以来更出现铅印、影印、激光照排等一系列印刷技术。近年数字化技术的发展，更使书籍在载体与制作方式两个方面都面临前所未有的革命。凡此种种，使书籍的形态，也使大藏经的形态产生重大的变化。

五　装帧形式的因素

佛教传入中国以来，中国的书籍装帧有诸如册牍装、折叠装、卷轴装、梵夹装、经折装、粘叶装、缝缀装、蝴蝶装、旋风装、线装、近现代的洋装（包括平装与精装）乃至数码时代虚拟电子书的装帧等。装帧形式已经成为修造大藏经时不可回避的问题，从而成为大藏经研究的内容之一。

六 编纂条件的因素

不同的大藏经编纂的时代不同，内外环境不同，则拥有的工作条件自然也不同，由此，上述因素当然也会影响到所编纂的大藏经的形态。

在上述六种因素的综合作用下，中国的大藏经随着时代的发展而显示不同的形态。那么，就分期而言，上述六种因素中的哪一种更适于选定为标准呢？我认为，上述六种因素，从六个不同的角度对大藏经的发展产生影响。如果我们拟从其中某一个角度去研究大藏经，就应该考虑以其中某一种作为分期标准。从某种意义上讲，上述六种因素，大部分都可以成为我们的标准。但这六种因素作为分期标准而言，相互并不兼容，无法综合使用。20 世纪以来，学术界研究大藏经，大体以研究刻本藏经为主。其后，对写本藏经的研究逐渐进入人们的视野。抄写、刊刻是书籍的不同制作方式，大藏经归根到底也是一种书籍，用中国书籍的演化历程作为汉文大藏经的分期标准，不失为一种方便法门。

诸法无常，迁流变化。然而，变中有不变，不变中有变，正所谓"大河向东流，天上的群星向北斗"。对某种发展着的对象进行科学研究必须分期，但同时也必须指出，所谓分期及其标准仅是一种方便法门。

第四节 大藏经的分期及不同时期的大藏经

本书依据载体与制作方式的不同，将至今为止大藏经的发展分为四个时期：写本时期、刻本时期、近现代印刷本时期、数字化时期。

对汉文大藏经的学术研究，是 20 世纪上半叶由日本学者开始的。目前，国内外有关研究不断拓展，新的问题也不断产生。就写本藏经而言，随着对敦煌遗书及其他写经的深入研究，如何认识写经中呈现的诸多异本、异卷、异品现象，如何确定诸多写经的另本是否属于藏经，如果属于藏经，则究竟属于哪一部藏经，或是否属于同一部藏经，这些问题已经日益凸现在研究者面前。就刻本藏经而言，宋以下刻本藏经的研究虽然已经取得很大的成绩，但近二三十年来，随着考古的进展，不少新的刻本藏经被发现。如何确定这些刻本藏经的归属，如何判定它们与已知藏经的关系，也成为研究的焦点；即使是已为人们熟知的一些藏经，近年也发现不少新的印本，从而提出新的研究课题。而近代兴起的印刷本藏经，目前正处在百花齐放的阶段，如何把握其总体特征，进行分类研究，并理顺它们与传统刻本藏经的关系，是摆在我们面前不容回避的问题。至于数字化藏经，目前正在蓬勃兴起，这种藏经目前处在一种什么样的发展水平上，存在一些什么样的问题，如何把握它的发展方向，引导它进一步健康发展，更需要我们去认真思考。凡此种种，都是目前大藏经研究领域的新问题。本书力图在探讨各时期大藏经特点的过程中，探讨上述问题。

一　写本时期

写本时期是大藏经的源头与基础。汉文大藏经的写本时期可以分为七个阶段。

1. 酝酿阶段

写本藏经的酝酿阶段，大体从佛教初传到释道安时代。

在这一阶段，虽然也出现了一些优秀的佛教学者，但从总体上看，在意识形态领域中，佛教先是被等同于"黄老之学"，后来又成为玄学的附庸，没有成为一支独立的力量，还缺乏清醒的"自我意识"。道安提出"格义"问题，可视为一种朦胧的觉醒。不过囿于历史条件，道安本人亦未能完全摆脱格义的影响。

此时的汉译佛典也正处于一个混沌时期。从数量上讲，翻译出的佛典已相当可观。有些传译者有目的地翻译某些派别的经典，也有个别僧人甚至有目的地西行寻求某种经典。但从总体上看，还是得到什么经就翻译什么经，所谓"遇全出全，遇残出残"。从《综理众经目录》中可以看出，当时的中国佛教徒还不懂得，或者说还没有感觉到用大、小乘来区分、整理佛经的必要性；佛经的流传还有很大的地区局限性；从全国范围看，还没有出现一部统一的或标准的大藏经。这些情况，都与当时佛教的发展水平及中国正处于东晋十六国分立这一政治局面相一致。

值得注意的是，道安在中国佛教史上第一个提出疑经问题。另外，道安的《综理众经目录》接受中国目录学的优秀传统，力图按年代顺序，详细著录每部经的翻译者、翻译时间与地点。这种方法为后世经录的代录开风气之先。它同时又说明，大藏经的形成从早期起就与中国传统的思想文化背景有着十分密切的关系。

一部优秀的大藏经，它的基本要素有三条。首先是取舍标准，即哪些典籍应该入藏，哪些典籍应该摒除。其次是结构体系，即以什么样的形式把这么多、这么庞杂的典籍有机地组织起来，使它们成为一个有条不紊的整体。最后是外部标志，即采用什么样的标志方式更方便地反映大藏经的结构体系，从而便于人们检索、查阅，便于佛藏本身的管理。在大藏经的形成史上，这三个问题是逐步提出并得到解决的。道安心目中自然不会有"大藏经三要素"这种观念，但他提出疑经问题，实际上已涉及大藏经的取舍标准。因此，汉文佛典的这一混沌时期，也正是大藏经的酝酿阶段。

道安是中国佛教史上的重要代表人物之一。他的一生，标志着中国佛教开始挣脱附庸地位，踏上独立发展的道路。他所撰写的《综理众经目录》也标志着大藏经酝酿阶段的结束。

2. 形成阶段

写本藏经的形成阶段，大体从鸠摩罗什来华起到隋费长房撰写《历代三宝纪》止。

鸠摩罗什来华，系统地传译了龙树的中观学说，在中国僧人眼前揭开了一个新的世界，使中国僧人了解真正的印度佛教是怎么一回事。中国佛教开始产生清醒的自我意识，踏上独立发展的道路，从而也开始与中国传统的儒、道思想产生摩擦与冲突。

随着中国僧众对佛教认识的深化，鸠摩罗什的弟子慧观提出"五时判教"。此后，各种判教学说蜂起，其目的，都是想将传入中国的印度佛教各派思想整理成一个相互包容的有机体系，以利于在中国的传播。判教促进了中国佛教的深入发展，与南北朝时期佛教学派的出现进而隋唐时期佛教宗派的形成都有重大关系。因此，判教问题是中国佛教史上的一件大事。同时，判教问题也正涉及了我们前面提到的大藏经的第二个基本要素——结构体系问题。因此对大藏经的形成也具有重大意义。

率先将判教思想引入佛典整理的是佚名之《众经别录》。《众经别录》吸收了慧观"五时判教"的思想，设立了"大乘经录""三乘通教录""三乘中大乘录""小乘经录""大小乘不判录"等类目来条别佛典，对应以何种结构体系整理佛典做了初步但有益的尝试。大体同时的梁僧祐的《出三藏记集》虽在保留资料方面功不可没，在疑伪经的鉴别标准与鉴别方法方面颇有创新，但在佛典分类方面却退回到道安《综理众经目录》的水平上，没有丝毫建树。这也反映了大藏经在其形成初期的确是步履艰难。

其后元魏李廓所撰《众经目录》、梁宝唱所撰《众经目录》、高齐法上所撰《众经目录》、隋法经所撰《众经目录》等众多经录，反映了中国僧众们正努力从各个方面把握大藏经的本质特征，对佛典进行有效的整理、鉴别，安排其组织结构。在这种努力中，我们可以清楚地看出包括判教在内的中国佛教的总体发展水平、印度佛藏的组织形式乃至中国传统目录学的影响。正是这种一代接一代坚持不懈的努力，使大藏经最终得以形成。

从传世文献看，保存在《广弘明集》卷二十二中的魏收《北齐三部一切经愿文》、王褒《周藏经愿文》，证明南北朝时，北齐、北周官方已经修造大藏经。至于南朝，梁武帝曾经敕命宝唱纂修《众经目录》，其目的就是依此修造大藏经。

依据敦煌遗书，则官造大藏经的时间似乎还应该提前。敦煌遗书中保存了一批北魏永平四年（511）到延昌三年（514），由敦煌镇官经生抄写的佛经。根据不完全统计，现存残卷十余号，包括：

成实论卷十四，永平四年（511）七月；

成实论卷十四，延昌元年（512）八月；

成实论卷八，延昌三年（514）六月；

华严经卷八，延昌二年（513）四月；

华严经卷十六，延昌二年（513）七月；

华严经卷二十四，延昌二年（513）八月；

华严经卷三十五，延昌二年（513）六月；

华严经卷三十九，延昌二年（513）七月；

华严经卷四十一，延昌二年（513）四月；

华严经卷四十七，延昌二年（513）七月；

大智度论卷十二，延昌二年（513）七月；

大智度论卷三十二，延昌二年（513）六月；

大楼炭经卷七，延昌二年（513）六月；

大方等陀罗尼经卷一，延昌三年（514）四月；

大品经卷八，延昌三年（514）七月。

这些经典的所用纸张、抄写形态基本一致，卷末均有题记，题记的格式也基本一致。如斯 1547 号《成实论》卷十四卷末的题记如下。

用纸廿八张。

延昌元年（512）岁次壬辰八月五日，敦煌镇官经生刘广周

所写论成讫。

典经师（帅）　令狐崇哲

校经道人　洪俊

一效（校）竟

此类写经，有的卷尾钤有墨印，诸卷所钤印章相同，为"敦煌/维那/"，可参见伯 2179 号卷尾。据笔者所知，这些墨印是现知年代最早的钤在写卷上的印章，它说明最迟在 6 世纪初，中国人已开始在书画写卷上钤压墨印。当然，"维那"是佛教教团僧官，维那在卷末钤印，应有验收的意思。此类卷子所钤印章与后代在书画

上钤盖收藏、鉴定印，性质完全不同。

敦煌镇设立官经生，官经生成年累月地抄经，则所抄之经，想必不仅仅是单经另部，所抄主要应为大藏经。审视上述残卷内容，既有大、小乘经，也有大、小乘论。其中大部分经典并非《法华》《金刚》那种传统认为抄写后有很大功德的经典，而是普通的佛典。这也可以作为当初所抄确为大藏经之证明。历经 1500 年历史长河的冲刷，还能有这么十余卷经典留存，且保存了二号《成实论》卷十四，由此说明，现存残卷至少应当分属两部藏经。如果考虑《成实论》卷八的抄写年代，则也可能分属三部大藏经。

敦煌镇官经生所写大藏经的发现，说明北魏敦煌佛教信仰甚为兴盛，起码在河西一带，抄经已经成为官方的事业。也说明当时佛教在社会上已经占据重要地位。

敦煌遗书的资料还证明，早在 5 世纪下半叶，我国北方已经出现个人修造大藏经的风气。这条材料可见斯 00996 号《杂阿毗昙心论》卷六。该卷尾题下并有"用纸十五张""一校"等勘记。勘记后接有一纸题记：

> 《杂阿毗昙心》者，法盛大士之所说。以法相理，玄籍浩博，惧昏流迷于广文，乃略微以现约。瞻四有之局见，通三界之差别。以识同至味，名曰《毗昙》。是以使持节侍中驸马都尉羽真太师中书监领秘书事车骑大将军都督诸军事启府洛州刺史昌梨（黎）王冯晋国，仰感恩遇，撰写十一切经，一一经一千四百六十四卷，用答
>
> 皇施。愿
>
> 皇帝陛下、
>
> 太皇太后，德苞九元，明同三曜。振恩阐以熙宁，协淳气而养寿。乃作赞曰：
>
>> 丽丽毗昙，厥名无比。文约义丰，总演天地。
>>
>> 盛尊延剖，声类斯视。理无不彰，根无不利。
>>
>> 卷云斯苞，见云亦帝（谛）。谛修后玩，是聪是备。
>
>> 大代太和三年（479）岁次己未十月己巳廿八日丙申于洛州所书
>
> 写成讫。

从上述题记可知，冯晋国共造十部一切经，每部包括 1464 卷，这为我们理解 5 世纪下半叶北方大藏经的规模，提供了参考。遗憾的是，冯晋国所造 10 部总计 14640 卷写经，现在发现的只有 1 卷。

在这一阶段中，促使大藏经形成的另一重要原因是"三宝"思潮的影响。佛教传统认为，佛、法、僧三宝是组成佛教的必备因素，因而三宝都成为佛教徒的崇拜

对象。佛典作为"法宝"的体现，自然也受到信徒们的顶礼膜拜。在初期已露端倪的中国佛教的义理层面佛教与信仰层面佛教这两大分野，此时已十分明显。一般民众信仰的大体为"人天教"，以忏悔、做功德为主，传抄、念诵、供养佛典正是他们平日宗教活动的重要内容。不少经典中都有的传抄、念诵、供养本经将获得无量功德的种种描述，对信仰层面佛教的佛典崇拜活动起到推动作用。伪经《高王观世音经》正是这一活动的产物与证明。中国当时确曾有过这么一种佛典崇拜活动的更有力的实物证据，是现存于敦煌遗书中的《佛名经》。敦煌遗书中的二十卷本、十六卷本《佛名经》，反映了元魏菩提流支译出的十二卷本《佛名经》后来怎样逐步演变发展成《高丽藏》中的三十卷本《佛名经》，保留了各主要发展阶段的具体实物。反映出随着三宝思想的流传，对佛典的崇拜日益为人们所重视，并成为佛教宗教活动的一个重要内容。①

一种社会思潮的出现必然会对该社会的各种现象施加巨大的影响，这几乎可以说是一种规律。南北朝晚期"末法"思潮的流行，孕育了中国佛教三阶教、净土宗两个宗派，促成了房山石经的刊刻。同理，"三宝"思潮的流行，则是推动大藏经形成的重要动力。

导致大藏经形成的另一重要原因，是我国悠久而深厚的文化传统。中华民族是一个具有高度文明自觉的民族，她不但创造了辉煌的文明，而且对自己创造的文明具有高度的自我意识与优越意识，并自觉采用各种方式使这一文明延续发展并发扬光大。收集、整理、保存历代典籍，清理、辨析、融会各种思想，作为当朝治乱，乃至供后代子孙修身、齐家、治国、平天下的镜鉴，就是这种高度文明自觉的一种体现。孔子以下，学者们孜孜勤于典籍整理，前赴后继，代不乏人。秦汉大一统的政治格局形成后，历代帝王都把搜求书籍，予以整理、编目，当作弘扬文治的一件大事。汉民族的文化气魄也更加恢宏，胸怀更加博大，形成吸收、消化各种外来文化、会融各种不同思想的良好社会条件。上述种种，铸成我国民族文化的深层意识。印度佛教传入中国，在与中国传统文化相互矛盾、相互吸引、相互冲突、相互融摄的过程中，既深深影响了中国传统文化的面貌，也极大地改变了自己的形态，逐渐演变成与儒、道鼎足而三，与中国传统文化紧密契合的中国佛教；并最终形成与大一统的政治局面相适应的统一的大藏经。造成这种变化的文化背景，正在于中华民族所具有的这种高度文明自觉。以至其后出现每个朝代都要修正史、每个朝代都要修大藏经这么一种人文景观。这与佛教的故乡——印度恰成鲜明的对照。印度虽有

---

① 参见方广锠《关于敦煌遗书〈佛说佛名经〉》，载《敦煌吐鲁番学研究论文集》，汉语大词典出版社，1990，第470～489页。后收入方广锠《敦煌学佛教学论丛》下，香港中国佛教文化出版有限公司，1998，第125～153页。

转轮圣王的理想，但在古代，从来没有真正统一过，印度佛教史上也从未出现过统一的大藏经。古代印度人的宗教意识大于他们的历史意识。与此相适应，印度佛教虽然在理论上有"菩萨藏""声闻藏"的说法，但在实际上并没有形成网罗所有典籍的、示范性的大藏经，而是各宗各派分别传习自己的经典。

随着中国佛教宗派的出现，宗派性文汇也开始出现。其代表是天台宗编纂的天台教典。

作为这一阶段结束的标志，是隋费长房的《历代三宝纪》。从书名即可看出，这部著作正是三宝思想直接影响的产物。后人讥评此书不合经录体例，日本《大正藏》把它归入《史传部》，都是由于没有深究它之所以产生的社会历史环境。这部书纠正了前此各种经录把应入藏的经典同"别生""疑惑""伪妄"诸经并列的惯例，首创了"入藏录"。这说明大藏经已经从实际流传形态，上升到理论形态，因而说明大藏经无论从实际上，还是理论上，此时均已卓然成形。这种体例以后被《内典录》《大周录》《开元录》《贞元录》等各种有影响的经录所沿袭，成为大藏经最基本的目录依据。

3. 结构体系化阶段

写本藏经的结构体系化阶段，大体从《历代三宝纪》编成到会昌废佛止。

在这一阶段中，编纂经录的历代僧人们努力从各个不同角度探讨安排佛藏的结构体系，而智昇在其《开元录》中集前代之大成，创一时之新风，垂千年之典范。智昇在大藏经结构体系及佛教经录方面的工作，体现了我国古代佛教文献学的最高水平。

随着大藏经的不断发展，尤其是由于合帙的出现，藏经的外部标志问题开始日益提上议事日程。前一阶段已经出现的经名标志法此时演化为经名帙号法。这两种方法与定格贮存法相配合，成为这一阶段佛藏管理的主要方法。在吐蕃统治的敦煌地区，则出现一种有序的偈颂帙号法。

此时，中国僧人对汉译佛典、佛教思想的研究进一步深入，撰写了大批著述。中国佛教的各宗派已经形成，为阐述宗义，也撰写了大批著作。此外，还出现诸如史传、礼忏、目录、音义、抄集以及反映信仰层面佛教的大批中华撰著。这些中华撰著有的被收入大藏，但更多的却被编纂经录、大藏的僧人拒之门外，任其自生自灭。此时的大藏经主要收纳翻译典籍。因此，如果说在前两个阶段，大藏经的发展水平与中国佛教的发展水平基本持平的话，从这一阶段起，正统的大藏经（正藏）趋向定型化，未能真正地反映出中国佛教发展的进程。为了弥补这一缺陷，此时出现专门汇集中华佛教撰著的"别藏"。天台宗的天台教典继续流行，律宗又自行编纂出毗尼藏。此外，这时还出现了专门汇集禅与禅宗文献的"禅藏"。这些现象值得重视。

4. 全国统一化阶段

写本藏经的全国统一化阶段，从会昌废佛到北宋刊刻《开宝藏》止。

在这一时期的中国佛教史上，发生了一件重大的历史事件——会昌废佛。会昌废佛前，大藏经基本处于平稳发展的状态。正藏与别藏的规模都在不断扩大。从总体看，此时大藏经的形态既因各地区、寺庙、宗派的不同而有差异，并不统一，它们所起的作用也因人、因地、因宗派而异。另外，由于佛教理论及宗派的发展，天台教典、毗尼藏、禅藏等宗派性、专题性文汇得以发展。会昌废佛使佛教受到沉重打击，全国绝大部分地区的经、像都焚毁殆尽。废佛浪潮过去后，佛教逐渐恢复，各地寺庙陆续以《开元录》为标准来恢复本地、本寺的大藏经，这样便在客观上使全国各地的大藏经逐渐趋向统一。全国藏经的这种统一，为其后刻本藏经的出现提供了良好的前提条件，创造了适宜的社会环境。但也造成《开元录》编成后译出的经典，主要是不空等译出的密教经典，有无所依从的缺陷。

促使全国藏经趋于统一的另一个重要原因，是皇家官藏的出现与流传。皇家官藏本是皇室为积累功德而修造的。由于它依凭的人力、物力资源雄厚，具有抄写认真、校勘精良、用纸精美、修造讲究的特点，也由于它经常包含着从皇家译场新译出的诸多经论，故而成为当时诸种大藏经中的上品。当时还有皇家向各地颁赐大藏的传统，各地便据所得到的皇家官藏为底本，修造或补充本地藏经，从而使皇家官藏在客观上起到统领与规范各地大藏经的作用。

皇家的干预也是我国大藏经形成与统一过程中不可忽视的因素。唐开元（713～741）以前，怎样造藏，造什么样的藏，基本上只是各地佛教教团自己的事，皇家并不干预。即使是皇家官藏，也不过是皇家出资，由僧人修造。皇家对皇家官藏的结构、内容、编撰方式并无多大的影响力。从开元年间起，唐玄宗直接并有效地干预一些典籍的入藏。唐玄宗这一做法不但为后代的帝王所承袭，且有日益强化的趋势，乃至僧人们所翻译的经典，也必须经过朝廷的批准方可入藏。从秦汉以来，中国基本上一直处于大一统的政治格局中，皇帝具有至高无上的权威。皇家对大藏的干预，实际上是政权对神权的一种定向制导。中国的封建统治者为了自己统治的长治久安，绝不赞成一个独立的宗教力量兴起，一定要把它纳入自己的统治体系中，置于自己的控制之下。干预佛教大藏经的组成，正是政权干预佛教发展，并把它纳入自己统治体系的表现之一。

帝王出面干预大藏经的组成与内容，这在印度是不可想象的，中国前此也没有这种现象，但开元以后却成了惯例。因此，以唐玄宗的统治为界，王权与佛教神权势力的消长是很值得引起重视的。

在外部标志方面，这一阶段出现了千字文帙号。千字文帙号因其本身的优点，很快取代了经名标志法、经名帙号法等各种其他标志法，并随着全国性的大藏经统一而传播开来，此后为《开宝藏》以下我国历代刻本藏经所沿用。从另一角度讲，千字文帙号的出现，也使全国大藏经统一的进程更为顺利地推进。

需要指出的是，会昌废佛之后，一方面，全国藏经逐步统一到《开元释教录·入藏录》上来；另一方面，各地佛教发展的情况不同、传统不同（比如是注重义理性佛教，还是注重信仰性佛教等）、对藏经的需求角度不同、加上写本本身的流变性，使得各地的藏经呈现差异性。《开元释教录·入藏录》也因此而衍化出各种变种，彼此呈现若干差异。但此时的分化与差异，与会昌废佛以前佛教大藏经的百花齐放有着本质的不同。这是建筑在《开元释教录·入藏录》基础上的分化。这种分化，使得刻本阶段我国大藏经出现了中原、北方、南方等三大系统。

5. 与刻本并存阶段

写本藏经与刻本并存的阶段，从《开宝藏》刊刻到北宋末年。

刻本初期，流通尚不普遍，故写本藏经仍是民间的主要流通本；随着刻本藏经的日益普及，写本藏经趋于萎缩。故历史上曾有一个写本、刻本并存的阶段。在中国，这一阶段大体从《开宝藏》刊刻到北宋末年；在日本，则延续的时间更长，直到江户时期。这一阶段中国的写本藏经，我们现在掌握的有《金粟山藏经》《法喜寺藏经》《景德寺大藏》《崇明寺大藏》《海惠院转轮大藏》等多种。还有一种《大和宁国藏经》，风格与《金粟山藏经》《法喜寺藏经》等基本相同，可以肯定亦为同时期写经。但该"大和宁国"位于何处，至今众说纷纭。有人从"大和"两字，猜测是日本古写经，但多数研究者认为此说难以成立。有人主张是中国东北的某一地方政权。众说纷纭，至今尚无确解。

此外当时还流传一批金银字大藏经，也属于写经范畴。

流传至今的北宋写本藏经，用纸精良，抄写精美，均为上品文物。由此也可以窥见写本大藏经的功能形态日益趋向信仰化。特别是金银字大藏经，修造的目的即为供养，而非阅读。

6. 纯功德阶段

写本藏经的纯功德阶段，从南宋起到清代。

从南宋起，中国的刻本藏经已经完全取代写本藏经，成为主要的流通本。但写本藏经并没有完全退出历史舞台，它的义理层面功能虽然已经萎缩，但信仰层面功能却更加凸现。此时的写本藏经，主要以金银字大藏经的形式出现。从现有资料看，直到明清，依然有人修造金银字大藏经。到了现代，虽然已经无人修造完整的金银字大藏经，但依然有人为了功德而写经、写金银字经乃至刺血写经。凡此种种，可以看作大藏经纯功德阶段的流风遗韵。此外，唐宋元明清，文人墨客将写经作为书法艺术的创作对象也屡见不鲜，既做了功德，又发扬了书法艺术。近代以来，这一风气继续延续，这也是佛教文化进一步普及的象征。可以预期，为功德写经、为艺术写经的风气还会长期存在下去，但这已经不属于大藏经研究的范围，因为不会有人再去写一部大藏经。

上面将写本藏经的历史划分为六个阶段，其中前四个阶段，写本藏经独擅天下；后两个阶段，写本藏经与其他形态的藏经同时并存。进化论告诉我们，事物的进化，有时是渐进，有时是突变。一个物种的不同个体，在进化的道路上步调未必一致。大藏经的演化也是这样。上述写本藏经的六个阶段，反映的只是大致的情况，实际情况要复杂得多。有时一个阶段结束，另一个阶段并没有马上开始。有时不同阶段相互交叉。中国的地区不平衡因素，更增加了它的复杂性。因此，上面所谓的分若干阶段来进行研究，也只能是一种方便法门。

7. 写本藏经的基本特点

写本藏经由人工书写修造。这一制作方式，决定了写本藏经的基本特点——唯一性。所谓"唯一性"，是指所写造的任何一部藏经乃至任何一卷写经，都是唯一的。这与后代刻本藏经之同一副版片印刷的经本完全相同，形成鲜明对照。由此，不同的人抄写的同一部经，乃至同一人先后抄写的同一卷经，相互之间都会有或多或少的差异。从而就某一部经典乃至就大藏经总体而言，又显示出另一种特性，即形态的不确定性，或称流变性。唯一性与流变性互为表里，成为写本大藏经的基本特点。这一特点反映在许多方面。诸如：

（1）行款、界栏及整体风格的差异

行款，指每张纸抄写的行数及每行抄写的字数。界栏，指界栏的类别，诸如绢本的乌丝栏、朱丝栏。纸本的墨栏、朱栏、刻画栏、折叠栏、田字栏、冲天立地栏等。也指界栏的粗细、规范程度、栏距、上下边间距、上边下边的宽度。至于整体风格，是一个比较宽泛的概念。大体包括字体的类别（真篆隶草）、字迹的好坏（即文字的恭正潦草，体现书写者的认真程度）、字品的好坏（即字体的优劣，体现书写者的书法水平）、书品的好坏（从通篇之布局谋篇来衡量，体现书写者的审美情趣、艺术修养等）乃至制式抄写与非制式抄写的区别等。

由于是手抄修造，随意性很大。即使相对比较容易规范的行款（如唐代已经形成每纸 28 行、每行 17 字的行款格式），由于各地纸张不同、抄写者处事风格不同，所抄的经典也并不完全符合上述规范，现存几部唐代入藏录对同一部经典所用纸张数量的记载互不相同，就充分说明这一点。至于界栏、整体风格等，随意性更大。可以说，用这些标准来仔细衡量古代写经，则不但不存在两部完全一模一样的藏经，甚至不存在两卷完全一模一样的写经。

（2）文字差异

一般来讲，文字差异主要表现为两种情况。第一种是文字的增衍、删略、夺漏、错讹。第二种是出现通假字、古今字、异体字、正俗字、避讳字、笔画增减字、变体字、合体字、武周新字等。前者有的因书写者粗心、不负责任而造成；有的因书写者本人的发挥、改写而形成。凡是官方写经，写后有多人校对者，第一种情况就比较少见。而第二种有的体现了抄写者的时代性、地区性；有的则由抄写者的书写偏好或习惯而造成；所以，第二种情况的出现可以说是无法避免的。本书所说的文字差异，主要指后者。由此，两部规模均在千余部、数千卷的写本藏经，要想文字完全一模一样，也是根本不可能的。

（3）行文差异

由于写经时的增衍、删略、夺漏、错讹，使得不同传本的行文互有参差。这种差异有的只是个别文字不同，这比较简单，可以通过校勘来解决；有的比较复杂，要区别情况来处理。比如有的是整段的增衍、删略，这依然可以通过校勘来解决；有的行文则在流传中发生很大的变异，形成不同的异本。比如敦煌遗书中的《金刚经》《文殊般若经》，均如此。此外还可以参见《守其别录》与《大正藏》中的所谓"别本"、《可洪音义》收入的诸多异本。异本的产生，是后来刻本藏经形成不同系统的原因之一。近年出版的《藏外佛教文献》收集了不少文献的诸多异本，虽为未入藏文献，但可以作为研究写本时期佛经行文在流通中产生歧异之参考。

（4）分卷、分品差异

由于底本、用纸等诸多因素，不少经典均有内容虽同而分卷不同的情况。如《妙法莲华经》有七卷本、八卷本、十卷本的差异。《晋译华严经》有五十卷本、六十卷本的不同。由于分卷不同，品次的开阖往往也互有参差；即使分卷相同，不少经典的品次的开阖往往也会有参差。较为典型的有《大智度论》《大般涅槃经》《光赞般若经》等。

行文差异与分卷、分品差异，使写经出现异本、异卷、异品。以不同的异本、异卷、异品为底本传抄，形成不同的传本系统。这是写经研究必须注意的问题。

（5）内容与结构差异

不同地区、不同时代、不同人修造的写本藏经，其收经内容、组织结构自然会有差异。这里又有两类情况。一是两种藏经的内容与结构完全不同或基本不同。如隋代以《法经录》为基础的藏经与隋智果在内道场主持修造的藏经，便是两种内容差异较大、结构完全不同的藏经。一类是两种藏经内容结构基本相同，略有参差。如敦煌吐蕃时期龙兴寺的大藏经依据《大唐内典录·入藏录》编成，而又加以变化；又如可洪撰写音义时所依据的几部藏经都以《开元释教录·入藏录》为依据，相互又略有参差。

关于写经的唯一性与流变性，还可以罗列许多表现。详细描述这些表现，是写本形态学的任务。在此从略。

（6）写本大藏经的系统

由于写经的唯一性与流变性，决定了我们在写本藏经的研究、鉴别中必须观其大略，亦即求大同，存小异。具体的方法是：暂略其小节，追索其系统。在此，我们必须建立一个"传本"概念。任何写本，无论是单独的写经也好，写本藏经也好，如果不是原稿本，就必然有其底本。底本与抄本，形成一个传本系统。同一个传本系统的写本藏经，就是同一种藏经。

如何鉴别写本藏经的传本系统？我在1988年提出的取舍标准、结构体系、外部标志等写本大藏经三要素可以作为切入点。三要素可简化表述为内容、结构、标志。在此，内容与结构体现该藏经的内在特征，标志属于该藏经的外部特征。任何一部写本大藏经，都可以用上述三个组成要素来衡量，来检验。检验的结果，如上述三个要素全变了，藏经当然变了，成为一部新的藏经；如果仅是内在特征变了，藏经实际也变成一部新藏经；但如果内在特征没有变，仅外部标志变了，则应该说这部藏经还没有变。所以，决定一部写本藏经的关键因素，是它的内容与结构等内在特征。

由于写本藏经的内容与结构完整准确地体现在它所依据的目录中，所以，研究某一部写本藏经，最重要的就是要搞清它的目录。不同的写本藏经，无论其外部表现形态如何变化，只要它们修造时所依据的目录属于同一系统，我们就应承认它们是同一传本系统的藏经。由于写经本身的唯一性、流变性特点，即使它们在收经的内容及结构方面略有参差，也不妨碍对它们属于同一传本系统的身份判定。例如《可洪音义》所依据的几部大藏经，与标准的《开元大藏》相比，增加了若干别本，相互略有参差，但我们依然把它看作写本《开元大藏》的一种表现形态。例如敦煌吐蕃统治时期龙兴寺大藏经，在《大唐内典录·入藏录》的基础上加缀了新收经部分，我们依然将它归为《大唐内典录》系统。

由于目录在写本藏经的研究中具有举足轻重的地位，深入研究各种佛经目录，理清其中的藏经目录，仍然是我们当前的一个重要任务。至于写经与写本藏经的传本系统及其演变，以往很少有人认真研究，今后应该成为我们注目的方向，并由此建立起有别于"版本学"的"写本学"。需要指出，研究文献的内容固然是写本学的任务之一，但并非主要任务，写本学另有自己的主要研究对象。但这是"写本学"一书的写作任务，本书从略。

至于某些具体写经到底属于藏经，还是属于藏外另本的问题，则要考察这些写经的外部形态。首先要看是否有帙号等外部标志，凡有帙号者，一般均为藏经。自然不排除以大藏经本为底本的单刻本，但凡是单刻本，一般会有序跋或功德刊记，亦即看题记，有些题记明确写明所修造的是藏经或是另部单本，据此便可区别。又，刻本往往有刻工题名，故亦可作为判别依据。再次考察关联性，亦即通过比较，可以建立起一批写本的关联性，从而确定它们的身份。总之，写本佛经的鉴定是一个非常细致的专门学问，涉及面比较广，恐文繁，此不赘述。

8. 佛藏帙号

佛藏帙号是大藏经的三要素之一，它的出现不仅提高了大藏经的管理水平，而且对大藏经形态的维系进而对全国藏经的统一起到重大作用。以前限于资料，一直未能搞清楚佛藏帙号的详情，敦煌遗书的发现为研究这个问题提供了重要的材料，从而解决了佛教大藏经史上这个悬而未决的问题。

（1）帙与帙号

汉文大藏经的特点之一是数量庞大。南北朝时，一部大藏已达三千余卷；到了唐代，数目扩展到五千余卷。有的佛经一部就有几十卷，甚至几百卷，如果没有一种有条不紊的方式把他们安置在一起，那就很难检索、使用。因此，古代僧人便仿照传统书籍的方式，将佛经每十卷左右分作一个小单元，称作"一帙"，用一块帙皮包卷起来。帙皮又称"书衣"，有的用竹子编成，考究的则用帛、锦等制成。《艺文类聚》卷七十七所载梁沈约《内典序》称："经记繁广，条流舛散。一事始末，帙异卷分。"说明当时已经采用合帙来管理佛典。

早期所合的大约仅是一些多卷本的大部头佛典，如把五十卷本的《晋译华严经》分作五帙等。大藏经形成后，则按照大藏经的结构体系，将一些内容与性质相近的小经也分别合帙。这样就出现三种合帙方式：一是把一部数十卷或数百卷的大经分作若干帙；一是让一部十卷左右的经自成一帙；一是把若干部小经合为一帙。从现有经录看，最早完整地记载汉文大藏经合帙情况的，是唐高宗麟德元年（664）道宣所撰的《大唐内典录·入藏录》。该《入藏录》共收经800部，3361卷，分成326帙，并逐一注明合帙的情况。

合帙以后，整部大藏经总计分成若干帙，形态上出现了新的组合。原来采用的与我国传统书籍标志法相同的轴、签等标示名目的方法，不再适合新情况的需要，因此，新的标志法也就应运而生。新的方法采用某一单字作为该帙藏经的标志或代表，传统把这种单字称为"帙号"。先后出现的标志法有经名标志法、经名帙号法、偈颂帙号法、千字文帙号法等多种。

在写本大藏经中，帙号一般都写在帙皮上。刻本大藏经产生后，帙号还刊刻在每卷经的首页、末页及每版的版首或中缝处。当大藏经由卷轴式改为折装式后，原来的帙皮也演化成书函式的函套，此时帙号便书写在函套上。

（2）经名标志法

经名标志法是汉文大藏经合帙产生后出现的一种标志法。它是由前此的书签发展而来的，具体方法如下。

①一部经分作多帙

如《大法炬陀罗尼经》，一部二十卷，应分作两帙，便标志作：

"《大法炬陀罗尼经》，第一帙，第二帙。"①

②一部经自成一帙

如《十住断结经》，一部十卷，本身作一帙，便标志作：

"《十住断结经》，一帙，十卷。"②

③多部经合作一帙

例如：《无所有菩萨经》，四卷；

　　　《观察诸法经》，四卷；

　　　《佛藏经》，四卷。

上述三部经在《大唐内典录·入藏录》中合为一帙，但在敦煌遗书伯 3432 号中却标注为：

"《无所有菩萨经》，三部十二卷，一帙。"

又如：《法界体性无分别经》，二卷；

　　　《宝梁经》，二卷；

　　　《密迹金刚力士经》，二卷；

　　　《梵纲经》，二卷；

　　　《善臂菩萨所问经》，二卷。

上五部经在《大唐内典录》中也合为一帙，而伯 3242 号仅记为：

"《法界体性无分别经》等，五部十卷。"

再如：《无尽意经》，六卷；

　　　《饨真陀罗尼经》，二卷；

　　　《哀泣经》，二卷。

上三部经在《大唐内典录》中合为一帙，但伯 3432 号干脆只记作：

"《无尽意经》等，十卷。"

由此可知，凡属一部经分作多帙，或一部经自为一帙者，均标注本经名称。凡属多部经合作一帙者，则均依经录标出该帙的第一部经的经名，并标注总卷数，有时也标注部数等。在这里出现的这个经名，实际上已不再指代这部经本身，而是代表了这部经所在的那一帙经。所以把这种标志法称作"经名标志法。"

经名标志法既标志在帙皮上，也使用在佛经目录中，流行十分广泛。

（3）经名帙号法

经名帙号法是在经名标志法的基础上发展起来的一种佛藏帙号标志法。它反映在敦煌遗书伯 3010 号中，下面，我们也分多部经合作一帙、一部经自成一帙及一部

---

① 见敦煌遗书伯 3432 号。
② 见敦煌遗书斯 2142 号。

经分作多帙等三种情况，介绍在伯 3010 号中是怎样使用经名帙号的。

①多部经合作一帙

伯 3010 号第三部分中属多部经合作一帙的共二十五帙，其中一帙因未足帙故未列帙号，三帙的帙号残缺，有帙号的共二十一帙。兹将这二十一帙每帙第一部经、收经部数及帙号抄列如下。

经名	帙号
《大方广十轮经》等二部	轮
《大方广如来性起微密藏经》等四部	密
《大方广宝箧经》等四部	方
《大云请雨经》等三部	云
《大乘方便经》等四部	便
《法界体性无分别经》等五部	性
《阿阇世王女阿术达菩萨经》等九部	术
《大树紧那罗王所问经》等三部	王
《乐璎珞庄严方便品经》等九部	乐
《信力入印法门经》等二部	印
《药师琉璃光如来本愿功德经》等六部	光
《法集经》等二部	集
《宝如来三昧经》等四部	如
《菩萨本业经》等八部	本
《菩萨本行经》等三部	行
《佛遗日摩尼宝经》等十部	尼
《维摩诘经》等五部	诘
《未曾有因缘经》等五部	因
《不退转法轮经》等二部	法
《乳光佛经》等二十部	乳
《诸佛心陀罗尼经》等三十部	心

从上面材料可以看出，凡属多部经合作一帙的，均系从第一部经的经名上撷取某一单字作为该帙的帙号。撷取时只要不重复，似乎并没有其他的特殊要求。

②一部经自成一帙

伯 3010 号第三部分中，一部经自成一帙的有十帙，其中二帙未列帙号，一帙的帙号残缺，有帙号的七帙的经名、卷数、帙号如下。

经名	帙号
《入楞伽经》，十卷	伽
《正法华经》，十卷	华
《大灌顶经》，十二卷	顶
《贤劫经》，十二卷	劫
《花手经》，十三卷	手
《大方等菩萨念佛三昧经》，十卷	菩
《观佛三昧海经》，十卷	昧

从上面材料可知，一部经自成一帙的，则从该经的名称上撷取某一单字，作为该帙的帙号。撷取的方法，似乎也没有什么一定之规，只要不与已经撷取的字重复即可。

③一部经分作多帙

一部经分作多帙时，分帙列出帙号，情况如下。

经名	帙号	
《大菩萨藏经》，二十卷		
	第一帙	藏一
	第二帙	藏二
《大法炬陀罗尼经》，二十卷		
	第一帙	炬一
	第二帙	炬二

从上面材料可知，一部经分作多帙时，从经名上撷取某单字作帙号，然后用"一""二"等序号区别之。

在伯 3010 号第三部分最后一帙《佛诸心陀罗尼经》帙中，最后的合帙记录是这么著录的："已上二十九经，同'心'号"由此可见，伯 3010 号的作者确实把这些从经名中撷取出来的单字看作一种帙号。这种帙号与经名标志法的先后继承关系是很显然的，因此，把它称作"经名帙号法"。

采用经名标志法时，凡属一部经自成一帙或一部经分作多帙的情况，可凭借所标注的经名直接了解帙中内容，这是十分方便的。但当遇到多部经合作一帙时，由于帙皮上标注的经名已与帙内的内容脱节，因此，除了对佛藏非常熟悉的人之外，一般人都不可能依据该经名立刻掌握帙中的内容。既然如此，经名标志法也就失去了它的存在价值，于是更简便的经名帙号法便应运而生。从伯 3010 号中经名帙号的出现情况看，凡属多部经合作一帙的，几乎全部采用了经名帙号；而属一部经自成一帙及一部经分作几帙的情况，经名帙号的使用明显不周遍。这正好说明这一问题。

经名帙号法由前此的经名标志法演化而来，故其产生方式是从用作标志的经名中撷取某一单字，当作帙号。撷取时无一定的标准，但必须与前此已取作帙号的字互不重复。

如前所述，从伯3010号第三部分的情况看，经名帙号主要用于多部经合作一帙的情况。而在一部经自成一帙、一部经分作多帙的时候，它似乎与经名标志法混合使用。这可能反映了这种经名帙号当时还是初创阶段，故使用还不普遍，或者说它只是经名标志法的一种辅助手段。

与经名标志法相比，经名帙号法优点主要有两条：第一，更简练，从而使用也更方便；第二，如前所述，经名标志法已产生与帙中内容脱节的现象。而经名帙号则更无法反映帙内佛典的内容。如前述《大方广宝箧经》帙，取"方"字作帙号。但佛藏中经名上冠有"大方广"字样的佛经相当多，一个"方"字根本无法说明它所指的是哪部经，由此，这个"方"字的原有的实际含义完全虚化了。诸如"菩""昧""尼"等，均是如此，然而，正因为有了这么一个环节，才使千字文帙号之类有序帙号得以产生。

经名帙号法的缺点是这些帙号相互独立，互不关联。此时的汉文大藏经已有较完善的结构体系，成为一个有机的整体，但标著在佛藏上的经名帙号却不能反映出这种整体性。按照佛经的结构体系，每一帙经在大藏经中均有其固定的位置，而经名帙号却不能反映这种情况，这就很不便于佛藏的检索与管理，这也是以后千字文帙号之类有序帙号得以产生的原因。

（4）定格贮存法

定格贮存法是与经名标志法、经名帙号法相配合使用的一种汉文大藏经庋藏方法。

经名标志法及经名帙号法的缺点是无序。由于无序，既不能反映大藏经的整体性，也不能反映本帙在大藏经中的位置。一部好几百帙的大藏经，如果任意堆放，就很难从中找到自己所需要的经典，也很难进行管理。故而，我国古代的僧人们创造了一种定格贮存法，来存放大藏经，以与经名标志法与经名帙号法相配合。

定格贮存法最早产生于何时已不可考，想必也是受我国书籍收藏制度的影响而出现的。在道宣《大唐内典录·入藏录》中有着关于当时唐长安西明寺大藏经所用的定格贮存法的完整记录。我们现在便可依据这些记录复原出道宣所在长安西明寺的佛藏贮存方法如下。

大立橱一个，竖向分左、中、右三大间，每间又分九层横隔，其中左边第六层横隔及右边第二、第四两层横隔又分成两个小隔间。存放经卷时，大体按照先中间，后左右，先上面后下面的次序。每一帙存放于哪一格中固定不变，并用榜书标明。具体如表 3。

表 3　定格贮存法

	左间	中间	右间
一隔	大乘经重翻之一，8 帙	大乘经一译之一，6 帙	大乘论之一，10 帙
二隔	大乘经重翻之二，14 帙	大乘经一译之二，14 帙	大乘论之二，25 帙
三隔	小乘经一译之一，12 帙	大乘经一译之三，11 帙	大乘论之三，16 帙
四隔	小乘经一译之二，11 帙	大乘经一译之四，13 帙	小乘论之一，46 帙
五隔	小乘经一译之三，13 帙	大乘经一译之五，12 帙	小乘论之二，12 帙
六隔	小乘经一译之四，3 帙 小乘经重翻，6 帙	大乘经一译之六，10 帙	小乘论之三，9 帙
七隔	小乘律之一，10 帙	大乘经重翻之三，12 帙	贤圣集传之一，10 帙
八隔	小乘律之二，11 帙	大乘经重翻之四，12 帙	贤圣集传之二，8 帙
九隔	小乘律之三，7 帙		

使用这种定格贮存法，配上帙皮上的经名标志或经名帙号，再加上注有帙号的随架目录，检索佛典，整理上架时要方便多了。道宣《大唐内典录·入藏录》云："依别入藏，架阁相持。帙、轴、签、榜，标显名目。须便抽检，绝于纷乱。"① 这便是当时将经名标志法、经名帙号法与定格贮存法相配合而使用，以此管理佛藏的一个既简略又全面的说明。

道宣设计的定格贮存法及所用的经橱是比较理想的，一般的寺庙恐怕不一定都拥有同样的经橱。但作为一种原则，定格贮存法可说是通用的。敦煌遗书北盈 18 号（缩微胶卷号 679 号）就反映了一种变通的定格贮存法。

北盈 18 号上较引人注意的是，在所抄录的经典之后，都注明了它们庋藏在什么地方。如"在西面藏内存""在南面藏内上层""在南面藏内下层""在北面藏上层""在北面藏下层"等。这说明变通型的定格贮存法当时已经流传到敦煌。

（5）偈颂帙号法

偈颂帙号法是采用佛教偈颂来作大藏经帙号的一种方法。

经名标志法发展为经名帙号法，虽然较为简便，但由于各帙号相互独立，没有关系，故经名帙号既不能反映出汉文大藏经是一个有机的整体，也不能反映出本帙在大藏经中的位置。为了解决这些问题，人们采用定格贮存法来存放、管理大藏经。定格贮存法虽在一定程度上弥补了上述第一个缺点，但本身也有不足。首先，这种方法需要一定的条件，如一定规格的藏经橱。其次，按道宣设计的定格贮存法，每

---

① 《大唐内典录》第八，《大正藏》第 55 卷，第 302 页中。

一隔中一般均有十来帙经，右间第二隔多达 25 帙，右间第四隔甚至多达 46 帙。这么多的经堆放在同一隔中，查阅起来仍是很不方便的。为此，道宣特意把右间的第二隔与第四隔各分作二小隔。但这并不能彻底解决问题。再次，按定格贮存法存放的藏经，虽然从整体上看已能显示出它的结构体系，但每一隔中的各帙仍然是无序的。再说，仅凭经名帙号无法确定该帙在大藏经中的位置这一问题也没有真正解决。

由于上述这些具体的现实问题，也由于经名标志法演化为经名帙号后，帙号原有的实际含义虚化，与帙中佛典的内容完全脱节，这就提示人们可以改用另一种有序的帙号来代替经名帙号。这种新帙号本身虽与帙中佛典的内容无关，但是，由于它是有序的，故可以反映出大藏经本身的结构，可以反映该帙在整部大藏经的位置，从而提示出帙中佛经的内容。

现在发现的最早的有序帙号，就是记载在敦煌遗书伯 3010 号第四、五、六等部分中的佛教偈颂帙号。这种偈颂帙号是利用敦煌僧众当时经常念诵的一些佛教偈颂来作大藏经的帙号。

例如，敦煌遗书中有一部经，名叫《七阶佛名经》，敦煌僧人们晨昏六次礼忏时都要念诵这部经典，对它很熟悉。这部经典中有这么一首偈颂，名叫《梵呗文》：

> 处世界，如虚空。
> 如莲花，不着水。
> 心清净，超于彼。
> 稽首礼，无上尊。

其中除了重复的"如"字及其他个别字外，都出现在伯 3010 号中，成为大藏经的帙号。

又如敦煌僧众在举行受戒、布萨等活动时，要进行一系列宗教仪式，包括受触水、受净水（又名受香汤）、受筹、还筹等，每一道仪式都要唱念偈颂。其中受香汤时念的偈颂为：

> 香汤沐浴澡诸垢，
> 法身具足五分充。
> 般若圆照解脱满，
> 群生同会法界融。

这首偈颂中的绝大部分字也被采用为帙号。

采用这种帙号的优点是可以把大藏经组织成一个有序的整体，从而反映大藏经的内部结构及该帙在大藏经中的位置及内容。但是，用偈颂作帙号也存在着一些难以克服的困难。因为凡是用作帙号的偈颂必须符合一个基本条件——不准出现重复的字，否则就会发生混乱。一部大藏经有好几百帙，我们却很难找到一首现存的、由好几百字组成，并且一个字也不重复的偈颂。既然没有现存的偈颂可资利用，那就只好选择一些偈颂删掉重复的字之后用作帙号。敦煌的僧众就是这么做的。但是这么一来，偈颂也就不成其为可以朗朗上口的偈颂了。而且这样一来，究竟哪些字被删了，哪些字没删，还得一个个地去记，万一记忆有误，就会发生差错。那么，剩下的唯一办法是将这删节过的偈颂重新串联改制，编成新的偈颂。但这样一来又出现新的问题：因为能充当帙号的偈颂必须是大家都非常熟悉的，个个背得滚瓜烂熟才行。现在如进行改制，则它对绝大多数的人来说就是一首新偈颂，需要人人都去背诵它，才能查大藏经，这就恐怕不是人人都能接受的事了。从现有材料看，偈颂帙号仅流传在吐蕃统治时期的敦煌地区，没有广泛地流传开来，原因大概就在这里。

但是，偈颂帙号的出现说明原来的佛藏标志法已不再适合新的形势的需要，佛藏的帙号正在向有序化方向发展。

（6）千字文帙号

千字文帙号，即以《千字文》来作汉文大藏经的帙号。

《千字文》，南北朝时梁朝周兴嗣撰，《梁史》中有记载。《太平广记》亦谓："梁武帝教诸王书，令殷铁石于大王（方按：即东晋著名书法家王羲之）书中拓一千字不重者，每字片纸，杂碎无序。武帝召兴嗣谓曰：'卿有才思，为我韵之。'兴嗣一夕编缀进上，鬓发皆白。赏锡甚厚。"[①] 这部书用一千个不重复的字，四字一句，每句成文，前后连贯，押有韵脚。内容包括自然、历史、人事、修身、社会、伦理、教育、饮食、居住、农艺、园林、祭祀乃至各种社会文化活动。全书所选的一千个字，都是古书上常用的。多数句子都采用普通的文言语法结构，适应了儿童识字造句的需要。因此，从南北朝到清末的一千四百多年中，成为影响最大、流传不衰的童蒙读物，凡识字者人人自启蒙开始便背得滚瓜烂熟。

由于汉文大藏经需要一种有序的文字作帙号，佛教偈颂无法承担这一任务，而《千字文》有一千个互不重复的字，又是识字者人人会背的，这真是天造地设，似乎是专为用作汉文大藏经帙号而准备的。

用《千字文》作佛藏帙号的方法如下。将全藏经典依其结构体系依次排列好，然后按篇幅多少分成帙。所谓篇幅多少，一是考虑卷数，一是考虑纸数。大体上每帙是一百张纸到二百张纸左右，大约是十卷经。遇到一些很短的小经，一帙也可能

---

① （宋）李昉编《太平广记》卷二〇七，中华书局标点本，2003，第1578页。

包括二十多卷甚至更多一些的经。分好之后，用帙皮把它们包卷起来。然后按各帙的先后顺序与《千字文》逐一配置，每帙给一个千字文号。例如第一帙为"天"号；第二帙为"地"号；以下依次为"玄""黄""宇""宙""洪""荒"等。

采用《千字文》作帙号后，有序的千字文帙号便将数千卷佛典组织为一个有机的整体。只要对佛典的结构体系稍有了解，便可凭借帙号用字在《千字文》中的先后位置，大体判断出该帙在藏经中的位置，从而大体判断它的内容。如果再配有一本标注千字文帙号的随架目录，则检索、查阅佛典，整理书架上的佛藏就非常方便了。

采用《千字文》作帙号是我国古代僧人的一大创造，王重民先生在《中国目录学史论丛》中评价说：千字文帙号"可以说是我国现存最古的排架号。那时候，排架号和索书号是统一的，这种千字文的编号也可以说是我国最古的索书号。从这些特征，可以极清楚地认识到在 8 世纪初叶，我国图书馆在藏书和取书上的技术水平，已经达到了相当科学的程度"[①]。因此，该帙号被发明出来后，历代沿用不衰，几达千年之久。古代商人的账册、考场的试卷也常以"天地玄黄……"为序，很可能是受了汉文大藏经帙号的影响。当然，也可能是僧人受俗人的影响而将《千字文》用作帙号，这个问题尚须研究。

采用《千字文》作帙号，还有一个优点，就是通过帙号把这一帙的经典相对固定下来了。我国历代翻译与撰著的佛教著作数量相当庞大，其中有不少著作当初也曾经被收编入藏，但后代却大部分亡佚了，没有能流传下来。追究它的原因，是因为那时的大藏经没有定型的结构与固定的编次，各地所编的大藏经既不相同，同一地区不同时期编的大藏经也不相同，各干各的，百花齐放。这样便使相当一部分典籍在流传过程中自生自灭，湮没无传。千字文帙号流传时，我国汉文大藏经的结构已基本定型，千字文帙号又使它的编次确定下来，每一帙收哪几部经也固定下来，这就使汉文大藏经的形态相对稳定下来。晚唐、五代我国汉文大藏经在全国范围内得到基本统一，这种统一的藏经其后千年中流传不替，再也没有发生散失湮没的情况，除了其他种种原因外，有千字文帙号维系固定各帙经典，也是重要原因之一。

需要说明的是，千字文帙号并非智昇所创。

智昇，唐玄宗时长安西崇福寺僧人，属于律宗，于玄宗开元十八年（730）撰写《开元释教录》。由于《开元释教录》详细载录了当时的佛教经典，考订比较细密，还进一步完善了大藏经的结构体系，为后人所推崇。关于《开元录》，本书已经有较为详细的介绍，此不赘述。

近现代以来，中外佛教学者一致认为千字文帙号也是智昇发明的，认为这是智

---

①　王重民：《中国目录学史论丛》，第 129～130 页。

昇的一大功绩，其实这种说法是不对的，应予纠正。

之所以发生这一错误，问题出在一部名叫《开元释教录略出》（下面简称《略出》）的著作上。这部《略出》共四卷，因为被收录在北宋福州所刻的《崇宁藏》中而流传下来。这部《略出》共收经1080部，分作478帙，按《千字文》依次编号，因中间有一点小错误，所以实际共用了479个千字文帙号。它的卷首赫然署名为"唐西崇福寺沙门智昇撰"。后代有的版本还在前面冠"庚午岁"三字，这儿所谓的"庚午岁"，是指唐开元十八年。也就是说，人们认为这部《略出》与《开元释教录》一样，都是在唐开元十八年由智昇撰成的。或者说是在开元十八年，由智昇从自己所撰写的《开元释教录》中摘录若干内容，撰成这部《略出》。既然这部著作是智昇撰的，其中又用了千字文作帙号，那么说智昇发明了千字文帙号，不就是顺理成章的事了吗？

其实，《略出》并非智昇所作，而是出现在"会昌废佛"之后。晚唐、五代时，我国各地的僧人纷纷以《开元录》为标准，检查本地、本寺院的藏经，斥伪补阙。因为智昇的《开元录》共二十卷，考订较烦琐，而最后两卷《入藏录》又不注明译著者姓名，使用起来不太方便。于是就有人根据《开元录》重编了一本简明扼要的《略出》，供本地寺院使用。因为当时千字文帙号已经流传，《略出》也就注明这些帙号。由于古代既不讲著作权，也不讲改编权，《略出》既然是根据《开元录》编的，后人自然给它署上智昇的名字。这种《略出》后来广泛流传，并产生不少略有参差的变种。现在大藏里所保存的，就是曾流传在福建一带的一种与正统的《入藏录》稍有不同的本子。这样，以讹传讹，人们便认为千字文帙号也是智昇发明的了。

为什么说《略出》不是智昇写的呢？这只要考察一下智昇写作《开元录》的背景，比较一下《开元录》中的《入藏录》与《略出》的异同就可以明白。

智昇是西崇福寺的僧人，所编《开元录》为私家目录，不像前代有些僧人，是奉帝王敕令而编的，因此，他主要依靠的是西崇福寺的资料。《开元录》中的《入藏录》，记录的全部是智昇目睹的西崇福寺现有的大藏经本。由于古代用于抄经的纸的产地不同，规格也不同，所以，往往抄同一部经用的纸数不同，分的卷数也不同，所以智昇在《入藏录》中详细记载了这些经本的卷数、纸数等。对照《略出》，可以发现，《略出》的有关记录与《入藏录》有很大的差异。比如说，《入藏录》记载共收经1076部，《略出》却是1080部；《入藏录》记载共分作480帙，《略出》却是478帙。至于纸数与卷数，则几乎完全对不上。这充分说明《略出》所依据的不可能是西崇福寺的大藏经，而只能是另一个寺庙所藏的另一部藏经。既然如此，《略出》当然不会是智昇所写的了。

另外，仔细考察《开元录》可以发现，《入藏录》本身就是对《开元录·有译有本录》的一种略出本，因此，智昇根本没有必要再去撰写什么《略出》。还有，从对历代的经录的考察也可以证明千字文帙号不是智昇所创，而是出现在"会昌废佛"之后。

那么，千字文帙号到底是由谁发明的，出现在什么时候呢？现在我们还没有充分的材料来回答千字文帙号的发明者到底是谁。至于它的出现年代，则大约在"会昌废佛"之后。它随着晚唐五代我国大藏经的统一而在全国通用起来。

9. 古代佛教寺院藏书形态

一般来说，在古代，佛教寺院即当地的文化中心之一。《续高僧传》卷二十载："丹阳牛头山佛窟寺，现有辟支佛窟，因得名焉。有七藏经画：一、佛经；二、道书；三、佛经史；四、俗经史；五、医方图符。……永镇山寺，相传守护。"① 说明古代佛教寺院收藏着各类书籍。但兵灾火焚，世事流变，现完整保存古代藏书的寺院已经不存在。幸运的是21世纪初，敦煌出土大量古代写本佛典，它们反映了我国佛教写本大藏经与古代佛教寺院藏书的实际面貌。在此以敦煌佛教文献为例，介绍我国古代写本藏经与寺院藏书的情况，以反映我国古代佛教典籍之全貌。如前所述，佛教寺院除了收藏佛教典籍之外，还收藏各种世俗著作。本节则仅介绍寺院所藏的佛教典籍的情况。

（1）正藏

敦煌遗书中的佛教经典虽然大多残头断尾，但不少均为传世大藏经已经收入的典籍。它们实际是古代敦煌流传的佛教正藏的残余品。

正藏是我国古代佛教大藏经最基本的形态。一般地讲，它主要收纳由域外传入的翻译经典。由于编纂者的不同，有时也收纳一些中华佛教撰著，但数量都较少。在敦煌地区，直到张议潮归义军初期，各寺庙的正藏都是按照道宣的《大唐内典录·入藏录》来组织的。会昌废佛后，全国各地都出现了以《开元释教录·入藏录》统一本地区、本寺庙藏经的趋势，在这一趋势的影响下，敦煌地区约在五代也改用《开元释教录·入藏录》来组织正藏。

《开元释教录·入藏录》共收经1076部，5048卷，分作480帙。从敦煌藏经洞现存佛典的形态可以知道，这里所保存的不是一部完整的正藏，而是已经作废无用的残经破卷。虽则如此，敦煌遗书中所存的正藏仍有较大的校勘价值、研究价值与文物价值。从敦煌遗书的有关记载还可以知道，敦煌的不少寺院都收藏着完整的正藏，有些正藏用金银字写成，用锦帙包裹。有些寺院还有上藏、下藏之分，分别供全地区教团与本寺僧人使用。这与史籍中反映的我国古代寺院所藏佛教藏经的情况也是一致的。

---

① 《续高僧传》卷二十，CBETA 2019. Q3，T50，no. 2060，p. 604b3 – 7。

《开元释教录》是撰于唐玄宗开元十八年（730）的一部经录。其后，从唐至宋，佛经仍不断地被翻译出来。故唐德宗贞元十年（794），僧人圆照曾撰《贞元续开元释教录》，将《开元释教录》撰成后六十余年间新译佛典逐一著录，作为对《开元释教录》的补充。这部目录以后也被人们作为造藏的依据。此外，宋代开国后，诸帝均较重佛事，专设译经院从事佛经的翻译，亦有经录专门记载其时翻译的经典及翻译概况。从《赵城金藏》与《高丽藏》的比较可知，宋刻《开宝藏》的基本结构是：《开元释教录·入藏录》所收经、《贞元续开元释教录》所收经，再加宋朝新译经等三大部分。这就是 10～11 世纪我国佛教大藏经正藏的标准形态。敦煌地区的正藏也是如此，早在五代时，当地佛教教团就依《开元释教录·入藏录》配齐了本地藏经。《贞元续开元释教录》所载诸经也传入敦煌，现敦煌遗书中就存有一批不空译经。另据《宋会要辑稿》第一百九十八册《蕃夷五》，敦煌曾向北宋乞赐"国朝新译佛典"并蒙批准，说明宋朝新译经也已传入敦煌。敦煌的情况具有典型意义，从各种史籍记载可知，我国各地写本藏经正藏的情况大抵与敦煌差不多。所以敦煌的情况可以作为全国情况的代表。

不过，敦煌佛藏还有它自己的特点，这主要表现在：与内地相比，敦煌的战乱较少；再就是敦煌没有遇到会昌废佛。因此它还保存了一大批内地没有的经典。这大体有两种情况：一是部分经典在开元十八年之前译出，内地已经亡佚，故智昇未能见到，未能收入《开元释教录》中，而在敦煌却有保留；二是部分经典在北庭及敦煌等地译出，未能传入中原，不为中原人士所知，而仅流传于西北一带，并被保存在敦煌遗书中。

（2）别藏

别藏是专收中华佛教撰著的中国佛教典籍集成。

在我国大藏经形成的过程中，曾出现过两种类型的正藏。一种正藏兼收域外译典与中华撰著。其代表是隋智果在皇家内道场所造大藏。该藏共收佛典 6198 卷，其中中华佛教撰著则有 1127 卷，约占百分之十八。另一种正藏则几乎不收，甚至完全不收中华撰著。其代表如隋法经等撰《众经目录》、《历代三宝记·入藏录》、隋仁寿等撰《众经目录》等。随着佛教的逐渐发展，后一种观点逐渐在编藏僧人中占了上风。以至唐代所编的正藏，大抵不收中华撰著。在此有典型意义的是西明寺道宣。道宣曾奉唐高宗敕命修造一部大藏。当时高宗要求把毗赞佛教有功的中华撰著收编入藏，故道宣在所编的西明寺大藏中专设"杂藏"一目，收录了法苑、法集、僧史之类的中华佛教撰著。但在他自己其后不久编定的《大唐内典录·入藏录》中，却把那批中华撰著统统驱逐出去，一部不留。甚至连自己所撰的大批律疏、《唐高僧传》等一大批著作也都不予保留，表明了"正藏不收中华撰著"的鲜明态度。智昇的《开元释教录·入藏录》基本承袭了这一态度而略有折衷，在 1076 部、5048 卷正藏中，属于中华撰著者仅 40 部，368 卷，卷数约占百分之七，大抵为僧史、目录、音义、经集之类。其实此时中国人所撰佛教著作，总数已在万卷以上，仅保存在长安的至少有二千卷。

由于正藏不收中华佛教撰著，便有人将它们专门汇集起来，结集为"别藏"。从各种史料可知，古代佛教寺院，除了传统的正藏之外，或多或少都收藏有一些中华佛教撰著，收藏数量多者便结为别藏。如庐山东林寺的别藏撰有目录，总数有四五千卷。

敦煌藏经洞中就保存了一大批中华佛教撰著，应该属于别藏。它们的内容非常丰富，大体有经律论疏、法苑法集、诸宗典籍、史传、礼忏赞颂、感应兴敬、目录音义、释氏杂文等。其中尤以各种疏释数量最多。如《般若心经》是般若经典的精要，历代注疏者甚多，但历代大藏所存唐以前注疏仅有八种，检视敦煌遗书，则存有唐以前《般若心经疏》十种。其中仅一种已为传世大藏所收，其余九种均是前此不为人们所知的。这样，我们现在能见到的唐以前《般若心经》的注疏就有十七种了。敦煌遗书中所存的《般若心经》注疏有不少诠释精要，有很高的研究价值。另外，如昙旷所撰《大乘二十二问》《净名经关中集解疏》，唐法成的《瑜伽论手记》《瑜伽论分门记》等，都有极高的研究价值。从史传资料来讲，王锡的《顿悟大乘正理决》是研究西藏佛教史中印度佛教与汉地佛教相互交涉史的重要资料。

印度佛教是怎样逐步演化为中国佛教的？这始终是人们关注的一个重要题目。研究这个问题，主要不是依靠翻译的典籍，而要靠中国人自己撰写的著作。由于在大多数佛教僧人眼中，中华佛教撰著的地位远远比不上西天传入的"真经"，所以重视别藏的人不多。在中国佛教史上，别藏只能自生自灭，故使大批中华佛教撰著散佚无存。因此，敦煌遗书中保存的大批中华佛教撰著为人们研究佛教中国化提供了广阔的活动天地。随着对敦煌遗书的全面系统的整理，敦煌遗书一定可以为这一研究课题提供更多、更宝贵的资料。

（3）天台教典

敦煌遗书中存有《天台分门图》《天台四教义》《天台四戒分门》《天台智者大师发愿文》及一批天台宗的典籍。这说明天台教典也传到了敦煌。

天台教典是天台宗编纂的阐述弘扬本宗宗义的典籍。它最初由灌顶撰成，包括慧思、智颛、灌顶三人的著作，其后随着天台宗的发展而日益丰富。由于它们是天台宗本宗的典籍，所以最初没有被纳入传统的大藏经，在藏外单独流行。唐代早、中期，天台宗曾兴盛一时，天台教典在全国流传，许多寺院都有收藏。估计也在这时传入敦煌。

我们知道，晚唐五代时，天台宗的典籍遭到极大破坏，几乎荡然无存，以致天台宗的高僧们对自己的宗义也不甚了了。后在吴越王的支持下从朝鲜、日本找回了若干天台宗典籍,但毕竟已无从恢复旧观。在敦煌遗书中所存天台宗典籍的数量虽不多,远不足凑成一部完整的天台教典,但对研究天台宗义及天台教典的情况仍有极大意义。

北宋中期,天台教典被批准编入大藏,从此不再单独流传。

(4)毗尼藏

敦煌遗书中发现一批有关佛教戒律的著作,如道宣撰《四分律删繁补阙行事抄》《四分律删补随机羯磨》,怀素的《四分律开宗记》等,它们原来都属于律宗毗尼藏。

毗尼藏是律宗所编的本宗典籍的结集。不过,由于它专门论述戒律的意义,守戒之规范、要求,不过多涉及佛教义理,而遵守戒律又是佛教各宗各派的基本信条,故毗尼藏在一定程度上可说宗派色彩最少。

毗尼藏约产生于唐高宗时期。《南岳大明寺律和尚碑并序》称:"乾元元年(758)又命衡山立毗尼藏。"(《柳河东集》卷七)《宋高僧传·文纲传》载:"释文纲,……寻诣京兆沙门道成律师禀毗尼藏。"《宋高僧传·昙一传》又谓:"释昙一,……依观音寺大亮律师传毗尼藏。"说明唐代毗尼藏在全国各地流传,许多寺院都有收藏。敦煌遗书的若干记载证明毗尼藏也传到了敦煌。如在罗振玉编《莫高窟石室秘录》载有《寺历》三卷,中有"前河西都僧统京城内外临坛大德三学教授兼毗尼藏主赐紫翟和尚邈真赞""敦煌唱导法将兼毗尼藏主广平宋律伯采真赞""前敦煌都毗尼藏主始平阴律伯真仪赞"等,说明毗尼藏在敦煌颇为人们所重视。有专人管理,称为"毗尼藏主"。

(5)禅藏

研究者早就注意到敦煌遗书中保存了一批早期禅宗著作,并据此对早期禅宗史做了许多卓越的研究。但这些禅宗典籍为什么会如此集中地保存在敦煌藏经洞,这个问题无人解答。现在问题已经清楚,这批典籍原来都是传到敦煌的禅藏的一部分。

禅藏是由宗密编纂的关于禅学与禅宗典籍的集成。编成后时间不长,即逢会昌废佛,故中原地区的禅藏大抵在劫难逃。偶然流传下来的,后来也因种种原因而亡佚。故敦煌藏经洞保留下来的禅藏残部便格外珍贵。

关于这部禅藏的内容、结构,宗密在他为禅藏写的总序《禅源诸诠集都序》卷下里讲得很清楚:"故今所集之次者,先录达磨一宗,次编诸家杂述,后写印一宗圣教。"他还具体点了一些著作的名称:"或因以彼修炼,功至证得,即以之示人(求那、慧稠、卧轮之类)。或因听读圣教生解,而以之摄众(慧闻禅师之类)。或降其迹而适性,一时间警策群迷(志公、傅大士、王梵志之类)。或高节而守法,一国中轨范僧侣(庐山远公之类)。"这样,我们便可以根据宗密的记述把这部禅藏恢复出来。

《神会语录》《坛语》《法海本坛经》《二入四行论》《楞伽师资记》《历代法宝记》《达磨禅师观门》《观心论》《大乘开心显性顿悟真宗论》等一批禅宗文献的发现，已使中国禅宗研究的面貌完全改观。存于敦煌遗书中的禅藏的恢复，必能将禅宗研究提高到新的更高的阶段。

（6）宣教通俗文书

敦煌遗书中保存的讲经文、讲因缘文、变文等宣教通俗文书已经为人们所熟知。所谓宣教通俗文书是指寺院向僧俗人等宣传佛教教义以启导正信的一些通俗作品。它们大抵据经义敷衍而成。

应该说明，传统佛教高僧们对这一类宣教通俗文书是很不以为然的。如赵璘《因话录》卷四记载唐文宗时著名俗讲僧人文溆开俗讲时的盛况说："听者填咽寺舍，瞻礼崇奉，呼为和尚。教坊效其声调以为歌曲。"乃至唐文宗也采用文溆俗讲的声调创作新曲，名叫"文溆子"。可是正统派学者、文人却不以为然，赵璘《因话录》卷四谓：文淑（溆）俗讲"公为聚众谈说，假托经论，所言无非淫秽鄙亵之事。不逞之徒转相鼓扇扶树"。胡三省《通鉴注》评论说："释氏讲说，类谈空有。而俗讲者又不能演空有之义，徒以悦俗邀布施而已。"（《资治通鉴》卷二四三）传统的《高僧传》中从来不收文溆这样俗讲僧的传记，传统的佛教大藏经也不收这些作品。其实，僧人的俗讲不但影响了当时的广大民众、当时的文学体裁，而且对后代民众佛教、文学艺术都有重大影响。所以近代以来越来越引起学术界的重视。

（7）敦煌寺院文书

藏经洞中还收藏了一大批反映敦煌当地寺院活动的文书。其中有寺院宗教活动文书，如大批的忏悔文、羯磨文、授戒文等；有寺院宗教史传文书，如关于高僧事迹的载述、邈真赞等；有寺院经济活动的文书，如各种买卖、典押、雇工、借贷、请便契、便物历等；有关于寺院佛典的目录，如藏经录、勘经录、流通录、转经录、乞经状、配补录、写经录等；有关于石窟、壁画的文书，如白画、画稿、榜题以及木刻画、彩绘等。

敦煌寺院的各类文书为我们描绘出丰富多彩的敦煌寺院生活的实际情况，是我们研究敦煌佛教的重要依据。我们知道，中国佛教虽是一个整体，但从早期起，各地区的佛教便呈现不同的区域性特点。如东晋释道安时期，凉土佛教、关中佛教、荆襄佛教、东鲁佛教、建康佛教便各有自己的特色。南北朝时期，南北佛教显示出显然不同的风格。随着隋唐的统一，南北佛教的交融，学风也相互渗透影响。但是，各地佛教各有其特点的情况并没有完全改变。研究不同地区的佛教的不同特点，乃是佛教研究的一个重大课题。由于资料的局限，从事这一课题的研究具有很大的难度。但是，敦煌藏经洞出土的大批敦煌寺院文书为我们研究敦煌地区的佛教提供了充分的资料，使我们可以把敦煌佛教当作一个标本来进行解剖分析，其价值之高，自不待言。

敦煌遗书中的这些寺院文书还告诉我们，佛教寺院中除了正规的典籍外，还收藏了许多其他的文书、文献，无疑也有典型意义。

（8）疑伪经

按照佛藏理论，凡属"经"，都应是由佛口授的。凡属非佛口授，而又妄称为"经"者，概属伪经。为了保持佛教传统的纯洁，正本清源，中国佛教从来十分重视经典的真伪之辨，并在长期的实践中总结出了一套辨别真伪的具体办法，亦即检索传译的记载，鉴别经典的内容及文风。对于那些一时无法确定其真伪的经典，则一般称之为"疑经"，置于藏外待考。敦煌遗书中就存在一大批传统被视作疑伪经的经典。

仔细考察这些疑伪经，可以发现它们均反映了中国佛教的某一发展断面，具有极高的研究价值。例如《大方广华严十恶品经》是在梁武帝提倡断屠食素的背景下撰成的，它可与《广弘明集》中的记载相印证，说明了汉传佛教素食传统的形成经过。如《高王观世音经》反映了观世音信仰在中国的形成与流传，《十王经》反映了地狱观念的演变。如此等等，疑伪经实际上反映了印度佛教怎样一步步地中国化，从而对中国佛教研究具有重大意义，已经越来越受到人们的重视。

还有一点应该指出的是，传统被认作疑伪经的某些经典，有些实际上的确是从域外传入，并非中国人伪造的。不过由于它们不是在正规的译场中译出，传译过程不大为人们所知，有的文字又比较质朴，或者表达的思想与前此的正统佛教思想不甚吻合，因而被人视作疑伪经。如敦煌遗书《佛说孝顺子修行成佛经》就是一例。这类经典的发现，告诉我们对传统视为疑伪经的经典必须区别情况，具体分析。同时，这类经典的发现，也丰富了我们对印度佛教典籍的知识。

（9）写经题记

古人写经，不少是为了做功德，以求消灾祈福，故常在经末写有题记，表述自己的愿望。这些题记反映了我国佛教流传的情况以及古代人民思想、社会风俗等各个方面，历来为研究者所重视。敦煌写经的题记为我们提供了大量的第一手资料，反映了古代写本佛典的实际情况。

如《金刚经》是古代流行比较普遍的经典，敦煌遗书中的《金刚经》的题记也特别多。年代跨度从6世纪到10世纪，分布比较均匀，反映出在这段时间中本经一直是当地人们的崇拜对象。这些题记为研究《金刚经》的流传与其实际社会作用提供了珍贵资料。现知有确切纪年的最早写本是日本书道博物馆所藏吐鲁番出土的梁大同元年（535）写本。斯2605号题记则谓："大隋大业十二年（616）七月二十三日，清信优婆夷刘圆净敬写此经，以兹微善，愿为一切众生转读，闻者敬信，皆悟苦空；见者受持，俱胜常乐。又愿刘身早离边荒，速还京辇。罪障消除，福庆臻集。"说明该刘氏是从京师到敦煌的,对研究当时两地关系有一定的价值。斯 36 号、北新 622 号、北新 653 号、斯 513 号、伯 3278 号、北新 690 号等一批卷子是唐高宗年间的宫廷写本,抄写精良,对研究当时的宫廷写经与颁经制度有较大的参考价值,本身也是罕见的珍贵文物。斯 87 号为武周时期写本,上多武周新字,谓"圣历三年(700)五月二十三日,大斗拔谷副使上柱国南阳县开国公阴仁协写经。为金轮圣神皇帝及七世父母,合家大小。得六品,发愿月别许写一卷;得五品,月别写经两卷。久为征行,未办纸墨,不从本愿。今办写得,普为一切转读。"反映了若干官僚热衷利禄的心态。斯 5544 号题记谓:"奉为老耕牛,神生净土,弥勒下生,同在初会,俱闻圣法。"反映了农民对耕牛的深厚感情。伯 2876 号、斯 5451 号、斯 5669 号、敦煌市博物馆 53 号,均有"八十三岁老翁刺血和墨,手写此经"的题记,反映了当时人们对此经信仰之虔诚。题记中还出现"灵安寺"(斯 1746 号)、毗奈邪寺(北羽 64 号)等敦煌寺庙的名称,为研究敦煌佛教提出新的课题。天津博物馆藏 27 号是天宝十二载(753)优婆夷社所造,为研究敦煌女社活动提供了新的资料。伯 4503 号是长庆四年(824)柳公权所书《金刚经》刻石的拓本,极其珍贵。大英博物馆所藏"咸通九年(868)四月十五日,王玠为二亲敬造普施"之木刻《金刚经》,是现知有确切纪年之世界最早的木刻本书籍。该经前有扉画一幅,为释迦牟尼说法图,刀法纯熟,达到很高的艺术水平。斯 5534 号题记谓:"西川过家真印本。时天复五年(905)岁次乙丑三月一日写竟,信心受持老人八十有二。"斯 5444 号、斯 5669 号、伯 2094 号、斯 6727 号、伯 3398 号、伯 3493 号均有涉及"过家真印本"的题记,北图所藏也有"过家真印本"的过录本。说明此时已有私家经坊刻印《金刚经》。斯 5544 号题记谓:"西川戈家真印本","戈家"或为"过家"之误。也可能是西川另一个刻印《金刚经》的私人经坊。伯 4514 号题记谓:"弟子归义军节度使特进检校太傅兼御史大夫谯郡开国侯曹元忠普施受持。天福十五年己酉岁(方按:己酉岁应为后汉隐帝乾祐二年,即 949 年)五月十五日记。雕板押衙〔雷延〕美。"该雷延美曾为曹元忠雕造木板文殊、观音等像。由此证实,五代时,曹元忠也曾经开板雕印《金刚经》。由于本经诸写本前后年代不一致,各自形态也有差异。后期的若干写本分为三十二分,反映了对《金刚经》研究的深入。有些卷子在卷首或卷末附有《金刚经陀罗尼咒》《启请八金刚、四菩萨文》《大心真言》《随心真言》《心中心真言》《大身真言》等。北咸 58 号题记谓:"诵此咒一遍,胜读本经功德一万九千遍。"说明在密教流传的影响下,对《金刚经》信仰形态的变化。上述种种,反映了本经在不同时期的流变。敦煌文献中并有《持诵金刚经灵验记》,专门叙述持诵《金刚经》的种种灵验故事,此类故事对《金刚经》的流传起到很大的作用。

又如《观音经》,也是古代佛教徒认为抄写后可得莫大功德的经典。敦煌遗书

《观音经》不少写卷均有题记，颇有研究价值。现知最早的题记为日本书道博物馆藏本，谓："盖至道玄凝，洪济有无之境；妙理寂廓，超拔群品于无垠之外。是以如来悯弱类昏迷，旃大悲于历劫。故众生无怙，唯福所恃。清信士佛弟子尹波，实由宿福不勤，触多屯难。扈从主人东阳王殿下，届临瓜土。瞩遭离乱，灾夭横发。长蛇竞炽，万里含毒。致使信表罕隔，以径纪年。寻幽寄矜，唯凭圣趣。辄兴微愿，写《观世音经》四十卷，施诸寺读诵。愿使二圣慈明，永延福祚；九域早清，兵车息甲。戎马散于茂苑，干戈辍为农用。文德盈朝，哲士溢阙。铿铿济济，隆于上日。君道清明，忠臣累叶。八表宇宙，终齐一轨。愿东阳王殿下，体质康休，洞略云表。年寿无穷，永齐竹柏。保境安蕃，更无虞寇。皇途寻开，早还京国。敷畅神讥（机），位登宰辅。所愿称心，事皆如意。合家眷大小，表亲内外，参佐家客，感（咸）同斯祐。又愿一切众生，皆离苦得乐。弟子私眷，沾蒙此福。愿愿从心，所求如意。大魏孝昌三年（527）岁次丁未四月癸巳朔八日庚子，佛弟子假冠军将军乐城县［开国伯］尹波敬写。"对研究北魏历史有一定的价值。题记中较多的还是为亡魂超度、为现在祈福的内容。如日本书道博物馆藏本题记谓："天册万岁元年（695）正月一日，清信士张万福并妻吕，先从沙州行李至此，今于甘州并发心，为所生父母及七代父母及身并妻息等，减割资粮，抄写《观音经》一卷。愿成就以后，受持转读，灾影远离，恒值福因。见存者永寿清安，亡者托生净土。乘此愿因，俱登正觉。"又如北京大学图书馆藏本题记谓："菩萨戒弟子令狐兰，知身非有，浅识苦空；知己非身，将知易尽。今有男孙女观音，早纵风烛，永绝爱流。恐溺三途，重染胞胎之像。遂发心敬写《观音经》一卷，庶使三途心苦，八难亭酸。亡者沐浴八池之水，常游净度之界。见在安乐，俱勉（免）盖缠。法界苍生，恒念观音，咸同离苦。天授二年（691）九月三十日写。写人上柱国子张晋朝，为阿娘敬礼常住三宝，故记之也。"题记中同时出现做功德人与写经人的愿文，分别祈愿，比较少见。由于观音有救度的功能，因此，不少题记也有相应的内容。如北岗84号题记谓："辛丑年（821）七月二十八日，学生童子唐文英为妹久患，写毕功记。"斯2992号题记谓："清信弟子女人贺三娘，为落异乡，愿平安。申年五月二十三日写。"斯4397号题记谓："广明元年（880）肆月拾陆日，天平军凉州第五般防戌（戍）都右厢兵马使梁炬，缘身戌（戍）深蕃，发愿写此经。"北京图书馆藏有血书《观音经》一件（新879号），题记谓："天复贰年（902）壬戌岁七月二十五日，住持三危禅师愿会发心刺血敬写此《金刚经》一卷、《观音经》一卷，今已终毕，故记。以此写经功德，并将回施当真（今）圣主，保寿遐长。使主千秋，万人安乐。又愿四生九类，水陆飞空，一切有情，舍种类身，各获圣位。未离苦者，皆愿离苦；未得乐者，愿令得乐；未发心者，愿早发［心］；已发心者，愿证菩提。师僧父母，各保安宁；过往先亡，神生净［土］。囚徒禁闭，枷锁离身。凡是远行，早达乡井。怀胎母子，贤圣沥（？）威。五逆男女，各各孝顺。自遭离乱，伤煞孤魂。六道三途，西方见佛。怨家欢喜，更莫相仇。诤讼推词，闻经善处。身无自在，愿得逍遥。热恼之苦，值遇清凉。裸露伤寒，得生衣服。土地龙神，何（呵）护所在。愿以此功德，溥及于一切。我等与众生，同生于佛会。"反映了当时部分信徒的虔诚心理。伯 3551 号题记谓："《多心经》一卷，开宝柒年戊寅（方按：应为甲戌岁）正月二十八日，金光明寺僧王会长、张僧奴、令狐富通、阎延定四人等，舍《观音》《多心经》一卷。后有人见莫怪者。及是人来莫怪者。及怪者亡性，莫见佛面。舍经师兄僧奴记耳者（押）。王会长、□延定麦一斗。……戊寅贰月拾柒日，金光明寺僧张僧奴，写《观音经》一卷（押）。"反映了部分贫困信徒立会聚资写经的实际情况。英国并藏有图文兼备之《观音经》经写本，与敦煌壁画有何关系，值得研究。

敦煌遗书中类似的写经题记很多，反映了古代写本佛经的实际形态，也为我们研究古代的佛教与社会提供了珍贵的资料。

二　刻本时期

木刻本佛经最早出现在什么时候，学术界尚有不同的说法，现存有确切年款的最早的木刻本佛经，即出于敦煌莫高窟藏经洞的唐咸通九年（868）王阶"为二亲敬造普施"的《金刚般若波罗蜜经》。该经卷首为释迦牟尼说法图，虽然人物众多，构图复杂，但中心突出，层次分明。画面线条流畅，生动传神。正文为端楷，厚朴凝重，刀法稳健。可以看出，这是一部相当成熟的雕版印刷品。据此推断，我国雕版印刷的历史，肯定要早于咸通九年。近年拍卖市场出现若干早期刻经，英国、法国收藏的敦煌遗书中存在若干早期印刷品，有的年代可能早于咸通九年，惜无年款。总之，中国最早的刻本印刷品产生在何时，学术界存在不同的观点，目前还在研究中。可以肯定地说，早在唐代，刻本佛经便开始流传。近些年拍卖市场出现的几件早期刻经，也证明这一点。但当时所刻均为小部零本及陀罗尼，尚未刻印整部大藏经。

与写本大藏经相比，刊刻一部刻本大藏经的成本更大。从现有资料看，按照刊刻主体区分，可以把刻本大藏经分为官刻、私刻两类。所谓"官刻"，一般指皇帝下旨，由朝廷出资，组织相关人员刊刻。所谓"私刻"，则形态多样：或为寺院僧人募刻，或为家族发愿刊刻，亦有私人出面募刻者。

中国最早的刻本藏经，是刊刻于宋代初年的《开宝藏》；最晚的刻本藏经，是刊刻于清末民初的《毗陵藏》。[①] 前后大约有 1000 年。根据目前掌握的资料，所刻

---

① 参见方广锠《〈毗陵藏〉初探》，载《藏外佛教文献》第十五辑，宗教文化出版社，2010。

藏经总计在 20 种以上。虽有官刻、私刻等多种形态，虽然后代藏经收经数量不断扩大，乃至出现《嘉兴续藏》《嘉兴又续藏》这样专门汇聚中华佛教撰著的续藏，但与中国封建社会后期发展迟滞、中国佛教逐步衰微相应，这一时期的大藏经的总体结构变化不大。从装帧形式上讲，则有从卷轴装向经折装，进而向线装的演变。

与写本藏经相比，刻本藏经的最大的特点是版刻印刷，凡用同一副版片刷印出的经本，形态全都一样。因此，如果说区别诸种写本藏经的最大依据是目录的话，则区别诸种刻本藏经的最大依据是它所依凭的版片。因为对刻本藏经来说，版片一旦刻成，则反映其内部特征的内容与结构已全部固化在版片中。加之一部刻本藏经篇幅浩大，仅《开宝藏》的早期刻本，就有十三万块版片。为了加强管理，以便反复使用，刻藏者创造了版片号，亦即将藏经的外部标志也固化在版片上。由此，与目录是我们研究写本藏经的基础一样，凝聚了大藏经三要素的版片，自然成为我们研究、鉴别刻本藏经的基础。世有所谓"版本学"，研究的是诸种刻本的区别。刻本藏经所注重的正是版本学。

我认为，把版片作为鉴别刻本藏经的基础，便可以建立这样一个原则：只要版片不同，即使所依据的目录完全相同，哪怕后一部藏经是前一部藏经的覆刻本，我们仍然认为它们属于不同的藏经。这一原则的建立，对澄清目前学术界对若干刻本藏经的混乱认识具有重要意义。

在此讲版片是鉴别刻本藏经的基础，不仅指每一版片的大小、行款、界栏、版片号等具体形态，也指一部藏经所拥有的所有版片，亦即它的整体状态。历代不少藏经都曾有过补雕，如《碛砂藏》为宋刻、元补、明递修，《普宁藏》曾补入秘密经，《永乐南藏》于万历年间补入续藏等。此外，由于长期使用，经版难免有损坏等情况，此时便需递修。《崇宁藏》等多种藏经都曾经过递修。文物出版社近年刷印《清龙藏》时，也曾经对原有版片进行大规模的整理、补刊与递修。像这样，一部藏经版片的主体没有变动，只是局部发生补雕与递修，我们依然承认它是原来的藏经，只是经过补雕与递修，出现了新的版本。也就是说，一部藏经，在实践中除了存在用同一副版片刷印的不同印本外，还可能出现因补雕、递修等造成的不同的版本。深入研究同一藏经的不同版本，将成为今后藏经研究中的一个重要内容。确立藏经原版与补雕、递修版的关系，对《赵城金藏》及其后期版本的研究，尤其具有重要意义。

由此必须涉及的一个问题是：刻本藏经的系统。现在看来，从渊源体系上讲，中国的刻本藏经可分为三大系统：第一，中原系，以《开宝藏》为代表；第二，北方系，以《契丹藏》为代表；第三，南方系，以《崇宁藏》《毗卢藏》为代表。刻本藏经存在三大系统，由日本竺沙雅章先生最早提出，成为目前研究刻本藏经的基础理论。

早期的刻本藏经都是根据当地流通的写本藏经刊刻的，各地的写本藏经由于种种原因，在流传过程中出现种种差异，从而产生上述不同的传承系统。后代的刻本藏经，则大抵覆刻前代的刻本藏经，故而承袭上述三大系统的佛典而发展。

　　下面按照时间先后，介绍我国的刻本藏经。

　　1. 宋代的刻本大藏经

　　经过五代十国的战乱，我国出现宋、辽、西夏、金等政权先后分立的局面。各国都曾雕印过大藏经。其中宋有《开宝藏》《崇宁藏》《毗卢藏》《思溪藏》《碛砂藏》；辽有大字本《契丹藏》与小字本《契丹藏》；西夏既有西夏文大藏经，可能也有汉文大藏经；金有《赵城藏》。从而形成我国历史上第一个雕印大藏经的高潮。

　　下面对这些大藏经做一个简单的介绍。

　　（1）《开宝藏》

　　《开宝藏》是我国第一部木刻本大藏经，系于北宋开宝四年（971），宋太祖赵匡胤命高品内侍张从信到益州去开雕，至宋太宗太平兴国八年（983）完成，共有十三万块版片。宋王朝将这些版片全部运到首都汴京（今河南开封），并为此专门成立了印经院。

　　我们至今并没有掌握张从信从汴京带一部藏经底本到益州的信息。故一般认为，张从信乃在益州就地取材，选择了当地的某一部写本藏经为刻藏底本。当然，不能排除张从信的刊刻底本是从开封带去的，只是没有留下记录而已。现在看来，该写本藏经虽然也以唐智昇《开元录·入藏录》为依据，但编次及某些经典的卷次开合与《开元录·入藏录》并不完全相符。《开宝藏》初刻本有一些疏漏，高丽守其之《高丽国新雕大藏经校正别录》曾多有指正。研究者认为后经咸平、天禧、熙宁三次修订，这些错误大体得到纠正。其后又增补刊刻了《贞元续开元录》入藏经典以及宋代新译经典。至此，《开宝藏》的规模到底有多大，现在还缺乏可靠的数字。有的研究者认为此时的《开宝藏》收经总计为6620卷左右，分作653帙。千字文帙号从"天"到"务"。也有的研究者认为总计收经1529部，6604卷，千字文帙号从"天"到"洞"。该经为卷轴装，早期刻经每版正文23行，行14字。书法端丽，行格疏朗，刻工亦佳，尽显皇家刻经的气派。刻成后，曾应请遍赐周边诸国。其后，随着北宋王朝经济的困难，于神宗熙宁四年（1071），诏饬废止印经院。把印经院藏版搬到东京城西北阊阖门外白沟河南崇化坊显圣寺圣寿禅院。所以后期刻经版式变化，字体变小，版面拥挤，看来是为了节省成本。从此，《开宝藏》始终在显圣寺印刷流通。这样，印经院逐渐从官方管理过渡到寺院管理。当然，官方依然保持一定的权力，如向北宋周边诸政权颁赐《开宝藏》的权力，掌握在朝廷手中。

　　现存《开宝藏》卷尾的题记，一般在"大宋某某年奉敕雕造"之后，还有一方印经题记和一方施经题记，这些资料为我们提供了显圣寺时期的印经实例。

如中国国家图书馆藏《阿惟越致遮经》卷上，卷尾有木戳印记两方。
前一方为印经题记，文为：

> 熙宁辛亥岁仲秋初十日，中书劄子奉/圣旨赐大藏经板于显圣寺圣寿禅院印造，提辖管勾印经院事 演梵大师 慧敏等。①

后一方为施经题，文为：

> 盖闻施经妙善，获三乘之惠因；赞诵真诠，超五趣之业果。然愿普穷法界，广/及无边水陆群生，同登觉岸。时皇宋大观二年（1108）岁次戊子十月 日毕。庄主僧 福滋，管居养院僧 福海，库头僧 福深，供养主僧 福住，都化缘报愿住持沙门 鉴峦。②

现该藏传世经本极为罕见。10 余年前，笔者曾与李际宁先生为编辑《开宝遗珍》，共同寻访现存《开宝藏》存卷，共得 12 卷，其中有的是残卷拼缀而成。诸卷名称、千字文帙号及收藏单位如下。

1. 《大般若波罗蜜多经》卷二〇六，秋字号，山西博物院收藏。
2. 《大般若波罗蜜多经》卷五八一，李字号，中国佛教协会图文馆收藏。
3. 《大宝积经》卷一一一，文字号，中国国家图书馆收藏。
4. 《大方等大集经》卷四三，有字号，上海图书馆收藏。
5. 《妙法莲华经》卷七，无千字文号，高平市文博馆收藏。
6. 《阿惟越致遮经》卷上，草字号，中国国家图书馆收藏。
7. 《大云经请雨品》卷六四，大字号，高平市文博馆收藏。
8. 《杂阿含经》卷三五、四四、佛说圣法印经缀卷，中国国家图书馆收藏。
9. 《杂阿含经》卷二一、三〇、四四缀卷，中国国家图书馆收藏。
10. 《佛本行集经》卷一九，令字号，日本京都南禅寺收藏。
11. 《十诵尼律》卷四六，存字号，日本东京书道博物馆收藏。
12. 《御制秘藏诠》卷一三，无千字文号，美国哈佛大学赛克勒博物馆收藏。

---

① 据照片录文。
② 据照片录文。

2018 年，我们赴法调查敦煌遗书，在法国图书馆藏敦煌遗书中发现《阿难七梦经》残片一件，依据该馆原始资料，此件乃伯希和在莫高窟北区所得，并非藏经洞藏品。这与史书记载的北宋王朝曾向敦煌颁赐《开宝藏》的记载正相吻合。此外，前几年拍卖市场曾出现叶恭绰先生原藏《中论》残片一件。

根据调查，20 世纪 30 年代曾在山西某寺院发现若干《开宝藏》，其后由某人收藏，从此再无音信。希望这批珍宝能平安藏于天壤之间，并最终能够面世。此外还有一些有关《开宝藏》的传闻，有些已经证实为非，有些尚待调查证实。

靖康年间，汴京被金兵占领，不少图籍、印版被金兵北运，有的则毁于战火。《开宝藏》版片下落如何，史籍失载。

（2）《崇宁藏》

《崇宁藏》，北宋福州东禅寺私刻大藏经。由东禅寺等觉禅院住持冲真等于宋神宗元丰三年（1080）发愿为祝皇帝诞辰和祝祷国泰民安发起劝募，当年开雕了《光赞般若经》《法苑珠林》《景德传灯录》等经。但在大藏经中次序应排列在《光赞般若经》以前的《大般若经》现存印本上无年代的题记，故有研究者认为该藏的实际开雕年代可能更早。刊刻工作历经 30 余年，正藏部分到宋徽宗崇宁二年（1103）冬才基本完成。但实际刻齐已到崇宁三年（1104）九月。

在这 30 余年中，东禅院先后更换了六代住持，但坚持不懈。此项事业得到参知政事元绛（《宋史》有传）的支持，并邀请到当地士绅刘瑾、许懋、柯述、王祖道等人分任请主或劝首，以一万家结缘为目的，募捐助刊，还为此建筑了储藏经版的经院。

正藏完成，恰逢有司准备给宋徽宗祝寿，劝缘的首倡者陈旸（礼部员外郎）便向朝廷请求给这部刻本大藏经赐以"崇宁万寿大藏"的名号，得到批准。此后东禅院开始对外印经，收取印经版头钱，用版头钱收入续刻宋代新译、《贞元录》续入藏经与入藏著述等，政和二年（1112）全部刻藏工作宣告结束。总计共刻 6171 卷，分装 564 函。南宋时曾重修补雕，使全藏总数达 1440 部，6180 卷，分作 580 函，千字文帙号由"天"字起至"虢"字止。经折装，每版 36 行，折为 6 个半页，每半页 6 行，行 17 字。个别经版版式略有不同。每函附有音义一册，著录本函典籍的音义。另有未编千字文帙号，随藏流通经典若干。

北宋的皇家官藏为《开宝藏》，如有御赐入藏的典籍，均交印经院刻版入藏。南宋皇家未刻大藏经，但依然有御赐入藏之举，此时便送交《崇宁藏》刻版入藏。故《崇宁藏》在南宋时起到准皇家官藏的作用。东禅版印本卷尾常有印造者阴刻印记，又卷背有"东禅大藏"印，此印有两种，一种为长方形，一种为正方形。

东禅院在南宋时先后改名为"东禅报恩广孝禅寺""东禅报恩光孝禅寺"。由于印版印制过多而字迹漫灭，故于绍兴二十六年（1156）对经版彻底修补。在宋孝宗乾道七年到淳熙二年（1171~1175）补刻了一批佛典。到元代至治年间（1321~1323），又经寺僧祖意募缘雕换了一万版。后期情况不清，或谓其印经活动一直延续到元泰定年间。

目前《崇宁藏》的印本，山西太原崇善寺收藏较多，但全藏已不完整。此外北京、南京及其他各省图书馆亦有零星收藏。据日本梶浦晋先生调查，日本收藏《崇宁藏》的情况如下：教王护国寺，6087 册；醍醐寺，6096 册；金刚峰寺，3750 册；本愿寺，2229 册。以上四个寺院，总计收藏 18162 册。[①] 需要说明的是，日本收藏的《崇宁藏》，大抵与下面所说的《毗卢藏》相混合。这里称它们为《崇宁藏》，无非是其中《崇宁藏》本所存较多。至于为什么形成这种收藏状态，到底是由于两部藏经都在福州，两者版式相同，目录可配，故当年求取时已经混合，还是运回日本以后因故混合，现在由于缺少资料，难以明了。

（3）《毗卢藏》

就在福州东禅院本刻成的同一年，福州开元寺主持本明发起，当地人士蔡俊臣、陈询、陈靖、刘渐等为会首，开元寺住持本明为证会，寺僧本悟为劝缘，在开元寺刊刻《毗卢大藏经》。所刻内容完全依照东禅院本，从徽宗政和二年到高宗绍兴初（1112~1131）刻成 400 函。从勘记看，其劝缘活动不限于福州，有的甚至远募到开封。早期印本前有祝语："上祝今上皇帝早迎二圣，齐享万年。"其后印本删掉祝语，只留空白。刊刻工作历经四十年，证会的住持更迭五代，到绍兴二十一年（1151）刻齐 564 函。其后在隆兴二年（1164）、淳熙三年（1176）曾两次续雕，总计全藏收经 1451 部，6132 册，分作 595 函。千字文帙号自"天"至"颇"。经折装，每版 36 行，折为 6 个半页，每半页 6 行，行 17 字。该藏形态与《崇宁藏》相同，但版面较小，题记文字不同，且每函缺少音义。卷首有印章"开元经局"，正方形。纸背或有印章"开元经局染黄纸"，长方形。

现国内已无《毗卢藏》全藏，据不完全统计，约存零本数百册。据日本梶浦晋先生调查，日本收藏《毗卢藏》的情况如下：宫内厅书陵部，6263 册；金泽文库，3490 册；知恩院，5969 册；中尊寺，227 册；教王护国寺，639 册。以上 5 个单位，总计收藏 16588 册。如上所述，所藏均为《毗卢藏》与《崇宁藏》的混合本。

（4）《思溪藏》

《思溪藏》为宋湖州思溪圆觉禅院私刻大藏经。该禅院乃宋密州观察使王永从与其弟崇信军承宣使王永锡为王氏家族的功德坟院所创建的寺院，故《思溪藏》也由王氏家族独资，在当地佛教教团的支持下雕印。

---

① 参见梶浦晋《日本的汉文大藏经收藏及其特色——以刻本大藏经为中心》，载《藏外佛教文献》第十一辑，中国人民大学出版社，2008。以下凡属梶浦晋先生调查材料均引自该文，为避文繁，不一一出注。

《思溪藏》的刊刻可分为前后两个阶段。最初约开雕于北宋末年，完成于南宋高宗绍兴二年（1132）。其后，南宋理宗宝庆元年（1225），湖州吴兴改名为安吉州，思溪圆觉禅院升格为法宝资福寺，当时对寺藏藏经有补雕增刻，并刊刻新的目录。故有人将增补后的藏经当作与以前不同的新刻藏经，并将原藏经称为《圆觉藏》，将此后的藏经称为《资福藏》。但如前所述，如果以版片为标准来判别刻本藏经，由于该藏版片的主体部分没有改变，故本书依然把该藏称《思溪藏》。当然，应行文的必要，亦可将前一期的《思溪藏》称为《思溪圆觉藏》，将后一期的《思溪藏》称为《思溪资福藏》。《思溪圆觉藏》时期共收经 1435 部，5480 卷，分作 548 函，千字文帙号自"天"至"合"。至《思溪资福藏》时期增订至共收经 1459 部，5940 卷，分作 599 函，千字文帙号自"天"至"最"。比前多刻了 51 函。版式与前相同，均为经折本，每版 30 行，折为 5 个半页，每半页 6 行，行 17 字。该藏各经之音义分别附于各册之后。除少数经卷外，全藏无题记与刊刻记。刷印活动约终于宋末。

　　收藏在日本京都南禅寺的《思溪圆觉藏》本《长阿含经》卷二十二之卷首保留了王永从为纪念当年完成全部刻经工作而写的一篇文字，云：

> 　　大宋国两浙路湖州归安县松亭乡思溪村居住左武大夫密州观察使致仕王永从同妻恭人严氏，弟忠翊郎永锡、妻顾氏，侄武功郎冲允、妻卜氏，从义郎冲彦、妻陈氏，男迪功郎冲元、妻莫氏，保义郎冲和、妻吕氏，与家眷等恭为祝延今上皇帝圣躬万岁，利乐法界一切有情。谨发诚心捐舍家财，开镂大藏经版，总五百五十函。永远印造流通。绍兴二年四月　日谨题。
> 　　雕经作头：李孜、李敏；印经作头：密荣；
> 　　掌经沙门：法己；
> 　　对经沙门：仲谦、行坚；干雕经沙门：法祖；
> 　　对经：慈觉大师静仁、慧觉大师道融、赐紫修敏；
> 　　都对证：湖州觉悟教院住传天台教真悟大师宗鉴；
> 　　劝缘：平江府大慈院住持、管内掌法传教说法大师净梵；
> 　　都劝缘：住持圆觉禅院传法慈受禅师怀深。①

　　国内原来仅有《思溪藏》零本。清末杨守敬从日本请回一部，但中有残缺，且有以《碛砂藏》配补者。杨守敬逝世后，该藏归北京松坡图书馆收藏。1950 年，松坡图书馆并入北京图书馆（即今中国国家图书馆）。21 世纪初，国图在中国书店的

---

　　①　据照片录文。省略敬空。

大力协助下购得韩国回流的《思溪藏》本《大般若波罗蜜多经》357 册，补充了馆藏的不足。

据日本梶浦晋先生调查，日本收藏《思溪藏》的情况如下：增上寺，5356 册；最胜王寺，5535 册；喜多寺，4687 册；岩屋寺，5157 册；长泷寺，3752 册；唐招提寺，4794 册；兴福寺，4354 册；长谷寺，2222 册；大谷大学图书馆，3374 册；御茶之水图书馆成簀堂文库，317 册；西大寺，599 册。上述 11 个单位共计收藏40147 册。

近年，在日本国际佛教大学院大学的支持与协调下，中国国图与日本爱知县岩屋寺合作，用日本爱知县岩屋寺藏《思溪藏》配补国图藏本，个别经本用国内私人藏家的收藏品配补，配齐全藏后，由扬州古籍线装文化有限公司影印，2018 年 6 月由中华书局正式出版。当月在《思溪藏》原刊地——浙江湖州召开了重刊首发式。2019 年 11 月在日本爱知县岩屋寺举行了转轮经藏装藏仪式，接着在东京举办了"宋版思溪藏复刻本完成庆贺会"。此事为中日佛教的友好交流，谱写了新的史话。

（5）《碛砂藏》①

《碛砂藏》，南宋平江府碛砂延圣院私刻大藏经。碛砂延圣院的历史概况，可参见叶恭绰撰《碛砂延圣院小志》②。

《碛砂藏》的雕印历史比较复杂。据日本公布的对收藏在奈良西大寺的《碛砂藏》《大般若波罗蜜多经》的调查报告，在卷一中，有"干造比丘了勤"在"嘉定九年丙子（1216）中春日首写造"等题记，这是有关碛砂藏开雕年代的最早的正式记录。该调查报告著录《大般若波罗蜜多经》卷二的刊记则如下。

> 干造比丘了勤舍梨版三十片刊般若经第一、二、三卷，并看藏入式及序，祈求佛天护祐，令大藏经、律、论版速得圆满。嘉定十五年（1222）十二月日刊第二卷，八千八百九十五字，十八纸。③

根据西大寺版《大般若波罗蜜多经》统计，从卷一至卷十三是在了勤时期刊刻的，时间当在嘉定九年（1216）至绍定二年（1229）。以后进入赵安国刊经时期。在了勤这个时期，刻经组织工作相对比较简单，虽有了勤任"干造比丘"，但没有"大藏经局"之类的组织机构。约到端平元年（1234）进入赵安国时代，此时在碛

---

① 本节内容参考李际宁撰《佛教大藏经的雕刻、印刷、流通制度》，载国家图书馆善本特藏部编《文津学志》第一辑，北京图书馆出版社，2003。

② 叶恭绰撰《碛砂延圣院小志》，载《影印宋碛砂藏经》，上海影印藏经会，1935。

③ 日本奈良县教育委员会事务局文化财保存科编《奈良县大般若经调查报告书》（一），奈良县教育委员会发行，1992。

砂延圣寺内已经出现一个主持雕造大藏经的机构，这个机构的名称有时被称为"碛砂延圣大藏经坊"、"大藏经坊"或"碛砂延圣院刊造大藏经版局"，由这个机构来协调刊经活动。形成于端平元年（1234）的《平江府碛砂延圣院新雕藏经律论等目录》卷上，卷尾有题记如下。

　　　大宋国平江府长洲县依仁乡第十九都前戴墟庚王土地境界居住奉三宝女弟
　　子吴氏八娘情旨，自身本命壬寅五十三岁，九月二十一日建生，谨发诚心，捐
　　施己财伍拾壹贯八百二拾四文，官会恭入陈湖心碛砂延圣院大藏经坊，就命工
　　者刊造《经律论总目录》上卷印版，求（永？）远流通圣教。……端平元年
　　（1234）四月自奉三宝女弟子吴氏八娘谨题。
　　　干缘僧　善成、可南、法灯、法如、法界、法超、志圆同募。本院藏主法
　　忠化到。
　　　　　　　　　　小比丘善源书。／
　　劝缘大檀越成忠郎赵　安国。／
　　都劝缘住持释　　　　法音。／①

　　亦即碛砂延圣院此时已经成立"碛砂延圣大藏经坊"，该经坊有时又被称为"大藏经局"，如宋版《大般若波罗蜜经》卷五一四经末，"大檀越成忠郎赵安国一力刊经一部六百卷"一句下刊：

　　　平江府长洲县陈公乡念五都安乐里东居住奉佛弟子梁德渊，并妻沈氏十一
　　娘、男日升，助官会壹百拾玖贯入碛砂寺大藏经局，刊造《大般若经》一卷。
　　功德追荐先公梁十二承事、先婆沈氏行勤、先考梁念八承事、先妣沈氏，妙行
　　往生净土，仍乞保祐家眷福慧双全者。②

　　直到宋朝灭亡，该《碛砂藏》未能圆成。故进入元代以后，故该寺僧人不屈不挠，再接再厉，继续为了刊刻《碛砂藏》而努力。该藏《摩诃僧祇律》卷二十刊记曰：

　　　平江路碛砂延圣寺大藏经局管事比丘德璋发心施财，刊雕大藏尊经一卷，

---

① 《昭和法宝总目录》第一卷，第934页下～第935页上。省略号中为功德愿文，恐文繁略去。有兴趣者可自行查阅原文。
② 引文参见前述李际宁《佛教大藏经的雕刻、印刷、流通制度》。以下凡属本书《碛砂藏》部分而引文不标注出处者，均同此。

功德上报四恩，下资三有，法界有情，同圆种智者。时大德十年（1306）五月日意。

亦即最晚到大德十年（1306），《碛砂藏》的刊刻已再次启动。一说在大德元年（1297）已经启动。元代寺内管理刊经事务的机构，基本上没有变化，这可以参考元刊《大方等大集日藏经》卷四的刊记：

> 己亥大德三年（1299）十一月日掌管大藏经功德主清圭题；
> 平江路碛砂延圣寺大藏经局沙门德璋、志琛对经；
> 平江路碛砂延圣寺大藏经局沙门慧琚、慧朗点样；
> 平江路碛砂延圣寺头首沙门清表、志明管局；
> 平江路碛砂延圣寺头首志莲、志昌管局；
> 平江路碛砂延圣寺前本路僧录司提控按牍圆明大师行一管局；
> 平江路碛砂延圣寺前住持天台文殊教师讲主惟总提调；
> 平江路嘉定州法昌寺传天台教主昙瑞提调；
> 平江路碛砂延圣寺前住持今掌管大藏经局沙门惟吉；
> 平江路碛砂延圣寺住持兼掌大藏经局沙门清圭；
> 大檀越前湖广安南等处行中书省参知政事张文虎。

上述所有职衔，都与寺院刊刻经版有关，并不牵涉印经活动，是一套完整的"大藏经局"的组织机构。由此看来，该大藏经局主要负责募集经费、刊经、校刊等刊雕经版的工作，并努力维持刊经活动的经费来源。

大德年间，时任松江府僧录的管主八曾介入《碛砂藏》的刊刻，《碛砂藏》中《大宗地玄文本论》卷三的题记，记录了管主八推动此事的经过。

> ……近见平江路碛砂延圣寺大藏经版未完，遂于大德十年（1306）闰正月为始，施财募缘，接续雕刊已及一千余卷。又见江南、闽浙教藏经版比直北教藏缺少秘密经律论数百余卷，管主八发心，敬于大都弘法寺取到经本，就于杭州路立局，命工刊雕圆备，装印补足直北、腹（□）里、关西、四川大藏教典，悉令圆满。
> 大德十年（1306）丙午腊月成道日宣授松江府僧录管主八谨愿；
> 同施经善友杜源、李成；
> 干办印经僧可海、昌吉祥；
> 检校秘密经律论秦州讲经持律沙门海云；

检校秘密经律论巩昌府讲经持律沙门义琚；

　　检校秘密经律论前吉州路报恩寺开演沙门克己。①

　　这一题记叙述了两件事情：一是管主八施财募缘，接续雕刊《碛砂藏》；一是管主八另立经局，刊刻一批经典，补足"直北、腹里、关西、四川大藏教典，悉令圆满"。从其他资料可知，管主八从大都弘法寺取到一批密教经律论，有数百卷，刊刻后补充上述各地藏经。但管主八去世后，他的儿子管辇真吃剌将这批密教经典的经版捐给了碛砂延圣寺，资料见《碛砂藏》之《大乘理趣六波罗蜜多经》卷七。

　　杭州路东北录事司安国坊太平巷居住奉佛管永兴大师辇真吃剌，发心将故父管僧录遗下秘密经版一部，含入平江路碛砂寺大藏经坊一处安顿，永远印造流通，祝延圣寿，愿大吉祥如意者。至正二十三年（1363）二月十六日奉佛管辇真吃剌谨施。

　　应该说明的是，入明以后直到明代中期，《碛砂藏》依然存世并继续刷印流通。2000年秋季，国家图书馆善本部购入一册碛砂藏版《大宝积经》卷第五十四，卷尾雕印有莲花牌记。

　　平阳太平慈氏寺印装藏典，伏承睹此胜缘，发心施财，请赎大藏显密尊经□字函，含入本寺常住，安奉供养，看阅流通。功德上报四恩，下资三有。增现生之福寿，作来世之津梁。随喜见闻，咸开佛慧者。永乐甲午（1414）岁□月□日住山善德敬题。

　　国家图书馆藏原柏林寺本《碛砂藏》则保存了如下资料。

　　大明国北京顺天府大兴县居贤坊居住奉佛信士董福成，谨发诚心，在于□（浙）江杭州府后朝门许大藏尊经一藏，不为自求，喜舍资财，上报四恩，下资三宥，法界有情，同固（方按：圆）种志（方按：智）者。奉三宝信士董福成一家眷等，谨发诚心；眷属王氏、弟董旺、眷属黎氏、男董福兴、眷属聂氏、侄男董黑撋、外生女妙玉、孙男董福安、侄女善儿。宣德七年（1432）八月吉日，助缘人杨安。

---

① 李际宁原文出注："管主八这条题记，目前笔者见到有三个单位收藏，即中国国家图书馆、山西崇善寺、日本善福寺，各本文字或有个别差异，原因有待研究。"

又，《碛砂藏》的《大吉义神咒经》，经尾有一题记戳印，称：

> 大明国山西布政使司平阳府蒲州兴礼坊奉（墨书）佛信士刘允恭（墨书），喜舍资财，于浙江杭州府请到大藏尊经，恭入本州王庄里栖岩禅寺，所集功德，上报佛恩，下资三有，九玄七祖，俱遂超升，法界有情，同登彼岸。伏愿见有□（情）在佛光中常安常乐。洪武贰拾肆年（1391）拾有贰月壹拾捌日。

一部南宋嘉定九年丙子（1216）刊刻的木版藏经，一直到明代宣德七年（1432），亦即经过200多年依然可以刷印流通，不能不说是一个奇迹。当然，这个奇迹的产生，在于历代僧俗信众对这部藏经版片的不断养护。国图藏《大般若经》卷第五百二十八卷尾，有这样一条题记：

> ……善恢宿生庆幸，忝遇佛乘司殿职于万善戒坛，惟惭惟愧；慕正知于一真实地，诚恐诚惶。尝睹本寺藏经函内少欠数多，遂往碛砂、妙严二刹补印藏典，全其品章。因见彼寺经版年深岁久，朽烂缺欠者多。发心备版，化募众缘，命工刊补完就，使大教流通，令正法久住。……永乐九年（1411）辛卯孟春吉日，杭州仙林万善戒坛知殿净人鲍善恢谨识……

《佛说法乘义决定经》卷中亦有题记如下。

> 杭州府西湖南山高丽惠因华严讲寺沙弥善恢、致圆，尝往苏州府城东碛砂延圣寺印补大藏尊经，遇见经版中间多有损坏缺少，印去者不能全藏。发心化募十方施主，命工刊补完成。……大明永乐十年（1412）岁在壬辰菊月重九日，住山比丘真境谨题。

另外，《大宝积经》卷一百五的题记也提到这一递修，时间为永乐七年（1409）。也就是说，明朝初年，该《碛砂藏》曾有杭州西湖南山高丽慧因寺信徒净人鲍善恢等发起递修完整。鲍善恢后来出家。从递修题记中可知，参与该藏递修助缘的多是杭州府附近四方僧俗。

由此，《碛砂藏》是一部宋刻、元补、明递修，历经数百年三个朝代始终在民间流传的藏经。由此我们不得不赞叹中国文化、佛教文化的生命力。

由于历时久远，也由于这是一部寺院主持的民间刻本，故现存《碛砂藏》中夹杂了一些其他版本。如《大般若经》部分版片毁于宋末元初的兵灾，其后用元代吴兴妙严寺本补足。① 此外还覆刻了普宁寺版《传法正宗记》《中峰广录》等，共五函，附在藏末。

一般认为《碛砂藏》共收经 1517 部，6328 卷。但如前所述，该藏历代迭经演化，故不同阶段所收经典数量不一，详情尚需考订。

《碛砂藏》为经折装，每版 30 行，折为 5 个半页，每半页 6 行，行 17 字。

目前国内收藏《碛砂藏》的有中国国家图书馆、陕西省图书馆、山西崇善寺等。美国普林斯顿大学有收藏。据梶浦晋先生调查，日本收藏情况大致如下：武田科学振兴财团杏雨书屋，4888 册；宫内厅书陵部（仅有《大般若波罗蜜多经》），579 册；西大寺（仅有《大般若波罗蜜多经》），600 册；成相寺（仅有《大般若波罗蜜多经》），475 册；野藏神社（仅有《大般若波罗蜜多经》），500 册；法华寺（仅有《大般若波罗蜜多经》），331 册。另有资料称南禅寺有《大般若波罗蜜多经》10 册。此外川越喜多院、东福寺有若干零本。

关于《碛砂藏》，尚有两件史实，现略做介绍。

1923 年，康有为到陕西讲学，偶然发现卧龙寺所藏《碛砂藏》，拟将该藏运走。当时引起轰动，一时成为公众新闻。其后围绕康有为到底是否将这些《碛砂藏》运走，怎样运走，是否归还，不同的人有着各种各样不同的说法。在章立凡撰《往事未付红尘》之《乱世逸民——记"文革"中的康同璧母女》中则提到她曾经在康有为女儿康同璧家的密室中见到贴着封条的楠木书箱，箱上用墨笔写着"大藏经"，认为这就是康有为生前从陕西运走的那部《大藏经》。但由于章立凡并未打开书箱目检，故我们现在难以对此事做出具体的结论。

1966 年夏，在北京柏林寺佛像中发现一部装臟的藏经，当时被废弃，乱堆在院中。中国国家图书馆（当时尚称"北京图书馆"）善本部丁瑜、王玉良两位先生发现并鉴定，确认为是《碛砂藏》，便带领几位年轻工作人员将这批《碛砂藏》抢救、保护下来。其后，这批《碛砂藏》一直收藏在国图善本部书库。1992 年，先由善本部傅敏先生按照千字文帙号对它做了初步的排序与整理，其后李际宁先生又做了进一步研究，从中发现若干珍贵资料。如前所述《碛砂藏》于明代曾有鲍善恢递修的资料，以及下文将要提到的关于崔法珍刊刻《赵城金藏》的资料，均仅见于该由丁瑜、王玉良两位先生抢救下来的这部《碛砂藏》。

2. 辽代的刻本大藏经

辽朝是中国历史上由契丹族建立的朝代，与北宋、西夏大体同时存在，后被金朝所灭。契丹族创制了自己的文字，共有两种：契丹大字与契丹小字。在辽国境内，

---

① 妙严寺本始刻于泰定三年（1326），刻成于至正九年（1349）。利用碛砂、福州、思溪等多种版本校刻。赵孟頫有《湖州妙严寺记》介绍该寺，其中也提到该寺"刊大藏经版"。

文化兴盛，佛教相当流行。

在中国佛教大藏经的历史上，辽藏是值得我们充分重视的大藏经。主要理由有三点。

第一，《开元大藏》是"会昌废佛"以后中国写本藏经的主流，而辽刻汉文大藏经可视为《开元大藏》的嫡系。

第二，辽藏是中国刻本藏经中北方系藏经的唯一代表。

第三，虽然辽藏已经亡佚，但它的影响通过《再刻高丽藏》《大正藏》流传下来，至今发挥着重要的作用。

但是，由于辽藏早已亡佚，长期以来，它被视为"谜一样的藏经"。长期以来，人们对辽代的刻本大藏经的情况不甚明了，只能凭借若干零星史料，对它做一些大致的推测。其后，1974 在山西应县佛宫寺释迦塔发现《辽大字藏》。1987 年在河北丰润天宫寺塔发现《辽小字藏》。此外在韩国又发现一种辽刻佛经零本，经笔者考订，既不属于《辽大字藏》，也不属于《辽小字藏》，是否属于另一种辽藏，或者属于单刻本，有待进一步研究。

又，上述所说几种藏经均为汉文大藏经。契丹族有自己的文字——契丹大字与契丹小字，则是否刊刻过契丹文大藏经？有人撰文称辽代也曾经刻过契丹文大藏经，不过我们至今未能见到实物。虽然我们目前掌握一些契丹文的佛典，但笔者寡闻，至今为止尚未得知何处发现契丹文大藏经的信息。但俗话说："说有容易说无难。"且大藏经研究这样的实证性学问，一定要依靠切切实实掌握在手的资料来说话。故本书对契丹文大藏经存而不论。

需要指出的是，当契丹文化基本上被时光淹没时，当人们重新开始重视并研究辽文化、收集辽文物时，有的人为了图谋私利，乘机伪造契丹文佛经与辽文物，使之混迹于世上，以假乱真。故研究、利用辽文物时，一定要追究出处，对这种鱼目混珠的现象需要提高警惕。

虽然近几十年来，有关辽藏的新资料不断被发现，很多研究者对它进行研究，并取得不少重要的成果，但辽藏的真实面貌，诸如辽藏的版本、刊行、构成、存本等一系列问题依然若暗若明。不同研究者依据的资料不同、观察的角度不同、研究的方法不同，得到的研究结果也不同，这使辽藏研究呈现纷繁复杂的样态，乃至在辽藏研究领域，至今存在一些不同的观点，甚至一些似是而非的说法。因此，对大藏经研究者来说，研究辽藏依然是一个任重道远的任务。

下面对现知的几部辽藏分别予以介绍。

（1）《辽大字藏》

1974 年 7 月，考古工作者在山西应县木塔供养的佛像中发现装脏的辽代文物。

1982 年，《文物》第 6 期发表了由国家文物局文物保护科学技术研究所等四个单位署名的《山西应县佛宫寺木塔内发现辽代珍贵文物》（以下简称《发现》）。《发现》介绍，此次共发现辽代刻经 47 件，其中有千字文帙号的刻经共 12 件。文章称"其为大藏，无庸置疑"，亦即认为这 12 件有千字文帙号的佛经都属于大藏经，既然是辽代刻本，又是大藏经，那无疑就是学术界长期以来一直在寻觅的《辽藏》或称《契丹藏》。《文物》同期发表了由阎文儒、傅振伦、郑恩淮署名的《山西应县佛宫寺释迦塔发现的〈契丹藏〉和辽代刻经》。该文支持《发现》的观点，称应县木塔发现了"十二卷《契丹藏》"。上述两文并均依据 12 卷辽刻中的千字文帙号为"女字号"的《称赞大乘功德经》卷末题记，认为《辽藏》始刻于辽圣宗统和年间（983～1012）。《发现》并因此称这部大藏为"辽统和藏"。①

1983 年，《中国历史博物馆馆刊》第 5 期刊登罗炤撰《〈契丹藏〉的雕印年代》（以下简称《雕印》）。该文指出，应县木塔发现的 12 号辽代刻经中，第 6 号"女字号"《称赞大乘功德经》乃比丘道撰的私刻单本，并非大藏经本，不能据此判断《契丹藏》的刊刻年代。文章还指出，第 5 号《妙法莲华经》卷二版片号的形态也与其余 10 号不同。文章虽然没有对该卷是否为大藏经本表示明确的意见，但已表现出明确的怀疑的倾向。②

1986 年，《中国历史博物馆馆刊》第 9 期刊登《发现》一文的主要执笔人张畅耕、毕素娟撰写的《论辽朝大藏经的雕印》（以下简称《论辽藏》）。文章虽然没有提到罗炤《雕印》对"女字号"《称赞大乘功德经》的辨析，但承认该经"诚然是私刻单经"。③ 文章没有对《妙法莲华经》卷二的问题做出回应。从行文看，该文似乎承认应县木塔中发现的辽代单刻佛经中，真正属于《辽大字藏》的只有 11 号。

但 1987 年，郑恩淮于《辽金史论集》第二辑发表《应县木塔发现〈契丹藏〉》，依然认为 12 卷有千字文帙号的辽代刻经全都属于《契丹藏》。④

1991 年，齐心、王玲发表《辽燕京佛教及其相关文化考论》，也主张应县出土的 12 卷辽刻，包括《称赞大乘功德经》，均为大藏经本。⑤

由此可知，虽然罗炤已经指出应县木塔所出 12 卷辽代刻经并非全部都是大藏经本，但并没有得到有关研究者的赞同，不少研究者依然赞同《发现》的观点。

① 国家文物局文物保护科学技术研究所、山西省古代建筑保护研究所、山西省雁北地区文物工作站、山西省应县木塔文物保管所：《山西应县佛宫寺木塔内发现辽代珍贵文物》，载《文物》1982 年第 6 期，第 3～4 页。阎文儒、傅振伦、郑恩淮：《山西应县佛宫寺释迦塔发现的〈契丹藏〉和辽代刻经》，《文物》1982 年第 6 期，第 9 页、第 13 页。

② 罗炤：《〈契丹藏〉的雕印年代》，《中国历史博物馆馆刊》1983 年第 5 期，第 15 页。

③ 张畅耕、毕素娟：《论辽朝大藏经的雕印》，《中国历史博物馆馆刊》1986 年第 9 期，第 71 页。又载《房山石经研究》（三），香港：中国佛教文化出版有限公司，1999。

④ 参见郑恩淮《应县木塔发现〈契丹藏〉》，《辽金史论集》第二辑，书目文献出版社，1987。

⑤ 参见齐心、王玲《辽燕京佛教及其相关文化考论》，《北京文物与考古》第二辑，北京燕山出版社，1991。

1992 年，文物出版社出版由山西省文物局、中国历史博物馆编辑的《应县木塔辽代秘藏》，公布了应县木塔所出全部文物的精美图版。这是一项极其值得赞叹的工程，千年秘藏从此尽现人们眼前，辽藏的研究也得以进一步推进。但遗憾的是，由张畅耕、郑恩淮、毕素娟执笔的《前言》，一方面说《称赞大乘功德经》是"复刻"本，一方面又称木塔出土有"辽藏十二单卷"。其实，如果承认《称赞大乘功德经》是复刻单本，它就不能是大藏单卷；如果说它是大藏单卷，就必然否认它是复刻单本；两者必居其一。此外，《前言》在罗列"辽藏十二单卷"的"共同特点"时，称它们"每纸十八行，行十五至十八字，各纸有小字版码、经名、帙号"。这一描述失之粗疏，与这 12 卷刻经的实际情况不符。①

罗炤考察《应县木塔辽代秘藏》一书之后，发表《有关〈契丹藏〉的几个问题》（以下简称《问题》），发展了自己在《雕印》中的观点，进一步提出"应县木塔《契丹藏》仅有 10 卷"。第 6 号《称赞大乘功德经》是私刻单本，固非大藏经本。第 5 号《妙法莲华经》卷二的版式与其余 10 卷《契丹藏》经本不同，而与第 26 号单刻本《妙法莲华经》卷八相同。因此，它与第 26 号单刻《妙法莲华经》卷八"应是同经同版的异卷印本"，也非大藏经本。

罗炤还提出："对应县木塔 10 卷《契丹藏》细加观察，可以发现：这 10 卷中存在两种版式。"第一种是第 1、7、8、9、10、11、12 号等 7 卷，第二种是 2、3、4 号等 3 卷。《问题》在叙述了它们版式的特点以后，进而指出："在同一部官版大藏经中，不可能出现差异如此之大的两种版式。笔者认为，第二种似晚于第一种，它们或者分属于两种版本的《契丹藏》，或者第二种 3 卷《华严经》是复刻《契丹藏》的单刻经，但改变了方式（方按："方式"似应表述为"版式"）。"②

罗炤的上述观点，涉及《辽大字藏》研究的基础，极其重要。遗憾的是，他的观点，依然没有引起中国国内学者任何反响。

但在日本，竺沙雅章先生于 1994 年发表《从新发现资料所见之辽代佛教》（以下简称《新发现资料》），论及《辽大字藏》的存本问题。③

竺沙雅章始终对辽代大藏经的研究十分关注，1978 年即发表过《契丹大藏经小考》。④ 应县木塔《辽大字藏》发现后，于 1991 年发表《〈开宝藏〉与〈契丹藏〉》。⑤ 上述两篇文章论述了有关辽代藏经的诸多问题，但没有涉及《辽大字藏》

---

① 参见山西省文物局、中国历史博物馆编《应县木塔辽代秘藏》，文物出版社，1991。
② 参见罗炤《有关〈契丹藏〉的几个问题》，《文物》1992 年第 11 期。
③ 〔日〕竺沙雅章：《新出资料よりみた辽代の佛教》（《从新发现资料所见之辽代佛教》），《禅学研究》第 72 号，花园大学禅学研究会，1994。
④ 〔日〕竺沙雅章：《契丹大藏经小考》，《内田吟风博士颂寿纪念东洋史论集》，同朋舍，1978。
⑤ 〔日〕竺沙雅章：《〈开宝藏〉と〈契丹藏〉》（《〈开宝藏〉与〈契丹藏〉》），《古典研究会创立二十五周年纪念国书汉籍论集》，汲古书院，1991。

的存本。《新发现资料》一文也是在看到《应县木塔辽代秘藏》之后撰写的，但作者没有提及罗炤的《问题》，可能没有看到该文。但作者关于应县木塔辽藏存本的结论与罗炤基本相同，仅略有歧异。

竺沙雅章在考察《应县木塔辽代秘藏》所载图版后，将 12 卷带有千字文帙号的刻经分为四类：第一类，第 1 号、第 7 号、第 9 号；第二类，第 8 号、第 10 号；第三类，第 11 号、第 12 号；第四类，第 2 号、第 3 号、第 4 号、第 5 号、第 6 号（方按：原文误作第 7 号）。竺沙雅章认为，前三类共 7 卷都是《契丹藏》，第四类并非《契丹藏》。也就是说，应县木塔所存的《契丹藏》经本，实际只有 7 卷。

对第 1、第 7、第 9、第 8、第 10、第 11、第 12 等七号，罗炤也认为属于《契丹藏》，竺沙雅章的考察结论与罗炤相同，所以两人在这一点上的观点一致。对第 2、第 3、第 4 等三号，罗炤认为它们或者是《契丹藏》的另一种版本，或者是单刻经；竺沙雅章则认为不能肯定它们是否为大藏经本，主张它们可能是僧侣私人用品。在这一点上，两人意见有所不同。对于第 5、第 6 两号，两人观点一致，都认为并非大藏经本。

其后，毕素娟于 1995 年出版《千年法宝破云出》[①]，1996 年又发表《辽代的雕版印刷品》[②]，从《论辽藏》的立场倒退，依然主张应县木塔发现的 12 卷带千字文帙号的刻经全部都是《辽藏》。

其后，李富华、何梅出版《汉文佛教大藏经研究》（以下简称《李何研究》）。该书专设"关于《辽藏》的研究"一章，提出如下四条理由，认为应县木塔发现的 12 卷带千字文帙号的刻经全部都是《辽藏》。

第一，"这 12 卷经均有千字文帙号，可以肯定是大藏经印本。"

第二，由于它们的千字文编次、版式与已知诸种藏经都不相同，表明"它们完全是一种独立的大藏经印本，既不是《开宝藏》印本，也不是宋元以后其他藏经的印本。它们只能是久已失传的《辽藏》"。

第三，其中的《称赞大乘功德经》有辽代纪年，同时发现的其余单刻经中，有些也有辽代纪年。表明"应县木塔中发现的这一批装藏（方按：应为'装臟'之误，即装脏，下同）的经卷均为辽代的刻经，而其中有千字文帙号的 12 卷大藏经印本无疑就是《辽藏》的遗存了"。

第四，其中的《大方便佛报恩经》等几种经典的千字文帙号与《房山石经》辽金刻经相应经典的帙号相符合，"这又从另一个方面证明，应县所发现的这批大藏

①　毕素娟：《千年法宝破云出》，台北：如闻出版社，1995。
②　毕素娟：《辽代的雕版印刷品》，《中国历史博物馆馆刊》1996 年第 2 期。

经印本确实是《辽藏》的印本"。①

《李何研究》的观点难以成立，理由如下。②

第一，"这 12 卷经均有千字文帙号，可以肯定是大藏经印本。"

这是一个常识性的错误。有千字文帙号，不一定就是大藏经印本，因为有可能是私刻单经。应县木塔中的第 6 号《称赞大乘功德经》带有千字文帙号"女"，但它就是一部私刻单经。这一点早经罗炤指出，成为无可辩驳的定论。即使《论辽藏》，也不能不承认这一点。此外，历代带有千字文帙号的单刻本，不知凡几。仅因为它们以藏经本为底本翻刻，所以带有千字文帙号。我们可以由此推测它们所依据的藏经本的面貌，但不能说它们本身就是藏经本。

第二，由于它们的千字文编次、版式与已知诸种藏经都不相同，表明"它们完全是一种独立的大藏经印本，既不是《开宝藏》印本，也不是宋元以后其他藏经的印本。它们只能是久已失传的《辽藏》"。

如本前所述，判断一部刻本藏经是否为新的独立的藏经，主要依据就是版片。因为印本的版式，可以体现出原版片的特征。因此，通过对应县木塔新发现刻经的版式的考察，判定它们是否属于新的独立的大藏经，这从方法论的角度来讲是对的。至于说这部藏经"既不是《开宝藏》印本，也不是宋元以后其他藏经的印本。它们只能是久已失传的《辽藏》"，就犯了一个逻辑错误。因为从一般逻辑来讲，这里并不是 A 与非 A 的关系，也可能出现 B、C、D 等多种选项。具体到应县木塔刻经，罗炤在《问题》中就提出 10 种大藏经本可能"分属于两种版本的《契丹藏》"。转换成我的定义标准，也就是分属两种不同的大藏经。

《李何研究》称"应县发现的大藏经印本每版一般为 27～28 行，每行 17 字左右"③，不但失之粗疏，而且与事实不符。实际上，12 卷刻经的版式既与现知诸藏都不同，相互之间也有差异。对于研究刻本藏经的研究者来说，辨析版式的不同，非常重要，绝不能粗疏从事，否则必然出错。

第三，其中的《称赞大乘功德经》有辽代纪年，同时发现的其余单刻经中，有些也有辽代纪年。表明"应县木塔中发现的这一批装藏的经卷均为辽代的刻经，而其中有千字文帙号的 12 卷大藏经印本无疑就是《辽藏》的遗存了"。

这一段文字提出两个观点：第一，这是一批辽代刻经；第二，它们有千字文帙号。由此得出结论："无疑就是《辽藏》。"

这批刻经确为辽代文物，自从它们在应县木塔被发现，从来没有人提出疑义，

① 李富华、何梅：《汉文佛教大藏经研究》，宗教文化出版社，2003。引文见第 129～131 页。
② 参见方广锠《〈辽大字藏〉的定名与存本》，《中国学术》总第十八辑，商务印书馆，2005。
③ 方广锠：《〈辽大字藏〉的定名与存本》，《中国学术》总第十八辑，第 129 页。

这也是人们讨论它们是否为辽藏的前提。但这一条显然不能成为这些刻经必然全部都是辽藏的理由。至于说有千字文帙号就是藏经，《李何研究》已作为第一条理由提出过。本书前此已经分析过。

换言之，第三条中的两点论据中，只有应县木塔所出为"辽代的刻经"一条是有效的，但论证它们必然是《辽藏》却不充分。至于"有千字文帙号"一条，属于重复论述。

第四，其中的《大方便佛报恩经》等几种经典的千字文帙号与《房山石经》辽金刻经相应经典的帙号相符合，"这又从另一个方面证明，应县所发现的这批大藏经印本确实是《辽藏》的印本"。

这一结论倒果为因，没有道理。

历史的事实是：1912年，日本妻木直良根据《大辽涿州云居寺石经塔记》的记载，将其中的千字文帙号与《可洪音义》及其他诸藏经比较后提出，房山石经中部分辽代刻经，应是以《契丹藏》为底本。但这只是一种推测，并没有得到证实。20世纪50年代，中国佛教协会周叔迦先生等开展对房山石经的发掘与整理，发现其中的辽金刻经大多版式一致，并附有千字文帙号。这些帙号与现知诸藏都不同，而与《可洪音义》一致。由此进一步认为它们应该就是依据辽代大藏经刊刻的。但由于当时辽代大藏经本身仍是一种迷幻似的存在，故这种观点依然是一种未经证实的推论。

应县木塔辽代刻经被发现，其中有千字文帙号的部分经卷被诸多学者认定是《契丹藏》，而房山石经中的相关经典的千字文帙号与应县木塔辽代刻经的帙号正好相同，由此证明妻木直良、周叔迦先生等当年的推论是正确的。

也就是说，房山石经中带千字文帙号的辽金刻经正因为应县木塔《辽大字藏》的发现，才被确证为依据辽藏刊刻。而《李何研究》如今又拿《房山石经》来证明应县木塔的辽代刻经为辽藏，犯了循环论证、倒置因果的错误。

结论：应县木塔中的确出现人们盼望已久的辽藏，但能够真正确认为确属《辽大字藏》者，只有罗炤与竺沙雅章两位判定的7卷。

从现有资料看，最早为辽刻大藏经定名的是高丽僧人守其与宓庵。守其所说即笔者所谓的《辽大字藏》，他称之为《丹本》《丹藏》《丹藏经》。宓庵所说即本书所谓《辽小字藏》，他称之为《丹本大藏》。两人所见辽藏虽不相同，但当时均以国名命藏，命名虽有差异，但没有从定名上对两种不同的辽代刻本藏经做出明确的区分。当然，我们不能苛责古人，毕竟守其与宓庵均是独立从事有关工作，工作时未必同时掌握两种《辽藏》。

近代以来，日本妻木直良最早对辽刻大藏经进行研究，他发表《论契丹雕造大藏经之事实》，将辽刻大藏经定名为《契丹本大藏经》，所指即为宓庵所见的小字藏。妻木直良之后，研究辽刻大藏经的研究者一般均沿用他的观点，将《契丹藏》视为小字藏，不明了尚有大字藏的存在。吕澂注意到守其所指的辽藏实际为17 字本，亦即与小字本不符，但遗憾的是仅把他的发现写在注释中，没有展开进一步的研究。① 当然，吕澂先生没有掌握实物，但他的研究已经是他那个时代的最高水平，我们也不能苛责吕澂先生。小川贯式主编的《大藏经——形成与演变》提到，近代在吐鲁番出土若干刻本佛经残片，每行 18、19 字，因其帙号与《可洪音义》相合，应是《契丹藏》的残卷。遗憾的是，该书没有对此展开进一步的研究。②

应县木塔辽刻藏经中发现了行格疏朗的《辽大字藏》，郑恩淮在《应县木塔发现〈契丹藏〉》一文评论宓庵《〈丹本大藏〉庆赞疏》"帙简部轻，函未盈于二百；纸薄字密，册不满于一千"的记述时称："显然这些臆测之言是完全错误的，皆因未见实物之缘故。"③ 一时学术界讨论辽代大藏经时，均指大字本。但对辽代大藏经应该如何定名，则出现两种针锋相对的意见。

一种意见以任继愈先生为代表，主张称为《辽藏》，谓《辽藏》这个名称"可与辽史朝代划一，而且经文本身全是汉文。金藏即不称女真藏，约定俗成"④。任先生的论述实际表达了这样一种观点：契丹族与女真族均有自己的文字——契丹文与女真文。但是，他们所刊刻的皇家官藏却均为汉文。因此，不宜称为"契丹藏""女真藏"，还是以朝代命名为宜。任先生的观点的内涵相当深刻，本书限于篇幅，不予展开。

一种意见以郑恩淮先生为代表，主张称为《契丹藏》，理由是"因建国之民族为契丹族，最初国名为大契丹，辽圣宗统和时期又改国号为'大契丹'"，而这部藏经又是统和年间始刻的。⑤

如上所述，任先生从与《辽史》朝代划一，以及与《金藏》比照立论；郑恩淮从建国之民族、始刻时之国号立论。虽然郑恩淮关于大字本辽藏的始刻年代还可以再探讨，但两人的立论可说各有理由。但按照汉文的行文习惯，凡有书名号者均为专用名词，亦即无论"《辽藏》"，还是"《契丹藏》"均只能用来指代某一部具体的

① 参见吕澂《契丹大藏经略考》，载《现代佛学》1951 年第 5 期。由于当时对小字本辽藏的形态亦不了解，因此，此处不能排除吕澂把每行 17 字本当作小字本的可能。
② 参见小川贯式《大藏经——形成与演变》。又，日本友人寄来该书 2020 年 12 月的修订版，已将上述内容删除。
③ 郑恩淮《应县木塔发现〈契丹藏〉》，《辽金史论集》第二辑，第 171 页。此文发表时，丰润辽刻已经发现，但尚未正式公布。
④ 参见张畅耕《〈龙龛手镜〉与辽朝官版大藏经》，《中国历史博物馆馆刊》1991 年第 15～16 期，第 108 页注释 1。
⑤ 郑恩淮：《应县木塔发现〈契丹藏〉》，《辽金史论集》第二辑，第 174 页。

藏经。① 现在我们既然知道辽代刊刻的大藏经实际上不止一部，那么对辽刻大藏经命名也需要慎重考虑。

我认为，我们可以分别两个层面来思考这个问题。

第一个层面，仿照"宋藏""金藏""元藏""明藏"等名称，将辽代刊刻的所有大藏经统统命名为"辽藏"。在这里，"辽藏"是一个普通名词，使用时不加书名号。

笔者赞同采用"辽藏"这一名词，而不赞同采用"契丹藏"，理由有三。

首先，如任先生所说：与《辽史》朝代划一，与"宋藏""金藏""元藏""明藏"等名称并列。"金藏"从来不称"女真藏"，"元藏"也从来不称"蒙古藏"。

其次，辽圣宗统和时期，曾改国号为"大契丹"，但至今我们掌握的辽藏，并无刊刻于统和年间者。

再次，更为重要的是，辽为契丹族建立的王朝。契丹族创制了自己的文字——契丹大字与契丹小字。虽然至今没有任何资料能证明辽代曾经刊刻过契丹文大藏经，但也没有任何资料能否定辽代曾经刊刻过契丹文大藏经。学术研究从来是"说有容易说无难"，在理论上，目前我们还不能排除辽代曾经刊刻契丹文大藏经的可能。因此，将辽代刊刻的汉文大藏经命名为"辽藏"较为妥当。一则可以为将来可能出现的契丹文大藏经留有余地。二则我主张把辽刻汉文大藏经按照其不同形态，分别命名为《辽大字藏》与《辽小字藏》。如果将来真的出现契丹文大字、契丹文小字的刻本大藏经，则可分别命名为《契丹大字藏》《契丹小字藏》。如果现在就采用"契丹藏"这一名称，则应该将文字大小不一的两种辽刻汉文藏经命名为《契丹大字藏》《契丹小字藏》，将来就可能会造成不必要的误解，即以为这些藏经是用契丹大字、契丹小字书写的，也就无法为将来可能出现的契丹文大藏经留下余地。

第二个层面，对辽代刊刻的各种不同的汉文大藏经，区别情况，分别命名。此时该名称为专用名词，加书名号。如上所述之《辽大字藏》《辽小字藏》之类。

在此，需要特别注意的是，宋、辽、金是我国佛教大藏经从写本向刻本过渡的时期。在这一时期中，写本藏经与刻本藏经同时流通。因此，严辨写本、刻本之别，是研究宋、辽、金佛教大藏经必须注意的重要问题。

---

① 郑恩淮称："至于《契丹藏》刻过二藏、三藏，亦无妨皆称之为《契丹藏》，因世人所说《契丹藏》，并非专指已知某本而言。"（郑恩淮：《应县木塔发现〈契丹藏〉》，《辽金史论集》第二辑，第174页。）这种说法，混淆了专用名词与普通名词的用法，不符合学术界研究佛教藏经的规范。在20世纪佛教大藏经的早期研究阶段，由于对大藏经版本的掌握不甚丰富，也因为日本的某些藏经往往是诸藏混合本，故曾经出现过《宋藏》《元藏》《明藏》之类的定名。随着藏经研究的深入，这些定名仅作为对某个朝代所刻藏经的总称，亦即作为一个普通名词使用，而不再作为专用名词使用。

如前所述，决定一部大藏经基本特征的是三要素：取舍标准、内部结构、外部标志。写本藏经的上述三要素主要体现在该写本藏经的目录中。因此，如果说区别诸种写本藏经的最大依据是其目录的话，则区别诸种刻本藏经的最大依据是其版片。只要版片不同，即使所依据的目录完全相同，哪怕后一部藏经是前一部藏经的覆刻本，我们仍然认为它们属于不同的藏经。当然，这里还需要正确认识补雕、递修在刻本藏经中的地位，但这不属于本书的任务，这里不谈。

按照上述思路，笔者把所有辽代刊刻的汉文大藏经统称为"辽藏"。则至今为止研究者已经掌握的不同版本的辽藏有：应县木塔出土的大字本辽藏，我称之为《辽大字藏》，亦即守其所见本。与丰润小字本辽刻佛典相仿的辽藏，我称之为《辽小字藏》，亦即宓庵所见本。

此外，已有研究者提出，但尚需研究的辽藏有：由韩国中央研究院藏书阁所藏高丽刻本引发的所谓"第三种辽藏"。

（2）《辽小字藏》

如前所述，本文主张辽藏是辽代刊刻的汉文大藏经的总称，包括研究者已经掌握的《辽大字藏》《辽小字藏》，也包括还在讨论中的所谓"第三种辽藏"及所谓"统和本"藏经，共计四种。关于《辽大字藏》，可参见上文及笔者的《辽大字藏的定名与存本》①，此处不赘。关于所谓"第三种辽藏"，笔者撰有《第三种辽藏探幽》，此处也不再讨论。关于所谓"统和本"藏经，提出者罗炤本人已经改变观点，指出这是一部写本藏经。② 我赞同罗炤后来的观点，所谓"统和藏"实为写本藏经，不应纳入刻本藏经的范畴。自然，继续探讨此问题对我们认识写本与刻本转换期的大藏经乃至《辽大字藏》的刊刻、构成依然具有一定的价值。然而限于篇幅，在此仅介绍《辽小字藏》的存本。

1987 年 8 月，河北丰润天宫寺塔所藏辽代文物被发现。

1989 年 5 月，《文物春秋》创刊号发表陈国莹撰写的《丰润天宫寺塔保护工程及发现的重要辽代文物》（以下简称"陈文"），披露了天宫寺塔中发现 10 号辽代刻经的消息，并称其中保存有蝴蝶装小字本。

宓庵《〈丹本大藏〉庆赞疏》叙述他所见的"丹本大藏"形态："帙简部轻，函未盈于二百；纸薄字密，册不满于一千。"故《辽小字藏》不可能是卷轴装。此次发现的 10 号丰润辽经中，3 号为卷轴装，7 号为蝴蝶装。7 号蝴蝶装中，TW24、TW26 两号的题记中出现"小字"云云，且符合"帙简部轻""纸薄字密"等特点，

---

① 参见方广锠《〈辽大字藏〉的定名与存本》，载《中国学术》总第十八辑，商务印书馆，2005。已收入本书。

② 罗炤：《有关〈契丹藏〉的几个问题》，《文物》1992 年第 11 期。第 55 页。

故丰润天宫寺塔出土的这 7 号辽刻蝴蝶装佛典是否即为《辽小字藏》，或其中是否有《辽小字藏》，引起研究者极大的兴趣。

1991 年，《文物春秋》第 2 期发表朱子方撰《〈丰润天宫寺塔保护工程及发现的重要辽代文物〉一文读后记》（以下简称"朱文"）。1992 年，《文物》第 11 期发表罗炤撰《有关〈契丹藏〉的几个问题》（以下简称"罗文"）。1992 年，由政协丰润县文史资料委员会编辑的《丰润文史资料选辑》收入董宝莹、刘均合、陈少伟撰写的《天宫寺塔修复中出土珍贵文物及标本》（以下简称"标文"）。1997年，《内蒙古文物考古文集》第二辑发表了郑绍宗撰《丰润天宫寺发现的辽代刻经》（以下简称"郑文"）。2003 年，李富华、何梅出版《汉文佛教大藏经研究》（以下简称"《李何研究》"）。上述论著，对这批文物均有介绍与研究。其中"陈文""标文"主要介绍这批典籍的概貌。"郑文"在"陈文"的基础上考订若干史实。三篇文章均没有涉及《辽小字藏》问题。"朱文"称"在这一批辽刻经卷中有无《契丹藏》，还不能肯定①。"罗文"提出："尤需注意者，天宫寺塔《花严经》与《大乘本生心地观经》每卷首、尾皆刻印帙号，且与《契丹藏》同经帙号相合，应是复刻《契丹藏》的单刻经。"②《李何研究》则主张："因为《大方广佛华严经》《大乘本生心地观经》及《一切佛菩萨名集》几种均有千字文帙号，而且它们的帙号又恰好与应县发现的帙号相同，说这几种是已佚《辽藏》的印本应该是没有问题的。"③《李何研究》在肯定上述三种辽刻经典均为宓庵在《〈丹本大藏〉庆赞疏》中所述的小字本辽藏印本的同时，依据有关题记推断"这种'小字'本《辽藏》是辽兴宗重熙初年开始雕印，它的最终完成可能要在辽道宗咸雍末年"④。

本节考察丰润天宫寺塔发的辽代刻经中究竟有无《辽小字藏》，到底有几号《辽小字藏》。在此先将这 10 号辽刻佛典的简况列表如下。需要说明的是："陈文""朱文""罗文""郑文"《李何研究》对这批辽刻经典的著录，与笔者的考察记录略有差异。"标文"著录与笔者的考察记录基本一致。下表中的编号依据"标文"所附的标本编号著录，而名称、装帧、帙号则依据笔者考察笔记著录，有关书影可参见《第三批国家珍贵古籍名录图录》⑤。

---

① 朱子方：《〈丰润天宫寺塔保护工程及发现的重要辽代文物〉一文读后记》，《文物春秋》1991 年第二期。第 47 页。

② 罗炤：《有关〈契丹藏〉的几个问题》，《文物》1992 年第 11 期。第 54 页。

③ 李富华、何梅：《汉文佛教大藏经研究》，第 131 页。

④ 李富华、何梅：《汉文佛教大藏经研究》，第 141 页。

⑤ 中国国家图书馆、中国国家古籍保护中心编《第三批国家珍贵古籍名录图录》，国家图书馆出版社，2012。

表4　10号辽刻佛典简况

编号	名称	装帧	帙号	书影
TW20	佛说阿弥陀经	卷轴装		07183，2/42
TW21	佛顶心观世音经	卷轴装		07191，2/52
TW22	佛说大乘圣无量寿决定光明王如来陀罗尼经	卷轴装	有	07186，2/46
TW23	陀罗尼集（拟）	蝴蝶装		07194，2/56、57
TW24	金光明最胜王经	蝴蝶装		
TW25	大乘本生心地观经	蝴蝶装	有	07184，2/43
TW26	大方广佛华严经	蝴蝶装	有	07169，2/21
TW27	金刚般若波罗蜜经	蝴蝶装		07166，2/16
TW28	妙法莲华经	蝴蝶装		07175，2/30
TW29	一切佛菩萨名集	蝴蝶装		07195，2/58

表4中卷轴装有3号，蝴蝶装有7号。由于《辽小字藏》不可能为卷轴装，故以下主要考察7号蝴蝶装。

首先，考察千字文帙号。

如为大藏经本，必有千字文帙号。这是大藏经研究的基本常识。现将7号蝴蝶装中，笔者考察时亲眼所见有千字文帙号，以及笔者未见，但据说有千字文帙号的经典罗列如下。

笔者考察时，亲眼所见丰润辽刻经典有千字文帙号的经典，如上表所列，共计3号，其中TW22《佛说大乘圣无量寿决定光明王如来陀罗尼经》为卷轴装①，本文不予讨论。此外的2号蝴蝶装为：

TW25，《大乘本生心地观经》，千字文帙号为"壁"，该字在《千字文》用字中排位第487。

TW26，《大方广佛华严经》，千字文帙号为"平章爱育黎首臣伏"，该8字在《千字文》用字中排位从第111到第118。

笔者考察未见，但据说千字文帙号的经典有2号。

---

① 该《佛说大乘圣无量寿决定光明王如来陀罗尼经》，有千字文帙号"刻"。查《佛说大乘圣无量寿决定光明王如来陀罗尼经》，宋法天译，为历代大藏经所收，但千字文帙号均不为"刻"，唯有《房山石经》刻本的千字文帙号作"刻"，金代刻石。证明《辽大字藏》收有此经。则丰润该卷是否为《辽大字藏》经本？罗炤探讨了这一问题，认为该经不属于《辽大字藏》，对该经的归属，提出两种可能："笔者认为，天宫寺塔的《佛说大乘圣无量寿决定光明王如来陀罗尼经》不属于官版《契丹藏》。它既可能是单刻经，也可能是辽代所刻另一部大藏经的零卷。"（罗炤：《有关〈契丹藏〉的几个问题》，载《文物》1992年第11期。）笔者赞同该《佛说大乘圣无量寿决定光明王如来陀罗尼经》并非《辽大字藏》。同时笔者认为，它并非辽代所刻另一部大藏经的零卷，只能是一部单刻经。该单刻经以《辽大字藏》经本为底本，故保留辽刻帙号。因此问题与本文主题无关，在此不做论证。参见笔者《〈辽大字藏〉的定名与存本》。

"标文"称：TW23，《陀罗尼集》（拟），有千字文帙号，为"卿"。该字在《千字文》用字中排位第 496。

《李何研究》称：TW29，《一切佛菩萨名集》，有千字文帙号，为"勿"。该字在《千字文》用字中排位第 564。

由此，这批辽刻蝴蝶装佛典中有，或可能有千字文帙号的经典共计 4 号。以下按照千字文帙号的顺序，对上述 4 号经典的千字文帙号略做考察。

第一，TW26，《大方广佛华严经》。

该经共 8 册，每册 10 卷，总计 80 卷。千字文帙号刻在卷首。首册首叶首行作"大周新译大方广佛花严经序，卷第一，平"。80 卷共系千字文帙号 8 个，为"平章爱育黎首臣伏"。笔者考察时亲眼所见。亦可参见《第三批国家珍贵古籍名录图录》所附书影。

第二，TW25，《大乘本生心地观经》。

该经 1 册，10 卷。千字文帙号刻在卷首，该册首叶首行作"大唐新翻译大乘本生心地观经序，壁"。笔者考察时亲眼所见。亦可参见《第三批国家珍贵古籍名录图录》所附书影。

第三，TW23，《陀罗尼集》（拟）。

需要说明，该号原为蝴蝶装，但现在已经散落为单叶。有些纸张已经糟朽。笔者考察时，该卷尚未修整，故不敢逐纸全面考察，仅大致翻阅，并做简单记录。考察时没有发现千字文帙号。但后来"标文"著录该号，称有千字文帙号"卿"。为慎重起见，依照诸研究文章先后发表的时间顺序，将与该号有关的资料抄录如下。

1989 年 5 月的"陈文"著录：

> 《佛说圣光消灾经》一卷，小字，长 15 厘米，宽 7.5 厘米，厚约 3 厘米。每行 10 个字，汉文和梵文（蓝奢体）相间排列，应是梵文的音译本。[①]

1989 年底（或 1990 年初）笔者考察时的记录如下：

> 《陀罗尼集》（拟），零叶，袖珍本。
>
> 有《佛说大摧碎陀罗尼经》。
>
> 梵文、汉字音译两种文字相间排列。半叶六行，梵文、汉字释音各三行，行十字。

---

① 陈国莹：《丰润天宫寺塔保护工程及发现的重要辽代文物》，《文物春秋》1989 年总第 1、2 期（创刊号），第 81 页。文中"蓝奢体"应为"悉昙体"之误。

汉字半叶六行十五字。

细黑口。①

1991 年的"朱文"依据"陈文"著录，考订如下。

《佛说圣光消灾经》，此为略称。有两种译本：一为唐代不空译，全名为
《佛说炽盛光大威德消灾吉祥陀罗尼经》；另一也是唐代人译，但译者失名，全
名为《大威德金轮佛顶炽盛光如来消除一切灾难陀罗尼经》。……房山云居寺
石经中有此经，全名作《最胜无比大威德金轮佛顶炽盛光消灾难吉祥陀罗尼
经》一卷，唐不空译，金天眷元年（1138）刻，帙号为"槐"字，当是根据
《契丹藏》刻成。可能由于辗转传抄，传刻，经名很不统一。此本为小字，本
头亦小，汉文和梵文相间排列，应是坊间刻印本，供一般僧尼及佛教信徒诵
读的。②

1992 年的"罗文"仅以"梵汉合璧经咒合集"一句带过，未对该经做详细介
绍。③ 但其定性无疑是正确的。亦即本经并非某一部陀罗尼经，而是若干部陀罗尼
的合集。

1992 年的"标文"有较为详细的著录。

散页梵汉合璧经一摞（TW23）。叶高 14.81 厘米，半叶宽 7.50 厘米。木版
印刷，每叶两版，版高 11.91 厘米，版宽 6.82 厘米。每版有 6 行相互间隔的梵
汉文字，每行 13~16 字。每版四边均为双栏，每叶两版间有版心。版心刻经本
简题和叶码。并有千字文序号"卿"的字迹。④

"标文"首次提出该经有千字文帙号"卿"。

1997 年的"郑文"著录：

《佛说圣光消灾经》一卷。小本，已零为残页。小字。长 15 厘米，宽 7.5

---

① 该考察笔记未曾发表。
② 朱子方：《〈丰润天宫寺塔保护工程及发现的重要辽代文物〉一文读后记》，《文物春秋》1991 年第 2 期。第 48 页。
③ 罗炤：《有关〈契丹藏〉的几个问题》，《文物》1992 年第 11 期。第 54 页。
④ 董宝莹、刘均合、陈少伟：《天宫寺塔修复中出土珍贵文物及标本》，《丰润文史资料选辑》第六辑，文史资料委员会，1991，第 16 页。

厘米，厚约3厘米（原未计页数，下同）。每行10个字。汉、梵文对照，相间排列。系梵文音译本。有无题记未能详细查阅。①

"郑文"文字与"陈文"雷同。

2003年的《李何研究》仅采用"罗文"的定名，用一行文字介绍。

《梵汉合璧经咒合集》1册，册装本。②

以上诸家著录，或简或繁，仅"标文"著录千字文帙号。由于"标文"系天宫寺塔修复人员撰写，其权威性不容忽视。故在没有有力反证的情况下，本文采用"标文"的著录，认同本号有千字文帙号"卿"。

第四，TW29，《一切佛菩萨名集》。

《一切佛菩萨名集》，1函6册。笔者考察时未见有千字文帙号。但《李何研究》提到该经有帙号，称：

《一切佛菩萨名集》1帙6册，22卷，帙号为"勿"，册装本。③

《李何研究》称其资料出处为"陈文"，但笔者检索"陈文"，该函未见著录帙号。"陈文"附有《一切佛菩萨名集》照片一张，从照片可见该号上下单边粗栏，左右子母栏，细黑口。版心有经名卷次"佛菩萨名集中"及版片号"五"。未见有千字文帙号。《第三批国家珍贵古籍名录图录》所附书影显示：该经第一册首叶首行为标题，作"大藏教诸佛菩萨名号集序"，下无帙号。第二行为作者名，下无帙号。细黑口。版心有经名卷次"佛菩萨名集上"及版片号"一"。如有帙号，应标注在首册首叶，但书影未见。其他诸研究者亦均未著录该号有千字文帙号。

从《李何研究》将TW23《陀罗尼集》（拟）命名为"梵汉合璧经咒合集"，则《李何研究》或曾参考"罗文"。查"罗文"对该《一切佛菩萨名集》的介绍，有"房山石经中有此经，帙号为'勿'"④云云。即罗炤称该典籍在《房山石经》中的千字文帙号为"勿"。故不知《李何研究》谓该丰润天宫寺塔出土的《一切佛菩萨

---

① 郑绍宗：《丰润天宫寺发现的辽代刻经》，内蒙古考古文物研究所编《内蒙古文物考古文集》第二辑，中国大百科全书出版社，1997，第531页。
② 李富华、何梅：《汉文佛教大藏经研究》，第130页。
③ 李富华、何梅：《汉文佛教大藏经研究》，第130页。
④ 罗炤：《有关〈契丹藏〉的几个问题》，《文物》1992年第11期，第54页。

名集》有帙号为"勿"的依据是否在此。

总之，就目前资料看，《李何研究》称《一切佛菩萨名集》有千字文帙号的依据不足，本书不予采信。故下文仅考察其余 3 号蝴蝶装辽经。

其次，考察这批刻经的版式。

版式指版框大小、行款、边栏、版心、版片号等版面体现出的各种元素。这是判别刻本佛经的重要依据。

在此先将上述 3 号有千字文帙号经典的纸张、版框大小（单位为厘米）①、行款、边栏、版心等资料表列如下。

表 5　3 号有千字文帙号经典的相关数据

编号	名称	纸张长宽	版框长宽	行款	边栏、版心等形态
TW23	陀罗尼集（拟）	半叶宽 7.5 叶高 14.9	宽 6.6 高 11.6	半叶 6 行，行梵文 10 字，汉文 10～15 字不等	上下边子母通栏，左右子母栏。细黑口。版心有经名、版片号
TW25	大乘本生心地观经	半叶宽 14.1 叶高 26.3	宽 11.3 高 21	半叶 10 行，行 20 字	四边子母栏。白口。版心有经名卷次、版片号
TW26	大方广佛华严经	半叶宽 17.4 叶高 26.5	宽 14.5 高 24.0	半叶 12 行，行 30 字	上下单边粗栏，左右子母栏。白口。版心空白

同一部刻本藏经，其版式应当一致，这也是大藏经研究的基本常识。②

从表 5 的数据，我们显然应该把《陀罗尼集》（拟）排除在《辽小字藏》之外。因为《陀罗尼集》（拟）的开本大小仅为 7.5×14.9 厘米，属于随身携带的巾箱本。迄今为止，我们没有发现过巾箱本的大藏经。"朱文"推测它"应是坊间刻印本"是正确的。

顺便说一句，该经内容，除了已知的《佛说圣光消灾经》《佛说大摧碎陀罗尼经》③ 之外，还有《佛顶尊胜陀罗尼》（大正 974B）、《一切如来白伞盖大佛顶陀罗尼》（大正 1048）。其他还有什么内容，需要仔细考察原件方可得知。在尚未完整考察其内容之前，目前很难对该经的定名及历代经录著录、历代大藏收录情况做全面

---

① 纸张、版框资料，诸家著录略有差异。表 5 依据笔者考察及《第三批国家珍贵古籍名录图录》著录。
② 同一部藏经的不同时期印本，纸张的大小可能会有变化，但除了特殊情况以外，版框大小应当一致。所谓特殊情况，是指由于时间的迁流、湿度的变化，有时经版会出现涨版、缩版现象，导致版框涨大或缩小。但因涨版、缩版而产生的版框差距应在合理范围之内。
③ 可能是《新书写请来法门等目录》（大正 2174A）著录的《金刚忿怒速疾成就大摧碎陀罗尼》一卷（并梵字一卷，不空译，说降伏大力自在等），待考。

研究。本书暂拟名作"陀罗尼集"。

下面考察 TW26《大方广佛华严经》与 TW25《大乘本生心地观经》。

虽然《大方广佛华严经》与《大乘本生心地观经》的千字文帙号与《房山石经》中的辽金刻经相同，显示出它们可能均属辽藏系统，属于《辽小字藏》，但是，如下几点不能不启人疑窦。

第一，两者的纸张大小不一。

第二，两者的版框大小不一。

第三，两者的行款多少不一。

第四，两者的边栏、版心形态不一。

因此，可以肯定地讲，即使这两部经典中有某一部属于《辽小字藏》，但不可能两部都属于《辽小字藏》。

再次，考察《大方广佛华严经》（TW26）的愿文。

关于该经的形态，"陈文""罗文""标文"均有较为详尽介绍。另有一些值得补充介绍的内容，但与本文论述主题无关，此处从略。

现依据考察笔记，将该经的刊刻题记 10 行，按照原行款录文如下。

　　　大契丹国燕国长公主，奉为/
　　　先皇御灵，冥资景福；/
　　　太后圣寿，永保遐龄。一人隆戴斗之尊，正后叶齐天/
　　　之算。太弟、公主，更析派于银潢；亲王、诸妃，长分荫于/
　　　玉叶。次及有职，后逮有情。近奉/
　　　慈尊，远成佛道。特施净财，敬心雕造小字《大花严经》/
　　　一部。所冀流通，悉同利乐。/
　　　　　时重熙十一年岁次壬午孟夏月甲戌朔雕印记。/
　　　燕京左街僧录崇禄大夫检校太保演法通慧大师赐/
　　　紫沙门琼煦提点雕造。/

同样的题记见于该经的卷十、卷二十、卷五十、卷六十末尾。卷七十末尾仅存 3 行，内容不全。

该题记交代得很清楚，该《大方广佛华严经》乃燕国长公主雕造的单刻本，且仅雕刻《华严经》一部，故非大藏经本。从千字文帙号看，我们虽然有理由怀疑该单刻本的底本出于某部大藏经，但该经本身毕竟应该属于单刻本。

《李何研究》认为："因为《大方广佛华严经》《大乘本生心地观经》及《一切佛菩萨名集》几种均有千字文帙号，而且它们的帙号又恰好与应县发现的帙号相同，说这几种是已佚《辽藏》的印本应该是没有问题的。"① 这一观点不能成立。且不说《一切佛菩萨名集》并无千字文帙号，在大藏经研究中，是否有千字文帙号，该帙号是否与该经在某藏经中的帙号相符固然是判定该经是否属于该藏的必要条件，却并非充分条件。因为还需要考察该经的版式、题记等诸多内容，考虑它是覆刻另本乃至单刻另本的可能。至于说这三种经典"恰好与应县发现的帙号相同"，则不知依据何在。

就版式而言，如前所述，《大方广佛华严经》《大乘本生心地观经》版式完全不同，因此肯定不会属于同一部藏经。

就题记而言，《李何研究》称"这种小字本《辽藏》均为奉旨雕造的官版，如前所引《华严经》题记，《华严经》是'大契丹国燕国长公主'奉辽兴宗之旨施资雕印的"②，但我们从上述《华严经》题记中读不出该经乃"大契丹国燕国长公主奉辽兴宗之旨施资雕印"的含义。题记表述的仅仅是该长公主为了"近奉慈尊，远成佛道"，刊刻了这一部《华严经》，并将刻经功德广为回向到先皇、太后、皇帝（一人）、皇后（正后）、太弟、公主、亲王、诸妃，乃至所有的官员（有职）及一切有情。

"罗文"主张该《华严经》是单刻经，这一判定是正确的。

然后考察《大乘本生心地观经》（TW25）。

该经第1册扉叶粘有咸雍六年题记一纸。笔者考察时发现所粘之纸张、上面刊印的字体与该经正文的纸张、字体均不类，应是从其他经典上窜入的。1992年"罗文"指出："它原应是另一帙《一切佛菩萨名集》第1册的尾题，脱落后误粘于此经第1册扉叶。"③"标文"也提出同样的观点，并认为"可能是当时装订之误，也可能是以后修整时之误。"④ 我认为，上述判断是正确的。由于该题记与该《大乘本生心地观经》无关，故本文对该题记不做讨论。

排除扉叶题记的干扰以后，我们可以发现，该《大乘本生心地观经》的一个显著特点是没有题记。丰润辽经蝴蝶装共7号，不计已经残缺的《陀罗尼集》（拟），其余6号有无题记的情况见表6。

表6　丰润辽经蝴蝶装1~6号题记情况

编号	名称	装帧	帙号	有无题记
TW24	金光明最胜王经	蝴蝶装		有

① 李富华、何梅：《汉文佛教大藏经研究》，第131页。
② 李富华、何梅：《汉文佛教大藏经研究》，第141页。
③ 罗炤：《有关〈契丹藏〉的几个问题》，《文物》1992年第11期，第54页。
④ 董宝莹、刘均合、陈少伟：《天宫寺塔修复中出土珍贵文物及标本》，《丰润文史资料选辑》第六辑，第17页。

编号	名称	装帧	帙号	有无题记
TW25	大乘本生心地观经	蝴蝶装	有	无
TW26	大方广佛华严经	蝴蝶装	有	有
TW27	金刚般若波罗蜜经	蝴蝶装		无
TW28	妙法莲华经	蝴蝶装		有
TW29	一切佛菩萨名集	蝴蝶装		有

表 6 中 TW27《金刚经》虽无题记，但从形态看，可知为坊刻佛典。坊刻佛典有的标注经坊名称，大多没有题记。本号《金刚经》结尾有墨书"乙卯岁 施"，也证明此乃坊刻后供人请购布施的经典。

下余《金光明最胜王经》《大方广佛华严经》《妙法莲华经》《一切佛菩萨名集》4 部均有题记，有的题记竟长达 200 余字。故《大乘本生心地观经》之无题记刚好彰显了它的特殊身份。我们知道，历代官刻大藏经，一般均无题记。由此，在此必须考虑该《大乘本生心地观经》为官刻大藏经印本的可能。

下面根据笔者考察，参考"标文""罗文"的记叙，对该《大乘本生心地观经》形态介绍如下。

《大乘本生心地观经》，一函三册。

函套内贴黄帛，外粘橙红帛。函套封面正中上方粘有楷书题签"大乘本生心地观经"。函套口有竹质天竿，上系橙红色缥带。

经书为蝴蝶装，蓝纸封面。封面左侧上方粘有经名签。三册情况如下。

第一册：经名签中题"大乘本生心地观经一卷"，共 63 叶，内收《大乘本生心地观经》御制序、卷一至卷三。

第二册：经名签中题"大乘本生心地观经二卷"，共 43 叶，内收《大乘本生心地观经》卷四、卷五。

第三册：经名签中题"大乘本生心地观经三卷"，共 52 叶，内收《大乘本生心地观经》卷六至卷八。

《大乘本生心地观经》总计八卷，丰润辽刻保存完整。且三册《大乘本生心地观经》，每册均有千字文帙号"壁"。该帙号用字在《千字文》用字中排位第 487，已溢出《开元大藏》，而又与《房山石经》同经的帙号相同，证明《辽小字藏》与《辽大字藏》帙号相同，结构相同。因此，《辽小字藏》可能是《辽大字藏》的改版复刻本。

该经首题有界栏，与《辽大字藏》风格相同。装帧华贵，版式整齐，通篇楷书，刻印精湛，亦显示其不同凡响的身份。

此外，该经半叶 10 行，行 20 字，虽为小字本，但版式疏朗大方。与半叶 12 行，行 30 字的《华严经》相比，后者显得文字局促，版面紧张。

综上所述，我认为丰润发现的辽代刻经中，唯有该《大乘本生心地观经》可视为《辽小字藏》印本。我们可以据此作为鉴别《辽小字藏》的依据。

在此将该经装帧、版式等特征总结如下，以备后考。

第一，装帧形式：蝴蝶装。

第二，版框半叶宽 11.3 厘米，高 21 厘米。

第三，半叶 10 行，行 20 字。

第四，四边子母栏。白口。版心有经名卷次、版片号。

第五，除了表明官刻身份的题记外，一般无题记。

第六，有千字文帙号，其帙号与《辽大字藏》一致。

前此，很多研究者都主张《辽大字藏》应为官藏。现在看来，《辽小字藏》亦为官藏。亦即有辽一代，先后刊刻了两部官藏——《辽大字藏》与《辽小字藏》。这两部藏经先后传入高丽，分别为守其、宓庵所见。

上述结论是依据现有资料所做的分析。该结论是否正确，有待新资料的发现。

最后做一个小结。

本节通过考察装帧形式等诸多内容，主张应从 4 号蝴蝶装存本中寻求《辽小字藏》。通过考察帙号，确认《一切佛菩萨名集》无千字文帙号，排除它是《辽小字藏》的可能性。又通过考察版式，排除了《陀罗尼集》（拟）是《辽小字藏》的可能性。然后通过对《大乘本生心地观经》《大方广佛华严经》形态的考察，认为《大乘本生心地观经》应为《辽小字藏》印本。

或因辽代禁止图书出境政策的缘故，[①] 传世的辽代典籍数量有限。长期以来，人们从山西大同华严寺薄伽教藏碑铭、北京昜台山清水寺碑铭、守其《别录》、宓庵的《〈丹本大藏〉庆赞疏》等资料，知道辽代曾经刊刻汉文大藏经。但对辽藏的具体情况，难知其详，诸家论述，亦各执一隅。[②] 本书对《辽大字藏》《辽小字藏》做了探讨。需要指出的是，辽藏的问题比较复杂，笔者曾在韩国看到一件高丽刻本《药师琉璃光如来本愿功德经》，为我们研究辽藏提供了新的资料。限于篇幅，本书从略。有兴趣者可查阅原文。[③]

3. 西夏大藏经

西夏是党项族建立的政权，是与北宋、辽并立的政权，统治区域在今宁夏、甘

---

① 据史料记载，辽代执行禁止图书出境的政策，北宋朝对图书出境亦有限制。从现有资料看，颇有典籍从辽朝输出到高丽。因此，对所谓"辽代执行禁止图书出境的政策"的成因、执行情况、结果，还需做进一步研究。

② 山西应县佛宫寺释迦塔发现辽藏的信息于 1982 年正式公开。据笔者不完全调查，1982 年以前发表过关于辽藏研究论著的研究者有：妻木直良、塚本善隆、小野玄妙、叶恭绰、陈垣、吕澂、野上俊静、林元白、周叔迦、小川贯弌、李圆净、道安、陈述、竺沙雅章等。

③ 方广锠撰《第三种辽藏探幽》，原载韩国中央研究院藏书阁出版的图录《药师琉璃光如来本愿功德经》（2013 年 10 月），又载《世界宗教研究》2015 年第 3 期。

肃、青海东北部、内蒙古西部以及陕西北部地区。

《西夏大藏经》，又称《河西字大藏经》，即用西夏文传写、刊刻的佛教大藏经。

根据现藏于国家图书馆的西夏文《过去庄严劫千佛名经》卷末的一篇愿文，早在西夏立国之初，西夏便开始有计划地把汉文大藏经译作西夏文。从第一代皇帝景宗天授礼法延祚元年（1038）起，到崇宗天祐民安元年（1090），前后53年，由国师白法信及智光等三十余人参与。共译出经典812部，3579卷，分作362帙。翻译所用的底本是北宋赠赐的《开宝藏》。后来，在西夏仁宗大庆元年（1140）到乾祐二十四年（1193），又据《开宝藏》《契丹藏》重校了一次。校后是否刻版雕印，尚不清楚。另外，西夏后期也翻译了不少佛经。从现有资料看，后期译经的规模不如前期那样大，但这一阶段译经有一个显著的特点，就是随着藏传佛教的传入，所译经典很多都来自藏文大藏经。特别是仁宗时期，更是如此。

进入元代以后，世祖至元七年（1270），一行国师曾主持重新校勘并增补未译之经籍。至元三十年（1293），忽必烈敕令在杭州万寿寺开版雕印，于元成宗大德六年（1302）竣工。据载，该藏竣工后的10余年间，曾刷印过140余部。故该藏在当时流传相当普遍。另外，据史料记载，元代还曾雕印过木活字的西夏文大藏经。所以，依据目前掌握的资料，所谓"《河西字大藏经》"并非产生于西夏独立建国时期，而是产生于元代，严格地说，应该放到下一节论述。但本书为了方便起见，移到此节论述，特此说明。

但随着党项族日渐流散各地、与各地诸民族日渐融合，西夏文大藏经也日渐湮没。直到现代才在西夏故地陆续有所发现。

1909年，俄国探险家科兹洛夫率领的探险队在我国黑水城遗址（今内蒙古自治区额济纳旗）掘到了大批西夏文文献，运回俄国后共编了8000多号，其中大部分是西夏文佛经。1914年，英国人斯坦因也来到黑水城，获得不少西夏文佛教文献，然而大都为零篇散页，现藏于大英图书馆，总计3000余号。

1917年，在宁夏灵武县发现两大箱西夏文佛经。后来这批佛经辗转传藏，现分别保存在中国国家图书馆和甘肃、宁夏等地。日本京都大学亦藏有若干，系活字版西夏文《大方广佛华严经》。

新中国成立前后，在宁夏、甘肃一带陆续又有发现，分藏于国内各机构及私人收藏家。

值得提出的是，如同上述辽代文物一样，当西夏文佛经重见于世，并为国内外研究者、收藏家重视后，有的人便造假谋私。故研究、利用西夏文佛经时，对这种现象需要提高警惕。

从现有资料看，西夏时期，中国有几部汉文刻本藏经版片可供请印流通，且由于其后西夏资料大多亡佚，尚存者又分散在海内外，故西夏是否曾经刊刻过汉文大藏经，详细情况不甚清楚，还需要进一步研究。从俄罗斯圣彼得堡东方研究所收藏的资料看，西夏的汉文佛经中有不少经典是从藏文、梵文直接翻译的，还有不少瑜伽部、无上瑜伽部的典籍。但详情亦有待进一步调查。由于西夏汉文刻本佛经印本数量较少，有关资料尚不足以得出肯定或否定的结论，故特对西夏刻汉文大藏经问题，暂且藏拙。①

西夏光明禅师李慧月曾写造金银字佛经，至今尚有多卷存世。

4. 金代大藏经

现知金代刻过汉文大藏经，早期为人们所知的是《赵城藏》，又称《赵城金藏》。

《赵城藏》，金代解州天宁寺私刻大藏经。因 1933 年发现于山西赵城县霍山广胜寺，故俗称《赵城藏》。该藏开雕于金熙宗皇统九年（1149），完成于金世宗大定十三年（1173）。全藏共收经 1570 部，6980 卷，分作 682 帙。本藏以《开宝藏》为底本覆刻，卷轴装，版式亦与《开宝藏》相同，每版正文 23 行，行 14 字。

《赵城金藏》的经历本身，堪称一段奇异的历史。

如前所述，民国年间，陕西西安开元寺与卧龙寺发现一部前此不为人们所知的《碛砂藏》，上海的佛教信众得到消息，由叶恭绰等在上海成立"影印宋版藏经会"，拟将《碛砂藏》影印出版。当他们将陕西《碛砂藏》摄影运到上海整理时，发现其中颇有缺失。为了能够补齐该《碛砂藏》的阙本，1932 年，派出范成法师（1884～1958）到山西、陕西一带调查各寺院收藏的古代刻本藏经。后来，范成法师听说山西赵城县广胜寺收藏有数千卷古版藏经，遂跋山涉水，亲往考察，确认其是一部前此不为人知的古藏经。据说，考察时，他还从当地乡民手中征集到散逸的经卷 200 多轴。范成法师的调查结果，使"影印宋版藏经会"诸位及佛教界大为振奋。同年，部分经卷借到北平图书馆向公众展出。并由北平三时学会、上海影印宋版藏经会、北平图书馆共同影印《宋藏遗珍》，共 46 种，255 卷，12 函 120 册，线装。其后，又仿真影印了《大佛顶首楞严经》十卷、《因明十四过类书》一卷，卷轴装。

同年 10 月，支那内学院派遣蒋唯心往赵城调查该藏经，12 月，蒋唯心发表调查报告《金藏雕印始末考》，中外震动。1936 年，日本东方文化研究所派人到寺考察，提出用 22 万银圆购买《赵城金藏》，被广胜寺方丈力空法师拒绝。1937 年，抗战爆发，日军占领雁北。为防意外，广胜寺僧人将藏经秘密移封在该寺的飞虹塔内。其后，日军多次打听寺藏《赵城金藏》，但都被广胜寺僧人应付过去。1942 年春，日军提出要在农历三月十八日（公历 5 月 2 日）当地庙会期间登塔观光。力空法师担心《赵城金藏》藏在塔上的情况已泄露，《赵城金藏》有危险，于是向赵城县抗日政府汇报。赵城县政府遂向上级汇报，经太岳区第二地委汇报太岳区党委（书记

---

① 参见李际宁《关于"西夏刊汉文版大藏经"》，载《佛教大藏经研究论稿》。

安子文，军区司令陈赓，军区政委薄一波）上报延安党中央，延安下令抢救《赵城金藏》。1942 年 4 月 27 日，在太岳区第二区委安排下，赵城县军分区、游击队统一部署，抢运经卷。至当日午夜十二点以前，全部运出广胜寺，转移到地委机关驻地安泽县亢驿村。5 月中旬，日军三万余人向根据地"扫荡"（空前残酷的"五一大扫荡"期间），地委机关人员带着经卷与敌人周旋。反"扫荡"结束后，经卷送到沁源县太岳区党委驻地保管。由于当时日寇不断骚扰，太岳区党委派人将经卷运往山势险峻的棉上县废弃的煤窑中保存。指定专人定期察看、晾晒。其间，部分经卷浸水发霉。1945 年抗日战争胜利后，晋冀鲁豫边区政府决定将《赵城金藏》交北方大学保管。此时，正值该校西迁，经卷运到涉县温村，存放在一个天主教堂内。北方大学校长范文澜同志派张文教负责管理。1949 年北平解放。经华北局书记薄一波同志批准，将全部《赵城金藏》运交北平图书馆收藏。4 月，全部经卷运到。5 月，在该馆举办《赵城金藏》展览，并召开座谈会，商议保护和修复事宜。其后，图书馆招聘装裱技工，花费十年时间，将这批《赵城金藏》修复完成。修复工作得到在京诸多文化人士的大力支持。①

据日本梶浦晋先生调查，日本无《赵城藏》全藏，仅在京都大学人文科学研究所、京都大学文学部、东京大学东洋文化研究所、庆应义塾大学、龙谷大学大宫图书馆、佛教大学图书馆、天理大学天理图书馆、逸翁美术馆、药师寺及某私人收藏者有零星收藏，总计 38 卷，均为国图所无者。故应为早年从广胜寺散出者。

如前所述，国图收藏一部原为柏林寺装脏的《碛砂藏》，李际宁先生在整理这批《碛砂藏》时，从中发现一条珍贵题记，为前述递修《思溪藏》的鲍善恢于明永乐九年（1411）所写，原文如下。

最初敕赐弘教大师雕藏经版院记

潞州长子县崔进之女，名法珍，自幼好道，年十三岁断臂出家。尝发誓愿，雕造藏经。垂三十年，方克有成。大定十有八年（1178），始印经一藏进于朝。奉敕旨，令左右街十大寺僧，香花迎经，于大圣安寺安置。既而，宣法珍见于宫中尼寺，赐坐设斋。法珍奏言："臣所印藏经，已蒙圣恩，安置名刹。所造经版，亦愿上进。庶得流布圣教，仰报国恩。"奉诏许之，乃命圣安寺为法珍建坛，落发受具，为比丘尼。仍赐钱千万，洎内合赐五百万，起运经版。至二十一年（1181）进到京师。其所进经版凡一十六万八千一百一十三，计陆千九百八十为卷。上命有司选通经沙门导遵等五人校正。至二十三年（1183），赐

---

① 上述《赵城金藏》的历史，由李际宁先生依据公开文章及国图馆藏档案资料整理。

法珍紫衣，号弘教大师。其导遵等，亦赐紫衣德号。其同心协力雕经版杨惠温等七十二人，并给戒牒，许礼弘教大师为师。仍置经版于大昊天寺，遂流通焉。韪哉！眷遇之隆，古未有也。自昔释迦如来为一大事因缘出现于世，灵山演法，各随众生根器利钝方便，分别大小乘教，为世津梁，后人因之。识心达本，悟无为法者，不可以数计矣。然教法之兴，虽系于人，亦由其时。自汉明帝，历晋魏以来，虽有释氏经典，所传由（犹）未广也。其后，玄奘、义净二大士跋涉鲸海，至天竺国，不惮艰苦，磨以岁月，得经教焉。自是震旦佛法备矣。是以城邑山林、精蓝塔庙，或建宝藏，或为转轮，安置经典，为世福田。若淄若素，书写受持，顶戴奉行者，无处无之。盖如来本愿，欲使众生见闻而获福也。然今弘教大师备修苦行，以刊镂藏版为本愿。于是，协力助缘刘法善等五十余人，亦皆断臂，燃臂燃指，剜眼割肝。至有舍家产、鬻男女者，助修经版胜事。始终三十年之久，方得成就。呜呼，可谓难也哉。已门人慧仁等，具言刊经本末，谒文于东平赵沨述记，时岁次己丑。仙林讲寺祇殿鲍善恢为是本寺藏典缺少，尝往碛砂、妙严二刹印补，见彼经版多有朽烂欠缺，发心备版，化募众缘，命工刊补，幸获完备。今善恢自思，刊补小缘，经久岁月，率难成就，想当时弘教大师自幼出家，断臂设誓，刊刻藏版，始终三十年方得成就，实为世间第一稀有功德，而复遇金世宗皇帝敕赐钱及号记焉。善哉！得非有是道，复有是人，有是人，复遇是时，此其所以成难成之功，庶不负如来付嘱之意。呜呼，前哲之功，于斯盛矣。惧夫久而泯其所由，无传于世，因而刊之，使后贤观其所由，遂不昧弘教大师之功也耶！

时永乐九年（1411）岁次辛卯孟冬望日，杭州仙林万善戒坛祇殿善恢谨识题。①

2008 年，因第三次全国文物普查，人们在山西绛县太阴寺发现一块名为"雕藏经主重修太阴寺碑"，对《赵城金藏》的刊刻缘由提供了全新的资料。发现后，有关新闻、评论文章、研究论文相对较多。本书限于篇幅，不再详述。

5. 元代的刻本大藏经

元代统治者崇信佛教、支持佛教，促使藏经刊刻的繁荣，形成我国刻本藏经的第二个高潮。据明代紫柏大师《径山藏·刻藏缘起》说，元代共刻有十几种藏经。但直到 20 世纪直到 70 年代末，人们能够见到的元藏，只《普宁藏》一种，因此当时人们所谓元藏均指《普宁藏》。其后新资料不断发现，人们对元藏的知识也日益丰富。下面对目前所知元代藏经及相关问题予以简单介绍。

---

① 转引自李际宁《〈金藏〉新资料考》，方广锠主编《藏外佛教文献》第三辑，宗教文化出版社，1997。

（1）《普宁藏》

《普宁藏》，全称《杭州余杭县白云宗南山大普宁寺大藏经》。它是元代佛教宗派——白云宗主持刊刻的大藏经。白云宗是当时的一个佛教宗派，比较活跃，曾一度被禁止活动。该藏开雕于元世祖至元十四年（1277），完成于至元二十七年（1290）。全藏共收经 1430 部，6004 卷，分作 558 函。千字文帙号自"天"至"感"。元成宗大德十年（1306），松江府僧录管主八从元大都弘法寺选出南方版大藏经所缺少的密教经典 97 部，315 卷，续刻补入《普宁藏》，计 28 函。千字文帙号自"武"到"遵"。后又补入元代所译密教仪轨等 7 部 8 卷，编为"约"函。因此，全藏就扩展为 1594 部，6327 卷，587 函。千字文帙号自"天"至"约"。本藏是折装本，每版 30 行，折为 5 个半页，每半页 6 行，行 17 字。该藏的主体部分依据《圆觉藏》复刻，所以也属南方系。但版式略小于《圆觉藏》本，刻工精美，装帧古朴。主要参与大藏刊刻的有白云宗的主持道安、月潭如一、如志等。现在山西太原、江苏苏州、云南昆明、陕西宝鸡等地均有收藏，亦时有零本散见于各地。据日本梶浦晋先生调查，日本收藏《普宁藏》的情况如下：增上寺，5418 册；东福寺，5393 册；浅草寺，5428 册；安国寺，2208 册；闵城寺，2854 册；西大寺，3452 册；般若寺，826 册；西福寺，599 册；妙光寺，约 590 册。以上总计 26768 册。但其中有些寺院的《普宁藏》并不完整，其中配补有中国刻本、日本刻本或抄本。最后两个寺院所存仅为《大般若波罗蜜多经》。

（2）《弘法藏》

《弘法藏》，即弘法寺大藏经，相传是元代初期的官刻藏经。《弘法藏》的名称，最初见于《至元录》卷二及元至顺三年（1332）吴兴妙严寺刻《大般若经》卷一的题记。相传这部藏经是元世祖至元年间（1264－1294）在大都弘法寺所刻。20 世纪 30 年代，蒋唯心考察了《赵城金藏》后发表《金藏雕印始末考》，认为《金藏》版片输京后贮于弘法寺，后曾补雕，形成《弘法藏》。这一观点曾为学术界普遍赞同。但此后形成两种观点：部分学者认为《金藏》补雕后改动颇大，已卓然独立，形成一部新的藏经，即《弘法藏》。它的目录就是元代至元年间编纂的《至元录》。另一些学者认为《至元录·序》说："大元天子……万几暇余讨论教典，与帝师语，诏诸讲主，以西蕃大教目录对勘东土经藏部帙之有无，卷轴之多寡。……遂乃开大藏金经，损者完之，无者书之。……敬入梓以便披阅，庶广流传。"[1] 由此可知元世祖只是补雕了《金藏》印本中的损毁缺佚部分，刻版流通。所谓《至元录》只是一个编定的汉藏佛典对照录，现在没有材料可以证明当时确实依照《至元录》刊刻了一部藏经。因此，所谓《弘法藏》只是《金藏》的别名，实际上并不真正存在这么

---

① 《至元法宝勘同总录》卷一，载《昭和法宝总目录》卷二，第 180 页上。

一部独立的藏经。两种观点相持不下,《弘法藏》之有无尚是疑案。

1984 年,北京智化寺从如来殿佛塑像的腹腔中发现 3 卷带有千字帙号的元代刻本佛经:《大金色孔雀王咒经》(帙号"积")、《陀罗尼集经》(帙号"福")、《大宝积经》(帙号"鸟")。发现者认为,它很可能就是人们寻访已久的《弘法藏》。认为这部《弘法藏》大约开雕于元世祖至元二十六年(1289)之后,完成于元仁宗延祐三年(1316)之后、元泰定三年(1326)前之 10 年中的某年。该藏版式与《赵城金藏》相同,但千字文帙号与之都不符。值得注意的是,它的千字文帙号与《至元录》也不相符。因此,如果它们是《弘法藏》,则前此关于《至元录》即为《弘法藏》目录的传统观点就应该予以修正。然而,如果真的修正这一传统观点,则《弘法藏》借以立名的依据也就不存在了。反之,如果坚持《弘法藏》是依据《至元录》刊刻的这一传统观点,那么智化寺发现的这三卷佛典就不是《弘法藏》,而是我们目前尚不清楚的另一种藏经。至于《弘法藏》的有无,仍是一个有待证实的问题。故有关《弘法藏》的问题尚需进一步深入研究。

(3)白莲教的《毗卢藏》

如前所述,宋代福州开元寺曾经刊刻一部名为"毗卢藏"的大藏经。元代也刊刻了一部同名为《毗卢藏》的藏经。该藏系元代福建道建宁路建阳县后山报恩万寿堂所刻,故为民间私刻大藏经。该后山报恩万寿堂属白莲教,故这部藏经是白莲教刊刻的。雕造的起讫年代不详,所存经本有元仁宗延祐二年(1315)的题记,则刊刻时间应在该年之前。因所存经本有限,故全藏规模不详。有的学者认为当时很可能只刻了四大部,未能将全藏刻完整。该藏系据福州版大藏经(即《崇宁藏》或《毗卢藏》)重刊,故亦属南方系。

该藏全藏已经亡佚,仅有零本传世。山西省图书馆有该藏《大方广佛华严经》(八十卷本)卷二十八。

(4)英宗铜版大藏经

据载,元英宗(1321~1323 在位)曾计划雕刊铜版大藏经。他征选天下名僧 60 人到大都校勘经典,编纂目录,以法祯、湛堂、西谷三僧总领其事。据有关资料记述,校勘、编目等前期准备工作均已完成,英宗赏赐甚厚,放湛堂等人回山。但这部大藏经究竟是否实际刊刻,是否完成,均不清楚。英宗在位三年即被弑,故该铜版大藏经很可能并未实际付雕。即使已经付雕,因铜版工程浩大,恐怕也没有完成。

(5)《元官藏》

《元官藏》,全称《元代官刻大藏经》。该藏是元朝晚期雕刊的官版藏经。约开雕于元文宗天历三年(1330),完成于元顺帝至元二年(1336)。全藏至少收经 6500余卷,分作 651 函,是当时规模最大的一部汉文藏经。千字文帙号自"天"到

"于"。本藏也是折装本，但版式是已知历代所有藏经中最大的：每版42行，折为7个半页，每半页6行，行17字。气魄宏大，行格疏朗，上下子母栏。附硬黄纸书壳。本藏由元文宗皇后卜答失里发起，主持皇后事务的徽政院主持，当时的权臣伯颜、孛罗、撒迪等均参与其事，并从全国各地征选僧人参加校对。此经以往未见著录，前此先由日本学者发现，将资料著录在有关著作中，但不明版别。1982年发现于云南省图书馆，现存32卷。其后日本发现对马东泉寺藏有77册，亦为《元官藏》。此外，近些年中国拍卖市场出现20册左右。①

元代大藏经，除了上述五种外，还有一些问题尚在研究之中。

（1）智化寺发现的三卷元代佛典问题。

（2）云南省图书馆藏有元刻《佛说大随求大明王陀罗尼经》卷下，该经扉画附有刻工姓名，谓"攸州谭清叟刀"。攸州，即今湖南省攸县。汉代置县，南朝梁改为攸水县，隋废，唐复置攸县，元为攸州，明复改为县。由此可知，该经乃元代所刻。该经的千字文编次作"松字号"。从种种情况看，该经可能是坊刻零本，但所据应是某一大藏经本，故附有千字文编次。然而，遍查已知诸藏之该经的千字文编次，没有一种藏经能够与此"松字号"相符，则该经所据的底本，有可能是一种前此不为人们所知的藏经。

（3）此外，据元程钜夫《雪楼集·大慈化禅寺大藏经碑》载："（大藏经）为书繁多，世鲜能备，亦莫能以是施。仪天兴圣慈仁昭懿寿元皇太后命刻大藏经版于武昌。既成，辇至京师。印本流传天下，名山钜刹则赐之。"② 也就是说，当年皇太后曾下令，在武昌刻了一部藏经，后经版运到大都，大量刷印，遍赐天下名山巨刹。据《元史·后妃传》，武宗至大三年（1310），上皇太后答己封号为"仪天兴圣慈仁昭懿寿元皇太后"；至仁宗延祐二年（1315），又加封为"仪天兴圣慈仁昭懿寿元全德泰宁福庆皇太后"。所以，这部在武昌刻成的大藏经应该刻于1310～1315年之间。由于至今没有发现这部藏经的印本与经版，所以学术界几乎从来不提这部藏经。但这是研究元代大藏经无法回避的问题。总之，这部大藏经的详情如何？与前述诸藏经的关系如何？都是值得进一步研究的问题。

元代所刻大藏经较多，以前我们对它们所知有限。近些年来，新的资料不断出现，丰富了我们对元代大藏经的认识，自然也带了一些问题，有待进一步研究。

---

① 参见李际宁《关于近年发现的〈元官藏〉》，方广锠主编《藏外佛教文献》第十三辑，又，关于该藏的情况，可参见童玮、方广锠、金志良《元代官刻大藏经的发现》，《文物》1984年12期。同上三人合撰《元代官刻大藏经的考证》，《世界宗教研究》1986年第3期；方广锠：《元史考证两篇》，《文史》第29辑，1979，中华书局。

② （元）程钜夫：《雪楼集·大慈化禅寺大藏经碑》卷十九，载《四库全书》第1202册，上海古籍出版社，1995，第296～270页。

6. 明代的刻本大藏经

在明朝近三百年中，佛教虽已趋向于衰落，但由于社会比较稳定，经济比较发达，所以被认为是做功德的刻经事业依然持续。据现有资料，明代共刻过五部汉文大藏经。其中官版三部，私版两部。

官版中以《洪武南藏》为最早，但刻成不久即被焚毁，传世印本极为罕见，故不大为人所知。以前人们所说的"明南藏"，一般是指《永乐南藏》。《永乐南藏》是官刻普及本，刻工比较粗糙，但流通量大，现传世印本也较多。《永乐北藏》则是明成祖迁都北京以后刊刻的宫廷本，用于颁赐各名山大刹之用，刻工精良，装帧华美，较为名贵。私刻藏经中较为著名与常见的是《嘉兴藏》。《嘉兴藏》首开方册式装帧，进一步方便了佛典的流通，对后代佛典装帧形式影响颇大。《嘉兴藏》的《续藏》《又续藏》网罗保存了大量藏外典籍，功勋卓著。

下面对明代的几部藏经略做介绍。

（1）《洪武南藏》

《洪武南藏》，又名《初刻南藏》，明太祖敕令在南京蒋山寺雕刻的官版大藏经。开雕于洪武五年（1372），完成于洪武三十一年（1398）。共收经1600余部、7000余卷，分作678函。该藏为折装本，每版30行，折为5个半页，每半页6行，行17字。永乐六年（1408），僧人本性纵火烧毁蒋山寺，经版因之毁灭无存。传世印本极少，现仅四川省图书馆藏有一部，已略有缺失。该藏系据《碛砂藏》覆刻，故亦属南方系。

（2）《永乐南藏》

《永乐南藏》，明成祖敕令在南京刊雕的官版大藏经，也是明朝刊刻的第二部官版大藏经。开雕于永乐十年（1412），完成于永乐十五年（1417）。共收经1610部、6331卷，分作636函。本藏为折装本，每版30行，折为5个半页，每半页6行，行17字。本藏基本上是《洪武南藏》的覆刻本，但编次有较大改动，收经数量也少于《洪武南藏》。不过从流传渊源来讲，仍然属于南方系。明万历年间，添刻了《永乐北藏》中的若干经典，与原印本一起流通。

目前国内保存《永乐南藏》的单位较多，不罗列。据日本梶浦晋先生调查，日本现在只有山口县快友寺保存有比较完整的《永乐南藏》。

（3）《永乐北藏》

《永乐北藏》，明成祖敕令在北京开雕的官版大藏经，也是明代的第三部官版大藏经。开雕于永乐十九年（1421），完成于明英宗正统五年（1440）。共收经1615部、6361卷，分作637函。后经万历年间续刻增补，全藏共有1662部，6924卷，693函。本藏为折装本，但为了表示宫廷的气魄，加大了字体与版心，每版25行，折为5个半页，每半页5行，行17字。字体工整美观，封面用明代宫廷精美织锦制成，装帧典雅华贵。① 《永乐北藏》的主体部分系据《永乐南藏》改编，所以它所承袭的仍是南方系的传统。

《永乐北藏》供朝廷颁赐用，颁赐时附有圣旨。今甘肃张掖大佛寺存有明英宗颁赐的《永乐北藏》一部，并保存当年的圣旨，惜已略有残缺。全国各地尚有多个寺院或文博部门有收藏。

（4）《嘉兴藏》

《嘉兴藏》，因其在浙江径山刊刻，又名《径山藏》，明末清初刻造的私版藏经。早在明嘉靖年间，有关人士就开始酝酿、筹备刊刻此经。万历七年（1579）正式在山西五台山开雕。但由于北方冬天严寒，刊刻不便，故于万历二十年（1592）迁至浙江余杭径山。后募刻工作扩展到嘉兴、吴江、金坛等地，在各地刻版后，最终由嘉兴楞严寺总其成。该藏最终何时完成，现有种种不同的说法。由于现存《嘉兴藏》目录为康熙十七年（1678）所刻，故至康熙十六年（1677）完工的说法较为合理。但其后又增补若干典籍，故亦有主张到清雍正元年（1723）完工者。此外还有一些其他说法，文繁不赘。从《嘉兴藏》其后增补《续藏》，又增补《又续藏》看，整体工作缺乏严格的计划，而是根据情况，不断推进。故全藏从开始刊刻到结束，共用了一百余年。由于拖得时间太长，参与工作的人员前后变动，故早期与后期的流通本外观也有差异。

《嘉兴藏》全藏分《正藏》《续藏》《又续藏》等三部分。《正藏》按《永乐北藏》覆刻，千字文帙号自"天"到"史"，末附《永乐南藏》特有经论 5 种，153 卷。故总计 1662 部，6924 卷，分装作 210 函。《续藏》收入藏外典籍 248 部，约 3800 卷，分作 95 函。《又续藏》续收藏外典籍 318 部，约 1800 卷，分作 47 函。《续藏》与《又续藏》未以千字文编号。清康熙十六年（1677），从《续藏》《又续藏》中撤去钱谦益等人的著作共 9 函。

《嘉兴藏》改变了以往藏经采用经折装的传统，改为采用方册本。每版 20 行，分为 2 个半页，每半页 10 行，行 20 字。仿黑宋体。有边框、行线与书口。书口刻部类、经名、页码、千字文帙号等。每卷末页还刻有施刻人的施刻愿文，写、校、刻工的姓名，雕版的时间、地点，本卷的字数及用工银两等。对研究明清社会经济有一定的价值。《续藏》《又续藏》搜集了大批藏外典籍，为研究中国古代文化保留了宝贵的资料。正续两藏总计为 2137 部，10814 卷，分作 345 函。本藏为方册本，因刊刻时间较长，故版框、行款不尽相同。一般为四周双边，栏线外粗里细，白口，半页 10 行 20 字。本藏兼收《南藏》《北藏》诸经，并广收诸多论疏。从其主体渊

---

① 《小典纪年》记载，明末农民起义，有农民军将《明北藏》封面织锦撕下制为盔甲。笔者曾到某博物馆考察，看到的《明北藏》均无封面。或即为明末受损。

源来讲，仍属南方系。

目前该藏在国内收藏较多，如故宫博物院藏本等（因奉旨撤除及后代散佚，故略有缺失）。且因近年台湾已将该藏全藏影印出版，故不少寺院都有收藏。据日本梶浦晋先生调查，日本收藏《嘉兴藏》数量较多，大体如下：大阪安福寺，一藏[①]；大谷大学图书馆，一藏；久昌寺，一藏；暮户说教所，770 册；驹泽大学图书馆，2496 册；称名寺，2340 册；成愿寺，一藏；清凉寺，一藏；大雄寺，一藏；知恩院，2188 册；智积院运敞藏，一藏；东京大学综合图书馆，1813 册；德昌寺，一藏；梅林寺，一藏；长谷寺，2108 册；法光寺，一藏；龙谷大学大宫图书馆，一藏；龙潭寺，一藏。

（5）《万历藏》

1979 年初移藏宁武县文化馆。这是一部比较完整而过去未见记载的大藏经版本。全藏 678 函，千字文编次"天"字至"鱼"字，共收经、律、论、集、传等 1659 部，6234 卷。现存 660 函，1563 部，5997 卷；缺失 18 整函及少数零本共 96 部，237 卷。经过详细比勘，此本为《永乐南藏》的增订印本，由明惠王选侍王氏发心重刊，明代高级官员陆光祖、钱谦益、周天成、吴崇宗等和其他信徒助刻。扉画右下角有"南京桥卢巷内街口□□印造"。其中仿宋体补雕卷册甚多，并有近 40 名写经和刻经人题名。此藏在《永乐南藏》的基础上，增收《永乐北藏》本万历十二年续入藏经 41 函，36 部，410 卷；最后又编入鱼字函的《天童密云禅师语录》13 卷。此外，大字函中又有《大明仁孝皇后梦感佛说第一希有大功德经》，2 卷 1 册。但未见载于目录。

7. 清代的大藏经

清王室崇信佛教，再说每个朝代都编印佛教大藏经已经成为中国诸王朝传承千年的惯例，所以清代也刻印了一部官版大藏经。

此外，清末杨文会主持金陵刻经处期间，曾经有意集合民间力量，合作刻一部大藏经。又，清末民初，江苏常州天宁寺刊刻了一部《毗陵藏》。虽然前者最终没有完成，后者刻完已经进入民国，但由于它们都是在清末已经起步，为叙述方便，本书将它们放在"清代的大藏经"一节叙述。

（1）《清敕修大藏经》

《清敕修大藏经》，因在乾隆年间修造完成，故又称为《乾隆大藏经》，俗称《龙藏》或《清龙藏》。

该藏开雕于清雍正十三年（1735），完成于乾隆三年（1738）。全藏共收经 1669 部，7168 卷，分作 724 函。经折装，该藏版式仿照《永乐北藏》，为每版 25 行，折

---

① 此处所谓"一藏"系指全藏完整。下同，不再出注。

为5个半页，每半页5行，行17字。内容也基本上是按照《永乐北藏》复刻的，但略有增减。所以也属南方系。这部大藏主要供颁赐之用，故印本较少，比较稀珍。尤为可贵的是它的版片一直保存。直到清末，尚可供民间请印。其后版片一直存放在清故宫。是我国历代大藏经中唯一版片尚存的一部大藏经。

由于历史悠久与自然损耗，《清龙藏》全藏经版79036块，到20世纪末，尚存69410块经版。遗憾的是，存版中20%以上有不同程度的损坏，表面附有积尘、霉菌和积墨残留物等。2009年，北京市文物局启动对《清龙藏》版片的保护工程，该工程在特意建设的北京市大兴县榆垡镇基地进行，包括清洗、修版、补雕、建立数字化档案等。保护工程结束，重新启动《清龙藏》的刷印。

清王朝曾向各地颁赐《龙藏》百余部，由于距今时间不远，故现国内颇有收藏《清龙藏》的寺院或文博单位。据日本梶浦晋先生调查，日本仅京都龙谷大学藏有一部，为当年慈禧送给大谷光瑞的礼品。

（2）金陵刻经处刻本

清朝末年，与我国封建社会晚期社会发展长期停滞、国家积贫积弱相应，中国佛教衰落的态势也达到极点。这首先表现为僧人理论素质的低下与佛教义理的衰落。据当时太虚大师估计，清末各省约有僧尼80万人。人数不可谓不多，但僧人中认真钻研佛教义理的人犹如凤毛麟角。有些僧人目不识丁，唯知赶经忏，念弥陀。杨文会曾经这样评论当时的佛教界：有的僧人"于经律论毫无所知，居然作方丈，开期传戒。与之谈论，庸俗不堪。士大夫从而鄙之"。[1] 有的"根器浅薄，动辄以禅宗自命。究其旨趣，茫无所知"。[2] 更有人"杜撰禅和，稍得一知半解，便谓超佛越祖。世谛不除而除真谛，俗见不扫而扫法见"。[3] 人才凋零，宗风日下，佛教与风雨飘摇的清王朝一样，陷入全面的危机。佛教的这种现状引起佛教界有识之士的强烈不满。

清代佛教有一个特殊现象，即居士佛教的兴起。佛教传入中国后，历朝历代都有不少在家人皈依、研究佛教，成为居士。当然，仅有"居士"，并不代表已经出现"居士佛教"。因为清代以前，从总体来说，每一个朝代，代表当时佛教最高水平的理论权威，大体上均为僧人；此外，居士总是按照传统，依附僧人从事各种佛事活动。但清末由于很多僧人或素质低下，或因循守旧，已经在信徒中失去旧日的权威地位。相反，居士中却出现一批深研佛学的专家，成为足以与僧人对峙的高水

① 《释氏学堂内班课程刍议》，见《等不等观杂录》卷一，第18叶A，《杨仁山居士遗著》第七册，金陵刻经处本。
② 《答释德高质疑十八问》，见《等不等观杂录》卷四，第21叶B，《杨仁山居士遗著》第八册，金陵刻经处本。
③ 《与冯华甫书》，见《等不等观杂录》卷五，第23叶B，《杨仁山居士遗著》第九册，金陵刻经处本。

平的佛教研究者。并且居士们组织起来，独立进行各种宗教活动。甚至开堂说法，接受徒众。这就是所谓的"居士佛教"。由此某些地区甚至出现所谓"二宝居士"，正是居士佛教的表现形态之一。

追究居士佛教产生的原因，可以从如下几个方面去考察。

首先是时代背景，亦即时代提出了什么样的课题。这应该包括两个方面。一个方面是由于鸦片战争以来，中国积贫积弱，屡遭外国列强的侵略。如何唤起民族的觉醒，奋斗自强自救，成为时代的课题。部分力图救国救民的佛教知识分子便把佛教作为可以挽救国家民族危机的精神武器。其代表人物，如谭嗣同、梁启超等，主张发扬佛教的主观战斗精神，宣传悲天悯人的忧国忧民意识，鼓动不怕牺牲、团结奋进的宗教热情。他们的思想与革命实践，成为中国近代民主革命的一个有机组成部分。另一方面则是一些虔信居士对佛教的衰落、僧人的腐败非常不满，为了振兴佛教，努力从事对佛典的收集、整理，佛教义理的研究，佛教人才的培养乃至佛法的弘传等。后一方面的主要代表人物就是杨文会。[①] 义理是佛教的灵魂，杨文会佛学思想的一个重点就是反对当时那种空诞虚狂的学风，主张踏踏实实地认真进行佛教义理，即佛法的研究。经典是佛法的代表，所以，杨文会上述佛学思想的具体体现之一就是重视经典的收集与大藏的编纂。

其次可从杨文会提出的学修方法来探讨。

针对当时现实，杨文会提出一整套应时应机的学修方法。反映出他对当时流行的各个佛教宗派与各种佛教理论的基本态度，也反映出他的佛学思想，很值得我们注意。他说：

> 学佛者当若之何？曰：随人根器，各有不同耳。
>
> 利根上智之士，直下断知解，彻见本源性地。体用全彰，不涉修证。生死涅槃，平等一如。此种根器，唐宋时有之，近世罕见矣。
>
> 其次者，从解路入。先读《大乘起信论》，研究明了，再阅《楞严》《圆觉》《楞伽》《维摩》等经，渐及《金刚》《法华》《华严》《涅槃》诸部，以至《瑜伽》《智度》等论。然后依解起行，行起解绝，证入一真法界。仍须回向净土，面觐弥陀，方能永断生死，成无上道。此乃由约而博，由博而约之法也。
>
> 又其次者，用普度法门。专信阿弥陀佛接引神力，发愿往生。随己堪能，或读净土经论，或阅浅近书籍。否则单持弥陀名号，一心专念，亦得往生净土。

---

① 当然，上述两个方面很难截然分开，比如谭嗣同、梁启超等都曾经受到杨文会很大的影响。但在具体行事上，还是各有各的侧重。

虽见佛证道有迟速不同，其超脱生死，永免轮回，一也。①

也就是说，应时对机，有三种学佛解脱的方法。第一种即禅宗的顿悟自性，当下成佛。但杨文会认为这只有利根上智之人才能做到，现世罕有其人。其次是依据经论学习佛教理论，辅以净土修习。即从解路入，依解起行，行起解绝，得到解脱。再次是专持净土法门。这虽然也能解脱，但与前相比，毕竟有见佛证道之迟速不同。

显然，杨文会认为只有第二种方法才是现世学佛最为妥当的方法。这也是杨文会的一系列佛学思想的基础。从这个立场出发，他自然特别注重经典的整理与藏经的编纂。

最后从佛教的学、修传统来谈。

学，即学习佛教的各种义理学说，属于"解"的范畴；修，即具体的佛教修持，属于"行"的范畴。在中国佛教史上，不同的人对学与修的态度并不一样。有的人重学轻修，有的人重修轻学，当然，大多则主张学修并重。但在学修并重的人中，实际也有"依解起行"与"以行促解"之不同。当然，即使同一个人，前后态度也可能发生变化，不能一概而论。

清末的居士佛教，是在僧人义学衰败的情况下，为振兴佛教而呼吁倡导佛学研究，他们自然主要将钻研佛教义理作为己任。当然，在主张学修并重的大潮流下，在佛教本身向来注重修持的大前提下，居士们也不可能轻忽修持的重要性。杨文会说："专门学者，不但文义精通，直须观行相应，断惑证真，始免说食、数宝之诮。"② 因此，决定了他们在学、修问题上的态度必然是在重视学解的基础上，主张依解起行，学修并重。杨文会也不例外。如前所述，杨文会主张从解入路，证入一真法界，回向净土，成无上道。

从学、解的角度来看，为了振兴佛教，当时的居士佛教几乎对佛教的各种理论都做了认真的研究。不同的人对不同的理论不免有仁智之见。那么，杨文会最重视的到底是哪一种思想？他最信从的是《起信论》的真如缘起理论。杨文会早年便因接触《大乘起信论》而开始学习佛教，其后虽然也钻研过佛教其他经典与派别的思想，但从总体看，一生服膺《起信》，并以《起信论》为基础，融摄佛教的其他学说。

---

① 《学佛浅说》，见《等不等观杂录》卷一，第10叶 A ~ 第11叶 B，《杨仁山居士遗著》第七册，金陵刻经处本。

② 《释氏学堂内班课程》，见《等不等观杂录》卷一，第21叶 B，《杨仁山居士遗著》第七册，金陵刻经处本。

如他称《起信论》"宗教圆融，为学佛之要典"①，"为学佛之纲宗"②。认为该论虽然"仅仅万余言，遍能贯通三藏圣教"③，"通达此论，则《楞严》《楞伽》《华严》《法华》等经，自易明了"④，"此论一通，则一切经皆有门径矣"⑤。针对当时把大乘佛学分为性宗、相宗的判分法，他认为："《起信论》虽专诠性宗，然亦兼唯识法相。盖相非性不融，性非相不显。"⑥ 所以，他一生不但"常以《大乘起信论》为师"⑦，还特别强调"大藏教典卷帙浩繁，求其简要精深者，莫如《起信论》"⑧，"《起信论》以一门二心，总括佛教大纲。学者能以此论为宗，教、律、禅、净，莫不通贯。转小成大，破邪显正，允为如来真子矣"⑨，即把《大乘起信论》作为体现全部佛教精华的最为重要的著作。他不仅是这样说的，也是这样做的。从他的著作可以看出，他处处努力用《起信论》的观点来会融其他经典的思想。晚年甚至宣布要"建立马鸣宗"，主张"以《大乘起信论》为本，以《大宗地玄文本论》中五位判教，总括释迦如来大法，无欠无余"。认为只有这一马鸣宗才真正是"诚救弊补偏之要道也"⑩。

故从学解的角度讲，杨文会的佛学思想立足《起信论》，相当纯实，并不驳杂。⑪

从修行的角度来说，当时社会上主要流行的是禅宗、净土，主流则是"禅净双修"。如前所述，杨文会赞同净土有导人解脱生死的功用，主张它可作为中根人"从解入路"时的一种辅助手段，也可作为下根人求得解脱的一种方便法门。但杨文会特别提出专念佛名的法门有其局限性，要靠学习经典来弥补。

> 凡夫习气最重。若令其专念佛名，日久疲懈，心逐境转，往往走入歧途而

---

① 《答释德高质疑十八问》，见《等不等观杂录》卷四，第 22 叶 B，《杨仁山居士遗著》第八册，金陵刻经处本。

② 《与陈大灯陈心来书》，见《等不等观杂录》卷六，第 25 叶 B，《杨仁山居士遗著》第九册，金陵刻经处本。

③ 《与郑陶斋书》，见《等不等观杂录》卷五，第 4 叶 A～第 4 叶 B，《杨仁山居士遗著》第九册，金陵刻经处本。

④ 《与李澹缘书一》，见《等不等观杂录》卷五，第 12 叶 B，《杨仁山居士遗著》第九册，金陵刻经处本。

⑤ 《与吕勉夫书》，见《等不等观杂录》卷六，第 23 页 A，《杨仁山居士遗著》第九册，金陵刻经处本。

⑥ 《起信论疏法数别录跋》，见《等不等观杂录》卷三，第 23 叶 B，《杨仁山居士遗著》第八册，金陵刻经处本。

⑦ 《与郑陶斋书》，见《等不等观杂录》卷五，第 4 叶 A～第 4 叶 B，《杨仁山居士遗著》第九册，金陵刻经处本。

⑧ 《会刊古本起信论义记缘起》，见《等不等观杂录》卷三，第 4 叶 A，《杨仁山居士遗著》第八册，金陵刻经处本。

⑨ 《佛教初学课本注》，第 23 叶 B～第 24 叶 A，《杨仁山居士遗著》第四册，金陵刻经处本。

⑩ 《与李小芸书》，见《等不等观杂录》卷五，第 29 叶 A，《杨仁山居士遗著》第九册，金陵刻经处本。

⑪ 关于《大乘起信论》译本的真伪及《起信论》思想的价值，这是另一个问题，本文不予涉及。

不自觉。故必以深妙经论消去妄情，策励志气，勇锐直前，方免中途退堕也。①

当然，说净土法门有一定的局限，并不是说杨文会对净土有贬斥之意。对此，杨文会讲得很清楚："文学之士，往往轻净土而崇性理。鄙人初学佛时，亦有此见。自阅《弥勒疏钞》后，始知净土深妙。从前偏见，消灭无余。"② 可见杨文会对净土的肯定态度。

至于禅宗，杨文会的态度也很鲜明。首先，他对禅宗及其修习十分推崇。比如他曾经说"佛学之高，莫如禅宗"③，但他认为只有上根机的人才能修习这种"教外别传"之法，而当今之时，这种利根上智的人实在罕有。其次，杨文会理解的禅宗与禅宗本身所述显然不同。杨文会解释"传心印，为禅宗"时说："佛之心印，即是般若波罗蜜。"④ 又称"达摩一宗，专弘此法。六祖称为学般若菩萨。此乃以第六度为禅，非第五度之禅也。"⑤ 这种说法看起来与禅宗的直截了当地当下建立佛教世界观的主张似乎没有多大的差异，但是，禅宗所说偏重于以禅定中得到的心理体验来建立佛教世界观，而杨文会则偏重于学习"般若"理论之后的解悟。两者是不同的。再次，从重视理论解悟的立场出发，杨文会反对禅宗"不立文字"的传统，他说："不立文字是一种方便。若执为定法，则自误误人矣。当知摩诃迦叶承佛付嘱为第一祖，至佛灭后，即以结集法藏为当务之急。及其传心，不传之他人，而传之多闻总持之阿难。后来世世相承，莫不造论释经，宗说兼畅。达摩西来，得其传者为精通内典之慧可。傥慧可未通教义，岂能识达摩之高深哉！及至六祖，始示现不识文字之相，以显无上道妙，要在离言亲证，非文字所能及也。后人不达此意，辄以不识字比于六祖，何其谬哉！"⑥ "教外别传，不立文字"本是禅宗六祖开宗立派以来的基本立场，杨文会何以要反对它？应该说，这与清末禅宗的衰败相有直接关系。对此，杨文会颇多批评。例如，针对当时流行的不识文字，不读经论，不通义理，一味参究公案的所谓"看话禅"，他说："禅门扫除文字，单提'念佛的是谁'一句话头，以为成佛作祖之基。试问：三藏圣教，有是法乎？"⑦ 为此他创立佛学研究会，企图纠正这种弊病。针对当时禅宗虚狂的风气，杨文会严厉批评道："近时

① 《学佛浅说》，见《等不等观杂录》卷一，第 11 叶 A，《杨仁山居士遗著》第七册，金陵刻经处本。
② 《与刘次饶书》，见《等不等观杂录》卷五，第 33 叶 A，《杨仁山居士遗著》第九册，金陵刻经处本。
③ 《佛教初学课本注》，第 29 叶 B，《杨仁山居士遗著》第四册，金陵刻经处本。
④ 《佛教初学课本》，第 23 叶 A，《杨仁山居士遗著》第四册，金陵刻经处本。
⑤ 《般若波罗蜜多会演说二》，见《等不等观杂录》卷一，第 25 叶 B，《杨仁山居士遗著》第七册，金陵刻经处本。
⑥ 《佛教初学课本注》，第 25 叶 A ~ 第 25 叶 B，《杨仁山居士遗著》第四册，金陵刻经处本。
⑦ 《佛学研究会小引》，见《等不等观杂录》卷一，第 22 叶 A，《杨仁山居士遗著》第七册，金陵刻经处本。

宗门学者，目不识丁，辄自比于六祖。试问千余年来，如六祖者，能有几人？拟令此后非学成初等、中等者，不得入禅堂坐香，以杜滥附禅宗、妄谈般若之弊。"① "本朝初年，禅宗鼎盛，著述家纯疵间出。近世以来，僧徒安于固陋，不学无术，为佛法入支那后第一堕坏之时。"② 正如杨文会指出的："盖他宗依经建立，规矩准绳，不容假借。惟禅宗绝迹空行，纵横排荡，莫可捉摸。故黠慧者窃其言句而转换之，粗鲁者仿其规模而强效之。安得大权菩萨乘愿再来，一振颓风也哉。"③ 可以说，杨文会振兴佛教的种种措施，首先是针对清末禅宗的种种虚诞颓风而采取的。

所以，从修行的角度讲，杨文会对净土修习较为肯定，但对当时禅宗的诸种弊病则甚为痛心。

总之，就学、修总体而言，杨文会重视净土修习，但同时主张学、解是最终解脱之基础；在学、解方面，特别注重《起信论》的理论；表现出鲜明的注重义理的倾向。这既是当时居士佛教的特色，也是中国士大夫学佛的一个基本特色。

在《观未来》一文中，杨文会称："举世皆梦也……欲醒此梦，非学佛不为功。三藏教典具在，苟能用心，无不得入。"④ 在杨文会看来，学佛的正路是由信而解，由解而行，由行而证。最终归于净土。在这里，研解义理是一个必不可少的重要环节。义理是佛教的灵魂，欲振兴佛教，改变颓势，必须首先振兴义理。要振兴义理，必须钻研经典。而要钻研经典，必须收集、整理与刻印、流通经典。杨文会由此义无反顾地走上刻经、编藏这一条艰辛的道路。

在明了上述两点的基础上，就可以明了杨文会的编藏思想。

大藏经是佛教法宝的代表，在佛教中占有重要地位。从南北朝大藏经形成以来，历朝历代都有编辑、修造大藏经之举。有些朝代修造的还不止一部。与清朝佛教衰落相适应，有清一代，官刻藏经仅有完成于乾隆年间之《龙藏》一部，私刻藏经则有明代万历年间开始刊刻，此后一直在续刻并印刷流通的《嘉兴藏》。《龙藏》是官版藏经，仅用于皇朝之颁赐，请印手续烦琐，据现有资料，《龙藏》自刻成后，直到清朝末年，刷印过百余部，颁赐京内外诸大寺院。由于是皇家颁赐，一般只作供养之用。故清代较为流通的大藏经仍为明《永乐南藏》与《嘉兴藏》。然而，待到清朝道光、咸丰年间，因为太平天国"烧妖书"的原因，《永乐南藏》《嘉兴藏》这两部大藏的版片均已亡佚，无从再行刷印。所以，当时想要得到新的大藏经，只

---

① 《释氏学堂内班课程刍议》，见《等不等观杂录》卷一，第18叶B，《杨仁山居士遗著》第七册，金陵刻经处本。
② 《般若波罗蜜多会演说一》，见《等不等观杂录》卷一，第24叶B，《杨仁山居士遗著》第七册，金陵刻经处本。
③ 《十宗略说》，第5叶B—第6叶A，《杨仁山居士遗著》第四册，金陵刻经处本。
④ 《观未来》，见《等不等观杂录》卷一，第15叶B～第16叶A，《杨仁山居士遗著》第七册，金陵刻经处本。

能请印《龙藏》。但如前所述,《龙藏》请印不便,对佛教界造成困扰。大藏经之衰败与佛教义理之衰败实际是互为因果,互为表里的。

与这种情况相应,当时各地出现不少民间的刻经处,自行刊刻经典,以满足信徒对佛经的需求。但这些刻经处所刻经典一般无一定计划,只是按照社会需求,按照施主要求,刊刻一些流通量较大,或一般以为刊刻后,所得功德较大的经典。刊刻水平参差不齐,难以保证质量。

鉴于这种情况,杨文会创办金陵刻经处,目的就是想刊刻新的书册本大藏经。正如他晚年的《报告同人书》中所说:"鄙人四十年来,屏绝世事,专力于刻经流通,窃以弘法利生为愿。今垂老,尚有心愿中未了之事。……鄙人志愿,亟望金陵刻经处刻成全藏,务使校对、刷印均极精审,庶不至贻误学者。"① 四十年来,他围绕这一中心,收罗典籍,遴选精本,编纂目录,主持刊刻,乃至亲自承担较为繁难典籍的校对等,当然还有筹措资金。孜孜精进,未稍暂舍。这种精神,令人感动。鉴于大藏经篇幅浩瀚,他又曾经计划类别日本续藏经刻本,编辑一部《大藏辑要》,共约三千卷。他为之编纂了《叙例》,也列拟了类目。遗憾的是,直到逝世,他都没有能够达到自己的上述两个目的。不过,差可告慰的是,其弟子欧阳渐其后主持金陵刻经处事务,在《大藏辑要》的基础上重新编纂出版《藏要》三辑,在佛教文献学史上具有一定的地位。

大藏经有取材标准、结构体系、外部标志等三个组成要素,一部优秀的藏经应该达到资料齐全、编排科学、使用方便这样三个标准。虽然杨文会拟编的大藏经实际并没有完成,我们现在很难进行全面的探讨,但我们仍然可以依据现有资料对他的编藏目的、工作方式以及采用上述三要素作为标准等内容对杨文会的编藏思想进行研究。

首先是编藏目的。

杨文会编藏的最大动机是供人研习佛教,以求证悟。他这样说:

> 若欲亲证,须由三种渐次而入。一者文字般若,即三藏教典及各宗著述。后学因此得开正见,不至认贼为子。二者观照般若,依前正见,作真空观及中道第一义观。三者实相般若,由前妙观,证得诸法实相即与般若相应,便是到彼岸,可称般若波罗蜜多矣。②

---

① 《报告同人书》,见《等不等观杂录》卷五,第 4 叶 A ~ 第 5 叶 A,《杨仁山居士遗著》第九册,金陵刻经处本。

② 《般若波罗蜜多会演说二》,见《等不等观杂录》卷一,第 25 叶 A ~ 第 25 叶 B,《杨仁山居士遗著》第七册,金陵刻经处本。

也就是说，要求证悟，首先必须依据大藏经开得正见，然后在这正见的基础上作诸种观照，最后由观照而证得诸法实相。在通信中，杨文会每每劝人研习经典，都是出于同样的思路。这也是杨文会一生从事艰辛的编藏事业的直接动力。前面提到，就学、修总体而言，杨文会表现出鲜明的注重义理的倾向。这既是当时居士佛教的特色，也是中国士大夫学佛的一个基本特色。

杨文会编藏的第二个目的是振兴佛教。作为一个虔诚的佛教徒，面对清末佛教的种种衰败相，杨文会痛心疾首。他说：

> 我国佛教衰坏久矣！若不及时整顿，不但贻笑邻邦，亦恐为本国权势所夺，将历代尊崇之教，一旦举而废之，岂不令度世一脉，后人无从沾益乎？①

要整顿佛教，则赓续历代传统，重编佛教大藏，自然是题中应有之义。

杨文会编藏的第三个目的是向世界传播佛教。与一切虔诚的佛教徒一样，杨文会也有着强烈的传播佛教的热情。在他看来，由于佛教主张众生平等，所以，在当今，唯有佛教才是最适合于世界各国的宗教。他说："欲以宗教传于各国，当以何为先？统地球大势论之，能通行而无悖者，莫如佛教。"并主张先"从印度入手，然后遍及全球。庶几支那声名文物，为各国所器重，不至贬为野蛮之国矣"。他希望数年之后，佛教"不但与西洋各教并驾齐驱，且将超越常途为全球第一等宗教，厥功岂不伟欤"。②

具体应该怎样做？他主张要把汉文佛典重译为梵文，并要让日本人用汉语直接阅读汉文佛典。

> 今欲振兴，必自开学堂始。
> 五印度境为佛教本源，大乘三藏所存无几。欲兴正法，必从支那藏经重译梵文。先须学习语言、文字，方可成此大业也。
> 日本佛教胜于他国，三藏教典及古今著述最为详备。欲求进益，须以汉语读汉文，则文义显发，必有胜于向时。盖汉文简而明，曲而达，虚实互用，言外传神。读诵通利，自能领会。向以和语回环读之，恐于空灵之致，有所未惬也。③

---

① 《支那佛教振兴策一》，见《等不等观杂录》卷一，第 16 叶 B，《杨仁山居士遗著》第七册，金陵刻经处本。

② 《支那佛教振兴策二》，见《等不等观杂录》卷一，第 17 叶 A ~ 第 17 叶 B，《杨仁山居士遗著》第七册，金陵刻经处本。

③ 《般若波罗蜜多会演说四》，见《等不等观杂录》卷一，第 26 叶 B ~ 第 27 叶 A，《杨仁山居士遗著》第七册，金陵刻经处本。

从可行性的角度讲，上述设想不免过于理想主义，但上述设想的确把杨文会以经典为传法之要的思想表述得很清楚。既然如此，自然需要把刻经、编藏作为首要的工作。

古代，与我国存在着义理层面佛教及信仰层面佛教相应，我国的大藏经也发生分化，呈现义理型大藏经与信仰型大藏经这么两种类型。前者的目的是供别人探究义理，后者的目的是为自己修积功德。由此衍生出不同的形态与特点。毫无疑问，杨文会拟编之大藏经属于前者。

其次是取材标准。

由于杨文会刻印佛典、编纂藏经的目的是供人钻研义理以弘扬正法，复兴佛教，所以他心目中理想的藏经有几个明显的特点：维护正法传统，收罗齐全资料，注重章疏义理，遴选精良底本。并以此作为取材标准。

第一，维护正法传统。

所谓"维护正法传统"是指杨文会认为刻经、编藏，在内容上必须维护佛教的纯正性，以保证正法的弘扬。

金陵刻经处在成立之初，曾公议条例，订有三不刻的规矩。这三不刻是："凡有疑伪者不刻；文义浅俗者不刻；乩坛之书不刻。"① 曾经有过这样一件事：有人寄来一本梵文经典，称经过某蕃僧鉴定，系《高王观世音经》的梵本，要求刻印流通。《高王观世音经》是南北朝时期，在当时流行的观音信仰的影响下出现的伪经，历代大藏均不收入。现在敦煌遗书中有保存。在杨文会看来，该经既然是中国人所撰伪经，自然不可能有什么梵本。杨文会回信说明理由，将原书奉还，婉言谢绝。当时日本正在编纂《续藏经》，杨文会与参与其事的南条文雄有着较深厚的友谊，相互代为收集资料。南条文雄将《续藏经》目录寄给杨文会，以供参考。杨文会发现其中收有无垢子著《注解心经》一卷，认为这是外道所作，不宜收入藏经，应予撤除。便去信南条，说明自己的意见。现《续藏经》中果然没有该经，看来是接受了杨文会的意见。又如他编纂的《贤首法集》将能够搜集到的法藏的著作全部汇集在一起，而对传为法藏所著的《华严策林》等四种五卷，则因其为赝作而排除在外。

杨文会这种祛妄扬正的态度不但体现在选取经本方面，还体现在与大藏经有关的其他一些问题上。

比如本书"经录与功德"一节提到，杨文会对民间流传的《大藏经总目录》曾经痛加指斥。此不赘述。

---

① 《与郭月楼书》，见《等不等观杂录》卷六，第26叶B～第27叶A，《杨仁山居士遗著》第九册，金陵刻经处本。

又如杨文会曾撰《一藏数目辨》澄清当时社会上对佛藏收经数目的误传。

> 今时僧俗持诵经咒,动称一藏。问其数,则云:"五千四十八也。"尝考历代藏经目录,惟《开元释教录》有五千四十八卷之数,余则增减不等。至今乃有七千二百余卷矣。①

如前所述,"五千四十八"这个数字出自《开元释教录·入藏录》,会昌废佛后全国藏经以《开元释教录·入藏录》为基础得到统一,"五千四十八"也因此成为大藏经的代名词。② 但与后代义学衰败相应,僧人往往一提大藏经卷数,以为就是"五千四十八卷",全然不知后代诸种藏经内容演变、卷数增减这一佛教的基本知识。故杨文会要为之辨误。

杨文会对某些佛典中反映的一些陋习也提出批评。例如受中国封建王朝注重正统、严辨正朔的史学观的影响,南宋天台宗僧人志磐采用中国史书的纪传体,写了一部《佛祖统纪》。印度从释迦牟尼起,到十三祖龙树止,中国从慧文、慧思起,以天台一派"为正宗,作'本纪',尊之为帝王;近支谓之旁出,作'世家',尊之为诸侯;远支作'列传',等之于士大夫;《佛祖世系表》内之祖,十四祖以下,反同旁出"。杨文会认为,从释迦牟尼开始,僧人既然出家,就抛弃了世俗的荣华,怎么能够再套用世俗的等级观念?他指出:"若不论道德而论世系,则禹、汤之传而为桀、纣,文、武之传而为幽、厉。"并发出严厉的责问:"无知妄作至于如此,尚得谓之如来真子乎?"杨文会所以这样提出批评,也是为了维护佛教的纯正性。

在当时的情况下,杨文会的这种态度在佛教界的确起到警世惊梦、匡正时弊的作用。

第二,收罗齐全资料。

如前所述,南北朝之后,我国历朝历代都曾经修造大藏经。清代大藏经的规模已达七千余卷。因此,编纂新的大藏可以有两种办法。一种是把前代的藏经找来,略加增补,重新编排刊刻;一种是除了收入历代已入藏典籍外,把重点放在历代未入藏典籍上,尽可能收集之,以努力争取资料的完整性。毫无疑问,前者相对容易,后者则相当困难。然而,后者的价值也因此而更高。当时日本藏经书院正在编纂《续藏经》,采取的就是后一种办法,杨文会极力赞同,并积极襄助。

> (日本)复制《续藏经》,凡印度、支那古德撰述未入大藏者,悉集而刷

---

① 《一藏数目辨》,见《等不等杂观录》卷四,第11叶B,《杨仁山居士遗著》第八册,金陵刻经处本。
② 参见方广锠《八—十世纪佛教大藏经史》第三章第二节,第226页。

之。为部千六百有奇，卷逾八千。仍搜求古遗之本，正未有艾也。予亦为之搜辑，乐观其成。是辑也，得六朝唐宋之遗书，为紫柏所未见。诚世间之奇构，实足补隋唐所不足也。①

日本《续藏经》的编纂，使大量在中国本已失传的古佚典籍在日本重新问世。杨文会自己本来就有编纂藏经的计划。

> 三藏教典，结集于印度者不可知其部帙之数。自流传震旦，至隋唐以来，代有增益，由五千以至七千。此其大较也。明紫柏尊者以方册代梵夹，阅者便之。大藏以外，复有续藏，合之已逾万卷。以遭兵燹，版已无存者。予与同志，欲踵刊之而未成也。②

此时便花费大量精力，一方面帮助日本友人搜罗《续藏经》所需资料，另一方面通过日本友人大量搜集在中国已经亡佚的古佚典籍，甚至不惜在日本登刊广告，重金求购。在杨文会与日本友人的通信中，这方面的内容占据很大篇幅。此外，杨文会还想方设法在国内到处寻访藏外经典。近代中国，在收集未入藏典籍方面，我们还没有看到有第二人像杨文会这样锲而不舍，孜孜以求，不遗余力，舍得下功夫、花力气。这主要是杨文会有一种强烈的事业心、使命感与责任感，实在是我们后人的典范。

我认为，编辑大藏，一定尽量要把资料搜集齐全。一是历代大藏经已经收入的典籍，这比较容易。由于历代编藏者的努力，它们已经被收集汇拢起来，就好比矿石已经被炼成钢铁。只是有的是精钢，现成就可以利用；有的是粗铁，还需要我们加工而已。至于历代大藏经没有收入的典籍，好比山中的矿石，需要我们自己去寻找、开采、冶炼，自然困难重重。然而，我们现在编辑藏经，如果局限在已入藏典籍的范围内炒冷饭，则意义实在不大；只有把眼光开拓到未入藏部分，才能真正编纂出占据时代高峰的大藏经。杨文会在一百年前已经有了这份眼光与魄力，是值得我们钦佩的。

第三，注重章疏义理。

我国古代藏经以《开元释教录》为典范。但《开元释教录》的最大缺点之一是重翻译典籍，轻中国撰述，尤其是中国人所撰的章疏，竟然一部也不收。关于这一点，前人已经提出批评。例如李肇《东林寺藏经碑铭并序》载："云门僧灵澈……又病前

---

① 《日本续藏经叙》，见《等不等杂观录》卷三，第14叶B～第15叶A，《杨仁山居士遗著》第八册，金陵刻经处本。

② 《日本续藏经叙》，见《等不等杂观录》卷三，第14叶B，《杨仁山居士遗著》第八册，金陵刻经处本。

贤编次，不以注疏入藏，非尊师之意。"① 灵澈是唐宣宗元和年间（806～820）人，他所批评的前贤，正是智昇。又如高丽义天批评《开元释教录》说："经论虽备，而章疏或废，则流衍无由矣。"② 其实，中国人的佛教撰述才真正反映中国人对佛教的理解，反映中国佛教的发展历史与发展水平，对我们研究中国佛教具有无可替代的价值。后《嘉兴续藏》及《又续藏》收入大批中国佛教撰著，至今为人们称道。虽则如此，仍有大批章疏散逸在大藏经之外。杨文会则十分重视这些藏外章疏的收集与整理，在《杨仁山居士遗著》中我们可以看到许多关于他收集、研究、刊刻这些章疏的记叙，如他在一封给南条文雄的信中要求"如有古时支那人撰述各种，为明藏所无者，无论敝单已开、未开，均祈代为寻觅"③，反映了他期盼得到这些章疏的殷切心情。

杨文会重视佛教章疏，是由于他鉴于当时佛教义学水平低迷，欲努力改变之。他指点别人学习佛教时，经常要求对方阅读有关章疏。④ 如他在回信刘次饶，解答疑问时说：

> 接读手书，得悉阁下潜心内典有年。……遥想阁下，但阅经文，未看注疏，故生此种见解。若多阅注疏，自然了达无碍矣。……大凡佛经，八面玲珑，其文义之妙，如神龙变化，飞空绝迹。若以世俗之见窥之，徒增迷闷耳。佛经理事圆融，毫无虚妄，久久精研，自能通达。⑤

这种思想，很自然地贯穿到他的刻经、编藏的实践中，成为指导思想之一。

第四，遴选精良底本。

刻经、编藏，是为别人研究佛教提供原始资料。无论从哪个角度讲，提供的资料都必须尽量准确无误。所谓"准确无误"，包括三个方面的含义：其一，所刻典籍思想无误，不致误导读者；其二，所刻典籍应依据最好的底本；其三，所刻典籍应当严格校对，不留错字。上述三个方面，杨文会均极为留意。

就第一个方面而言，实际又涉及前述取材标准问题，所以杨文会予以特别的注意。如曾有陈仲培捐资，拟刻《法华指掌》一书。金陵刻经处亦有该书，但"敝处因《指掌》不佳，不愿流通"⑥，故此没有答应刊刻。又有人捐资，指定要

---

① （清）董诰等编《全唐文》卷七二一，第 7417 页。
② 《新编诸宗教藏总录》卷一，CBETA（2016），T55，no. 2184，p. 1165，c24～25。
③ 《与日本南条文雄书八》，见《等不等杂观录》卷七，第 19 叶 A，《杨仁山居士遗著》第十册，金陵刻经处本。
④ 《与李质卿书》，见《等不等杂观录》卷六，第 25 叶 B，《杨仁山居士遗著》第九册，金陵刻经处本。
⑤ 《与刘次饶书》，见《等不等杂观录》卷五，第 33 叶 A，《杨仁山居士遗著》第九册，金陵刻经处本。
⑥ 《与李小芸书一》，见《等不等杂观录》卷五，第 28 叶 B，《杨仁山居士遗著》第九册，金陵刻经处本。

刊刻绘图之《释迦如来应化事迹》，俗称《释迦谱》者，杨文会则提出，希望改刻藏经内十卷本之《释迦谱》。如此种种，金陵刻经处虽然是依靠十方施主普施净财刊刻佛典，但在刊刻哪些佛典的问题上有自己的原则。杨文会在指导别人学习佛法时曾经这样说："《金刚》《心经》二种，注解甚多，须分三类。一曰正解，二曰俗解，三曰邪解。"他要求学佛者"专阅正解一类，俗解、邪解，万不可阅"。①

由此我们可以理解金陵刻经处何以在所刻佛典的选择上如此坚持自己的原则。

就第二个方面而言，由于古代佛典反复传抄、刊刻，错谬在所难免。加之后人不断对前人的著作进行各种加工，由此出现种种复杂形态。因此，在刻经编藏时，精选底本乃至对底本进行必要的加工整理，就是一项十分重要的工作。也是杨文会在刻经、编藏实践中特别花气力的事情。

如金陵刻经处刻唐法藏《起信论义记》，便颇费了一番周折。

> 藏内贤首疏五卷，人皆病其割裂太碎，语意不贯。盖圭峰科会之本也。莲池重加修辑，刻于云栖；憨山治为疏略，刻于径山。文义虽觉稍联，总不能如原作之一气呵成也。近年求得古逸内典于日本，自六朝以迄元明，凡数百种。内有《起信论义记》，以十门开释。始知圭峰删削颇多，致失原本规模。然经日本僧徒和会，仍不免割裂之病。求之数年，复获别行古本，真藏公原文也。雠校再三，重加排定，务使论文、记文，自成段落。庶几作者义味，溢于行间。后之览者，恍如亲承指教也。②

在他给南条文雄的信中，就有希望得到未经日本僧人会合之原著之请求：

> 《大乘起信论义记》，唐法藏；《观无量寿佛经疏》，宋元照。以上两种，已得会本。欲求未经会合之本，看其文势断续，另行排定，以备刊版。③

由此可知，金陵刻经处在刊刻《起信论义记》时所花费的精力。

如《释摩诃衍论集注》，"近时从日本传来，亟欲刊行。而科文繁多，恐后人疲于心力，转令本、释二论不能精究。因摘其要言，注于释论之内，科文一概删去。

---

① 《与刘次饶书》，见《等不等杂观录》卷五，第33叶B，《杨仁山居士遗著》第九册，金陵刻经处本。
② 《会刊古本起信论义记缘起》，见《等不等杂观录》卷三，第4叶A～第4叶B，《杨仁山居士遗著》第八册，金陵刻经处本。
③ 《与日本南条文雄书十》，见《等不等杂观录》卷七，第21叶A，《杨仁山居士遗著》第十册，金陵刻经处本。

如肇公注《维摩经》之例"。①

又如《西归直指》，本为周安士著，为读者欢迎。后经江铁君删改，撰成《西归直指纲要》一卷。而由于种种原因，金陵刻经处又不拟照刻《纲要》。后来"于虞山朱君保之处得胜莲居士施刻（周安士《西归直指》）原本。见者庆喜无量，咸谓周君愿力所持，特留此本，嘉惠后学也。亟授手民，以复旧观"。②

凡此种种，金陵刻经处所刻之典籍，并非前代典籍的简单翻刻，而是融入编纂者辛勤的整理加工之功。这种工作，如非亲自做过，很难体会其艰辛。杨文会的这些工作，保证了金陵刻经处所刻佛典的高水平、高质量。

再次为结构体系。

大藏经收经众多，篇幅浩瀚，必须采用一定的分类办法来进行组织，以利于反映这些经典本身最本质的属性和内容上的相互关联。这样，才便于人们从总体上去把握佛教，管理佛经，也便于人们触类旁通，认识某类或某种典籍在整个佛教中的地位。因此，分类结构的好坏，往往成为一部藏经成败的关键之一。

我国古代的僧人在漫长岁月中对大藏经的结构体例下了很大的功夫，提出过种种方案。经过时间的淘汰，大家渐渐认同唐释智昇在《开元释教录·有译有本录》中提出的分类法。应该说，智昇的分类法的确代表了我国古代佛教文献学的最高水平，但也不是尽善尽美。智昇的分类法其后成为我国历代大藏经结构体例之圭臬。明代智旭在其《阅藏知津》中提出一种新的分类法，其实，智旭并没有改变智昇方案的根本缺陷，只是按照天台五时判教的观点把佛典重新组织而已。20世纪日本新编的《大正藏》则在吸收《开元释教录》与《阅藏知津》的分类成果的基础上，力图依据思想的发展与典籍的演变这样的历史线索来安排大藏经的结构，以期给研究者最大的方便。这种分类法取得相当的成功，至今为人们所称道，当然也存在一些缺憾。

杨文会是怎样对待这一问题的？由于他拟编纂的大藏经实际并没有完成，因此我们现在无法回答这一问题。不过，由于佛教典籍浩如烟海，大藏经编纂实非易事，所以杨文会曾经有意先精选若干典籍编纂一部《大藏辑要》供初学者学习佛教之用，并为此撰写《大藏辑要叙例》确定其分类体例。虽然《大藏辑要》的目的仅是从日本《续藏经》选取若干佛典，因而它的结构与藏经结构未必全部吻合，但从该《叙例》中，我们还是可以窥见杨文会对新编大藏经结构的基本设想，即将一部大藏分为：经，分为显、密两部，其中显部分华严部、方等部、净土部、法相部、般若部、法华部、涅槃部、小乘经，其中密部不再分部；律，分为大乘律、小乘律；

---

① 《释摩诃衍论集注自叙》，见《等不等杂观录》卷三，第16叶B，《杨仁山居士遗著》第八册，金陵刻经处本。

② 《西归直指跋》，见《等不等杂观录》卷三，第26叶A，《杨仁山居士遗著》第八册，金陵刻经处本。

论，分为大乘论、小乘论。此外将论所不收的"西土撰集"分为一部。将中土撰集分为：禅宗、天台宗、传记、纂集、弘护、旁通、导俗等部。① 限于篇幅，本书只能简述，建议读者查阅杨文会的原文。

上述《叙例》在佛藏结构方面的最大变动是对经部类目的设置及为中华佛教撰述增设的若干类目。我们先对经部进行比较考察，并略做评述。

《开元释教录·入藏录》把经部分作大乘经、小乘经两大类，在大乘经中，又依次分般若、宝积、大集、华严、涅槃等五大部及五大部外诸经。小乘经先列四阿含及其眷属，然后罗列其他经典。《阅藏知津》也把经部分作大乘经、小乘经两大类，在大乘经中，则依次分华严、方等、般若、法华、涅槃五大部。在方等中，又分方等显说部与方等密咒部两类。小乘经与《开元释教录》大致相同。与《开元释教录》比较，《阅藏知津》删宝积、大集而增方等、法华。《阅藏知津》新设方等密咒部以收入各种密教经典，显然是弥补《开元释教录》不为密教经典单立部类之缺陷。20 世纪日本新编《大正藏》分经部为十类：阿含、本缘、般若、法华、华严、宝积、涅槃、大集、经集、密教等十部。可以看出，它是斟酌、吸收《开元释教录》与《阅藏知津》而做的改造。现依照时代顺序，将《大藏辑要》对佛典"经部"的分类与其他几种代表性经录、藏经的分类列表对照如下，表中每列诸部前的数字是该部在该目录或藏经中的序号。

表 7　对佛典"经部"的分类

《大藏辑要》	《开元释教录》	《阅藏知津》	《大正藏》
1. 华严部	4. 华严部	1. 华严部	5. 华严部
2. 方等部 3. 净土部 4. 法相部	2. 宝积部 3. 大集部 6. 五大部外诸大乘经	2. 方等显说部	6. 宝积部 8. 大集部
5. 般若部	1. 般若部	4. 般若部	3. 般若部
6. 法华部		5. 法华部	4. 法华部
7. 涅槃部	5. 涅槃部	6. 涅槃部	7. 涅槃部
8. 小乘经	7. 四阿含 8. 四阿含外诸小乘经	7. 四阿含 8. 四阿含外诸小乘经	1. 阿含部 2. 本缘部 9. 经集部
9. 密部		3. 方等密咒部	10. 密教部

说明：表7只表示《大藏辑要》与《开元释教录》《阅藏知津》《大正藏》经部类目开合的大致对照关系。其中《大正藏·经集部》较为庞杂，不能完全归为"小乘经"，参见下文，此处从权。至于某些经典的具体归属，因更为复杂，在此不予涉及。

---

① 《大藏辑要叙例》，见《等不等杂观录》卷三，第 7 叶 A ~ 第 9 叶 A，《杨仁山居士遗著》第八册，金陵刻经处本。

从表 7 可以清楚地看出，《大藏辑要》经部的分类基本是在《阅藏知津》的基础上而加改动。即将"方等显说部"分别开为"方等部""净土部""法相部"等三部，而将"方等密咒部"从大乘经中提出，改名为"密部"，以与整个大小乘显部经典相对。

《大藏辑要》特意将净土与法相类典籍从方等部中分出，显然与杨文会本人的佛学思想以及晚清净土宗的流传与法相唯识学的兴起有密切关系。我们知道，与杨文会同时代，日本 1880 年至 1885 年编纂的《弘教藏》，其经部的分类完全依据《阅藏知津》；而 1902 年至 1905 年编纂的《卍字藏》，经部的分类完全依据《开元释教录·入藏录》，可以看出杨文会在佛藏分类方面的改革实际走在当时世界的前列。

我们还可以把《大藏辑要》经部的分类与杨文会逝世后，20 世纪二三十年代日本编纂的《大正藏》的分类做一个比较。如表 7 所示，《大正藏》经部的类目系斟酌《开元录》与《阅藏知津》而纂成，新设的只有本缘部、经集部两部。本缘部所收为诸种本生故事集、佛传故事集、因缘故事集与寓言故事集。当初主要供宣教之用，今天可称为佛教文学作品之汇集。这一类目的设置，甚便于人们的研究与使用。至于经集部，则基本上是把大、小乘经中那些无法归入上述诸类的经典统统收拢在一起而已。体例杂乱，本不足道。《大正藏》将密教经典单列，以与显教经典对等。如前所述，佛教典籍分类法上的这一创新滥觞于《大藏辑要》。在此，杨文会的先驱之功应该充分肯定。

在中华佛教撰著方面，除了诸宗部以外，杨文会又设立"传记""纂集""弘护""旁通""导俗"等类目。其中旁通、导俗两目不见于古今所有大藏经，全属杨文会的创新。

《大藏辑要》在体例方面的最大创新是提出了"凡羽翼经律论者，概从本文为主，亦臣子随君父之义也"这样一个"以疏隶书"的全新的原则。即将诸典籍的注疏本与所疏原本归属于一类，编排在一起。

如前所述，唐代章疏不入藏。① 宋代起，部分中华撰著章疏入藏，但仅作为诸宗著作入藏，而非以章疏身份入藏。从明代起，章疏开始入藏，但没有定出具体的体例，也没有专门的分类类目，只是将其缀在大藏经末尾而已。因此，收入大藏的章疏显示出杂乱无章的形态。日本《大正藏》将章疏分为经疏、律疏、论疏，并按照所疏释的经律论先后排列，稍具规范。但章疏与所疏释原本分列，不便检阅。特别是有的章疏虽然逐句疏释原典，却没有照引原文，则章疏与原本分离后，阅读更加不便。所以，以疏隶书，应该是解决章疏入藏后分类归属的较好可选方案之一。

---

① 指不入"正藏"，参见方广锠《八—十世纪佛教大藏经史》第二章第三节，第 160 页。

1996 年 4 月，在北京召开的"大藏经编纂及电脑化研讨会"上，也有先生提出新编的大藏经应该采用"以疏隶书"的办法处理章疏的编排。

其实，我国的儒家经典不但早已实现了"以疏隶书"，而且已经"以疏代书"。如儒家十三经早期白文本与注疏本分别流传，其后出现《十三经注疏》本，白文本便渐渐被淘汰。当然，形成这种局面的前提是已经出现了公认的权威的注疏本。从这个角度讲，佛教典籍目前"以疏代书"的条件还没有成熟。但"以疏隶书"确是一种在今后的编藏实践中可以一试的方案。

藏经类目的确定，既要有一定的研究方法论的指导，又要求编纂者必须有深湛的佛学功底，在实际工作中还必须兼顾现有汉文佛典的具体情况，实在是一件非常困难的工作。自古以来，多少才智之士致力于此，但至今还没有得到圆满的解决。当然，藏经的结构、佛典的分类是一个非常复杂的问题，需要长期努力，认真研究，不可能毕其功于一役。杨文会的工作为我们提供了许多有益的启示。只要锲而不舍地钻研下去，这个问题总能得到较为圆满的解决。当然，进入数字化时代以后，现代的数字化技术为我们处理佛典分类提供了全新的路径。这是另一层面的问题，我们讨论佛典数字化时再谈。

最后为普及实用。

如何才能使佛典普及实用？其具体要求具有一定的时代性。即不同时代对什么叫"普及"，什么叫"实用"，理解不同，要求也不同。但把"普及实用"作为编纂义理性大藏经的基本原则，要求编成的大藏经能够被更多的人更方便地使用，则是任何时代都通用的。杨文会是怎样处理这个问题的？下面从装帧、字体、校对、提要等四个方面加以探讨。

装　帧

书籍的装帧形式随着书籍载体及时代的变化而变化，总的来说向两个方向发展，一是方便实用，一是气派豪华。气派豪华的毕竟是少数，大多数则向方便实用发展。然而宗教类书籍，特别是公认的权威性典籍，往往由于受宗教固有的神秘观念影响，在装帧形式的变化上出现一定的滞后性。例如，唐代书籍一般均以卷轴为主，佛教也不例外。但到了宋代，世俗书籍大抵采用蝴蝶装，亦有采用线装者，佛教典籍中的民间流传的小部佛经有改作蝶装的，但《开宝藏》却仍然保持卷轴装不变。北宋末期大藏经由卷轴装改为经折装，尽管同时的世俗书籍已经大都用线装，但大藏的经折装传统一直维持到清代的《龙藏》，成为我国书籍装帧史上的一种特殊现象。鉴于经折装使用不便，明末刊刻《嘉兴藏》的紫柏、道开等人首倡用线装（又称"方册本"）刊刻大藏，这在当时还曾经引起一番争论。有人认为如果将大藏经改为线装，就失去了大藏经的神圣意味。但由于紫柏等人的坚持，改革得以进行。杨文会评论《嘉兴藏》说："明紫柏尊者以方册代梵夹①，阅者便之。"② 金陵刻经处所刻经书，一律屏弃原来的经折装传统，仿照《嘉兴藏》方册本的形式。这无疑是为了像《嘉兴藏》那样便于读者阅读。

字　体

佛典自古到今，历代传抄刊刻。由于中国的文字因时代变化而变化，后代写经、刻经应用何种字体便成为一个问题。是保持古代字体不变，还是与时俱进，改用当代通用的字体？

杨文会认为，藏经字体不可泥古。他说：

> 东震旦自有佛经，历代书写、刊印流通，字体皆随时宜。明万历间始刊书本藏经，间用古字。初学患其难晓，后半遂不复用。近代吴下江铁君写刻大乘教典，改从《说文》字体，好古者赏之。然《说文》所有之字则改矣，其无者仍听之，亦何贵乎其改也。尝试论之，佛经字体不与《说文》合者最多。何则？翻梵成华，但取义顺，不以文字论古今也。③

首先，杨文会的意思是佛经翻译，达意为上。经典的传写刊刻，自古就有"字体皆随时宜"的传统，现在仍应遵从。他并举《嘉兴藏》最初采用古字，但不通行，后来不得不改正的例子，以及用《说文》古字刊刻佛经的例子，说明藏经字体不可泥古。

任何人，从事任何工作，总有一个目的。杨文会编纂藏经的目的是为读者提供一个较为实用、可靠的读本。这些读者绝大多数并非文字研究者，如果经典中有许多正俗字、古今字、通假字等，自然会被他们视为畏途。因此，只要意义没有歧异，内容不会被误解，文献的整理者就有责任采用正字法，用规范的通用字来取代这些不规范的不通用字，为读者排除的阅读障碍。这样，文献整理才能删繁就略，达到最大的效果。当然，如系以特定对象为读者的古籍整理，必须保留原字，这自然另当别论。

其次，汉字本身随着时代发展而不断演进，因此我国历代都曾经运用法令整理

---

① "梵夹"，原系域外书籍的装帧形式（参见方广锠《谈梵夹与梵夹装》上，沈乃文主编《版本目录学研究》第三辑，国家图书馆出版社，2012，并影响了中国佛教典籍的装帧。但随着印度佛教的衰亡，人们对域外佛典这种装帧形式的知识也渐渐淡忘，其后人们长期把经折装误称作"梵夹"。
② 《日本续藏经叙》，见《等不等杂观录》卷三，第14叶B，《杨仁山居士遗著》第八册，金陵刻经处本。
③ 《藏经字体不可泥古说》，见《等不等杂观录》卷一，第12叶A～第12叶B，《杨仁山居士遗著》第七册，金陵刻经处本。

与规范汉字。我们在古籍整理的实践中，除了特殊情况之外，当然应该遵守这些规范。试问，如果国家已经公布、社会已经存在公认的用字规范，文献整理者却无视这些规范，硬要用那些已经被废止、已经不通用的字，可以吗？当"回"字写法已经规范，却揪住"回"字共有四种写法而自诩，又有什么意义？任何文献整理都有时代性。这种时代性的表现形式之一，就是废止已经不通用的字，改为当时通用的字。这样做需要辨字正字，既费功夫，又可能出错，对整理者很危险，但对读者最有好处。

至今，杨文会的观点对我们整理佛教典籍仍有指导意义。

校　对

就校对而言，看来似乎最为简单，任何人，只要认真一点，都可以做好这件工作。但世界上的事情，就是"认真"二字最不容易做到。其证据就是现在流行的各种出版物，几乎无错不成书。由此可知校对之难。金陵刻经处所刻佛典，虽然不能说一字不错，但校对的确相当精审，所以一直被人们认为是可靠的本子，在宗教界、学术界享有很高的声誉。杨文会怎样处理校对工作？

第一，他严把底本质量关。要求底本字迹务必清楚，没有含混模糊之处。例如，他曾经委托日本友人寻得《释净土群疑论》七卷，正拟刊刻，发现"原书朱抹太多，写者易误"。于是特意请日本友人"再购未经涂抹之本"。[①] 从一开始就注意排除各种出现错误的可能。

第二，他坚持做严格校对。甚至将繁难的校对工作交由自己亲自承担，将容易一些的校对工作让给别人承担。他在一封通信中这样说："顷得东洋觅来之《瑜伽论记》，系唐僧遁伦所作。约八十万字，亦拟刻之。更有东洋求得之古本书籍，改定行款，校正讹舛，甚费心力。会独任其难，其易办者，则让他人校刻。是则私衷所窃愿也。"[②] 杨文会如此以身垂范，是金陵刻经处的校对工作如此精益求精的一个重要原因。

如前所述，当时各地均办有刻经处。为了保证金陵刻经处刻经的质量与声誉，杨文会提出："他处所刻未精之本，听其自行流通，本处概不与合并成书。"[③]

杨文会如此重视校对，如此下功夫，如此坚持严格的标准，在于他有一种高度的责任心与严肃认真的态度。他说：金陵刻经处所刻的藏经"务使校对、刷印，均

---

① 《与日本南条文雄书二十一》，见《等不等杂观录》卷八，第10叶B，《杨仁山居士遗著》第十册，金陵刻经处本。
② 《与释自真智圆国瑛书》，见《等不等杂观录》卷五，第19叶A，《杨仁山居士遗著》第九册，金陵刻经处本。
③ 《报告同人书》，见《等不等杂观录》卷五，第5叶A，《杨仁山居士遗著》第九册，金陵刻经处本。

极精审。庶不至贻误学者"。① 这种精神是杨文会留给后代的宝贵财富。

提　要

　　杨文会曾计划编纂大藏与续藏的提要。他说："编辑大藏、续藏提要：经典浩繁，读者苦难抉择。今仿《四库提要》之例，分类编定，以便初学。"② 虽然这个提要最后并没有编纂出来，但从杨文会的这个计划，可以得知他曾拟尽量为读者提供最大的方便。

　　从1866年起，杨文会就产生"末法之世，全赖流通经典以普济"③ 的想法，开始发心要刊刻方册藏经，并纠集同志，分任劝募。但工程浩瀚，谈何容易，时属末法，信心者希。人力、财力均甚不易，事业遇到种种困难。有一次杨文会去洞庭西山寻访旧经，不但一无所获，而且因旅资用完，几乎不能回家。当时家庭生活也十分困难，以致他不得不外出就职，维持生计，以便继续事业。虽则如此，杨文会执着事业，不稍暂息。他一方面坚持自己编藏的最终目的与严格的刻藏标准，并不因为种种困难而放弃编藏理想，降低刻藏标准。另一方面，则采用较为现实的态度，以蚂蚁啃骨头的渐进的方式，克服种种困难，一部一部地刊刻经典，一点一点地积累版片，一步一步地顽强地把工作向前推进。亦即不放弃严格的标准，但采用渐进的方法。应该说，这是应时应机唯一可行的现实的办法。《杨居士塔铭》在历数前人刻藏事迹后称："居士奋起于末法苍茫、宗风歇绝之会，以身任道，论师、法将、藏主、经坊，四事勇兼。毕生不倦，精诚磅礴。居士事盖视前人为倍难。"④ 应该说是一个很确切的评论。金陵刻经处能够有今天这样的规模，就是杨文会这种工作方法取得了成功的证明。当然，这种方法需要主事者以绝大的毅力进行顽强的努力，付出极大的劳动。这些艰辛都不是那些遇事希望一蹴而就者所能够想象的。正因为这样，杨文会的形象才显得更加高大。

　　今天，杨文会的上述工作方法仍然具有非常强的现实意义。

　　当今，饱受了百年沧桑的中华民族正在崛起，正在为建设中国特色社会主义现代化强国而奋斗。这里包括高度的社会主义物质文明与高度的社会主义精神文明这么两个方面。而社会主义精神文明不可能在一片白茫茫的废墟上建设，必须吸收人类一切精神文明的优秀成果，必须吸收中华民族传统文化中一切优秀的成分，其中也包括佛教文化中一切优秀的成分。因此，进一步研究中国佛教，清理与吸收其中的一切优秀成分，为建设有中国特色的社会主义服务，已经是时代赋予当代中国佛

----

① 《报告同人书》，见《等不等杂观录》卷五，第5叶A，《杨仁山居士遗著》第九册，金陵刻经处本。
② 《报告同人书》，见《等不等杂观录》卷五，第4叶A，《杨仁山居士遗著》第九册，金陵刻经处本。
③ 《杨仁山居士事略》，第1叶B，《杨仁山居士遗著》第一册，金陵刻经处本。
④ 《杨居士塔铭》，第1叶B~第2叶A，《杨仁山居士遗著》第一册，金陵刻经处本。

教研究者的一项神圣的使命。在此，编纂一部能够承担这一任务的新的大藏经也已经成为一件刻不容缓的大事。

当今的中国佛教，面临许多问题。其中，如何提高僧人的思想素质与理论水平，已经越来越为人们所重视。只要还有人类存在，宗教就会存在下去，但就某一个具体的宗教而言，能否延续自己的生命，就在于它能否保持自己活泼的生命力；而所谓保持自己活泼的生命力，就在于它能不能不断创造新的理论及与新理论相适应的新的传教方式、生活方式。没有新的理论的滋养，任何宗教都将不能持久，就好比没有灵魂的躯壳不能持久一样。而新理论的产生与发展，必须满足如下三个条件：它必须是原有理论的逻辑发展的结果；它必须与时代紧密结合，回答时代的课题；它需要思想深邃的理论家。要具备上述条件，必须深入研究佛教义理；要研究佛教义理，必须具备优秀的义理性大藏经。在这一点上，我们今天与当年的杨文会面临着同样的任务。

关于杨文会与金陵刻经处，有一个问题需要澄清。

清末民初，除金陵刻经处外，我国有不少从事佛经刊刻事业的单位，如：北京刻经处、常熟小石山房、扬州藏经院、杭州慧空经房等，不一一枚举。前此有著作称：百衲藏，又称百衲本。清穆宗同治五年（1866）杨仁山于金陵发起刻经，主张全国各大寺院分刻全藏。因集合北平、天津、金陵、江北、扬州、毗陵、苏州及杭州诸刻经本而成，故称百衲本。所收经论较《龙藏》略少，版式多从径山本，然大小不一，至今未齐。亦即杨仁山曾经主张协调各刻经单位，共同完成"百衲藏"。该文甚至说：百衲藏是各刻经处印行流通本之汇集，版式不一，又称"杨文会藏"。

这一说法，至今没有资料可以证明。我们现在可以看到的，倒是相反的资料。可见杨仁山的《报告同人书》。

《报告同人书》载杨仁山《等不等观杂录》卷五，[①] 开卷便谓：

> 鄙人四十年来，屏绝世事，专力于刻经、流通，窃以弘法利生为愿。今垂老，尚有心愿中未了之事。一俟病体稍瘥，当并日以进。

以下逐一交代六件自己心愿中的未了之事：一、编辑大藏续藏提要；一、类别日本续藏刻本为大藏集要；一、释摩诃衍论集注；一、瑜伽师地论；一、等不等观杂录；一、对金陵刻经处所刻大藏经的交代。

该文章写于何时，文中没有交代，编辑者也没有交代，但我们可以大体考得。我们知道，杨仁山于同治五年（1866）移居南京之后，开始"发心重刻方册藏经"；

到同治十二年（1873），已略具规模。《报告同人书》称"鄙人四十年来，屏绝世事，专力于刻经、流通"，则文章应该写在 1906 年以后，1911 年逝世以前。又，《杨仁山居士事略》在叙述杨仁山拟将日本续藏编为《大藏辑要》及拟作《大藏续藏提要》后，紧接下列文字：

> 辛亥（1911 年）秋，小病。自恐不起。回忆往时刻经艰苦，《大藏辑要》遽难观成，颇戚戚。……并预嘱佛学研究会同人，于八月十七日，临时集议，维护刻经处方法。

杨仁山即于当日逝世。对照《报告同人书》内容，可以推测，该《报告同人书》应该写于 1911 年秋，杨仁山召集同人之前。实际上，我们可以把它看作杨仁山对身后诸事的遗嘱。

与本文有关的，是《报告同人书》中诸未了之事的最后一条。

> 鄙人志愿，亟望金陵刻经处刻成全藏。务使校对、刷印，均极精审，庶不至贻误学者。至他处所刻未精之本，听其自行流通。本处概不与之合并成书。

这条遗嘱透露不少信息。

第一，杨仁山刊刻大藏经，进展艰难，直到逝世，工程尚巨。临逝世，仍心心念之，但只好将此托付后人。

第二，他要求所刻藏经精益求精，不致贻误学者。

第三，他坚决反对将金陵刻经处所刻佛典与其他刻经处的"未精之本"合并成丛书。这自然是因为"未精之本"质量不可信。但如为质量精审之本，又当如何？杨文会未做交代。

由此，我们可以得出如下结论：尽管杨仁山生前、生后，都有人主张汇聚佛教界各刻经处的力量，共同刊刻大藏经，但杨仁山晚年为了保证大藏经的质量，对此事坚决反对。由于直到杨仁山逝世，金陵刻经处的大藏经尚未刊刻完毕，因此，将各刻经处的流通本汇聚为"百衲藏"这种事情，在杨仁山生前，自然不可能发生。杨仁山逝世后，1936 年北平刻经处曾经发出过类似的倡议，但最终是否真正实现了，尚无资料证实。我本人对这一倡议的最终实现表示怀疑。因为除了这一倡议本身，我们至今没有发现可以证实当时确有相应实际行动的资料，也没有发现该《百衲藏》的经本。此外，1936 年北平刻经处发出倡议，1937 年抗战全面爆发，客观环境是否允许这一倡议顺利推展？退一步讲，即使当时真的汇拢各地经版，刷印出这样的"百衲藏"，由于它违反了杨仁山的遗愿，因此也不能称它为"杨文会藏"。

百年来，中国佛教与中华民族一起，经历了种种艰难屈辱；如今，也与中华民族一起，揭开了历史发展的新篇章。近几十年来，不少有识之士在呼吁，不少人已经行动起来，为编纂一部代表当今中国佛教界与学术界最高水平的大藏经而努力奋斗。我相信，在这个过程中，深入研究杨文会的编藏思想，将对我们的工作提供很多的启发与教益。

（3）《毗陵藏》

《毗陵藏》为现知我国汉文大藏经中刊刻时间最晚的木刻本大藏经。

清末民初，随着佛教的复兴，刊刻流通佛经乃至刊刻新的大藏经也成为佛教界的一个潮流。当时全国各地活动着不少刻经处、经坊，从事佛典的刊刻与流通。除了金陵刻经处之外，不少人士均有志于大藏经的刊刻。如本文所述，当时曾有人主张把各地的零刻经本汇总而成"百衲藏"。遗憾的是，限于主客观种种条件，上述计划最终未能实现。虽则如此，清末民初的这一刊刻大藏经的潮流，属于中国佛教百年来修造大藏经努力的一个组成部分，无疑值得我们关注与研究。但同样遗憾的是，时间的流驰，虽不过约百年，但有关的资料，已甚难寻觅。因此，我们现在很难深入了解当时这一潮流的全貌，希望将来能够有人发心挖掘资料，厘清这一段历史。

第一，有关资料。

若干年以前，笔者从一篇民国时期的文章得知，抗战时期，山东青州文庙存有一批佛典，其中包括一种带千字文帙号的书册装大藏经零本。该文明确说，这种大藏经并非《嘉兴藏》。由于作者是日本著名学者，当时受邀整理这批典籍，故此说应该可信，由此提示它们有可能属于一种新的藏经。遗憾的是，文中对这些经本并无更多的解说。后笔者多方打听，据说这批经典曾被辗转收藏，现在下落不明。甚为遗憾。

2001年8月，因参观大连图书馆书库，在普通线装书特藏中发现了三册带千字文帙号的线装佛典。从题记可知，这三册零本是民国初年在江苏常州天宁寺刊刻，主持的僧人为清镕。

接着从《武进天宁寺志》爬梳出相关资料：清光绪二十九年（1903）天宁寺主持清镕（字冶开）经内务府批准，请到一部《龙藏》。运回常州后，以该《龙藏》为底本，开始刊刻方册本大藏经，弟子惟宽显彻参与，担任校勘。当时在天宁寺设有"毗陵刻经处"，常州古名"毗陵"，或因此命名。[①]

2014年，经日本友人协助，考察了日本酒田光邱文库所藏《毗陵藏》，确认《毗陵藏》的刊刻从清光绪年间，一直延续到民国年间。从该藏刊记看，除毗陵刻

[①] 参见方广锠《〈毗陵藏〉初探》，原载《藏外佛教文献》第十五辑。收入方广锠《大藏经研究论集》，广西师范大学出版社，2021。

经处总成其事外，支持者辐射面很广，参与劝募而见于题记的有：焦山、金坛净土寺、湖北洪山宝通寺、湖北汉口圆照寺、上海玉佛寺、上海县寿胜庵、江苏泰州如来庵、南京文殊所，还有温州头陀寺谛闲这样当时著名的僧人领袖。不少僧俗施主未署地名，想必应为常州当地人士。刻工则为来自扬州、常熟、江宁等地的匠人。

特别值得一提的是，光邱文库保存了一册《江苏常州佛经流通所有版经目（附赠《放生文》)》（以下简称《有版目》）。全书共计 30 叶，60 个半叶。该书封面钤有"常州/天宁寺/◇◇/"圆形朱印，又钤有"江苏常州东门/毗陵刻经处/"长方形戳记。朱印本。内文包括目录 24 叶，48 个半叶，半叶 12 行。该目录按照部类著录佛典。四周子母框，细口，单鱼尾，版心书名作"常州有版经价目"，下有部类名、版片号，书脚署"天宁寺"。每种佛典先标注其千字文帙号，下用一个"〇"为间隔，然后著录经名、卷数、本数、价目。

《有版目》著录经名时，有时使用略称，将几部经著录在一起。故该《有版目》如其版心所示，确为毗陵刻经处发行佛典的价目表。

所附赠《放生文》6 叶，12 个半叶，半叶 10 行。四周子母框，细口，无鱼尾。版心书名作"戒杀放生文·经价目首"，下为版片号，书脚为"天宁寺"。收入《莲池大师放生文》《莲池大师戒杀七条》《王文节公放生引》《张玉书放生辨》《东坡先生戒杀言》《黄山谷先生戒杀颂》《姚端恪公戒杀箴六则》等关于戒杀、放生的文字七篇。从版心标注看，原计划将这些《放生文》装订在《经价目》之前。但光邱文库藏本《放生文》装订在《经价目》之后。

需要说明的是，《有版目》扉页用墨笔标注："有墨圈者，原版已于事变时毁损，故从缺。"现很多经目上端画有墨圈。如"秘密部"共著录佛典 62 条，其中上端画圈者 13 条。这 13 条，每条著录佛典多寡不一，少则一本，多则三本，均已毁损。故"秘密部"只剩下 49 条著录。这里所谓的"事变"，当即 1937 年爆发的抗日战争。其时日寇侵入苏南，毗陵刻经处为防止《毗陵藏》经版在战争中受损，曾将它们运出寺院避难，看来有些版片依然在劫难逃。如果这一猜测无误，则该《有版目》定稿于抗战之前。

如上所述，《有版目》仅是毗陵刻经处发行佛典的价目表，因此，不能将它与《毗陵藏》等同视之。比如，其中包括若干没有系上千字文帙号的佛典，这些佛典有些是禅宗语录。当然，也可能当初是已经刊刻，尚有待按序排号。但无论如何，列入《有版目》时这些典籍尚未正式编入《毗陵藏》，不能计为当时《毗陵藏》的经本。其中还包括不少法事忏仪，还有《禅门日诵》之类的著作，甚至包括梵文本《妙法莲华经》，这些佛典显然不应该是《毗陵藏》的组成部分。此外，《有版目》诸佛典的装帧形式也多种多样，既有线装，也有经折装，还有按"张"计算的《华严五周四分图》，与同一部藏经所有典籍的装帧形式均应一致这一大藏经的基本规则也相矛盾。其中"华严部"著录了一部《华严经》，上端标注为"梵夹"，亦即为经折装。下注："箱装木版"，每部 35 元；另一部为"布壳纸版"，每部 25 元。也体现了该《有版目》并非《毗陵藏》目录的特点。

虽则如此，应该说，该《有版目》仅为毗陵刻经处当时可以供应的佛典总目，其中包括了《毗陵藏》。我们可以把《有版目》中标注了千字文帙号的那些佛典看作《毗陵藏》经本。诚如此，则可以发现：第一，《有版目》中诸经典标注的千字文帙号与《龙藏》相符。第二，《有版目》所著录经典的千字文帙号已经超出《武进天宁寺志》中《〈毗陵藏〉已刻佛典目录》①的"机"字号。由于《武进天宁寺志》完成于 1947 年，如上文所说，《有版目》应撰写于抗战之前，则《有版目》佛典帙号不应该超出《武进天宁寺志》。这是一个需要研究的问题。

此外值得注意的是，同一个千字文帙号，往往分别出现在《有版目》的不同部类中。这说明在《有版目》作者的心目中对佛典分类的观念与《毗陵藏》编辑者的观念是不一致的。或者说，虽然《毗陵藏》延续了《清龙藏》的分类结构，但这一分类结构并不为《有版目》的编辑者所赞同，故《有版目》的编辑者按照自己的思路对收入《毗陵藏》的佛典另行分类。从《有版目》中，可以明显看出有以疏隶经的倾向，这也许也是《有版目》改动《毗陵藏》结构的原因之一。毕竟这样更加便于买者使用。这就是当年杨仁山的思路。

总之，《有版目》对我们进一步研究《毗陵藏》提出一系列课题。虽则如此，《有版目》毕竟不是《毗陵藏》的目录，而是编纂《有版目》时《毗陵刻经处》已经刊刻完成的佛典的目录。故对《有版目》尚需进一步研究。

第二，《毗陵藏》缘起、主事僧。

从大连图书馆所藏上述《毗陵藏》零本的题记可知，这三本零本是民国初年在江苏常州天宁寺刊刻，主持者为天宁寺住持清镕。

清镕，即清末民初著名僧人冶开。清镕为其法名，字冶开。慈怡主编《佛光大辞典》、蓝吉富主编《中国佛教百科全书》、震华主编《中国佛教人名大辞典》均有载，但前两种均未涉及冶开刻经、刻藏事业，而震华的《中国佛教人名大辞典》则提到他曾经设立毗陵刻经处，故引如下。

> 冶开（1852～1922），近代僧。法名清镕。江苏扬州许氏。十二岁依镇江九华山明真出家。十七岁依隐开于江苏泰县只树寺受具足戒。曾遍游普陀、九华、五台、终南、峨眉诸名山。1871 年参常州天宁寺方丈定念而嗣法。定念圆寂后至镇江金山寺潜修三年，又入终南山居喇嘛洞结茅潜修三年。1896 年回天

---

① "《毗陵藏》已刻佛典目录"，参见方广锠《〈毗陵藏〉初探》，载《大藏经研究论集》。

宁寺任方丈，修建殿宇，增置田产，使之成为江南四大丛林之一。1913 年任中华佛教总会会长。曾至上海玉佛寺建立居士念佛会。1920 年在沪上开坛传戒，受戒四众弟子千五百人。晚年礼诵《华严》为常课。尝在天宁寺设毗陵刻经处（后改为天宁刻经处）。一生致力慈善赈济事业，曾亲赴北方灾区放赈，捐资修建横跨大运河的政和桥，与名人钱振煌合办平价售米等。又在天宁寺旁大面积植林，兴办义务小学，修建文笔塔。嗣法弟子有月霞、应慈、惟宽、明镜。有《冶开镕禅师语录》三卷。①

上述记载虽然提到冶开曾经在常州天宁寺设立毗陵刻经处，但没有提到他曾经计划并实际刊刻《毗陵藏》。笔者看到常州天宁寺编印的《常州天宁禅寺》，对天宁寺刻经是这样介绍的：

> 天宁寺佛学院（原学戒堂）是上下两层，四合院式的木结构楼房，古朴典雅，别具一格。这里曾是近代著名高僧、名僧冶开禅师、月霞、应慈等诸大师办学讲经的地方，他们为佛门造就了不少僧才。现在有的在名山大寺中担任执事、佛学教师，有的旅居美国、（中国）香港、（中国）台湾、菲律宾等地，弘扬佛法，担任住持。同时，这里也是出版古籍经典的地方，历时十余载，经版有十万余块，成书两万五千卷，计九百五十五种。如明代戒润著《楞严贯珠集》、清代纪荫撰《宗统编年》等佛学著作均在此完成。刻经事业享誉海内外，对中国文化和佛教学术研究，做出了不可磨灭的贡献。②

按照这一介绍，当时天宁寺刻经规模庞大，但也只是刻经而已，并没有刊刻大藏经。这与笔者在大连图书馆发现的木刻线装藏经零本事实不符。看来经过近百年的历史沧桑，冶开刻藏的事迹正在逐渐湮没，逐渐不为人们所知，需要发掘与考证。

其实此事在 1948 年（民国 37 年）刊印的《武进天宁寺志》有记载。

《武进天宁寺志》，濮伯欣（一乘）撰于 1947 年，十一卷。根据序跋，冶开在世时，曾经有撰写寺志的设想，并委托屠敬山、吴镜予两人承担。两人因故没能完成。后多经反复，又经玉佛寺震华法师推荐，最后由濮伯欣承担完成。

据吴镜予《武进天宁寺志序》，他当初所以没有能够承担冶开关于撰写寺志的任务，正是因为协助编刊线装本大藏经的缘故。

---

① 震华：《中国佛教人名大辞典》，上海辞书出版社，1999，第 315 页。
② 常州天宁禅寺编印《常州天宁禅寺》内部出版物。

溯自民国之初，由湘返里，亲炙冶开大师镕公之门，翘勤瞻礼，无间旬月。每值讲诵之暇，蒙师殷殷嘱累，即惟本寺志书，必期观成于不慧之手。不慧自审才微，未敢轻诺。敬以让屠长者敬山。敬老谓此事不宜畏避，吾二人当合成之。师闻而欣然。但其时师方主刊方册大藏，惟宽彻公以主持客堂，兼任校勘。事繁，不慧与敬老助之，于志事遂未暇专勤搜辑。①

　　这条材料可以证明，当时冶开正在主持刊刻一部线装方册大藏经。他的弟子惟宽显彻参与其事，担任校勘。吴镜予、屠敬山襄助其事。这条材料由当事人自己所写，证明民国初年，常州天宁寺的确在冶开主持下开展刊刻方册本大藏经的工作。

　　显彻，字惟宽，生于1869年，逝于1937年。关于他的一生行状，濮伯欣《惟宽彻禅师塔铭并叙》及吴镜予《惟宽禅师遗像题志》所载甚详，两文并载《天宁寺志》卷七，此不赘述。其中谈到了天宁寺当时发心刊刻藏经的因缘与具体经过，对我们今天考证、了解天宁寺刊刻大藏经十分重要，特将濮伯欣所撰之文移录于下。

　　自明代紫柏大师创刊方册藏经，缁素称便。乃毁于清代太平军之劫。军事既定，有志弘法者辄私人酿资刻经。在金陵者，最称精博。

　　冶老剃度弟子行实在俗，固无锡庠生，娴文翰。膺金陵刻经处之聘，代其监刻校对，为石埭杨仁山居士所契重。行实偶请于冶老，谓大藏经待刊者至伙。杨居士年高，独力恐不继。天宁盍分任之，庶全藏得早日告成。

　　师与法弟应慈上人侍冶老侧，因力赞之。遂有创办毗陵刻经处之举，由客堂董理之。

　　师躬负校对之责，于事务旁午之际，朱墨点勘，纵横几案，一字不苟。终日危坐无倦容。故天宁刻经虽较他处为后起，而卷帙之富，几与金陵抗。②

　　关于惟宽参与筹划与亲自校勘大藏的情况，濮伯欣、吴镜予的文中还有一些记载。

　　三藏法源，壅而不流。师用惧焉，梨枣是谋。
　　敬付剞劂，躬亲校雠。昕伏案几，毋敢或偷。③

　　秉承本师冶开镕公之志，刊刻藏经，躬任校雠之役。终日于耳目纷杂间，

① 吴镜予：《惟宽禅师遗像题志》，载《武进天宁寺志》卷七，《中国佛寺史志汇刊》第一辑第35册，明文书局，1980，第132~133页。
② 濮伯欣：《惟宽彻禅师塔铭并叙》，载《武进天宁寺志》卷七。
③ 濮伯欣：《惟宽彻禅师塔铭并叙》，载《武进天宁寺志》卷七。

朱墨点勘，积袟盈案，兀兀无倦容。非久与师相接者，不知其定静功力之
深也。①

笔者所见大连图书馆藏本中，《佛说大迦叶本经》《佛说沙曷比丘功德经》《佛
说时非时经》等三部经典的末尾有校记，证明刊刻时曾根据《南藏》校对经文错
讹。这些校记，或者就是惟宽所作。

冶开座下，得授记者四人：明镜、月霞、惟宽、应慈。刊刻一部藏经，除了校
勘外，还有编辑、刻版、刷印、流通等诸项事务。这些事务由哪些人承担，我们现
在还不清楚。也许由于《武进天宁寺志》最后由惟宽的嗣法弟子证莲主持完成的缘
故，志中对惟宽的事迹记载较详，而对其他几位则相对较略，甚至根本没有记载。
因此，我们无法据之知道冶开其他几位得法弟子在这次刻藏行动中的实际作用。但
由于《毗陵藏》由客堂董理，惟宽当时正主持客堂，因此，说惟宽在刊刻《毗陵
藏》的过程中起到重大作用，当无大差。

第三，《毗陵藏》起讫时间。

这部《毗陵藏》是什么时候开始刊刻的？现有资料未予涉及。但我们可以从如
下几个方面来考察。

首先，如前濮伯欣《惟宽彻禅师塔铭并叙》所载，天宁寺发心刊刻藏经，是由
于冶开俗家弟子行实的建议。行实当时受聘在金陵刻经处监刻校对大藏经，他建议
天宁寺刊刻大藏经的理由是："大藏经待刊者至伙。杨居士年高，独力恐不继。天
宁盍分任之，庶全藏得早日告成。"杨仁山生于道光十七年（1837）冬，卒于宣统
三年（1911）之秋，享年七十有五。可见行实提出这一建议的时间应该是杨仁山晚
年，时属晚清，辛亥革命之前。

又，据吴镜予《武进天宁寺志序》所述"溯自民国之初，由湘返里……其时师
方主刊方册大藏"云云，可见民国初年，天宁寺刊刻大藏经的事业已经开始。

上述两条材料相互印证，天宁寺刻藏应开始于清朝末年。

其次，大连图书馆藏本中有民国2年（1913）、6年（1917）的题记，这两条题
记分别刊于《卢至长者因缘经》（千字文编号作"当七"）、《大寒林圣难拿陀罗尼
经》（千字文编号作"忠四"）之后。《清龙藏》共724函，用千字文字号724个，
"当"为第250个，"忠"为第253个。约在全藏的三分之一处。而根据《武进天宁
寺志》中所载的《毗陵藏》目录，《毗陵藏》实际刊刻277函，"当"为其中的第
103函，"忠"为其中的第106函。大约在全藏的不到二分之一处。《武进天宁寺志》
的凡例中有这样一段话：

---

① 吴镜予：《惟宽禅师遗像题志》，载《武进天宁寺志》卷七。

天宁寺所刻经籍，历时十余年，成书数千卷。苟非厄于世运，全藏或以告成。兹附载目录于著作类之后，以供释典留心者之稽考，且无负创始者之功行。①

既然《毗陵藏》的刊刻工作前后共持续十余年，而上述"当""忠"两函分别刻于1913年、1917年，则《毗陵藏》的刊刻，想必在清末已经开始。当然，《毗陵藏》不一定完全遵循《清龙藏》的先后顺序来刊刻，但上述情况可以提供一个大致的参考。

再次，《毗陵藏》以清《清龙藏》为底本。则天宁寺必然藏有一部完整的《清龙藏》。这部《清龙藏》应该就是1903年由冶开从北京请回的那部。《天宁寺志》载有当时清内务府请准刷印《清龙藏》所上的奏折。

清内务［府］请准刷印龙藏原奏

总管内务府奴才世续等跪奏，为请旨事。据僧录司掌印僧人觉天呈报，江苏省常州府阳湖县天宁万寿禅寺住持僧人清镕、又松江府上海县万寿留云禅寺住持僧人密通、又浙江省宁波府慈溪县万寿西方禅寺住持僧人净果等，呈称本寺系属十方长（常）住，缺少藏经。情愿请领《龙藏经》各一分，永远供养等因。前来查天宁万寿禅寺、万寿留云禅寺、万寿西方禅寺均系古刹，各请领藏经一分，崇隆佛法，加结具保。前来查光绪二十五年，安徽省庐州府合肥县明教寺住持僧人学道请领藏经，因藏经无存，其经版在柏林寺收存。经奴才衙门奏请，令该僧人学道自备工料，赴柏林寺刷印，曾经办理在案。今僧人清镕、密通、净果，自备工料，请赴柏林寺刷印《龙藏经》各一分，永远供奉，于陈案相符。如蒙俞允，奴才等传知僧录司，转饬僧人清镕、密通、净果，自备工料，赴柏林寺刷印《龙藏经》各一分，永远供奉，以光佛法。为此谨奏，请旨施行。光绪二十九年闰五月初二日具奏。

奉旨：依议，钦此。②

光绪二十九年（1903）闰五月上折蒙准，备工料、刷藏经、装裱成册，如此等等，这部《清龙藏》究竟何时正式入藏天宁寺藏经楼，史料缺载。最快大约也要到1903年年底了。由此，则《毗陵藏》的刊刻，自然应在《清龙藏》入寺以后。

当然，这里可以提出这样一个疑问：冶开到底是先有刻藏的设想，然后特意去

---

① 载《武进天宁寺志·卷首凡例》。
② 载《武进天宁寺志》卷十。

请一部藏经作底本？还是请藏经时尚无刻藏之意，而决定刻藏时，因寺中正好有一部新近请回的《清龙藏》，便以之为底本？按照《天宁寺志》记载，冶开建藏经楼是清光绪二十五年（1899）。也就是说，如果特意为刻《毗陵藏》而请《清龙藏》，为请《清龙藏》而修建藏经楼，则刊刻《毗陵藏》的动议应在这以前就提出了。但我们在现有资料中，没有发现冶开为刻《毗陵藏》而特意建藏经楼、请《清龙藏》的记载。《天宁寺志》卷八载屠敬山（名寄，武进人）民国10年撰《冶开禅师寿言》，有谓"在京请颁梵夹大藏，在寺创刊方册经典"之语，似将请藏与刻经作为对比的两件事。所以，《毗陵藏》的动议与刊刻应在《清龙藏》入寺以后。即使冶开动议于前，《毗陵藏》的刊刻也只能在1903年底《清龙藏》入寺以后。

综上所述，《毗陵藏》开始刊刻的时间大约在1904年到1911年之间。

《毗陵藏》的刊刻工作大约在什么时候陷于停顿，这是另一个需要考察的问题。前引《天宁寺志》凡例称："天宁寺所刻经籍，历时十余年，成书数千卷。苟非厄于世运，全藏或以告成。"那么，使《毗陵藏》不得不停顿的"世运"到底是什么？是否与1927年国民政府成立，及其后不久后兴起的庙产兴学的浪潮有关？还是与1937年抗战的爆发有关？这个问题需要今后依据新资料来回答。

就天宁寺而言，冶开之后，历任住持如下：琢如显泉、明镜显宽、惟宽显彻、慧轮密诠、永培密华、证莲密源、钦峰密雨。

据《武进天宁寺志》载，惟宽任天宁寺住持共10年，但起讫年份不清。不过证莲于民国9年（1920）入天宁寺，14年（1925）受住持惟宽记别，为南岳下第四十七世。说明惟宽任住持为1925年前后。又，证莲于民国21年（1932）任住持，而证莲与惟宽之间相隔着慧轮密诠、永培密华两任，也就是说，惟宽很可能在1927年前后就退任了。这说明，上述《毗陵藏》的刊刻停顿于1927年的猜测，或者与事实相差不太远。

从1904年《清龙藏》入寺，到1927年，总共为23年。掐头去尾，则与上述"历时十余年"的说法大体可以吻合。如以杨文会逝世的1911年，亦即1910年左右起算，到1927年为止，则与"历时十余年"的说法完全吻合。总之，我以为《毗陵藏》的刊刻，上限在1904年到1911年之间，可能为1910年左右，下限不超过1927年。

这里也有疑问。根据濮伯欣《惟宽彻禅师塔铭并叙》，濮伯欣写这篇塔铭并叙时，不但惟宽早已逝世，而且连证莲、钦奉也已经退任，当时担任天宁寺住持的已经是惟宽的徒孙辈，但濮伯欣称"而大藏之校勘，学院之讲授，尚一仍师之旧范。盖师之诒谋者远矣"[1]。濮伯欣的这篇文章，写作于1941年至1947年之间，这是否

---

① 濮伯欣：《惟宽彻禅师塔铭并叙》，载《武进天宁寺志》卷七。

说明当时天宁寺仍在刻藏？我以为，这种可能性应该说不存在。我们知道，天宁寺所刻的佛典，除了《毗陵藏》外，还有许多零本经典。我们也知道，天宁寺的"毗陵刻经处"当初是为刊刻《毗陵藏》专设的，但后来又改名为"天宁刻经处"。因此，我们有理由推测，由于《毗陵藏》停顿，所以毗陵刻经处改名为"天宁刻经处"，以刊刻零本佛典为务。而天宁刻经处刊刻零本佛典时，仍然遵循当年毗陵刻经处的一整套规范，所以有濮伯欣之上述感叹。

顺便提一下，南亭撰《证莲和尚传》中有这样一段记事：

> 二十六年（1937），中日战争爆发，天宁寺刻经处，有悠久之历史，经版重要，无虑数万，为保存计，（证莲）专心督运于马迹山天宁下院祥符寺保藏，并负责监守。

> 二十七年（1938），偏僻地区，盗贼蜂起。某日，匪群入寺，逐户搜索，和尚闭门端坐，持观音圣号。匪众数过其门，竟不一入，是亦奇矣。[①]

在此，证莲尽心尽力保护经版的行为值得我们赞颂。新中国成立后，原天宁刻经处所存经版全部移交金陵刻经处收藏。我相信，如经过仔细整理，一定可以从中发现原《毗陵藏》版片，并对本文做重大补充。

第四，《毗陵藏》目录依据。

考察一部刻本藏经，主要是版片。版本不存在的情况下，只能靠经本。无论版片也好，经本也罢，梳理清楚某部藏经的目录，始终是我们考察该藏经的重点。

《武进天宁寺志》卷四为"著作"，分为两个部分。第一部分著录历代天宁寺僧人的著作、禅师语录以及传记。这部分内容不多，仅罗列13部。第二部分为附录，名为"附：天宁寺佛经流通处已刻书目"（以下简称《书目》），经考证，这个《书目》就是《毗陵藏》已经完成的佛典目录。

现将该《书目》与《清龙藏目录》（以《昭和法宝总目录》第二卷所载《大清三藏圣教目录》为依据）加以比较，两者的相同之处有如下三点。

其一，虽然《书目》仅逐部著录佛典，没有标示它们的结构与分类，但如与《清龙藏》对照，可以发现《书目》诸佛典完全按照《清龙藏》结构组合，与《清龙藏》分类结构完全一致。

其二，虽然《书目》没有标注千字文帙号，但是，如与《清龙藏》对照，可以发现，如果按照《清龙藏》用字排号法，对《书目》中诸佛典一一加上千字文帙号，则两个目录诸佛典的帙号完全相同。

---

① 载《武进天宁寺志》附《证莲和尚传》。

其三，《书目》中佛典加上千字文帙号后，大部分函内佛典具足，也有部分函内佛典不具足。但无论具足还是不具足，除了两个特例外，所收佛典、每种佛典的分卷、不同佛典的合卷等，均与《清龙藏》相同。

我们再看现存实物。《清龙藏》为经折装，《毗陵藏》为线装，这是两者的最大不同。《清龙藏》每个帙号大体包含10册，每册依次编有小号。如"忠"字函共收16部经典，这些经典有的篇幅大，有的篇幅小。《清龙藏》便按照其篇幅，或数经合为一册，或一经分为数册，总计分作10册。分别编为"忠一"到"忠十"。《毗陵藏》为线装本，纸薄字密，容量比《清龙藏》大。每本可以容纳《清龙藏》的三册到四册。虽则如此，对每部经典依然保持其《清龙藏》中原来的编序小号，不予变动。不仅编号不动，在形态上，《清龙藏》凡属数经合作一册者，卷首均有该册所收经典的细目；《毗陵藏》也仿此办理，每个小号的首半叶都列出细目。

《书目》与实物相结合，充分说明，这部藏经的目录依据只能是《清龙藏》。

通过比较，也可以发现《书目》与《清龙藏》有四点不同。

其一，"力"字函，《清龙藏》六经同函，作：

779. 佛说守护大千国土经，三卷
780. 大方广总持宝光明经，五卷
781. 佛说大乘圣无量寿决定光明王如来陀罗尼经
782. 佛说大乘圣吉祥持世陀罗尼经，二经同卷
783. 佛说大乘日子王所问经
784. 佛说金耀童子经，二经同卷

《书目》相应之"力"字函则作：

大方广总持宝光明经，五卷
佛说金耀童子经，二卷同卷

粗粗看来，似乎该函《书目》比《清龙藏》缺少四部经典。但是，既然《佛说金耀童子经》下作"二卷（经）同卷"，可见《佛说金耀童子经》这一本中实际刻了《大乘日子王所问经》与《佛说金耀童子经》等两部经。《书目》脱漏的"佛说大乘日子王所问经"，在此可依据《清龙藏》目录补出。故"力"字函《书目》实际比《清龙藏》仅缺三部佛经。

其二，"忠"字函，《清龙藏》十六经同函，收经如下。

785. 佛顶放无垢光明，上下同卷

786. 佛说楼阁正法甘露鼓经

787. 佛说大乘善见变化文殊问法经

788. 圣虚空藏菩萨陀罗尼经

789. 佛说大护明大陀罗尼经，四经同卷

790. 佛说无能胜幡王陀罗尼经

791. 最胜佛顶陀罗尼经

792. 圣佛母小字般若波罗蜜多经

793. 消除一切闪电障难随求如意陀罗尼经

794. 圣最上灯明如来陀罗尼经，五经同卷

795. 大寒林圣难拿陀罗尼经

796. 佛说诸行有为经

797. 息除中天陀罗尼

798. 一切如来正法秘密箧印心陀罗尼经，四经同卷

799. 妙法圣念处经，八卷，今作四卷

800. 佛说大迦叶问大宝积正法经，五卷，今作二卷

　　《书目》中没有著录该函。但在大连图书馆收藏有"忠"字函"忠一"到"忠四"一本，因此，"忠"字函中《妙法圣念处经》《佛说大迦叶问大宝积正法经》两经是否刊刻，现在难以断定。但我们可以根据大连图书馆的收藏实物，补充《书目》中"忠"字函的缺失。

　　其三，"藁"字函，《清龙藏》十八般同函，收经如下。

1400. 大乐金刚理趣释，二卷

1401. 佛说最胜妙吉祥根本三摩地分，上下同卷

1402. 金刚王秘密念诵仪轨

1403. 金刚顶胜初瑜伽念诵法经，二经同卷

1404. 金刚顶瑜伽修行念诵仪轨

1405. 无量寿如来供养仪轨，二轨同卷

1406. 甘露军荼利成就仪轨，一卷

1407. 观自在多罗瑜伽念诵法

1408. 观圣自在菩萨心真言观行仪轨，二经同卷

1409. 菩萨诃色欲法

1410. 四品学法

1411. 大虚空藏菩萨念诵法

1412. 仁王般若念诵法，四法同卷

1413. 阿閦如来念诵供养法

1414. 佛顶尊胜念诵仪轨，二经同卷

1415. 圣阎曼德迦威怒王立成大神验念诵法

1416. 大乘方广曼殊室利菩萨华严本教赞曼德迦忿怒王真言大威德仪轨品

1417. 大乘方广曼殊室利童真菩萨华严本教赞曼德迦忿怒王真言阿毗遮噜迦仪轨品，三经同卷

《书目》对前十五部佛典的著录，与《清龙藏》全同，但将最后三部佛典的著录成：

圣阎曼德迦威怒王立成念诵法
大乘方广曼殊室利童真菩萨仪轨品，三经同卷

两相比较可知，《书目》中的"大乘方广曼殊室利童真菩萨仪轨品"，实际包括《龙藏目录》中的第1416号、第1417号等两种仪轨。或者因为这两种仪轨名称冗长且文字雷同，所以《书目》作者把它们著录在一起。

其四，《清龙藏》"理"字函，收入《山茨际禅师语录》，四卷，《清龙藏》编号为第1649号。《书目》除收入此四卷本《山茨际禅师语录》外，还收入一部二十卷本的《山茨际禅师语录》，分作两函（今编为毗陵973号）。

也就是说，从总体看，《书目》所载均为依据《清龙藏》重刻，但也加入了个别《清龙藏》未收的佛典。

上述不同，前三条再次证明《毗陵藏》的依据确为《清龙藏》。后一条说明《毗陵藏》在《清龙藏》的基础上增加了一部经典。

《清龙藏》收经部卷数目，不同文献记载不同。本文采用《昭和法宝总目录》第二卷所载《大清三藏圣教目录》为依据，则《清龙藏》收经1669部，7168卷，千字文编次"天"字至"几"字。笔者依据《清龙藏目录》与大连图书馆实物对《书目》考订后，撰成《毗陵藏目录》，该目录共收佛典978部，3016卷。两相比较，《毗陵藏》已刻佛典的部数约占《清龙藏》的58.6%，已刻佛典的卷数占《清龙藏》的约42.1%。也就是说，《毗陵藏》虽然没有最终完成，但已刻经典总数，达《清龙藏》的一半左右。

第五，《毗陵藏》与金陵刻经处所刻大藏经的关系。

如前所述，发心刊刻《毗陵藏》的最初动议，乃因"大藏经待刊者至伙。杨居

士年高，独力恐不继。天宁盍分任之，庶全藏得早日告成"，亦即看到刊刻大藏经
工程浩大，金陵刻经处虽然有志于刊刻大藏，但杨仁山年事已高，完成无日。所以
拟随喜参与，共襄盛举，以便全藏早日告成。为此，天宁寺专门成立"毗陵刻经
处"，由客堂董理其事。"毗陵"，乃常州古称，采用"毗陵刻经处"一名，固然有
因地取名之意，但"毗"者，毗赞也。其间是否有"毗赞""金陵刻经处"之意，
颇值得吟味。①

虽然杨仁山本人并无与其他刻经处合作的意愿，今天我们检讨《毗陵藏目录》，
则无论"毗陵刻经处"的名称中是否真的含有"毗赞""金陵刻经处"之意，也无
论毗陵刻经处当时是否已经了解到杨仁山不与别人合作的态度，起码从毗陵刻经处
的实际工作看，他们最初的确是依照"毗赞""金陵刻经处"的意图开展大藏经的
刊刻工作。

考察附录《毗陵藏目录》中所载《毗陵藏》的 978 部，3016 卷佛典，并与
《清龙藏目录》对照，可以发现如下两个问题。

首先，《清龙藏》从"天"字函到"几"字函，共计 724 函。《毗陵藏》系从
"乃"字函开始，到"几"字函结束，涉及千字文帙号 277 个。亦即虽然《毗陵藏》
已经刊刻到《清龙藏》的最后一函"几"字号，但与《清龙藏》相比，还缺少 447
函。考虑到《毗陵藏》中增加《山茨际禅师语录》二十卷两函，则实际要比《清龙
藏》少刻 449 函。

按照《千字文》顺序，"乃"字函为第 85 函。亦即除了《清龙藏》"天"字号
到"字"字号共 84 函，《毗陵藏》没有刊刻外，从《清龙藏》"乃"字号到"几"字
号的 640 函中，《毗陵藏》只刻了 275 函，还有 365 函没有刊刻。如：

> 位～国（《清龙藏》一经三函，《毗陵藏》无）
> 虞陶（《清龙藏》二经二函，《毗陵藏》无）

如此等等。

从《毗陵藏目录》可以看出，没有刊刻的这 365 函，分散在"乃"字号到
"几"字号各处，显得凌乱而不规则。

其次，如前所述，与《清龙藏》相比，《毗陵藏》若干字函刊刻的佛典具足，
若干字函刊刻的佛典不具足。如：

> 乃（《清龙藏》四经同函，《毗陵藏》少三经）

---

① "毗陵刻经处"的定名，或有"毗赞""金陵刻经处"之意，乃张新鹰先生提示。特致谢意。

服（《清龙藏》六经同函，《毗陵藏》少一经）

衣（《清龙藏》十经同函，《毗陵藏》同）

裳（《清龙藏》七经同函，《毗陵藏》少一经）

推（《清龙藏》九经同函，《毗陵藏》少一经）

有（《清龙藏》一经一函，《毗陵藏》同）

唐（《清龙藏》二经同函，《毗陵藏》同）

如此，等等。

哪些字函具足、哪些字函不具足，同样分散在"乃"字号到"几"字号各处，显得凌乱而不规则。

既然是刊刻藏经，为什么会出现这种整函不刻，或一函内有的经典刊刻、有的经典不刻？道理很简单，既然毗陵刻经处刊刻大藏经时，其宗旨只是襄赞金陵刻经处，则凡是金陵刻经处已经刊刻的经典，他们自然不会再去刊刻。

《杨仁山居士遗著》之《等不等观杂录》卷二，刊载了直到光绪二十八年（1902）为止由金陵刻经处主持流通的《佛学书目表》。下面把《佛学书目表》中可以确认被《清龙藏》所收的典籍逐一罗列，考察一下《毗陵藏》对这些金陵刻经处已刊刻的佛典采取什么态度。

表8 《佛学书目表》确认被《清龙藏》所收典籍

序号	龙藏编号	经名卷次	千字文帙号	刊刻单位①	《毗陵藏》有否
01	0084	大方广佛华严经，八十卷	拱~臣	扬	无
02	0122	金光明最胜王经，十卷	场	金	无
03	0950	大乘本生心地观经，八卷	兴	金	无②
04	0186	思益梵天所问经，四卷	伤	金	无③
05	0426	观佛三昧海经，十卷	量	金	无
06	0427	大方便佛报恩经	墨	金	无④
07	0171	楞伽阿跋多罗宝经，四卷	惟	金	无⑤
08	0242	解深密经，五卷	效	金	无⑥
09	0966	大乘密严经，三卷	清	金	无
10	1164	瑜伽师地论，一百卷	犹~气	金	无
11	1190	成唯识论，十卷	义	金	有
12	0014	仁王护国般若波罗蜜经，二卷	翔	金	无
13	1163	大智度论，一百卷	傅~叔	扬	无
14	0130	妙法莲华经，七卷	草	金	有

续表

序号	龙藏编号	经名卷次	千字文帙号	刊刻单位	《毗陵藏》有否
15	0109	大般涅槃经，四十卷	宾～鸣	金	无
16	0125	集一切福德三昧经，三卷	化	扬	无⑦
17	0442	楞严经，十卷	羔	金	有
18	0539	增一阿含经，五十卷	形～空	扬	无
19	0541	长阿含经，二十二卷	习～祸	扬	无⑧
20	0540	杂阿含经，五十卷	谷～堂	金	无
21	1082	梵网经，二卷	安	金	有
22	1173	中论，四卷	箴	杭	无⑨
23	1178	般若灯论，十五卷	恻造	金	无⑩
24	1315	贤愚经，十三卷	左达	扬	无
25	1343	坐禅三昧经，二卷	坟	金	有
26	1565	禅源诸诠集都序，四卷	沙	金	无
27	1594	宗镜录，一百卷	秦～亭	扬	无
28	1589	万善同归集，三卷	郡	金	无
29	1489	天台四教仪集注，十卷	世	杭	无
30	1468	高僧传初集，十四卷	侠槐	金	无
31	1469	高僧传二集，四十卷	卿～八	扬	无
32	1470	高僧传三集，三十卷	县～给	扬	无
33	1467	比丘尼传，四卷	侠	金	无
34	1532	法苑珠林，一百卷	营～绮	常	无
35	1598	翻译名义集，二十卷	塞鸡	金	无
36	1472	弘明集，十四卷	千兵	金	无

注：①刊刻单位中"扬"，意为扬州藏经院；"金"，意为金陵刻经处；"杭"，意为杭州慧空经房；"常"，意为常熟小石山房。

②"兴"字函《龙藏》九经同函，《毗陵藏》收有八经，只缺一经，即为该《大乘本生心地观经》。

③"伤"字函《龙藏》二经同函，《毗陵藏》收有一经，缺少一经，即为该《思益梵天所问经》。

④"墨"字函《龙藏》二经同函，《毗陵藏》收有一经，缺少一经，即为该《大方便佛报恩经》。

⑤"惟"字函《龙藏》六经同函，《毗陵藏》收有四经，缺少二经，其中缺《楞伽阿跋多罗宝经》。

⑥"效"字函《龙藏》二经同函，《毗陵藏》收有一经，缺少一经，即为该《解深密经》。

⑦"化"字函《龙藏》三经同函，《毗陵藏》收有一经，缺少二经，其中缺《集一切福德三昧经》。

⑧"习～祸"字函《龙藏》四经四函，《毗陵藏》收有三经，只缺一经，即为该《长阿含经》。

⑨"磨箴"字函《龙藏》二经二函，《毗陵藏》收有一经，缺少一经，即为该《中论》。

⑩"恻造"字函《龙藏》五论二函，《毗陵藏》收有三论，缺少二经，其中缺《般若灯论》。

表8罗列《佛学书目表》中可以确认被《清龙藏》已收典籍36部，其中除了5部外，31部均为《毗陵藏》不收。特别是第3号、第4号、第6号、第7号、第8号、第16号、第19号、第22号、第23号等9号，从其函内不具足的情况判断，毫无疑问，毗陵刻经处其时清楚掌握这些典籍金陵刻经处已经刊刻的情况，所以特

意不再刊刻。①

表8只罗列36部佛典，与《毗陵藏》未刻佛典数量相比，还有较大差距。但是，如上文已经说明，上表只能反映金陵刻经处到1902年为止的刻经情况，1902年以后所刻的经典没有包括在内。因此，《毗陵藏》其他未刻佛典，可能属于金陵刻经处1902年以后刊刻的部分。

总之，通过上面的考察，我认为，前述冶开听从行实建议，创办毗陵刻经处，主动襄赞金陵刻经处的刻藏事业的记载是可靠的。他们刻藏的成绩也是可观的。《惟宽彻禅师塔铭并叙》称"天宁刻经虽较他处为后起，而卷帙之富，几与金陵抗"的说法，可以信从。

上面谈到，杨仁山逝世之前，特意交代金陵刻经处应独立刻藏，不与其他刻经处合作。其实，如果我们考察《佛学书目表》，可以发现上表中的第1号《大方广佛华严经》、第13号《大智度论》、第16号《集一切福德三昧经》、第18号《增一阿含经》、第19号《长阿含经》、第24号《贤愚经》、第27号《宗镜录》、第31号《高僧传二集》、第32号《高僧传三集》都是扬州藏经院所刻，第22号《中论》、第29号《天台四教仪集注》为杭州慧空经房所刻，第34号《法苑珠林》是常熟小石山房所刻。如果说，扬州藏经院的主持人是杨仁山早期的合作者，扬州藏经院实际上可以看作金陵刻经处的分部的话，杭州慧空经房、常熟小石山房与金陵刻经处并无十分密切的关系。也就是说，杨仁山早年似乎并不反对与其他刻经处合作，为何晚年一反常态？除了认为其他刻经处所刻经本质量不高之外，是否还有另外什么原因？现在我们都已经无法臆测了。杨仁山《报告同人书》所谓"至他处所刻未精之本，听其自行流通。本处概不与之合并成书"，是否连同扬州藏经院也包括在内，尚需进一步研究。

我们不知道清末冶开决心开始毗陵刻经处刻藏事业时，是否与杨仁山有过沟通。刻藏中途，双方是否有过联络。无论如何，宣统三年（1911）杨仁山逝世之前，已经明确宣布不与其他刻经处合作。金陵刻经处的这一态度，冶开及其弟子自然不会不知道。那么，冶开及其弟子如何处理此事？我想，毗陵刻经处此刻只有两种处置方式：一是抱残守缺，就此罢手，停止刻藏；一是继续刊刻工作，独立完成全藏。从现有资料看，他们显然走的是第二条路。理由如下。

其一，如前所述，宣统三年（1911）杨仁山逝世之前，已经明确宣布不与其他刻经处合作。而毗陵刻经处依然刻经不停，而且从目前材料可以看到，毗陵刻经处的主要工作，都是杨仁山逝世，进入民国以后进行的。既然所刻经典已经不可能与金陵刻经处汇合成藏，则逻辑的结论是：此时毗陵刻经处的目标已经改为自己单独

---

① 详情请参见方广锠《〈毗陵藏〉初探》，方广锠主编《藏外佛教文献》第十五辑。

刊刻大藏经。

其二，上述所引《武进天宁寺志》的凡例中称：

> 天宁寺所刻经籍，历时十余年，成书数千卷。苟非厄于世运，全藏或以告成。兹附载目录于著作类之后，以供释典留心者之稽考，且无负创始者之功行。①

上文明确宣告，如果不是由于外在环境变化，毗陵刻经处本来是要把全藏刊刻完成的。

站在毗陵刻经处打算自己单独刻藏这一立场上，上表中第 11 号《成唯识论》、第 14 号《妙法莲华经》、第 17 号《楞严经》、第 21 号《梵网经》、第 25 号《坐禅三昧经》等 5 部经典与金陵刻经处重复刊刻这一事实就比较好理解了。由于我们现在还没有找到《毗陵藏》的上述 5 种经本，不了解它们的刊刻时间，因此，我想这里有两种可能。

其一，如果这些经典是毗陵刻经处决定单独刻藏以后刊刻的，则既然决定单独刻藏，就不存在什么重复的问题了。

其二，如果这些经典是毗陵刻经处决定单独刻藏以前刊刻的，考察这 5 部典籍，篇幅都不算很大，却都是当时非常流行的佛典。由于这些佛典当时非常流行，常州一带估计也有需求，所以毗陵刻经处就不惮于重复再刻一次了。

综上所述，冶开成立毗陵刻经处刊刻大藏经的最初宗旨，原本是襄赞金陵刻经处，共同完成刊刻大藏经的伟业。但后来两者的合作产生问题，便转而改为独立刻藏。造成两者不能合作的具体原因，除了刻经质量问题外，究竟还有什么？两者曾经有过什么样的沟通与磨合？现在都不得而知。毗陵刻经处是从什么时候开始从"襄赞刻藏"转为"独立刻藏"的？由于史料的缺乏，我们现在也难以明了。由于这部由毗陵刻经处刊刻的藏经最终已经成为独立的大藏，故特命名它为"毗陵藏"。

最后，对毗陵刻经处的工作做一个小结。

清朝末年，常州天宁寺因金陵刻经处杨仁山刻藏活动的影响，成立毗陵刻经处，欲襄赞金陵刻经处共同刊刻新的大藏经。虽然杨仁山本人并无与其他刻经处合作的意愿，今天我们检讨《毗陵藏目录》，则无论"毗陵刻经处"的名称中是否真的含有"毗赞""金陵刻经处"之意，也无论毗陵刻经处当时是否已经了解到杨仁山不与别人合作的态度，起码从毗陵刻经处的实际工作看，他们最初的确是依照"毗赞""金陵刻经处"的意图开展大藏经的刊刻工作。其后转为独立刻藏。所刻藏经，

---

① 载《武进天宁寺志·卷首凡例》。

今命名为《毗陵藏》。

《毗陵藏》发起人为清镕冶开，主要工作由惟宽显彻等人承担。为线装本，以《清龙藏》为底本，略有增补，千字文帙号与《清龙藏》全同，经文曾据《永乐南藏》做过校勘。刊刻年代的上限可能为 1910 年左右，下限为 1927 年，实际刻藏时间，总计 10 余年，共刻成佛典 978 部，3016 卷，约占《清龙藏》的二分之一。后因客观形势变化而停顿，全藏未能最终完成。

本书根据现有资料，对《毗陵藏》做了一些考察，但依然遗留不少问题，有待将来索解。除了上文中已经提出的问题外，还有如下问题，应该注意。

第一，《毗陵藏》现存经本的调查与《毗陵藏已刻佛典目录》的完善。

第二，金陵刻经处、扬州刻经处等已经完成的藏经本的调查。

第三，清末民初各刻经处所刻佛典的调查。

第四，清末民初各刻经处关系的调查与研究。

第五，现存于南京金陵刻经处的版片的调查。

我想，随着上述调查的进行，有关清末民初刊刻大藏经的具体情况，包括《毗陵藏》的具体情况，将进一步明确。

8. 房山石经

房山石经，亦称房山云居寺石经，是我国佛教经典史上的一个奇迹。

云居寺位于今北京西南房山区白带山，离北京城约七十五公里。举世闻名的房山石经就在这里。房山石经是我国碑版石经的典型代表，也是世界文化宝库的一大奇观。它从隋代开始刊刻，直到明代，绵延一千多年。是研究我国古代文化、艺术，特别是研究佛教历史与典籍的重要文物。房山石经在文化史上的价值，已经引起国内外学者的高度重视，被誉为"北京的敦煌"。

（1）刊刻缘由

佛教认为，世界万事万物既有生，必有灭。同样，释迦牟尼创立的这一代教法，也有消亡的那一天。按照佛教的传统观点，释迦牟尼创立的这一代佛法，在世界上存在的历史可以分为三个时期：正法时期、像法时期与末法时期。所谓正法，指这时的佛法正确无误。所谓像法，指这时的佛法貌似正法，实际并不纯粹，与正法已经有差距。所谓末法，指佛法将灭的五浊恶世，这时虽然仍有佛教，但人们愚钝，既无修行，也无证悟。关于这三个时期的时间长短，佛经中有各种不同的说法。其中有一种说法认为：正法五百年；像法一千年；末法一万年。

南北朝是我国佛教大发展的时期。佛教的飞速发展，使得中国传统的儒、道势力与佛教产生矛盾；寺院经济的发展，也使佛教与封建国家的利益产生冲突。这些矛盾长期积累，以至以对抗性的形式爆发，其典型代表就是南北朝时期发生的两次废佛事件。一次发生在北魏太武帝时（424～452），当时下诏诛长安沙门，并废除全国佛教。称"诸有佛图形象及胡经，尽皆击破焚烧。沙门无少长，悉坑之"。[1] 据《高僧传》卷十载，当时"分遣军兵，烧掠寺舍。统内僧尼，悉令罢道。其有窜逸者，皆遣人追捕，得必枭斩。一境之内，无复沙门"。[2] 上述记载，或有夸张。因为当时监国的太子拓跋晃信奉佛教，他缓宣诏书，使得不少僧人望风逃匿，佛像、经书也多被藏匿。但此次佛教的确受到极大的打击，使北魏的佛教受到很大的损失。另一次发生在北周武帝统治时（566～578），佛、道两教俱被禁止，经像悉毁，沙门、道士还俗。禁佛后，北方寺像几乎扫地以净，僧众多逃奔江南。

这两次废佛事件给佛教信众以沉痛的打击以及深邃的忧患意识。隋朝初年，我国对释迦牟尼的诞生年代流行许多不同的说法，其中一种较为通行的说法认为释迦牟尼诞生于周昭王十九年（前1034）。照此推算，当时距离释迦牟尼创立佛法已经一千五百年，也就是说，末法时期已经来临，佛法将有灭亡的危险。于是，一些佛教徒想方设法来保存佛教经典，房山石经就是在这样的背景下刊刻的。

（2）静琬发愿与唐代刻经

房山石经的刊刻发起人是隋僧静琬。他是南岳慧思的弟子。现房山云居寺还留有好几块静琬当年留下的刻经题记。其中年代最早的是1989年3月发现的武德八年（625）题记。该题记碑阳共存十二行，每行十字。

　　□□□□□□□□□□
　　正法五百岁像运一□□
　　至后汉永平十年戊□□
　　八年岁次乙酉凡经一千
　　正像复沦众生垢重信心
　　恐一朝磨灭纸叶难固长
　　此涕泪悲感琬为护正法
　　石经一十二部余十一部
　　此室冀天地之有穷望（正）
　　逾明就使山开七日三□
　　流通万代利益无穷庶（使）
　　者脱令得究竟无上菩（提）[3]

---

① （北齐）魏收：《魏书·释老志》，中华书局，2017，第3035页。
② 《高僧传》卷十，《大正藏》第50册，第392页中。
③ 参见田福月《石经山发现唐武德八年静琬题记残碑》，《法音》1990年第2期。

碑阴存十行，每行十字（包括空格）。

> 总作六行　北头第一行
> 行廿石　第三行十八石
> 行十二石　第六行三石
> 第一行如是我闻为始次
> 弟番背读之还至第一石
> 南五行例皆同尔。其（石）
> 注畔即是经文并行（次）
> 上题头具显分明若后
> 取传写讫愿还次第安置。
> 经本愿勿出之①

文字虽有残缺，但文意大致可通。这通碑文证明静琬从隋大业年间开始刊刻石经，到武德八年，已经完成了《大般涅槃经》一部。

云居寺还留有静琬的另两方题记：

贞观二年（628）的刻经题记：

> （释迦如来正法像法）凡（千五百余岁），至今贞观二年，（既浸末法）七十五载，佛日既没，（冥夜）方深，瞽目众生，从兹失导。静琬为护正（法），率己门徒、知识及好（施檀）越，就此山顶刊《华严经》等一十二部，冀于旷劫，（济度）苍生一切道俗。②

贞观八年（634）《华严经题记》：

> （静）琬敬白未来之世一切道俗：法幢将没，六趣昏冥，人无惠眼，出离难期。每寻斯事，悲恨伤心。今于此山，镌凿《华严经》一部，永留石室，劫火不焚。使千载之下，惠灯常照；万代之后，法炬□（永？）明。咸闻正道，□□□□（俱得正果？）。乃至金刚，更□□□（加护持？）。此经为未来佛（法）难时，拟充经本，世若有经，愿勿辄开。贞观八年岁次甲午□月乙卯十

---

① 参见田福月《石经山发现唐武德八年静琬题记残碑》，《法音》1990 年第 2 期。
② 原碑缺文，所缺部分据元代贾志道撰《重修华严堂经本记》补。中国佛教协会编《房山云居寺石经》，文物出版社，1978，第 83 页。

五日已。①

又有不知年月之《涅槃经堂题记》：

> 此堂内唯有石《涅槃经》一部，更无余物。本为未来悬远无佛法时，留为
> 经本，开生慧目。静琬叩头，愿□□（尽未）来……②

从上述题记可以知道，静琬因防备法难而镌刻石经，以留为将来作经本用的。
最初计划刻《涅槃经》《华严经》等一十二部。这也许是静琬自忖穷毕生之力，也
未必能刻完全部大藏经，所以选择一十二部有代表性的经典，刻而藏之，以表达自
己弘扬佛法，愿佛法世世长存这一番心愿。所以刻一十二部经，自然是因为当时一
般把"十二部经"当作佛教大藏经的代名词。所以刻十二部经，也就可以代表一部
大藏经。唐道宣《大唐内典录·历代众经举要转读录序》说："观夫大圣乘机敷说
声教，离恼为本，不在曲繁。故半颂八字，号称开空法道；一四句偈，喻以全如意
珠。广读多诵，未免于生源；常不说法，乃闻于具足。"③ 其精神是一致的。

静琬开创的事业，由他的弟子们继承并进一步发扬光大。辽清宁四年（1058）
赵遵仁《续镌成四大部经记》载："静琬以贞观十三年（639）奄化归真，门人导公
继焉。导公没，有仪公继焉。仪公没，有暹公继焉。暹公没，有法公继焉。自琬至
法，凡五代焉，不绝其志。"④ 暹公、法公即僧惠暹、玄法。他们主持刊刻的时期，
正当盛唐开元、天宝年间。据王守泰《山顶石浮图后记》载："大唐开元十八年
（730），金仙长公主为奏圣上，赐大唐新、旧译经四千余卷，充幽府范阳县为石经
本。"⑤ 著名的《开元释教录》作者智昇，就是当时奉命护送经本到云居寺的三位僧
人之一。这一时期的刻经，以唐朝的宫廷写经为底本，校勘精良，价值较高。所刻
经典也较多，可说是房山石经的全盛时期。天宝末年，虽逢安史之乱，但云居寺的
刻经事业并未停顿。会昌废佛，云居寺也受到影响，但很快又复兴起来。不过，晚
唐所刻的大部分是小部头经典，且有许多是重复的。可见此时刻经并无一定的计划，
只是为了供养、祈福而已。五代战乱，云居寺刻经亦告停顿。

（3）唐后刻经概况

房山石经的第二个刻经高潮是辽代。辽代统治者崇信佛教，敬奉三宝。除刊刻

---

① 中国佛教协会编《房山云居寺石经》，第 83 页。
② 中国佛教协会编《房山云居寺石经》，第 83 页。研究者或谓应为贞观五年（631）。
③ 《大唐内典录》卷九，《大正藏》第 55 册，第 312 页下。
④ 中国佛教协会编《房山云居寺石经》，第 3 页。
⑤ 中国佛教协会编《房山云居寺石经》，第 15 页。

《契丹藏》外，大力支持房山石经的刊刻。从辽圣宗起，到兴宗、道宗，直到天祚帝时，一直坚持不断。尤其是兴宗、道宗，对刊刻石经更为热心。辽赵遵仁撰《续镌成四大部经记》载："先自我朝太平七年，会故枢密直学士韩公讳绍芳知牧是州。……乃知自唐以降，不闻继造。……以具上事，奏于天朝。我圣宗皇帝，锐志武功，留心释典。既闻来奏，深快宸衷。乃委故瑜伽大师法讳可元，提点镌修，勘讹刊谬，补缺续新。释文坠而复兴，楚匠废而复作。琬师之志，因此继焉。迨及我兴宗皇帝之绍位也，……常念经碑数广，匠役程遥。籍檀施则岁久难为，费常住则力乏焉办？重熙七年，于是出御府钱，委官吏贮之，岁析轻利，俾供书经镌碑之价。仍委郡牧相承提点。"① 天庆八年（1118）志才所撰《续秘藏石经塔记》载："至大辽留公法师奏闻圣宗皇帝，赐普度坛利钱，续而又造。次兴宗皇帝，赐钱又造。相国杨公遵勖，梁公颖奏闻道宗皇帝，赐钱造经四十七帙。通前上石，共一百八十七帙。"②

除皇室之外，当地居民也对刊刻石经倾注了极大的热情。从各种刊刻题记可知，布施者来自四乡八方。不少人不但以个人身份布施，还结社共助刊刻。如应历十五年（965）王正所撰《重修云居寺壹千人邑会之碑》载："传如来心成众生性者，莫大于经；勒灵篇徼来劫者，莫坚于石。石经之义远矣哉！寺主谦讽和尚，见风雨之坏者，及兵火之残者，请以经金，遂有次序。谦讽等同德经营，协力唱和，结一千人之社，合一千人之心。无贫富后先、贵贱老少，施有定例，纳有常期。故寺不坏于平地，经不坠于东峰。"③ 除谦讽外，辽代主持刻经的僧人还有沙门留公、顺公、名僧通理、通理的弟子善伏。

金代可谓房山石经刊刻的第三个时期。金灭辽以后，房山石经仍然得到朝野的维护，故刻经事业赖以不坠。当时热心续刻石经的僧人有见嵩、玄英等。所刻有《大教王经》、《十地经》、四部阿含、《人本欲生经》、《坚意经》以及唐宋翻译的一大批密教经典。

金末，石经事业又陷于停顿。元初，归源云公、藏山行泽相继住持云居寺，但对于石经已经无力顾及。至正元年（1341），高丽僧慧月从五台山来游，见雷音洞（华严堂）石户摧毁，经石残缺。追思静琬之功，深致慨惜。遂向朝野道俗募化资财，修好石户。并请本国天台宗沙门达牧补写了残缺的经版五片，重新镌刻。④

明洪武二十一年（1388），姚广孝奉旨前往石经山视察。他见历代石经碑偈森

———————

① 见元贾志道《重修华严堂经本记》，北京图书馆金石组编《房山石经题记汇编》，书目文献出版社，1987。
② 中国佛教协会编《房山云居寺石经》，第6页。
③ 中国佛教协会编《房山云居寺石经》，第6页。
④ 中国佛教协会编《房山云居寺石经》，第5页。

列，深为感叹，曾题诗留念。几年后，明朝拨款修理了一次，但没有续刻石经。宣德三年（1428），全真派道教徒陈风便与正一派道教徒王至玄等募刻《玉皇经》等四种道经，派人送入石室（在今第七洞）。这是明代中叶石经山唯一的道经刻石事件。明万历、崇祯年间（1573～1644），吴兴沙门真程劝募在京缁素葛一龙、冯铨等在北京石镫庵镌刻了《四十华严》《梵网经》《宝云经》《四十二章经》《六祖坛经》等，送往石经山贮藏。现在的第六洞就是当时开凿的，这是石经山最后的刻经事业了。

（4）房山石经的价值

房山石经的刊刻，经历了从隋到明，共一千余年。各时代刊刻的石经也各有特点。如静琬初刻以《涅槃》《华严》等经为主，盛唐时刻了《大般若经》等一大批重要的典籍。辽代刻经则在验明前朝所刻经本存缺的基础上，主要以《契丹藏》编次刊刻。辽金之际所刻以密教经典为主。而金代所刻，除四部阿含外，其余都是密教经典。各朝碑版型制亦有区别。这些石经分别庋藏在石经山上九洞及云居寺西南压经塔地洞内。据有关记载，山上还有一个藏经洞，山下还有两个地穴，但至今尚未发现。

云居寺石经早就引起中外学者的注目。明大书法家董其昌曾为书"宝藏"二字题词。由于各种自然原因，加上国外收藏家曾想方设法收罗这稀世之宝，故云居寺石经颇有散损流失等情。1956年起，中国佛教协会会同有关部门，对房山石经做了全面的考察、发掘与整理工作。当时将九个石洞中的经版全部搬出编号、拓印七份，再如数送回原洞封锢。脱落、破碎而散置的碎块，则尽量拼合恢复之。地穴内的经版，经过编号拓印后，贮放在专修的房屋内。

在其后的几十年内，中国佛教协会组织人力、物力，对保存在佛教协会的3万多张房山石经的拓片进行了全面的整理、研究。经整理、查对、拼接、分类编目，统计出当时总共发掘、拓印了14510块经版，计1125部，3480卷。

房山石经具有珍贵的历史文物价值与学术研究价值。它的隋唐时代刻本是依据当时的写本佛经刊刻的，其中包括了一批以宫廷写本为底本的写经。总数达350余部，1200余卷。对校勘现存的大藏经，是极其珍贵的资料。它的辽金刻本是依据已经亡佚的《契丹藏》刊刻的。《契丹藏》是我国北方系刻本大藏经之祖，它收集资料广泛，校勘精良，且注解继承了唐代皇家官藏的传统，在当时是一部质量极好的刻本大藏经。它曾对《再刻高丽藏》的刊刻有着直接的影响。由于辽代不许书籍外流以及其他一些原因，《契丹藏》已经亡佚，现只剩近年发现的若干残卷。《契丹藏》的亡佚，是佛教界、学术界的一大损失。房山石经中辽金部分刻经，为我们保存了229帙《契丹藏》的原始资料，是一件十分值得庆幸的事情。由中国佛教协会、中国佛教图书文物馆编辑的《房山石经》（全30册）已经影印出版（华夏出版社，

2000），以供各界之需。并有《房山石经（辽金部分）经目索引》[①] 可供检索。

房山石经中还保存了一批历代诸藏都没有收入的绝世孤本，约50卷。可补历代诸藏之不足。另外，房山石经还保存了不少不同时期刻的疑伪经，为我们研究中国佛教的流传提供了新的资料。至于房山石经对研究中国文化史、研究北京地区各时期的历史、经济、文化、书法、雕刻、文字、职官、石刻艺术以及佛教史的珍贵资料价值，已经为世界各国学者所公认。

此外，房山石经中的诸多题跋也为我们了解与研究那个时代的人们社会生活、信仰状态提供了第一手资料。

1961年3月4日，国务院公布的第一批全国重点文物保护单位名单，已经将房山云居寺塔和石经列入其中。一千多年来各民族佛教僧俗艰苦卓绝、团结奋斗而留下的这一份稀世瑰宝，将世世代代保存下去。

（5）附：碑版刻经、石壁经碑、摩崖石经

古代佛教信众为了让佛法传诸永远，正法永存，想尽各种方法，上述房山石经是一个典型的例子，类似房山石经这样刻在石版上的佛经早就出现，只是规模没有房山石经这样大，一般称为"碑版刻经"。下面略做介绍。

第一，碑版刻经。

碑版刻经，指佛经刻于碑版上，镶嵌在寺院墙壁上的石经。南北朝期间，我国就出现碑版刻经。由于需要镶嵌在墙壁上，所以碑版刻经一般均为一面刊刻；由于放置碑版刻经的位置有限，故一般所刻均为篇幅不大的经典。至今我国一些寺院的墙壁上依然镶嵌有碑版刻经。

第二，石壁经碑。

镶嵌在寺院墙壁上的，除了碑版刻经，还有石壁经碑。

《白居易集》卷六十九《苏州重玄寺法华院石壁经碑文》记载此事，称：

> 夫开士（示）悟入诸佛知见，以了义度无边，以圆教垂无穷，莫尊于《妙法莲花经》，凡六万九千五百言。证无生忍，造不二门，住不可思议解脱，莫极于《维摩经》，凡二万七千九十二言。摄四生九类，入无余涅槃，实无得度者，莫先于《金刚般若波罗密经》，凡五千二百八十七言。坏罪集福，净一切恶道，莫急于《佛顶尊胜陀罗尼经》，凡三千二十言。应念顺愿，愿（方按：疑衍）生极乐土，莫疾于《阿弥陀经》，凡一千八百言。用正见观真相，莫出于《观音普贤菩萨法行经》，凡六千九百九十言。诠自性，认本觉，莫深于《实相法密经》，凡三千一百五言。空法尘，依佛智，莫过于《般若波罗密多心经》，凡二

---

① 中国佛教协会编辑《房山石经（辽金部分）经目索引》，中国佛教图书文物馆印行。1993。

百五十八言。是八种经，具十二部，合一十一万六千八百五十七言，三乘之要旨，万佛之秘藏，尽矣。是石壁积四重，高三寻，长十有五常，厚尺有咫。有石莲敷覆其上下，有石神固护其前后。火水不能烧漂，风日不能摇消，所谓施无上法，尽未来际者也。[1]

如上所述，这种刻石体积较大，有石莲敷覆其上下，有石神固护其前后。与前所述碑版刻经形态有异，但作用是一样的。

值得注意的是：在文中，白居易不但称这八种经是"三乘之要旨，万佛之秘藏"，并且认为它"具十二部"。如前所述，"十二部"原是印度早期佛典的一种分类法，中国佛教长期将它作为大藏经的别称。白居易自己的著作也在这个意义上使用"十二部经"一词。他在《香山寺新修经藏堂记》中称："十二部经，次第讽读，俾夫经梵之音，昼夜相续。"[2] 在《苏州南禅院千佛堂转轮经藏石记》中又说："师又日与苾刍众升堂焚香，合十指，礼千佛，然后启藏发函，鸣犍椎，唱伽陀，授持读讽十二部经。经声洋洋，充满虚空。"[3] 白居易以"十二部经"指代大藏经的地方还有不少，但在上述文字中，白居易称："是八种经，具十二部。……三乘之要旨，万佛之秘藏，尽矣。"由此可见，白居易在此是把这八种经当作全部大藏的代表，故希望它传之永久，尽未来际。

第三，摩崖石经。

摩崖刻经是佛教石经的一种。其本意与其他石经一样，一是为了修积功德，更重要的则是为了防止未来法灭时佛典毁逸，佛法无传，故想以此将释迦教法传之永远。

所谓摩崖刻经，是将山崖之露出地面一部分岩石人工研齐磨平，然后刊刻经文，故摩崖刻经一般都是擘窠大字。如著名的泰山金石峪刻《金刚经》。还有东魏的历城《大涅槃经》、龙门山《心经》；北齐山西辽州的《华严经成就品》、南响堂山石经等，留存甚多，不一一例举。

9. 对汉文大藏经刻本时期的小结

如上所述，我们现在掌握实物的中国木刻本大藏经，有二十多种。其中既有官版大藏，也有私家大藏。在私家大藏中，有的是某一佛教寺庙主持刊刻的；有的是某一佛教宗派主持刊刻的；有的是某些僧俗信徒合作发愿刊刻的；有的是某一家族为本族祈福刊刻的。此外还有大量的碑版刻经、石壁经碑与摩崖石经，后面三种佛

① 顾学颉校点《白居易集》，中华书局，1979，第 1448～1449 页。参见方广锠《中国写本大藏经研究》有关章节。
② 顾学颉校点《白居易集》，第 1498 页。
③ 顾学颉校点《白居易集》，第 1487～1488 页。

典从所用质料方面讲与木刻佛典显然不同，但从技术手法上讲均为刊刻，故放在一起叙述。当然，至今没有发现石壁经碑与摩崖石经有大藏经，本书仅把它们作为古代佛典的表现形式予以介绍。

严格地讲，此外还有一种石刻佛经，即"经幢"。就"经幢"所刻亦为佛经这一点讲，它应该归入刻本佛典，但经幢的主要功用与传统的佛典有异，也因为篇幅的关系，故本书从略。

从总体看，在汉文大藏经的刻本时期，各种刻本形式不一，百花齐放。一部大藏，卷帙浩繁，据载，《开宝藏》的早期刻本，仅版片就有十三万块。其后大藏经的规模越来越大，刊刻工程自是不易。皇家刻经，靠的是国家的力量，得天独厚。虽则如此，工作靠人来完成，相关的承担者依然付出了常人难以想象的精力。私家刻经，则实在非同小可。没有坚强的决心、持久的毅力、刻苦耐劳的献身精神，绝难完成。即使如此，往往还要经过前后好几代人的坚持不懈、前赴后继的努力，方能功德圆满。金代女子崔法珍为了刊刻《赵城金藏》，自断手臂，四出乞化。感动了大批信徒纷纷捐资，附近百姓施骡、施布、施梨树（供刻版之用）等，不一而足。据说甚至有倾家破产而应募者。为了信仰贡献自己的一切，这对生活在当今物化日益严重的社会中的某些人来说，似乎是不可思议的。但古人这种执着于理想的献身精神，的确令人赞叹、感佩。如《嘉兴藏》，从开雕到最后完成，共计一百四十五年，是我国历代大藏经中历时最长的。发起者紫柏大师后虽因事罹祸，寂于燕都。但其弟子继承遗志，再接再厉、不屈不挠。后继者以弘法为己任，在艰苦卓绝的情况下奋斗不已，哪怕朝代鼎革、山川陵谷，仍然孜孜于佛藏的刊印，终于使这一大藏经刊刻完成。中华民族的文化，所以能一代又一代地继承，一代又一代地积累，不正是基于这种精神吗？当然，有些私家藏经因受人力、财力的局限，往往刊刻得比较粗疏。有的藏经因前后时间拖得太长，因而版式、体例有不一致处。

两晋南北朝以来，佛教已经成为我国传统文化的有机组成部分。所以，有见识的统治者大抵推行儒释道三教并重的政策。因此，宋代版刻大藏经出现之后，每个朝代几乎都曾刊刻官版大藏经。这样，在我国文化史上，便出现这么一种现象：每一个朝代都要为上一朝修正史，每一个朝代都要编印本朝的佛教大藏经。这几乎已经成为一种惯例。当然，皇家编撰大藏经，除了修积功德之外，还有以此制导佛教发展方向的意思。如北宋译场曾译出一批印度密教经典，因其不合汉地人民的伦理道德思想；特别其时理学兴起，成为社会文化的主流。故这批密教经典未曾流通，就被烧毁。再如清朝皇帝则公开下令从《龙藏》乃至从《嘉兴藏》中撤出被列为"贰臣"的钱谦益的佛学著作，禁止流通。另一方面，据说明成祖妻仁孝徐皇后于洪武三十一年（1398）正月初一烧香阅经时，恍惚中似被观音导至灵鹫山，并蒙付嘱《第一希有大功德经》，醒后诵而录出。按照佛教的传统观点，这一类经典如同

《出三藏记集》中江泌女子诵出经一样，都属于"伪妄乱真"的伪经。但因这次诵出者的身份不同，于是便由皇帝下令，把这部经收入大藏。凡此种种，反映出皇家官版大藏的主旨、反映出皇家在佛教大藏经上的立场。

还有一点应予指出的是，在汉文大藏经的写本阶段，皇家官藏虽有官方出资，但具体负责造藏的一般均为僧人。出于对佛法的虔诚，当时造藏十分认真。一般均有三校，并有多人详阅。因此，它的抄写质量是比较高的，从而成为诸种佛藏中的上品。但到了汉文大藏经的刻印本阶段，官刻大藏一般依照现有的手抄本大藏或者前代的版刻大藏复刻，往往会出现不少问题。如蜀刻本《开宝藏》中的错讹就相当多。高丽守其曾撰《高丽国新雕大藏校正别录》以指谬。这些错讹后经咸平、天禧、熙宁年间多次修订，才逐渐校补纠正。有的官版大藏经虽然雕镂精美，装帧华贵，但为了保持一函十册之整齐外观，甚至不惜削足适履，删砍经文内容。这一方面最突出的是《龙藏》。如隋费长房撰《历代三宝纪》，原书十五卷，搜集了大批资料，是研究南北朝佛教的重要典籍。而《龙藏》则砍去其中后十四卷，仅收首卷一卷。凡此种种，均为我们利用这些藏经时必须加以注意的。

木刻本大藏经因为刻印时代不同、地区不同、主持人不同，所收典籍的数量及种类也各不相同。一般年代越后，收经越多，规模越大。但不少大藏都有一些本藏独有而为其他大藏所不收的珍稀典籍。因此，全面、系统地整理历代各种大藏经，校勘、汇总为一部权威的精校、标点汉文大藏经，必将能对保存和弘扬佛教优秀文化发挥巨大的作用。[①]

三　近现代印刷本大藏经

近代以来，铅印、胶印、激光照排等新的印刷技术不断发展，佛教大藏经的刊印也进入一个新的时期。本书将这一时期定名为"近现代印刷本时期"，主要是想区别于古代的刻本时期。因为古代的刻版印刷也是一种印刷术，刻本也是一种印刷本。但近现代的印刷技术与古代的刻版印刷技术毕竟不可同日而语。

近现代的印刷本藏经，按照其采用的方式不同，大体可分为排印与影印两种。

第一种为排印本大藏经。属于排印的，又可以分为两类。

一类是铅印，即用铅活字排版，做成纸型，然后印刷。用这种方式印刷的藏经，日本先后有《弘教藏》《大日本大藏经》《大日本续藏经》《大正新修大藏经》，中国则有《频伽大藏经》与《普慧大藏经》。

---

① 目前，开创于清代的南京金陵刻经处依然保留传统的刻版技术，并继续刻版刷印佛教经典。改革开放以来，亦有若干新设立的专门从事版刻印刷的单位。后者属于继承传统文化，属于"非物质文化遗产"，与本书所论不同。故不赘述。

另一类是激光照排，即电脑录入，激光制版，然后印刷。用这种方式印刷的藏经，中国有《文殊大藏经》《南传大藏经》《佛光大藏经》。

近现代印刷本藏经文字清晰，装帧实用，信息量大。特别应该提出的是，近现代印刷本藏经的出现，与近现代佛教学术研究的兴起密切相关。这些藏经，学术含量较高。这不但体现在校勘、断句等方面，也体现在独具一格的分类体系的设计、科学实用的各类索引的编纂等方面。其水平远远超过古代刻本。因此，近现代印刷本藏经问世不久，便以其无可比拟的优势，取代了古代的刻本藏经。

铅印与激光照排，虽然印刷方式不同，科技含量不同，但都要重新一个一个植字或一个一个打字。从这一点讲，它们并无本质差异。由于需要植字，校对精细的，仍难免有疏漏；校对粗疏的，则鱼鲁之讹，所在多是。

第二种为影印本大藏经。属于影印本者，也可以分为两类。

一类不改变底本的编排，完全按照底本的形态，原样影印。如近年影印的《初刻南藏》，明《北藏》，清《龙藏》、《频伽藏》，均为此类。

另一类对原底本的编排有程度不同的改变。如大陆的《中华藏》、台湾的《中华藏》均如此。

今天，古代刻本藏经基本上已经成为文物。影印本使它们化身百千，既可以满足寺院供养法宝的需求，也可以让更多的研究者一睹古代藏经的本来面貌。特别是在排印本的行文可能植字致误时，影印本为我们提供了可信的核对依据。前面提到，研究刻本藏经的基础是版片。古代藏经保留版片的已经寥若晨星，不过版片的形态基本反映在刻本的印张中。影印本提供了刻本印张的图版。图版虽然不能等同原件，但已经大大方便了研究古代藏经者。加之影印本采用现代装帧，使用方便。如此种种，都是影印本受到人们欢迎的原因。

但是，有些影印本在影印的过程中曾经做过技术加工，诸如修版、补字、补画界栏、描白，以及用其他藏经的经本充抵缺失的经本等。上述加工，使影印本不同程度地出现失真。一般来讲，凡进行加工处理者，均应加以说明；但也有未加说明，或说明不完整者，这样便会误导研究者得出错误的结论，这是需要注意的。

此外有一个问题，即如何判断近现代印刷本藏经的独立性？

对于近现代印刷本藏经而言，判断一部藏经是否成为独立的新藏经，其主要依据，首先是它的目录。亦即从目录看，凡是具有自己独立的内容与结构者，我们承认它为一部新的藏经，反之则否。其次，我们还必须注意它的传承，亦即该藏经的底本与校本。

用这两个标准来衡量近现代印刷本藏经，凡是排印本基本上都是新的藏经。探究其原因，排印本需要逐一植字，成本较大；而其制作方式，也给重新编纂藏经提供了广阔的空间。所以编纂者都利用这一机会，编纂一部新的藏经。就传承而言，比如《大正藏》号称以《高丽藏》为底本，但我们现在知道，它在编纂工作中实际是拿《频伽藏》作底本，然后与《高丽藏》本校对。由于这种工作方式，也由于另外一些原因，使得《大正藏》出现一些匪夷所思的错误。①

影印本的情况比较复杂。如前所述，影印本有两种形态：一种不改动编次，原样影印；一种改动编次，汇编为新本。前者沿用原藏经的目录，基本传承原藏经的形态，我们将它等同原藏经。其中 20 世纪 30 年代影印的《碛砂藏》较为特殊。由于作为底本的《碛砂藏》有若干阙本，影印时便补入其他藏经的若干另本，并附有目录，加以说明。《影印碛砂藏》虽然补入了其他藏经的经本，由于有清楚的交代，并没有造成版本的混乱，也没有改动《碛砂藏》的原编次，基本上仍然可以体现古代刻本《碛砂藏》的面貌，所以我们依旧将它等同《碛砂藏》。它的补缺部分，实际相当于古代刻本藏经的补雕。我们用《影印碛砂藏》来命名它，已表达该藏成为一种新的版本这一事实。至于改动编次的，可以大陆《中华藏》为代表。大陆的《中华藏》虽然以《赵城藏》为基础，但全藏收经近万卷，《赵城藏》仅占二分之一，其余全部为新补入的其他藏经的经本，乃至用电脑录入的经本。与《赵城藏》相比，结构编次有较大变动。对所利用的《赵城藏》经本，也做了较大规模的修版、补版处理。因此，它并非简单的《赵城藏》影印本，而是一部新的藏经。它的目录也是新编的，与《赵城藏》完全不同。有人至今称大陆《中华藏》为《赵城藏》的影印本，这是不对的。我们必须承认大陆的《中华藏》已经取得独立存在的地位，成为一部新的藏经。但是，这部新的藏经又是传承了《赵城藏》以及其他八种有代表性的藏经，加上修版、补版而形成。评价《中华藏》离不了它的传承背景与工作方式。

总之，就近现代印刷本的研究而言，我们必须注意目录与传承两个方面。

清末以来，我国曾排印过两部大藏经。一部是由上海频伽精舍主持的《频伽精舍校刊大藏经》，一部是由上海普慧大藏经刊印会主持的《普慧藏》。简介如下。

1. 《频伽藏》

《频伽藏》，清末民初上海频伽精舍私版大藏经。因该精舍由英籍犹太人哈同出资资助，故也有人称之为《哈同大藏经》。哈同因其中国籍妻子罗迦陵笃信佛教，故为其建造频伽精舍，并资助编辑、出版《频伽藏》。

《频伽藏》出版于清宣统元年（1909）至民国二年（1913）。全藏共收经 1916 部，8416 卷，线装为 413 册，另附目录 1 册。分装成 40 函，千字文帙号从"天"至"霜"。经文用四号铅字排印，每页 40 行，折为 2 个半页，每半页 10 行，行 45

---

① 参见方广锠《〈大正新修大藏经〉评述》，南京金陵刻经处编《闻思》，后收入笔者的《随缘做去，直道行之》，国家图书馆出版社，2011。

字。有书口及边框，无行线。书口印经名、页码等。该藏以日本《弘教藏》为底本排印，内容略有变动。

因为是铅字排版，按照工序，在排版工人植字后，需要印出样张进行校勘，以纠正排版工人可能产生的植字错误。频伽精舍便招聘一批教师利用晚上时间前来校勘，按劳取酬。具体工作由哈同的管家姬觉弥（1887～1964）负责。由于一些原因，校勘工作，特别是后期的校勘工作质量较差。

2. 《普慧藏》

《普慧藏》，上海普慧大藏经刊印会编印的私版大藏经。该会由盛幼盦（法名"普慧"）发起，成立于1943年，兴慈、应慈、圆瑛、赵朴初、叶恭绰、夏丏尊、丁福保等著名僧人、居士参与。负责编辑工作的有芝峰、黄希劬、范古农等。

原计划网罗南传、北传所有经典，校正前代印本之漏误，订正历代翻译名义之异同，致力于收录其他各版藏经未曾收入之经、论、疏释。其工作大体分为两个阶段。第一个阶段从成立到1945年抗战胜利，共计出书50种，81册。刊行会也于抗战胜利后结束。其后，又在上海成立"民国增修大藏经会"，继续原"上海普慧大藏经刊印会"未竟的事业，从1945到1955年，依《普慧藏》的体例和版式又出版佛教典籍55种，18册。以上总计105种，99册。由于其中《华严教义章记》重复，且后来又编辑总目录一册。故该《普慧藏》实际收入佛教典籍104种，共计100册。本藏系线装本，小24开，4号铅字排印，校勘较为精良，且大抵为历代大藏经未收的典籍，如从日文转译的南传巴利三藏的若干典籍，故资料价值较高。新中国成立后，《普慧藏》的纸型转藏于南京金陵刻经处。

影印的大藏经则有如下三种。

1. 《中华大藏经》（汉文部分，上编）

改革开放以来，为了赓续中华民族的优秀文化传统，从1982年开始，在国家的有力支持下，在任继愈先生主持下，又编印一部新的汉文佛教大藏经——《中华大藏经》（汉文部分）（以下简称《中华藏》）。《中华藏》起初规划为两编。上编为正藏，以《赵城金藏》为基础，收入历代大藏经之正藏所收的典籍，进行校勘后，影印出版。下编为续藏，最初计划将续藏再分甲、乙两编。甲编汇集中外历代续藏，所收全部为前此已经入藏的典籍。乙编将各种古佚佛典新编入藏，由于乙编下限截止到当代，亦即将会收入部分当代僧俗的佛教著作。其后任继愈先生根据情况的变化做出决断，将甲、乙两编合为一编。正编完全尊重《赵城金藏》结构、编次。续编全部为正编未收的佛教典籍，下限截止到当代。分类结构如下。

印度典籍部，收入印度佛教典籍。包括经律论、贤圣集传，以及对于上述典籍的注疏与复疏。

南传典籍部，收入南传佛教典籍。包括律经论三藏及三藏以外的其他南传佛教传统典籍。

藏传典籍部，收入藏传佛教典籍。包括甘珠尔、丹珠尔及松贲文集。

汉传注疏部，收入关于印度佛教、南传佛教、藏传佛教典籍的注疏及复疏。

汉传撰著部，收入论述教义的佛教典籍及对这些典籍的注疏与复疏，以及佛教的论文总集、纂辑、僧人个人文集、类书等佛教文献。

史传地志部，收入各种佛教史传及佛教历史地理学著作。包括总史类、别史类、史料集、寺志、山志、僧人行脚纪、各种地方史志中散见的佛教资料等。

忏仪部，收入各种佛教忏仪。

疑伪经部，收入各种疑经与伪经。

论衡部，收入中国儒释道三家论议佛教的典籍。

外教部，收入历史上对佛教曾有影响的国外其他宗教的相关典籍。如印度教、耆那教、摩尼教、景教等。

目录音义部，收入佛教目录、音义等各种工具书。

《中华大藏经》续编将根据各典籍派别归属、思想倾向、功用形态的不同，对收入上述诸部的典籍，进一步分作若干类，并提供各种必要而实用的检索手段。按照早期统计，续编的总字数约在 2.6 亿字，是正编的一倍多。待全藏完成，再落实最终字数。

任继愈先生提出，《中华藏》收录佛典的原则，应遵循十字方针："正编求其全，续编求其精。"我的理解，正编均为历代大藏经已经收入的典籍。由于种种原因，有的典籍后来散逸乃至亡佚。所以，我们的任务应该是上天入地找资料，力争找到这些经典，恢复它们入藏典籍的原来面貌。续编下限截止到当代，则除了敦煌遗书之类古逸典籍外，近当代以来的佛教著作汗牛充栋，我们必须将其中最有价值的部分筛选出来，以免灾梨祸枣。

《中华大藏经》正编的编辑工作在 1994 年已经完成，共 106 册，收入佛典 1939 部，由中华书局全部陆续出版，于 1997 年出版完成，并获得第七届国家图书奖荣誉奖。总目 1 册，2005 年 1 月由中华书局出版。故《中华藏》上编含总目总计 107 册。续编总计大约为 320 册，截止到 2021 年 12 月，已经出版上述类目前四部的 66 册。

《中华藏》将成为收罗最为宏富的佛教大藏经。为佛教界、学术界提供一部翔实、可信、实用的基本资料书。

又，近几十年来，台湾也有不少人士从事新的汉文佛教大藏经的编纂工作。较有影响者有如下几部。但因笔者掌握情况有限，故仅据掌握情况做简单介绍，以免出错误人，识者鉴之。

2. 《中华大藏经》（台）

由蔡念生主持编辑。系采用百衲本的形式，依据前代大藏经影印而成。①

3. 《佛教大藏经》

由释广定主持编辑。正藏部分依据《频伽藏》印成；续藏第一辑依据《普慧藏》印成；续藏第二辑除收入《卍字续藏》部分典籍外，均为历代藏经未收部分。

4. 《佛光大藏经》

由高雄佛光山佛光大藏经编修委员会主编、星云大师监修、佛光出版社出版。系汇拢历代诸藏重加分类、校勘、标点，铅印出版。并附有实用索引，有较高的学术价值。《佛光大藏经》计划分：1. 阿含藏、2. 般若藏、3. 禅藏、4. 净土藏、5. 法华藏、6. 华严藏、7. 唯识藏、8. 秘密藏、9. 声闻藏、10. 律藏、11. 本缘藏、12. 史传藏、13. 图像藏、14. 仪志藏、15. 艺文藏、16. 杂藏等十六部类。截至 2022 年，已出版的有：阿含藏、般若藏、禅藏、净土藏、法华藏、本缘藏、声闻藏、唯识藏等八藏，其余部分正在编辑之中。②

5. 《汉译南传大藏经》

《汉译南传大藏经》，台湾高雄元亨寺住持释菩妙法师发起，1990～1998 年由台湾元亨寺汉译南传大藏经编译委员会编译。

前此，日本于昭和十年至十六年（1935～1941），由高楠博士功绩记念会负责，将英国巴利圣典协会出版之巴利三藏翻译成日文出版，名为《南传大藏经》，全 70 册。元亨寺此次即以日译《南传大藏经》为底本，参照巴利圣典协会出版的巴利语原本，以及泰文本等，翻译而成。包含律藏、修多罗藏（经藏）、阿毗昙藏（论藏）以及藏外佛典，全部 70 册，约 1400 万字。其后编成总目 1 册，故总计 71 册。

6. 《文殊大藏经》

《文殊大藏经》，1987 年开始由台湾文殊佛教文化中心编印，文殊出版社出版。当时计划所收经典全部校勘、注释、采用新式标点。每部典籍均附有导论，导论中汇合世界重要的佛教经典研究成果，"使读者迅速进入经典"。还计划附有重要论文选编与研究论著目录索引、词语索引等，总计 174 册。据网络上的资料，该《文殊大藏经》至少已经完成：华严部，4 册；法华部，1 册；宝积部，7 册；涅槃部，2 册；密教部，5 册；大集部，6 册；经集部，16 册；般若部，25 册。以上共计 66 册。本缘部 11 册，可能也已经出版。目前的工作情况，不太清楚。

---

① 参见张新鹰撰《台湾编印〈中华大藏经〉始末》，载《藏外佛教文献》第二辑，第 87 页。

② 编辑出版的近况，承佛光山妙凡法师赐告，特致谢意。

第五节 国外刊印的汉文大藏经

佛教从印度传入中国,在中国孕育、发展成为中国佛教,进而传入朝鲜、日本、越南等周边国家,对这些国家的文化产生巨大的影响。这些国家的佛教徒与中国佛教徒一样,把修造佛教大藏经当作一件大事,刊刻了好几部汉文佛教大藏经。[①] 在此简介如下。

1. 朝鲜刻印的汉文大藏经

朝鲜先后刻印过三部汉文大藏经,一般称作《初刻高丽藏》、《高丽续藏经》与《再刻高丽藏》。都是朝鲜高丽王朝的官刻大藏经。

(1)《初刻高丽藏》

该藏开雕于高丽显宗二年(1011),完成于高丽文宗末年(1082),是以北宋端拱年间(988~989)传入高丽的《开宝藏》初刻本为底本覆刻的,但也收入若干民间的流通本。版式仿《开宝藏》,系卷轴装,每版23行,行14字。共收经1106部,5924卷,分作570函。《初刻高丽藏》的版片存放在符仁寺。高宗十九年(1232)毁于蒙古兵燹。现传世印本较为稀珍。

(2)《高丽续藏经》

《高丽续藏经》,又名《续雕高丽藏》。是高丽义天主持完成的一部藏经。

高丽义天为高丽王朝文宗的第四子,自幼向佛,11岁要求出家,得到父亲同意后祝发受戒。宣宗二年(1085)渡海到中国游学求法,参访高僧名德,足迹及于山东、江苏、安徽、河南、浙江五省,14个月以后携带得到的1000多卷佛教典籍回国,被宣宗任命为大兴王寺住持。他继续从中国、日本搜罗佛教典籍,并努力收集高丽本国高僧元晓、义湘、太贤、圆测、谛观等人的著作,又收入《开宝藏》天禧、熙宁两个修订本及《契丹藏》中特有的经典,合计共达4740多卷,编纂为《新编诸宗教藏总录》,所著录均为未见于《开宝藏》的佛教典籍。宣宗七年(1090),在宣宗的支持下,于设在大兴王寺的教藏院开版雕印,约于肃宗元年(1096)完成雕版,所雕即为《高丽续藏经》。

据《佛光大辞典》记载,《高丽续藏经》共收佛教著述1086部。其中,经疏619部,律疏145部,论疏217部,其他(论著、纂集、史传等)105部;但据《韩国佛教史概说》记载,《高丽续藏经》收佛典1010部,4040卷,其中,经疏561部,2586卷;律疏142部,467卷;论疏307部,1687卷。

[①] 据有的资料记载,古代越南也曾刊刻过汉文大藏经,但笔者至今不掌握有关资料,故此处从略。仅介绍高丽、日本刊刻、编印汉文大藏经的情况。

《高丽续藏经》为卷轴装。每版 23 行，行 20 字，偶有行 21 字者。

《高丽续藏经》的总目，即为前述《新编诸宗教藏总录》，三卷。后收入《大正藏》第五十五卷。

《高丽续藏经》全藏已佚，目前韩国尚存法宝《大般涅槃经疏》（卷九、十）、玄范《大乘阿毗达磨杂集论疏》（卷十三、十四）、慧净《妙法莲华经赞述》（卷一、二）、公哲《金刚般若经疏开玄钞》（卷四、五、六）等零本。经版原存于大兴王寺，高丽高宗十九年（1232）亦毁于蒙古兵火。

（3）《再刻高丽藏》

因《初刻高丽藏》已不传，故现在凡称《高丽藏》者，一般均指该《再刻高丽藏》。该藏刊刻于高丽高宗二十三年（1236）至三十八年（1251），系以《开宝藏》、《契丹藏》及《初刻高丽藏》三本互校后重刻。主持僧人有守其等，将校勘结果记录为《高丽国新雕大藏校正别录》，30 卷。是研究已亡佚之《开宝藏》《契丹藏》的珍贵资料。

该藏共收经 1521 部，6589 卷，分作 639 帙，千字文帙号自"天"到"洞"。卷轴装，每版 23 行，行 14 字。此藏版片原藏禅源寺，1398 年迁到支天寺，1399 年又迁到海印寺，保存至今。1957 年，日本曾将该藏缩印为书册式精装影印出版，后台湾也据此出影印本。本藏吸收并保留了《开宝藏》《契丹藏》诸藏的优点，有较大的校勘、研究与史料价值。

2. 日本编印的汉文大藏经

据现有材料，日本历代共编印过六部汉文大藏经。其中木刻本一部：《黄檗藏》；木活字本一部：《天海藏》；铅印本四部：《弘教藏》《卍字藏》《卍字续藏》《大正藏》。上述六种大藏经中，《天海藏》是现知唯一用木活字刷印的汉文大藏经。《弘教藏》曾被用作我国《频伽藏》的底本。《卍字续藏》搜集保存了大批在我国已失传的藏外典籍；《大正藏》体例新颖、容纳佛典多、使用方便，近代以来影响很大。

此外，相传日本在镰仓时期曾经刻过一部汉文大藏经，约开雕于弘安十年（1287），完成于正安三年（1301），称《弘安藏》。全藏规模等相关情况不详。据说有少量印本传世，但也有研究者认为该藏实为误传，并不存在。本书也不把该藏正式列入日本编印的汉文大藏经中，仅在此略做介绍。

现将可以落实的六部藏经简单介绍如下。

（1）《天海藏》

《天海藏》，又名《宽永寺藏》、《东山藏》或《倭藏》。日本江户时期在江户东山宽永寺所印的汉文大藏经。该藏用木活字印刷，经折装。由释天海及征夷大将军、左大臣德川家光发起，排印于宽永十四年（1637）至庆安元年（1648）。全藏共收经 1453 部，6323 卷，分作 665 函。千字文帙号从"天"至"税"。（一说为：1449

部，599 函，千字文帙号从"天"到"最"。）底本为宋《思溪藏》，但配补若干元
《普宁藏》。所用木活字至今仍藏于乾王寺。

（2）《黄檗藏》

《黄檗藏》，又名《铁眼藏》。日本江户时期所刻汉文大藏经。史传中国福建福
清黄檗山万福寺僧人隐元隆琦东渡日本后，在日本山城州宇治郡重建黄檗山万福寺。
隐元东渡日本时随带一部明《嘉兴藏》。到日本后，将它交给弟子铁眼道光作为刻
藏底本。于是铁眼道光发愿募劝，刊雕于宽文九年（1669）至延宝六年（1678）。
经版刻于山城州宇治黄檗山宝藏院。该藏收经 1618 部，7374 卷，分作 734 函，据
明《嘉兴藏》本覆刻，故字体、版式与《嘉兴藏》本相同。但内容略有增补。刻成
后曾进呈后西院上皇及将军纲吉等。因刻本有错漏，故曾于宝永三年（1706）至七
年（1710）由京都法然院文澄、文政九年（1826）至天保七年（1836）由越前之顺
艺两次据《高丽藏》校勘修订。现该藏版片尚存，藏于宇治黄檗山万福寺，且依旧
可以刷印。印本在日本较为普遍。

（3）《弘教藏》

《弘教藏》，又名《大日本校订缩刷大藏经》《缩刷藏经》。日本东京弘教书院
编印的汉文大藏经。由福田行诚等人主持，开始于明治十三年（1880），完成于明
治十八年（1885）。共收经 1916 部，8534 卷（按另一种计算法，为 1918 部，8539
卷）。装订为 418 册，分装成 40 函。千字文帙号自"天"到"霜"。用 5 号铅字排印。

本藏采用我国明智旭在《阅藏知津》中所倡导的分类法，把全部大藏经分作
经、律、论、秘密、杂藏等五大类，各类又立若干门。此外新设"日本撰述部"以
收日本僧人的佛教著作。这部藏经的主体部分以《高丽藏》为底本，不足者以《普
宁藏》补充，然后以《资福藏》《普宁藏》《嘉兴藏》等诸藏为校本。秘密部经轨
则以日本旧传古本为底本，以《高丽藏》《资福藏》《普宁藏》《嘉兴藏》为校本。
全文都加句读。因印本有若干错漏，故此后来曾计划编印《大日本校订大藏经正
误》，但因故中辍。该《正误》稿本现仍藏于日本大正大学图书馆。

（4）《卍字藏》

《卍字藏》，全称《大日本校订训点大藏经》，又称《日本藏经书院大藏经》
《卍字大藏经》《训点大藏经》等。日本京都藏经书院编印的汉文大藏经。由滨田竹
坡、米田无静等人发起并主持，开始于明治三十五年（1902），完成于明治三十八
年（1905）。全藏共收经典 1625 部，7082 卷。用 4 号铅字排印，每页 40 行，折为 2
个半页，每半页 20 行，行 22 字。线装本，共计 357 册，分装 37 函。该藏原有千字
文帙号，后因修订而失序，故此，该藏帙号实际并不起作用。

该藏经主要汇集印度及中国的佛教著作，分经、律、论、西土中土撰集等四大
部分。校勘较精，并且全文断句，故使用尚称方便。全藏印完后不久，藏经书院失

火，存书被焚殆尽，故流传之印本不多。近年来有影印本出版流行。

（5）《卍字续藏》

《卍字续藏》，全称《大日本续藏经》，又名《卍字续大藏经》《日本藏经书院续藏经》《续藏》。日本京都藏经书院编印的汉文大藏经。由前田慧云、中野达慧等人发起。开始于明治三十八年（1905），完成于大正元年（1912）。本藏广泛搜集了中国与日本历代未入藏的佛教典籍，内容上至六朝遗编、唐宋章疏，下至清代学者的著述，还包括部分疑伪经典。但有关禅宗语录则收录不多。全藏共收经典1660部，6957卷。4号铅字排印，每页36行，折为2个半页，每半页18行，行20字。并设有校勘记栏。装订为24开线装本。全藏分三编，共751册，151函，每函五册（目录一函一册）。每编均自立门类，合计共分作经部、律部、论集部、密经轨部、大小乘释经部、大小乘释律部、大小乘释论部、诸宗著述部、礼忏部、史传部等10门63类。本藏编印时正值日俄战争，故每卷还载有战争中死亡的人员名单。全书印成后不久，存书同《卍字藏》一同被焚，故流传的印本不多。近年有影印本出版流传。近年曾重修为《新纂大日本续藏经》，改变版式，重印出版。

（6）《大正藏》

《大正藏》，全称《大日本正新修大藏经》。日本大正一切经刊行会编印的汉文大藏经。开始于大正十三年（1924），完成于昭和九年（1934年）。由高楠顺次郎、渡边海旭、小野玄妙等人主持。全藏共收各种经典、图像等3360部，13520卷，可分为三大部分。第一部分55册，收入印度、中国的佛教著作。第二部分30册，其中29册收入日本的佛教著作，一册系古逸部、疑伪部，收入敦煌及日本古传的古逸、疑伪著作。第三部分15册，其中12册为图像，3册为《昭和法宝总目录》，汇集各种佛教目录。全藏总计100册，每册约1000页上下，每页分上、中、下3栏，每栏29行，行17字。全藏有断句。本藏自称以《高丽藏》为主要底本，并在《弘教藏》校勘的基础上，参校了《资福藏》《普宁藏》《嘉兴藏》（校记中称宋、元、明三藏），并对勘了日本古抄本藏经、巴利语、梵文经典。校勘记一律作脚注附于当页。本藏还改变了传统大藏经按大小乘分类的方法，改为按经典的基本内容分类。由于本藏铅印洋装，故使用方便，且体例新颖、分类相对科学、收经量大、校勘记使用方便。又，全藏大部分经典都有断句，虽然断句错讹较多，但对不熟悉佛教典籍的人来说，还是给予了阅读的方便。凡此种种，使《大正藏》其后成为目前世界上影响最大，最为常用的汉文大藏经。1960年该藏曾再版，再版时个别内容略有修订。

《大正藏》的主要问题是：该藏虽自称以《高丽藏》为主要底本，实际上却是用《频伽藏》作底本。如前所述，《频伽藏》以日本《弘教藏》为底本植字铅印，而《弘教藏》印本本身就有若干错漏，再加上《频伽藏》校勘疏漏极多，有些地方乃至不可卒读。这些错误有不少被《大正藏》继承,① 从而影响了《大正藏》的质量。关于这一问题,在佛典数字化一节中将会论述,此处从略。此外,如上所述,《大正藏》断句多有不当,分类也有可议之处。

为了便于研究者更好地利用《大正藏》,由日本大谷大学等单位组成的"大藏经学术用语研究会"依据该《大正藏》编印了《大正新修大正藏索引》,全48册,按照《大正藏》部类,逐部将诸典籍中的专用名词、法数、术语编为索引,为佛学研究提供了极大的方便。

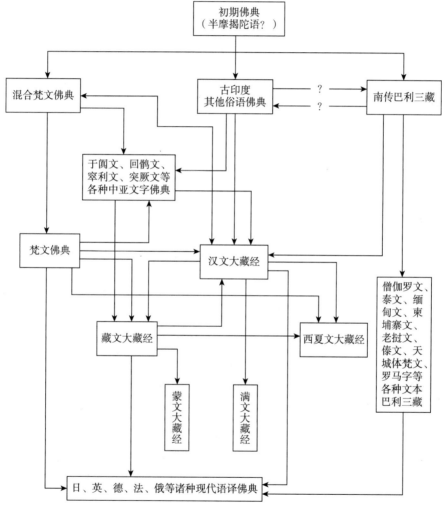

图 1　佛藏源流示意

---

① 参见方广锠《〈大正新修大藏经〉评述》,南京金陵刻经处编《闻思》。《古籍数字化视野中的〈大正藏〉与佛典整理》,《上海师范大学学报》(哲学社会科学版) 2015 年第 4 期。《人大复印资料·宗教》2015 年第 5 期全文转载。上述两篇文章均收入方广锠《大藏经研究论集》(上、下),广西师范大学出版社,2021。

第六节　数字化时期

电子技术的迅猛发展，开创了书籍的数字化时期，汉文大藏经业已踏进数字化的殿堂。

1. 传统古籍整理模式及其弊病

所谓"传统古籍整理模式"，简单地讲，就是东汉刘向总结的"校雠"。在刘向时代，所谓"校"，指某人对某一文本进行阅读，依据上下文理，校正错误。所谓"雠"，则由两人合作，一人执一本宣读，一人对另一本逐字核对、校改。随着时代的发展，后代的古籍整理逐渐演变为由某位整理者一人对校两本或数本，最终定稿；少数亦有采用会读乃至以读书班方式从事古籍整理者。无论学养多么高超，在一定条件下，个人的水平总有局限；无论工作态度多么精审，在某个时间段，人力终有穷尽。古籍整理还往往出现这样的情况：旧的错误被纠正，新的错误又产生。所以，采用这种方式推出的成果，难免存在种种不足。以致自古流传这样的感慨："校书如扫落叶，旋扫旋生。"任何一个古籍整理工作者，都不敢说自己的工作已经尽善尽美，自己完成的整理本不再存在错误。于是，我们可以看到这样的现象：某类文献、某种典籍，虽然已由多位整理者反复进行点校整理，但教界、学界依然不满意，重复的整理工作至今仍在进行。如敦煌本《坛经》的整理校注本，据我所知，已有20多种，虽则如此，至今尚未出现一个教界、学界公认的"善本"。《祖堂集》至少有10种整理本。敦煌变文的各种录文与校注本，已经有10种以上，新的录校本还在计划推出。整理者大量心血的付出，其间有多少属于有效劳动，多少属于无效劳动？有多少是真正的学术积累，有多少是无价值的学术浪费？实在难以计量。

问题还在于，按照传统的古籍整理模式进行工作，工作结束以后整理者虽然为读者提供一个整理本、一份校勘记，读者固然可以对照校勘记阅读整理本，但如果整理者本人的校勘工作有疏漏或犯新的错误，则这种疏漏与错误自然不会反映在校勘记中，亦即此时校勘记不能真正反映底、校本的真实情况，读者就有可能被整理本与校勘记所误导。要想不受误导，除非读者自己依据原始资料逐一去核对整理本。然而，作为一个读者，一般不易接触到原始资料；且如由读者去逐一核对原始资料，则相当于读者本人把该古籍再整理一遍。这都是不现实、不可能的要求。

那么，面对一种新出的佛教文献整理本，读者又如何鉴别其整理水平的高低、其错误的多少、其可信用的程度？目前一般的方法，无非是读者依据本人积累的对某整理者学风的印象来做评价，或者查核整理本中的若干章节来做判断，或听取其他人的评价意见以为参考。坦率说，印象未必靠得住，同一个人的不同成果，水平可以有不同，更不要说有时还会有挂名的现象；查核若干章节，毕竟是以点代面，难以做出全面的评价；至于所谓"其他人"的评价，无非是另一个读者的"印象"而已。

总之，应该承认，目前对佛教文献整理成果的评价，实际具有一定的盲目性。但是，研究者依据佛教文献从事研究，却又对该文献的整理水平难以做出正确的评价，那研究者又如何推进自己的研究呢？

这里谈谈日本《大正新修大藏经》（以下简称《大正藏》）。

《大正藏》是在高楠顺次郎、渡边海旭、小野玄妙等人的主持下，集中日本佛教界、学术界一大批优秀学者，历时十三年（1922~1934），克服种种艰难困苦编辑出版的。据统计，先后参与人员约 300 人，有关人员达 45 万之多，编辑费用则达 280 万日元。了解 20 世纪二三十年代日本物价水平的人都知道，这实在是一笔惊人的巨款。全藏 100 卷，计正藏 55 卷、续藏 30 卷、图像部 12 卷、昭和法宝总目录 3 卷。收录各种典籍、图像 3360 部，13520 卷。是当时收录佛教资料最多的一部大丛书。《大正藏》编成以来，这部大藏经对世界佛教研究的普及与深入贡献之大，实在无与伦比。堪称佛教文献学史上一座前所未有的里程碑。

2014 年 11 月参加日本佛教大学举行的关于佛教大藏经的国际研讨会，会上东京大学人文情报学研究所永崎研宣先生提到：日本《大正藏》虽以《再刻高丽藏》为底本，但工作中实际将《频伽藏》用为工作底本。永崎研宣先生的会议论文并提到，早在 1928 年，山崎精华先生就在日本《现代佛学》上撰文提到《大正藏》用《频伽藏》作工作底本这一事实。不知其他学者以前是否关注过这一点，起码我以前没有注意过。永崎研宣先生的论述使我大为吃惊。因为《频伽藏》印刷于 20 世纪初，错误很多，从来被认为是不可信用的本子。而《大正藏》编成以后的八十年中，从来被认为是质量最高、学术性最强的本子，乃至风行全世界。既成为全世界佛教研究者从事学术研究的依据，也成为目前许多电子版大藏经的基础。我以前也曾发现过《大正藏》的若干错误，但总以为那是《大正藏》编辑者的偶尔疏漏——这种疏漏，对任何一部大藏经都是难以避免的。会后按照永崎研宣先生的提示进行复查，发现很多问题果然出在《频伽藏》。

比如，隋费长房《历代三宝纪》卷十五论及自己的编纂，有这样一段话：

> 臣幸有遇，属此休时。忝预译经，禀受佛语。执笔暇隙，寝食敢忘。十余年来，询访旧老，搜讨方获。虽粗缉缀，犹虑未周。广[21]究博寻求，敬俟来俊。①

---

① 《历代三宝纪》卷一五，CBETA（2016），T49，no. 2034，p. 120，c11~14。

末句之"广[21]究博寻求，敬俟来俊"，文意累赘，且破坏了原文的四字句格式。但原文有一个校注。《大正藏》对此有校记，作："〔21〕〔究〕－【宋】【元】【明】【宫】。"这条校记说明宋、元、明、宫本中无"究"，亦即按照《大正藏》的体例，《大正藏》所用底本——《再刻高丽藏》的文字即为"广究博寻求敬俟来俊"。但查看《再刻高丽藏》，原文明明作：

> 广究博寻，敬俟来俊。

现在按照永崎研宣先生的提示，查核《频伽藏》。果然，《频伽藏》的文字为：

> 广究博寻求，敬俟来俊。

也就是说，在这里，《大正藏》明明以《频伽藏》为底本，原文多出一个"求"字，以致行文错误。但《大正藏》未做交代，依然自称底本是《再刻高丽藏》，从而误导了研究者。

《大正藏》更离奇的错误，是我 1980 年撰写硕士论文时发现的。我的硕士论文为《〈那先比丘经〉初探》，研究中意外发现，《大正藏》所收的二卷本《那先比丘经》出现错版，并因此擅加文字，且不出校记。

该二卷本《那先比丘经》在《大正藏》中编为第 1670 号，载第 32 卷。其中第 702 页中第 27 行末至 702 页下第 9 行有一段关于智者与愚者作恶后得殃是否相同的问答。为了说明问题，我把三卷本《那先比丘经》的同一段问答①也抄录如下，以做比较。

表 9 《那先比丘经》二卷本、三卷本经文比较一

二卷本	三卷本
王复问那先："智者作恶，愚人作恶，此两人殃咎，谁得多者？"那先言："愚人作恶殃大；智人作恶殃小。"王言不知那先言。王言："我国治法，大臣有过则罪之重，小民有过罪之□②。是故我知智者作过恶得殃大，愚者作恶殃小。"那先问王："譬如烧铁在地。一人知为烧铁，一人不知。两人俱前取烧铁。谁烂手大者耶？"王言："不知者手烂。<u>不制其身口者，不能持经戒，如此曹人亦不乐其身。</u>"那先言："其学道人者，能制其身，能制口，能持经戒。能一其心得四禅，便能不复喘息耳。"王言："善哉！善哉！"	王复问那先："智者作恶，愚人作恶，此两人殃咎，谁得多者？"那先言："愚人作恶得殃大；智人作恶得殃小。"王言不如那先言。王言："我国治法，大臣有过则罪之重，愚民有过则罪之轻。是故智者作恶得殃大，愚者作恶得殃小。"那先问王："譬如烧铁在地。一人知为烧铁，一人不知。两人俱前取烧铁。谁烂手大者耶？"王言："不知者烂手<u>大</u>。"那先言："<u>愚者作恶，不能自悔，故其殃大。智者作恶，知不当所为，日自悔过，故其殃少。</u>"王言："善哉！"

---

① 《那先比丘经》卷三，参见 CBETA (2016), T32, no. 1670B, p. 718, a18～27。

② 原文此处空一字。详见下文。

表 9 中两段文字，前半部分相同，后面画线的部分大异。根据行文内容，很显然，三卷本的文字正确，二卷本的文字错误。对照巴利语《弥兰陀王之问》，结论也完全一样。在此再将巴利语《弥兰陀王之问》的相关段落翻译如下。

  王问："那伽先那尊者！知者行恶与不知者行恶，谁的祸大？"

  长老回答："大王！不知者行恶，所得祸大。"

  "原来如此。尊者那伽先那！我们的王子、大官如果作恶，要比不知者作恶，予以加倍的处罚。"

  "大王！您（对下述情况）是怎么想的呢？如果有一个灼热、燃烧着的铁球。一个人知道而去握它；另一个人不知道也去握它。那么，谁被烧伤得厉害呢？"

  "尊者！不知道而去握它的人被烧伤得厉害。"

  "大王！与此相同，不知者行恶，所得祸大。"

  "善哉！尊者那伽先那！"①

那么，二卷本有无上述三卷本录文中画线的"大。那先言：'愚者作恶，不能自悔，故其殃大。智者作恶，知不当所为，日自悔过，故其殃少。'王言：'善哉！'"这一段文字呢？有！就在 702 页下第 25 行至第 27 行。全文一字不差，只是最后一句弥兰陀王的赞叹语中多说了一个"善哉"而已。进而仔细检查，发现从二卷本 702 页下第 6 行"不制其身口者"起，到同栏第 24 至 25 行"和所为得人者"止的 295 个字都与原文行文不协，肯定是从其他地方脱落后窜入此处的。

那么，这 295 个字是从哪里脱落的呢？仔细研究，这 295 个字包括了四个问题：关于止息喘息的问答的后部分；关于大海的问答；关于得道思维深奥众事的问答；关于人神、智、自然异同问答的前部分。经查，原来它们应该位于第 703 页上栏第 16 行的"不能"与"那先问王"之间。"不能"之前，正是关于止息喘息问答的前部分；而"那先问王"之后，正是关于人神、智、自然异同问答的后部分。二卷本此处本来语义也不通。但把脱落的文字加入后，意义就连贯通顺了。与三卷本的相同部分的文字也正好对应。

但新的问题又出来了。为了便于说明这个问题，在此把将脱落文字插回原处之后的二卷本有关段落与三卷本的有关段落抄录比较如下。

---

  ①　据中村元、早岛镜正日译本转译。见中村元、早岛镜正《弥兰陀王之问》，平凡社，1972，第 246 页。

表 10　《那先比丘经》二卷本、三卷本经文比较二

二卷本	三卷本
王复问那先："卿曹诸沙门说言：'我能断喘息之事。'"王言："奈何可断喘息气耶？"那先问王："宁曾闻志不？"王言："我闻之。"那先言："王以为志在人身中耶？"王言："我以为志在人身中。"那先言："王以为愚人不能 不 制其身口者，不能持经戒，如此曹人亦不乐其身。"那先言："其学道人者，能制其身，能制口，能持经戒。能一其心得四禅，便能不复喘息耳。"王言："善哉！善哉！"	王复问那先："卿曹诸沙门说言：'我能断喘息之事。'"王言："奈何可断喘息气耶？"那先问王："宁曾闻志不？"王言："我闻之。"那先言："王以为志在人身中耶？"王言："我以为志在人身中。"那先言："王以为愚人不能制其身口者，不能持经戒者，如此曹人亦不乐其身。"那先言："其学道人，能制身口，能持经戒。能一其心，得四禅，便能不复喘息耳。"王言："善哉！"

　　表 10 中二卷本录文中的画线部分为移来的脱落文字。与三卷本录文对照，最大的差别在于三卷本说："愚人不能制其身口"；而二卷本的文字却是"愚人不能不制其身口"，多了一个"不"字，以致文意完全相反。很显然，三卷本的文字是正确的。证之巴利语《弥兰陀王之问》，结论也相同。而二卷本的那个"不"字是整理者擅加的。整理古籍，擅加文字而不出校记，是整理工作的大忌。《大正藏》中出现了这种低级错误。

　　1980 年，我还没有条件查对《再刻高丽藏》原文，由于错乱的字数大体相当于《高丽藏》一版，当时推测上述文字的错乱乃至那个擅加的"不"字可能由于原底本《再刻高丽藏》错版所致。10 多年以后有条件查对《再刻高丽藏》原文，才知道《再刻高丽藏》并没有错，那么，错误自然出在《大正藏》了。所以，我当时的结论是："或者由于《大正藏》所利用的那部《高丽藏》的印本此处装裱颠倒所致？但《高丽藏》每版均有版片号，按道理能够发现这种颠倒。不管怎样，错版发生了，但没有被发现纠正。不仅如此，《大正藏》的校对者竟然擅自又加上一个'不'字。"[①]

　　后来按照永崎研宣先生的提示查核《频伽藏》，发现《大正藏》这一错误的出处依然在《频伽藏》，原来是《频伽藏》行文错乱，并且擅自加了那个"不"。《大正藏》不过是照抄而已。

　　值得注意的还有，表 9 显示《大正藏》本有一句话作"小民有过罪之□"，《大正藏》本此句"之"下空一格，表示底本缺漏一字。但查《再刻高丽藏》，此处明明有字，并未缺漏，原字作"轻"。这样，该句应为"小民有过罪之轻"，上下文意通顺。再查《频伽藏》，也有这个"轻"字。也就是说，《再刻高丽藏》《频伽藏》都有的字，《大正藏》竟然称之为缺漏。令人奇怪的还在于，《大正藏》整理者既然知道此处有缺漏，用空一字的方式表示该缺漏，而《大正藏》所用的底本《再刻高丽藏》、所

---

① 方广锠：《〈大正新修大藏经〉评述》，南京金陵刻经处编《闻思》。收入《随缘做去，直道行之》，国家图书馆出版社，2011，第 77 页。

用的工作底本《频伽藏》均有此"轻"字,《大正藏》却没有用来补正自己的缺漏。作为一个曾经实际从事藏经编辑的工作者,我以为这里体现的很可能是《大正藏》在工作流程方面的疏失。而如果工作流程有疏失,则出现的错误可能就不是偶尔的一个两个,而是一批。当然,对这个问题,现在还不能简单下结论,需要继续研究。

我们无法一一查核《大正藏》、《再刻高丽藏》与《频伽藏》,不知道类似的错误到底有多少。学术研究依靠文献资料,如果所依靠文献本身的准确性无法保证,那学术研究又如何保证自己的水平,保证不出错误?

我以为,问题的关键还是上文所说:传统的古籍整理虽然为读者提供一个整理本、一份校勘记。读者可以对照校勘记阅读整理本,但由于整理者没有提供他所依据的原始资料,因此,如校勘工作本身有疏漏,整理本的错误没有反映在校勘记中,或校勘记不能反映底、校本的真实情况,那读者就颇为困惑了。因为读者既然不知道自己所依据的整理本竟然还存在诸如此类的错误,只能依据这种整理本来开拓自己的研究。相反,如果在提供整理本的同时,能够一并提供相应的原始资料,并让读者方便地查核与利用它们,读者就可以依据原始资料复核原文,做出自己的抉择,不至于被前人的整理本中的错误所误导。

2. 汉文大藏经的数字化

大藏经的数字化尝试,于20世纪的80年代中期就开始了。近20年来,取得令人惊叹的长足发展。纵观30多年大藏经的数字化过程,可以分为两个阶段。

(1)初级阶段

初级阶段的主要特征是介质转换,亦即将大藏经由纸介质转换为数码。与近现代印刷本藏经的排印本、影印本两种形态相应,初级阶段的数字化藏经,也出现用文字录入方式形成的电子文本及用图像扫描方式形成的扫描本。

20世纪80年代中期,《中华大藏经》曾经试行向电子文本的转换,并取得初步成果。遗憾的是,其后因故中止。

20世纪90年代中期,《高丽藏》完成向电子文本的转换。《高丽藏》转换的成功,为汉文大藏经下一步的转换工作奠定了坚实的基础。其后,《大正藏》的转换工作完成,并迅速在全球的汉传佛教研究界推广。电子文本的最大优点,是实现了全文本检索,使得以往"将有关资料一网打尽"的学术界的最高理想,起码在电子本大藏经中瞬间成为现实。海量信息的瞬间检索、储存与传播,为研究者提供了极大的方便。

整部大藏经的扫描,完成于90年代后半期。至今,现存的历代刻本藏经、近现代印刷本藏经有很多已扫描完成。扫描本虽然不能全文检索,但将篇幅浩大的藏经转换为便于查询的数字图像,几大书架的书,压缩进一个小小的硬盘,与影印本相比,其优点是显而易见的。扫描本的完成,也为汉文大藏经进入数字化时期的高级阶段准备了条件。

应该指出，在数字化初级阶段出现的电子文本与扫描本固然有众多优点，但由于它们基本上只是介质的简单转换，因此，上文提到的排印本与影印本的诸多缺点，也同样存在于电子文本与扫描本中，这是使用电子大藏经时必须注意的。

（2）高级阶段

汉文佛教典籍数字化的高级阶段又可以分为两个阶段。

第一，传统校勘本。

在前述数字化初级阶段的早期，人们对电脑录入佛典乃至录入整部大藏经具有极大的热情，许多人都在这一领域奋发努力，形成一派万马奔腾的局面。不同单位、不同个人完成的电子文本，质量不可能划一。这样，同一部《大正藏》，出现质量参差不齐的好几个不同版本的电子文本。不过，近十年来，经过资源的整合及优胜劣汰的自然竞争，20世纪90年代起就致力于汉文佛典数字化的中华电子佛典协会经过二十多年坚持不懈的努力，在这场竞争中脱颖而出。他们制作并不断升级的《CBETA电子佛典集成》已经得到教界与学界的公认，其他版本的电子大藏经逐渐趋于湮没。

初级阶段出现的电子文本与扫描本，都是对前此某一部藏经、若干佛教典籍的简单转换。由于它们都依托于前此的藏经，因此，本身没有取得独立的地位，不属于新的藏经。其判别的标准，依然是各自的目录。但应该指出，《CBETA电子佛典集成》在每次升级版①中均不同程度增添新的内容与功能，对《大正藏》的结构有调整，且对文字做了认真的校勘，工作中发现并纠正了《大正藏》不少错误。可以说客观上已经取得独立的地位。这是需要特别予以赞赏的。

第二，超文本链接本②。

传统的古籍整理，读者与文献整理者处于信息不对称的地位。因为，一般来说，读者很难掌握整理者所利用的全部底本。由此带来种种弊病，此不赘述。

高级阶段的数字化大藏经的主要特征是超文本链接，亦即将不同的资料通过超文本链接的方式链接为一个整体，读者可以采用各种方式调用这些资料，以满足不同的需求。应该指出，《CBETA电子佛典集成》在其提供的"外部连接"功能中，已经提供了很多外部资源的链接。在CBETA主界面有一个"外部连结"按钮，点击开来，CBETA可以连接丁福保《佛学大辞典》等17个中、外文外部资源，大大方便了读者。

由于数字化技术为我们整理汉文佛教大藏经提供了前所未有的机遇。目前已有若干个单位正在利用数字化技术，从事汉文佛教文献数字化，以开创佛教文献整理

---

① 每次升级，《CBETA电子佛典集成》均给予新的版本号，以示与前此不同版本号《CBETA电子佛典集成》的区别。

② 限于篇幅，本节内容无法详细展开。请参见收入拙作《大藏经研究论集》（广西师范大学出版社，2021）的《大藏经编纂及其刍议》《境外大藏经编辑及数字化大藏经的情况》《古籍数字化视野中的〈大正藏〉与佛典整理》《数字化时代古籍整理的新思路》《谈汉文佛教文献数字化总库建设》等文。

的新局面。

目前我们也正在浙江温州文成安福寺开展"汉文佛教文献数字化总库"的建设。我们的汉文佛教文献数字化总库的建设遵循如下五个基本原则。

第一，起于最底层。

亦即一切工作从被整理的佛典原本，而不是它的电子录入本开始。不仅如此，佛教文献整理要从最基础的原始图形文字、书写符号的切割开始。

第二，信息全覆盖。

信息采集要覆盖原本上的全部原始资料，亦即将所有用于校勘的佛教典籍原本上一切可供研究的信息——它的全部文字与符号统统切割下来，存入数据库。

第三，过程可追溯。

利用数字化技术，通过人机互动的切字、认字、定字、校勘、标点等工作环节，最终完成佛教文献整理。全部工作流程的每一个步骤，包括每一环节所用资料、所做工作、所得结果都在电脑后台全程记录，事后对任何一部工作都可以追溯与复核。

第四，功能可扩展。

界面友好、开放。可与读者互动，以参考、吸收读者的修订意见。并可随时根据读者的要求、系统本身发展的需要，扩展出新的功能。

第五，成果可升级。

这里所谓的"成果可升级"，包括两层含义。一是如下所述，可以不断吸取读者意见，最大限度地消灭错误，最终使所整理的文本臻于至善。二是可以根据需要，不断开发新的功能，使已经整理好的文本发挥更大的作用。比如将原典与研究论著加以链接，阅读者在阅读某部佛典或某段文字时，随时可以参考前人的研究。这样，既可以帮助自己更好地掌握经意，也可以由此评判前人的研究。

基本工作程序，大致如下。

首先，从佛教文献原本最基础的文字与书写符号的切割、辨认开始，即把佛教文献原本上的每一个文字、每一个符号都切割下来，并将它们全部转换成计算机可以识别的具有计算机内码的文字与符号，由此形成基础工作文本与基础字形库等两个阶段性成果。基础工作文本是一个与该佛教文献原本行文完全一致的数字化文本，以供校勘之用。在这一过程中，传统的底本、校本概念将被颠覆，所有的原始文本在新的佛教文献整理工作中将被一视同仁，处于平等地位。基础字形库存储该佛教文献原本的所有文字与符号，并保留其原始图像形态，既供追溯检查所用，又可以成为文字研究者的研究资料。

其次，系统排比基础工作文本，提示整理者辨析异本。佛教文献在流传过程中时有异本产生，异本可以参校，不宜混同。故正式校勘之前，必先区别异本。

再次，校勘与标点。有经验的古籍整理者都知道，一般来说，用于对校的两个文本的差异不会超过90%。但校勘者必须耐下性子，一个字一个字去校勘，唯恐有所疏漏。因此，校勘中付出的劳动，实际上几乎有90%左右属于无用功。而由计算机系统自动比对不同文本，如果对应的文字相同，系统自动忽略，仅将不同的文字用色标显示，提示研究者进行勘校。这样，研究者固然还是需要通读全文，但就校勘环节而言，工作量可以减轻90%左右。不仅如此，针对不同情况，系统设计了规范的校勘记表述格式并按要求自动生成规范校勘记，省却研究者书写校勘记的精力。当然，古籍的情况千差万别，有时会遇到诸校本的差异超出系统原设定的情境，此时系统设定的校勘记不适合此情境，系统提供了有研究者自行撰写校勘记的功能。校勘完成以后，研究者进而可利用该系统提供的界面，对所整理的文本进行分段、标点、注释。

由此完成的数字化整理本，将充分利用数字化技术的多层次、多功能的纵深优势，将被整理佛教文献的文字、文物、文献、研究史等各种信息链接为一个综合性的关联数据库，并予以多层次呈现。这样，每个佛教文献都可以建成一个数据库，既相对独立，又与其他佛教文献数据库相互关联，且具有开放性、互动性，为读者提供交流平台。

读者在该平台不但可以看到文献整理者整理完成的成果，还可以依据"过程可追溯"功能查阅到整理者所使用的全部原始资料。此时，读者与整理者对原始资料的掌握，信息完全对称。进而，读者可以检查整理者的全部工作的每一个步骤。人非圣贤，孰能无过。以往的古籍整理之所以有大量的重复劳动，就在于读者在掌握了有关资料，并发现前此整理者的错误以后，认为需要完成一个更好的整理本。但同样，他本人在整理中也难免犯错。同理，我们的文献整理工作也会出现疏漏。与传统古籍整理不同的是，数字化佛典整理平台把原始资料与工作过程全部公开给读者以后，读者可以据此追溯、检查整理者所用各校本中诸文字、符号的原始图版与全部工作的每一个环节，由此评点整理者的工作，提出自己的修订意见，写入系统专门设置的互动交流框中。我们接到读者的信息，如果意见正确，则据此修订文本，并说明接受哪位读者的意见，以示尊重读者、尊重读者的思维劳动。如果不赞同，也不会删帖，而是予以保留。这样，其他的读者如果阅读同一篇文献，会看到前此读者的意见，可以加入讨论，确定哪一种文字的表述最为合适。用这样的方式，可以使整理本在与读者互动的过程中不断修订错误，逐渐完善，乃至在经过一段时间的使用与流通后，在上述不断互动的过程中，最终臻于至善。

按照上述思路，新的数字化互动整理模式将彻底改变目前佛教文献整理中大量出现的重复劳动，使每个整理者的工作、每位读者的修订意见都成为对该被整理文献的有效学术积累或不同的参考意见。这种整理本也将给知识点的采集、知识网的构建等各种后续工作赋予更加坚实的基础。

如上所述，采用上述方式，传统底本、校本的观念将被颠覆，无论什么本子，在上述校勘过程中地位平等、作用相同。校勘工作者将对所有的工作本一视同仁，逢异必校，择优而从，并保留各个本子的所有信息，以备复查。

需要说明的是，汉文佛教文献数字化总库的预设目标是整理全部汉文佛教文献，而不是编纂新的汉文大藏经。

如前所述，我对汉文大藏经的定义包括"取舍标准""组织结构""外部标志"等三个基本要素，即"基本网罗历代汉译佛典并以之为核心，按照一定的结构进行组织，并具有一定外在标志的佛教典籍及相关文献的丛书"。目前，汉传佛教正处在一个承先启后、转折与发展的新时期；展望未来，汉传佛教将会向世界发展，其发展蕴藏着无限的可能性。可以预期，在今后的发展中，汉传佛教一定会从传统的佛教文献中汲取营养，以应时应机地发展出多种符合时代及区域需要的修学体系。在这一过程中，不同修学体系的倡导者，会从不同的角度与理念出发，按照不同的标准来取舍现有的汉文佛教文献，并按照自己的理念对选定的文献重新加以诠释，或重新加以组织，从而编纂出各种不同的大藏经或各种不同的"藏要"类丛书。因应这一新的发展态势，汉文佛教文献数字化总库给自己的定位是力争通过相当长一段时期的努力，利用现代技术整理现存所有的汉文佛教文献，使之成为使用者可以信任的基础文献库。从而为所有有意编纂大藏经与"藏要"的佛门龙象，为研究中国文化、东方文化与汉传佛教的研究者提供基础资料。换一句话说，汉文佛教文献数字化总库只是一个原始资料的总库，只提供经过整理的原始资料，无论什么人，佛教界信众也好，学术界研究者也好；中国人也好，外国人也好；都可以利用汉文佛教文献数字化总库采集自己需要的原始资料，再按照自己的目的去加工、利用。也欢迎任何一个使用者对汉文佛教文献数字化总库的不足提出批评与建议，使它的功能得到加强与扩展，使它的错误得到纠正与改善，使它的水平不断提高，版本不断升级。

前些年，笔者曾经撰文指出：作为法宝的代表，古代大藏经具有义理性、信仰性等两种功能。需要补充的是，就佛教传统而言，大藏经的信仰性功能尤为突出。近代以来，鉴于佛教已经成为社会科学研究的对象，我曾经提出，现在应该从大文化的角度，给大藏经赋予一种新的功能——备查性。但是，从这些年实际从事编藏的经验看，义理性、信仰性、备查性这三种功能，很难会融到同一部纸质大藏经中。因为如为纸质大藏经，则真正要实现其"备查性"功能，它的篇幅将极其惊人，使用亦会极其不便。但如构建为数字化大藏经，则必须把这种数字化大藏经外化为一张或数张光盘，一个硬盘或一部计算机，放置到传统的藏经楼。我们很难设想这种形态的数字化大藏经能够体现与引发信众的宗教神圣感。

汉文佛教文献数字化总库的建设将化解这一矛盾。我以为，汉文佛教文献数字化总库将承担起佛教文献之义理性、备查性功能，从而让新编的大藏经在回归其传统的义理性、信仰性功能的同时，可以采用现在数字技术的光电功能，从而实现其在古代世界实际发挥的信仰性功能。当然，随着科学技术的发展，也许将来三种功能最终可以会融到一个标的物上，这种标的物将以一种什么形态出现，现在虽然可以模糊猜测，但难以明确描绘。我们期待这一标的物的出现。

建设汉文佛教文献数字化总库，还涉及对传统佛教疑伪经的处理、对诸教会融之民间传抄本的处理、对儒道耶基伊等诸教论衡的处理，乃至与梵巴藏等非汉文佛教文献的对勘，对汉文佛教文献的英译等一系列问题。不仅如此，还涉及由于数字化时代佛教文献流变性加剧、唯一性凸显，由此产生的如何设立规范、加强统一等一系列问题。限于篇幅，在此不一一展开。

（3）小结

现代数字技术的发展与人工智能的开发为人类社会的未来发展提供了新的无限的可能性，也为数字化汉文大藏经开拓了无限的可能性。

第一，利用数字技术进行古籍整理可以达到信息全覆盖，使我们将古籍整理的水平提高到新的高度。

一本古籍，它所包含的信息是多方面的。如以敦煌遗书为例，一件敦煌遗书实际包含了文物、文献、文字三个方面的研究信息。以往的古籍整理，往往将三者割裂开来。传统的古籍整理者，更是往往仅关注其文献价值。其实，上述三个方面的信息相互融贯而成为一个整体，利用数字技术全面覆盖与发掘敦煌遗书内涵的各种信息，更好地发掘与体现敦煌遗书的内在价值，可以让我们将敦煌遗书的整理水平与研究水平提到新的高度。实际上，对敦煌遗书是如此，对佛教古籍亦是如此。

第二，利用数字技术进行古籍整理可以避免重复劳动，加快学术积累，让所整理的古籍真正达到"尽善尽美之境"。

从事古籍整理的研究者都懂得，人力毕竟有穷尽时。所谓"校书如扫落叶，旋扫旋生"。在中国历史上，从古到今，同一本古籍，不同的研究者反复校勘标点。但无论何人，无论其学术水平多高、态度多么精审，他的古籍整理成果，依然会有错误，差异只在错误的多少与大小。笔者主编《藏外佛教文献》时，用"以精益求精之心，求尽善尽美之境"来自我勉励，但出版后，其中的错误，有时让笔者自己无地自容。只好用真正的"尽善尽美之境"只存在于彼岸世界来自嘲。

如上所述，利用数字技术进行古籍整理，可以让我们跳出刘向以来中国两千年古籍整理的传统模式。与读者不断互动的模式，将能避免刘向以来传统的重复劳动模式，加快古籍整理的有效学术积累。且假以时日，可以在与读者不断地互动中让所整理的古籍真正达到"尽善尽美之境"。

第三，利用数字技术进行古籍整理，可以按照不同工作程序内涵的不同学术含量，把古籍整理工作分解为若干个环节，从而尽量减少古籍整理者的工作量，减少无效劳动，让古籍整理者将更多的时间用于学术含量更高的思维劳动。

传统的古籍整理方式，需要整理者对底校本的文字一一核校。一般来说，底校本的文字差异不会超过 10%。因为如果超过 10%，应当视同异本，只能参校，不能用来作校本。由于整理者最终核对出来的异文不会超过 10%，也就是说，整理者90% 以上的核对工作都属于无效劳动。虽则如此，整理者必须谨慎仔细、逐一核对底校本的文字，唯恐有所疏漏。自然，古籍整理本来就属于沙里淘金。金子再少，也不能漏掉；沙子再多，也得一粒一粒去数。但如果能有一种方式，直接将沙子淘掉，将金子挑出来，岂不是可以大大减少整理者的工作量？我们目前开发的数字化古籍整理系统，按照不同工作程序的不同学术含量，把古籍整理工作分解为不同的环节，由一般工作人员及系统本身去完成那些学术含量较低的工作。比如可以由系统自动进行文字比对，忽略相同的文字，仅将异文提示给整理者。与传统古籍整理方式相比，这一系统可以为整理者减少 90% 以上的文字比对工作量。让整理者把时间更多地用于文字的订正、词义的辨析、标点的正误、内容的诠释。

　　第四，利用现在数字技术完成的古籍整理，可以按照使用者的不同要求，从文字、词语、句法、文本等各种不同角度，提供各种不同形态的古籍整理成果。并可以在上述成果的基础上，建立各种数字化的知识模型，对佛教文化进行更加深入的研究。此外，如古籍的现代汉语译注、外语翻译等工作，都可以在同一平台上进行。这一方面，我们正在尝试，目前除了敦煌遗书全字库初步成形，其他方面的工作正在设计中，其前景是令人向往的。

　　总之，数字化时代的佛教文献整理，将充分依托飞速发展的数字技术及数据库技术，将每个佛教文献的全部信息采集、归纳、整理、组织建设为一个数据库，并将诸多不同的佛教文献数据库建设为关联数据库，最终形成汉文佛教文献数字化总库，从而将平面的佛教文献拓展为立体纵深的信息资源库，以充分发挥保护佛教文献、利用佛教文献的效用。

　　科学技术在前进，社会在前进，人类在前进。汉文佛教文献的整理也应该与时俱进。当年梁启超曾经说："七千卷之大藏，非大加一番整理，不能发其光明。而整理之功，非用近世科学方法不可。"① 梁启超没有遇到，也不可能想象到数字化时代的来临。从这一点讲，我们这一代是幸运的。

　　思考与练习题

　　1. 汉文大藏经的形成与发展经历了哪些阶段？每个阶段各有什么特点？

　　2. 你认为数字化时代汉文大藏经应该具备哪些功能？怎样更好地实现这些功能？

---

　　① 梁启超：《大乘起信论考证序》，载《饮冰室佛学论集》，江苏广陵古籍刻印社，1990，第 368 页。

第七章　实用汉文佛教文献学

导　言

　　如前所述，"汉文佛教文献学"① 是专门研究佛教文献的一门学问，它研究佛教文献的全部历史，即它的产生、发展、现状；还研究佛教文献的分类、内容、特点、分布、历史与现实的作用；乃至我们今天如何利用佛教文献、利用时应注意什么等。由于佛教文献学已经是佛教学中一个重要的领域，需要一批人集中全部精力专门从事这一领域的研究，这些人就是所谓"佛教文献研究者"。但一般的佛教信众、一般的研究者，包括一般的佛教研究者，因为不做文献研究，自然不会去专门研究佛教文献学。但是，由于他们的宗教生活或研究者的研究或多或少会使用到佛教文献，所以需要有一些关于佛教文献的基本知识，知道自己需要时可以到哪里去寻找哪些基本文献与参考哪些基本工具书，来解决自己面临的与佛教文献有关的问题。所以，我创了这个名词，叫"实用佛教文献学"。也就是说，一般的研究者或者一般的佛教研究者，如果想研究佛教，想要找材料，应该怎么办？作为佛教文献研究工作者应该为他们提供一些关于佛教文献的实用的基本知识，以便于他们更顺利地利用佛教文献来完成自己面临的问题或研究课题。亦即大体了解佛教文献可分为哪些类别；这些文献的概貌；如果研究一个什么课题应该到哪里、在一个什么范围内去寻找资料；这些资料的长处是什么、局限是什么。从事研究的都知道，对找到的资料必须加以审慎的辨析，不加分辨地使用资料，会误导自己走上错误的方向。学术资料犹如海洋，"实用佛教文献学"就是在茫茫的学术大海中，给研究者提供一点导航参考。当然，本书所述，仅供参考。因为谁也不敢说自己已经完全、准确地掌握了所有的佛教文献的知识。所以，对本书所说的一切，依然需要批判地接受。

　　从上面的论述出发，所谓"实用佛教文献学"大体包括佛教经录与各种大藏

---

① 为避文繁，以下行文，"汉文佛教文献"仅称"佛教文献"；"实用汉文佛教文献学"仅称"实用佛教文献学"。

经、各种佛典集成、各种关于佛教的总论性著作、各种佛教工具书等四类典籍。由于佛教经录与藏经前此已经专章介绍，以下简要介绍其余三类。

需要说明，如前所述，这里所讲的佛教文献学仅指汉文佛教文献学；因此，这里所讲的实用佛教文献学，也以汉文佛教文献为限。其实，在实用佛教文献学这一领域，近代以来，日文、英文中有许多优秀的论著，特别是编纂了一批实用的工具书。但是，既然是实用汉文佛教文献学，我们只好限定在汉文佛教文献这个范围内。近现代的日文、英文的论著，凡是已经翻译为中文的，将纳入本书的论述范围；没有翻译为中文的，除了一些基本的工具书及一些不得不提到的论著外，一般不予涉及。

第一节　佛典补编、辑要类

此类资料中首先要提到的，自然是原始资料。这里所谓的原始资料，指古代遗留下来的佛教文献。大体可以分为两类：佛教大藏经与藏外佛教文献。

历代大藏经无疑是佛教最重要的佛典集成。但佛教典籍浩如烟海，大藏经往往未必能把当时所有的佛教典籍全部纳入；加之后代佛典不断涌现，而现有的大藏经不可能把这些佛典及时、全部收入藏内；故与现前佛教典籍相比，大藏经所收佛典难免有滞后现象。此外，不同的信众或研究者出于不同的处境、不同的需要，对佛典各有个性化的需求。故古代有"天台教典""禅藏"等专门文汇，近代以来，也出现了一些小型的或专题性的佛教典籍的集成，把有关佛教典籍按照专题或编辑者的标准编辑起来，供信众、研究者使用。由于本书已对大藏经做过专门介绍，故本节仅根据笔者掌握的情况，对其他各种补编、辑要类佛典予以简单介绍。

一　藏要类

所谓"藏要类"，指为了信众学习佛法的方便，从浩如烟海的大藏经中，按照编辑者的标准选择若干重要的典籍，编辑成书。或按照历代大藏经的入藏标准，这些典籍本可以收入大藏经，但由于种种原因散逸在藏外，故此后人将它们收集起来，编辑成书。

近代以来，此类典籍大量地被收集、整理、出版。当然，因整理者不同，各自的收经标准、整理方式又有不同。这是另一个问题，此处不赘。在此仅介绍比较通行的藏要类典籍。

1. 《藏要》

《藏要》，三辑，近代欧阳渐、吕澂编校。支那内学院于民国十八年（1929）

出版第一辑，民国二十四年（1935）年出版第二辑。1985 年，金陵刻经处将当时尚未完成的零本编为第三辑，与前二辑一起成套出版。共收佛教典籍 74 种，计 400余卷。①

《藏要》的编校方法是：采取刻校、译校、类校三种校勘方式。第一，在校勘文字上一变从来重视高丽本的偏向，而在刻校方面取南宋《后思溪版藏经》（即《思溪资福藏》）为底本，勘以北宋福州及高丽新雕版，误文夺字，皆订正注明。第二，在译校方面，对译文内错落晦涩的地方，择要用原典或异译本来证文，并加标注。第三，在类校方面，取有关义解之异籍参证，分清段落，剖析章句，并阐明学说上的相关联系，如《宝德藏经》注出所摄《五分般若》之处（注《五分》印本某页某行）、《佛地经论》注出所据戒贤释论之文（注戒贤论同或缺）、《成实论》注出成实宗所立之章门（依《大乘义章》注某章某段）、《俱舍论》注出萨婆多难解之余义（依《顺正理论》注某卷）等。此外，该书对书中的重要义理，用提要体裁写成叙，以供学人了解。如欧阳渐对二十余种重要经论作了叙文，对各书的传承和前后变化，皆能穷原竟委，扼其学说大意。

上海书店曾于 1991 年将该书影印出版。台湾新文丰出版公司亦曾影印出版。

2. 《大藏经补编》

《大藏经补编》，蓝吉富主编。收录《大正藏》《卍续藏》未收的佛典 200 多种。包括从巴利文、梵文、藏文佛典翻译的文本，历代诸藏未收佛教典籍，亦包括若干敦煌遗书等。均为原书影印，亦即百衲本。台湾华宇出版公司 1986 年出版，共 36册。加上总目 1 册，共计 37 册。

3. 《佛藏辑要》

《佛藏辑要》，共 41 册，赵朴初任名誉主编，吴立民、方立天、林万清、阎志源四位任主编，巴蜀书社 1993 年 11 月出版。如主编在《序》中所说："佛教典籍汗牛充栋，量多难以通读；如果选入的数量过少，则不能体现佛教文化的基本面貌，不敷阅读、研究的需要，所以我们决定取其中，编纂一套适量篇幅的佛藏，并命名为《佛藏辑要》。"②

该《佛藏辑要》乃选取诸藏原本影印，即为百衲本，未做校勘。

4. 《佛藏要籍选刊》

《佛藏要籍选刊》，全 14 册，苏渊雷、高振农选辑，上海古籍出版社 1994 年 3月出版。

5. 《简本大藏经》

《简本大藏经》，明珂、玉安主编，中国藏学出版社与美国展望图书有限公司联

① 参见陈士强、王雷泉等主编《中国学术名著提要·宗教卷》，复旦大学出版社，1997。
② 吴立民、方立天、林万清、阎志源主编《佛藏辑要》第 1 册《序》，巴蜀书社，1993，第 4 页。

合出版，1993 年 12 月。其后于 2006 年 10 月版第 2 次印刷。共 40 册，32 开。

序言称：该书依据诸宗形成的年代顺序，选诸家宗派所尊主要经论，辑成《简本大藏经》。该书大致依据诸宗形成的年代顺序编次如下：成实宗、涅槃宗、毗昙宗、俱舍宗、地论宗、摄论宗、净土宗、天台宗、三论宗、律宗、慈恩宗、华严宗、禅宗、密宗，共计 14 宗。计收入经律论 77 种。序言中对选择标准有所说明。该书为 32 开，全套书的目录在第一册上，其余 39 册上没有目录。

6. 《中国宗教历史文献集成·藏外佛经》

《中国宗教历史文献集成·藏外佛经》，方广锠主编，共 30 册。所收为流传较广的藏外佛教文献，包括翻译佛经和汉文撰著，共计 226 种，其中印度佛教文献 27 种，南传佛教文献 20 种，藏传佛教文献 103 种，汉传佛教文献 76 种。乃选取原本影印，即为百衲本，未做校勘。黄山书社 2005 年 10 月出版。

7. 《中国汉文大藏经补编》

《中国汉文大藏经补编》（又名《龙藏补编》）。《中国汉文大藏经补编》编委会编辑。编者认为，因《龙藏》存留较多，一般较易得到。其他藏经历时久远，一般难以看到。故其编辑的指导思想是将《龙藏》中没有收录，而中国古代其他各种大藏经已经收入的佛典予以整理汇总，以与《龙藏》配合使用。但收集范围不包括《大正藏》《卍续藏》等海外出版的大藏经。

《中国汉文大藏经补编》共收录佛教典籍 648 种，16 开，100 册。由文物出版社于 2013 年 9 月出版。

8. 《藏外佛教文献》

《藏外佛教文献》，藏外佛教文献编委会编，含录文、校勘、题解。1～9 辑，宗教文化出版社 1995 年 12 月～2003 年 7 月出版；10～16 辑，中国人民大学出版社 2008 年 7 月～2011 年 11 月出版。此后因开展佛教文献数字化整理等原因停刊。

9. "中国佛教典籍选刊"

"中国佛教典籍选刊"为中华书局倾力打造的精品图书。至今已经出版的书目如下。

《华严金师子章》，（唐）法藏著，方立天校释，1983 年。

《五灯会元》，（宋）普济撰，苏渊雷点校，1984 年。

《三论玄义校释》，（隋）吉藏著，韩廷杰校译，1987 年。

《宋高僧传》，（宋）赞宁撰，范祥雍点校，1987 年。

《大唐西域求法高僧传校注》，（唐）义净撰，王邦维校注，1988 年。

《童蒙止观校释》，（隋）智𫖮著，李安校释，1988 年。

《高僧传》，（梁）慧皎撰，汤用彤校注，1992 年。

《大乘起信论校释》，（梁、陈）真谛撰，高振农校释，1992 年。

《古尊宿语录》，（宋）赜藏主编集，萧萐父等点校，1994 年。

《南海寄归内法传校注》，（唐）义净著，王邦维校注，1995 年。

《出三藏记集》，（梁）僧祐撰，苏晋仁等点校，1995 年。

《神会和尚禅话录》，（唐）神会，杨曾文编校，1996 年。

《成唯识论校释》，（唐）玄奘撰，韩延杰校释，1998 年。

《法苑珠林校注》，（唐）道世撰，周叔迦等校，2003 年。

《坛经校释》，（唐）惠能、神会等撰，郭朋校，2004 年。

《比丘尼传校注》，（梁）宝唱撰，王孺童校注，2006 年。

《祖堂集》，（南唐）静筠二禅师编撰，2007 年。

《肇论校释》，（东晋）僧肇撰，张春波校释，2010 年。

《因明大疏校释》，（唐）窥基撰，梅德愚校释，2013 年。

《续高僧传》，（唐）道宣撰，郭绍林点校，2014 年。

《居士传校注》，（清）彭绍昇撰，张培锋校注，2014 年。

《释氏要览校注》，（宋）道诚撰，富世平校注，2014 年。

《北山录校注》，（唐）神清撰，（宋）释慧宝注，富世平校注，2014 年。

《大宋僧史略》，（宋）赞宁撰，富世平校注，2015 年。

《阅藏知津》，（明）智旭撰，杨之峰点校，2015 年。

《净土十要》，（唐）智旭撰，于海波点校，2015 年。

《赵州录校注》，（唐）文远记录，徐琳校注，2017 年。

《开元释教录》，（唐）智昇撰，富世平点校，2018 年。

《集古今佛道论衡校注》，刘林魁校注，2018 年。

《华严原人论校释》，（唐）宗密撰，石峻、董群校释，2019 年。

《禅源诸诠集都序校释》，（唐）宗密撰，闫韬校释，2021 年。

《十不二门指要钞校释》，（宋）知礼撰，聂士全校释，2021 年。

中华书局的这批整理本，总的来说整理水平较高，可供需要者参阅。

近几十年，此类著作编辑出版较多，本书限于篇幅，不再一一介绍。

二　派别类

历史上中国佛教曾出现诸多学派与宗派，各派均有本派特别注重的佛典，并撰写了大批论述本派教义的著作。古代便有人把本宗的相关典籍汇总为"藏"，如唐圭峰宗密（780～841）。

宗密曾经编纂了一部关于禅与禅宗的典籍的汇编，命名为《禅源诸诠集》。在

《禅源诸诠集都序》中，宗密开宗明义，称："《禅源诸诠集》者，写录诸家所述，诠表禅门根源道理。文字句偈，集为一藏。"① "藏"，在佛教中是个有特定含义的名词，即指大藏经——佛教法宝的代表。在这里，宗密把自己所编辑的《禅源诸诠集》称作"藏"，反映了他对收在《禅源诸诠集》中诸典籍的价值的高度评价以及对自己工作的高度自信。宗密的这一立场得到当时若干人士的拥护，如当时正在绵州刺史任内的裴休，在他所撰的《禅源诸诠集都序叙》的开头这么说："圭峰禅师集禅源诸诠为"禅藏"而都序之。河东裴休曰：未曾有也。"② 宗密自称"集为一藏"，固已隐然自许；裴休则明确地把《禅源诸诠集》称作"禅藏"，赞颂宗密编"禅藏"这一"未曾有也"的举动，给予了高度的推崇。"禅藏"一词的产生，即始于此。裴休不但创造了"禅藏"一词，还论述了所以把《禅源诸诠集》比拟为大藏经的道理："（圭峰大师）于是以如来三种教义，印禅宗三种法门。融瓶、盘、钗钏为一金；搅酥、酪、醍醐为一味。振纲领而举者皆顺，据会要而来者同趋。"③ 盛赞《禅源诸诠集》"本末相扶，远近相照，可谓毕一代时教之能事矣"。④ 他进而因宗密编辑了《禅源诸诠集》而将其与释迦牟尼相提并论："世尊为阐教之主，吾师（方按：指宗密）为会教之人。"⑤ 也就是说，在裴休看来，这部《禅源诸诠集》完全可与释迦牟尼的一代教法——大藏经——相媲美，所以他才把这部著作称为"禅藏"，并把它的编辑者宗密视作释迦牟尼之比侣。由此可知，"禅藏"这个名词在宗密当时已经产生和流传，且在当时已具有相当的影响。⑥

不仅禅宗，当时天台宗编纂有《天台教典》、律宗编纂有《毗尼藏》。可参见拙作《中国写本大藏经研究》⑦ 的相关章节。这一传统赓续至今，下面做一简单介绍。

1. 律宗典籍

佛教传统有"以戒为本，以戒为师"的说法。戒律既是修持的保证，也是教团和顺的保证。中国佛教律宗就专门研究应该怎样如法持戒。近年新出版《中华律藏》一种。

《中华律藏》，由传印法师主编，共60卷，编印为60册，由国家图书馆出版社于2009年出版。

该丛书前9卷为"历代大藏经律部文献·印度撰述"，所收均为历代大藏经中

① 《禅源诸诠集都序》上，《大正藏》第48册，第399页上。
② 《禅源诸诠集都序》上，《大正藏》第48册，第398页中。
③ 《禅源诸诠集都序》上，《大正藏》第48册，第398页下。
④ 《禅源诸诠集都序》上，《大正藏》第48册，第398页下。
⑤ 《禅源诸诠集都序》上，《大正藏》第48册，第398页下。
⑥ 《禅源诸诠集都序》上，参见方广锠《关于〈禅藏〉与敦煌禅籍的若干问题》，方广锠主编《藏外佛教文献》第一辑。
⑦ 方广锠：《中国写本大藏经研究》，上海古籍出版社，2006。

的印度律典及与戒律有关的经典。

第 10 卷到 32 卷为"历代大藏经律部文献·中国转述",所收均为中国僧人关于戒律的著作。

第 33 卷、第 34 卷为"藏外律宗文献",均为近代出土文献,含敦煌遗书、黑水城出土文献及应县木塔辽代秘藏等三部分。

第 35 卷到第 41 卷为"清规部",收入《禅门规式》《敕修百丈清规》乃至《香光社规约》等古今各种佛教规约。

第 42 卷到第 59 卷为"近现代高僧学者讲律",收入弘一法师、能海法师、虚云法师、印光法师、太虚法师、印顺法师、圣严法师及吕澂、周叔迦等居士的有关戒律的著作,恐文繁,不一一具名。

第 60 卷为"戒律实用文献·同戒录·各时代戒牒·佛教日用文件·近现代佛教团体规程",可由此得知古今僧俗信众的戒律规范,内容相当丰富。书末有两个附录:一为"百年佛教戒律相关大事年表",一为"中国著名律寺或与律学相关寺院"。

2. 禅宗典籍

禅宗为中国佛教一大宗派,宋以下势力遍及全国。近几十年编辑出版的禅宗典籍丛书有如下几种。

(1)《禅门逸书》

《禅门逸书》,明复法师主编,收入唐、五代、宋、元、明、清等朝代禅宗僧人的诗文集,由台湾明文书局于 1981 年出版,收入 40 种禅门僧人著作,分装为 10 册。其后出版《续集》,收入 39 种禅门僧人著作,亦分装 10 册。总计收入 79 种,分装 20 册。[①]

(2)《禅宗全书》

《禅宗全书》,蓝吉富主编,1988 年到 1990 年间,先以台湾文殊出版社的名义出版了第 1 册到第 32 册,其后以文殊文化有限公司的名义,出版了全 100 册。加上总目录 1 册,总计 101 册。将所收典籍分为史传部、宗义部、语录部、清规部、杂集部等五个部类。

2004 年北京图书馆出版社引进台湾版权,发行该《禅宗全书》。在重新出版时根据蓝吉富先生的建议,修订了原版中的一些错误,并补收了周绍良先生编撰的《敦煌写本〈坛经〉原本》,使《禅宗全书》中《坛经》的敦煌抄本由原来的一个,增加为两个。

(3)《中华禅藏》

《中华禅藏》,普济、朱俊红编,海南出版社 2011 年 9 月出版。现仅收入《五

---

① 说明:以上统计数,同一人的同名正续集计算为一种。

灯会元》《景德传灯录》《嘉泰普灯录》《联灯会要》《建中靖国续灯录》《天圣广灯录》等六部禅宗语录。是否有下一步出版计划，目前不清。

（4）《禅宗大典》

《禅宗大典》，释永信主编，共 200 册，文物出版社 2015 年 8 月出版。该书分为经典部、六祖部、灯史部、传记部、宗义部、语录部、清规部、文学部、寺志部、杂集部等十大部类。收入禅宗相关文献 1748 部（篇），含历代大藏经、方志、山志、寺院志、敦煌遗书、类书、历代散刻散印的禅宗文献，以及民国期刊、日本、朝鲜及越南等国的禅宗文献，时代从后秦至民国。

（5）《中华禅藏》

《中华禅藏》，与前同名，刘德军编校，民主与建设出版社 2017 年 1 月出版了《碧岩录》（含《碧岩录》《从容庵录》《请益录》《空谷集》《虚堂集》等五部佛典）、《古尊宿语录》等两部禅宗著作。下一步整理、出版计划不清。

（6）《敦煌禅宗文献集成》

《敦煌禅宗文献集成》，林世田、刘燕远、申国美编，全国图书馆文献缩微复制中心 1998 年出版。正编 3 卷。影印相关敦煌遗书而成。

3. 净土宗典籍

近年新出版的净土宗典籍集成如下。

（1）《净土宗法宝大藏》

《净土宗法宝大藏》，释广慈主编，新文丰出版公司 1998 年 8 月出版，共 30 册。

该书大体按照以疏隶书的原则编辑。如前 10 册均为关于《阿弥陀经》的著作。其中第一册载录《阿弥陀经》的几个译本，其后便是历代僧俗信众注疏、复疏、句解等各种诠释、讲解《阿弥陀经》的著作。以下诸册均按照这一体例编辑，以方便读者阅读。

（2）《净土宗大典》

《净土宗大典》，林明珂、申国美编，全国图书馆文献缩微复制中心 2003 年 1 月出版，共 16 册。该书汇集了历代汉文大藏经所见有关净土宗的文献 191 种，内容包括：一、所宗经论，二、经论诠释，三、诸师著述，四、传记系谱，按译述年代顺序编排，从东汉支娄迦谶、竺佛朔所译《般舟三昧经》起，到 1988 年黄念祖居士撰写的《佛说大乘无量寿庄严清净平等觉经解》止。

（3）《慈宗宝鉴》

《慈宗宝鉴》，台湾慈宗学会编纂，法明出版社 2007 年 9 月出版。

全书共十册：前八册依次收入太虚大师、念西大师、幻生大师、明夷法师、慈弘居士、常照法师、如吉法师、成一长老、海天大德、演慈法师、慈德居士、慈宗行人等编著的各种关于慈宗法门的重要著作。第九册为《弥勒图像集》，以彩色图像为主，有部分黑白图像，是弥勒净土法门的主要图像范本。第十册为《慈宗宝鉴总目录》，含《总序文》（含多篇序文）、《编纂凡例》、《慈宗宝鉴总目》、《慈宗宝鉴目录索引》，并有附录《慈宗弥勒法门的兴衰、流传与复兴简史》。

收入第十册的宗逸法师撰的序文《慈宗再起，祖道重兴》中称："第十册为：《慈宗宝鉴全集光碟》，是弥勒净土法门电子版的主要范本。"则该书或另附光碟。惜笔者未见。但网上有录音，或谓即出于此光盘。

4. 天台宗典籍

《天台藏》，台湾台南市湛然寺编印。第一册出版于 1985 年，至今已经出版 36 种 49 册，含《删定止观》、《天台九祖传·传佛心印记注》、《十不二门指要钞详解》、《教观纲宗》、《四教义》、《四念处·小止观》、《观音义疏记》、《观音玄义记》、《释禅波罗蜜次第法门》、《维摩经玄疏》、《大乘止观释要》、《金光明经·玄义·拾遗记·文句记》、《观经疏·妙宗钞》、《妙法莲华经玄义》、《妙法莲华经文句》、《摩诃止观》、《妙法莲华经玄义释签》三册、《妙法莲华经文句记》三册、《摩诃止观辅行传弘决》四册、《大般涅槃经疏》五册、《金刚经疏·仁王经疏·神宝记》、《梵网经心地品菩萨戒义疏发隐》、《教乘法数》、《国清百录》、《楞严玄义》、《随自意三昧·禅门口诀·观心论·观心论疏·止观义例》、《性善恶论》、《忏仪》、《广本净名经疏》二册、《弥陀圆中钞》、《翻译名义集》、《维摩疏记》、《请观音经阐义钞》、《智者大师别传等八种》、《四教仪辅弘记》二册、《佛祖统纪》二册。①

天台宗是中国佛教中最早形成的宗派，在东南一带有着持久而强大的影响，至今依然。《天台藏》的编纂对教内、教外均将产生持久的影响。由于种种原因，尚有一些天台宗著作没有收入，希望将来能最终圆成。

5. 密宗典籍

（1）《中国密宗大典》，赵朴初、多杰才旦等人顾问，赵晓梅主编，土登班玛副主编，林明珂等任主编助理。由中国藏学出版社与新西兰霍兰德出版有限公司 1993 年 8 月联合出版。10 册。本书为从《卍字藏》（即《大日本校订训点大藏经》）、《卍字续藏》（即《大日本续藏经》）等现代铅印本大藏经中选取若干密宗经典影印而成。

（2）《敦煌密宗文献集成》，林世田、申国美编。全国图书馆文献缩微复制中心 2000 年 4～10 月出版。正编 3 册，续编 2 册，总计 5 册。影印相关敦煌遗书而成。

6. 唯识宗典籍

《唯识文献全编》，王联章主编，国家图书馆出版社 2012 年 5 月出版。全 72 册。

---

① 上述《天台藏》资料承湛然寺云庵法师落实告知，特致谢意。

《唯识文献全编》收 1949 年前与唯识学说有关的文献。除了汉传佛教僧人、居士的论著，也有近代学者、包括日本学者的著作。既有收录在传统大藏经中的文献，也有古代单行本、近现代出版的论著，乃至发表在报章杂志上的论著。其中既有弘扬唯识学的著作，也有与唯识学商榷的著作。体现了编者广容博收的编辑方针。

全书分为四个分卷。1. 佛经部分卷，第 1 册到第 4 册，共计 4 册，收入《大方广佛华严经》（六十卷本）、《大方广佛华严经》（八十卷本）、《大方广佛华严经》（四十卷本）、《楞伽阿跋多罗宝经》、《入楞伽经》等印度佛教经典。2. 印度祖师注疏部分卷，第 5 册到第 11 册，共计 7 册，收入《瑜伽师地论》《辨中边论颂》《摄大乘论》等印度佛教论典。3 - 1. 中土古代论述分卷，第 12 册到第 29 册，共计 18 册，收入陈真谛、隋慧远、周法上、唐窥基、唐圆测、唐普光、唐法宝、唐澄观等从南朝陈到清代诸多僧人的有关著作。其中含敦煌遗书 2 种。3 - 2. 古、近代外国学者注疏部分卷，第 30 册到第 52 册，收入朝鲜半岛、日本僧俗的有关著作、论文，也包括在中国发表的译文。4 - 1. 近代注疏部僧人分卷，从第 53 册到第 57 册，共计 5 册，收入民国以来僧人，如谛闲、圆瑛、太虚、印顺等人的有关论著。4 - 2. 近代注疏部居士、学者部分卷，从第 58 册到第 70 册，共计 13 册，收入民国以来居士、学者，如张炳桢、欧阳竟无、蒋维乔、梅光羲、范古农、韩清净、唐大圆、熊十力、吕澂、王恩洋、周叔迦、罗时宪、虞愚、金克木等诸位关于唯识理论的论著。最后 2 册为工具书，分别是熊十力编纂的《佛教名相通释》与朱芾煌编纂的《法相辞典》。

该书取材丰富，所收录的版本也尽量采用当时的版本，如"三时学会"印本、"支那内学院"印本等。所收内容本身体现了近代以来中国佛教唯识理论勃兴的态势，也为僧俗信众及学术界进一步学习与研究法相唯识宗提供了丰富的资料。

三　专题类

所谓"专题类"佛教典籍集成指由编辑者按照事先设定的目的与专题而编纂的佛教丛书。近代以来，此类丛书出版的很多，本书只能略做介绍。

1. 《中国历代观音文献集成》

《中国历代观音文献集成》，夏荆山、娄玉田、濮文起等编，全国图书馆文献缩微复制中心，1998 年 7 月出版。10 册。

观音是中国佛教四大菩萨之首，观音信仰在我国极为普遍。千百年来，观音菩萨以慈悲救难而闻名于世，成为人类真善美的化身，受到人们普遍崇拜，形成一种经久不衰的观音信仰文化。近几十年来，海内外佛教界人士从不同角度对观音文化现象进行了探讨与研究，但由于种种原因，迄今尚未有一部系统介绍观音菩萨的文献资料。编者为此将分藏于京、津、沪等地各大图书馆，散见于佛经、史书、笔记、戏曲、绘画及民间传说中的观音菩萨文献资料汇编成书。

2.《历代佛典忏仪文献集成》

《历代佛教忏仪文献集成》，释法云编，中国书店出版，2012 年 5 月。一函 18 册。

忏悔是佛教重要的修行法门，强调从内心观过、发露、反省，通过智慧的观照，忏悔自己的过错乃至罪业。包括布萨日，在僧团众僧前告白，忏悔。佛教传入中国后，忏悔与礼赞逐渐相融，形成忏仪。本书收入《慈悲三昧水忏》《弥陀宝忏》《药师三昧行法》《法华三昧宝忏》等四种忏仪，包括上述忏仪的诸流行本。并将佛像开光仪轨、朝时课诵、暮时课诵等僧众日常功课范本收入。此外收入《妙法莲华经观世音菩萨普门品》《六祖坛经》《维摩诘所说经》等僧团日常课诵的经典，以供僧俗信众修忏、诵经使用。

3. 佛寺志

佛教寺院是佛教宗教活动的基地，也是保存与发扬佛教文化的重要基地。受中国传统修造地方史志、族谱家谱的影响，中国许多寺院都修造本寺的寺志。近年，海峡两岸都出版了中国佛寺志的汇编。

（1）《中国佛寺史志汇刊》

台湾由杜洁祥主编的《中国佛寺史志汇刊》，共三辑。第一辑收入《洛阳伽蓝记》《南朝佛寺志》《金陵梵刹志》等 50 种，第二辑收入《江南梵刹志》《重修曹溪通志》《仰山乘》等 30 种，第三辑收入《鸡足山志》《幽溪别志》《青原志略》等 17 种。三辑总计 97 种，凡 100 册。第一辑、第二辑由明文书局自 1980 年起出版，第三辑改由丹青图书公司 1985 年出版。

（2）《中国佛寺志丛刊》

大陆由白化文、张智主编《中国佛寺志丛刊》，江苏广陵古籍刻印社，1996 年，共 120 册。其后依然由上两位先生主编，由江苏古籍出版社出版《中国佛寺志丛刊续编》，10 册。以上总计 130 册。2003 年，广陵书社又将两者合编，依然命名为《中国佛寺志丛刊续编》，计 130 册。

4. 其他

由于这几十年来此类佛典集成出版较多，编辑目的、编辑方法、所用资料各不相同。如何进行分类，尚需研究。本书对下余诸集成暂不分类，仅做简单介绍。

（1）《丛书佛教文献类编》

《丛书佛教文献类编》，王冠、周新鹰主编，北京图书馆出版社，2005 年 5 月。全 6 册。该书从国家图书馆、河南省图书馆所藏部分古籍丛书中选编佛教文献七十余种，影印出版。本书内容较广泛，据书前吴平所撰序言，该书所收佛教文献中有46 种为历代《大藏经》所未收，故具有一定的资料价值与校勘价值。

（2）《大理丛书》

《大理丛书》，云南省大理白族自治州白族文化研究所《大理丛书》编辑委员会编，主编杨世钰、赵寅松，云南民族出版社出版，2015年。总61册。

该书编辑委员会从1988年以来，经过多年艰苦的工作，对大理地区留存的各种各类古籍进行了系统的搜集整理，分门别类，将它们分编为《金石篇》《大藏经篇》《艺术篇》《方志篇》《建筑篇》《考古文物篇》《本主篇》《族谱篇》《史籍篇》《民俗篇》《白语篇》等专辑。其中《大藏经篇》5卷，505万字。收录云南省大理市发现的大藏经及附录七十四种，包括《护国司南抄》《写经残卷》《佛说长寿命经》《罗刹女大神咒》等。前此曾有学者据此认为存在一部《滇藏》。关于这个问题，可参见侯冲撰《"滇藏"考》①。

（3）《中国地方志佛道教文献汇纂》

《中国地方志佛道教文献汇纂》，何建明主编，国家图书馆出版社出版，2013年4月。

本书收录1949年以前编纂的全国和各省市区县（包括台港澳）及乡镇的各种地方志文献（不包括各种寺观志）6813种，其中，汉、唐和宋辽金元方志辑佚本337种，唐本4种，宋本38种，金本1种，元本9种，明本704本，清本5108种（含旧志清刻本），民国本1569种（含旧志新版本），各类稿本143种，各类抄本800余种。依照2012年公布的最新行政区划，按地区（华北、东北、华东、华中、华南、西南、西北、港澳台）及所属的省市区县乡镇和方志版本的历史时间顺序，依次先后排列，摘选其中的佛、道教资料，汇编而成。全书分人物卷133册、寺观卷408册、诗文碑刻卷498册，每卷目录各2册，总计共1039册。大32开精装。

中国地域辽阔，各地文化及风土人情不同，佛教发展亦有地区性差异。历史上有些佛教宗派的出现，即与该宗派流传的地域有关。故佛教宗派与地域的关系，是一个有待开拓的领域。该书为这一研究提供了基本资料。该书还为研究佛教与道教的互动提供了背景资料。

（4）《中国佛教经论序跋记集》

《中国佛教经论序跋记集》，许明编纂，上海辞书出版社出版，2002年9月。

全书分为五卷：一、东汉魏晋南北朝隋唐五代卷；二、宋辽西夏金元卷；三、明卷；四、清卷；五、索引（篇目及出处四角号码索引、作者笔画索引等）。集中收集了中国古代佛教经、律、论、文集之序、引、跋、记，收集时限上自东汉，下至清末，约2500篇，作者1136人。其数量是《出三藏记集》的二十多倍。仅这一数字的对照，就说明本书资料价值之高。

---

① 侯冲：《"滇藏"考》，方广锠主编《藏外佛教文献》第十三辑，中国人民大学出版社，2010。

该书对所收文献做了校勘、标点，铅字印刷。正文按篇目的年代顺序编排，篇目前撰有作者小传，简明扼要；有些篇章传统无作者名，亦经作者考证填补。该书对于研究我国古代各个时期佛教的传播、佛教宗派的兴衰、佛教典籍的翻译、版本学、目录学，以及当时的历史背景、人物往来、统治阶级的态度等都有极高的文献参考价值。

（5）《中国佛教金石文献》

《中国佛教金石文献》，许明编纂。

该书为作者倾注十余年精力编纂，总计约 1500 万字，分为四部：一、寺宇殿阁部；二、塔铭墓志部；三、造像题记部；四、寺产牒文部。其中"塔铭墓志部"10 册，约 500 万字，大 32 开，已由上海书店出版社于 2018 年 6 月出版。"寺宇殿阁部"已经完成，将要出版，其篇幅约为"塔铭墓志部"的一倍。其余两部尚在编辑中。作者为了编纂此书，走访考察了全国许多地方的寺院碑林、塔林，并检索前人成果及各种考古成果，查阅、核对各大博物馆、图书馆所藏金石文献和寺庙志等佛教资料，编订、校勘而成。

近些年来，编辑出版的类似的丛书还有不少，如：《佛教大系》《佛像大全》《海潮音专辑》《民国佛教期刊集成》《民国佛教期刊文献集成》《民国佛教期刊文献集成·补编》《现代佛教学术丛刊》《现代佛学大系》《新编世界佛学名著译丛》《大藏全咒》《藏外佛经》等，由于现在网络信息发达，为节省篇幅，有兴趣者可以自己寻觅，不再一一介绍。

第二节　总论性著作

这里所谓的总论性著作，是指对佛教研究的总体或佛教研究的某一领域所进行的鸟瞰性的、综述性的论著。俗话说："见木先见林"。我们考察一个对象，首先需要把握它的全局，只有这样，才能更加准确地把握它的一个个局部。

自然，此处所说全面把握佛教研究的整体或佛教研究某一领域的概貌，不仅仅是把握相关的资料，还需要把握当前对该对象研究的实际情况。所以，这种总论，不仅仅是摆现象，实际还是一种评论。这种评论的任务，或者说它的价值有两点：首先，它是一种回顾与总结；其次，它应该通过回顾与总结展开对该领域未来发展方向的展望与开拓。

先谈回顾与总结。总论性著作需要通过回顾，就是回顾某领域的各种研究成果，亦即通过阅读资料，归纳资料中的论点、论据、论证，梳理不同研究者对同一论题在论点、论据、论证等三方面有什么异同，并进行总结。由此得出哪些问题目前已经形成结论，哪些问题目前有几种不同的观点，还需要进一步研究；哪些问题目前还没有得到重视；如此等等。简单地说，就是根据实际情况，把研究对象归纳为若干个论题，从而建立起这些论题的研究史。这种归纳论题、建立研究史的工作，就是总论。如本书对《契丹大字藏》《契丹小字藏》研究的梳理就属于此类工作。通过论题研究史的建立，可以进而建立佛教的这个领域的研究史乃至整个佛教的研究史。

再讲展望与开拓。通过研究史的建立，可以较为准确地把握该论题当前发展的阶段及将来的发展趋向，深化对论题的认识，有目的、有方向地把对该论题的讨论引向深入，争取最后解决之。论题一个一个地解决，研究也就一步一步地前进。

孔子说"温故而知新"，实际上，新的学术增长点就是在解决老论题的过程中产生。限于篇幅，这里不展开论述。所以，通过回顾与总结，可以促成新的学术增长点的产生与发展，产生新的学术成果，甚至开拓出新的学术领域。

当然，撰写这种总论性论著的难度比较大。需要作者努力地去广泛地收集资料，全面地了解情况；又需要有高度的分析与综合的能力。除此而外，更需要作者对自己所论述的对象有全面的把握与深入、精湛的研究。这样，他所做的分析才能正确、中肯。缺乏上述条件，也可以做总论性的工作，但或者资料收集得不够全面，限制了自己的视野，或者分析问题不能抓住要点，或注目点并非关键，真正能够促进学术发展的新的学术增长点，却没有能够纳入作者的视野。或者资料收集的不少，也抓住了关键问题，但由于学养不够，分析难以到位。不过，只要锲而不舍地努力下去，扩展自己的视野，提高自己的学养，则最终总能达到相对理想的境地。

这里介绍几本中国学者撰写，或外国学者撰写但已经被翻译为汉文的总论性论著。

（一）《佛教经典总论》

《佛教经典总论》，日本著名佛教文献专家小野玄妙撰，杨白衣译，台湾新文丰出版股份有限公司出版，1983年1月。

该书分为三部分。第一部为"经典传译史"，将中国的佛典翻译分为古译、旧译、新译等三个时期，逐一介绍、评述每个时期每位译者的翻译活动。第二部分为"录外经典考"，实际上是对第一部分的一个延伸。因为第一部分按时间为经、按译者为纬叙述，则无法把历代的失译经典、抄经、阙本经、疑伪经纳入，所以专设第二部分，论述上述经典。第三部分为"大藏经概说"，论述从《开宝藏》到《清龙藏》的十四部官刻、私刻藏经。

该书在不多的篇幅中，提纲挈领地向读者介绍了汉文佛教文献从产生到编辑成藏的全过程，有些论述相当细腻，不失为一部优秀的学术著作。自然，与一切著作一样，也难免有一些疏失。如将日本书道博物馆收藏的《开宝藏》本《十诵律》卷四十六，误写为"四分律卷第四十六"①。虽然仅为白璧微瑕，但提醒我们利用其中的资料的时候需要查阅原始出处。

（二）《佛学研究方法论》

《佛学研究方法论》，吴汝均撰，台湾学生书局出版，1983 年 3 月。

本书着重从方法论的角度来探讨佛教研究，故有它独特的价值。20 世纪三四十年代，吕澂曾经写过一本名为《佛教研究法》的著作，篇幅比较小，10 万字上下。两本书相比，可以看到几十年来佛教研究发展的轨迹是如何惊人。

这本书还详细介绍了佛教研究中京都学派、维也纳学派的特点。汇总了西方学者、日本学者的研究方法，值得我们注意与借鉴。

（三）《欧美佛学研究小史》

《欧美佛学研究小史》，又名《欧美佛教研究史》，狄雍（Jan Willem de Jong）著，由台湾学者翻译为汉文，香港佛教法住学会，1983 年初版。其后有增补，收入《世界佛学名著译丛》第 71 册。详情可参见下文提到的李四龙著《欧美佛教学术史》。

现代学术意义的佛教研究是 18 世纪以来西方学者开创的。中国的学者，对于这一段历史，大抵不甚留意。本书站在西方学者的立场上，提纲挈领地介绍了 18 世纪以来佛教研究的历史。这本书书写时间比较早，截止时间是 20 世纪六七十年代。很快被翻译为日文。台湾译成汉文。书中除了西方学者的成果，也介绍了日本学者的一些成果。该书可以作为西方学者在佛教研究总论方面的代表作。

（四）《佛学研究入门》

日本平川彰等撰，台湾许明银翻译，法尔出版社出版，1990 年 5 月。

这是由 26 位活跃在佛教研究第一线的日本学者各就自己的专长撰写的 26 篇专题论文的汇编。其中如藏传佛教由山口瑞凤撰写、中国佛教由镰田茂雄撰写、日本临济禅由冲本克己撰写、印度哲学由前田专学撰写。总论由平川彰撰写。这些人不但是所写领域的一流学者，也是日本佛教研究界的著名专家。该书原著完成于 1984 年，所以可说是对直到 20 世纪 80 年代初为止，佛教各领域研究成果的一次较为全面的检阅，并对这些成果做了认真的分析，并列举了各领域中相关的重要论著。由于写作者本人都是所写领域的重要研究者或著名专家，所以文章的起点高，水平高。不仅可以引导初学者入门，而且对其他研究者都有很大的启发作用。

近代以来，日本一直发挥着东西方文化接触点、交汇点的作用。该书也体现了这一特点。该书对西方学者的成果有较多的介绍，这是它的优点。但该书对中国学

---

① 参见小野玄妙《佛教经典总论》，杨白衣译，台湾新文丰出版股份有限公司，1983，第 674 页上。

者的成果基本上未加注意，这是它的缺点。严格地讲，这是一部截止到 20 世纪 80 年代初期的日本与西方佛教研究的总结。固然，当时我们的成果不多，但我们的确已经产生一批世界级水平，并有世界影响的论著，该书都未能反映。

该书由 26 位作者分别写成，全书缺乏统一的体例，写作非常个性化。每个人所写都是他本人的关注点，与学科的现实状况能否完全吻合，这由各种因素决定。因此，应该说，26 篇论文的水平并不完全相同，这是阅读该书时应予注意的。

（五）《佛教史料学》

《佛教史料学》，蓝吉富著，台湾东大图书公司出版，1997 年 7 月。

该书分六章，分别介绍大藏经、丛书与工具书、印度佛教史料、中国佛教史料、其他各系史料，最后探讨了有关佛教史料的有关问题。该书是 1997 年出版的，体现了直到 20 世纪 90 年代出现的主要的佛教文献。

作者是台湾著名的佛教文献学专家，功力深厚，掌握的各方面资料也极为丰富。体现在这本著作中，就是对作者涉及的各个领域，介绍得极为精到，所以该书的信息量很大。

该书属于"现代佛学丛书"的一册。或者由于丛书体例的限制，该书篇幅不大。篇幅不大，但信息量大，故对一些问题只能点到为止。

（六）《欧美佛教学术史》

《欧美佛教学术史》，李四龙著，北京大学出版社，2009 年 11 月。

该书的副标题为"西方的佛教形象与学术源流"，书中归纳了欧美佛教研究的五个学术传统，即印度学、巴利语、汉学传统、藏学传统、中亚西域研究传统。由于中国学者往往对西方学者的佛教研究成果不甚了了，故该书对研究者了解西方的佛学研究史，利用与评价西方学者的成果起到引路导航的作用。特别是作者在文中论述到一个现象，即欧美学术界引导了佛教的形象变化，并提出孕育"当今全球化时代的'新佛教'理念"这样一个命题，值得每一个关心佛教发展的人士关注。

第三节　丛书与综述性论文

这些年，出版了若干汇集诸佛教研究论著的丛书。严格地讲，丛书不等于"总论性著作"。但诸丛书收集资料丰富，省去读者寻觅之苦，善加利用，也可以部分地起到总论性著作的作用，故放在此处叙述。在此介绍几部较大的丛书。

1. 《现代佛教学术丛刊》

《现代佛教学术丛刊》，张曼涛主编，大乘文化出版社出版，1978 年 6 月。100 册。本丛书几乎集中了到 20 世纪 70 年代为止大陆、台湾的主要佛教研究论文。分类编辑。

2.《现代佛学大系》

《现代佛学大系》，蓝吉富主编，弥勒出版社出版，1982年7月。60册。主要是中文各种研究专著以及从历代古籍中选辑的各种佛教资料。

3.《现代佛教名著译丛》

《现代佛教名著译丛》，蓝吉富主编，20世纪80年代台湾华宇出版社出版。100册，总目1册，总计101册。其中主要是翻译日本、西方学者的研究专著，也包括从梵文、藏文、巴利语翻译的一些佛教或印度教原著。

4.《新编世界佛学名著译丛》

《世界佛学名著译丛》一书在台湾问世后，受到佛教界、学术界的欢迎。此后由中国书店得到授权，在大陆编辑、整理出版。大陆版名为《新编世界佛学名著译丛》，增添了50多种译著，共编为150册，第1～97册由蓝吉富主编，第98～150册由南开大学宗教与文化研究中心主编。总目1册，总计151册。

为保留台湾版原貌，前100册即原版影印。新增添的部分电脑录入、繁体横排。

《新编世界佛学名著译丛》原著主要是译自古今中外的佛学及佛教文化名著。原典语言共有九种：日文、英文、法文、梵文、藏文、巴利文、蒙古文、西夏文、越南文。九种原典语文中，以日文、英文、法文居多。整套丛书的内容，以近百年来国际佛学研究成果以及若干古代译师所未译的古典作品为主。有关印度、斯里兰卡、中南半岛、中亚、中国、日本、韩国等国的佛教教义、历史及文化的问题，大抵都有专著介绍，既有通俗作品，也有较尖端的专门性著作，做到"分门别类，有浅有深"：不仅要选一些名著给初学者看，同时也要将某些专门性的典籍或重要工具书，重点引进，以供学者专家参考。

5.《法藏文库》

《法藏文库》，佛光山主编，台湾佛光出版社出版，2002年3月。110册，收入了汉文关于佛教研究的硕博士论文。

除了上述大规模的佛教丛书外，几十年来，各出版社出版的各种小规模的佛教丛书数量较多，质量也参差不齐，这里为避文繁，不做介绍。

6.综述性的论文

所谓"综述性的论文"指对某一时段、某一领域所发表专著与论文的综述与评论。虽然目前我国对佛教研究的总论性的专著尚告阙如，但综述性的论文数量不少。有些单位，如中国社会科学院世界宗教研究所每年出版一册《宗教年鉴》，每册均刊载对当年发表的佛教研究论著的综述与评议。

当然，总体来看，水平比较高，能够真正起到评论学术现状、引导学术发展的文章，不算很多，但综述性论文汇总信息较多，所做评价亦可为百家争鸣之一家，自然可以，而且应该得到重视与参考。所以，建议读者平时应该多注意此类论文及其中提供的各种信息。

7. 其他研究论著

所谓"其他研究论著"指不属于上述六类、单独出版的佛教研究著作或发表在各种刊物，乃至发表在网络上的各种研究论文。

这些研究论著的基本特点是数量甚多。这一点，只要到图书馆、书店、网上查询，就可明了。

应该指出，上述汉文佛教论著，体现出时代性、地域性特点。

从时代性讲，第一批现代意义的研究论著，出现在 20 世纪上半叶。专著数量不多，但水平大多较高。论文数量多，但大多发表在佛教类杂志上，其中不少论文水平亦较高。

从 1949 年到 20 世纪 70 年代末，佛教研究在中国相对走入低潮。专著不多，论文主要集中在《现代佛学》上。当然，其他一些人文类杂志，时而也有发表。总体来说，数量虽然不多，但水平较高。复旦大学王雷泉教授编辑过一部《中国大陆宗教文章索引》（台湾东初出版社，1995 年 10 月），把这一时期的佛教研究论著都收录进来，可以参考。有关情况可参见该书序言。

从 70 年代末到现在的 40 余年，是中国佛教发展的黄金时期，也是佛教研究大发展的时期。到 90 年代初期，我国每年发表的佛教研究的论文数量，已经超过"文革"前 17 年的总和。到了 21 世纪初，每年出版的佛教专著，已经超过 100 本。

需要指出的是，每个时代的佛学论著，都带有自己鲜明的时代印记，但毕竟都是中国佛教与中国佛教研究曾经走过的一段道路，不容忽视。

从地域性讲，就是大陆与台湾不平衡。台湾佛教的大发展，是在 70 年代末期解严之后。不同的佛教团体迅速形成自己的风格。但学术研究是大部分佛教团体都十分重视的。出版的佛教书籍、丛书非常多。

应该说明，本书受篇幅及体例的限制，对国外学者，仅介绍其已经翻译为汉文的论著。其实有些论著，虽未翻译为汉文，但学术价值极高。如日本望月信亨撰《佛教经典成立史论》（法藏馆刊行，1946 年 3 月）属于近代佛教文献研究的重要著作，本书即未能收入。此类著作还有一些，此处不赘。

第四节 工具书

工具书是我们阅读佛教典籍时可以帮助我们认清路径、扫除障碍的基本工具。大体可以粗分为目录类、辞典类、索引类。

（一）目录类

目录是阅读与研究的导航。关于佛教典籍的目录类著作主要是本书第五章介绍的"佛教经录"。以下介绍若干比较常见、实用或值得注意的佛经目录。

1. 《大正藏·目录部》

《大正藏》专设"目录部"，收入古代中、日、韩僧人编纂的各种佛经目录 40 种。所收目前大致可以分为：中国古代经录、日本僧人入华求法录、日本僧人个人抄经录、个人收藏佛典目录（另一版本作"求法目录"，待考）、诸宗目录。值得注意的是最后两部目录。一为日本僧人永超编纂的《东域传灯目录》，一卷。著录了大量的经疏，其中既有中国传入的，也有日本僧人的著作。如果能够寻觅到这些经疏目前的下落，对佛教研究无疑是极大的喜讯。即使难以寻访，该目录本身已经向我们提供了很多信息。一为高丽义天编纂《新编诸宗教藏总录》，共三卷，分别著录大藏经未收之中国佛教诸宗派的各种章疏，如前《东域传灯目录》一样，有极高的资料价值。

2. 《昭和法宝总目录》

从名称可知，《昭和法宝总目录》完成于日本昭和年间，与《大正藏》完成于大正年间不同。但自从编成以后，《昭和法宝总目录》便与《大正藏》一起流通，故人们往往将它们视为一体。

《昭和法宝总目录》共三卷，第一卷共收入各种经录 20 种，第二卷收入 18 种，第三卷收入 39 种，三卷合计收入各种佛教经录 77 种。大体可以分为如下几类。

首先是《大正藏》的目录，包括第一卷中的《大正新修大藏经总目录》《大正新修大藏经一览》《大正新修大藏经勘同目录》《大正新修大藏经著译目录（附印度诸论师著作目录)》《大正新修大藏经索引目录》，第三卷中的《续大正新修大藏经总目录》《大正新修大藏经全览》《续大正新修大藏经勘同目录》《续大正新修大藏经著译目录》《大正新修大藏经书目总索引》。上述十个目录极为详尽、实用。

其次是历史上诸大藏经目录，如《思溪藏》《碛砂藏》《普宁藏》《明南藏》《明北藏》《清龙藏》等，亦包括日本编辑各种大藏经的目录，恐文繁广，不一一罗列。

再次为日本各收藏单位，如宫内省图书寮、东寺、石山寺、高山寺、药师寺、东福寺等收藏的佛典，本书不罗列。由于历史的变迁，日本诸收藏单位收藏的大藏经往往兼有写本与刻本，亦往往有诸藏混合本。

最后为关于佛教典籍的工具书，如宋惟白撰《大藏经纲目指要录》，宋王古撰、元管主八续《大藏圣教法宝标目》，明智旭撰《阅藏知津》，宋陈实撰《大藏一览集》等。

此外还有两部著作，一为《大藏拓本考》，一为《御制大藏经序跋集》，应属附录。

总之，《昭和法宝总目录》中的资料极为丰富，可以为我们提供大量的关于佛教典籍的信息。

3. 《高丽国新雕大藏校正别录》

《高丽国新雕大藏校正别录》，高丽守其撰，三十卷，收入再雕本《高丽藏》。

如前所述，汉文刻本大藏经按其历史渊源，可以分为中原、北方、南方等三个系统。高丽于显宗二年（1011）至文宗末年（1082）依据北宋端拱年间（988~989）传入高丽的《开宝藏》初刻本为底本覆刻了《初刻高丽藏》。该藏后于高宗十九年（1232）毁于蒙古兵燹。

高丽高宗二十三年（1236）至三十八年（1251）重刻《高丽藏》，史称《再刻高丽藏》。主持其事的僧人守其以《开宝藏》、《契丹藏》及《初刻高丽藏》三本互校，将校勘结果撰成该书。由此，该书成为研究全藏已经亡佚的《开宝藏》《契丹藏》的基本资料，非常珍贵。

严格地说，本书并非藏经目录，而是一个工作记录，根据它所提供的基本资料，可以窥见《开宝藏》《契丹藏》之大致面貌。故其研究价值得到佛教文献研究者的充分肯定。

4. 各种大藏经目录

如前所说，现知唐以后，我国的佛教大藏经至少有二十种，每种藏经均有自己的目录。要掌握相关大藏经的情况，最便捷的方法就是掌握其目录。限于篇幅，此处不一一予以介绍。

5. 寺院藏书目录

此处寺院藏经目录指现代中外佛教诸寺院所收藏的佛典目录。

如日本前此出版的《中国·日本经典章疏目录》（《七寺古逸经典研究丛书》第六卷），牧田谛亮监修，落合俊典编集，大东出版社出版，1998年2月。其中包含了大量的佛教章疏，给我们提供了很多信息。

目前中国佛教寺院的佛教典籍，如不计在寺院生活的四众弟子私人藏书，则大体可分为：藏经楼藏书、图书馆藏书、法物流通处书籍、信众结缘书。笔者曾考察过若干佛教寺院的藏书，发现诸寺院各有自己的特点。有些寺院藏书之丰富、品阶之高，令人叹为观止。若得有心人发起，编辑中国当前佛教寺院所藏典籍的联合目录，则对保存中国文化，可谓功德无量。

（二）字典、辞典类

字典、辞典属于基本工具书，这不需要解释。

我们拿目前使用得比较多的任继愈先生主编的《佛教大辞典》、佛光山的《佛光大辞典》、望月信亨的《望月佛教大辞典》进行比较，可以发现三个辞典各有各的特点。望月的辞典在对词条释义以后，后面附有参考资料。如果善用这些参考资料的话，对每一个词条都可以加深理解，有的词条甚至可以扩展成一篇论文。如论缺点，应该说这部词典的知识有点陈旧。毕竟这部词典是几十年前出版的，在这几十年中，佛教与佛教研究都在不断发展。任继愈先生主编的《佛教大辞典》力图用现代的语言对古代的佛教名词术语进行解释，这一方面做得相对比较好，缺点在于这部词典篇幅比较小，容纳的知识量不够。《佛光大辞典》吸收了望月辞典的很多内容，又增加了新的内容，它的一个显著特点是尽量通俗地阐述佛教的名相、理论，这无疑是它的优点。但因为受望月辞典的影响，有些知识也显得有点落后于形势。话说回来，书籍一旦出版，其中的知识就被固化，所以落后于形势是迟早的事情。这一点可以理解。

佛教的字典、辞典，可分为古今两类。

古代的字典、辞典，即传统的佛教音义。至于《龙龛手鉴》，偏重于解释字，即一部字典，它的辞典的功能比较弱。此外还有如《法门名义集》《释氏要览》《大明三藏法数》《重订教乘法数》等，都属于佛教辞典。因为篇幅的关系，不再介绍，请大家争取多使用它们，通过使用来把握它们的优点与不足。

下面介绍现代的佛教字典、辞典。

1. 汉语、外语词典

佛教在印度诞生，遍传中亚、东亚、东南亚，近现代又传播到欧洲、美洲，历史上、现实中，佛教涉及的语言相当多。所以，有一类辞典专为使用不同语言的人们搭建一个就佛教进行相互沟通的平台。此类辞典，网上很容易找到，这里仅做简单介绍。

（1）《望月佛教大辞典》，〔日〕望月信亨编。从 1909 年起到作者 1948 年去世前陆续出版，正文五卷，索引一卷。日本世界圣典刊行协会出版。后塚本善隆等人修订补充为十卷。1963 年完成。

（2）《佛书解说大辞典》，〔日〕小野玄妙编著，大东出版社出版，1936 年 12 月初版，1978 年修订再版，1982 年重版。

（3）《佛教语大辞典》，〔日〕中村元编著，东京书籍出版社出版，1983 年。

（4）《汉译对照梵和大辞典》，〔日〕获原云来著，讲谈社出版，1986 年 3 月。

（5）《佛教语大辞典》，〔日〕中村元著，东京书籍出版社出版，1988 年。

（6）《藏汉对照西藏大藏经总目录》，黄显铭编译，隆莲法师审定，青海民族出版社出版，1993 年 12 月。

（7）《佛教梵汉大辞典》，平川彰编，〔日〕灵友会出版，1997 年。

（8）《明慧宝镜》，格·拉西色楞著，内蒙古大学出版社，1998 年 5 月。该词典为蒙、汉、梵、藏对照词典。

（9）《荻原云来〈汉译对照梵和大辞典〉汉译词索引》，〔美〕梅维恒著，巴蜀书社出版，2004 年 7 月。

（10）《梵汉大辞典》，林光明、林怡馨编，嘉丰出版社出版，2005 年。

（11）《中英佛教词典》，陈观胜、李培茱著，外文出版社出版，2005 年 11 月。

（12）《汉梵佛教语大辞典》，林光明、林怡馨、林怡廷编译，嘉丰出版社出版，2011 年 10 月。三册。

（13）《梵汉佛教语大辞典》，林光明、林怡馨、林怡廷编著，嘉丰出版社出版，2011 年 10 月。三册。

（14）《梵英词典》，〔英〕威廉姆斯著，中西书局出版，2013 年 12 月。

2. 汉语词典

（1）《佛光大辞典》，星云大师监修，慈怡法师主编，佛光文化事业有限公司出版，1988 年 10 月。全 8 册。

《佛光大辞典》，星云大师监修，慈怡法师主编，北京图书馆出版社出版，2004 年 11 月。全 16 册。

（2）《佛教大辞典》，吴汝钧著，商务印书馆出版，1994 年 9 月。

（3）《佛教大辞典》，任继愈编著，凤凰出版社出版，2002 年 12 月。

（4）《佛教小辞典》，任继愈总主编，杜继文、黄明信主编，上海辞书出版社出版，2006 年 9 月。

（5）《佛学大辞典》，丁福保著，文物出版社出版，2015 年 12 月。江苏人民出版社出版，2017 年 10 月。此书 1922 年由上海医学书局初版，1984 年文物出版社影印出版过。

3. 百科全书类

严格地讲，百科全书并非辞典，故不应将百科全书归入本节。但如果宽泛地讲，百科全书与辞典一样，都是围绕某个词目予以诠释，只是辞典表述比较简要，百科全书则要求全面、精到。方法虽然不同，简繁虽然有异，但从均为诠释某一词目而言，本无本质区别。本书为了避免将章节分得过分琐碎，将两者合并在一节中介绍。识者鉴之。

（1）《中华佛教百科全书》

《中华佛教百科全书》，蓝吉富主编，中华佛教百科文献基金会出版，1994 年。总 10 册：第 1 册为索引，第 2 ~ 9 册为正文，第 10 册为附录。

据编者称，该书编纂之基本目的有二点：第一，将近百年来海内外佛学研究之成果，介绍给读者；第二，为佛教信仰者提供适宜之查检信仰内涵之工具书。为了达成前一个目的，该百科全书多数条词释文后，附有现代学者相关之研究论文；为了达成后一个目的，该书附录选载了《常用佛典》和《佛门必备课诵本》。

编辑本书时，先后参考或征引百余种中外佛教典籍。如：藏经类有《大正新修大藏经》《卍续藏经》《南传大藏经》《国译一切经》《嘉兴藏》《佛光藏》；佛教丛书有《现代佛教学术丛刊》《世界佛学名著译丛》《现代佛学大系》《禅门逸书》；佛教综合辞典有《望月佛教大辞典》《佛教大词汇》《佛教语大辞典》；佛书辞典有《佛书解说大辞典》《佛典解题事典》；佛教史传辞典有《中国佛教史辞典》《东洋佛教人名事典》；各宗辞典有《禅学大辞典》《密教大辞典》《净土宗大辞典》《法相大辞典》等。

释文有本国学者撰写的，也有从外文尤其是日文编译而成的；也有征引古代典籍或现代研究论文作为释文之附文的。

（2）《中国大百科全书·宗教卷》

《中国大百科全书》，由中国大百科全书出版社编辑部编辑，中国大百科全书出版社出版，1992年4月第一版。

佛教是中国传统文化的重要组成部分，所以这一卷中佛教条目的分量比较重，其中自然包括不少佛教文献、佛教大藏经的条目。其中关于大藏经的条目全部由童玮先生执笔，应该说，这些条目体现了当时中国佛教界、学术界对大藏经研究的最高水平。当然，现在看来，其中有些条目需要修订。

（3）《中国佛教百科全书·经典卷》

《中国佛教百科全书·经典卷》，全书主编为赖永海，该卷作者为陈士强。上海古籍出版社出版，2000年12月。

从章节设置可以明了，该书实际上是关于佛教典籍的一部专著。该书第一章从印度佛教典籍的起源讲起，第二章到第四章讲小乘佛教典籍、大乘佛教典籍、密教佛教典籍的产生、类别等，从多角度对印度佛教史上曾经出现过的佛典做了鸟瞰式的全景叙述。第五章叙述佛典向印度以外区域的传播。第六章、第七章、第八章围绕中国佛教义理类典籍、中国佛教文史类典籍、汉文《大藏经》的源流与版本等三个专题展开论述。前两章的标题限定为"中国"，第八章的标题限定为"汉文"。也就是说，这一章讲的"汉文大藏经"，不仅包括中国历代汉文大藏经，还包括汉文化圈中其他国家的汉文大藏经。从这些细微的地方，可以看出作者思维的缜密、学风的严谨。

（4）《中国佛教》

《中国佛教》由中国佛教协会下属中国佛教文化研究所最终编辑定稿，共五辑。

第一辑论述中国佛教史、中外佛教关系史、中国佛教宗派源流，知识出版社出版，1980年4月。

第二辑论述中国佛教人物，知识出版社出版，1982 年 8 月。

第三辑与第四辑均为论述佛教经籍，知识出版社出版，1989 年 5 月。

第五辑论述佛教与中国文化，包括"佛教与中国文化""藏经""石窟""佛塔"等四个主题，中国社会科学出版社出版，2004 年 6 月。

关于该书有一个背景，这里介绍一下，也说明为什么本书把该书归入"百科全书类"。

按照南传佛教传统相承的佛诞日计算，1955 年是释迦牟尼涅槃 2500 年。南传佛教各国普遍发起各种纪念活动。斯里兰卡佛教界计划编撰一套佛教百科全书。当时通过外交途径向中国提出要求，希望中国协助撰写其中关于中国佛教的部分。当时周恩来总理兼任外交部部长，负责处理此事。他将这一任务交给中国佛教协会。于是在赵朴初先生的领导下，中国佛教协会从僧俗两界组织了一批当时顶尖的人才，如巨赞、法尊、喜饶嘉措、隆莲、吕澂、周叔迦、王森、苏晋仁、高观如、郭元兴、田光烈、黄忏华、虞愚、李安等，完成了这一任务。条目翻译为英文，送交斯里兰卡。但中文原稿始终压在中国佛教协会。到了 20 世纪 70 年代末期，佛教迎来大发展的新契机，社会上对佛教典籍及相关工具书的需求开始增长。于是有人建议将这批稿件出版，但毕竟过去了几十年，情况发生变化。于是决定对这批稿件进行修订以后再出版。由于修订一册，出版一册，所以时间拖延得比较长。但负责此项工作的王新先生极其认真负责，这是我深有感慨的。

1980 年第一辑出版，社会上立即有反响。有人写文章称："中国佛教百科全书以《中国佛教》书名自今年起陆续由知识出版社出版，其第一辑已发行。"①

（5）《大藏经总目提要》

《大藏经总目提要》，陈士强撰。作者常年致力于佛教典籍的研究，曾撰著《佛典精解》（上海古籍出版社出版，1992 年 11 月），该书出版后受到广泛好评。作者其后始终致力于继续撰写相关系列著作，并将其系列著作设计为《大藏经总目提要》，计划通过《大藏经总目提要》，对历代汉文大藏经收录典籍进行系统的解说。

《大藏经总目提要》分为《文史藏》《经藏》《律藏》《论藏》四藏，每藏依据篇幅分为若干卷，总计 10 卷，约 500 万字。对所收的典籍，按"部"（指大部）、"门"（相当于"章"）、"品"（相当于"节"）、"类"（指子类）、"附"（指附录），分类编制，逐一解析。内容包括：经名（包括全称、略称、异名）、卷数（包括异卷）、译撰者、译撰时间、著录情况、主要版本、译撰者小传、序跋题记、篇章结构、内容大意、思想特点、资料来源（或同本异译）、研究状况等。此外，还有经典源流的叙述、不同文本的对勘、史实的辨正和补充等。

① 柳回：《中国佛教百科全书分辑出版》，《辞书研究》1980 年第 4 期。

《大藏经总目提要》各藏内容如下。

第一，《大藏经总目提要·文史藏》（全二卷，"国家古籍整理出版'十一五'重点规划项目"。上海古籍出版社出版，2008 年 4 月。即陈士强撰写的《佛典精解》的修订版）。

该书为历代汉文大藏经中的佛教文史类典籍的解说，总收汉传佛教史籍，兼收藏传佛教史籍。下分八大部，依次为《经录部》《教史部》《传记部》《宗系部》《纂集部》《护法部》《地志部》《杂记部》，共收录佛典 230 部 2458 卷。这些典籍综罗历代佛经目录和解题书，纪传体、编年体、一般记叙体佛教史，高僧大德的总传、类传、别传，汉传佛教、藏传佛教的教派史著作，佛教的总集、别集、文选、类书、辞典、字书、音义，佛教的游记、方志、寺塔记、名山记；禅宗的灯录、语录、颂古、拈古、评唱、笔记等。内容叙及中国佛教的源流、宗派、人物、教理、掌故、规制、译述、寺塔、事件、术语，以及中外佛教交流史、释儒道三教关系史等。

第二，《大藏经总目提要·经藏》（全三卷，"国家古籍整理出版'十一五'重点规划项目"。上海古籍出版社出版，2007 年 8 月）。

该书为历代大藏经中的小乘经藏的解说，总收汉译小乘经。下分五大部，依次为《长阿含部》《中阿含部》《杂阿含部》《增一阿含部》《其他小乘经部》，共收录佛典 352 部 810 卷。这些典籍综罗初期佛教的根本经典"四阿含"及其别生经；"四阿含"以外的各种小乘经，如缘生类、欲患类、业道类、福德类、王政类、布施类、戒斋类、忍辱类、精进类、禅观类、三宝类、佛传类、本生类、涅槃类、名数类、譬喻类、杂事类等。内容叙及佛教的起源、发展和演化，佛祖释迦牟尼的生平事迹，初期佛教和部派佛教的史事、人物与教理等。

第三，《大藏经总目提要·律藏》（全二卷，"2011 年国家社科基金重大项目"中期成果。上海古籍出版社出版，2015 年 7 月）。

该书为历代大藏经中的小乘律藏和大乘律藏的解说，总收汉译小乘律（包括巴利文律典）、大乘律，兼收汉地撰作的各类戒律学著作。下分四大部，依次为《小乘律传译部》《小乘律诠释部》《大乘律传译部》《大乘律诠释部》，共收录佛典 210 部 966 卷。这些典籍综罗印度小乘佛教的各种广律、戒本、羯磨法、律论、杂律经，大乘佛教的各种菩萨戒经、杂律经、忏悔法，汉地律宗著作，以及律宗以外的其他戒律学著作等。内容叙及佛教出家五众、在家二众必须受持的各种止恶行善的戒法条文，僧团的组织、制度和行事，以及僧众日常生活的行仪规范等。

第四，《大藏经总目提要·论藏》（全三卷，"2011 年国家社科基金重大项目"最终成果。上海古籍出版社出版，2019 年 11 月）。

该书为历代大藏经中的小乘论藏和大乘论藏的解说，总收汉译小乘论、西域小乘集传（小乘论的附属）、大乘论、西域大乘集传（大乘论的附属），兼收汉地撰作的有代表性的大、小乘论疏。下分五大部，依次为《小乘阿毗达磨部》《小乘集传部》《大乘中观部》《大乘瑜伽部》《大乘集传部》，共收录佛典 235 部 1741 卷。这些典籍综罗小乘说一切有部、上座部、大众部、犊子部、贤胄部、正量部、经量部等部派撰作的各种阿毗达磨论书，大乘中观派、瑜伽行派撰作的各种释经论、集义论，西域和汉地撰作的各类佛教集传等。内容叙及大、小乘佛教的各种教理，如小乘佛教的"世间"说、"蕴处界"说、"五位七十五法"说、"缘起"说、"业"说、"烦恼"说、"四谛"说、"禅定"说、"道位"说；大乘中观派的"六波罗蜜多"说、"十地"说、"十八空"说、"八不中道"说、"二谛"说；大乘瑜伽行派的"十七地"说、"八识"说、"三自性"说、"三无性"说、"唯识五位"说、"五位百法"说、"如来藏"说、"因明"说等。

该书对收录的每一种佛典的解说，大致包括：名称、卷数、撰作年代、作者名氏、版本、作者生平、写作经过、序跋题记、内容大旨、前后因革、学术价值、资料来源、体例上的缺陷和记载上的失误等。此外，还有同类经典的比较、不同记载的对勘、史实的辨正和补充等。行文中间有校释性质的按语。全书之末还附有人名索引和典籍索引。各大部之首均有"总叙"，综述这一大类典籍的性质、历史、门类、存佚、收录状况和备考书目。

从 1983 年 6 月起，至 2018 年 12 月，陈士强先生为撰写《大藏经总目提要》历时 35 年。目前作者正在撰写大乘经藏的解说，作为已出《经藏》的续编。

全书立足于原典的解析，收录齐备，释义详尽，史料丰赡，考订缜密。提挈纲要地介绍了历代大藏经所收典籍，为阅藏者、治学者指示门径，是迄今为止这一研究领域中最新、最全的知识密集型工具书。

（三）索引类

索引是人们寻求某种文献、某类知识的工具，善用索引，可以使自己的工作事半功倍。所以，人们为更好地利用文献编纂了各类索引。同样，近代以来，人们为了阅读、研究佛教文献编纂了索引。但应该指出，数字化时代的降临，使得传统的索引完全改变面貌，如现在检索佛典中的某个词汇，无需再到一堆索引书中逐一查询，只要打开 CBETA，在键盘上输入所需检索的词语即可。当然，也应该指出，如果所需检索的对象尚未数字化，或虽然已经数字化，但尚未纳入相关体系（例如某佛典虽有电子本，但没有被 CBATA 收入），则依然需要使用传统的索引。

下面介绍若干传统的索引。

1.《佛藏子目引得》

《佛藏子目引得》，许地山著，哈佛燕京学社出版，1933 年。

该书是关于汉文大藏经的第一部索引类著作。关于该书的编辑，许地山先生在

"弁言"中有说明。他说：索引不容易编，多因没有标准版本。当得知日本《大正藏》出版，他认为"大正一切经刊行会"将会编辑《大正藏》索引。但恰巧1929春，清华大学图书馆、燕京大学（今北京大学）图书馆邀请许地山为两校图书馆编《大藏经》细目。而许地山得到消息"大正一切经刊行会"不准备刊印索引（当然，现在看来他当时得到的消息并不准确），于是改变编辑方针，着手编撰《佛藏子目引得》。正当许地山开始工作不久，美国哈佛大学图书馆裘开明先生于民国十九年（1930）将他编的《大正藏》前五十五册的目录片子寄到燕京大学图书馆，拟由燕大图书馆继续工作，将来复印后供两馆共同使用。于是许地山先生根据新的情况，重新确定工作范围，将这部《引得》的内容分为五部。第一，《撰译者引得》；第二，《梵音引得》；第三，《经品名引得》；第四，《旧录引得》；第五，《史传引得》。所选的标准本为《大正藏》，此外加入《续藏经》、《卍字藏》和《弘教藏》作为参照。

到1933年，在引得编纂处其他同人的共同帮助下，许地山编制完成了撰译者、梵音、经品名前三册引得，并由哈佛燕京学社引得编纂处刊行。其余《旧录》与《史传》两册引得原定由他人负责，最终因故未能编成。

该书于1983年由上海古籍出版社据原书影印出版。

2. 《大正新修大藏经索引》

《大正新修大藏经索引》，日本大藏经学术用语研究会编，大藏出版社出版，1926～1985年。总50册。[①]

该书分教说、教判、教理、法相，乃至天文历数、地理、动物、植物、矿物，以及心理、生理卫生、医术药物、风习、典籍、纪年、建筑、图像、工艺、器物、杂语等五十个类目，详细摘引了《大正藏》中各种可供研究的信息。限于篇幅，本书没有完整罗列其全部项目，仅从上述罗列的项目，可知当时大藏经学术用语研究会编纂该索引的学术理念。可以说，在《大正藏》没有被数字化以前，这是一部研读《大正藏》必备的参考书。

3. 《汉文大藏经典籍品题名索引增补版》

《汉文大藏经典籍品题名索引增补版》，日本京都龙谷大学佛教文化研究所编，1993年12月出版，1996年11月增订版。非卖品。

此处对"非卖品"略做解释。日本很多高校会印刷一些学术著作，这些著作仅在内部流通，不在书店公开售卖，故称"非卖品"。但此类"非卖品"中，有相当一部分著作的学术价值极高，值得注意。

该索引采词对象为《大正藏》《卍续藏》《宋藏遗珍》，分为"品名索引部"与

---

① 此资料承日本国际佛教大学院大学池丽梅教授代为落实，特致谢意。

"印度撰述部目录"两大部分。索引结果按照日语五十音图排序。诸参与者用力甚勤，仅《大正藏》的"品名索引部"便摘出索引品名 13400 条。

4.《日本现存八种一切经对照目录》

《日本现存八种一切经对照目录》，日本国际佛教学大学院大学编纂印行，2006年。该校若干年以来，在落合俊典先生的主持下从事日本现存古写经研究，成绩斐然。该书即为其成果之一。该书包括日本《圣语藏》《金刚寺一切经》《七寺一切经》《石山寺一切经》《兴圣寺一切经》《西方寺一切经》《名取新宫寺一切经》《妙莲寺藏松尾社一切经》等八部在日本比较著名的古代大藏经的目录对照，由此可以大体了解日本目前收藏古代汉文佛教典籍的基本情况，是一部非常实用的工具书。

5. 大藏经目录对照类

以下介绍几部用传统的方式编纂的书目，由于目前的数字化大藏经不可能把所有的古代藏经全部包括，故以下著作至今依然有一定的参考价值。

（1）《二十五种大藏经目录对照考释》，蔡运辰编著，新文丰出版公司出版，1983 年 12 月。

（2）《二十二种大藏经通检》，童玮编，中华书局出版，1997 年 7 月。

这两部著作编辑目的相同，可以说是撞车了。但童玮先生是受任继愈先生的委托，于 20 世纪 80 年代初，作为编纂《中华大藏经》的前期准备工作，发心编纂该书。1982 年《中华大藏经》起步时，该书初稿已经完成。此后进一步充实，于1997 年出版。其实，从蔡运辰先生的自序可以知道，他所以编纂《二十五种大藏经目录对照考释》，实际上也是为编印其后台湾出版的《中华大藏经》做准备。最初共收集 31 种目录，其中刻版藏经 18 种、辑藏 8 种、专书 5 种。后删节 6 种，其余结为此书。

比较这两部通检，可知两者各有各的特点，也体现了两位作者设计此书的初心有所不同（见表 11）。

表 11　两部著作所用藏经对照表

二十五种大藏经目录对照考释		二十二种大藏经通检	
编号	藏别	编号	藏别
		1	开元释教录
		2	房山石经
1	开宝藏（开元录略出）	3	开宝藏
2	崇宁藏	4	崇宁藏
3	毗卢藏	5	毗卢藏
4	圆觉藏	6	圆觉藏

续表

二十五种大藏经目录对照考释		二十二种大藏经通检	
编号	藏别	编号	藏别
5	资福藏	7	资福藏
6	碛砂藏甲	8	碛砂藏
7	普宁藏	10	普宁藏
		11	弘法藏
8	碛砂藏乙		
9	金藏（附《宋藏遗珍》）	9	赵城藏
		12	洪武南藏
10	明南藏	13	永乐南藏
11	明北藏	14	永乐北藏
12	嘉兴藏	15	嘉兴藏
13	龙藏	16	清藏
14	再雕高丽藏	19	高丽藏
15	天海藏（附《黄檗藏》）		
16	缩刻藏		
17	频伽藏	17	频伽藏
		18	普慧藏
		20	弘教藏
18	卍字正藏、卍字续藏	21	续藏
19	大正藏	22	大正藏
20	大藏经纲目指要录		
21	大藏圣教法宝标目		
22	至元录		
23	大明释教汇目义门考释		
24	阅藏知津		
25	缘山三大藏总目录考释		

蔡运辰先生将《开元释教录略出》作为《开宝藏》的目录，判断有误。《开元释教录略出》实际是后人对智昇《开元释教录》改造的结果，反映的是南方系大藏经的面貌。童玮先生将《开元释教录》单列，并说明其为属于写本时代的目录，定位相对更准确。至于两位先生其他收经互有参差，无非是受客观条件的限制及对该著作原设计理念的不同，可以理解。值得注意的是蔡运辰先生于该《二十五种大藏经目录对照考释》最后收了六部目录，其中《大藏经纲目指要录》《大藏圣教法宝标目》《大明释教汇目义门》《阅藏知津》等四部，实际上确为某部大藏经内容的实录，但《至元录》仅是目录，并无相应的藏经。至于《缘山三大藏》，实际是宋

《思溪资福藏》，元《普宁藏》《高丽藏》与《明北藏》的混合本。由于上述四种藏经均已收入《二十五种大藏经目录对照考释》，故《缘山三大藏》似属重出。当然，即使重出，只要著录无误，亦非失误。相反，资料可以互证，不可谓无得。

（3）《历代汉文大藏经目录新考》

《历代汉文大藏经目录新考》，何梅撰，社会科学文献出版社出版，2014 年 2 月，上下册。

该书收集中日 31 种佛典目录并予考释，收录佛典 5495 部，分为校释、校勘记、对照表、附录及目录索引五大部分，为同类著作规模最大者，故参考价值也较大。但如前蔡运辰先生的《二十五种大藏经目录对照考释》，也收入《至元录》。自然，作为参考，有其价值。

6. 其他索引

此处所谓的"其他索引"，主要指搜罗近现代佛教论著以供读者检索的索引。也包括诸种佛教丛书的索引。如蓝吉富主编的《禅宗全书·索引》《大藏经补编总目》（该书附索引），还有上文已经提及的王雷泉教授编辑《中国大陆宗教文章索引》（上下两册）。

由于索引是一种实用工具，故近年来各种索引大量涌现，甚至有《入菩萨行论文献调查及相关研究论著目录索引》《佛教文献语言研究论著目录（1980～2000）》这样的专题索引，为相关的研究者提供了极大的方便。

思考与练习题

1. 试利用有关工具书完成一个专题研究，评价所用的工具书并总结相关经验。

图书在版编目（CIP）数据

汉文佛教文献学概论／方广锠著. -- 北京：社会
科学文献出版社，2023.5
全国汉传佛教院校教材
ISBN 978 - 7 - 5228 - 1296 - 0

Ⅰ.①汉…　Ⅱ.①方…　Ⅲ.①佛教 - 文献学 - 教材
Ⅳ.①B948

中国国家版本馆 CIP 数据核字（2023）第 040401 号

全国汉传佛教院校教材
汉文佛教文献学概论

著　　者／方广锠

出 版 人／王利民
组稿编辑／袁清湘
责任编辑／杨　雪
责任印制／王京美

出　　版／社会科学文献出版社·联合出版中心（010）59367202
　　　　　地址：北京市北三环中路甲 29 号院华龙大厦　邮编：100029
　　　　　网址：www. ssap. com. cn
发　　行／社会科学文献出版社（010）59367028
印　　装／三河市龙林印务有限公司

规　　格／开　本：787mm × 1092mm　1/16
　　　　　印　张：25.75　字　数：520 千字
版　　次／2023 年 5 月第 1 版　2023 年 5 月第 1 次印刷
书　　号／ISBN 978 - 7 - 5228 - 1296 - 0
定　　价／98.00 元

读者服务电话：4008918866